工程金融学

主　编　俞洪良　丛福祥　盛金喜

图书在版编目（CIP）数据

工程金融学 / 俞洪良等主编. —杭州：浙江大学出版社，2019.7
ISBN 978-7-308-19372-6

Ⅰ. ①工… Ⅱ. ①俞… Ⅲ. ①工程－金融学 Ⅳ. ①F062.4

中国版本图书馆 CIP 数据核字（2019）第 164120 号

工程金融学

主　编　俞洪良　丛福祥　盛金喜

责任编辑　杜希武
责任校对　江　潇　高士吟
封面设计　续设计
出版发行　浙江大学出版社
（杭州市天目山路 148 号　邮政编码 310007）
（网址：http://www.zjupress.com）
排　　版　杭州好友排版工作室
印　　刷　杭州高腾印务有限公司
开　　本　710mm×1000mm　1/16
印　　张　32
字　　数　645 千
版 印 次　2019 年 7 月第 1 版　2019 年 7 月第 1 次印刷
书　　号　ISBN 978-7-308-19372-6
定　　价　69.00 元

浙江大学出版社市场运营中心联系方式：(0571) 88925591；http://zjdxcbs.tmall.com

本书编委会

主　编:俞洪良　丛福祥　盛金喜

编　委(以姓氏笔画为序):

毛祥华　丛福祥　刘晓罡　江春宝　许　浩

杜忠远　苏振渊　余　奥　陈佳络　周剑刚

俞洪良　盛金喜　温新德

序

随着我国科学技术的发展及经济结构的不断优化，我国经济正从高速增长转向高质量发展，在工程建设领域工程规模不断增大，工程技术及管理错综复杂，市场环境不断变化，实施过程中的风险越来越大，特别是工程金融风险进一步突显。运用金融学的基本理论和工具，解决工程建设过程中的风险，已成为工程建设管理者的必备能力。

本书以工程与金融的结合为基础，提出了“工程金融学”的概念，构建了工程金融学的知识框架体系，开辟了工程管理的研究新领域。本书主要贡献在于：第一，分析了工程金融学的形成背景，提出了“工程金融学”的概念及研究内容；第二，研究信用活动、资金融通及与之相关的经济活动在工程建设领域的应用问题，建立了一套以金融学的理论和工具为基础，为工程各参与方提供投资选择、资金筹措、风险管控、工程保险、工程保证担保等决策活动的理论与方法体系；第三，结合案例，对工程项目投融资的模式选择及风险管控进行了应用研究；第四，分析了我国工程保险和工程保证担保的发展现状，提出了工程保险和工程保证担保的保前保后管理体系。本书对于工程建设中的金融决策活动具有极强的指导意义，有利于工程项目目标的实现并降低工程项目建设的风险。

本书主要有以下三大特点：

一是涵盖领域广泛，相关的理论系统化。本书主要研究了工程建设中的投资、融资、保险和保证担保等的基本理论和方法，涉及工程、经济、法律、管理等多方面，是一部涵盖领域广泛、多学科综合交叉的教材。

二是内容丰富全面，具有极强的参考价值和学习价值。目前工程建设领域中的管理人员往往缺乏工程金融知识，对涉及工程金融的决策问题难以做出科学合理的决策。本书结合实地调研和大量的文献研究，内容丰富全面，可为工程管理人员提供基础而全面的工程金融知识。

三是有一定新意。本书似乎是全国范围内首次提出“工程金融学”，虽然能否成为一种“学”有待商榷，但其将工程学和金融学结合，具有一定新意。如何在工程建设领域运用好金融学的理论与工具，是本书的研究重点。

总之，本书的出版，对高等院校的工程管理人才培养具有重要的理论与实践意义，对工程建设相关的各个主体如政府部门、项目业主、工程企业、金融机构和咨询公司等的科学决策具有重要的参考价值，很值得阅读。

王守清博士

清华大学建设管理系教授/博导、清华大学PPP研究中心首席专家

2019年7月24日于清华园

前言

PREFACE

随着我国科学技术的发展及经济结构的不断优化，我国经济正从高速增长转向高质量发展。在工程建设领域，工程建设的投资规模不断增大，工程技术及管理错综复杂，工程建设管理主体在建设管理过程中面临的工程金融风险进一步突显，工程金融管理已越来越受到人们的重视。

金融学与工程学的交叉，产生了工程金融学，它是工程管理、工程经济、法律、财务管理等多学科的有机融合；一方面它综合了多个相关专业课程的基本原理；另一方面它与企业和项目的具体实践紧密结合，具有学科综合性和实际应用性的特点。工程金融学为工程各参与方提供了投资决策、资金筹措、风险管控、工程保险、工程保证担保等决策活动的理论与方法。工程金融学的广泛应用，有利于工程项目目标的实现并降低工程项目建设的风险。

浙江大学土木工程管理研究所面向土木工程专业本科生、工程管理专业研究生，开设工程项目管理、工程保险与保证担保、工程投资与融资、工程经济等课程已有 20 多年的时间，积累了较丰富的教学经验和教学资源。另外，本书编者还参与了大量的工程项目管理、工程保险与保证担保、工程风险管理等领域的科研及实践工作，在扎实的理论基础上又积累了丰富的实践经验。这些是我们编写这一教材的良好条件。

浙江大学十分重视教学工作，鼓励教师在教学、科研和实践的基础上，总结教学及实践经验，吸收最新科研成果，编写各类适用教材。本教材作为 2019 年浙江大学校级本科教材立项项目，得到了学校的大力支持，这是我们编写这一教材的有力保障。

在编写本教材之前，我们开展了大量的调查研究工作。目前国内高校在工程管理领域开设了工程风险管理、工程投资与融资、工程保险等课程，这些课程内容独立分散,缺乏系统性,并且占用较多学时。为适应工程管理专业和土木工程专业本科生、研究生的教学需要,提高教学效率,编者在分析、归纳、提炼、总结大量的国内外相关文献的基础上,按照工程管理课程教学的要求,经过反复讨论与研究,确定了本教材的编写大纲。随后,编者先后到北京、上海、深圳、杭州、厦门、宁波等地的工程建设企事业单位、保险公司、工程担保公司、工程建设行业协会进行了深入调研,并结合编者教学、科研和实践经验,编写出版了本教材。它以工程建设过程为主线,阐述了工程项目投资的机会分析、工程项目投资的技术选择、工程项目投资评价、工程项目投资的风险管理、企业融资、项目融资模式、项目融资的风险管理、工程保险理论与实务、工程保险保前保后管理、工程保证担保理论、工程保证担保模式与市场组织、工程保证担保保前保后管理等内容。通过典型案例分析,强化了学生对相关理论知识的理解。本书是一本内容丰富、体系完整、有较强理论性和实用性的工程金融学教材。

本书第一、二章由俞洪良、余奥、陈佳络等编写,第三章由丛福祥、俞洪良、余奥等编写,第四章由盛金喜、俞洪良、余奥等编写,第五章由俞洪良、陈佳络、许浩、丛福祥等编写,第六章由俞洪良、陈佳络、盛金喜、许浩等编写。全书由俞洪良统一审阅、定稿。本书编写过程中,李榕凯、刘亚冰、张勋等在文字录入、图表制作、文字校核等方面做了大量工作。在此,对所有关心和帮助本书出版的同仁表示衷心的感谢。另外,本书的编写是在参阅了大量文献资料的基础上进行的,对这些文献的作者我们表示最诚挚的谢意。

本书的出版还得到了杭州铁公宝投资管理有限公司的大力支持,在此表示衷心感谢。

由于编者水平有限,错误与疏漏之处在所难免,敬请读者批评指正。

编　者

2019 年 7 月于求是园

目录

CONTENTS

第一章　概　　论

第一节　金融学概述

金融学的概念内涵广阔，国内外不同专家学者对其有不同的阐述。在对金融学的概念及研究对象进行界定之前，我们先来了解一下金融范畴是如何形成并发展的。

一、金融范畴的形成与发展

金融涵盖了货币、信用等领域，古代货币范畴与信用范畴是相互独立发展的，直到近代银行业兴起后，货币范畴与信用范畴结合，形成了金融范畴。

（一）金融及其涵盖的领域

"金融"虽是由中国字的"金"与"融"组成的词，但在中国并非古已有之。古代文字中有"金"，有"融"，但未见"金融"连在一起的词。《康熙字典》以及在它之前的工具书均无"金"与"融"连用的词。"金"与"融"连起来组成的"金融"始于何时，无确切考证。最早列入"金融"条目的工具书是1915年初版的《辞源》和1937年刊行的《辞海》。

什么是"金融"？如果要求的是约略指出它所涵盖的范围，在中国的日常生活中，大体包括：与物价有紧密联系的货币流通、银行与非银行金融机构体系、货币市场（如票据贴现市场、银行同业间拆借市场）、资本市场（如股票市场和长期债券市场）、保险系统、信托（如社会公益事业的慈善信托）以及国际金融等领域。如用经济学的术语来概括，通常所理解的"金融"，就是指由这诸多部分所构成的大系统。显然，这个大系统既包括宏观运行机制（如货币政策与财政政策），也包括微观运行机制（如金融市场）。

近年来有一种理解，即认为"金融"就是指资本市场，而且仅指资本市场的微观运行机制。比如，在皮得·纽曼等编著的《新帕尔格雷夫货币金融大辞典》中，认为"金融以其不同的中心点和方法论而成为经济学的一个分支。其基本的中心点是资本市场的运营、资本资产的供给和定价。其方法论是使用相近的替代物给金融契约和工具定价"。显然，这种定义扬弃了货币和信用，舍掉了金融宏观管理与政策，它意味着金融是独立于货币和信用之外的范畴，其涵盖的不是政府行为活动，而是储蓄者与投资者的行为活动，这样的观念是对“金融”狭窄的理解。

在中国，“金融”一词是由 finance 翻译而来的。金融通常被粗浅地解释为货币资金的融通。其中，“金”指货币资金，“融”指交易、调剂、流通。在这里，金融的基础是信用，融通的条件是市场，融通的中介是银行及其他金融机构。具体一点，可以把金融理解为通过中介以借贷形式所进行的货币资金融通。显然，这个定义已经很难涵盖日益变化着的金融业和人们的金融行为。事实上，在近代，中国票号钱庄常有金融融通之说，其意义与金融相近，但正式用“金融”一词来表达事物的是在近代银行业兴起之后。民国元年(1912 年)北京政府财政部文件中曾有“自去秋以来，金融机关一切停滞”之语，那时，“金融”这个词的含义仍不明确，也没有在社会上被广泛使用。1915 年编写的《辞源》中收有这个词条，解释为“今谓金钱之通融曰金融，旧称银根。各种银行、票号、钱庄曰金融机关”。1920 年，北京政府发行“整理金融公债”用于解决中国银行、交通银行停止兑换的风潮。之后，金融一词就与银行业务活动结合在一起，形成了一个与“财政”相区别的概念，被广泛地使用。

目前，国内对金融含义比较权威的注释是《中国金融百科全书》中的“金融”词条，该词条的注释是：“金融是货币流通和信用活动以及与之相关的经济活动的总称。”

(二)金融范畴的形成

1. 古代相互独立发展的货币范畴与信用范畴

金融范畴的形成需要从货币与信用的发展溯源。在现代资本主义市场经济之前，货币范畴的发展与信用范畴的发展保持着相互独立的状态。

流通中的货币形态，概括来说，货币最初为实物形态，后为金属铸币形态，再后为信用货币形态。穿插于其间的则有称量的金属货币形态、国家强制行使的纸币形态等等。货币在以实物形态和铸币(包括称量的金属货币)形态存在时，都不是信用的创造，作为货币的实物，如牛、盐、布帛，是劳动产品，不是信用产品，而金属铸币的存在也不依存于信用。

信用的产生，概括而言，在前资本主义社会，信用一直是以实物借贷和货币借贷两种形式并存。随着商品货币关系的发展，作为财富凝结的货币在借贷中日益占据重要地位，但实物形态的借贷仍然大量存在。信用的发展，对于货币的流通确实起过强大的作用。如货币借贷，使不流动的贮藏货币变成流动的，加快了货币流通的速度；唐代的“飞钱”这一类基于信用关系的汇兑业务，便利了货币在更广大地区的流动；北宋出现的“交子”是信用凭证，发挥了代替笨重铸币流通和补充铸币不足的作用，并引出了后来的国家强制行使的纸币，等等。这一切都说明货币、信用这两者的联系日益增强。但总的看来，货币与信用仍然保持着相互独立的状态。

2. 现代银行的产生与金融范畴的形成

在西欧前资本主义社会中，货币与信用的关系与我国古代大体类似。随着资本主义经济的发展，在西欧产生了现代银行。银行家签发允诺随时兑付金银铸币的银行券。银行券流通的规模迅速扩大，越来越多地代替铸币执行流通手段和支付手段职能。今天在世界各国流通的现钞都属于银行券范畴。同时，在银行存款业务的基础上，形成了既不用铸币也不用银行券的转账结算体系和在这个体系中流通的存款货币——用以结清大额交易的主要货币形态。

18—19 世纪，在主要资本主义工业化国家中典型的现象是：一方面存在着金属铸币制度(金本位制、银本位制、金银复本位制)。就金属铸币来说，其形制、成色、重量以及铸造程序由国家直接制定并加以管理。个人手中的金银可申请铸成货币，而造币厂则是国家设置的机构。另一方面，铸币流通范围急剧缩小，到 19 世纪末 20 世纪初，流通中的贵金属铸币已经很少，大量金银集中于中央银行，成为货币流通稳定的保证；用于转账结算的存款需要提取现金时，以银行券支付；银行券的信誉则由随时可兑取金币、银币来保证。在经济繁荣时期，一国在中央银行集中的贵金属准备，可支持规模比它大几十倍甚至几百倍的银行券和存款货币的流通；一旦危机来临，公众普遍追求现钞，进而追求铸币，则会同时造成货币制度和信用制度的剧烈震荡。发展到这样的地步，货币制度与信用制度的联系，非常明显，已经不可分割。只是由于金属铸币的流通依然存在，货币制度相对于信用的独立性尚未完全泯灭。

第一次世界大战后，在发达的资本主义国家中，贵金属铸币全部退出流通。到 20 世纪 30 年代，则先后实施了彻底不兑现的银行券流通制度。这时，货币的流通与信用的活动，则变成了同一的过程。任何货币的运动都是在信用的基础上组织起来的：基于银行信用的银行券是日常小额支付的手段；转账结算中的存款货币则是大额支付的主要形式。完全独立于信用活动之外的货币制度已荡然无存。任何信用活动也同时都是货币的运动，信用扩张意味着货币供给的增加，信用紧缩意味着货币供给的减少，信用资金的调剂则时时影响着货币流通速度和货币供给在部门之间、地区之间和微观经济行为主体之间的分布。

当货币的运动和信用的活动虽有多方面联系却终归保持着各自独立发展的过程时，这是两个范畴；而当两者密不可分地结合到一起，那么，与货币范畴和信用范畴存在的同时，又增加了一个由这两个范畴长期相互渗透所形成的新范畴。我们习惯使用的“金融”词义正好符合这一范畴的外延。至于在历史上货币和信用相互渗透的种种形态则应视之为金融范畴的早期形态。

这个范畴在中国的最终形成较晚。由于长期的封建统治，中国自身的资本主义因素未能发展起来。随着西方资本主义的入侵，到 19 世纪末才有新式的银行出现。第一次世界大战后发展较快，现代银行初具规模。到 1935 年，以法币改革为标志，完全排除了银圆的正式流通，完成了金融范畴形成的最后一步。

（三）金融范畴的界定

伴随着货币与信用相互渗透并逐步形成一个新的金融范畴的过程，金融范畴也同时向投资和保险等领域覆盖。

投资，其古典形式，是个人出资或合伙集资经营农工商业，将本求利。而伴随着金融范畴的形成过程，投资也同时发生了质的飞跃——形成了以股票交易为特征的资本市场。

保险，无论是财产保险还是人身保险，其存在的根据，是危险、风险、生命周期，均独立于货币、信用之外。但早期的保险业务，就往往是与贷款业务同处在一个金融机构之中——保险的集中货币资金与货币资金的贷放直接结合。很快，保险集中的货币资金虽然主要不再用以直接贷放，却主要投放于金融市场。在金融市场上，保险资金所占的份额有举足轻重的地位；保单之类的保险合约也成为金融市场上交易的重要金融工具之一。至于其中的人寿保险，其主要部分，从其产生伊始，就是保险与个人储蓄的结合；直到今天依然如此。所以，从不同角度，保险均成为金融领域的重要组成因素。

此外，信托与租赁等等，或几乎完全与金融活动结合，或大部分与金融活动结合，成为金融所覆盖的领域。

就以上分析，金融可以界定为：凡既涉及货币，又涉及信用，以及以货币与信用结合为一体的形式生成、运作的所有交易行为的集合。

二、金融学的概念及其研究对象

（一）金融学的概念

金融学是研究金融的基本理论及其运动规律的科学，是一门研究货币、信用、金融机构、金融市场等基本范畴及其运作机制的经济学科。它既包括以微观金融主体行为及其运行规律为研究对象的微观金融学的内容，又包括以金融系统整体的运行规律及其各构成部分的相互关系为研究对象的宏观金融学的内容。

（二）金融学的研究对象

金融学是从经济学中分化出来的学科，其研究对象是社会金融现象，即研究货币、信用、利率、金融机构、金融市场、国际金融、金融宏观调控、金融监管等金融活动规律及其所反映的社会经济关系。金融学研究的基本内容包括以下三方面：

1. 金融范畴的理论分析

金融范畴的理论分析包括对货币、信用、利息与利率、汇率等金融基本范畴的基本理论及其运动规律的分析。

2. 金融范畴的微观分析

金融范畴的微观分析包括对银行和非银行金融机构实务运作机制和发展趋势

的分析；对金融市场实务运作机制的分析；对金融机构与金融市场相互作用的分析；对金融在经济中地位和功能的分析等。

3. 金融范畴的宏观分析

金融范畴的宏观分析包括货币需求与货币供给；货币均衡与市场均衡；利率与汇率形成；通货膨胀与通货紧缩；金融与经济发展；金融体系与金融制度；货币政策与金融宏观调控；国际金融体系与国际宏观政策的协调等。

第二节 工程金融学的概念

一、工程金融学的形成

金融学有众多分支，其中与工程学紧密相关的，是正逐渐兴起的工程金融学。阐述工程金融学的概念之前，我们先分析一下工程金融学的发展背景。

随着社会的不断进步以及分工的精细化，学科交叉成为不可避免的趋势，金融学自然也在这个浪潮之中。现如今，金融学与工程、数学、统计、法学等学科相互交叉。金融与数学的交叉使得阐述金融思想的工具从日常语言逐渐发展为数理语言，金融数学模型帮助金融兼具了理论与抽象；金融与法学的交叉使得我国可能建立起更好的金融法律体系来解决我国金融改革的结构性难题；金融与工程学①的交叉，产生了工程金融学，使金融的理论和思想可为工程领域的投资、融资及风险管理等提供指导。

长期以来，由于我国金融衍生产品等金融工具的缺乏以及我国工程市场的不健全，金融学与工程学的结合程度较浅。随着金融理论和工具的不断发展、完善，投融资等金融学理论及保险、保证担保等金融工具在工程建设领域得到越来越多的应用，工程金融学的概念体系逐渐形成。

综上所述，工程金融学可以概括为：以金融学的理论及工具为基础，研究工程建设领域中涉及货币、银行与非银行信用、投资、商业保险、信托、租赁等经济活动，为工程各参与方提供投资决策、资金筹措、风险管控、工程保险、工程保证担保等决策活动的理论与方法。

二、工程金融学的研究内容

工程金融学，研究的是信用活动、资金融通及与之相关的经济活动在工程建设

---

① 工程学是研究自然科学应用在各行业中的应用方式、方法的一门学科，同时也研究工程进行的一般规律，并进行改良研究。本书中的工程学特指研究自然科学应用于建筑业中的应用方式、方法的学科。

领域的应用问题。工程金融学的研究内容仍在不断发展，本书主要研究工程投资、工程融资、工程保险、工程保证担保等内容。

工程金融学的知识框架体系如图 1-1 所示。

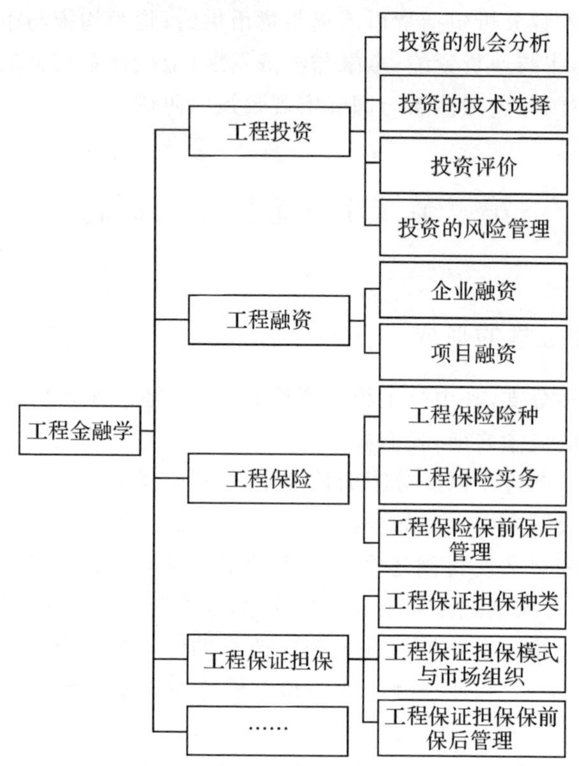

图 1-1　工程金融学的知识框架体系

三、工程金融学的研究意义

(一)理论意义

通过研究，建立一套以金融学的理论和工具为基础，为工程各参与方提供投资选择、资金筹措、风险管控、工程保险、工程保证担保等决策活动的理论与方法体系。

(二)现实意义

1. 有利于工程项目目标的实现

工程项目建设需要对质量、进度、投资等目标进行控制。通过研究工程金融学，为工程各参与方提供投资决策、工程投资、工程融资等决策活动的理论与方法，为工程各参与方提供了工程项目目标控制的新的方法与手段，这将有利于工程项目目标的实现。

2. 有利于降低工程项目建设的风险

建设工程项目在开发、实施过程中，面临各种各样的风险，这些风险包括政策法规风险、市场风险、合同履约风险、技术安全风险、资金财务风险、自然风险等。风险管理的成效与项目建设的成败密切相关，通过研究工程金融学，可为工程各参与方提供工程项目风险管理、工程保险、工程保证担保的理论与方法，这将有利于降低工程项目建设的风险。

思考题

1. 金融范畴涵盖哪些领域？金融范畴在中国是什么时候形成的？
2. 简述金融学的基本研究内容。
3. 简述工程金融学的定义。
4. 简述工程金融学的研究内容。

第二章 工程金融学基础

金融学是一门研究货币、信用、金融机构、金融市场等金融基本范畴及其运作机制的经济学科，其外延广阔、知识涵盖众多。本章将着重介绍货币与信用、金融中介与金融市场、风险管理、公司金融等金融学的理论、知识。

第一节 货币与信用

信用与货币自古以来就存在着紧密联系，主要表现为以下两个方面。

首先，以货币为媒介的商品流通的发展，为商品买卖在时间上和空间上分离创造了条件；商品的价值通过货币来表现，使价值可以从观念上独立于使用价值之外。而这种价值观念的强化，就为信用交易提供了可能，所以，货币是信用得以产生的一种原始的推动力。

其次，货币支付手段职能的发展，使商品让渡同商品价值的实现在时间上分离开。这种分离意味着商品的卖者要先让渡商品，然后才能获得出卖的商品的价值，而商品的买者则可以先具有商品的使用价值，并作为未来所应支付货币的代表而赊购商品，形成了卖者作为债权人和买者作为债务人的债权债务关系。

下面我们将对货币与信用分别进行阐述。

一、货币与货币制度

本书将从货币的起源、种类、职能以及货币制度等方面对货币的相关知识进行阐述。

(一)货币的起源

人类社会在地球上已有百万余年或更长的历史，货币却是几千年前才开始出现在人类社会之中的。

货币是怎么产生的？中外哲人代表性的观点有以下两种：

一种观点认为，货币的出现是与交换联系在一起的。根据史料的记载和考古的挖掘，在世界各地，交换都经过两个发展阶段，先是物物直接交换；然后是通过媒介的交换，即先把自己的物品换成媒介的物品，然后再用所获得的媒介物品去交换自己所需要的物品。比较定型的媒介便成为货币。在世界上，牲畜曾在很多地区成为这种媒介；在中国最早的媒介则是“贝”。

另一种观点认为，货币是有权势的统治者，或者贤明的人确定的。比如《管子》就认为，是“先王”为了进行统治而选定某些难得的、贵重的物品作为货币。

应该说，强调货币的存在乃客观经济生活发展的必然，是通向认识本质的正确道路。循着这条思路，马克思用最完整的劳动价值论对货币产生的论证有划时代的意义，这需要在更高层次的学习中专门学习、讨论。

（二）形形色色的货币

在几千年的岁月中，货币的形态经历着由低级向高级不断演进的过程。

1. 古代的货币

据古籍的记载、青铜器的铭文和考古的挖掘，中国最早的货币是贝。其上限大约在公元前 2000 年。商周的铜器铭文和甲骨文都有关于用贝作赏赐的记载；墓葬发掘的陪葬品中则有大量可推断是用作货币的贝。作为货币的贝，单位是“朋”，10 个贝串起来为 1 朋。贝流通的下限大约是在金属铸币广泛流通的春秋之后。在我国的文字中也可看出贝作为货币长期存在的事实：很多与财富有联系的字，其偏旁都为“贝”，如货、财、贸、贱、贷、贫等。

产于南方海里的天然海贝，成为北方夏、商、周的货币，这是外来物品作为货币的典型例子。此外，日本、东印度群岛以及美洲、非洲的一些地方也有用贝作货币的历史。

2. 币材

当货币在生活中的重要性日益加强时，一般说来，作为货币的商品要求具有如下四个特征：一是价值比较高，这样可用较少的媒介完成较大量的交易；二是易于分割，即分割之后不会减少它的价值，以便于同价值高低不等的商品交换；三是易于保存，即在保存过程中不会损失价值，无须支付费用等；四是便于携带，以利于在广大地区之间进行交易。事实上，最早出现的货币就在不同程度上具备这样的特征。如贝，作为计量单位不需分割，也便于携带，价值也高。牲畜则不那么理想，特别是一头牲畜分割之后，部分价值的总和就会大大低于整体；但价值高，又便于转移，则是其优点。只要商品交换没有发展到一定阶段，某些方面的缺欠并非是不能容忍的。探险家在太平洋的雅普岛上发现当地人用巨大的难以搬动的轮形石盘作货币。在那个岛的范围内，获得货币的所有者只需凿上自己的印记即可，而无须搬走。

随着交换的发展，对以上四个方面的要求越来越高，这就使得金属日益成为货币商品。金属充当货币的优点是非常突出的，尤其是金属可多次分割，可按不同比例任意分割，分割后还可冶炼还原。金属易于保存，特别是铜、金、银都不易被腐蚀。因而世界各地历史上比较发达的民族，先后都走上用金属充当货币之路。

充当货币的金属主要是金、银、铜。铁作为货币的情况较少，这是因为当冶炼技术发展后，铁的价值较低，用于交易过于笨重，而且易锈蚀，不便保存。古希腊斯巴达，公元前6世纪有使用铁钱的记载。中国五代十国之际出现铁钱；宋代四川专用铁钱，有些地方铁钱、铜钱并用；后来也间断有用铁钱的，但流通范围有限。

货币这个经济范畴并不是自然界产生的，而是一定的社会生活条件的必然产物。但货币在经济生活中出现之后，就逐渐找到金银这类最适宜于担当自己作用的贵金属并与它们结合在一起。由此引出了马克思的一句名言："金银天然不是货币，但货币天然是金银。"

3. 铸币

金属货币最初是以块状流通的，这很不方便，因为每笔交易都需要称量重量、鉴定成色，有时还要按交易额的大小把金属块进行分割。随着商品生产和交换的发展，有些富裕的、有名望的商人在货币金属块上打上印记，标明重量和成色，以便于流通。当商品交换进一步发展并突破地方市场的范围后，对于金属块的重量、成色要求更具有权威的证明。最具有权威的，自然就是国家。

铸币是由国家的印记证明其重量和成色的金属块。所谓国家的印记，包括形状、花纹、文字等。最初各国的铸币有各种各样的形式，但后来都逐步过渡到圆形。圆形最便于携带并不易磨损。

20世纪初，世界主要国家先后跨越过铸币流通的阶段。

4. 用纸做的货币

中国在10世纪末的北宋年间，已有大量用纸印制的货币——"交子"，成为经济生活中重要的交易手段。最初是由四川商人联合发行的，在四川境内流通，可以随时兑换。后来由于商人的破产，官府设置专门机构发行，名义上可以兑换，但大多时候不能兑换。流通范围由四川扩及各地，成为南宋的一种主要货币。

元代则在全国范围实行纸钞流通的制度，其中具有代表性的是忽必烈在位时发行的"中统元宝钞"。开始时也曾一度可以兑换，但很快停止。元代纸钞流通的特点是大多数年份都不允许铜和金银流通。而宋则是纸钞与铜钱并行，并有白银流通。

明代发行"大明宝钞"，从不兑现。开始时曾禁铜，乃至禁金银流通，只准行使宝钞。但事实上行不通，遂逐步解除禁令。后来，一方面由于金、银流通的增大，另一方面由于宝钞滥发，急骤贬值，自宋以来的中国式的纸钞流通遂逐渐退出经济生活舞台。

5. 银行券与国家发行的纸币

银行券是随着资本主义银行的发展而首先在欧洲出现于流通中的一种用纸印制的货币。最初，一般商业银行都可发行银行券。发行银行券的银行，保证随时可按面额兑付金币、银币。到19世纪，在工业化国家中，先后禁止商业银行发行银行券并把发行权集中于中央银行。19世纪末20世纪初，在银行券广泛流通的同时，贵金属铸币的流通数量日益减少，表现出纸制钞票的流通终将取代铸币流通的趋势。

在第一次世界大战前，只在战时或经济震荡时，一些国家才会停止银行券兑现并由国家法令支持其流通。但到第一次世界大战中，世界各国的银行券普遍停止兑现。战后，有的国家曾一度实行可兑换为金块的制度，或可兑换为外汇的制度。但到20世纪20年代末，世界主要国家的银行券完全停止兑现。

与银行券同时处于流通中的，还有一种由国家发行并强制行使的纸制货币。有的国家所称的“纸币”即专指这种钞票。如在英国，国库发行的钞票即称为“纸币”；过去日本也发行“大日本帝国纸币”；苏联曾长期流通过一种国库券，发行者是国库；在美国，这种性质的钞票则是有名的“绿背”钞票。当银行券与这种钞票并行流通时，两者的分工是在面额上：银行券多是大面额钞票；国库发行的钞票则都是小面额的。

中国的现代银行出现较晚。19世纪中叶，外国银行开始在华设点；中国民族资本的现代银行则是19世纪末才开始创业。现代银行出现后，银行券也出现在中国经济之中。那时，西方列强各国，银行券已由中央银行垄断发行；而中国却是商业银行、外商银行、地方政府银行，纷纷发钞。名义上是可兑换为银圆的兑换券，但极无保障。1935年，国民党政权实行法币改革，规定中央银行、中国银行、交通银行，后来又加上中国农民银行这四家发行的钞票为“法币”，是法定不兑现的银行券；1942年又把钞票发行权集中于中央银行。与之同时，在20世纪三四十年代，各革命根据地，多以根据地地方银行的形式发行钞票。其间，也发行过可兑换银圆的兑换券，但大多是不兑现的。人民币是1948年12月1日开始由刚刚组建的中国人民银行发行的不兑现银行券，这标志着中华人民共和国货币制度建立的开端。

6. 可签发支票的存款

现代银行的一项重要业务是给工商业者开立支票存款账户。顾客可依据存款向银行签发支付命令书——支票，并用支票支付货款，支付各种收费，履行对国家的财政义务，等等。通过支票的收付，付款人在银行存款账户上的相应款项转为收款人在银行存款账户上的款项；依据存款，收款人又可履行自己的支付义务。这样的过程称之为转账结算。可用于转账结算的存款，与银行券同样发挥货币的作用。所以，这种可签发支票的存款被称之为“存款货币”。对于工商业者，对于机关团体，有钱没钱，主要不是看有多少现钞，而是看有没有或有多少存款，特别是可签发支票的存款；它们的货币收付，现钞只占一部分，大量的则是通过支票转账。在现代经济生活中，存款货币的数量通常都几倍于不兑现银行券的量。

事实上，定期存款和居民的银行储蓄也是货币，只不过它们是不能直接流动的货币。

7. 外汇存在的种种形态

外汇也有多种存在形态。

讲到外汇，人们首先想到的是某种外币现钞，如美元钞票、英镑钞票、日元钞票、德国马克钞票等等。当然，还必然会想到与相应钞票伴随流通的小额金属硬币。然而，就如同国内的货币收付总额中用现钞和硬币进行的只占一小部分一样，在对外收付总额中，用外国钞票和硬币进行的也同样是一小部分。

外汇中主要是境内银行(本国的银行和外国在本国境内的银行)的外币存款和境外银行的外币存款。依据存款，可提取外币现钞；但更主要的是据以签发支票等转账结算工具进行货币收付。

在外汇中的另一大块是以外币标示的有价证券。其中主要是外国政府的债券、外国公司的债券和股票。

8. 电子计算机的运用与无现金社会

在电子技术迅速发展的今天，货币形态也受到了巨大的影响。

首先，电子计算机运用于银行的业务经营，使很多种类的银行塑料卡取代现钞和支票，成为西方社会日益广泛运用的支付工具。由于这些银行卡的迅速发展，有人认为，它们终将取代现金，这样就会出现无现金的社会。

同时，由于计算机网络迅速覆盖全世界，纯粹的网络银行出现了，传统银行的业务也有越来越大的部分在网上运作。如此等等，是否有可能使得处于电磁信号形态上的货币成为货币的主要形态？这样的趋势将使货币本身乃至市场经济的运作发生怎样的变化，也同样值得关注。

(三)货币的职能

货币的职能是在商品经济的发展中逐渐形成的。马克思按照货币职能产生、形成的历史顺序，先后阐述了货币的价值尺度职能、交换媒介职能、储藏手段职能、延期支付标准和世界货币职能。

1. 价值尺度

价值尺度是货币衡量和表现商品价值大小的职能。货币在执行价值尺度职能时，只是观念上的货币，不一定要现实的货币。但要求执行价值尺度职能的货币本身须有价值。例如，1 只羊值 1 两白银，只要贴上个标签就可以了。当人们在做这种价值估量的时候，只要他的头脑中有银的观念就行了。

货币在发挥价值尺度职能时，产生了两个派生职能：一是价格；二是价格标准。价格是商品价值的货币表现。货币作为价值尺度的职能，就是根据各种商品的价值大小，把它表现为各种各样的价格。价格标准是指每一货币单位所内含的、用于测定一切商品价值的含金量。如过去中国的“两”，现在的“元”“角”“分”。价值尺度职能是通过价格标准来实现的。由于存在着价格标准，价值的体现就有了统一的计量尺度，不同种类和不同数量的商品的价值就能很容易地进行衡量和比较。价值尺度与价格标准相互依存。价值尺度依赖价格标准发挥职能，价格标准是货币发挥价值尺度的技术规定。

2. 交换媒介

交换媒介职能是指货币在商品流通过程中起媒介作用时所发挥的职能。货币执行交换媒介职能时，必须是现实的货币，不能是观念上的货币，但可以用足值的货币或没有价值的符号代替。因为在这里，货币仅仅是交换手段.而不是交换的目的，其本身有无十足价值并不重要。

3. 储藏手段

商品生产者把货币当作财富来保存或当作价值来积累时，货币便执行储藏手段的职能。发挥储藏手段职能的货币必须是足值的、实在的，或在比较长的时间内稳定地代表一定的价值量。由此看来，货币能否作为价值的储藏，取决于两个因素：一是在储藏期内不损失其价值；二是在需要购买时能顺利地购买到所需的商品。

在金属货币流通的条件下，充当储藏手段的货币是具有内在价值的金或银。金银的储藏具有自发地调节货币流通量的作用：当流通中的货币量过多时，多余的金属货币会退出流通，进入储藏；当流通中的货币量不足时，储藏的货币会进入流通。所以，在金属货币流通的条件下，货币流通基本上能够保持正常和稳定，不会产生货币过多或过少的现象。

现代经济中的信用货币是价值符号，本身没有内在的价值，也不能兑换金银，因此，它不具有典型意义上的储藏手段职能。在纸币币值稳定的前提下，货币所有者无论是持有沉淀货币，还是把它存入银行变成存款，都发挥了积累和储蓄手段的作用。但这并不意味着有对应数量的真实价值退出流通领域。相反，这些货币可能通过种种渠道被运用于生产和流通等过程中，这一点与金银货币不同。

需要说明的是，货币并不是唯一的财富储藏形式。从收益上讲，它也不是最好的财富储藏形式。在现代经济生活中，土地、房屋、股票、债券等有价证券都是财富的资产形式，其收益往往高于货币。

4. 延期支付标准

当货币作为价值运动的独立形式进行单方面转移时，就是延期支付的职能，例如我们常见的商品赊销、预付货款、清偿债务、银行信贷、消费信用、缴纳税赋、发工资、交租金等。发挥延期职能的货币必须是处于流通过程中的现实货币，一个重要特点就是货币让渡与商品让渡在时间上是分离的。

作为延期支付的货币与作为流通手段的货币有很多区别。例如，作为延期支付手段的货币，与等价的商品不同时出现在交换过程的两极上，而是作为价值的独立形态，单方面发生转移；作为延期支付手段的货币也不是商品交换的媒介物，而只是补充交换的一个独立环节；作为延期支付手段的货币，不但反映了交换双方之间的买卖关系，而且反映了它们之间的债权债务关系，即信用关系。

利用赊购的方式先得到原材料进行生产，待商品出售后再支付欠款。一方面，货币的延期支付手段克服了货币作为流通手段时要求一手交钱、一手交货的局限性，推动了商品流通的进一步发展。另一方面，货币作为延期支付手段，扩大了商品经济的内部矛盾。因为众多的赊欠交易发生后，商品生产者之间债权债务的联系形成了一条债务关系铰链。一旦某个商品生产者不能按期清偿债务，就要影响一系列企业资金的正常周转，容易发生支付危机，使危机的影响范围扩大。

5. 世界货币

当货币超出国界，在世界市场上发挥价值尺度、流通手段、支付手段职能时，就能发挥世界货币的职能。货币的世界职能主要有以下几个方面：一是在国际贸易上作为一般购买手段，如商品的进出口；二是在国际收支上执行一般支付手段职能，如偿付国际债务、支付贷款利息；三是作为国际财富的一般转移，如战争赔款、对外援助。

由于金银货币本身的内在价值，世界货币曾经长时间由金银充当。在金属货币流通条件下，典型的世界货币必须是原始的金银条块，而不能是铸币和货币符号等。当前，世界各国普遍实行纸币流通制度。美元、欧元、日元等一些发达国家和地区的货币，由于可自由兑换、经济实力强、币值较稳定，在国际贸易中被广泛地使用，发挥着世界货币的职能。随着网络全球化，国际支付有可能转变为电子信息存储的方式，即由电子货币支付；但有着真实内在价值的黄金依然是国际的最后结算和支付手段。

(四)货币制度

货币制度简称币制，是国家以法律形式规定的货币体系和货币流通的组织形式，使货币流通的各个要素结合成为一个有机整体。完善的货币制度能够保证货币和货币流通的稳定，保障货币正常发挥各项职能。

货币制度主要包括货币材料，货币单位，主币与辅币的铸造、发行和流通程序及准备金制度等要素。

1. 确定货币材料

规定货币材料就是规定币材的性质。确定不同的货币材料就形成不同的货币制度，例如规定银为货币材料，就称为银本位制；规定金为货币材料，则称为金本位制。确定货币金属是金属货币流通条件下整个货币制度的基础。目前，各国都实行不兑现的信用货币制度，币材的确定已经不是一个重要因素了。

2. 规定货币单位

货币单位是货币本身的计量单位，规定货币单位包括两方面：一是规定货币单位的名称；二是规定货币单位的值。在金属货币制度条件下，货币单位的值是每个货币单位包含的货币金属重量和成色。例如，美国的货币单位名称为美元，根据1934年的法令，1美元的含金量规定为0.888 671克黄金。英国的货币单位名称为英镑，按照1870年铸币条例，其含金量为7.97克黄金。中国在1914年的《国币条例》中规定，货币单位名称为"圆"，每圆含纯银库平为6钱4分8厘，合23.977克。在信用货币尚未脱离金属货币制度的条件下，货币单位的值是每个货币单位的含金量；在现代纸币本位制度中，货币单位不再规定含金量，货币单位与价格标准逐渐融为一体，货币的价格标准即是货币的单位及其划分的等份，如元、角、分。

3. 主币与辅币的铸造、发行和流通

各国货币通常都包括纸币、铸币和存款货币，流通中的纸币和铸币称为通货。一国的货币制度是指由各种货币依据等价关系所构成的体系与秩序。货币制度的核心是货币的标准和计量单位，即货币本位。在多种货币并存的情况下，充当计算单位或基本单位的货币称为本位货币，即标准货币。一个国家需要通过法律形式对本位货币的名称（如我国的元、英国的英镑、美国的美元）、种类、法偿性、价值或等价关系做出规定。辅币是主币以下的小额通货，供日常零星交易与找零之用。

4. 准备金制度

准备金制度有两种情况：一种是在金属货币与银行券同时流通的条件下，为了避免银行券过多发行，保证银行券信誉，发行机构按照银行券的实际规模保持一定数量的黄金；另一种情况是在纸币流通条件下，发行纸币的金融机构（中央银行或者商业银行）维持一定规模的黄金。发行货币机构按照一定要求与规则持有黄金就是黄金储备制度，是货币制度的一项重要内容，也是一国货币稳定的基础。多数国家的黄金储备都集中由中央银行或国家财政部管理。

在金属货币流通的条件下，黄金储备主要有三项用途：第一，作为世界货币的准备金；第二，作为国内货币流通的准备金；第三，作为支付存款和兑换银行券的准备金。在当代世界各国已无金属货币流通的情况下，纸币不再兑换黄金，黄金准备的后两项用途已经消失，但黄金作为国际支付的准备金这一作用仍继续存在，各国也都储备一定量的黄金作为准备。各国中央银行为了保证有充足的国际支付手段，除了持有黄金之外，还可以选择储备外汇资产。

二、信用与信用形式

汉语中的信用，是指依附在人之间、单位之间和商品交易之间形成的一种相互信任的生产关系和社会关系。古人常说，"言不信者，行不果""人而无信，不知其可也"，这正表明了人们对于信用的看重。

(一)信用及其与货币的联系

1. 信用的概念

"信用"这个词是我们在学习西方文明的过程中引进的。在中国的传统文字中,如果是讲道德规范、行为规范,是一个"信"字;如果讲的是经济范畴,与之相当的是"借贷",是"债",等等。

西方各国的文字中,信用一词的原意是相信、信任、声誉等,这些意思与作为经济范畴的信用有联系,但不足以说明信用这个经济范畴的本质特征。

信用这个范畴是指借贷行为。这种经济行为的形式特征是以收回为条件的付出,或以归还为义务的取得;而且贷者之所以贷出,是因为有权取得利息,借者之所以可能借入,是因为承担了支付利息的义务。

2. 古代的信用

信用和货币一样,也是一个很古老的经济范畴。

在中国古代的典籍中有不少关于借贷的记载。公元前 300 年,孟尝君放债的故事就是其中最有名的一则。他在自己的封邑"薛"放债取息,作为奉养 3 000 宾客的财源之一。有一年,薛地歉收,很多人没交利息,他派人催收,仍"得息钱十万"。可见,放债的规模是相当可观的。

《管子》有一篇《问》,可以说是战国时期的一份国情调查提纲。其中有三问涉及信用: "问邑之贫人债而食者几何家";"贫士之受责(债)于大夫者几何人";"问人之贷粟米,有别券者几何家"。把借债、放债作为国情调查的内容,这说明债务关系在经济生活中已是相当普遍的现象。

在西方,关于债务的问题也有很多重要的历史资料,似乎较之中国更早。大约在五千年前,苏美尔人在美索不达米亚平原就有农业信用的记录。公元前 18 世纪,古巴比伦皇帝汉谟拉比编制了一部法典,其中关于债务问题的规定非常具体。如其中第八十九条规定,贷谷的利息达本金的 1/3,贷银则达 1/5;第九十条规定,债务人如无谷物和银子还债,应以其他动产作抵。规定如此详尽,说明债务关系已经有了很长时期的发展。

3. 实物借贷与货币借贷

从历史记载中我们所看到的有关信用的材料都说明,它一直是以实物借贷和货币借贷两种形式存在的。上面引述的孟尝君"出息钱于薛"和汉谟拉比法典中关于贷银的法律规定,显然都是货币的借贷;《管子·问》中的"贷粟米"和汉谟拉比法典中关于贷谷的法律规定,则是实物的借贷。

随着商品货币关系的发展,货币越来越成为借贷的主要对象。但在自然经济占主导地位的前资本主义社会里,货币借贷一直未能全然排除实物借贷。在一些落后的国度中,如我国,直到 20 世纪的上半叶,在广大农村,实物借贷依然相当广泛地存在着。只有当资本主义关系不断浸透城乡经济生活的各个角落，或者说商品货币关系在经济生活中无所不在的时候，实物借贷才丧失其大量存在的基础。

(二)最古老的信用—高利贷

高利贷在人类最古老的社会中即已存在。无论是在东方还是在西方，在前资本主义社会的经济生活中，高利贷是占统治地位的信用形式。

1. 高利贷的特点

极高的利率是高利贷最明显的特征。在过去的中国，借贷习惯按月计息。月息3分，即本金的3%，是最“公道的”水平。月息3%，不计复利，年息也达36%，比现在的银行利率水平高好多倍。但实际的利率通常还高于月息3%。至于高到何种程度，很难说出上限。比如，20世纪50年代以前的农村，在粮食的借贷中，春借1斗秋还3斗是极其普遍的。即半年的间隔，利息就为原本的2倍。

之所以出现这样高的利率，是由前资本主义社会中的经济条件所决定的。

那时的阶级构成是这样两级：一是农民及小手工业者，一是奴隶主和封建主。农民和其他小手工业者借钱，或是由于受伤患病、丧葬嫁娶，没有钱办不了事；或是天灾兵祸，不借钱无以持续简单再生产。在这种情况下，明知债务负担沉重，难以偿还，也不得不借。奴隶主、封建主借钱，或是为了支持其统治的政治经济需要，或是为了挥霍享受，他们是财富的消费者，只要钱到手，不会顾及将来如何。

再者，在自然经济占统治地位的条件下，那是金属货币流通的天下，货币的数量有限度，从而高利贷的供给是有限的。而借钱的需求，无论是来自农民小生产者，还是来自统治阶级，对比起来都很大。这种供求对比情况也决定了高的利率水平。

2. 历史上对高利贷的态度

中国古代对高利贷的态度，可列入古圣先贤言论的主要有两种。一种是以司马迁为代表，他把放债与冶铁、煮盐、种田、畜牧、酿造、经商等等同等看待。他认为，包括放贷者在内，这些人都不是做官致富、犯法致富，而是审时度势、获取盈利，可以称道。另一种态度是揭露高利贷的压榨本质。晁错的言论有代表性，他说农民很勤苦，负担又重，遇上水旱灾害和过重的税赋，有粮食的只得低价卖粮，没有粮食的则“取倍称之息”，即不得不借“取一偿二”的高利贷，“于是有卖田宅鬻子孙以偿责(债)者矣”。但他也没有主张取缔高利贷。

在古代的西方，不只是对高的利率，就是对利息本身也存在彻底否定的看法。《旧约·列未记》上说：“借给人钱，不可取利；借给人粮，不可多要。”伊斯兰教和婆罗门教，也有不许向同胞兄弟们收取利息的禁律。然而教义并不能改变高利贷存在的事实。类似的观点，在中国的古代也存在，但多是出现在农民起义之中。

3. 资产阶级反高利贷的斗争

高利贷的压榨，在古代社会中，不仅造成劳动者的破产，也同时破坏着占统治地位的所有权制度，但它并不能创造新的生产方式。马克思曾指出："高利贷不改变生产方式，而是像寄生虫那样紧紧地吸在它身上，使它虚弱不堪。高利贷吮吸着它的脂膏，使它精疲力竭，并迫使再生产在每况愈下的条件下进行。"

在从封建社会向资本主义社会过渡期间，在发展资本主义的经济条件已经开始具备的条件下，高利贷者手中的货币有可能转用于资本主义经营。但是高利贷，从其本质看，所依托的是旧的小生产占优势的生产方式。正是这种生产方式，而不是资本主义，即可保证其极高的回报。

在资本主义经济开始发展的阶段，资本家需要货币资本支持其发展，而超过其经营回报的极高利率则是资本家所不能承担的。因此反高利贷曾是新兴资产阶级为发展自己的事业而斗争的一项重要内容。

当高利贷垄断信用事业时，任何降低利率的法令只能一时一地起些作用。而真正动摇其垄断地位的根基的，则是资本主义自身的发展所创造的条件。这一方面是商品货币关系的极大扩展，在经济生活中，各种各样的经济行为主体都会或此时或彼时，或多或少，有闲置的货币，从而必然形成大量的货币资本供给。同时，迅速增长的货币需求，也由于发展的信用关系不断创造出信用流通工具，替代金属货币，从而得到满足。这就为利息率从属于资本主义的需要提供了基础。

4. 当前的"民间借贷"

从 1978 年改革开放政策开始实行直至今天，特别是农村地区，民间借贷相当活跃。民间借贷大体包括两部分：一是指在民间自发产生的借贷组织形式，它们的出现并非政府倡导，从而得不到政府的支持，也得不到专门法律或法规的保护；另一部分是指无定型组织形式但严格遵循借贷准则的经济行为，如必须按相当水平的利率还本付息。这一部分的民间借贷通常是通过邻里、熟人的中介进行。

民间借贷是否是高利贷？进行判断的一个关键性界限是，是否显著超出现代信用关系中的利率水平，在我们这里可以理解为是否大大超出法定利率水平。然而高到怎样的程度才算高利贷也无定论。改革开放为私人的经营活动提供了极大的余地。他们极其需要货币资金，而高的投资回报又使其有可能支付高水平的利息。换言之，这里的高利率并未达到阻碍经营活动发展的水平。

民间借贷之所以活跃，是由于现代的信用体系尚不足以满足经济生活中的借贷需求——广大农村和一些城市居民困难户的借贷需求乃至小型经营活动的小额货币资金的需求。从这个角度看，相当活跃的民间借贷反映着变革了的经济生活与处于转轨过程中的制度这两者尚不适应的矛盾。面对这种特殊的情况，简单禁止必将是禁而不止。它的解决，恐怕根本的出路，还是在于深化金融体制改革，活跃融资渠道。看来，以发展现代的信用方式来取代这种古老信用方式，还要有一个过程。

(三)现代信用活动的基础

现代活动中处处需要用到信用,无论是个人、企业、社会还是国家,都处于各种各样的信用关系之中。

1. “信用经济”

有一种说法认为,现代经济可以称为“信用经济”。理由是债权与债务的关系无所不在、相互交织,形成网络,覆盖着整个经济生活。

对于企业经营单位,时时有借入与贷出。政府几乎没有不发行债券的——不仅在国内发,也往往在国际金融市场上发。而各国政府对外国政府,有时是既借债又放债。个人同样如此。试想银行如果不办理储蓄存款业务,那将是不可想象的。至于广泛地存在消费信用的国家,很多人如不靠分期付款购买耐用消费品甚至房屋,他们将不知如何安排生活。作为经济强国的美国,它的债务负担之大如同它的财富之多一样出名。2016 年,美国债务总额已达 70 万亿美元,相当于 GDP 18.56 万亿美元的 3.77 倍。

2. 盈余与赤字,债权与债务

货币收入大于支出为盈余,货币支出大于收入为赤字。当经济生活中广泛存在着盈余单位和赤字单位时,通过信用进行调剂的必要性是显而易见的。任何货币的盈余或货币的赤字,都同时意味着相应金额的债权、债务关系的存在。

盈余单位往往不仅拥有债权,也同时负有债务。盈余是债权债务抵消后的净债权;同样,赤字单位往往在负有债务的同时也拥有债权,只不过债权小于债务。从这种角度来看,收支相抵的单位也并不等于没有债权与债务,而是债权与债务相当。

3. 信用关系中的个人、企业、政府和国际收支

个人的货币收入扣除了缴纳社会保障基金应由个人所负担的份额和应纳税款等缴纳义务后,是个人在当期的货币收入中可以由自己自由支配的部分。这部分称为可支配货币收入。可支配货币收入用于消费后的剩余是储蓄(经济学意义上的储蓄)。储蓄可以两种形态存在:一是以实物资产形态存在;二是以货币、以票据、以股票等形态存在。其中,货币、票据、股票等,统称为金融资产。如果把所有的个人作为一个整体,几乎在任何国家中,这个整体都是一个盈余的集合,是货币的主要贷出者。

企业与个人情况不同。在日常经营过程中,由于种种原因,企业经常需要借入款项;当然,也经常存在盈余可以贷出。既有贷出的可能,又有借入的需要,所以企业之间存在着广泛的资金调剂。这其中有企业与企业之间的调剂,更多的是通过金融媒介所进行的调剂。如果把所有的企业作为一个整体,资金需求与资金供给两相比较,在所有的国家中,通常是需求大大超过供给。

政府的货币收支主要是从中央到地方的各级财政收支。或是收大于支，形成财政结余；或是支大于收，形成财政赤字。政府一般是货币资金的需求者。

一国来自外国的所有货币少于对外国的所有货币支出，有赤字，习惯称为国际收支逆差；反之，有盈余，习惯称为国际收支顺差。国际收支顺差，有盈余，是向别国提供信贷的资金来源；国际收支逆差，则该国必须从国外借入资金以平衡赤字。

4. 作为信用媒介的金融机构

个人、企业、政府和有经济联系的国外各单位，它们相互之间的债权债务有些是直接发生的，但绝大部分都是通过种种金融机构媒介而成的。有盈余，存入银行；有赤字，从银行贷款。

作为媒介的金融机构，它们有自身的经营收入和日常经营所需的支出，结果可能是盈余，也可能是赤字。在这点上，与其他非金融单位是相同的。但作为金融媒介，它们还有另外一种债权与债务的对比：作为媒介要聚集资金，从而形成它们的债务；作为媒介要把聚集的资金通过诸如贷款等方式投放出去，从而形成它们的债权。这是非金融单位所不具有的一种特殊差额。

（四）现代信用的形式

信用作为一种借贷行为，要通过一定形式表现出来。信用形式就是表现借贷关系特征的形式。信用形式可按不同标准分类。通常以信用主体为标准，把信用划分为商业信用、银行信用、国家信用、消费信用等。以信用提供中是否通过中介机构，把信用划分为直接信用和间接信用。直接信用是指没有中间人参与的，借贷双方直接进行借贷的一种行为，包含商业信用、国家信用、公司信用等。间接信用是通过信用中介机构而间接发生的借贷行为，其特点是借款人和存款人不直接见面，互相也不了解，而是由信用中介替存款人和借款人办理一切信用手续，包含银行信用、消费信用等。

1. 商业信用

商业信用是指企业之间相互提供的，与商品交易直接联系的一种信用。其形式是在商品交易中超前交易和滞后交易下产生的，其基本的形式是赊销和预付。由于商业信用与商品流通紧密结合在一起，故称为商业信用。此外，商业信用也采取预付货款的方式。这是随着商品交换的发展派生出来的商业信用形式。

赊销形式的商业信用是很古老的信用形式。赊销商品的企业为了保证自己的权益，需要掌握一种能够受法律保护的债务文书，在这种文书上说明债务人有按照规定金额、期限等约定条件偿还债务的义务。这种文书就称为票据。通过票据使商业信用规范化则从西方开始。12 世纪，商业票据已在意大利商业城市中相当广泛地使用，大商人经常处于相互借贷的关系中，“很难相信从英格兰购买数百包羊毛的商人在将这些毛制成呢绒出售以前就能偿清羊毛的价款”。在中国，工商业之间的商业信用习惯上不是使用规范化形式的票据，而是采取“挂账”办法，即在账簿上记载债权债务关系。1929 年国民政府颁布了《票据法》,明确规定了商业票据是法定票据。

商业信用之所以必要,是因为这种信用形式直接同商品生产和商品流通相联系,是直接为产业资本循环服务的。在资本循环和周转过程中,各企业之间生产时间和流通时间经常出现不一致,经常出现商品的让渡同商品价格的实现在时间上分离开来。有些企业生产出来的商品等待销售,而需要这些商品的企业又缺乏资金。如果仅仅局限于现金的买卖或交易,势必造成商品销售时间的延长和再生产过程的中断。这时,商业信用就应运而生,并发挥着加速资本循环和周转、缩短生产时间和流通时间、促进再生产顺利进行的作用。

2. 银行信用

银行信用是银行及各类金融机构以货币形式提供的信用。这种信用是银行通过信用方式,将再生产过程中游离出来的暂时闲置货币资金以及社会上的其他游离资金集中起来,以货币形式贷给需要补充资金的企业,以保证社会再生产过程的顺利进行。银行信用是商业信用基础上发展起来的一种更高层次的信用形式,它和商业信用一起成为一个经济社会信用体系的基本成分。

和商业信用相比,银行信用具有以下特点:

(1)银行信用债权人是银行或其他金融机构,债务人是职能资本家。即银行可以把货币资本贷放给任何一个需要的部门或企业,克服了商业信用在方向上的限制,因而银行信用具有广泛性的特点。

(2)银行信用是以货币形态提供的。银行贷放出去的已不是在产业资本循环过程中的商品资本,而是从产业资本循环中游离出来的暂时闲置的货币资本即借贷资本,另外还有食利者的资本和各阶层的货币储蓄。它克服了商业信用在规模和数量上的局限性,因而具有规模大、范围广的特点。

(3)银行信用所动员的货币资金,可以续短为长,为企业需要长期资金提供信用支持,这就克服了商业信用短期性的局限,因而具有长期性的特点。

3. 国家信用

国家信用是以国家为债务人,为政府筹集资金的一种借贷关系。其形式是国债。国家信用有 3 个明显的特点:

(1)在国家信用关系中,债务人是国家,而不是职能资本家,债权人多为银行和其他金融机构、企业和居民个人。

(2)国家信用用于弥补财政赤字。随着经济的发展,国家财政开支的扩大,目前世界各国几乎都采用发行国债来筹措资金达到弥补财政赤字的目的,因为它比直接增加税收更隐蔽,更易于为公众接受。对于购买者来说,国债是在收益、安全、流动性方面都比较好的投资选择,而且还可避免因发行货币而导致的通货膨胀。

(3)调节经济的需要。当经济发展出现衰退时,私人投资下降,经济增长因有效需求不足而萎缩。这时若增加政府支出,可以对经济的扩张起推动作用。要实现政府支出的增加,则必须通过国家信用筹措资金。反之,流通中货币过多,则财政通过发行公债来吸收货币,对过热的经济起抑制作用。可见政府通过国家信用可达到调节经济的目的。

在现代社会中,国家从国内筹款是内债,从国外筹款是外债。无论内债还是外债,在经济社会中都是不可忽视的重要因素。表 2-1 说明了一些国家政府总债务占 GDP 比例的状况。

表 2-1 政府总债务占 GDP 的比例 单位:%

年份	加拿大	法国	德国	意大利	日本	英国	美国
1980	57.69	20.41	31.25	56.89	51.78	40.84	43.57
1985	84.39	30.59	40.69	80.48	68.05	43.07	53.10
1990	88.34	35.18	42.25	94.65	68.85	27.14	61.15
1995	114.0	55.44	55.14	121.08	92.83	41.10	69.13
2000	91.06	57.28	58.74	109.15	142.06	41.38	54.16
2005	78.41	66.74	66.34	105.82	191.64	42.40	60.77
2010	81.70	82.30	75.40	118.40	225.90	76.70	92.80

4. 消费信用

消费信用是指工商企业、银行和其他金融机构对消费者提供的信用。其形式多种多样:

(1)企业直接以赊销的方式,特别是分期付款的赊销方式,对顾客提供信用;

(2)银行和其他金融机构直接贷款给个人用以购买耐用消费品、住房以及支付旅游等费用;

(3)银行和其他金融机构对个人提供信用卡,客户只需持信用卡,便可以在接受该种信用卡的商店购买商品,定期与银行结账等。

消费信用的发展,使消费者能提前享受现时尚无力购买的消费品,在一定条件下可以促进消费商品的生产与销售,甚至促进经济的增长。一些企业往往利用消费信用的优惠条件,来推销自己的商品,扩大商品销货渠道,加速了商品资本向货币资本的转化。同时,消费信用对于促进新技术的应用,新产品的推销以及产品的更新换代,也具有不可低估的作用。但是,消费信用也会对经济发展产生消极的作用,消费信用的发展易引起消费过度膨胀。如果生产扩张能力有限,则会加剧市场供求紧张状态,促使物价上涨,为经济增加了不稳定的因素。而且,由于消费信用的动态与经济发展周期相一致,在经济繁荣时,借贷关系发展,消费信用扩大了商品销量;在萧条时,贷者和借者都减少这种借贷数额,使商品销售更加困难,从而使经济更加恶化。

5. 国际信用

国际信用是国际相互提供的信用。其债权人、债务人是不同国家的政府、机构或公民，其主要方式有国际银行信贷、出口信贷、项目贷款、政府贷款、国家租赁等商品形态的信用。

改革开放前，在高度集中的计划经济政策下，我国坚持“既无外债又无内债”的方针，警觉国际资本以任何方式流入。改革开放后，对国际信用的政策，从全盘否定、排斥转向发展和利用。从图 2-1 可以看出我国实际使用外资的变化趋势。实践证明，合理利用国际信用有利于推动我国经济的持续快速增长。

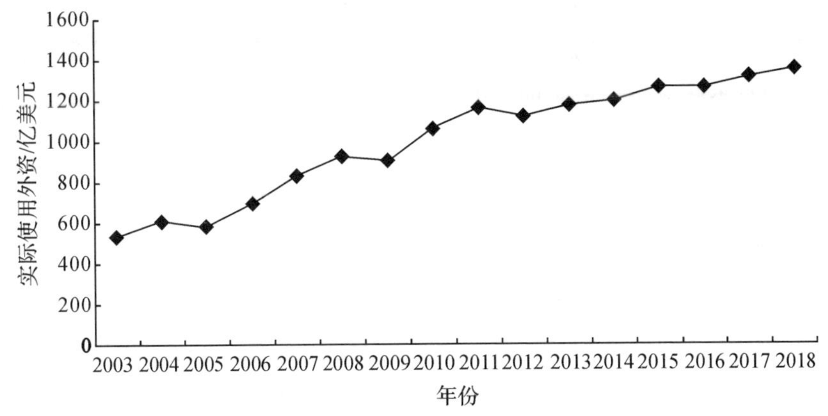

图 2-1　我国 2003—2018 年实际使用外资①

三、利率及其决定

利率是指一定时期内利息额与借贷资金额即本金的比率。利率是决定企业资金成本高低的主要因素，同时也是企业筹资、投资的决定性因素。在讲解利率相关知识之前，我们先对利息进行了解。

（一）利息

1. 利息的概念

利息是货币所有者（或债权人）因贷出货币或者货币资本而从借款人（或债务人）那获得的报酬。若着眼于债务人的角度，利息则是介入货币或者货币资本所付出的成本或代价。从本源上看，利息是剩余价值或者利润的一部分。

① 资料来源：各年度《中国统计年鉴》。

2. 人类对利息的认识

历史上对于利息确曾有过否定的看法，但随着社会由自然经济向商品货币经济的全面发展过渡，人们日益正视利息的存在。17世纪英国古典政治经济学创始人威廉·配第指出，利息是同地租一样公道、合理，符合自然要求的东西。他说："假如一个人在不论自己如何需要，在到期之前却不得要求偿还的条件下，出借自己的货币，则他对自己所受到的不方便可以索取补偿，这是不成问题的。这种补偿，我们通常叫作利息。"

现代西方经济学对于利息的看法就是沿袭着这样的思路。比如，基本的观点就是把利息理解为投资人让渡资本使用权而索要的补偿。补偿由两部分组成：对机会成本的补偿和对风险的补偿。机会成本是指投资人由于将钱借给张三而失去借给李四的机会以致损失的最起码的收入；风险则是指在让渡资本使用权的情况下所产生的将来收益不能落实的可能性。

3. 利息的实质

利息的存在，使人们对货币产生了一种神秘的感觉：似乎货币可以自行增值。这是涉及利息来源或者说利息实质的问题。

对于这个问题，马克思曾有深刻的剖析。马克思针对资本主义经济中的利息指出："贷出者和借入者双方都是把同一货币额作为资本支出的。但它只有在后者手中才执行资本的职能。同一货币额作为资本对两个人来说取得了双重的存在，这并不会使利润增加一倍。它之所以能对双方都作为资本执行职能，只是由于利润的分割。其中归贷出者的部分叫作利息。"这样的分析论证了利息实质上是利润的一部分，是利润在贷放货币资本的资本家与从事产业经营的资本家之间的分割。

4. 利息转化为收益的一般形态

从上面的分析可以看出，利息是资本所有者由于贷出资本而取得的报酬，它来自生产者使用该笔资本发挥营运职能而形成的利润的一部分。显然，没有借贷，便没有利息。

但在现实生活中，利息已经被人们看作是收益的一般形态：无论资本是贷出还是没有贷出，利息都被看作资本所有者理所当然的收入——可能取得的或将会取得的收入；与此相对应，无论是借入了资本还是运用的是自己的资本，经营者也总是把自己所得的利润分为利息与企业主收入两部分，似乎只有扣除利息所余下的利润才是经营所得。于是利息率就成为一个尺度：如果投资回报率不大于利息率则根本不需要投资。

5. 收益的资本化

于是，任何有收益的事物，即使它并不是一笔贷放出去的货币，甚至也不是真正有一笔实实在在的资本存在，都可以通过收益与利率的对比而倒过来算出它相当于多大的资本金额。我们习惯地称之为“资本化”。

在一般的贷放中，贷放的货币金额，通常称之为本金，与利息收益和利息率的关系如下式

$$C=P\cdot r \quad \text{(式 2-1)}$$

式中：C——利息收益；

P——本金；

r——利息率。

当我们知道 P 和 r 时，很容易计算出 C；同样，当我们知道 C 和 r 时，也不难求得 P。

例如我们知道一笔贷款 1 年的利息收益是 50 元，而市场年平均利率为 5%时，那么就可以知道本金为 1 000 元(50÷0.05)。

正是按照这样的带有规律性的关系，有些本身并不存在一种内在规律可以决定其相当于多大资本的事物，也可以取得具有一定金额的资本的资格；甚至有些本来不是资本的东西也因之可以视为资本。

前者可以土地为例。土地本身不是劳动产品，无价值，从而本身也无决定其价格大小的内在根据。但土地可以有收益。比如一块土地每亩(每亩约等于 666.67 平方米)的年平均收益为 100 元，假定年利率为 5%，则这块土地就会以每亩 2 000 元(100÷0.05)的价格买卖成交。由于土地收益的大小取决于多种因素，同时由于利率也会变化，这就使同一块土地的价格会有极其巨大的变化。

当一条公路通过它的旁边时，它的收益可预期为 100 元，那么年利率为 5%时其价格就是 2000 元；如果它日益变成公路上的集镇的中心点时，收益可能预期为 1 万元，那么在利率不变的情况下，每亩就会值 20 万元。如果土地收益的预期不变而市场平均利率变了，比如变成 10%，那么很容易理解，地价将下跌一半；反之，平均市场利率下降，地价则会相应地上升。这就是在市场竞争过程中土地价格形成的规律。

关于并非资本的事物可以看作为资本，可以工资的资本化为例。比如，一个人的年工资为 5 万元，按照资本化的思路，这个人可视为取得 5 万元收益的资本额。以年平均利率为 5%计，这个金额就是 100 万元。在经济学中，“人力资本”被视为一个经济范畴；工资之类的货币收入被视为这个资本的所得；这个资本则是由为了增进一个人的生产能力而进行的投资所形成。

(二)利率及其种类

1. 利率

利息率，通常简称为利率，是指借贷期满所形成的利息额与所贷出的本金额的比率。西方的经济著述中也称之为到期的回报率、报酬率。

现实生活中的利息率都是以某种具体形式存在的。如 3 个月期的贷款利率，

1 年期的储蓄存款利率,6 个月期的短期公债利率,等等。随着金融活动的日益发展、金融活动方式的日益多样化,利息率的种类也日益繁多。

2. 基准利率与无风险利率

在讨论利率水平问题时,有一个"基准利率"的概念经常可以见到。顾名思义,基准利率应是指在多种利率并存的条件下起决定作用的利率,即这种利率发生变动,其他利率也会相应变动。因而,了解这种关键性利率水平的变化趋势,也就可以了解全部利率体系的变化趋势。

在市场经济中,基准利率是指通过市场机制形成的无风险利率。

由于利息可以界定为投资人让渡资本使用权而索要的补偿,那么,利率则是反映补偿的"度"。一般来说,利息包含对机会成本的补偿和对风险的补偿,那么利率则包含机会成本补偿水平和风险溢价水平。之所以叫风险"溢价",是由于风险的存在而必须超出机会成本补偿支付更多的金额。于是形成这样一个表达式:

利率=机会成本补偿水平+风险溢价水平

利率中用于补偿机会成本的部分往往是由无风险利率表示。在这个基础上,由于风险的大小不同,风险溢价的程度也千差万别。相对于千差万别的风险溢价,无风险利率也就成为"基准利率"。

在现实生活中,并不存在绝对无风险的投资。目前,风险相对较小因而可以被称为无风险利率的,在市场经济国家,只有政府发行的债券利率,即国债率,美国政府的国债率见表 2-2。

表 2-2 以美国政府债券收益率表示的基准利率

到期日	收益率/%	
	2012 年 4 月 26 日	2019 年 7 月 30 日
6 个月	0.09	2.08
1 年	0.18	1.98
2 年	0.26	1.85
3 年	0.29	1.81
5 年	0.83	1.84
10 年	1.98	2.05
20 年	2.74	/
30 年	3.13	2.58

资料来源:美联储网站。

3. 实际利率与名义利率

实际利率,是指物价水平不变,从而货币购买力不变条件下的利息率。例如,假定某年度物价水平没有变化,某甲从某乙处取得 1 年期的 1 万元贷款,年利息额

500 元，实际利率就是 5%。

如果某一年的物价水平上涨 3%，即通货膨胀率为 3%，某乙年末收回的 10 000元本金实际上仅相当于年初的 9 709 元，本金损失率近 3%。为了避免通货膨胀给本金带来的损失，假设仍然要取得 5%的利息，那么粗略地计算，乙必须把贷款利率提高到 8%。这样，才能保证收回的本金和利息之和与物价不变以前的相当。这个 8%的利率就是名义利率。

因此，所谓名义利率，即是指包括补偿通货膨胀（包括通货紧缩）风险的利率。概略的计算公式可以写成：

$$r=i+p \tag{式 2-2}$$

式中：r——名义利率；

i——实际利率；

p——借贷期内物价水平的变动率，它可能为正，也可能为负。

由于通货膨胀对于利息部分也有使其贬值的影响。考虑到这一点，名义利率还应调整。这样，名义利率的计算公式可以写成：

$$r=(1+i)\times(1+p)-1 \tag{式 2-3}$$

按照上例，名义利率应当是(1+5%)×(1+3%)−1=8.15%，即大于 8%。

可以推出从名义利率推算实际利率的计算公式：

$$i=\frac{1+r}{1+p}-1 \tag{式 2-4}$$

式 2-4 是目前国际上通用的计算实际利率的公式。

只要存在物价水平并非保持不变的条件，市场各种利率都是名义利率，而实际利率却不易直接观察到。通常是利用上述公式，根据已知的名义利率和通货膨胀率推出实际利率。至于名义利率的变动，在利率可以自由变动的市场经济中，取决于对实际利率的预期与对通货膨胀的预期。

4. 年率、月率、日率

年率、月率和日率是按计算利息的期限单位划分的。年率是以年为单位计算利息；月率是以月为单位计算利息；日率是以日为单位计算利息。按日计息，多用于金融业之间的拆借，习惯叫“拆息”或“日拆”。

中国传统的习惯，不论是年率、月率、日拆利率都用“厘”作单位，如年息 5 厘，月息 4 厘，拆息 2 厘，等等。虽然都叫“厘”，但差别极大。年率的 1 厘是指 1%，5 厘即为 5%。如贷出 1 万元，1 年的利息为 500 元。月率的 1 厘是指 0.1%，5 厘即为 0.5%。如贷出 1 万元，1 月的利息为 50 元；不计复利，1 年为 600 元。日拆利率的厘是指 0.01%，5 厘即为 0.05%。如贷出 1 万元，每日利息为 5 元；不计复利，每月按 30 天计，利息为 150 元；全年可收利息 1 800 元。

年、月、日这三种利率在经济生活中都有广泛使用的领域。西方工业化国家习惯以年率作为主要的标示形式。中国过去习惯以月率为主,现在已正式采用年率标示。

(三)利率的决定

一直以来,学者们对利率的决定有不同的看法与争论。本书将介绍马克思的利率决定论、古典利率决定理论以及凯恩斯理论的利率决定这三种学说。

1. 马克思的利率决定论

马克思论证,利息是利润的一部分,因此,利息量的多少取决于利润总额,利息率取决于平均利润率。“因为利息只是利润的一部分……所以,利润本身就成为利息的最高界限。”同时利息也不可以为零,否则借贷资本家就不会把资本贷出。因此,利率的变化范围在零与平均利润率之间,至于具体定位何处,马克思认为这取决于借贷双方的竞争,也取决于传统习惯、法律规定等因素。当然,并不排除利率超出平均利润率或事实上成为负数的特殊情况。

2. 古典利率决定理论

在凯恩斯主义出现前,传统经济学中的利率理论称为古典利率决定理论,该理论的主要倡导者为奥地利经济学家庞巴维克、英国经济学家马歇尔和美国经济学家费雪。

古典利率决定理论强调非货币的实物因素在利率决定中的作用,实物因素主要是储蓄和投资。投资量随利率的提高而减少,储蓄量随利率的提高而增加,投资量是利率的递减函数,储蓄量是利率的递增函数,利率的变化取决于投资量与储蓄量的均衡。图 2-2 说明了这种关系。

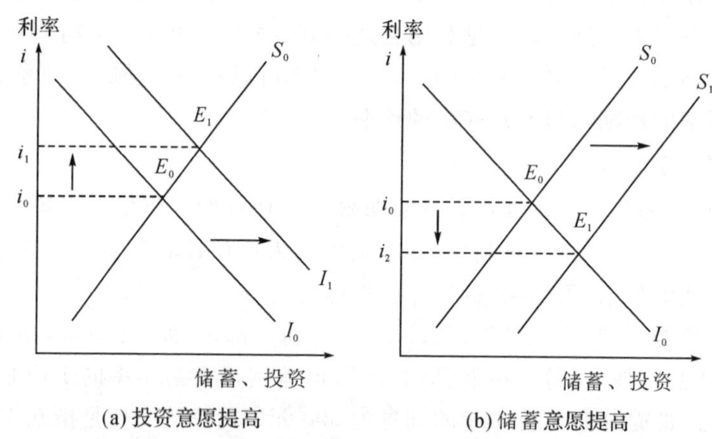

图 2-2　实际利率理论

图 2-2 中,I_0-I_1 曲线为投资曲线,曲线向下倾斜表示投资与利率之间的负相关关系;S_0、S_1 曲线为储蓄曲线,曲线向上倾斜,表示储蓄与利率之间的正相关关

系。两线的交点所确定的利率 E_0、E_1、E_2 为均衡利率。

按照这一理论，只要利率是灵活变动的，它就和商品的价格一样，具有自动的调节功能，使储蓄量和投资量趋于一致。当储蓄量大于投资量时，利率将下降，较低的利率会自动刺激人们减少储蓄，扩大投资；反之，当储蓄量小于投资量时，利率将上升，而较高的利率又促使人们增加储蓄，减少投资。因此经济不会出现长期的供求均衡，它将自动趋于充分就业水平。

3. 凯恩斯理论的利率决定

和传统的利率理论相反，凯恩斯认为利率不是决定于储蓄和投资的相互作用，而是决定于货币的供求数量。

凯恩斯认为根据古典利率理论中的储蓄曲线和投资曲线并不能得出均衡的利率水平，因为它们都是和实际收入水平相关的，因而不能独立地变动。因此，20 世纪 30 年代资本主义经济大危机后，凯恩斯针对古典经济理论的缺陷，提出了一套宏观经济理论。

凯恩斯认为，利率取决于货币的供求数量，而货币需求量又取决于人们的流动性偏好。如果人们对流动性的偏好强，愿意持有的货币数量就会增加，当货币的需求大于货币的供给时，利率上升；反之，人们的流动性偏好转弱时，人们对货币的需求下降，利率下降。

(四)利率的作用

利率是一个重要的经济杠杆，对经济有着极其重要的调节作用。但在不同的国家、不同的时期以及不同的利率管理体制下，利率作用发挥程度也不一样。一般来说，利率既有对宏观经济的调节作用，又有对微观经济的调节作用；既有直接作用，又有间接作用；既有积极作用，又有消极作用。下面主要介绍利率对储蓄和消费、投资、通货膨胀的影响及作用。

1. 利率对储蓄和消费的引导作用

利率的高低不仅影响储蓄的总量，而且影响储蓄的结构。储蓄是利率的增函数，较高的利率会促进储蓄总量的增加，特别是对储蓄存款的促进作用更加明显。在其他条件不变的情况下，利率的提高会缩减即期消费，从而增加储蓄。储蓄因此通常有较大的弹性。但是，如果收入水平提高了，可能会出现利率水平提高后，储蓄与消费同时增加的现象。利率对储蓄结构的影响，主要表现在储蓄者是选择金融资产还是选择实物储蓄，是选择存款还是选择购买股票、债券等。

在其他条件不变的情况下，从短期来看，利率的提高必然会使消费减少，利率的变化会影响消费总量，消费是利率的减函数。从长期来看，利率影响的只是即期消费量，提高利率，则减少即期消费量，却会使远期消费量增加，即增加社会消费基金总量，因为减少的那部分即期消费如果变成储蓄存款，将为其所有者带来利息收入。

2. 利率对投资的影响作用

实质性投资是指对生产流通领域进行的投资活动，实质性投资与利率的高低有着密切的关系。一般理论认为，低利率对实质性投资有刺激作用，高利率则不利于投资规模的扩大。低利率有利于投资，是因为在其他条件不变的情况下，低利率减少了企业生产成本中的利息支出，从而增加企业盈利，使得企业更加有利可图，于是刺激企业扩大投资，扩大生产。但低利率刺激投资有一定的条件限制，既要看利率是否受管制，还要看这个国家的资金供求状况。在发展中国家，由于投资需求旺盛，资金严重短缺，实行低利率政策，不但不会使实质性投资增加，反而会造成一些不良后果。

3. 利率对通货膨胀的影响作用

利率作为经济杠杆，如果运用得好，可以起到稳定物价、抑制通货膨胀的作用。利率对通货膨胀的抑制作用是通过以下途径实现的：第一，利率可以调节货币供应量。当流通中的货币量超过货币需要量，出现物价上涨时，调高利率可以抑制信贷需求，从而收缩信贷规模，减少货币供应量，最终促使物价稳定。第二，利率可以调节社会总供给和总需求。调高利率可以使更多的社会闲散资金以存款的方式集中到银行，这一方面推迟了购买力，减少了社会总需求；另一方面，银行得以聚集更多的资金，可以用来支持适销对路的商品，增加有效供给，从而使社会总供给和总需求趋于平衡，达到稳定物价的目的。

第二节　金融中介与金融市场

金融中介是指在金融市场上资金融通过程中，在资金供求者之间起媒介或桥梁作用的人或机构。金融市场是指资金融通市场，是资金供应者和资金需求者双方通过信用工具进行交易而融通资金的市场，广而言之，是实现货币借贷和资金融通、办理各种票据和有价证券交易活动的市场。

一、金融中介体系

（一）金融中介及其包括的范围

1. 金融中介

从事各种金融活动的组织，林林总总，统称为金融中介，也常常称金融中介机构、金融机构。

金融中介包括的范围极广。在间接融资领域中，与资金余缺双方进行金融交易的金融中介有各种类型的银行；在直接融资领域中，为筹资者和投资者双方牵线搭桥，提供策划、咨询、承销、经纪服务的金融中介，有投资银行、证券公司、证券经纪人、金融市场上的各种基金以及证券交易所；与它们并存的另一大类是各种保险事业；从事信托、金融租赁、土地和房地产金融活动的，在金融中介系统中也都是重要环节。

"中介"这个用语，在金融领域，常常是指信用关系中借者与贷者之间的中介：从贷者那里借入，再向借者那里贷出。中介有时就是用以指银行。现在，这样的用法依然相当普遍。但在国际组织和国外金融理论研究中，金融中介这个术语则常作如上的广义运用。本教材，在把金融中介作为一个整体讲述时，是采用广义的解释。此外，由于习惯等原因，"中介机构"可能有所专指。我国，日常生活中讲中介机构，常常是指会计师事务所、资信评估事务所之类的中介服务组织。

2. 金融服务业与一般产业区别

金融中介，其经济活动的中心产品是金融服务，也常常称之为金融服务业。与其他产业比较，特点极为明显。

(1)在它们的资产负债表中，金融资产与实物资产相比，具有其他产业不能比拟的极高比率。

(2)它们所分别支配、营运的资本规模，与各自的权益资本相比，比率高达十几倍、几十倍，甚至更高的情况，并不罕见。平均说来，在其他产业中通常达不到这样高的比率。

(3)它们均属高风险产业。金融资产极高的持有率，权益资本极低的保有率，决定了高风险的特点。而且相互之间的联系极为紧密，一个环节的震荡，有可能立即扩及其他并导致金融领域的部分乃至整体的震荡，进而影响经济生活的全局。

(4)鉴于这样的特点，对金融中介中的关键部分，特别是大银行，一直存在着必须实施国有化的理论。在实践中，国有化的方针也曾以相当广阔的声势推行。虽然随后的银行非国有化也有极人的声势，但银行国有，在一些国家，依然是客观的现实。同时，不论是国有还是非国有，金融中介通常都是处于政府的严格监管之下。

(5)金融中介，作为一种产业，虽然与所有其他产业部门有极为明显的区别，但明显的特点并不否定它们之间的共性。金融产业，其经济活动的目标，不能不与其他产业一样——追求利润。国有化的目的之一就是消除利润目标，或使之退居次位。但利润目标对保证经营效率有决定性的意义；降低乃至取消利润目标，也就同时削弱了保证经营效率的动力和机制。

(二)西方国家的金融中介体系

1. 西方国家金融中介体系的构成

为适应高度发达的市场经济的要求，西方国家都各有一个规模庞大的金融中介体系。对其种类繁多、形式各异的金融中介机构，可粗略地概括为众多银行与非银行金融机构并存的格局。其中,银行机构居支配地位。

关于银行机构,西方各国的具体设置形式不尽相同。大体可分为中央银行和存款货币银行这两个构成部分。有些不以银行为名但经营性质类似存款货币银行的也归入存款货币银行一类。

至于非银行金融机构,也称为其他金融机构,其构成极为庞杂。需要注意的是,一些非银行金融机构也多有以“银行”命名的。

2. 中央银行与存款货币银行

中央银行,也称货币当局。中央银行是一国金融中介机构体系的中心环节,处于特殊的地位,具有对全国金融活动进行宏观调控的特殊功能。

存款货币银行习惯上称为商业银行,也有称存款银行、普通银行的,是西方各国金融中介机构体系中的骨干力量。它们以经营工商业存、放款为主要业务,并为顾客提供多种服务。存款货币银行在西方国家银行体系中,以其机构数量多、业务渗透面广和资产总额比重大,始终居于其他金融机构所不能代替的重要地位。

3. 其他金融机构

(1)政策性银行

政策性银行一般是由政府设立,以贯彻国家产业政策、区域发展政策等等为目标的金融机构,盈利目标居次要地位。政策性银行主要依靠财政拨款、发行政策性金融债券等方式获得资金,而且各自有特定的服务领域,不与商业银行竞争。政策性银行一般不普遍设立分支机构,其业务通常由商业银行代理。

(2)投资银行

投资银行是专门对工商企业办理各项有关投资业务的银行。投资银行的名称,通用于欧洲大陆及美国等工业化国家,在英国称为商人银行,在日本则称证券公司。此外,与这种银行性质相同的还有其他各种各样的形式和名称,如长期信贷银行、开发银行、实业银行、金融公司、持股公司、投资公司等。

投资银行的资金来源主要依靠发行自己的股票和债券来筹集。即便有些国家的投资银行被允许接受存款,也主要是定期存款。此外,它们也从其他银行取得贷款。

(3)金融公司

西方国家的金融公司所从事的业务活动与我国的财务公司(英文译名也是financial company)有很大的不同。我国的财务公司是由大经济集团组建并主要从事集团体内部融资。而西方金融公司,其资金的筹集主要依靠在货币市场上发行商业票据,在资本市场上发行股票、债券,也从银行借款,但比重很小。汇聚的资金是用于贷放给购买耐用消费品、修缮房屋的消费者以及小企业。一些金融公司由其母公司组建,目的是帮助推销自己的产品。比如,福特汽车公司组建的福特汽车信贷公司就是向购买福特汽车的消费者提供消费信贷。

(4)储蓄银行

储蓄银行是指办理居民储蓄并以吸收储蓄存款为主要资金来源的银行。与我国几乎所有的金融机构都经营储蓄业务的情况不同,在西方不少国家,储蓄银行大多是专门的、独立的。对储蓄银行也大多有专门的管理法令,旨在保护小额储蓄人的利益。

储蓄银行的具体名称,各国有所差异,有的不以银行相称。往往外文中并无"银行"字样而在我们的翻译中习惯加上这两个字。比如美国有专办储蓄的,我们常常译为"储蓄银行"。

西方国家的储蓄银行既有私营的,也有公营的,有的国家绝大部分储蓄银行都是公营的。

储蓄银行所汇集起来的储蓄存款余额较为稳定,所以主要用于长期投资。有些国家明文规定了必须投资于政府公债的比例。

(5)农业银行

农业银行这并不是一个通用的专门名称,它泛指向农业提供信贷的一类银行。农业受自然因素影响大,对资金的需求有强烈的季节性;农村地域广阔,农户分散,资本需求数额小、期限长;融资者的利息负担能力低;抵押品大多无法集中,管理困难,有不少贷款只能凭个人信誉。这些都决定了经营农业信贷具有风险大、期限长、收益低等特点。因此,西方许多国家专门设立了以支持农业发展为主要职责的银行。如美国的联邦土地银行、合作银行;法国的土地信贷银行、农业信贷银行;德国的农业抵押银行;日本的农林渔业金融公库等。

农业银行的资金来源,有的完全由政府拨款,有的则靠发行各种债券或股票,也有的部分依靠吸收客户的存款和储蓄来筹措资金。有的国家对农业银行的某些贷款给予利息补贴、税收优待等。

(6)不动产抵押银行

它是专门经营以土地、房屋及其他不动产为抵押的长期贷款的专业银行。它们的资金主要靠发行不动产抵押证券来筹集:法国的房地产信贷银行、德国的私人抵押银行和公营抵押银行等,均属此类。此外,这类银行也收受股票、债券和黄金等作为贷款的抵押品。

(7)信用合作社

这是在西方国家普遍存在的一种确确实实依据"合作社"理念和规范建立的互助合作性的金融组织。有农村农民的信用合作社,有城市手工业者等特定范围成员的信用合作社。这类金融机构一般规模不大。它们的资金来源于合作社成员缴纳的股金和吸收存款,贷款主要用于解决其成员的资金需要。

(8)保险业

保险业在西方国家十分发达,各类保险公司是各国最重要的非银行类金融机构。在西方国家，几乎是无人不保险、无物不保险、无事不保险。按照保险种类分别建有形式多样的保险公司，如财产保险公司、人寿保险公司、火灾及意外伤害保险公司、信贷保险公司、存款保险公司等等。

其中，普遍地又以人寿保险公司的规模为最大。人寿保险金就像流向储蓄机构的储蓄一样；人寿保险单的所有者拥有的实际上是一项固定面值的潜在资产。可以说，人寿保险公司是一种特殊形式的储蓄机构。

保险公司获得的保费收入经常远远超过它的保费支付，因而聚集起大量的货币资本。这些货币资本比银行存款往往更为稳定，是西方国家金融体系长期资本的重要来源。保险公司的资金运用业务，主要是长期证券投资。

4. 跨国金融中介

典型的、现代意义上的跨国银行是随着资本主义的发展而发展起来的。最初这些跨国银行主要是宗主国在殖民地设立的分支机构，所以又有殖民银行之称。随着资本主义的发展，一些后起的资本主义国家的银行也开始在海外设立分支机构。早期跨国银行的业务主要从事进出口贸易的融资、结算等。第二次世界大战以后，随着跨国企业和国际投资的发展，跨国银行在国外的分支机构日益增多，业务范围日益拓宽，逐步步入全球化的阶段，形成覆盖全球的庞大的网络体系。

目前，西方跨国银行在国外分支机构的形式多种多样，包括代表处、经理处、分行、子银行、联营银行、国际财团银行等。

当然，不只是商业银行实施国际性战略，大投资银行、大保险公司，乃至辅助中介单位，如会计师事务所之类，也都全力着眼于全球性的发展，并也同样形成了超国界的网络体系。

（三）我国金融中介体系

1. 我国金融体系的发展

1949 年以来，我国金融体系经历了从单一银行体系发展到建立以中央银行为领导、专业银行为主体的体系，再发展到开放金融市场、银行商业化改革、各种金融机构并立的多元金融体系这一不平凡的过程。我国的金融体系发展与金融改革可以分为以下四个阶段：

（1）“大一统”金融时期：1948—1979 年

1948 年 12 月 1 日，以华北银行为基础，合并华北银行、北海银行、西北农民银行，组建了中国人民银行，中国人民银行于 1948 年 12 月 7 日发行人民币，这标志着新中国金融体制的诞生。

中华人民共和国成立后，以苏联金融模式为改革方向，接管官僚资本银行，改造民族资本金融业，取缔外国在华银行的特权，对私营民族资本采取赎买政策，并逐步通过国家资本形式对其进行社会主义改造。1952 年 12 月，全国统一的公私合营银行成立，并随即全部纳入中国人民银行体系。

1953—1979 年,我国基本上实行的是由中国人民银行统揽一切金融业务的“大一统”金融体制。在这种体制下,中国人民银行既行使中央银行职能,又办理所有具体银行业务;既是金融行政管理机关,又是经营金融业务的经济实体。这一阶段被称为我国单一银行体系阶段。

(2)金融改革的起步阶段:1979—1993 年

1979 年,我国开始进入金融体系结构上的调整阶段。在此之前,我国实行的是高度集中的计划经济体制。在这种体制下,国内的金融市场处于一种封闭状态;市场上的利率既不能真实反映资金的价格,也不能反映资金的供求状况;中国人民银行是国内唯一的金融机构,它囊括了从中央银行到商业银行和其他金融机构的所有金融职能。

在金融体系变迁的起步阶段,金融体系的结构发生的变化主要表现在:实行了金融机构的多元化,打破了传统高度集中的计划经济体制下的“大一统”组织结构,建立了二级银行体系的框架,设立了具有经济实体性质的独立经营的四大国有专业银行,即中国工商银行、中国农业银行、中国银行和中国建设银行;以开放、搞活为目标的金融改革促使了金融市场的孕育和发展;国务院于 1983 年 9 月决定由中国人民银行专门行使中央银行职能,中国人民银行也积极探索运用多种手段,不断健全金融宏观调控体系。

(3)金融改革的调整与充实阶段:1993—1999 年

1992 年整顿结束后,我国金融改革的力度不断加大,宏观经济发生了新的变化,从传统的短缺经济变为总量相对过剩、总需求相对不足的经济,我国金融体系改革进入了调整和充实阶段,实行了以调整和发展为主要内容的金融改革。

1992 年邓小平南方谈话后,同年 10 月,党的十四大确定把建立社会主义市场经济作为我国经济体制改革的目标。1993 年 12 月,国务院发布了《关于金融体制改革的决定》,拉开了新一轮金融改革的帷幕。这一轮改革的主要内容有:

1)中央银行职能的转变。减少行政干预,推进区域经济和金融发展。

2)国有银行的商业化改革。1994 年,国家开发银行、中国进出口银行、中国农业发展银行三大政策性银行先后建立,它们既是国家政策合理配置资金和资源的强有力工具,也是国有独资银行剥离政策性业务、专门从事商业性经营以有效配置资金和资源所需要的。

3)外汇体制改革。取消外汇留成制、外汇上缴制和用汇计划审批,实行外汇指定银行对国内企业的强制结售汇制。

(4)加入世界贸易组织后的金融体制改革阶段:2000 年至今

加入世界贸易组织对中国金融市场的影响主要表现为:中国的金融体系进一步对外开放,金融法律体系逐步与国际接轨。

一方面,人民币国际化,利率和汇率市场发展加快,同时将加快中国金融体制改革的步伐，促进金融市场的发展。2002 年 12 月，中国实行合格境外机构投资者制度，迈出了资本市场融入全球化的第一步。2003 年 3 月 10 日，中国银监会成立，标志着“一行三会”金融监管格局的最终形成。2007 年，允许外资银行在国内设立法人机构。

另一方面，国内外金融机构在人力资源、客户资源和业务资源等方面激烈竞争。在这种情况下，必须加快国有商业银行经营管理改革的进程，同时要吸收、借鉴国外同业先进的管理经验和技术，重建我国的金融监管体制，以迎接挑战。

2. 我国的金融中介体系

经过 30 多年的改革开放，我国目前形成了以中国人民银行为领导，国有独资商业银行为主体，多种金融机构并存，分工协作的金融中介机构体系格局。随着改革开放的深入发展，这一格局将持续向现代化的方向推进。

（1）中国人民银行

中国人民银行作为国务院组成部门，是制定和执行货币政策、维护金融稳定、提供金融服务的宏观调控部门。

根据《中华人民共和国中国人民银行法》，其具体职能有：依法制定和执行货币政策；按照规定监督管理银行间同业拆借市场、债券市场、外汇市场和黄金市场；防范系统性金融风险，维护国家金融稳定；确定人民币汇率政策，维护合理的人民币汇率水平，实施外汇管理，持有、管理和经营国家外汇储备和黄金储备；发行人民币，管理人民币流通；经理国库；会同有关部门制定支付结算规则，维护支付、清算系统的正常运行；制定和组织实施金融业综合统计制度，负责数据汇总和宏观经济分析与预测；组织协调国家反洗钱工作，指导、部署金融业反洗钱工作，承担反洗钱的资金监测职责；管理信贷征信业，推动建立社会信用体系；作为国家的中央银行，从事有关国际金融活动；按照有关规定从事金融业务活动；承办国务院交办的其他事项。

（2）政策性银行

政策性银行是由政府投资设立的、根据政府的决策和意向专门从事政策性金融业务的银行。它们的活动不以营利为目的，并且根据具体分工的不同，服务于特定的领域，所以也有政策性专业银行之称。1994 年，适应经济发展需要以及使政策性金融与商业性金融相分离的原则，相继建立了国家开发银行、中国进出口银行和中国农业发展银行三家政策性银行。

国家开发银行按照国家法律、法规和方针、政策，筹集和引导境内外资金，向国家基础设施、基础产业和支柱产业的大中型基本建设和技术改造等政策项目及其配套工程发放贷款；中国进出口银行执行国家产业和外贸政策，为扩大机电产品和成套设备等资本性货物出口提供政策性金额支持；中国农业发展银行按照国家相关政策，筹集农业政策性信贷资金，承担国家规定的农业政策性金融业务，代理财政性支农资金的拨付。

(3)国有商业银行

处于我国金融中介体系中主体地位的是五家国有商业银行:中国工商银行、中国农业银行、中国银行、中国建设银行和交通银行。目前,国有商业银行无论在人员和机构网点数量上,还是在资产规模及市场占有份额上,在我国整个金融领域中均处于举足轻重的地位,在世界上的大银行排序中也处于较前列的位置。英国《银行家》月刊2016年6月30日发布了全球1 000家大银行榜单,中国工商银行、中国建设银行、中国银行、中国农业银行分别位列世界第1、2、4、5位。

国有商业银行是从计划体制下的统一的一家银行体系演化而来的。垄断经营、机构臃肿、人员过多,阻碍着效率的提高。2003年以来,我国加快了国有商业银行的改革步伐。中国银行、中国建设银行、中国工商银行、交通银行和中国农业银行先后完成财务重组和股份制改革,成为国家控股商业银行并成功上市。图2-3显示,1996年,国有独资商业银行所支配的资产,在银行业金融机构的总资产中所占比例是70.35%,2019年一季度末这一比例为39.4%。

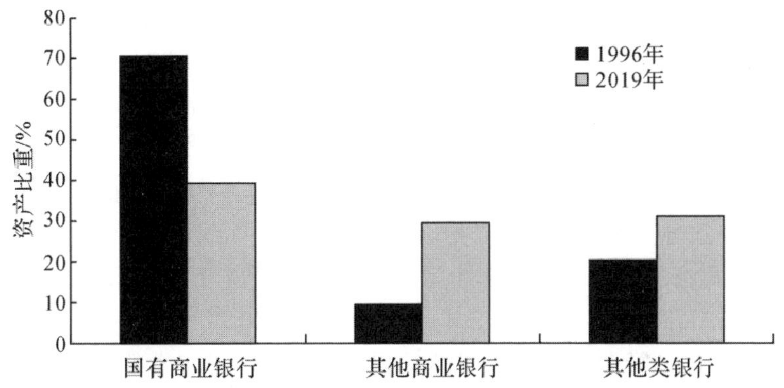

图2-3 1996年末与2019年二季度末各类银行业金融机构的资产比重

按照《中华人民共和国商业银行法》的规定,国有独资商业银行的业务经营范围包括:(1)吸收公众存款;(2)发放短期、中期和长期贷款;(3)办理国内外结算;(4)办理票据贴现;(5)发行金融债券;(6)代理发行、代理兑付、承销政府债券;(7)买卖政府债券;(8)从事同业拆借;(9)买卖、代理买卖外汇;(10)提供信用证服务及担保;(11)代理收付款项及代理保险业务;(12)提供保管箱服务;(13)经中国人民银行批准的其他业务。

(4)金融资产管理公司

1999年3月至10月,我国先后建立了四家由国家投资的特定政策性金融资产管理公司——华融、长城、东方、信达,分别收购、管理和处置从工、农、中、建四家国有独资商业银行剥离出来的不良资产。组建金融资产管理公司是为了达到三个目的:一是改善四家国有独资商业银行的资产负债状况,化解潜在的金融风险,提高其国内外资信；二是运用特殊的法律地位和专业化优势，通过建立资产回收责任制和专业化经营，实现不良贷款价值回收最大化，以最大限度保全资产、减少损失；三是通过金融资产管理，对符合条件的企业实施债权转股权，支持国有大中型亏损企业摆脱困境，并按照现代企业制度的要求转换经营机制，建立规范的法人治理结构。

(5)其他商业银行

1986 年国家决定重新组建股份制商业银行以来，我国陆续建立了中信银行、中国光大银行、华夏银行、广东发展银行等 12 家股份制商业银行。

这些商业银行，在筹建之初绝大多数是由中央政府、地方政府、国有企业集团或公司出资创建的，即以国有资本为主，而且大多没有采取股份公司的组织形式，近些年则先后实行了股份制改造。

(6)投资银行、券商

在我国，没有直接以投资银行命名的投资银行。1995 年 8 月，依据《中外合资投资银行类机构管理暂行办法》，中国建设银行与美国投资银行摩根士丹利公司等五家金融机构合资组建了中国第一家中外合资投资银行——中国国际金融有限公司。此外，为剥离不良债权而成立的四家金融资产管理公司也准许经营投资银行业务。中国投资有限责任公司于 2007 年 9 月 29 日在北京成立，是经中国国务院批准设立的从事外汇资金投资管理业务的国有独资公司。

但为数众多的证券公司则实际是金融中介机构体系中投资银行这一环节的主要力量。证券公司又称券商，是以经营证券业务为主的非银行金融机构。截至 2017 年年末，我国共有证券公司 131 家，总资产约 6.14 万亿元，2017 年行业实现营业收入 3 113.28 亿元。①

目前，我国的证券公司与国外成熟的现代投资银行存在着明显的差距，尚不能充分发挥投资银行的职能，主要表现在：证券公司的业务经营范围比较狭窄，除了经营证券业务等传统的投资银行业务之外，对公司并购、公司理财、项目融资、资产管理等业务的开展极为有限或尚未涉足。

(7)农村信用合作社和城市信用合作社

农村信用合作社，是 20 世纪 50 年代中期，在全国广大农村普遍组建起来的。

在原有的计划经济体制下组建起来的农村信用合作社，定性为农村集体金融组织。组建的原则是：农民入股，社员民主管理，主要为入股社员服务。其主要业务活动是经营农村个人储蓄，以及向农户贷款等。然而，在几十年的发展中，其长期作为国家银行的基层机构存在，应该说并不具有世人通常理解的“合作”性质。

改革开放后到 1996 年下半年，对农村信用合作社进行了多次整顿、改革，基调一直是使其恢复合作制的性质。要使事实上从不具有“合作”性质的农村信用合作

---

① 中国证券业协会发布证券公司 2017 年经营数据，中国证券业协会。

社恢复合作制的性质，不可能取得成功。2003 年年中，明确应把农村信用社逐步办成由农民、农村工商户和各类经济组织入股，为农民、农业和农村经济发展服务的社区性地方金融机构。

城市信用合作社是在改革开放初期发展起来的。作为城市集体金融组织，它是为城市集体企业、个体工商户以及城市居民服务的金融企业，是实行独立核算、自主经营、自负盈亏、民主管理的经济实体。经营的业务有：办理城市集体企业和个体工商户的存、放、汇业务；办理城市个人储蓄存款业务；代办保险及其他代收代付业务，以及中国人民银行批准的其他业务等。

(8)信托投资公司

我国的信托投资公司是在经济体制改革后开始创办起来的。比如，现已发展为金融、投资、贸易、服务相结合的综合性经济实体的中国国际信托投资公司，就是创办于改革之初的 1979 年，而后又陆续设立了一批全国性信托投资公司以及为数众多的地方性信托投资公司与国际信托投资公司。

“信托”，就这项业务的发展来看，其基本含义是：接受他人委托，代为管理、经营和处理经济事务的行为。我国信托投资公司的建立，虽以“信托”为名，实际却是经营一般的商业银行业务，而典型的信托业务根本没有发展起来。

对信托投资公司的整顿经历过多次。2002 年 5 月，中国人民银行公布了《信托投资公司管理办法》，2007 年修订并重新颁布了信托公司的主要监管规定。2007 年，中国银监会制定新的《信托公司管理办法》时，将原来的“信托投资公司”信托行业管理规模达到 22.7 万亿元，统一改称为“信托公司”。

截至 2018 年年底，我国共有 68 家信托公司，管理的信托资产规模达到 20.25 万亿元，全行业信托资产规模超过 5 000 亿元的信托公司达 15 家。[①]

(9)财务公司

我国的财务公司是由企业集团内部集资组建的，其宗旨和任务是为本企业集团内部各企业筹资和融通资金，促进其技术改造和技术进步，如华能集团财务公司、中国化工进出口总公司财务公司、中国有色金属工业总公司财务公司等。

财务公司的业务包括存款、贷款、结算、票据贴现、融资性租赁、投资、委托以及代理发行有价证券等。从今后规范要求的角度看，财务公司的特点就是为集团内部成员提供金融服务，其业务范围、主要资金来源与资金运用都应限定在集团内部，而不能像其他金融机构一样到社会上去寻找生存空间。

财务公司在业务上受中国人民银行领导、管理、监督与稽核，在行政上则隶属于各企业集团，是实行自主经营、自负盈亏的独立企业法人。

---

① 2018 年信托公司年报分析，中国金融新闻网。

(10)金融租赁公司

我国的金融租赁业起始于20世纪80年代初期。金融租赁公司创建时,大都是由银行、其他机构以及一些行业主管部门合资设立的,如中国租赁有限公司、联合租赁有限公司等。根据我国金融业实行分业经营及管理的原则,对租赁公司也要求独立经营,因此与其所属银行等金融机构的脱钩工作也在进行之中。

目前,金融租赁公司的主要业务包括:①办理用于生产、科、教、文、卫、旅游、交通运输设备等动产、不动产的租赁、转租赁、回租租赁业务;②前述租赁业务所涉及的标的物的购买业务;③出租物和抵偿租金产品的处理业务;④向金融机构借款及其他融资业务;⑤吸收特定项目下的信托存款;⑥租赁项目下的流动资金贷款业务;⑦外汇及其他业务。

截至2017年6月底,我国的金融租赁公司已达66家,累计注册资本达到1885.3亿元。据中国银监会统计,已经开业的企业效益总体良好,不良资产比例未超过1%。经过公开资料整理,在已成立的金融租赁公司中,银行系金融租赁公司达到46家,占比七成。[①]

(11)中国邮政储蓄银行

2006年12月31日,经国务院同意,中国银监会正式批准中国邮政储蓄银行成立。2007年3月6日,经中国政府批准,中国邮政储蓄银行有限责任公司依法成立。2007年3月20日,中国邮政储蓄银行成立仪式在北京举行。中国邮政储蓄银行由中国邮政集团公司组建,邮政网络是中国邮政储蓄银行生存和发展的依托。中国邮政储蓄银行的市场定位是,充分依托和发挥网络优势,完善城乡金融服务功能,以零售业务和中间业务为主,为城市社区和广大农村地区居民提供基础金融服务,与其他商业银行形成互补关系,支持社会主义新农村建设,为构建社会主义和谐社会做出新的贡献。

(12)保险公司

改革开放以来,我国保险业发展迅速。1988年以前,保险业由中国人民保险公司独家经营。后来,保险市场主体逐步增加。例如中国太平洋保险公司、中国平安保险公司等多家保险公司先后加入保险系统。而原中国人民保险公司则分别组建成现在的中国人民保险公司、中国人寿保险公司和中国再保险公司。

改革开放以来,许多外国保险公司看好中国保险市场的巨大发展潜力,纷纷来华设立分公司及代表处,并积极与中国保险公司组建合资保险公司。

(13)投资基金

我国的投资基金最早产生于20世纪80年代后期。我国规范的证券投资基金,在1997年11月《证券投资基金管理暂行办法》(2012年已废止)出台之后产生。根据

① 《2017—2022年中国金融租赁行业运作模式与投资战略规划深度分析报告》,前瞻产业研究院。

《证券投资基金管理暂行办法》,中国证监会对老基金进行了清理规范,同时审批新基金的设立。2000 年 10 月,中国证监会发布《开放式证券投资基金试点办法》,对开放式基金的公开募集、设立、运作及相关活动做出规定,标志着我国进入开放式基金试点阶段。2004 年 6 月,我国《证券投资基金法》正式实施,以法律形式确认了证券投资基金在资本市场及社会主义市场经济中的地位和作用,该法于 2012 年 12 月进行修订。2012 年 6 月,成立了基金行业的自律组织——中国证券投资基金业协会。

(14)在华外资金融机构

随着对外开放的深入,我国对外资金融机构(包括外资独资、中外合资)开放金融市场的步伐逐步加快。目前在我国境内设立的外资金融机构有如下两类:

1)外资金融机构在华代表处

最初,一般只可设在北京和我国经济特区。在华外资金融机构代表处的工作范围是:进行工作洽谈、联络、咨询、服务等非营业性活动,不得开展任何直接营利的业务。在华设立代表处,是外资银行进入中国必须走的一个步骤。1979 年日本输出入银行在北京设立了第一家外资银行的代表处。

2)外资金融机构在华设立的营业性分支机构

这包括外国独资银行、外国银行分行、合资银行、独资财务公司、合资财务公司等,它们的经营活动受中国有关外资金融机构的管理方法规范。截至 2011 年年底,有 25 个国家和地区的 74 家外国银行在华设立了 320 家分行。

(四)国际金融机构体系

1. 国际金融机构的形成与发展

国际金融机构是指由联合国或多国共同建立的,从事国际金融业务和协调国际货币及信用体系正常运行的超国家金融组织。其名称不尽统一,有称作银行的,也有称作基金、协会的。国际金融机构的资本由一国或多国出资组成,它是国际金融体系的重要组成部分。

国际金融机构的产生与发展是同世界政治经济情况及其变化密切相关的。第一次世界大战爆发后,各主要国家政治经济发展的不平衡使各国间的矛盾尖锐化,利用国际经济组织控制或影响其他国家成为必要。同时,战争、通货膨胀及国际收支恶化又造成诸多工业国家面临国际金融的困境,也希望借助国际经济力量。这样,建立国际性金融机构便成为多数工业国家的共同愿望。第二次世界大战后,随着生产和资本的国际化,国际经济关系得到空前发展,国际货币信用关系进一步加强,国际金融机构也迅速增加。

目前的国际金融机构可分为两大类型:一是全球性的金融机构,如国际货币基金组织、国际复兴开发银行(世界银行)等;二是区域性的金融机构,如国际清算银行、亚洲开发银行、泛美开发银行等。

国际金融机构在世界经济发展中的主要作用,一是提供短期资金,调节国际收支逆差，缓解国际支付危机；二是提供中长期发展资金，促进发展中国家的经济发展；三是稳定汇率，促进国际贸易的发展；四是创造出新的结算手段，解决发展中国家国际结算手段匮乏的矛盾。总之，国际金融机构在加强国际经济合作、稳定国际金融、发展世界经济方面起到了重要作用。

2. 主要的国际金融机构

(1)国际货币基金组织

国际货币基金组织(IMF)是根据联合国国际货币金融会议通过的《国际货币基金协定》建立的。1945 年 12 月国际货币基金组织正式成立，总部设在美国首都华盛顿，1947 年 3 月开始工作。国际货币基金组织由理事会、执行董事会、总裁和若干业务机构组成。此外，为适应业务发展需要，在理事会和执行董事会下还设立了两个决策咨询机构，即发展委员会和临时委员会。

会员国在基金组织内的投票权即票数的多少，决定于他们缴纳基金份额的大小；各理事和执行董事权力的大小，则由他们所代表的国家拥有票数的多少来决定。理事会和执行董事会做出的大多数决定一般由简单多数票通过即可，但是对于重大问题，如修改基金组织协定的条款、调整成员国基金份额等，必须获得占总投票权85%以上的多数才能通过。基金份额的性质相当于股东向股份公司认购的股本。每个会员国所缴纳份额的大小，是根据会员国的国民收入、黄金和外汇储备、平均进出口额变化率及出口额占国民收入的比重等变量决定的。基金份额的计算单位原为美元，1969 年后改为特别提款权(SDR)。基金组织的一切活动几乎都同基金份额有关。美国在基金组织中是缴纳份额最大的国家。它拥有 20%左右的投票权，而最小的会员国只有不到 1%的投票权。所以美国在基金组织的活动中，始终起着决定性的作用。对于特别重大的问题，如果美国一家反对，就可能无法通过了。目前投票权数在前的其他国家依次是英国、德国、日本、法国、沙特阿拉伯、意大利、中国等。

国际货币基金组织的业务活动主要有三项：汇率监督与政策协调、储备资产的创造与管理、对国际收支困难的国家提供短期资金融通。

(2)世界银行集团

1)国际复兴开发银行

国际复兴开发银行又称世界银行，是 1944 年布雷顿森林会议后，与 IMF 同时产生的两个国际金融机构之一。世界银行成立于 1945 年 12 月，1946 年 6 月正式开始营业，总部设在华盛顿。世界银行的主要宗旨是：通过组织和发放中长期贷款，协助会员国的资源开发；促进国际贸易长期平衡发展，维持国际收支平衡；鼓励和辅助私人对外投资，以促进会员国的经济复兴与发展。

世界银行最主要的业务活动是向成员国提供贷款，此外还开展技术援助(通常与贷款结合在一起进行)等业务。世界银行在成立初期，贷款的重点在欧洲，以帮助西欧国家战后的经济复兴。自 20 世纪 50 年代起，贷款重点逐步转向亚非拉的发展中国家。世界银行贷款的投向主要是各种基础设施，如公路、铁路、港口、电信和动力设备等，之后又增加了能源开发、农业、公用事业、环境保护和文教卫生等福利事业的项目贷款。近年来，世界银行向经济转轨和受金融危机重创的国家提供了大量中长期的贷款。世界银行办理贷款业务的主要特点是：贷款对象广泛。除会员国的政府、政府机构外，会员国的国营、私营企业也可以向世界银行借款；世界银行原则上只是对会员国的特定建设项目发放贷款。在特殊情况下，才发放非项目贷款；贷款期限较长，一般在5年以上，最长可达30年，并有5年宽限期，在宽限期内只付息不还本；贷款利率实行浮动利率，但一般低于市场利率。对贷款收取的杂费很少。只对签约后未使用的贷款收取0.75%的承诺费，贷款及日后还本付息均以美元计值，借款国要承担所贷货币与美元之间因汇价变动产生的风险。

另外，世界银行的贷款条件是非常严格的，申请贷款必须遵循严格的程序，并接受严格的审查和监督。

2)国际开发协会

国际开发协会(IDA)是世界银行的一个附属机构，专门向低收入发展中国家提供优惠长期贷款。它于1960年9月正式成立，同年12月开始营业，总部设在华盛顿。其宗旨是帮助世界上欠发达地区会员国加快经济发展、提高生产力和生活水平，以补充世界银行的活动，有助于世界银行目标的实现。IDA在法律上和会计上是独立的国际金融机构，在人事与管理上却完全依附于世界银行。国际开发协会各会员国在理事会的投票权与其认缴的股本成正比。

目前，协会总资本额超过100亿美元，与世界银行一样，美国在国际开发协会认缴的股本最大，投票权也最大。我国认缴的股金近4000万美元，其投票权约占总票数的2%。

3)国际金融公司

为了促进对私人企业的国际贷款，世界银行于1956年7月建立了国际金融公司(IFC)，总部设在华盛顿。宗旨是对发展中国家会员国私人企业的新建、改建和扩建提供贷款资金，促进这些国家私营经济的增长和国内资本市场的发展，从而拓展世界银行的功能和活动领域。

IFC在法律和财务上是独立的经营实体，但也是世界银行的附属机构。目前，IFC资本总额约有20亿美元，由于美国认缴股本最多，其投票权约占30%。中国认缴股金415.4万美元，其投票权约占总数的0.77%。IFC提供的贷款有以下特点：贷款对象主要是亚非拉不发达地区会员国的生产性私营企业，并且不要求会员国政府为贷款偿还提供担保；一般只对中小型私营企业提供贷款，贷款金额一般在200万～400万美元，最高也不超过2 000万美元；贷款资助的部门主要是制造业、加工业、采掘业以及旅游和非金融服务业；在提供资金时，往往采取贷款与投资项目结合的方式，即除发放贷款外，还出资购买借款方公司的股权。但不参与投资企业的经营管理活动。

IFC 贷款期限较长,一般为 7～15 年,还款时须用原借入的货币。贷款的利率不统一,视借款人或投资项目的风险和预期收益而定,一般要高于世界银行贷款的利率。

(3)区域性的国际金融机构

1)国际清算银行

国际清算银行是世界上历史最悠久的国际金融组织,是由西方主要发达国家的中央银行和私营商业银行合办的。1930 年 5 月成立,总行设在瑞士的巴塞尔,是国际上唯一办理中央银行业务的机构。它的主要任务是:促进各国中央银行的合作,并为国际金融的运营提供便利。该行的管理机构是股东大会、董事会及经营管理当局。

国际清算银行刚建立时只有 7 个成员,目前已有 40 多个国家的中央银行参加。国际清算银行的宗旨是促进各国中央银行的合作,为国际金融活动提供更多的便利。在国际金融清算中充当受托人和代理人。20 世纪 70 年代以来,国际清算银行除了履行中央银行的清算职能之外,还在某种程度上履行着世界范围中央银行的监督管理职能。目前,国际清算银行 85%以上的股份掌握在各国中央银行手中,私人持有的股份虽然在利润分享上与中央银行股份享有同等权利,但私人股份没有代表权和投票权。1996 年 9 月 9 日,该行董事会通过决议,决定接纳中国、巴西、印度、韩国、墨西哥、俄罗斯、沙特阿拉伯、新加坡等国及中国香港地区的中央银行及货币当局为成员。

2)亚洲开发银行

亚洲开发银行简称亚行,是由亚洲太平洋国家(地区)及部分西方国家政府出资开办的多边官方金融机构。1966 年 12 月正式开业,总行设在菲律宾的马尼拉。宗旨是鼓励政府和私人在亚洲太平洋地区投资,通过提供项目贷款和技术援助促进和加强亚太地区发展中国家的经济发展。主要任务是利用亚洲开发银行的资金为本地区发展中国家的开发项目和计划提供贷款和必要的技术援助。亚行的最高权力和决策机构是理事会,理事一般由各成员国的财政部长或中央银行行长担任。理事会下设执行董事会,负责日常业务。亚洲开发银行的最高行政负责人是行长,行长的职责与权利、银行的表决制度与国际货币基金组织、世界银行类似。

3)泛美开发银行

泛美开发银行是由拉美国家、一些西方国家、日本及前南斯拉夫合办的区域性国际金融机构,成立于 1959 年 12 月,1960 年 10 月正式营业,总部设在华盛顿。宗旨是为成员国及其附属或代理机构的经济和社会发展提供项目贷款,同时也为成员国私人企业提供无须政府担保的贷款,或为它们的贷款提供担保以及技术援助,以推动成员国的自身发展和共同发展,协助实现泛美体系的最终发展目标。该银行的组织机构设置、投票权分配、表决制度与世界银行类似。目前成员国主要来自拉丁美洲、欧洲和亚洲。

4)金砖国家新开发银行

金砖国家新开发银行又名金砖银行,是在2012年提出的,是金融危机以来,金砖国家为避免在下一轮金融危机中受到货币不稳定的影响,计划构筑的一个共同的金融安全网,目的是借助这个资金池兑换一部分外汇用来应急。2015年7月21日,金砖国家新开发银行开业。

金砖开发银行的启动资金是500亿美元,资金额由5个金砖国家均摊,将来会逐渐增加到1 000亿美元。资金将用于金砖国家应对金融突发事件,其中中国提供410亿美元,俄罗斯、巴西和印度分别提供180亿美元,南非提供其余的50亿美元。

5)亚洲基础设施投资银行

亚洲基础设施投资银行(简称亚投行)是一个政府间性质的亚洲区域多边开发机构。重点支持基础设施建设,成立宗旨是为了促进亚洲区域的建设互联互通化和经济一体化的进程,并且加强中国及其他亚洲国家和地区的合作,是首个由中国倡议设立的多边金融机构,总部设在北京,法定资本1 000亿美元。截至2017年5月13日,亚投行有77个正式成员国。

2013年10月2日,习近平主席提出筹建倡议,2014年10月24日,包括中国、印度、新加坡等在内21个首批意向创始成员国的财长和授权代表在北京签约,共同决定成立投行。2015年12月25日,亚洲基础设施投资银行正式成立。2016年1月16日至18日,亚投行开业仪式暨理事会和董事会成立大会在北京举行。

亚投行的治理结构分理事会、董事会、管理层三层。理事会是最高决策机构,每个成员在亚投行有正副理事各一名。董事会有12名董事,其中域内9名,域外3名。管理层由行长和5位副行长组成。

二、金融市场

(一)金融市场与金融资产

1. 金融市场的概念

按照交易的产品类别划分,可以将市场分为两大类:一类是提供产品的市场,进行商品和服务的交易;另一类是提供生产要素的市场,进行劳动力和资本的交易。金融市场属要素类市场,专门提供资本。在这个市场上进行资金融通,实现借贷资金的集中和分配,完成金融资源的配置过程。

金融市场包括银行以及非银行金融机构的借贷;包括企业通过发行债券、股票实现的融资;包括投资人通过购买债券、股票实现的投资;包括通过租赁、信托、保险种种途径所进行的资金的集中与分配;等等。

金融交易的方式在人类历史的不同发展阶段是不一样的。在商品经济不发达的阶段,货币资金借贷主要以民间口头协议的方式进行,有范围小、数额少、众多小金融市场并存的特点。随着资本主义经济的发展，银行系统发展起来了，金融交易主要表现为通过银行集中进行全社会主要部分的借贷活动。随着商品经济进入高度发达时期，金融交易相当大的部分以证券交易的方式进行，表现为各类证券的发行和买卖活动。人们把这种趋势称为“证券化”。

现代的金融交易既有具体的交易场所，如在某一金融机构的建筑内进行，也有无形的交易场所，即通过现代通信设施建立起来的网络进行。

金融市场发达与否是一国经济、金融发达程度及制度选择取向的重要标志。

2. 金融市场中交易的产品、工具——金融资产

资产是指有交换价值的所有物，如房屋、土地、设备等，它们的价值取决于特定资产的自身，称之为实物资产。有别于实物资产，金融资产的价值大小取决于能够给所有者带来的未来收益。

在金融市场上，人们通过买卖金融资产，实现资金从盈余部门向赤字部门的转移。例如，企业出售新发行的股票和投资人购买该股票的交易行为，实现了一定数量的资金从有富余资金并寻求投资收益的投资人手中转移到缺少资金的企业手中，实现了资金和资源在不同部门之间的重新配置。因此，金融资产的交易是帮助实现资本融通的工具。在这个意义上，金融资产也称为金融工具。与商品产品类比，作为买卖的对象，金融资产也经常被称之为金融产品。

3.金融资产的特征

尽管金融资产种类繁多，千差万别，但都具有一些共同的特征，通常以流动性、风险性和收益性这“三性”来概括。

(1)流动性或货币性。金融资产可以用来作为货币，或很容易转换成货币，行使交易媒介或支付的功能。一些金融资产本身就是货币，如现金和存款。一些可以很容易变成货币的金融资产，如流动性很强的政府债券等。由于都可以按照不同的难易程度变现，故也可视之为多少具有货币的特性。不过，股票、债券，包括政府债券在内，大多并不划入货币的统计口径之中。

(2)风险性，是指购买金融资产的本金有否遭受损失的风险。本金受损的风险主要有信用风险和市场风险两种。信用风险也称违约风险，指债务人不履行合约，不按期归还本金的风险。这类风险与债务人的信誉、经营状况有关。风险有大有小，但很难保证绝无风险。比如向大银行存款的存户有时也会受到银行破产清理的损失。信用风险也与金融资产的种类有关。例如，股票中的优先股就比普通股风险低，一旦股份公司破产清理，优先股股东比普通股股东有优先要求补偿的权利。

(3)收益性，由收益率表示。收益率是指持有金融资产所取得的收益与本金的比率。收益率有三种计算方法：名义收益率、现时收益率与平均收益率。

1)名义收益率，是金融资产票面收益与票面额的比率。如某种债券面值 100

元，10 年偿还期，年息 8 元，则该债券的名义收益率就是 8%。

2）现时收益率，是金融资产的年收益额与其当期市场价格的比率。若上例中债券的市场价格为 95 元，则现时收益率为 8.42%（8/95×100%）。

3）平均收益率，是将现时收益与资本损益共同考虑的收益率。在上述例子中，当投资人以 95 元的价格购入面值 100 元的债券时，就形成 5 元的资本盈余。如果他是在债券发行后 1 年买入的，那就是说，经过 9 年才能取得这 5 元资本盈余。考虑到利息，平均每年的收益约为 0.37 元。将年资本损益额与年利息收入共同考虑，便得出债券的平均收益率为 8.81%（（0.37＋8）/95×100%）。

比较前两种收益率，平均收益率可以更准确地反映投资者的收益情况。

4. 金融市场的功能

金融市场通过组织金融资产、金融产品的交易，可以发挥多个方面的功能：

（1）帮助实现资金在资金盈余部门和资金短缺部门之间的调剂，实现资源配置。在良好的市场环境和价格信号引导下，可以实现资源的最佳配置。

（2）实现风险分散和风险转移。通过金融资产的交易，对于某个局部来说，风险由于分散、转移到别处而在此处消失，但并不是从总体上看消除了风险。

（3）确定价格。金融资产均有票面金额。在金融资产中可直接作为货币的金融资产，一般说来，其内在价值，就是票面标注的金额。但相当多的金融资产，其票面标注的金额并不能代表其内在价值。以股票为例，发行股票的公司，体现在每一股份上的内在价值与股票票面标注的金额往往存在极大的差异，只有通过金融市场交易中买卖双方相互作用的过程才能“发现”。

5. 金融市场运作流程的概括

金融市场的交易是在市场参与者之间进行的。为了概括描述金融市场的运作流程，需要对市场的参与者分类。依据参与者的交易特征，他们可以分为最终投资者、最终筹资者和中介机构三类。最终投资者可以是个人、企业、政府和国外部门；最终融资者的构成亦如是。至于中介机构，则是专门从事金融活动的金融机构，包括商业银行、保险公司、投资银行等等。按照较为粗略的概括，如果资金直接在最终投资人和最终筹资人之间转移，这样的融资活动就是直接融资。典型的直接融资是通过发行股票、债券等有价证券实现的融资。如果资金通过中介机构实现在最终投资人和最终筹资人之间的转移，这样的融资活动就叫作间接融资。典型的间接融资是通过银行存款贷款活动实现的融资。与两种融资形式相对应的金融产品被分别称之为直接融资工具和间接融资工具。

金融市场上的资金在各市场参与者之间的转移过程可用图 2-4 简单描述。

6. 我国金融市场的历史

如果从广义的角度看，分散的金融市场，其存在可追溯至唐代长安的西市，历

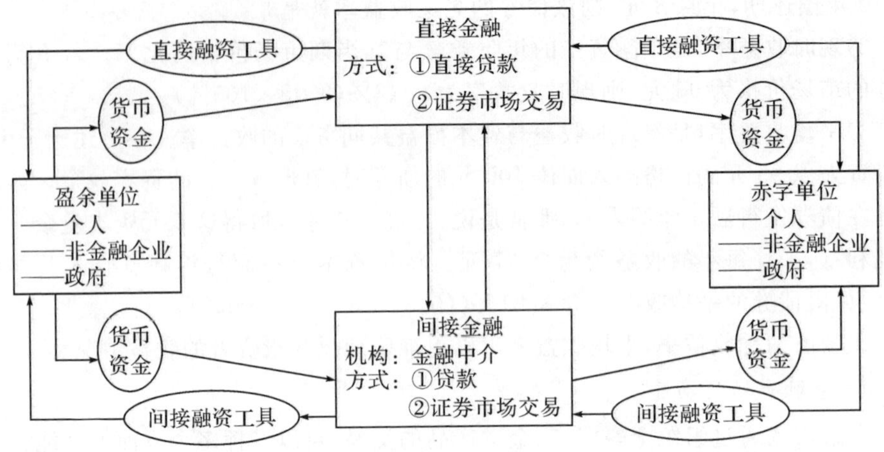

图 2-4 金融市场的资金转移过程

史典籍中丰富的记载描绘出这里不仅有多种形式的金融机构，而且还汇集了大量外国商人，从而使这个金融市场有着相当浓厚的国际色彩。清代钱庄、银号、票号等金融机构已活跃于全国各商业城市。

近代，以新式银行为中心的金融市场形成很晚。20 世纪 30 年代，上海成为金融中心，全国近半数的资金在这里集散；伴随着资金借贷的发展，债券市场、股票市场、黄金市场也相继形成。

1949 年以后，随着社会主义计划经济的迅速建立，高度集中于一家银行的银行信用代替了多种信用形式和多种金融机构的格局，财政拨款代替了企业的股票、债券的资金筹集方式。

20 世纪 70 年代末，改革开放政策的逐步推行，推动人们重新思考建立金融市场问题。具体来说，主要包括两方面：一是金融机构之间的短期融资市场；二是证券市场。应该说，自 20 世纪 90 年代以来，这两方面的问题成为经济发展与体制改革的一个重要组成部分并有了长足的进展。

(二)资本市场

资本市场主要包括股票市场、债券市场和基金市场等。

1. 股票市场

股票是股份公司发行的、表明投资者投资份额及其权利义务的所有权凭证，是一种能够给持有者带来收益的有价证券，其实质是公司的产权证明书。股票是一种权益性工具，因此，股票市场又被称为权益市场。

股票市场是股票发行和流通的场所，也可以说是指对已发行的股票进行买卖和转让的场所。股票的交易都是通过股票市场来实现的。一般来说，股票市场可以分为一级市场、二级市场，一级市场也称股票发行市场，二级市场也称股票交易市场。

股票市场是上市公司筹集资金的主要途径之一。股票市场的变化与整个市场经济的发展是密切相关的，股票市场在市场经济中始终发挥着经济状况晴雨表的作用。

2. 债券市场

债券是投资者向政府、公司或金融机构提供资金的债权凭证，表明发行人负有在指定期向持有人支付利息，并在到期日偿还本金的责任。由于债券的利息一般在事先确定，所以债券也被称为固定收益证券，与股票类似，债券可以上市流通。

债券的种类繁多，按发行主体不同可分为政府债券、公司债券和金融债券三大类。

(1)政府债券

政府债券是指中央政府、政府机构和地方政府发行的债券，它以政府的信誉作保证，因而通常无须抵押品，其风险在各种投资工具中是最小的。

(2)公司债券

公司债券是公司为筹措营运资本而发行的债券，该合同要求不管公司业绩如何都应优先偿还其固定收益，否则将在相应破产法的裁决下寻求解决，因而其风险小于股票，但比政府债券高。

(3)金融债券

金融债券是银行等金融机构为筹集信贷资金而发行的债券。发行金融债券，表面看来同银行吸收存款一样，但由于债券有明确的期限规定，不能提前兑现，所以筹集的资金要比存款稳定得多。由于金融机构的资信度比一般公司要高，金融债券的信用风险也较公司债券低。

债券市场分为两个层次：一是债券发行市场，也称一级市场；二是债券流通市场，也称二级市场。

债券市场有融资、控制资金流向和宏观调控等功能。

3. 基金市场

证券投资基金是指通过公开发售基金份额，将众多投资者的资金集中起来，形成独立资产，由基金托管人托管、基金管理人管理，以投资组合的方式进行证券投资的一种利益共享、风险共担的集合投资方式。

基金市场为中小投资者拓宽了投资渠道，优化金融结构、促进经济增长，有利于证券市场的稳定和健康发展，完善金融体系和社会保障体系。

第三节　公司金融

公司金融研究如何最有效率地配置公司内外资源来实现公司的财务目标，一般来说分为以下三个部分：投资决策、融资决策以及股利决策。

公司金融的目标取决于公司金融的具体内容，可以概括为：(1)企业筹资管理目标；(2)企业投资管理目标；(3)企业营运资金管理目标；(4)企业利润管理目标。本书将介绍投资、融资、实物期权等与公司金融相关的知识。

一、投资

投资指的是特定经济主体为了在未来可预见的时期内获得收益或是资金增值，在一定时期内向一定领域投放足够数额的资金或实物的货币等价物的经济行为。

(一)投资的含义

投资可定义为任何涉及牺牲一定水平的即期消费以换取未来更多预期消费的活动，并具有双重定义。一是指特种资金，即为获取一定经济效益或社会效益而向某种对象或业务投入的资本或资产；二是指特种活动，即为获取一定经济效益或社会效益而向某种对象或业务投入资本或资产的经济活动。

投资概念既包括股票、债券投资，也包括购置和建造固定资产、购买和储备流动资产的实质性投资。本书中的投资是指购置和建造固定资产、购买和储备流动资产的实质性投资。

(二)投资的构成要素

1. 投资主体

投资主体是具有筹资能力、独立进行投资决策、承担投资风险，并对投资完成体享有所有权或使用权以及获得投资收益权的经济主体。它是人格化的经济主体，能在投资动机和目的的驱使下，对外部环境和各种经济信号做出理性选择和反应。例如，选择投资项目和方向、安排投资规模和结构以及组织实施投资决策方案等。

2. 投资客体

投资客体就是投资的对象，即被投资主体接受并能在未来为投资主体带来收益的，或者能满足投资主体的其他投资目的的投资对象。

投资客体按照其不同性质通常可分为实业投资项目和金融投资工具两大类。实业投资项目就是投资主体通过实业投资，购买或建造有形资产以从事具体生产经营活动和其他非生产活动所形成的建设项目，包括直接用于物质生产或直接为物质生产服务的工业项目(含矿业)、建筑业、地质资源勘探及与农林渔业有关的生产项目、运输邮电项目、商业和物资供应等生产性项目,以及直接用于满足人民物质和文化生活需要的文教卫生、科学研究、社会福利等非生产性项目。金融投资是投资主体在金融市场中通过各类金融商品买卖来实现的,这些金融商品也称为金融工具,它是证明信用关系存在及其条件有效的合法凭证。金融工具的种类繁多,比如常见的国库券、商业票据、大额存单债券、股票、基金等,还有期权、期货、货币互换、利率互换、对冲基金等不断创新出来的金融衍生工具。不同的金融工具,由于其在偿还期、流动性、安全性以及收益率等方面各不相同,因而可以满足金融投资主体不同的金融需求。通过金融工具的不断创新,金融投资主体能够有更多选择的余地,以形成自己的资产组合,大大地增强和丰富了它们规避风险、投资盈利的机会和手段,进而吸引更多的投资者加入。

3. 投资资源

投资资源是投资主体进行投资的手段和条件。分为:

(1)主动型投资资源,包括货币资源、有形资产和无形资产等,在投资过程中充当购买和交易手段,投资主体可以根据投资的客观条件,随时主动地换回投资所需要的各种要素。

(2)被动型投资资源,是投资得以进行的必要条件,例如,固定资产投资所需要的钢材、木材、水泥、砖瓦、灰砂石等材料,需要安装的机器设备、工具器具等。

4. 投资形式

投资形式是投资主体所选择的投资方式,例如商业固定投资和存货投资。

商业固定投资又称企业固定投资,它包括企业购买厂房、机器设备等。商业固定投资的抉择不仅仅取决于进行投资的成本,而且取决于资本边际产出水平。在宏观经济学中,说明商业固定投资与产量之间关系的是加速原理。关于加速原理后面将进行详尽的说明。

存货包括原材料、生产中使用的中间产品以及待销售的最终产品。存货投资是一项变化很大的投资形式。人们对企业进行存货投资的动机一直在认真地研究,并取得了一些重要的理论成果。存货投资之所以必要,主要有三个原因:首先,存货是生产过程得以顺利进行的一个必要条件。在经济中,一方面生产的边际成本是递增的,另一方面产出的市场需求又变化不定,如果生产的产量随需求而频繁波动,生产的边际成本就会大幅度上升。因此,为了维持平稳的生产,在需求较低时,积累一些存货;在需求较旺时,减少存货,使产量的波动小于需求的波动,对企业是合算的。其次,存货是保证销售并稳定地占有市场的必要条件。市场需求是千变万化的,产量很难适应这种变化。如果需求得不到满足,企业将受到各种损失,如客户流失、利润减少、信誉受损等。所以,有一定量的存货以稳定地满足市场需求是十分必要的。最后,存货是降低交易成本的重要途径。一次较大量的订货通常比连续若干次小批量订货的成本要低得多。存货是保证较大批量订货的物质条件。所以,企业持有存货是为了避免过于频繁订货的交易成本。

5. 其他要素

投资还有其他要素,包括投资时机、投资期限、投资规模等。

(三)投资的特点

1. 投资的资金规模大

长期投资一般需要投入较多的资金,对投资主体的现金流量和财务状况影响很大。

2. 投资影响的时间长

长期投资对投资主体的未来盈利影响深远,甚至决定投资主体的命运。

3. 投资效应的供给时滞性

投资会产生需求效应和供给效应。需求效应是指与投资活动伴生的需求活动,包括物品需求、就业需求等,能够引起社会总需求上升;供给效应是指因投资而形成的新生产能力,能够引起社会总供给上升,但供给效应要待投资完成后才能产生。所以,供给效应滞后于需求效应,形成经济周期。

4. 投资的广阔性和复杂性

投资的广阔性是指投资类型较多、投资领域涉及广、综合性强;投资的复杂性是指各类投资有其自身规律,且各项投资关联性强,一项投资会引起其他领域的投资。

5. 投资周期具有长期性

投资周期是指投资从决策、筹资、投放、使用到回收的整个时间周期。一般来说,投资的决策期较长,建设期适中,回收期较短。

6. 投资实施的连续性

保证投资实施的连续性是降低投资风险和较快回收资金的先决条件,若投资无法连续实施,则不仅不能尽快形成新增固定资产以获得投资报酬,而且已投入的大量资金因被占用和呆滞于未完成的工程而不能周转也扩大了投资支出,还增加了对已建半截子工程和已到设备的巨额保养与维护费用。

7. 投资过程的波动性

投资各阶段的用资量不一,实施期的投资支出要比决策期多得多,施工期的投资支出比准备期大得多,到了施工中期,设备大多到货,投资达到最高峰,形成投资过程的波动性。

8. 投资收益的不确定性

投资是在期望效益率高于银行信用利率的基础上做出决策的,而期望收益率是投资的各种收益率水平与不同概率的加权平均值，并非投资的实际收益率，投资存在不能保值增值，甚至亏损的风险，此即投资收益的不确定性。

9. 投资项目的不可逆性

投资项目一旦开始初始支出或转换为可用性资产，如厂房、设备、基础设施、无形资产等，因转换用途的代价相当昂贵，存在“套牢”的风险，变现性较差，难以退出，只能以其提供的产品或服务获取收益，这就是投资项目的不可逆性。

(四)投资的过程

1. 确定投资目标

合理的投资目标，应该是在一定风险下实现收益最大化，或在一定收益下实现风险最小化。具体投资目标因投资者的风险偏好而有差异。例如，拥有足够财产的投资者有较高的风险承担能力，将目标锁定在高收益、高风险的投资项目上，而资金不足的投资者，将目标锁定在收入稳定、本金安全的投资项目上。商业银行为保证储户资金安全，必须选择安全性和流动性都高的投资项目。

2. 进行投资分析

投资分析重在寻找符合投资目标的投资项目，常采用内在价值分析法和风险分析法等进行投资分析。例如，投资股票就要预测市场折现率、股息现金流，以计算股票的内在价值，并与市场价格比较，寻找股价被低估的股票。

3. 制订投资计划

制订投资计划，一是要确定一定期限内的投资项目组合，将组合风险降到最低，并获得最大的组合效益；二是要在恰当时间投资，以获得超额收益。

4. 实施并不断修正投资计划

在投资计划实施过程中，投资目标和投资分析都在变化，要不断修正投资计划，以改善投资的期望收益率。

5. 评估投资绩效

评估投资绩效就是评价投资收益与风险，通过比较投资结果与基准水平，来评价投资绩效的优劣。

二、融资

(一)融资的概念

从狭义上讲，融资即是一个企业的资金筹集的行为与过程，也就是说公司根据自身的生产经营状况、资金拥有的状况，以及公司未来经营发展的需要，通过科学的预测和决策，采用一定的方式，从一定的渠道向公司的投资者和债权人去筹集资金，组织资金的供应，以保证公司正常生产需要，经营管理活动需要的理财行为。

从广义上讲，融资也叫金融，就是货币资金的融通，当事人通过各种方式到金融市场上筹措或贷放资金的行为。《新帕尔格雷夫经济学大辞典》对融资的解释是：融资是指为支付超过现金的购货款而采取的货币交易手段，或为取得资产而集资所采取的货币手段。

本书中主要介绍的是狭义的融资，主要介绍企业或者项目的融资。

(二)融资的分类

1. 企业融资

企业融资活动的基本目的是为了满足其正常的经营和生产的需要。但由于不同的企业具有不同的经营战略，即使同一家企业，在不同的发展阶段，其具体的目的也存在差异，表现为企业融资的动机的不一致性，总的来讲，企业融资的目的不外乎以下几种：

(1)满足日常生产经营的需要。企业的日常经营需要一部分流动资金，为满足企业运作的需要，在流动存在周转困难的情况下，企业就要进行融资，以不影响其生产经营行为的正常实现。

(2)满足调整资本结构的需要。企业的资本结构与企业的资本成本和企业的价值密切相关，在持续的经营中，资本结构很可能并不是最佳，从而对企业的市场价值产生负面的影响，甚至对企业的股东的权利、利润的分配产生不合乎其意愿的现象，因此，企业就会在此情况下，通过融资行为，对企业的资本结构进行调整，使其最佳。

(3)满足企业扩张和兼并的需要。企业由于其发展战略的要求，可能进行横向或纵向的兼并，或者进行自我的外延式扩张，在此情况下，由于企业自我资金的积累不足，就会向系统外的经济实体或金融机构进行融资。除此之外，新设立的企业的发起筹资及募集筹资也是企业融资的目的。

企业融资可以按照以下方式分类：

(1)债权融资与股权融资

债权融资，也称债务融资，是指通过增加企业的债务筹集资金，是一种包含了利息支付的融资方式，主要有银行贷款、民间借款、发行债券、融资租赁等。股权融资是指通过扩大企业的所有者权益，如吸引新的投资者、发行新股、追加投资等方式筹集资金，而不是出让现有的所有者权益或转让现有的股票。出让或出卖现有的股份是转让行为，没有增加权益。股权融资的后果是稀释了原有投资者对企业的控制权。

(2)内部融资和外部融资

内部融资可以来自公司内的若干渠道，如利润、出售资产收入、减少的流动资本量、延期付款、应付账款等。外部融资包括吸引直接投资、家庭成员和亲朋好友借款、银行贷款、发行债券、融资租赁、民间借款等。

2. 项目融资

项目融资是当今资本市场中最为重要的一种资本运作方式，它适用于各种规模的项目，其决策都是建立在高度专业化和程序化的基础之上。当前，中国经济正处在快速发展的过程中，基础项目的开发和建设已成为经济发展的重要方式。项目融资作为重要的融资方式被广泛应用于实践中。

(1)项目融资的起源与发展

早在 4 000 多年前，项目融资的思想就已经存在了。根据《汉谟拉比法典》的记载，船主为造船进行筹资所使用的形式是抵押融资，即船舶抵押合同，船主用进行商业贸易产生的收入来偿还造船贷款。如果在贷款还清之前，船只在航行过程中损毁，那么船主欠贷款人的剩余债务就一笔勾销。这就是项目融资的雏形。贷款人或投资者基于对航海贸易可能产生的巨额利润而参与船主发起的造船项目，且仅以此船的航海贸易未来可能产生的现金作为收回贷款或投资的来源，如果航海贸易没有预期的盈利或船只在航海过程中损毁，贷款人和投资者是不能要求船主偿还贷款和返还投资的。显而易见，这种模式对贷款人和投资者来说风险很大，尤其是在几千年前的奴隶社会，风险分配和管理控制还不能做到像现在这么科学。所以，这种模式曾经有一段时间在人们的商业活动中销声匿迹了，直到 19 世纪中叶，苏伊士运河的融资才又把这种融资方式引入人们的视野。

1858 年苏伊士运河的融资是今天许多基础设施项目融资的先驱，尽管苏伊士运河的融资与当今的项目融资有明显的不同。比如，英国和法国特许经营商是苏伊士运河的发起人，从埃及政府获得了长达 99 年的对运河进行建设、运营和维修的特许权，在今天超过 30 年的特许权都是罕见的。到 1869 年年底，苏伊士运河从融资结束到建成投入使用花费了 11 年的时间，如此长的建设周期很难想象在今天是否能成功取得项目融资。

现代最早进行项目融资的可能算是美国通过发行工业收益债券(IRBs)进行城市基础设施和地区基础设施建设融资这一案例了。1913 年，美国国会给那些州或者政府下级机构(简称市政)发行的工业收益债券的持有者所获得的收益提供免税政策，从而促进了美国市政债券的迅速发展。市政债券包括两种：一种是一般责任债券，它是以市政的资信为基础发行的，以地方税收收入作为偿还保证；另一种是工业收益债券，它不以市政的资信为基础，而是仅仅以项目和项目预期现金流为基础的。因此，工业收益债券与项目融资类似，但这时的项目融资更多运用于石油等资源开发项目上。

20 世纪 80 年代初开始的世界性经济危机，使得项目融资的发展进入了一个低潮期。一方面，国际银行界最有利可图的发展中国家贷款市场由于一些国家，特别是南美洲国家发生债务危机，已不可能再承受大量的新的债务；另一方面，能源、原材料市场的长期衰退，迫使包括工业国家在内的公司、财团对这一领域的新项目投资持非常谨慎的态度,而这一领域又是项目融资的一个主要的传统市场。1985年以后,随着世界经济的复苏和若干具有代表性的项目融资模式的采用,项目融资又重新开始在国际金融界活跃起来,并在融资结构、追索形式、贷款期限、风险管理等方面有所创新和发展,由此推动了世界项目融资的快速发展。

(2)项目融资的定义

项目融资虽已有了几十年的发展,但其作为一个金融术语,目前还没有一个准确、公认的定义。在国内外公开出版的书籍中对项目融资的定义各不相同,但归纳起来基本上可以分成两种观点,即广义的项目融资和狭义的项目融资。从广义上讲,是在欧洲比较流行的,把一切对具体项目所安排的融资都称为项目融资;而在北美洲,金融界习惯上只将无追索权或有限追索权的融资活动称为项目融资,也就是狭义的观点。

由于目前狭义的项目融资已为大多数国家所认可和采纳,而且对狭义项目融资的研究有助于推进我国经济的建设和发展,解决资金缺口问题,所以,下述的项目融资概念均指狭义的项目融资。引用 Neil Cuthbert 在 *Asset and Project Finance* 一书中的定义:“项目融资是以项目的资产、预期收益或权益作抵押的一种无追索权或有限追索权的融资或贷款。”

由其定义,根据项目融资在追索权方面的不同特点,可将其分为无追索权项目融资和有限追索权项目融资。无追索权项目融资是指贷款人对项目发起人(项目投资者)没有任何追索权,只能依靠项目所产生的收益作为偿还贷款本金和利息的唯一来源。由于此种形势下要对项目进行严格的论证并设计全面的项目担保结构,以利于项目贷款人接受项目风险,因此其融资成本高、效率低,目前在项目融资实务中已较少采用。

有限追索权项目融资是指项目发起人(项目投资者)只承担有限的债务责任和义务。这种有限性可以体现在时间、金额和对象三个方面:①时间上的有限性,即项目贷款人一般在项目建设开发阶段对项目发起人有完全追索权或较强追索权,而一旦项目达到、实现规定的商业完工标准,项目进入正常生产经营阶段之后,贷款将变为无追索权或者追索权会减弱。②金额上的有限性,即在项目建设期内贷款人享有对发起人的完全追索权,而项目进入生产经营阶段之后,贷款人就只能对应偿还贷款的本利和与项目产生的现金流量的差额部分进行追索。③追索对象上的有限性,即在项目融资中,尤其是公司制的投资结构下,贷款人只能对项目资产及项目投资者或其他融资参与方为项目提供的担保进行追索。

(3)项目融资的适用范围

项目融资发展到现在,主要运用于三类项目:资源开发、基础设施建设、制造业。

1)资源开发项目。包括石油、天然气、煤炭、铁、铜等开采业。项目融资最早就源于资源开发项目。

2)基础设施建设项目。一般包括铁路、公路、港口、电信和能源等项目的建设。基础设施建设是项目融资应用最多的领域，其原因是：一方面，这类项目投资规模巨大，完全由政府出资有困难；另一方面，商业化经营的需要，只有商业化经营才能产生收益，提高收益。在发达国家中，许多基础设施建设项目因采用项目融资而取得成功，发展中国家也已开始逐渐引入这种融资方式。

3)制造业项目。虽然项目融资在制造业领域有所应用，但范围比较窄，因为制造业中间产品很多，工序多，操作起来比较困难，另外，其对资金需求也不如前两个领域那么大。在制造业中，项目融资多用于工程上比较单纯或某个工程阶段中已使用特定技术的制造业项目。此外，它也适用于委托加工生产的制造业项目。

总之，项目融资一般适用于竞争性不强的行业。具体来说，就是只有那些通过对用户收费取得收益的设施和服务才适合项目融资方式。这类项目尽管建设周期长、投资量大，但收益稳定，受市场变化影响较小，故其对投资者有一定的吸引力。

(三)融资的特点

1. 企业融资的特点

(1)企业作为投资者，做出投资决策，承担投资风险，也承担决策责任。

(2)整个企业的现金流量和资产都可用于偿还债务、提供担保。

(3)债权人对债务有完全的追索权，即使项目失败也必须由公司还贷，因而贷款的风险程度相对较低。

2. 项目融资的特点

由以上的定义可以直观看出项目融资与传统融资的一些区别。由于采取项目融资方式筹措资金的项目一般具有建设规模大、建设周期长、投资者众多、风险分配复杂的特点，项目融资也就在具体安排和实际运作方面有着自己的特点。

(1)项目导向性

项目导向性是指在项目融资中融资主要依赖于项目的现金流量和资产，而不是项目发起人或投资者的信誉与财力。这与传统融资方式中外部资金的注入与否主要取决于该借款人作为一个整体的资产负债、利润及现金流量的情况形成鲜明对比，从而成为项目融资最显著的特征。

1)由于项目导向，贷款的风险程度取决于项目的经济强度，而与项目发起人的资信无关，这就实现了贷款风险与项目发起人的隔绝。因此，一些传统模式下投资者很难借到的资金可以利用项目融资来实现，或者一些不具备贷款条件的公司也可通过项目融资实现对具有可靠经济强度的项目的融资、投资、建设和经营。

2)由于项目导向，如果项目的预期现金流量收入较高，采用项目融资就可以获得比传统融资方式高的贷款比例。根据项目的经济强度，一般可以获得60%～70%的资金需求量，在某些项目中甚至可以得到100%的融资。

3)由于项目导向,项目融资的贷款期限就可以根据项目的具体需要和项目的生命周期安排设计,从而做到比一般的商业贷款期限长。

(2)无追索权或有限追索权

在一定程度上,贷款人对项目借款人的追索形式和程度是区别项目融资与传统融资的重要标志。在传统模式中,贷款人为借款人提供的是完全追索形式的贷款;而正如在项目融资的定义里所分析的一样,只有项目本身的现金流量和收益会作为偿还贷款的资金来源,项目贷款人除了对该项目资产、项目的现金流量以及借款人所承担的义务以外,无法追索到借款人其他任何形式的财产。项目贷款人只拥有对借款人有限的追索权甚至没有追索权(有限追索的特例)。

(3)非公司负债型融资

非公司负债型融资是指项目的债务不表现在项目投资者即实际借款人的公司资产负债表中的一种融资方式,又可称为表外融资。项目投资者通过对投资结构和融资结构的设计将融资安排成非公司负债型融资后,所融得的贷款就不会影响其自身的资产负债状况,可以使得投资者以有限的财力从事更多有价值的项目投资。

(4)风险分担

风险分担是项目融资的根本特征。与传统融资相比,采用项目融资方式筹集资金的项目多是投资额巨大、建设周期长的大型项目,其贷款银团一般都会有国外银行的介入,因此在投资风险的种类和影响上都要大于传统融资方式下的项目风险。这样巨大的风险是任何一个项目参与者都无法独自承担的。同时,也为了实现项目融资中的有限追索,对于与项目有关的各种风险要素,就需要通过协商和谈判再以法律合同的形式在项目投资者、贷款人及其他与项目有直接或间接利益关系的参与者之间进行合理分担,从而既实现项目风险与项目发起人一定程度的隔离,又提高各参与方关注项目进展的积极主动性。没有任何一方单独承担其全部债务的风险责任是评价一个项目融资结构成功的标准。

(5)担保结构多样化

项目融资由于参与方较多、风险分摊较为复杂,一般需要有结构严谨且完整的担保体系。这种担保体系要求与项目有利益关系的各个参与方对债务偿还可能发生的风险进行担保,将贷款的信用支持分配到与项目有关的各个关键方面,从而提高项目的债务承受能力,减少融资对投资者资信及其他资产的依赖程度,有效地保证项目的顺利完工与运营,并产生足够的现金流用以偿还贷款。传统的融资方式中一般只需要单一的担保结构,如抵押、质押或保证贷款等;而项目融资的担保结构呈现出多样化和灵活性的特点,不同的参与方可以灵活选择担保方式,担保方式也可以是单一方式的有效组合。

(6)融资成本高,所需时间长

项目融资涉及众多参与者,具有复杂的投资、融资和担保结构,需要做好详尽的有关风险分担、税收结构、资产抵押、项目评估等一系列技术性的准备工作,需要协调不同参与者的利益关系和责任,需要在项目执行过程中对技术、运营及贷款使用实施有效监控。因而,项目融资的融资成本会高于传统的融资成本,组织融资的时间也比较长。

(四)融资的运作程序

本书中,我们主要介绍项目融资的运作程序。

项目融资从运作程序上可以分为计划、实施两个阶段。计划阶段从事项目融资的前期分析工作,主要包括投资决策分析、项目投资结构设计、融资决策分析、项目融资结构和资金结构设计等;项目融资实施阶段的工作包括融资谈判、融资执行两个阶段。

1. 项目融资计划阶段

(1)投资决策分析阶段。对于任何一个投资项目,在决策者决定投资以前,都需要经过周密的投资决策分析。投资决策分析的内容应包括:未来宏观经济形势的走势、拟投资行业的发展以及项目在该行业中的竞争力分析、项目的可行性研究等内容。在此基础上做出是否投资的决策。

(2)投资结构设计阶段。如果经过投资决策分析决定投资某项目,就要研究确定项目实体的投资结构。确定项目投资结构要考虑将要选择的融资:结构和可能的资金来源,在很多情况下项目投资决策也是与项目能否融资以及如何融资紧密联系在一起的。投资者在决定项目实体投资结构时需要考虑的因素很多,其中主要包括项目的产权形式、产品分配形式、决策程序、债务责任、现金流量控制、税务结构和会计处理等方面的内容。投资结构的选择将影响到项目融资的结构和资金来源的选择。反过来,项目融资结构的设计在多数情况下也将会对投资结构的安排做出调整。

(3)融资决策分析阶段。本阶段项目投资者将决定是否采用项目融资方式为项目开发筹集资金。是否采用项目融资,取决于项目所在的领域、所需资金数量和时间上的要求、投资者对债务责任与风险分担的要求、融资费用的要求及债务会计处理等多方面因素的综合考虑。如果经过分析决定采用项目融资方式筹集资金,投资者即需要选择和聘请融资顾问研究设计项目的融资结构和资金结构。

(4)融资结构和资金结构设计。项目融资结构设计首先要对项目风险进行分析和评估。项目融资的信用结构的基础是由项目本身的经济强度以及与之相关的各个利益主体与项目的契约关系和信用保证所构成的。因此,能否采用以及如何设计项目融资结构的关键点之一,就是要求项目融资顾问和项目投资者一起对于项目有关的风险因素进行全面分析和判断,确定项目的债务承受能力和风险,设计出切实可行的融资方案、项目融资结构以及相应的资金结构的设计和选择,必须全面反映出投资者的融资战略要求和考虑。

上述项目融资计划阶段的程序不是固定不变的,也不是一蹴而就的。后续阶段很可能会发现新的问题从而否定前一阶段的计划,并对前面的计划进行修订。

2. 项目融资实施阶段

(1)项目融资谈判。在项目融资计划确定之后,即进入项目融资谈判阶段。在这一阶段,融资顾问将有选择地向商业银行或其他一些金融机构发出参加项目融资的建议书,组织贷款银团,并提供项目资料及融资可行性研究报告。贷款银行经过现场考察、尽职调查及多轮谈判后,将与投资者共同起草融资的有关文件。同时,投资者还需要按照银行的要求签署有关销售协议、担保协议等文件。这一阶段可能会经过多次的反复,在与银行的谈判中,不仅会对有关的法律文件做出修改,在很多情况下还会涉及融资结构或资金来源的调整问题,有时甚至会对项目的投资结构及相应的法律文件做出修改,以满足贷款人的要求。在这一阶段,融资顾问、法律顾问和税务顾问的作用是十分重要的。强有力的融资顾问和法律顾问可以帮助加强项目投资者的谈判地位,保护投资者的利益,并在谈判陷入僵局时,能及时地、灵活地找出适当的变通办法来解决问题,达成既在最大限度上保护投资者的利益,又能为贷款银行所接受的条件。

(2)项目融资执行。在传统的融资方式中,借款人只要求按照贷款协议的规定提款和偿还贷款的利息和本金,对资金使用的监管较少。然而,在项目融资中,由于融资银行承担了项目的风险,因此会加大对项目执行过程的监管力度。融资银行的参与可以按项目的进展划分为三个阶段:项目的建设期、试生产期和正常运行期。在项目的建设期,贷款银团经理人将经常性地监督项目的建设进展,根据资金预算和建设日程表,安排贷款的提取。如果融资协议包括多种货币贷款的选择,贷款银团经理人可以为项目投资者提供各种资金安排上的策略性建议。在项目的试生产期,贷款银团经理人监督项目试生产情况,将实际的项目生产成本数据和技术指标与融资文件的规定指标进行比较,确认项目是否达到了融资文件规定的商业完工标准。在项目的正常运行期,项目的投资者所提供的完工担保将被解除,贷款的偿还将主要依赖于项目本身的现金流量。贷款银团经理人将按照融资文件的规定管理全部或部分项目的现金流量,以确保债务的偿还。除此之外,贷款银团经理人也会参与部分项目生产经营决策,在项目的重大决策问题上(如新增资本支出、减产、停产和资产处理等)有一定的发言权。由于项目融资的债务偿还与其项目的金融环境和市场环境密切相关,所以帮助项目投资者加强对项目风险的控制和管理,也是贷款银团经理人在项目正常运行阶段的一项重要工作。

通过银行的参与,在某种程度上也会帮助项目投资者加强对项目风险的控制和管理,从而使参与各方实现风险共担,利益共享。

三、实物期权

实物期权理论，是近年来兴起的一种把金融市场的规则引入企业内部战略投资决策、用于规划与管理战略投资的理论。通过运用实物期权相关理论与方法，可有效实现公司金融中的企业投资管理目标以及企业利润管理目标。

(一)实物期权的概念

传统的贴现现金流量分析首先估算现金流量，然后将现金流量贴现，计算出净现值期望值。20 世纪 50 年代以来，传统的贴现现金流量分析已经成为资本预算的基础。不过，近年来的证据表明采用贴现现金流量法不能总是做出合适的资本预算决策。

贴现现金流量法起源于诸如债券和股票的证券估价，这些证券属于被动投资，一旦投资，多数投资者就难以采取措施影响投资所产生的现金流量。然而，资本预算投资项目并非被动投资。经理人经常可以在投资之后采取积极措施改变其现金流量。这种采取措施的机会就称为实物期权。“实物”区别于诸如购买波音公司股票的选择权等金融期权。之所以称为“选择权”，是因为金融期权提供的是未来采取措施增加现金流量的权利，而不是义务。尽管实物期权也有价值，但是，传统的净现值分析无法捕捉其价值。因此，投资项目的实物期权必须单独考虑。

(二)实物期权的产生

现代经济真实的市场环境瞬息万变，投资充满风险，所以进行投资决策时对不确定性的把握和不确定性价值的评估的重要性逐渐凸显出来。传统的投资决策本质上是现金流折现法，是从成本角度或收益角度估计的期望收益在风险因子下的折现值，如回收期折现法、收益率折现法、净年值折现法、净现值折现法等。这种方法是一种静态的方法。因为折现方法假设期望收益率是定值，风险折现因子也是定值。这和复杂多变的市场环境是不吻合的。

这种方法虽经修正但还是不能令人满意。并且，绝大多数实物投资都是不可逆的，投资者不可能反悔，这种沉没成本更是无法折现，这导致传统的决策方法失灵。Arrow & Fischer(1974)首次发现不可逆投资中延迟投资是有价值的，Myers(1977)正式提出“实物期权”的概念，他指出对实物资产的投资可被认为是购买一个权利，实物资产的未来收益应该被这种权利分享。因此，项目投资的价值等同于未定权益的定价，可被纳入一般的期权分析框架。不同的是，这种权利购买的是实物资产，而不是股票、债券这样的金融资产，故又可称之为实物期权。Amram & Kulatilaka(1999)扩展了实物期权的应用视野，用实物期权定价的思想分析企业的战略投资决策。这种思维方式面向价值评估和战略决策制定，能帮助管理者更好地把握投资的不确定性和评估不确定性的价值。随后，实物期权的思想和方法就开始被大量应用于各种资产投资和管理领域。

(三)实物期权的特性

实物期权首先是实物的期权,这里的实物,指各种各样的实物资产,如土地、设备、石油、投资项目等。实物资产和金融资产的最大不同之处是实物资产可以创造财富,而金融资产的交易是个零和游戏。茅宁(2000)指出了实物期权的三个特点:其一,实物期权的非交易性,是指由于流动性较差,实物资产一般不存在相应的活跃的交易市场;其二,实物期权的复合性,是指各种实物期权之间有一定的相关性,不仅在同一个项目内,而且在项目之间也存在;其三,实物期权的非独占性,是指未来收益可能被多个参与者所共享,因其未定权益价值还与竞争者的投资决策有关。金融期权的标的物是金融资产,如股票、国债、外汇、货币等。金融资产仅仅代表对实物资产的要求权,本身并不创造财富,并且金融资产具有流动性、可逆性、收益性,很容易标准化,便于形成市场性、规模化的连续交易。

从投资灵活性的角度来分析,投资者应该关注:投资内容、投资时间、投资方式、投资数额,通过这一系列选择来创造价值,而一旦确定一项决策就意味消除了一个不确定性,换句话说,执行了一个期权。这种投资灵活性的价值就是实物期权价值体现。所以,从实物期权的角度来看,投资决策不仅要考虑直接成本更应考虑机会成本。传统的折现法可修正为:实物投资价值=净现值+实物期权价值。由此可以发现金融期权和实物期权一个最本质的不同:一个的核心在于定价,一个的核心在于决策。事实上,在实际投资决策中,忽略掉一个因素比误判了一个因素风险更大。实物期权方法正是通过对不确定性及影响分析的规范化思考,来创造价值。实物期权的思维方式开阔了投资视野,增加了投资的备选方案;实物期权的技术分析将战略具体化为一系列投资决策。所以,实物期权不只是金融期权外延的简单扩展。

(四)实物期权的类型

实物期权的类型很多,主要包括:

(1)放弃期权。在市场条件急剧恶化的情况下,企业及时中断某项经营活动并将资本性资产及其他资产在二手市场出售,获得残值,或者进行最佳的用途转化,或者减少项目的投入以降低锁定资金量的权利。

(2)延迟期权。允许投资者推迟一段时间再对项目进行投资,有助于投资者更好的观察市场变化,获取更多的市场信息。由于信息不对称在投资决策过程中总是存在,因而,延期期权在一定程度上减少了信息的不对称性,从而降低了决策风险。

(3)扩张期权。在项目进行中,投资者发现市场比原来预期好得多,则可以通过追加投资,使项目的价值增加。通过期初投资保证了项目后期运营的可行性,后期的追加投资保证了项目的完整实施。

(4)缩减期权。管理者在投资开始后发现市场不景气,投资方案达不到预期效果,可以选择缩减生产规模或者暂时停止此项投资,以降低锁定资金量,便拥有了缩减期权。

(5)转换期权。管理者面对多变的市场可灵活地采取改变生产的投入与产出方式互相转移使用,以符合消费者的需求。

(五)实物期权的应用

1. 实物期权在企业投资决策中的应用

(1)传统投资决策方法面临的挑战

传统投资决策方法是指以投资有效期内各年现金净流量为主要考核指标的方法,传统投资决策体系的具体方法包括非贴现技术方法和贴现技术方法两种。而传统方法的使用是存在一些前提假设的:首先投资者必须迅速决定是否进行投资,而不存在对投资项目进行推迟观望的可能;另外就是投资是完全可逆的,放弃投资不会有任何成本损失。很显然,这些前提假设在不少项目面前都是不切实际的。同时在现行市场经济条件下,企业面临更加复杂多变的外部环境,比如在进行投资决策时面对许多必须解决的问题,如投资的风险性、投资机会的不可选择性、投入的不可逆性、投资回报的不可预测性等。而传统的投资决策方法在面对上述问题时常常表现的力不从心,主要表现在以下几个方面:

1)无法量化资产的灵活性价值

具备两种或两种以上用途的资产,我们称为有灵活性用途的资产。这样的资产具有一定程度的通用性,它除了能在计划投资的项目中使用外,还可以应用于其他企业的其他项目或其他领域。按照传统投资决策方法的思路,资产灵活性用途的价值应反映到未来资产转移项目的价值定价中,这和目前将要决策的项目不直接相关,不属于目前投资量化考虑的范畴。

2)无法量化投资的延迟性价值

传统的投资决策都是在项目投资上马前夕做出的。在判断一个项目是否应该上马的问题上,如果决策结论是项目可行,投资项目就应立即启动。通常意义上认为,在决策结论做出项目可行的时点上,延迟了投资就等于损失了投资项目可能带来收益的机会成本,因而任何一个等待的行为都是对企业现有资源的浪费。

然而,在现实中未来的情况总是不确定的,我们在最初时刻很难判断项目各时期的变化情况。在这种情况下,未来市场情况的波动很可能会使在现在时点上预估的净现值指标一段时间后发生较大的变化。如果变化后的净现值一旦为负值,对企业来说项目上马前的投资决策是不经济的,即使企业在这段变化时期内可以从项目中得到一些现金流的补偿,可能也不能完全弥补前期决策失误带来的损失。

其实,从客观的角度上来讲,企业前期的投资决策并没有失误,因为在当时的时点上,决策者根据能够获取的信息得出的项目的净现值确实为正值,损失是由市场的不利波动带来的。传统的投资决策方法对延迟投资的机会价值无法量化计算是其又一重大缺陷。

3)缺乏对项目关联价值的衡量

在企业正朝规模化方向发展的今天,各个投资项目的单一运作和盈利能力往往不是企业关注的重点。为了实现各阶段整体的战略布局,发挥企业集团内部的协同效应,许多投资决策已经上升到了战略性的高度。在这种情况下,项目与项目之间的联系更加密切,前期投资的项目往往为后期投资的项目提供资金来源和技术保证。再加上市场先导和品牌效应,使得项目的投资价值不仅仅局限于项目本身,而是应该考虑若干与之相关的经济利得,也就是项目隐含的战略期权价值。

(2)实物期权应用于企业投资决策的价值

1)实物期权法修正了净现值法(NPV)关于投资可逆的假设,更符合实际。由于资产专用性、信息不对称、政府管制等,大多数投资是不可逆的,投资存量中总有一部分会转化为沉没成本;但是,投资项目被接受后,未必会在生命周期内持续固定。管理者能够而且经常做出某种变更来影响现金流量或项目寿命。投资机会是类似于金融看涨期权的选择权。实物期权理论在承认投资不可逆的同时,认为投资具有可推迟性,而项目的许多不确定性会随时间的推移最终消除,不同的投资时机有不同的信息支持,项目的风险与收益特征也不同。管理者可以充分利用投资的这一特点,有效地扩张项目价值。

2)实物期权法采用的折现率为无风险利率,客观而准确。实物期权定价融入了金融市场的规则,不需要根据投资者个人的风险偏好对折现率进行修正。实物期权的价格是根据动态复制的数学思想做出的,不是主观确定的。虽然实物期权法与 NPV 法一样,都是建立在对未来现金流量估计的基础之上,但实物期权法更能够从实证来考察,能更好地解释实际的投资行为。

3)实物期权法能够较好地处理不确定性。在新古典经济学的投资模型中,假设每一种不确定性都是事先可以识别的,是可交易的而且交易可以达到均衡,因此通过将不确定性转化为确定性问题来处理不确定性。实物期权方法并没有否认一般均衡理论,而是突破了传统的处理不确定性的方法,即在"投资的不可逆性、不确定性和时机选择两两之间的相互作用"中处理不确定性。实物期权方法不是通过假设把不确定性转化为确定性来消除不确定性,而是基于或有权利的分析,发现不确定性的价值并把其作为投资价值的一个组成部分。实物期权方法提高了一般均衡理论的解释能力,改变了投资者对待风险的态度,能更好地处理不确定性、解释投资主体的行为。

(3)投资决策中的实物期权应用的分析

根据选择权所处的不同时段,项目中的实物期权可以划分为以下几类:扩张投资期权、放弃投资期权、延迟投资期权等。

1)扩张型投资期权的应用分析

在某些情况下,企业之所以采纳某个项目是为了在将来采纳另一些项目或进军另一些市场,在这种情况下,可以认为最初的项目是允许企业采纳其他项目的期权,因此企业应该愿意为这种期权支付代价。企业可能会接受净现值为负的项目,因为未来的项目可能有很高的净现值。如果企业没有采纳初始项目,就不能利用这个扩张机会。如果固定时限到期,在该时点的预期现金流量超过进入市场的成本,企业就会进入新市场或采纳新的项目。这样,企业在做出最初的项目投资决策时,就等于企业用初始投资购买了一个看涨期权,企业不仅得到初始项目投资的后续现金流量,而且还得到是否要继续扩张投资的期权。期权的当前价值为初始项目现金流量的净现值,期权的执行价格为扩张项目的投资成本,期权的执行日期为扩张项目的最后到期时限,如果超过这个时限,企业将失去扩张投资的机会。因此,企业初始项目投资的价值,不仅包括该项目现金流量的净现值,还要包括期权的价值。

2)放弃型投资期权的应用分析

企业能够在某一领域或行业及时进行扩张是非常重要的。同时,一个企业能够从某一领域及时退出也是非常重要的。一般来说,当下述两种情况发生时,投资项目应该放弃。第一,放弃价值大于后继未来现金流量的价值;第二,现在放弃项目比未来时刻放弃更好。当放弃的可能性存在时,投资项目的价值就会增加。按期权理论来分析,如果企业对某一项目具有放弃的权利,这就相当于持有了一个看跌期权,项目的价值就等于没有放弃项目的净现值加上放弃的期权的价值。而期权标的资产的当前价值就是项目的后续现金流量的现值;执行价格就是放弃项目的残值;标的资产的方差就是投资项目的方差;期权有效期就是整个项目的持续时间;红利就是项目的折旧。

3)延迟型投资期权的应用分析

许多投资项目都包含了延迟期权。例如,假定一家制药公司与一个创业人协商合作,该创业人拥有治疗溃疡病新药的专利。尽管疗效很好,但现在生产成本很高,并且当前市场很小。尽管现在预测的未来现金流量的净现值为负,但是公司拥有推迟生产该产品的权利:如果以后的市场等情况看好,则可以投资生产,若情况不看好,则放弃投资。这就是说,该项目可以延迟投资,并且因为现金流量或折现率的变化,现金流量的现值也会随时间而变化。因此,也许项目现在的净现值为负,但是如果公司可以等待的话,它也许是个好项目。

2. 实物期权在企业融资中的应用

在投资收益率确定的情况下,企业的融资风险主要来源于企业的资本结构和负债资金成本,因此融资风险的控制就转变为对企业资本结构的调整和负债资本成本的控制。下面我们主要介绍如何用期权的方式去有效地控制负债的融资成本，从而达到降低企业融资风险。期权作为一种有效的风险管理工具，对融资成本的控制主要体现在以下两个方面：

(1)通过发行具有期权特征的固定收益债券来控制融资成本

具有隐含期权特性的固定收益债券主要包括可转换债券、可提前回售债券、可提前回购债券等。比如发行可提前赎回债券，在债券有效期内，企业根据可回购条款规定及自身现金流量状况，视未来某一时间内企业债券价格波动情况，决定是否回购债券。如果在未来某一时间内，企业债券价格超过预先确定的回购价格，则企业就执行回购权利；如果在未来某一时间内，企业债券价格小于预先确定的回购价格则企业就放弃回购权利。因此，可回购债券为企业提供了在未来是否回购债券的机会或选择权利，这种机会或选择权称为回购期权。

企业发行可回购债券的主要目的是避免市场利率下调所带来的利率损失。对发行企业来说，当在市场上重新融资的潜在成本比已发行在外的债券所支付的成本低时，发行新债券或以其他金融工具融资就更为合算，此时购回原有的债券，再组织新的融资活动对发行人相当有利。假如没有回购条款保护发行人的利益，发行人将会面临很大的市场利率下跌风险。

(2)通过利率期权控制债务融资成本

利率期权是一项关于利率变化的权利。买方支付一定金额的权利金之后，就可以获得这项权利。在到期日按事先约定的利率，按一定期限借入或贷出一定金额的货币。这样，当市场利率向不利方向变化时，买方可以固定其利率水平；当市场利率向有利方向变化时，买方可以获得利率变化的好处。利率期权的卖方向买方收取权利金，同时承担相应责任。

利率期权是一项规避利率风险的有效工具。对于借款人来说，通过买入一项利率期权，可以在利率水平向不利的方向变化时得到保护，而在利率水平向有利方向变化时受益。因此，利率期权可以为企业的债务管理提供一种新的方法，即通过利率期权，企业不仅能规避利率不利变动所导致的损失，而且保留了从利率有利变动中获利的机会。

第四节　风险管理

风险管理是指如何在项目或者企业一个肯定有风险的环境里把风险可能造成的不良影响减至最低的管理过程。风险管理对现代企业而言十分重要。

一、风险概述

人类自诞生之日起就面临着各种各样的风险，如自然灾害、伤害、战争等。随着科学与技术的发展、生产力的提高、社会的进步,新的风险不断涌现,而且风险事故造成的损失也越来越大。在当今社会,小到企业面临着通货膨胀、技术泄露、政策变更等风险,大到国家面临着暴乱、战争、地震等风险。可以说风险涉及社会生活的方方面面,无处不在,无时不有。

(一)风险的概念

风险是一个外来语,源于法文的 rispué,在 17 世纪中叶被引入英文,拼写成 risk。风险最早出现在保险交易中。近年来,由于人们越来越认识到风险的普遍性和危害的严重性,风险理论的研究得到了较快的发展,然而至今关于风险的定义学术界依然没有达成统一的认识。归纳起来,主要有两类观点:

一是由美国学者罗伯特·梅尔(Robert I. Mehr)提出的"风险即损失的不确定性"。

二是由小阿瑟·威廉姆斯(C. Arthur Williams)和理查德·M. 汉斯(Richard M. Heins)提出的"风险是给定情况下和特定时间内的可能结果间的差异性"。

前者强调风险带来的不利后果,后者认为风险既可能是威胁,也可能是机会。接受风险可能会产出更令人满意的、合适的收益水平。由上述风险定义可知,所谓风险要具备两方面条件:一是不确定性,二是产生损失后果,否则就不能称为风险。因此,肯定发生损失后果的事件不是风险,没有损失后果的不确定性事件也不是风险。

(二)风险的属性

(1)风险的不确定性。风险事件的发生及其后果都具有不确定性,表现为:事件是否发生、何时发生、发生之后会造成什么样的后果等均是不确定的。

(2)风险的相对性。风险总是相对于事件的主体而言的。同样的不确定事件对不同的主体有不同的影响。人们对于风险事件都有一定的承受能力,但是这种能力因活动、人、时间而异。

(3)风险的可变性。在一定条件下任何事件总是会发展变化的。风险事件也不例外,当引起风险的因素发生变化时,必然会导致风险的变化。风险的可变性表现为:风险性质的变化、风险后果的变化、出现了新的风险或风险因素已经消除。

(4)风险存在的客观性和普遍性。风险是不以人的主观意志为转移并超越人们主观意识的客观存在,它在项目的整个寿命周期内都无时没有、无处不在。

(三)风险的构成要素

风险是由多种要素构成的,这些要素相互作用,共同决定了风险的存在、发展和变化。

一般认为,风险的构成要素包括风险因素、风险事故和损失。

1. 风险因素

风险因素,又叫风险条件,指导致风险事故发生或在风险事故发生时使损失加剧的条件。风险因素是风险事故发生的潜在原因,是造成损害的间接的、内在的原因。因此,风险因素是就产生或增加损失频率与损失程度的情况而言的。例如,对于建筑物来说,风险因素指的是其建材、建筑结构、自然界中的风和雷电等;对于人自身而言,风险因素就包括年龄、健康状况等。

2. 风险事故

风险事故也称为风险事件,是指引起生命或财产损失的偶然事件,是造成损失的直接原因。风险要通过风险事故的发生才能导致损失,风险事故是损失的媒介物。例如,火灾、地震、台风、暴雨、交通事故等,都是风险事故。

需要指出的是,风险因素和风险事故的区分是相对的而不是绝对的,如雷电直接击伤人或击毁财物,则雷电属于风险事故;如果雷电造成火灾,进而火灾损害人或财物,则雷电属于风险因素。

3. 损失

损失是指非故意的、非计划的、非预期的经济价值的减少。它包括两层含义:一是损失必须是"非故意的、非计划的、非预期的",如恶意行为、折旧、发生火灾后放任火灾蔓延所导致的损失则分别属于故意的、计划的、可预期的,因而不能称为损失。二是损失必须是经济损失,如记忆力的衰退、感情损失等就不包括在内。但是,车祸使受害者丧失一条腿,便认为是损失,因为首先车祸的发生满足第一个条件,而人的腿虽不能以经济价值来衡量,即不能以货币来衡量,但丧失腿后所需的医疗费和因残废而导致的收入的减少是可以用金钱来衡量的,所以车祸的结果也满足第二个条件。

(四)风险的分类

在日常生产与生活中,人类面临着各种各样的风险。为了对风险进行管理,需要对风险进行分类。按照不同的分类方式,可以将风险分为不同的类别。

1. 按照风险的性质分类

按照风险的性质分类,可将风险分为纯粹风险和投机风险。

(1)纯粹风险

纯粹风险是指只有损失的可能性而无获利可能性的风险。纯粹风险所导致的后果只有两种:损失、无损失,没有获利的可能性。比如屋主遭受火灾,屋主的房屋、家产可能被损毁,家人遭受伤害;火灾不会给屋主带来收益或经济利益,因此火灾是一种纯粹风险。自然灾害和意外事故以及人的生老病死等,均属此类风险。

(2)投机风险

投机风险是指既有损失的可能性又有获利可能性的风险。投机风险所导致的后果有三种:损失、无损失、获利。例如赌博、炒股等都是典型的投机风险。纯粹风险和投机风险相比,前者因只有净损失的可能性,人们必然避而远之;后者却有获利的可能甚至获利颇丰，人们可能为了牟利而甘冒风险。

2. 按照风险产生的环境分类

按照风险产生的环境分类，可将风险分为静态风险和动态风险。

(1)静态风险

静态风险是指由自然力的不规则变动、人们行为的错误或失当所导致的风险，一般与社会的经济、政治变动无关，在任何社会经济条件下都是不可避免的，如自然灾害、纵火盗窃等。

(2)动态风险

动态风险是指由社会经济、政治变动所导致的风险。比如技术进步、人口增长、消费者爱好的转移、政治经济体制的改革等，都可能引起风险。

静态风险与动态风险的区别在于：

(1)损失不同。静态风险对于个体和社会来说都是纯粹损失；而动态风险对于一部分个体可能是损失，但对另一部分个体则可能获利，从社会总体上看也不一定是损失，甚至可能是受益，例如技术的进步。

(2)影响范围不同。静态风险通常只影响到少数个体；动态风险通常影响广泛，有时甚至会带来连锁反应，例如经济危机。

(3)发生特点不同。静态风险在一定条件下具备一定的规律性，服从概率分布；而动态风险则不具备这一特点，无规律可循。

(4)最后，性质含量不同。静态风险一般均为纯粹风险，而动态风险包含纯粹风险和投机风险。例如在商业萧条时期，商品一般会大量积压，这属于投机风险，但积压的商品遭受各种意外事故损失的机会就会更大一些，这又属于纯粹风险。

3. 按照风险的对象分类

按照风险的对象分类，可将风险分为财产风险、人身风险、责任风险和信用风险。

(1)财产风险

财产风险是指导致一切有形财产毁损、灭失和贬值的风险。例如，房屋、设备有遭受火灾、地震、爆炸等损失的风险；汽车行驶中有遭受因碰撞、倾覆等损失的风险；船舶在航行中有遭受触礁、搁浅、沉没所致损失的风险等，这些都属于财产风险。

(2)人身风险

人身风险是指由于人的生理生长规律及各种灾害事故的发生导致的生、老、病、死、残的风险。如因为疾病、伤残、死亡、失业等导致个人、家庭或企业经济收入减少。生、老、病、死虽然是人生的必然现象，但在何时发生并不确定，一旦发生，就会给其本人或家属在精神上和经济生活上造成困难。

(3)责任风险

责任风险是指个人或团体因行为上的疏忽或过失造成他人的财产损失或人身伤亡,依照法律、合同或道义应负的经济赔偿责任的风险。如雇主对雇员在从事制约范围内的工作时受到的人身伤害应承担的经济赔偿责任;医疗事故造成病人的病情加重、伤残或死亡;生产或销售有缺陷的产品给消费者带来损害;驾驶机动车不慎撞人造成对方的伤残或死亡,均属于责任风险。

(4)信用风险

信用风险是指在经济交往中,权利人与义务人之间,由于一方违约或违法行为给对方造成经济损失的风险。例如,在信用贷款中,贷款人就面临着借款人不能及时还贷款的信用风险。

4. 按照风险影响的范围对象分类

按照风险影响的范围对象进行分类,风险可以分为基本风险和特定风险。

(1)基本风险

基本风险是指由非个人的或至少是个人往往不能阻止的原因所引起的、损失通常波及很大范围的不确定性状态。如战争、通货膨胀、洪水、海啸、地震及失业等都属于基本风险。基本风险主要不在个人的控制下,大多数情况下它们不是由某个特定的个人的过错所造成,因此应当由社会来应付它们,而不是个人,所以通常由政府以某种形式介入来管理这类风险。

(2)特定风险

特定风险是指由特定的因素所引起的,通常是由个人或家庭、企业承担损失的不确定状态,如盗窃、火灾、爆炸等引起的财产损失的风险,对他人财产损失和身体伤害所负的法律责任的风险等,都属于特定风险。特定风险通常被认为在个人的责任范围之内,因此个人应当通过保险以及其他的风险管理工具来应付这一类风险。

5. 按照风险发生的原因进行分类

按照风险发生的原因进行分类,可以将风险分为自然风险、社会风险、经济风险、政治风险。

(1)自然风险

自然风险是指由于自然现象或物理现象所导致的风险,如风暴、火灾、洪水等所致的人身伤亡或财产损失的风险。从人类社会的编年史可以看出,地震、水灾、火灾、风灾、雹灾、旱灾、冻灾、虫灾以及各种瘟疫等自然灾害是经常发生的,自然风险是保险人承保最多的风险。

(2)社会风险

社会风险是指由于个人或团体的故意或过失行为等对社会生产及人们生活造成损失的可能性,如玩忽职守、盗窃、抢劫、宠物伤人等。

(3)经济风险

经济风险是指在生产和销售等经营活动中由于受各种市场供求关系、经济贸易条件等因素变化的影响或经营者决策失误、对前景预期出现偏差等，导致经济上遭受损失的风险。比如在生产或销售过程中，由于市场预期失误、经营管理不善、消费需求变化、通货膨胀、汇率变动等所导致产量的增加或减少、价格的涨跌等风险。

(4)政治风险

政治风险是指在对外投资和经济贸易过程中，因政治因素或其他定约双方所不能控制的原因所导致的债权人损失的风险。如因输入国家发生战争、革命、内乱而中止货物进口；或因输入国家实施进口或外汇管制，对输入货物加以限制或禁止输入等。

二、风险管理概述

1. 风险管理的概念

风险管理是指各经济单位通过对风险的识别、估测、评价，并选择适当的风险处理技术，对风险实施有效的控制和妥善处理风险所引起的损失，期望达到以最小的成本获得最大的安全保障的管理活动。对于风险管理的概念，我们可以从几个方面来理解：

(1)风险管理的主体是各种经济单位，包括个人、家庭、企业以及其他法人团体都可以看作是独立的经济单位。

(2)风险管理强调的是人们的主动行为。在风险管理的过程中，首先需要对风险进行识别和评估，对风险进行评价，才能对症下药，采取合理的手段，主动地、有目的地、有计划地控制风险和处理风险，风险的识别与度量是风险控制与处理的前提条件。

(3)风险管理的最终目标是以尽可能小的成本换取最大的安全保障和经济利益。

作为一门独立的管理科学，风险管理起源于美国，1929 年经济大危机席卷西方世界，许多企业因此破产、倒闭，损失惨重。一些大企业也接二连三遭受大的自然灾害和罢工风潮的打击，人们开始认识到风险管理对企业发展的重要性，风险管理也迅速成为企业管理中必不可少的重要组成部分。1932 年，美国纽约几家大公司组织了纽约保险经纪人协会，该协会定期讨论有关风险管理问题，后来逐渐发展为全美范围的风险研究所和美国保险及风险管理协会。如今，风险管理已经在西方发达国家的企业得到普及，尤其在大企业，风险管理机构已成为企业的一个重要职能部门。

简言之，风险管理的重要性主要表现在：一方面，对企业和家庭而言，首先有利于减少因风险所致的费用开支，从而提高利润水平和工作效率；其次有助于减少企业和家庭对风险的恐惧和忧虑，从而充分调动人们的积极性和创造性。另一方面，对社会而言，有利于减少社会资源的浪费，有利于社会资源的最佳配置。

2. 风险管理的基本程序

风险管理是一种有计划、有组织的活动，必须遵循科学的程序和方法。风险管理的一般程序包括风险识别、风险评估、风险的应对处理、风险处理计划的监控几个方面的内容：

(1)风险识别

风险识别是指通过各种有关资料的系统分析，识别风险的存在和性质。识别风险是对风险进行管理的基础，识别风险之所以重要，是因为如果不加识别而要对未知风险进行有效管理几乎是不可能的。

风险识别一方面可以通过感性认识和历史经验来判断；另一方面可通过对各种客观的经营管理的资料和风险事故的记录来分析、归纳和整理，以及必要时的专家访问，从而找出各种明显和潜在的风险及其损失规律。

风险识别的方法有多种，有用于一般性风险识别的专家法、保险调查法等，也有针对经济单位内部特有状况而设计的财务报表分析法、流程图分析法、投入产出分析法等。

(2)风险评估

在风险识别的基础上，根据所掌握的资料进行系统分析，测定风险事故发生的频率和可能造成的损失程度，用以评价风险对预定目标的不利影响及其程度，为选择风险处理方法和进行风险管理决策提供依据。

为了进行有效的衡量，就必须抓住潜在损失的两个重要特性：损失频率和损失程度。损失频率是对损失发生的规律性描述，指单位时间内损失发生的次数。比如在 1 000 栋房屋中有 3 栋房屋发生火灾，则损失发生的概率为千分之三。损失程度是指一定时期内一次事故所致的标的损毁规模。例如，某企业面临火灾风险，一年发生事故的频率是千分之一；一旦发生火灾，损失规模达上千万元。

风险评估可以由企业自己进行，也可以由保险公司承担，还可以由专业机构做出。一般而言，由于保险公司是专门经营风险的企业，集中了众多的风险单位，积累了丰富的评估经验，所进行的估价可能更客观一些。

(3)风险的应对处理

对风险进行了识别和评估之后，风险管理就需要选择适当的风险处理方法来处理风险。风险处理方式有很多种，主要四种可供利用的降低风险的基本技术：风险规避、损失防护与控制、风险保留以及风险转移。

(4)风险处理计划的监控

在选定了风险处理的方法之后，便要制定风险管理的详细计划并付诸实施。

由于决定风险管理决策的企业所处的社会环境和经济条件总是在不断变化之中，与此相关必然引起原有风险因素的改变和新的风险的产生，所以，原来制订的风险管理计划需要修改，以适应客观情况的变化。在计划实施完毕以后，应对其结果进行评估和检查，吸取经验和教训，积累资料，以利于提高。

三、风险识别

(一)风险识别的概念

风险识别是风险管理的第一步，即识别实施过程中可能遇到(面临的、潜在的)的所有风险源和风险因素，对它们的特性进行判断、归类，并鉴定风险性质。风险识别实际上就是收集有关风险因素、风险事故和损失暴露等方面的信息，亦即发现引起风险的主要因素，并对其影响后果做出定性的估计。该步骤需要明确两个问题：明确风险来自何方(确定风险源)，并对风险事项进行分类；对风险源进行初步量化。

(二)风险识别的原则

各行各业风险识别的原则大致相同，下面我们以工程中的风险为对象进行阐述：

1. 由粗及细，由细及粗

由粗及细是指对风险因素进行全面分析，并通过多种途径对工程风险进行分解，逐渐细化，以获得对工程风险的广泛认识，从而得到工程初始风险清单。而由细及粗是指从工程初始风险清单的众多风险调查，确定那些对建设工程目标实现有较大影响的工程风险，作为主要风险，即作为风险评价以及风险对策的主要对象。

2. 严格界定风险内涵并考虑风险因素之间的相关性

对各种风险的内涵要严格加以界定，不要出现重复和交叉现象。另外，还要尽可能考虑各种风险因素之间的关系。如主次关系、因果关系、互斥关系、正相关关系、负相关关系等。应当说，在风险识别阶段考虑风险因素之间的相关性有一定难度，但至少要做到严格界定风险内涵。

3. 先怀疑，后排除

对于所遇到的问题都要考虑其是否存在不确定性，不要轻易否定或排除某些风险，要通过认真的分析进行确认或排除。

4. 排除与确认并重

对于肯定可以排除和肯定可以确认的风险应尽早予以排除和确认。对于一时既不能排除又不能确认的风险再做进一步的分析，予以排除和确认。最后，对于肯定不能排除但又不能肯定予以确认的风险按确认考虑。

5. 必要时，可做实验论证

对于某些按常规方式难以判定其是否存在，也难以确定其对建设工程目标影响程度的风险，尤其是技术方面的风险，必要时可做实验论证，如抗震实验、风洞实验等。这样做的结论可靠，但要以付出费用为代价。

(三)项目风险识别流程

我们以识别工程项目中的风险为例，介绍项目风险的识别流程。

工程风险的识别要采用一定的方法和途径。风险管理人员一方面可以通过感性认识和经验进行判断，另一方面也可以根据各种统计资料和以往类似工程的风险记录，通过分析、归纳和整理，发现工程中存在哪些风险，鉴别各种风险的性质，并对风险发生可能造成的损失进行初步描述。

工程风险识别的具体流程如图 2-5 所示。

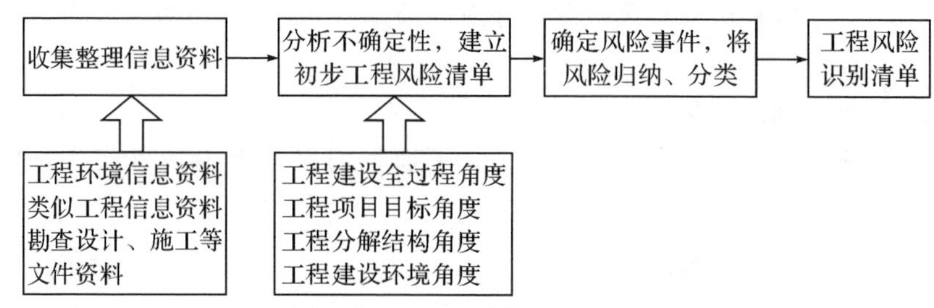

图 2-5　工程风险识别流程

1. 收集资料

一般认为风险是由于数据或信息不完备而引起的，因此，收集与风险事件直接相关的信息可能是困难的，但是风险事件并不总是孤立的，可能会存在一些与其相关的信息，或与其有间接联系的信息，或是与其可以类比的信息。

对于工程风险识别而言，应注重下列几方面数据信息的收集：

(1)工程环境相关信息资料

工程项目的实施和建成后的运行离不开与其相关的自然和社会环境。自然环境方面的气象、水文、地质等对工程项目等实施有较大的影响，社会环境方面的政治、经济、文化等对工程建设也有重要的影响。例如，某地区气候异常寒冷会影响到混凝的正常养护进而就会影响到施工的进度和工程的质量；贷款利率提高时，业主的投资贷款利息支出增加，可能会导致工程造价的提高。诸如此类的环境变化，均会对工程目标的实现造成影响。因此在风险识别时有必要搜集和分析工程建设环境的相关信息资料。

(2)类似工程相关信息资料

已经建成的类似工程的信息资料是风险识别时很好的参考。类似工程风险管理的经验、教训对于识别在建工程项目存在的风险极为有用，它可以使工程风险管理者准确把握工程存在的一般风险，避免遗漏，少走弯路。同时，类似工程过去建设过程中的各种文档，包括档案记录、工程总结、工程验收资料、工程质量于安全事故处理文件，以及工程变更和施工索赔资料也是应搜集的信息。这些数据资料记载着工程质量与安全事故、施工索赔等处理的来龙去脉，对工程风险的识别很有帮助。

(3)工程的勘察设计、施工等文件资料

工程的勘察设计文件记载了工程的地质情况、地基承载力，整个工程等结构布置、形式、尺寸，以及采用单建筑材料、规程规范和质量标准等。同时，工程的施工文件明确了工程施工的方案、质量控制要求和工程竣工验收的标准等。在工程施工中经常会碰到设计、施工方案变更、优化的问题，这些内容的改变就有可能会带来风险，因此勘察设计、施工等文件资料都应在识别时加以参考。

2. 分析不确定性

信息资料搜集整理完毕后，应该对工程中存在的不确定性进行多角度的分析，从而确定可能存在的风险，并建立初步的工程风险清单。风险清单中应列出客观存在的和潜在的各种风险，使人对工程存在的风险产生直观的印象，建立初步风险清单标志着工程风险识别进入实质性阶段。通常来说，对工程不确定性的分析主要应从以下几个角度进行：

(1)工程建设全过程角度

工程建设的全过程有明显的阶段性，而每一个阶段都存在着不同的工程风险，即使是相同的工程风险，由于所处阶段不同，风险发生的概率和影响后果也不一样。因此应该对工程建设的不同阶段分别进行不确定性分析，识别工程风险。

(2)工程项目目标角度

工程建设有进度、质量、费用和安全四个目标，影响这四个目标的因素既有相同之处，也有不同的地方，在风险识别时，风险管理人员要从实际出发，对不同目标的不确定性做出较为客观的分析，以保证工程风险识别的针对性。

(3)工作分解结构角度

按照工程项目的工作分解结构(WBS)，将整个工程项目分为单项工程、单位工程、分部工程和分项工程，然后从最底层逐级分析不确定性的存在，从而能全面地识别出工程项目存在的风险。

(4)工程建设环境角度

工程的建设环境对工程目标的实现影响非常大，所以应详细考察工程所在地的各种自然和社会环境，结合工程的具体情况进行详尽的不确定性分析，识别出可能存在的工程风险。

3. 确定风险事件并分类

在不确定性分析的基础上,根据存在的各类风险因素确定其可能引发的风险事件。然后,对这些风险进行归纳、分类。

4. 编制工程项目风险识别清单

在对工程风险分类的基础上,应编制出正式的工程风险识别清单。该清单是风险识别最主要的成果,是进行风险评估和处置的重要基础,工程风险识别清单主要应包括两方面的风险:

(1)已识别出的风险

该类风险是指已经有一定的迹象或依据表明其可能发生。将已经识别出的工程所面临的风险汇总并按类别进行排列,能够使项目管理人员对工程风险有一个全面直观的认识。

(2)潜在的风险

潜在的工程风险是指尚没有迹象表明将会发生的风险。当然,随着工程的进展,潜在风险发生的可能性也会随之变动,也就是说潜在的风险也可能成为现实。所以,对于造成损失相对较大的潜在的工程风险,应注意跟踪和评估。

通过风险识别,工程风险识别清单中应该建立以下的信息:

1)对工程存在的风险进行详细划分和描述。

2)工程风险发生的后果、影响的大小和严重性。

当然,在风险识别的深度足够并且条件允许时,也可以在风险识别清单中列入如下内容:

1)风险发生的可能性。

2)风险来源的识别。

3)风险管理的成本和归属权。

4)风险可能发生的时间。

5)残留风险的评估。

6)对风险管理成本收益的评估。

风险识别清单的典型格式如表 2-3 所示。

表 2-3　风险识别清单格式

<table>
<tr><td colspan="4">风险识别清单</td><td>编号：</td><td colspan="2">日期：</td></tr>
<tr><td colspan="4">项目名称：</td><td>审核人：</td><td colspan="2">批准人：</td></tr>
<tr><td></td><td>序号</td><td>风险名称</td><td>风险因素</td><td>详细情况描述</td><td>可能产生后果</td><td>备注</td></tr>
<tr><td rowspan="4">已识别风险</td><td>1</td><td></td><td></td><td></td><td></td><td></td></tr>
<tr><td>2</td><td></td><td></td><td></td><td></td><td></td></tr>
<tr><td>3</td><td></td><td></td><td></td><td></td><td></td></tr>
<tr><td>4</td><td></td><td></td><td></td><td></td><td></td></tr>
<tr><td rowspan="4">潜在风险</td><td>1</td><td></td><td></td><td></td><td></td><td></td></tr>
<tr><td>2</td><td></td><td></td><td></td><td></td><td></td></tr>
<tr><td>3</td><td></td><td></td><td></td><td></td><td></td></tr>
<tr><td>4</td><td></td><td></td><td></td><td></td><td></td></tr>
</table>

(四)项目风险识别技术和方法

我们以工程项目为例说明项目中风险的识别技术和方法。

1. 风险核查表法

风险核查表就是以往类似项目中经常出现的风险汇总表。该方法将本项目与以往历史项目中的风险清单进行对比，从而确定本项目存在的风险。一般大公司和保险公司都会定期发布或更新不同类型项目的风险清单。风险核查表方法可以开阔人们的思路，使人们发现更多的潜在风险。但是要注意不能局限于风险检查表上列出的风险，每一个工程项目由于它的一次性和独特性，都有其特有的风险。所以在项目结尾时，要及时更新风险核查表。

例如，对于某大型水电工程的施工质量风险和项目投资风险的识别，该工程的风险管理人员便采用了风险核查表法，对影响工程质量和投资的风险进行分类和罗列(见表 2-4 和表 2-5)，为本工程的风险识别提供了参考。

表 2-4　水电工程施工质量风险核查表

<table>
<tr><td colspan="2">引起施工质量风险的原因</td><td>本项目情况</td></tr>
<tr><td rowspan="5">违反基本建设程序</td><td>可行性研究不充分，有缺陷</td><td></td></tr>
<tr><td>违章承接工程项目，如越级设计或施工</td><td></td></tr>
<tr><td>违反设计程序，如未做详细调查、研究和钻探就设计</td><td></td></tr>
<tr><td>设计不完整就施工</td><td></td></tr>
<tr><td>其他</td><td></td></tr>
</table>

续表

引起施工质量风险的原因		本项目情况
地质勘查、设计计算有误	地质勘查失误或精度不足	
	勘察报告不详、不准、甚至错误	
	基础处理设计方案不当	
	基础处理未达设计要求	
	基础材料或工艺不当	
	其他	
设计方案、设计计算有误	设计中忽略了重要影响因素	
	设计计算模型不合理	
	安全系数选用太小	
	其他	
工程材料不合格	水泥:安定性、化学成分不合格,受潮或过期,标号用错	
	钢筋:强度、化学成分、可焊性不合格,牌号用错	
	砂石料:岩性不强,粒径或级配不合格,杂质含量超标	
	外加剂:外加剂不合格,水泥或砂浆中掺用不当	
	其他	
施工管理失控	不按图施工	
	不遵守施工规范	
	施工方案不当	
	施工技术不完善	
	施工质量保证措施不当或不落实	
	施工管理制度不完善	
	施工操作人员质量意识差	
	过分看中经济效益而忽视质量	
	施工操作人员技术水平低下	
	不熟悉施工图纸,不了解设计意图,不按图施工	
	施工管理人员或监理人员责任意识差	
	其他	

表 2-5 水电工程投资风险核查表

工程投资失控的原因		本项目情况
工程外在原因	政策法规调整	
	社会的不稳定	
	移民赔偿额概算误差太大	
	材料或设备涨价	
	相关收费标准提高	
	运输环节改变或运费提高	
	超标准洪水、暴雨、泥石流、风灾	
	地震或其他地质灾害	
	其他	
业主或监理原因	工程投资计划不当	
	项目组织管理不当	
	工程分标或招标失误	
	投资控制措施不力	
	施工合同管理混乱、工程变更或索赔处理不当	
	其他	
设计原因	设计方案不合理	
	设计标准应用不当	
	设计前期地质勘探资料不完整或缺失	
	设计错误或缺陷	
	设计变更频繁	
	其他	
施工原因	施工方案不当	
	施工组织设计不合理	
	经常发生质量安全事故	
	赶进度	
	施工管理混乱	
	其他	

2. 头脑风暴法

头脑风暴这个词是从英文“brainstorming”翻译而来的。此法是由美国人奥斯本于 1939 年首创的，20 世纪 50 年代起到广泛应用。我国在 20 世纪 70 年代末开始引入头脑风暴法，很快就受到有关方面的重视，目前被应用于许多领域。

头脑风暴法是一种以群体专家组成专家小组，利用专家的创造性思维，集思广益，获取未来信息的直观预测和辨识方法。该方法的实现一般是以头脑风暴会议的形式，召集专家组成员，通过讨论进行风险因素的罗列。当然这邀请主持专家会议的人在会议开始时的发言能引发专家们对问题产生兴趣，促使专家们感到急需回答会议提出的问题，通过信息的交流和相互启发，诱发专家们产生“思维共振”，以达到互相补充的目的，尽可能获取更多的信息，对风险的预测和识别结果更加准确。

3. 德尔菲法

德尔菲法是由美国著名咨询机构兰德公司于20世纪50年代初发明的。它本质上是一种匿名反馈函询法。其做法是，在针对所要求预测的问题征得各专家的意见后，进行整理、归纳、统计，再匿名反馈给各专家，再次征求意见，再集中，再反馈，直至得到较集中稳定的意见。德尔菲法不仅可以用于风险因素的罗列，还可以用于估计风险发生的可能性及其影响。德尔菲法有三个特点：其一，在风险辨识过程中发表意见的专家互相匿名，这样可以避免公开发表意见时各种心理对专家们的影响；其二，对各种意见进行统计处理，如计算出风险分布的平均值和标准差等，这些进一步的信息尽量客观、准确地反馈给专家们，以供参考；其三，有反馈地反复进行意见交换，使各种意见互相启迪，从而容易做出比较全面客观的预测。该方法有助于减少初始数据方面的偏见，并避免个人因素对结果产生的不适当的影响。缺点是持续时间比较长，费用也相应较高。

4. 图解法

风险识别可以从原因查找结果，也可以从结果反找原因。而从结果找原因，实际上是在风险发生后去寻找引发风险的原因，从而为其他工程的风险识别提供基础。图解法便是典型的从结果推测原因的风险识别方法，其通过图表描述工程各部分之间的相互关系，进而全面地分析和识别工程中存在的风险。图解法常用的图表形式有因果分析图、流程图、故障树分析法。

(1)因果分析图法

因果分析图就是将造成某项失败后果的原因查找出来，并以图示的形式表示其因果关系，因形状酷似鱼骨，因此也叫鱼骨图，如图2-6所示。

因果分析图的主要画法如下：

1)确定待分析的工程风险事件，将其写在图右侧的方框内，画出主干，箭头指向右端。

2)确定该事件中风险因素的分类方法。像对于工序的质量问题，一般会按其影响因素人(Man)、机(Machine)、料(Material)、法(Mjethod)、环(Environment)等进行分类，简称4M1E。对应每一类原因画出大枝，箭头方向从左到右斜指向主干，并在箭头尾端写上原因分类项目。

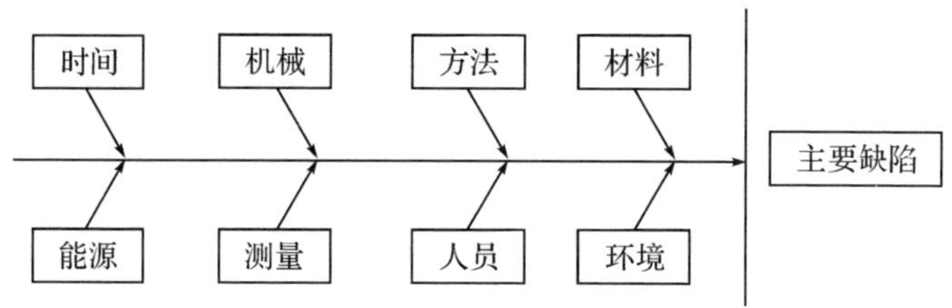

图 2-6 因果分析图

3)将各分类项目分别展开,每个大枝上分出若干个中枝,表示各分类项目中造成风险的原因。中枝平行于主干箭头指向大枝。

4)将中枝进一步展开成小枝。小枝是造成中枝的原因,依次展开,直到细到能采取措施为止。

(2)流程图法

流程图法是根据工程实施的先后顺序,对每一阶段工作中可能存在的风险进行罗列,然后结合该工程的具体情况,确定本工程存在哪些风险。该方法通过将工程风险分解成若干个模块,在每个模块中都标出各种潜在的风险因素或风险事件,组成一个流程图系列,从而给决策者一个清晰的总体印象。但是,由于流程图的篇幅限制,采用该方法所得到的风险识别结果比较笼统,有待于进一步细化。图 2-7 为某国际承包工程风险辨识流程图。

(3)故障树分析法

故障树分析法(FTA)是 1961 年美国贝尔实验室对导弹发射系统进行安全分析时,由沃森(Watson)和默恩斯(Mearns)提出来的。该方法是通过对可能造成系统或产品的硬件、软件、环境、人为因素进行分析,从而确定系统或产品故障原因的各种可能的组合方式和发生概率。建立故障树的步骤是:首先,选定顶事件——某一影响最大的系统故障;然后,将造成系统故障的原因逐级分解为中间事件;最后,直至底事件——不能或不需要分解的基本事件,构成一张树状的逻辑图——故障树。该方法利用图解的形式,将大的故障分解为各种小的故障,然后对各种引起故障的原因进行分析,因此可用于工程项目风险的分层次辨识。

下面以出现工程爆破事故为例,用故障树分析法分析这个事故产生的可能原因,具体如图 2-8 所示。

以“早、迟爆”这一风险事件为例,其与下一层练级的逻辑门符号为“或门”,说明当“速燃”“药心局部过细”和“受潮”这三个风险因素中有一个发生时,“早、迟爆”这一风险事件便会发生。

故障树分析法常用于直接经验较少的风险辨识。主要优点是可以比较全面地分析项目中存在的主要故障原因,包括人的原因,因而包罗了系统内外的所有风

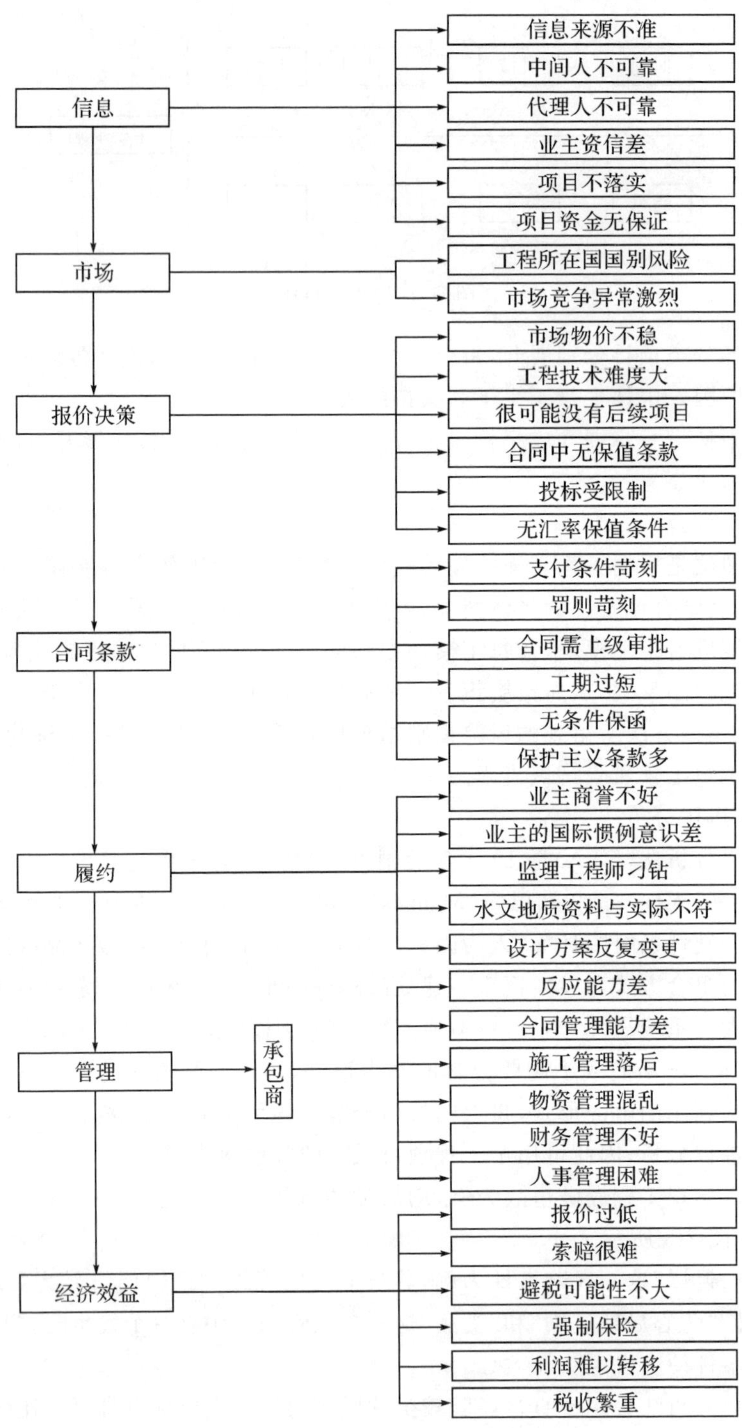

图 2-7　某国际承包工程风险辨识流程图

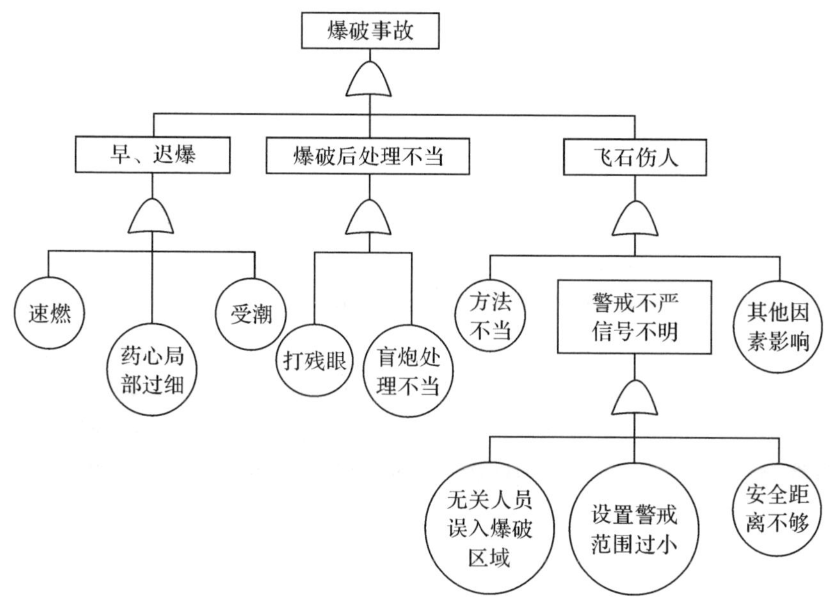

图 2-8 造成爆炸事故的故障树分析图

险;比较形象化,直观性较强。缺点是该方法用于大系统时容易产生遗漏和错误。

5. 经验数据法

经验数据法也称为统计资料法,即根据各类已建工程风险的相关资料来识别拟建工程的风险,这些统计资料中记载了工程中的风险因素、各类风险事件发生的过程以及风险事件所造成的损失等方面的信息,这些信息对于工程风险识别是非常有用的。

不同的风险主体都应有自己关于工程风险的经验数据或统计资料。在工程建设领域,有工程风险经验数据或统计资料积累的风险主体主要包括咨询公司(或勘察设计单位、项目管理公司、监理公司等)、承包商以及长期有工程项目的业主(如房地产开发商等)。由于这些不同的风险主体的角度不同、数据或资料来源不同,其各自的初始风险清单一般多少有些差异。但是,工程风险本身是客观事实,有客观的规律性,当经验数据或统计资料足够多时,这种差异性就会大大减小。何况风险识别只是对建设工程风险的初步认识,是一种定性分析,不需要对风险做进一步的评估,因此这种基于经验数据或统计资料的分析方法便可以客观地识别出工程所面临的各种风险。

例如,根据住房和城乡建设部办公厅关于 2018 年房屋市政工程生产安全事故和建筑施工安全专项治理行动情况的通报(建办质函〔2019〕188 号),2018 年共发生全国房屋市政工程生产安全事故 734 起,其中高处坠落事故 383 起,占事故总数的52.2%；物体打击事故112起，占总数的15.2%；起重伤害事故55起，占总数的7.5%；坍塌事故54起，占总数的7.3%；机械伤害事故43起，占总数的5.9%；车辆伤害、触电、中毒和窒息、火灾和爆炸及其他类型事故87起，占总数的11.9%。

另外还有文件审核、现场考察等方法。

四、风险评估

(一)风险评估的概念

项目风险评估是建立在有效识别风险的基础上，对已确认风险，通过定性和定量分析方法估计其发生的可能性和破坏程度的大小。项目风险评估对风险按潜在危险大小进行优先排序和评价、制定风险对策和选择风险应对方案有重要的作用。

项目风险评估通常采用统计法、分析法和推断法，一般需要一系列可信的历史统计数据和相关数据以及足以说明被评估的对象特征和状态的数据作保证。当资料不全时往往依靠主观推断来弥补，此时项目管理人员掌握科学的工程风险评估方法、技巧和工具就显得格外重要。

(二)风险评估的内容

风险评估的主要内容包括以下几个方面：

1. 风险事件发生可能性的评估

工程风险评估的首要任务是估计风险事件发生的概率，并统计分析风险事件的概率分布，这是工程风险分析评估中最为重要的一项工作，往往也是最困难的一项工作。其主要原因在于：一方面风险事件有关的数据资料收集工作比较困难；另一方面是由于某些项目具有单件性和一次性，就项目本身和最终成果而言，没有与这项任务完全相同的另一项任务，且不同项目差异性较大，用类似项目数据推断当前项目风险事件发生的概率，其误差可能比较大。一般来讲，风险事件的概率分布应当根据历史资料来确定。如果当前管理人员没有足够的资料来确定风险事件的概率分布时，可以利用理论概率分布来进行风险估计。

2. 风险事件后果严重程度的评估

风险评估的第二项任务是分析和估计风险事件的发生对目标的影响程度，即风险事件可能带来损失的大小，而这些损失将对项目目标的实现造成不利影响。以工程项目为例，这些影响包括工期的延误、费用的超支、质量安全事故等。其中进度(工期)损失的估计包括：风险事件对局部工程进度影响的估计、风险事件对总体工程工期影响的估计；费用损失的估计包括：一次性最大损失估算、对工程整体造成损失的估算、赶工费及处理质量事故而增加费用的估算等。

3. 风险事件影响范围的评估

风险估计等第三项任务是对风险事件影响范围的估计，其既包括分析风险事件对当前工作和其他相关工作的影响，也包括风险事件对项目利益相关的各单位的影响。对工程项目而言，由于工程项目各作业活动既有相对独立性，又有相互联系、相互制约的整体性，风险事件一旦发生，不仅仅会影响当前的分项工程，还可能影响到其他分项工程。此外，工程风险事件不仅会对业主、承包商造成影响，还会对其他利益相关者造成影响，如对监理单位的影响、社会的影响等。因此要结合风险事件等发生概率和影响程度，对所有可能影响的工作和利益相关者进行全面估计。

4. 风险事件发生时间的评估

从风险事件控制角度来说，风险事件等控制应根据风险发生的先后顺序进行控制。一般来说，较早发生的风险优先控制，而较迟发生的风险应对其进行跟踪、观察，并适时进行干预，达到降低风险发生概率或减少风险损失的目的。而在项目的实际过程中，也可以通过合理安排或者调整工作内容的实施时间，来降低风险发生概率或减少其带来的后果。因此对风险事件发生时间的估计，即风险事件在项目的哪个阶段、哪个环节、何时发生，也是风险评估的重要内容。

(三)风险评估的定性分析方法

定性分析是对研究对象进行质的分析，是运用归纳和演绎、分析与综合以及抽象与概括等方法，对获得的各种信息进行加工，最终达到对其本质的认识，这种分析是凭借分析者的直觉、经验，以及研究对象的历史数据或相关统计资料，对分析对象的性质、特点、发展变化规律做出判断的一种方式，是一种感性的、相对直观与简便的分析方法，与定量分析相比较更接近于人们的思维方式。

通过定性分析，可以把握风险所具有的特征及性质，从而帮助项目管理单位针对不同的风险制定相应管理计划和应对措施。

1. 专家打分法

(1)专家打分法的内涵

专家打分法是指通过向有关专家征询意见，对专家意见进行统计、处理、分析和归纳后，客观地综合专家的主观判断，对大量难以采用技术方法进行定量分析的因素做出合理估计的方法。专家打分法是一种最常用、最简单的风险评估方法，又称综合评估法或主观评分法。

(2)专家打分法步骤

专家打分法主要工作内容包括三部分：一是识别项目可能遇到的所有风险，并制定风险表；二是将风险表提交给相关专家，专家凭借经验值对风险的重要性进行评估；三是收集专家的评估意见，并进行计算分析，最后确定风险排序，掌握整个项目的风险概况。具体步骤如下。

1)利用风险识别和风险估计的结果，根据风险因素对项目的影响程度，确定每个风险因素的权重。

2)确定每个风险的等级值,如非常大,比较大,一般,不大,较小等,再按照等级值确定分值。

3)将每项风险的权重与等级值得分相乘,求出该风险的综合得分。得分越高者表示风险水平越高,对项目等影响也越大。在此基础上,确定项目风险的排序。

另外,专家调查法还可以按照专家的经验、对所评估项目的了解程度、知识领域等赋予相应的权重。最后各风险的得分为每位专家的风险评分乘以该专家的权重值的总和,再除以总权重。具体公式如下:

$$r_i = \frac{\sum_{j=1}^{m} W_{ij} S_{ij}}{\sum_{j=1}^{m} W_{ij}} \qquad \text{(式 2-5)}$$

式中:r_i—— 风险 i 的得分;

W_{ij}—— 赋予 j 专家对风险 i 的权重;

S_{ij}——j 专家对风险 i 赋予的等级值;

m—— 参与打分的专家数。

【案例 1】 某大型集团公司承揽一国际工程项目,但由于金融危机肆虐全球,并且该项目涉及一些新技术的应用,项目决策者为了评价这些风险,计划采用专家调查打分法对项目各类风险进行分析,确定风险控制顺序。

具体实施步骤如下:

首先,项目单位聘请 8 位专家,人选包括金融专家、技术经济专家、工程项目管理专家等,对项目融资方案、技术方案等风险因素进行评价,对每个风险按危险程度在 0~10 之间进行打分,0 为无危害,10 为危害性最大。然后考虑专家的权威性,给每个专家一个权重值,范围在 1~5 之间,权威最高取 5,权威最低取 1,然后把每个风险因素的评价值计算出来,进行排序。以政治风险为例,用 S_{1j}、W_{1j} 分别表示专家对风险危害程度等评分值和专家的权重值,用 r_1 表示政治风险的危害程度,则

$$r_1 = \frac{\sum_{j=1}^{8} W_{1j} S_{1j}}{\sum_{j=1}^{8} W_{1j}} = \frac{4 \times 4 + 3 \times 3 + \cdots + 7 \times 1}{4 + 3 + \cdots + 1} = 4.12$$

专家打分、权重值和计算结果如表 2-6 所示。

根据计算结果,风险排序如下:技术风险、融资风险、环境影响风险、政治风险,也就意味着对于该项目实施应首先考虑技术风险和融资风险,最后考虑环境影响风险和政治风险。

表 2-6　某项目风险专家评分表

风险分类	专家	A	B	C	D	E	F	G	H	结果
政治风险	评分值	4	3	3	4	5	4	5	7	4.12
	权重	4	3	2	5	4	5	1	1	
融资风险	评分值	7	6	8	8	7	6	7	5	6.57
	权重	3	2	1	4	3	5	5	5	
环境影响风险	评分值	3	4	6	5	4	5	6	4	4.43
	权重	4	3	2	1	4	3	3	3	
技术风险	评分值	8	7	6	7	5	9	10	7	7.32
	权重	3	2	4	1	5	5	3	2	

2. 层次分析法

层次分析法(AHP)是美国运筹学家 T. L. Saaty 教授于 1970 年在《层次分析法》一书中第一次提出来的。它是一种能将主客观因素有机结合,定性分析与定量分析相结合的灵活、易懂的多目标决策方法。

层次分析法是根据问题的性质和要求达到的总目标,将问题分解成不同的分目标、子目标,并按目标间的相互关联程度与隶属关系分组,形成多层次的结构,通过两两比较的方式确定层次中诸目标的相对重要性,同时运用矩阵运算确定子目标对其上一层目标的相对重要性。这样层层下去,最终确定了子目标对总目标的重要性。在工程风险中,层次分析法既可应用于评价招标投标等单项的风险水平,又可应用于评价项目不同方案的综合风险水平。

(1)层次递阶模型

层次分析法的理论核心是将一个项目的评价目标分解为若干层次和若干因素,这些因素按属性不同分成若干组,每个因素又受到一系列子因素的影响,根据目标、因素及子因素相互间的支配关系构成一个递阶层次结构。这种递阶层次结构可以清楚地揭示各个因素的性质及相互之间的关系,如果这些因素或子因素是风险及风险因素,那么这个层次结构图便成为一个风险层次结构图。

在层次模型中,自上而下通常包括目标层、准则层、方案层等。目标层反映的是结构图中的最高层次,是最终需要评价的目标;准则层是用以判别目标结果的标准,也称要素层、约束层;方案层也称对策层,是指可实行的方案。此外,准则层还可以细分为子准则层、亚准则层等。

层次模型根据方案层和准则层的相互关联关系可以分为三种递阶层次模型:完全相关结构图、部分相关结构图、完全独立结构图。

完全结构的风险递阶层次模型如图 2-9 所示，部分相关结构的风险递阶层次模型如图 2-10 所示，完全独立结构的风险递阶层次模型如图 2-11 所示。

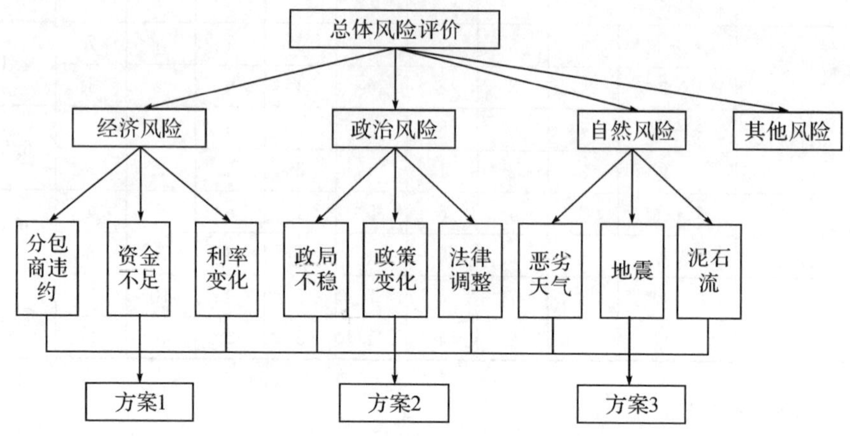

图 2-9　完全结构的风险递阶层次模型

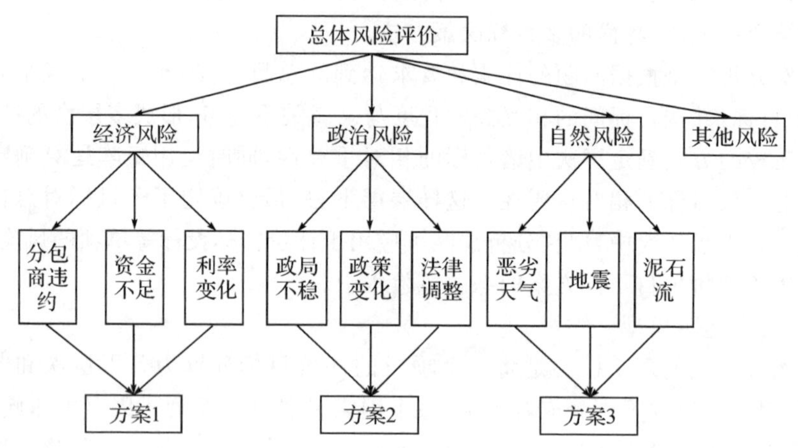

图 2-10　部分相关结构的风险递阶层次模型

在层次分析法中，风险递阶层次模型构造得是否合理准确，是风险评价能否成功的关键。图 2-9 反映的是一种完全相关的层次模型，也就是在比较不同的项目实施方案，任何一个风险因素都有可能对其中的任何一个方案产生影响；图 2-10 所表示的是部分相关结构，也就是说，参与评估的某一方案除了自身上一个层次的因素相关外，也部分地和其他因素相关，如方案 2 的风险除了和政治风险有关外，还和部分经济和自然风险有关；图 2-11 所示为一种完全独立的递阶层次结构，即每一种方案的风险只和上一层次的风险因素相关，如方案 2 的风险只和政治风险有关，和经济、自然风险无关。

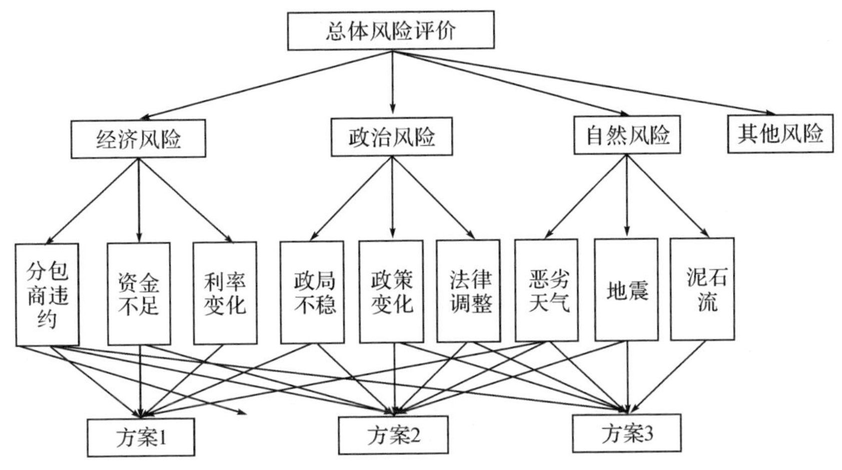

图 2-11 完全独立结构的风险递阶层次模型

(2)层次分析法的步骤

利用层次分析法进行风险整体评估的主要步骤如下：

1)构建风险评价模型

根据风险识别确定的风险清单对风险进行分类，确定待评价对象的目标、准则、方案，然后构造影响工程活动目标的风险框架图，即风险递阶层次结构。

2)对风险因素两两比较，构造各个风险因素和子因素的判断矩阵

由于同一层次各因素对上层次目标的影响程度不同，需要赋权重值加以反映，因此一般会请专家将各层次因素两两比较、两两因素相对重要性评估准则及其赋值如表 2-7 所示，由此两两比较所形成的矩阵，即判断矩阵 A 赋值如表 2-8 所示。

表 2-7 因素两两相对重要性评估准则及其赋值

标度(b_{ij} 赋值)	含义
1	i、j 两因素同样重要
3	i 因素比较 j 因素稍微重要
5	i 因素比较 j 因素明显重要
7	i 因素比较 j 因素强烈重要
9	i 因素比较 j 因素极端重要
1/3	i 因素比较 j 因素稍不重要
1/5	i 因素比较 j 因素明显不重要
1/7	i 因素比较 j 因素强烈不重要
1/9	i 因素比较 j 因素极端不重要
2、4、6、8、1/2、1/4、1/6、1/8	上述两相邻判断的中间值，如“2”属于同样重要和稍微重要之间

表 2-8 判断矩阵 A 的赋值

判断分	A_1	A_2	A_3	…	A_n
A_1	a_{11}	a_{12}	a_{13}	…	a_{1n}
A_2	a_{21}	a_{22}	a_{23}	…	a_{2n}
⋮	⋮	⋮	⋮		⋮
A_n	a_{n1}	a_{n2}	a_{n3}	…	a_{nn}

3)对专家评判所得的矩阵进行一致性检验

如果检验不通过，则请专家重新进行评价，调整其评价值，直至一致性检验比率指标 $CR<0.1$ 为止。

$$CR=CI/RI \quad \text{(式 2-6)}$$

式中：CR——随机一致性比率；

CI——随机一致性指标；

RI——平均随机一致性指标。

$$CI=\frac{\lambda_{\max}-n}{n-1} \quad \text{(式 2-7)}$$

式中：n—判断矩阵的阶数；

$\lambda_{\max}$—判断矩阵的最大特征值。

随机性指标 RI 的经验数值可从表 2-9 中查出。

表 2-9 随机性指标的取值

n	1	2	3	4	5	6	7	8	9	10	11
RI	0	0	0.58	0.9	1.12	1.24	1.32	1.41	1.45	1.49	1.51

矩阵的最大特征值计算步骤如下：

① 计算判断矩阵每一行元素的乘积 M_i。

$$M_i=\prod_{j=1}^{n}a_{ij} \qquad (i=1,2,\cdots,n) \quad \text{(式 2-8)}$$

② 计算 M_i 的 n 次方根 $\overline{w}_i$。

$$\overline{w}_i=\sqrt[n]{M_i} \quad \text{(式 2-9)}$$

③ 对向量归一化。

$$w_i=\frac{\overline{w}_i}{\sum_{i=1}^{n}\overline{w}_i}$$

则 $W=[w_1,w_2,\cdots,w_n]^{\mathrm{T}}$，即为所求的特征向量。

最大特征值可由式 2-10 计算：

$$\lambda_{\max} = \sum_{i=1}^{n} \frac{(AW)_i}{nW_i} \qquad \text{(式 2-10)}$$

式中，$(AW)_i$ 为向量(AW) 的第 i 个元素。

4) 最后，进行层次总排序，在单准则排序的基础上，计算同一层次所有因素对于最高层的相对重要性的排序权值。

其计算过程是自上而下将各层次的权重矩阵相乘，得到各层次的组合权重，并最终计算出各方案的总和评分。各层次的总排序结果仍需要进行一致性检验。层次总排序一致性比率为：

$$CR = \frac{\sum_{j=1}^{m} a_j CI_J}{\sum_{j=1}^{m} a_j RI_J} \qquad \text{(式 2-11)}$$

其中，a_j 表示第 j 个准则的组合权重值。

类似地，当 $CR<0.1$ 时，可认为层次总排序结果具有满意的一致性，否则需要重新调整判断矩阵的元素值。

【案例 2】

长期以来，由于受到公路技术等级低、道路不畅等影响，某地区许多丰富的矿产、旅游资源和农副产品一直“待字闺中”。为了让这些资源优势变成当地的经济优势，该地区计划对某交通要道进行改造或新建其他高速公路。该项目已经识别出三种风险：经济风险、生态风险、社会风险。经济风险主要指项目的总投资以及投资回收期等；生态风险指项目等实施对其周边地质、生物、环境的影响等；社会风险指项目实施对周围居民影响。决策者计划利用层次分析法分析哪种方案的风险大，以便做出科学合理的决策。

解：1）构造递阶层次结构模型。根据所给的信息及决策目标、评价准则构建项目的递阶层析结构模型，如图 2-12 所示。

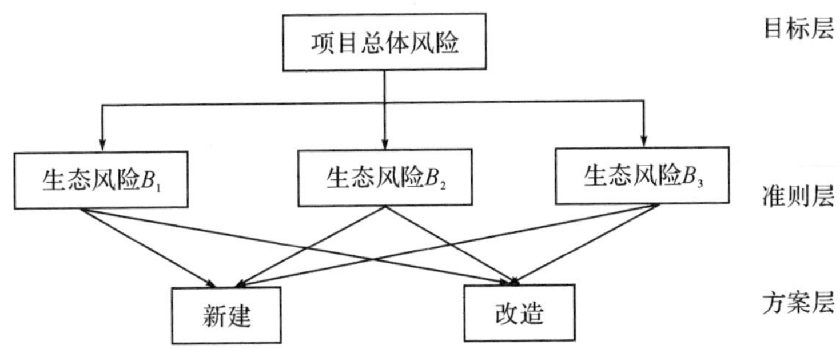

图 2-12 项目的风险评价模型

2)构造比较判断矩阵。根据两两比较标准，确定各层次不同风险的重要性权数。从目标层到准则层，将三大风险两两比较，得到判断矩阵 A。从准则层到方案层，针对每一风险，有一个判断矩阵，即两方案在对经济风险、生态风险、社会风险三个方面比较分别得到判断矩阵 B_1，B_2 和 B_3。

$$A=\begin{bmatrix}1 & 5 & 1/2\\ 1/5 & 1 & 1/8\\ 2 & 8 & 1\end{bmatrix}\quad B_1=\begin{bmatrix}1 & 4\\ 1/4 & 1\end{bmatrix}\quad B_2=\begin{bmatrix}1 & 1/5\\ 5 & 1\end{bmatrix}\quad B_3=\begin{bmatrix}1 & 5\\ 1/5 & 1\end{bmatrix}$$

3) 对专家评判得的句子进行一致性检验。按照前面介绍权重确定的方法，分别计算判断矩阵 A、B_1、B_2、B_3 的特征向量，分别用 W_A、W_{B1}、W_{B2}、W_{B3} 表示。

根据矩阵 $A=\begin{bmatrix}1 & 5 & 1/2\\ 1/5 & 1 & 1/8\\ 2 & 8 & 1\end{bmatrix}$ 可计算得出矩阵的如下参数。

① 各行元素的几何平均值：

$$W_1=\sqrt[3]{1\times 5\times (1/2)}\quad W_2=\sqrt[3]{(1/5)\times 1\times (1/8)}\quad W_3=\sqrt[3]{2\times 8\times 1}$$

② 将 W 归一化，并计算 W_i：

$$W_1=W_1/(W_1+W_2+W_3)=0.33$$
$$W_2=W_2/(W_1+W_2+W_3)=0.07$$
$$W_3=W_3/(W_1+W_2+W_3)=0.60$$

经计算求得特征向量 $W_A=[0.33\quad 0.07\quad 0.60]^{T}$，可见，在三种风险中，社会风险的权重最大，其次是经济风险，最小的是生态风险。

同理，可求出 B_1，B_2 和 B_3 三个判断矩阵的特征向量，其结果如下

$$W_{B1}=\begin{bmatrix}0.8\\ 0.2\end{bmatrix}\quad W_{B2}=\begin{bmatrix}0.17\\ 0.83\end{bmatrix}\quad W_{B3}=\begin{bmatrix}0.83\\ 0.17\end{bmatrix}$$

可见，从经济风险的角度看，新建公路风险较旧路改造方案风险大；从技术风险角度看，公路改造方案风险较大；从社会风险角度看，新建公路风险较大。

对于判断矩阵 A，先求最大特征值，再进行一致性检验。

$$Aw_A=\begin{bmatrix}1 & 5 & 1/2\\ 1/5 & 1 & 1/8\\ 2 & 8 & 1\end{bmatrix}\begin{bmatrix}0.33\\ 0.07\\ 0.60\end{bmatrix}=\begin{bmatrix}0.98\\ 0.21\\ 1.82\end{bmatrix}$$

$$\lambda_{\max}=\sum_{i=1}^{3}\frac{(AW)_i}{3\times W_i}=\frac{1}{3}\left(\frac{0.98}{0.33}+\frac{0.21}{0.07}+\frac{1.82}{0.60}\right)=3.006$$

$$CI=\frac{\lambda_{\max}-n}{n-1}=\frac{3.006-3}{3-1}=0.003$$

根据 $n=3$，查表 2-9，可知

$$RI=0.58$$

$$CR = \frac{CI}{RI} = 0.0052 < 0.1$$

故 A 比较判断矩阵具有满意的一致性,计算的权重可以接受。

B_1、B_2、B_3 为二阶判断矩阵,满足一致性要求,不必检验。

4) 计算各方案的综合评分,并进行总排序一致性检验。

$$W = W_B W_A = \begin{bmatrix} 0.8 & 0.17 & 0.83 \\ 0.2 & 0.83 & 0.17 \end{bmatrix} \times \begin{bmatrix} 0.33 \\ 0.07 \\ 0.60 \end{bmatrix} = \begin{bmatrix} 0.7739 \\ 0.2261 \end{bmatrix}$$

对计算结果进行一致性检验。

由上步计算结果可知 $CI_{B1} = 0, CI_{B2} = 0, CI_{B3} = 0$,

由随机性指标表 2-9 可知 $RI_{B1} = RI_{B2} = RI_{B3} = 0$,

$$CR = \frac{\sum_{j=1}^{m} a_j CI_j}{\sum_{j=1}^{m} a_j RI_j} = \frac{0.33 \times 0 + 0.07 \times 0 + 0.6 \times 0}{(0.33 + 0.007 + 0.6)} = 0 < 0.1$$

所以,最终结果满足一致性检验要求。

可见,从总目标来看,新建公路的风险比旧公路改造风险大,从风险角度考虑,决策者应选择风险小的方案,即实施公路改造方案。

(四)风险评估的定量分析方法

1. 决策树法

决策树法是进行风险定量评价的有效方法,是一种直观的图解方法。利用决策树可以将项目的不同风险分解开来,根据风险的发生概率和对项目的影响程度,计算各方案的实施可能造成的损失或带来的收益,以此为依据进行项目的风险评价和不同方案的比选。决策树法具有层次清晰、不遗漏、不易错的优点。一个项目可能会发生各种各样的情况,在已知各种情况发生概率的条件下,通过构建决策树来评价项目、风险判断项目的可能性是十分有效的。决策树法还被广泛应用于不同方案的决策中,它不仅可以用来解决单阶段的决策问题,而且可以解决多阶段的决策问题。

决策树的结构比较简单,一般由决策点、状态点、方案枝和概率枝组成。决策树的起点为决策点,用矩形表示;然后由决策点引出若干分支,代表不同的备选方案,称为方案枝;方案枝的末端称为状态节点,用圆圈表示;再由状态节点引出若干分支,称为概率枝,概率枝末段为结果节点;如此连接而形成的一种树状结构就是决策树,如图 2-13 所示。

2. 模糊综合评估法

在经济评估过程中,很多影响因素的性质和活动无法用数字来定量描述,她们

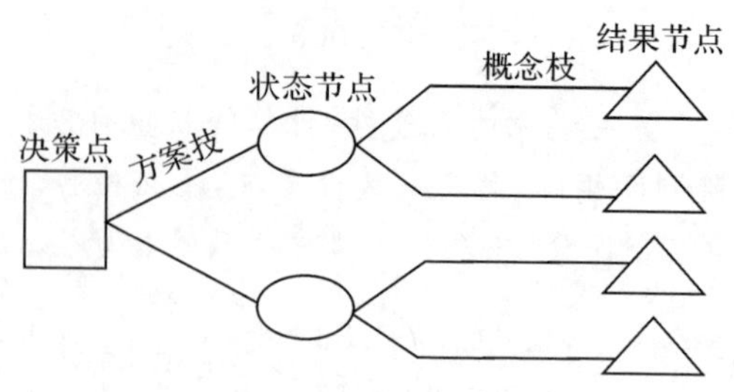

图 2-13　典型决策树结构图

的结果也是含糊不定的,无法用单一的准则来评判。为解决这一问题,美国学者 L. A. Zadeh 于 1965 年首次提出模糊集合的概念,对模糊行为和活动建立模型。近 30 年来模糊数学以崭新的理论和独特的方法,冲破了精确数学的局限,巧妙地处理了客观世界存在的模糊现象,被广泛地应用于实践中。目前,在管理科学、自动控制、天气预报、商品质量评估等自然科学和社会科学的许多领域取得了令人瞩目的成果。在项目风险评价中,有些现象或活动界限是清晰的,有些则是模糊的。对于这些模糊的现象或活动只能采用模糊集合来描述,应用模糊数学进行风险评价。

(1)模糊事件

在风险评估实践中,有许多事件的风险程度是不可能精确描述的,如风险水平高、技术先进资源充足等,"高"、"先进"、"充足"等均属于边界不清晰的概念,即模糊概念。诸如此类的概念或事件既难以有物质上的确切含义,也难以用数字准确地表达出来,这类事件就属于模糊事件。

(2)模糊集合

普通集合可以表达概念,如$\{1,2,\cdots,n\}$表示自然数概念。但普通集合不能表达模糊性的概念。因此,应将普通集合的概念加以推广,以解决具有模糊性的实际问题。将模糊性概念用集合表示,构成模糊集

设 X 为一基本集,若对每个 $x\in X$,都指定一个数 $\mu_A(x)\in[0,1]$,则定义模糊子集

$$A=\left\{\frac{\mu_A(x)}{x}\middle| x\in X\right\}$$

$\mu_A(x)$称为 A 的隶属函数,$\mu_A(x_i)$称为元素 x_i 的隶属度。

隶属函数 $\mu_A(x)\in[0,1]$,即 $0<\mu_A(x)<1$。

当 X 是可数集合,$X=\{x_1,x_2,\cdots,x_n\}$时,则

$$A=\sum_{i=1}^{n}\frac{\mu_A(x_i)}{x_i}$$

例如,设某 4 人 a、b、c、d 属于高个子的程度分别为 0.8,0.5,0.6,0.2,则该集合可表示为

$$A=\frac{0.8}{a}+\frac{0.5}{b}+\frac{0.6}{c}+\frac{0.2}{d}$$

上式的“＋”称为查德符号，表示模糊集合的元素并列，没有相加的含义。

(3)隶属函数的确定

确定隶属函数的方法有很多。下面介绍模糊统计确定隶属函数的方法。该方法是先选取一个基本集，然后取其中任一元素 x_i，再考虑此元素属于集合 A 的可能性。例如，先确定模糊集合的高个子，然后考虑某人 a 属于高个子模糊集合的可能性。为得到量化的数据，可以邀请一些人来判断 a 是否为高个子，由于人们对高个子的边界不一样，有人会认为是，有人会认为不是，这样可以得到

$$\mu(a)=\lim_{n\to\infty}\frac{a\in A\text{ 的次数}}{n}$$

这里 n 是参加评判总人数，试验次数只要充分大，$\mu(a)$就会趋向$[0,1]$中的一个数，此数即为隶属度。

(4)模糊矩阵及其运算

1)模糊矩阵。矩阵 $R=(r_{ij})_{n\times m}$，如果对于任意的 $i\ll n$ 及 $j\ll m$ 都有 $r_{ij}\in[0,1]$，则把 R 称为模糊矩阵。

2)模糊矩阵的合成。一个 n 行 m 列的模糊矩阵 $Q=(q_{ij})_{n\times m}$，对于一个 m 行 l 列的模糊矩阵 $R=(r_{ij})_{m\times l}$，得合成 QR 为一个 n 行 l 列的模糊矩阵 S，S 的第 i 行第 k 列的元素等于 Q 的第 i 行元素与 R 的第 k 列元素的合成，也称模糊矩阵的乘积。按照合成的原则不同，模糊矩阵合成有四种模型。

$$①M(\wedge,\vee):S_{ik}=\bigvee_{j=1}^{m}(q_{ij}\wedge r_{jk}),\begin{pmatrix}1\leqslant i\leqslant n\\1\leqslant k\leqslant 1\end{pmatrix}$$

其中，$\vee$，$\wedge$ 均为查德算子，“$\vee$”表示取大，“$\wedge$”表示取小。

$$②M(\cdot,\vee):S_{ik}\bigvee_{j=1}^{m}(q_{ij}\wedge r_{jk},\begin{pmatrix}1\leqslant i\leqslant n\\1\leqslant k\leqslant 1\end{pmatrix}$$

其中，“•”表示两个元素相乘。

$$③M(\wedge,\oplus):S_{ik}=\sum_{j-1}^{m}(q_{ij}\wedge r_{jk}),\begin{pmatrix}1\leqslant i\leqslant n\\1\leqslant k\leqslant 1\end{pmatrix}$$

其中，“$\oplus$”表示求和。

$$④M(\cdot,\oplus):S_{ik}=\sum_{j=1}^{m}(q_{ij}\cdot r_{jk}),\begin{pmatrix}1\leqslant i\leqslant n\\1\leqslant k\leqslant 1\end{pmatrix}$$

这种算法与普通矩阵运算一致。

这四种算法各有优缺点，比较常用的是第一种算法，即将对应元素两两比较先取小的，然后再在所得的结果中取较大者。

(5)模糊综合评价的步骤

采用模糊综合评价法进行风险评价的基本思路是：综合考虑所有风险因素的影响程度，并设置权重以区别各因素的重要性，通过构建数学模型，推算出风险的各种可能性程度，其中可能性程度高者为风险水平的最终确定值。模糊综合评价的具体步骤如下。

1)确定评价对象的因素集

因素集是影响评价对象的各种因素所组成的一个普通集合，可表示为 $U=\{u_1,u_2,\cdots,u_n\}$，式中，U 表示因素集；$u_i(i=1,2,\cdots,n)$表示各影响因素。

例如，对牛仔服服装进行评价时，可以考虑从舒适性、耐磨性、美观性和价格等四个方面进行评价，这四个方面就是评价的影响因素，构成因素集，即 $U=\{$舒适性，耐磨性，美观性，价格$\}$。

2)建立评价集

评价集（备择集）是专家利用自己的经验和知识对项目因素对象可能做出的各种总的评判结果所组成的集合，可表示为 $V=\{v_1,v_2,\cdots,v_m\}$，式中 $v_i(i=1,2,\cdots,m)$表示各种可能的评价结果。

例如，专家在对服装的四个单因素进行评价时，评判结果可分为很好、好、一般、不好，构成因素集，即 $V=\{$很好，好，一般，不好$\}$

3)建立模糊关系矩阵

模糊关系矩阵即建立从 U 到 V 的模糊关系 R。利用模糊统计方法，由若干专家对各因素 r_{ij} 进行评价，则

$$r_{ij}=\frac{\text{对 }V\text{ 中某一因素，专家划分为某一档次的人数}}{\text{评审专家人数}}$$

得到模糊关系矩阵

$$R=\begin{bmatrix} r_{11} & r_{12} & \cdots & r_{1m} \\ r_{21} & r_{22} & \cdots & {}_{2m} \\ \vdots & \vdots & & \vdots \\ r_{n1} & r_{n2} & \cdots & r_{nm} \end{bmatrix}$$

在上例中，就牛仔服的舒适性而言，假设有 30%的顾客认为很好，60%的顾客认为好，10%的顾客认为不太好，没有顾客认为不好。因此，对单因素“舒适性”的评价为：{0.3,0.6,0.1,0}。同样，对“耐磨性”的评价为：{0.3,0.6,0.1,0}；对美观性的评价为：{0.1,0.4,0.2,0.3}；对“价格”的评价为：{0.2,0.5,0.1,0.2}，则模糊矩阵为

$$R=\begin{bmatrix} 0.3 & 0.6 & 0.1 & 0 \\ 0.3 & 0.6 & 0.1 & 0 \\ 0.1 & 0.4 & 0.2 & 0.3 \\ 0.2 & 0.5 & 0.1 & 0.2 \end{bmatrix}$$

4)确定权重集

权重集反映了因素集中各因素不同的重要程度，一般通过对各个因素 $U_i(i=1,2\cdots,n)$ 赋予一相应的权数 $a_i(i=1,2,\cdots,n)$，这些权数所组成的集合称为因素权重集，简称权重集，可表示为 $A=\{a_1,a_2,\cdots,a_n\}$。

权重的确定在项目风险综合评价中是一项非常重要的工作，同样的因素，如果取不同的权重，那么最终的评判结果将会不一样。比如对牛仔服的评价中，由于顾客背景(年龄、职业、性别经济状况等)不同，他们对服装的“舒适性”、“耐磨性”、“美观性”和“价格”的重视程度也不一样，因此，不同的人会对这四个因素赋予不同的权重。

权重的确定，一般由人们根据实际问题的需要主观确定，也可按确定隶属度的方法加以确定。设顾客对“舒适性”、“耐磨性”、“美观性”和“价格”四个因素赋予的权重分别为 0.3,0.1,0.4,0.2，则权重集 $A=\{0.3,0.1,0.4,0.2\}$。

5)模糊综合评判

根据模糊综合评价数学模型进行模糊合成，就可得出综合评价结果：

$$B=RA=(a_1,a_2,\cdots,a_n)\begin{bmatrix} r_{11} & r_{12} & \cdots & r_{1m} \\ r_{21} & r_{22} & \cdots & r_{2m} \\ \vdots & \vdots & & \vdots \\ r_{n1} & r_{n2} & \cdots & r_{nm} \end{bmatrix}$$

B 为模糊综合评价集。

若 B 中各元素的总和不等于 1，需对 B 进行归一化处理，即将 B 中的每个元素分别除以各元素的总和得到归一化的矩阵 B，作为综合评价的结果。

比如对牛仔服的模糊综合评价，采用 $M(\wedge,\vee)$ 合成算法，结果为

$$B=AR=(0.3,0.1,0.4,0.2)\begin{bmatrix} 0.3 & 0.6 & 0.1 & 0 \\ 0.3 & 0.6 & 0.1 & 0 \\ 0.1 & 0.4 & 0.2 & 0.3 \\ 0.2 & 0.5 & 0.1 & 0.2 \end{bmatrix}=(0.3,0.4,0.2,0.3)$$

$$=\left(\frac{0.3}{很好},\frac{0.4}{好},\frac{0.2}{一般},\frac{0.3}{不好}\right)$$

因为 $0.3+0.4+0.2+0.3=1.2$，因此需进行归一化处理，将 B 的各项除以 1.2，得出归一化的矩阵 $B=(0.25,0.33,0.17,0.25)$。

计算结果表明，牛仔服隶属“很好”、“好”、“一般”和“不好”的程度分别为 25%,33%,17%和 25%，根据最大隶属度原则，对牛仔服的综合评价是“好”。

3. 蒙特卡洛模拟方法

(1)蒙特卡洛模拟方法的概念

蒙特卡洛模拟方法又称随机抽样技巧或统计试验方法，是估计经济风险和工

程风险常用的一种方法。它借助人的主观概率估计及计算机模拟，直接估计风险的发生概率，并以概率分布的形式进行表示。

应用蒙特卡洛模拟方法的主要优点在于：可以将每个风险发生的概率，通过多次模拟试验，最终以比较满意的概率分布的形式表示出来；克服了单因素敏感性分析受一维元素变化的局限性，这种方法分析了所有元素受风险不确定性的影响；另外，通过计算机软件对模型进行处理，大大节约了统计时间。

(2)蒙特卡洛模拟方法的步骤

使用蒙特卡洛模拟技术分析工程的基本过程如下：

第一步：编制风险识别清单。把已识别出来的影响项目目标的重要风险构造成一份标准化的风险清单。这份清单要能充分反映出风险分类的结构和层次性。

第二步：采用专家调查法确定各风险发生概率和对项目的影响程度。

第三步：采用模拟技术，对各风险的发生概率进行模拟试验，一般来说，模拟的次数越多，所得结果越准确。然后，根据模拟试验的结果绘制各项目风险的概率分布曲线。

第四步：分析总结。通过模拟技术可以得到项目风险的概率分布曲线，并将模型试验结果加以解释，最终写成书面报告供决策使用。

4. 计划评审技术方法

(1)计划评审技术的内涵

计划评审技术(Program Evaluation and Review Technique，PRET)是一种在工程项目中常用的方法，把工程项目当作一种系统，用网络图或者表格或者矩阵来表示各项具体工作的先后顺序和相互关系，以时间为中心，找出从开工到完工所需要时间的最长路线，并围绕关键路线对工程项目进行统筹规划，对各项工作的完成进度进行严密的控制，以达到用最少的时间和资源消耗来完成工程预定目标的一种计划与控制方法。

在工程项目施工过程中，根据施工的工艺要求和施工组织的要求，每个施工活动的逻辑关系是确定的，而且在合同管理的环境下，这种逻辑关系是不允许改变的；然而，由于各项施工活动的时间是不确定的，但完成工程项目的工期是规定的。因此工程项目施工进度存在着风险。因此，用 PRET 技术来评价工序项目进度风险是十分必要的。

(2)计划评审技术的步骤

1)确定工作持续时间的概率分布并计算工作工期的期望和方差

工程项目实施过程存在很多不确定性因素，各项工作的实施会受到气候、经济环境等的变化而变动。但根据历史统计数据或专家经验可以对各项工作的持续时间加以估计，包括最可能时间、乐观时间、悲观时间等。一般地，工作的持续时间符合正态分布。PRET 技术中每项工作有 3 种时间估计：最可能时间、乐观时间、悲观时间。工作工期的期望 t_e，方差 $\sigma_{t_e}^2$。

$$t_e=\frac{a+4m+b}{6} \quad (式 2\text{-}12)$$

$$\sigma_{t_e}^2=(\frac{b-a}{6})^2 \quad (式 2\text{-}13)$$

式中：a——乐观活动时间；

b——悲观活动时间；

m——最可能活动时间。

2)计算项目计划工期

首先绘制工程网络图，把各项工作的期望工期当作固定值，确定项目活动的关键路线，最后确定项目的计划工期 T_E，即关键路径上各项工作的平均活动时间的总和。

3)计算项目进度风险率

由于项目工期服从均值为 T_E，方差为 ${\sigma_{T_E}}^2$ 的正态分布，由概率论可知：

$$P\{X\leqslant A\}=\varphi(\frac{A-T_E}{\sigma_{T_E}}) \quad (式 2\text{-}14)$$

式中：T_E——关键路径上各工序 t_e 的和；

$\sigma_{T_E}^2$——关键路径上各工序 $\sigma_{T_e}^2$ 的和。

通过查询正态分布表，最终可以确定项目进度的风险率。

4)确定项目整体风险水平

根据项目完工时间的风险概率，分析项目的进度风险水平，再考虑是否加大或缩小资源的投入，是否重新修订施工方案等。

五、风险的应对处理

这里有四种可供利用的降低风险的基本技术：风险规避、损失防护与控制、风险保留以及风险转移。

(一)风险规避

人们可能决定规避从事特定职业，企业可能规避特定业务，因为它们被认为风险过大。但是风险规避并不总是可行的。例如，作为人类，所有人必然暴露于疾病风险，很多疾病是无法规避的。

(二)损失防护与控制

为降低损失可能性和严重程度所采取的行动。这种行动可以在一项损失出现前，损失出现时，以及损失出现后采取。例如，你可以通过合理膳食、保证睡眠充足、禁止吸烟以及和已知患感冒的人士保持距离来降低针对生病的风险。如果你患上感冒，那么你可以卧床休息，同时降低使感冒转化成肺炎的可能性。

(三)风险保留

承受风险并用自己的资源弥补损失。风险保留有时由于没有做出其他决定而发生。例如,在人们没有意识到存在风险或者选择忽略风险的时候,风险保留发生。但是人们也可能做出一项承受特定风险的审慎决策。例如,某些人可能决定以自己的累积财富承担治疗疾病的成本,同时不购买健康保险。居民户的预防性储蓄为风险保留提供了便利。

(四)风险转移

将风险转移给他人,向其他人出售风险资产以及购买保险是这种风险管理技术的例证,有三种实现风险转移的基本方法:对冲、保险与担保和分散化。

(五)风险应对的具体措施

1. 对冲风险

对冲风险是指通过投资或购买与标的资产(Underlying Asset)收益波动负相关的某种资产或衍生产品,来冲销标的资产潜在的风险损失的一种风险管理策略,如:资产组合、多种外币结算、战略上的分散经营、套期保值等。

风险对冲是管理利率风险、汇率风险、股票风险和商品风险非常有效的办法,由于近年来信用衍生产品的不断创新和发展,风险对冲也被广泛用来管理信用风险。与风险分散策略不同,风险对冲可以管理系统性风险和非系统性风险,还可以根据投资者的风险承受能力和偏好,通过对冲比率的调节将风险降低到预期水平。利用风险对冲策略管理风险的关键问题在于对冲比率的确定,这一比率直接关系到风险管理的效果和成本。

举例而言,假如你在 10 元价位买了一只股票,这个股票未来有可能涨到 15 元,也有可能跌到 7 元。你对于收益的期望倒不是太高,更主要的是希望如果股票下跌也不要亏掉 30%那么多。你要怎么做才可以降低股票下跌时的风险?

一种可能的方案是:你在买入股票的同时买入这只股票的认沽期权——期权是一种在未来可以实施的权利(而非义务),例如这里的认沽期权可能是“在一个月后以 9 元价格出售该股票”的权利;如果到一个月以后股价低于 9 元,你仍然可以用 9 元的价格出售,期权的发行者必须照单全收;当然如果股价高于 9 元,你就不会行使这个权利(到市场上卖个更高的价格岂不更好)。由于给了你这种可选择的权利,期权的发行者会向你收取一定的费用,这就是期权费。

原本你的股票可能给你带来 50%的收益或者 30%的损失。当你同时买入执行价为 9 元的认沽期权以后,损益情况就发生了变化,可能的收益变成了:

$$(15\text{ 元}-10\text{ 元}-\text{期权费})/10\text{ 元}$$

而可能的损失则变成了:

$$(10\text{ 元}-9\text{ 元}+\text{期权费})/10\text{ 元}$$

潜在的收益和损失都变小了。通过买入认沽期权,你付出了一部分潜在收益,换来了对风险的规避。

2. 保险与担保

(1)保险

保险是指以集中起来的保险费建立保险基金,用于补偿被保险人因自然灾害或意外事故所造成的损失,或对个人因死亡、伤残、疾病或者达到合同约定的年龄期限时,承担给付保险金责任的商业行为。

保险的内容可从两个视角来揭示:从经济的角度上看,保险是分摊意外事故损失的一种财务安排,少数不幸成员的损失由包括受损者在内的所有成员分担;从法律角度来看,保险是保险人和投保人双方的合同安排,保险人同意赔偿损失或给付保险金给被保险人或收益人,投保人通过购买保险单位把风险转移给保险人。

通过购买保险,可有效转移自身的风险。

(2)担保

担保是指当事人根据法律规定或者双方约定,为促使债务人履行债务实现债权人的权利的法律制度。担保通常由当事人双方订立担保合同。根据法律规定,担保有五种方式,即保证、抵押、质押、留置、定金。

担保是现代经济活动中以信用为基础的一种工具,可有效控制各方的风险。

3. 分散化原理

分散化指的是持有类似数量的多种风险资产,而不是将全部投资集中于一项风险资产。因此,分散化限定了任意单项资产的风险程度.

例如,考察商业风险的分散化。假设你正考虑在生物技术行业中投资10万美元,因为你相信转基因药物的发明将在未来数年中提供巨大的获利潜力。你可以将全部的10万美元投资于正在开发单个新药物的单个企业。在这个例子中,你的生物技术投资将是集中型的,而不是分散化的。

分散化可以由单个投资者直接在市场上实施,也可以通过企业或金融中介实施。因此.你可以通过下述方式在该生物技术行业中分散化你的投资:

(1)投资于数家企业,每家企业都正在开发一种新药物。

(2)投资于一家正在开发多种新药物的企业。

(3)投资于一项共同基金,该基金持有许多正在开发新药物的企业的股份。

为了说明分散化怎样降低你的风险程度,比较两种情形:一种是如果将全部10万美元投资于单独一种新药物开发的情形,另一种是如果将5万美元投资于两种新药物的每一种的情形。假设对于每一种药物而言,成功意味着使你的投资增至4倍,但是失败意味着全部投资的丧失。因此,如果你将10万美元投资于单个新药物,那么你或者最终得到40万美元,或者一无所获。

如果你通过将5万美元投资于两种新药物的每一种实施分散化,那么仍然存在或者最终得到40万美元(如果两种新药物都成功)或者一无所获的可能性(如果两种新药物都失败)。然而,这里还存在一种中间的可能性,一种新药物成功而另外一种新药物失败。在这种情形下，你最终将得到 20 万美元。

如果你投资的药物总是一起成功或者一起失败，那么分散化不会降低你的风险程度。也就是说，在投资于两种药物的情形里，如果不存在一种药物成功而另一种药物失败的可能性，那么将全部 10 万美元投资于单个药物，或是将投资在两种药物中进行分割没有任何区别。每种方式都只有两种可能的结果：要么你最终得到 40 万美元，要么你损失全部投资。在这种情形里，每种独立药物的商业成功风险被称为是完全相关的。为了使分散化能够降低你的风险程度，风险必须从根本上完全不相关。

六、风险的监控

（一）风险监控的概念

风险监控就是通过对风险规划、识别、分析、应对全过程的监督和控制，保证风险管理达到预期的目标，是项目实施中一项重要工作。其目的是考察各种风险控制行动产生的实际效果，确定风险减少的程度，监视残留风险的变化情况，进而考虑是否需要调整风险管理计划及是否启动相应的应急措施。

项目风险监控是建立在项目风险的阶段性、渐进性和可控性基础之上的一种项目管理工作，是项目整个生命周期中的一种持续进行的过程。随着项目的开展，风险会不断变化，可能会有新的风险出现，也可能会有预期的风险消失。良好的风险监控过程能为我们提供信息，帮助我们在风险发生前做出有效决策。

（二）风险监控的内容

风险监控应该包括以下内容：

（1）反复进行项目风险的识别与度量。

（2）监控项目潜在风险的发展。

（3）监测项目风险发生的征兆。

（4）采取各种风险防范措施减小风险发生的可能性、应对和处理发生的风险事件、减轻项目风险事件的后果、管理和使用项目的不可预见费、实施项目风险管理计划等。

项目风险监控的手段除了风险管理计划中预定的规避措施之外，还应有根据实际情况确定的应变措施。如果实际发生的风险事件事先未曾预料到，或其后果比预期的严重，风险管理计划中预定的规避措施也不足以解决时，必须重新制定风险规避措施。

（三）风险监控的目标

项目风险监控的主要目标如下：

（1）及早识别项目风险。通过开展持续的项目风险识别和度量工作，及早发现项目所存在的各种风险，以及项目风险的各方面的特性。

(2)努力避免项目风险事件的发生。在识别出项目风险以后,采取各种风险应对措施,积极避免项目风险的实际发生,确保不给项目造成不必要的损失。

(3)积极消除项目风险事件的消极后果。在项目风险发生后,积极采取行动,努力消除这些风险事件的消极后果。

(4)充分吸取项目风险管理中的经验和教训。

(四)风险监控的方法

(1)风险再评估。风险监控过程通常要求对新风险进行识别,并对风险进行重新评估。应定期安排进行项目风险再评估。项目团队状态审查会的议程中应包括项目风险管理的内容。重复的内容和详细程度取决于项目相对于目标的进展情况。例如,如果出现了风险登记单未预期的风险或“观察清单”未包括的风险,或其对目标的影响与预期的影响不同,规划的应对措施可能将无济于事,则此时需要进行额外的风险应对规划以对风险进行控制。

(2)风险审计。风险审计在于检查并记录风险应对策略,处理已识别风险及其根源的效力以及风险管理过程的效力。

(3)变差和趋势分析。应通过绩效信息对项目实施趋势进行审查。可通过实现价值分析和项目变差及趋势分析的其他分析方法,对项目总体绩效进行监控。分析的结果可以揭示项目完成时在成本与进度目标方面的潜在偏离,与基准计划的偏差可能表明威胁或机会的潜在影响。

(4)技术绩效衡量。技术绩效衡量将项目执行期间的技术成果与项目计划中的技术成果进度进行比较。如出现偏差,例如在某里程碑处未实现计划规定的功能,有可能意味着项目范围的实现存在风险。

(5)储备金分析。在项目实施过程中可能会发生一些对预算或进度应急储备金造成积极或消极影响的风险。储备金分析是指在项目的任何时点将剩余的储备金金额与剩余风险量进行比较,以确定剩余的储备金是否仍旧充足。

(6)状态审查会。项目风险管理可以是定期召开的项目状态审查会的一项议程。该议程项目所占用的会议时间可长可短,这取决于已识别的风险、风险优先度以及应对的难易程度。风险管理开展得越频繁,“状态审查会”方法的实施就越容易。经常就风险进行讨论,可促使有关风险(特别是威胁)的讨论更加容易、更加准确。

综上所述,风险监控的关键在于培养敏锐的风险意识,建立科学的风险预警系统,从“救火式”风险监控向“消防式”风险监控发展,从“挽狂澜于既倒”向“防患于未然”发展。

第五节 保险与担保

一、保险

(一)保险的概念

魏华林在其编著的《保险学》中将保险如下定义:“保险是集合具有同类危险的众多单位或个人,以合理计算分担金的形式,实现对少数成员因该危险事故所致经济损失的补偿行为。”孙祁祥在其编著的《保险学》中将保险如下定义:“保险是一种以经济保障为基础的金融制度安排。它通过对不确定事件发生的数理预测和收取保险费的方法,建立保险基金;以合同的形式,由大多数人来分担少数人的损失,实现保险购买者风险转移和理财计划的目标。”

保险的本质是指保险的社会属性。所谓保险的本质,即多数单位或个人为了保障其经济生活的安定,在参与平均分担少数成员因偶发的特定危险事故所致损失的补偿过程中形成的互助共济的分配关系。简言之,保险的本质是指在参与平均分担损失补偿的单位或个人之间形成的一种分配关系。

(二)保险的基本原理

保险的基本原理主要有危险分散、大数法则、公平合理、收支平衡。

1. 危险分散

人随时可能遭遇重重危险,造成经济冲击,保险就是团结大家的力量,每人出一笔钱,汇成巨额共有资产,当伙伴中有人有事时,就由其中提出一笔钱,支付给伙伴家属,把危险造成的损害,用团体的力量分散掉。所以,保险可以说是通过集体合作,把个人巨额损失的可能性,转化为确定的少量负担。

2. 大数法则

掷骰子时,每个点出现的次数似乎毫无规律可言,可是掷几万次以后,每个点出现的次数都是1/6,像这种经验少时,看不出什么法则,可是经过多次的经验后,会呈现某种规律性。人的生死也一样,有的人长寿,有的人早死,但从整体来看,每年在一定年龄死亡的人数,比率大致是确定的。保险公司依据大数法则,用预定死亡率算出保户应负担的保费,以达公平合理原则。

3. 公平合理

死亡危险率高的人,领取保险金的机会大;死亡危险率低的人,领取的机会则小。由于保费是给付保险金的来源,所以,领保险金机会大的人,应付较多保费,才算公平。因此客户在投保时,应以死亡危险率的高低,缴纳不同的保费,以达公平合理的原则。

4. 收支平衡

保险公司的收支是以全体保户来看的，而不是以个人来看的。因为如果从个人的角度，有的人交了一次保费就死亡而领取保险金，也有人交纳到期满，领取期满保险金。所以，通常缴入的保费与领回的保险金额都不大一样。因此，保险公司会以全体保户来设想其收支，全体保户缴入的保费总额，与公司支付全体受益人的保险总额相等计算。

(三)保险的基本原则

在保险的长期实践和发展过程中，逐渐形成了一系列的行业规范和业务处理原则，这些规范和原则的大部分先后被各国的有关法律吸收，有些便成为调整保险各方关系的准则。保险的基本原则包括：保险利益原则、最大诚信原则、近因原则和损失补偿原则。

1. 保险利益原则

所谓保险利益原则，是指在签订和履行保险合同的过程中，投保人或被保险人对保险标的必须具有保险利益。保险利益既是订立保险合同的前提条件，也是保险合同生效及在存续期间保持效力的前提条件。投保人只有对保险标的具有保险利益，才有条件或有资格与保险人订立保险合同，签订的保险合同才能生效，否则，为非法的或无效的合同。

保险利益是指投保人或被保险人对保险标的所具有的法律上承认的经济利益，这种经济利益因保险标的的完好、健在而存在，因保险标的的损毁、伤害而受损。保险利益的构成必须具备下列条件：

第一，必须是合法的利益；

第二，必须是确定的利益；

第三，必须是经济上的利益。

2. 最大诚信原则

《保险法》第四条规定：从事保险活动必须遵守法律、行政法规，遵循资源和诚信原则。诚信就是讲诚实和守信用。诚实是指一方当事人对另一方当事人不得隐瞒欺骗；守信用是指任何一方当事人都应善意地、全面地履行义务。所以，最大诚信原则的基本含义是：保险双方在签订和履行保险合同时，必须以最大的诚意，履行自己应尽的义务，互不欺骗和隐瞒，恪守合同的认定和承诺，否则保险合同无效。

最大诚信原则内容包括：告知，保证，弃权和禁止反言。

(1)告知是指在订立保险合同时，保险人应当向投保人说明保险合同的条款内容，投保人应当将与保险标的有关的重要事实如实向保险人陈诉。

(2)保证是指保险人在签发保险单或承担保险责任之前要求投保人或被保险

人对某一事项的作为或不作为，某种事态的存在或不存在做出的承诺或确认。

(3)弃权是指保险合同一方当事人放弃其在保险合同中的某种权利，包括解约权和抗辩权。

(4)禁止反言是指合同的一方既然已经放弃其在合同中可以主张的某种权利，则不得再向他方主张这种权利。

3．近因原则

所谓近因，是指促成损失结果的最有效的，起决定作用的原因。英国学者约翰·T·斯莱尔将近因定义为："近因是指引起一系列事情发生，由此出现某种后果的能动的、起决定作用的因素；在这一因素作用的过程中，没有来自新的独立渠道的能动力量的介入。"近因属于保险责任的，保险人应承担损失赔偿责任；近因不属于保险责任的，保险人不负赔偿责任。这就是所谓的近因原则。

近因原则是保险理赔中必须遵循的重要原则。坚持近因原则，有利于正确、合理地判定损害事故的责任归属，从而有利于维护保险双方当事人的合法权益。

4．损失补偿原则

损失补偿原则是指保险合同生效后，如果发生保险责任范围内的损失，被保险人有权按照合同的约定，获得全面、充分的赔偿。保险赔偿的目的是弥补被保险人由于保险标的遭受损失而失去的经济利益，被保险人不能因保险赔偿而获得额外的利益。

损失补偿原则体现了保险的宗旨，即确保被保险人通过保险能获得经济保障，同时又要防止被保险人利用保险从中牟利，从而保证保险事业健康、有序地发展。

损失补偿原则主要适用于财产保险以及其他补偿性保险合同。补偿方法主要有现金、重置、恢复原样三种。

5．损失补偿的派生原则

(1)代位追偿原则

代位追偿原则是损失补偿原则派生的原则。代位追偿原则是指在财产保险中，保险标的发生保险事故造成推定全损，或者保险标的由于第三者责任导致保险损失，保险人按照合同的约定履行赔偿责任后，依法取得对保险标的的所有权或对保险标的的损失负有责任的第三者的追偿权。

坚持代位追偿原则首先是为了防止被保险人由于保险事故的发生，从保险人和第三者责任方同时获得双重赔偿而额外获利，确保损失补偿原则的贯彻执行。其次是为了维护社会公共利益，保障公民、法人的合法权益不受侵害。通过代位追偿，既使得致害人无论如何都应承担损害赔偿责任，同时也使得保险人可以通过追偿从过失方追回支付的赔偿费用，从而维护保险人的合法权益。

(2)分摊原则

被保险人以一个保险标的同时向两个或两个以上的保险人投保同一危险,就构成了重复保险,其保险金额的总额往往超过了保险标的的可保价值,为了防止被保险人获得超额赔偿,通常采用各保险人分摊的办法。分摊的方法有三种:

1)比例责任分摊方式:各个保险人按其所承保的保险金额与总保险金额的比例分摊赔偿责任。

2)限额责任分摊方式:以在没有重复保险的情况下,各保险人依其承保的保险金额而应负的赔偿限额与各保险人应负赔偿限额总和的比例承担损失赔偿责任。

3)顺序责任分摊方式:由先出单的保险人首先负责赔偿,后出单的保险人只有在承保的标的损失超过前一保险人承保的保额时,才依次承担超出的部分。

(四)保险的分类

从保险公司的角度来说,它可以提供各种为消费者所需要的险种。根据不同的标准,保险可以分为若干类型。本书将根据以下五个标准进行分类:保险标的、被保险人、实施的形式、业务承保的方式、盈利与否。

1. 人身保险、财产保险和责任保险

根据保险标的的不同,保险可分为财产保险、人身保险和责任保险。

人身保险是以人的生命、身体或健康作为保险标的的保险。财产保险是以物或其他财产利益为标的的保险。广义的财产保险包括有形财产保险和无形财产保险。责任保险是以被保险人的民事损害赔偿责任为保险标的的保险。

2. 个人保险和商务保险

根据被保险人的不同,保险可分为个人保险和商务保险。

个人保险是以个人或家庭的财产、生命和身体、责任赔偿等损失作为保险标的的保险。商务保险是以工厂、商店等经营单位的财产、责任等作为保险标的的保险。

3. 强制保险和自愿保险

根据保险实施形式的不同,保险可分为强制保险和自愿保险。

强制保险又称为法定保险,它是由国家颁布法令强制被保险人参加的保险。自愿保险是在自愿协商的基础上,由当事人订立保险合同而实现的保险。

4. 原保险与再保险

根据业务承保方式的不同,保险可分为原保险和再保险。

原保险是指保险人对被保险人因保险事故所致的损失承担直接的、原始的赔偿责任的保险。再保险是原保险人以其所承保的风险,再向其他保险人进行投保,并与之共担风险的保险。

5. 商业保险与社会保险

根据是否以盈利为目的,保险可分为商业保险和社会保险。商业保险是以盈利为目的的保险，社会保险是不以盈利为目的的保险。

二、担保

(一)担保的概念

在高级汉语大词典中，担保表示“负责，保证做到或保证不出问题”;《牛津法律大辞典》对担保的解释是:担保是指加强或增加某人的责任，特别是付款或还债的责任保证。我国在立法上对此并未做出明确的定义，但对担保定义比较认同的是:担保是指法律为确保特定的债权人实现债权，以债务人或第三人的信用或者特定财产来督促债务人履行的制度。

在我国，担保的法律关系是依据《中华人民共和国担保法》而确立。《担保法》第二条规定:“在借贷、买卖、货物运输、加工承揽等经济活动中，债权人需要以担保方式保障其债权实现的，可以依照本法规定设定担保……本法规定的担保方式为保证、抵押、质押、留置和定金。”其中，保证是由第三方保证人提供担保，而抵押、质押、留置和定金等属于物的担保。

从我国担保法内容看，担保是对债的担保，债的担保应当是以当事人的一定财产为基础，能够用以督促债务人履行债务、保障债权实现的方法。

(二)担保分类

市场上有各种各样的担保行为，为的是适应不同市场交易行为的需要。比如从担保所保障的被担保人义务的法律属性是否为合同义务来划分，有合同担保和非合同担保;从担保设定的依据来划分，有法定担保和约定担保;从担保主体来划分，有专业机构提供的专业化担保，也有包括自然人在内的其他市场主体所进行的一般民间担保行为;从担保合同对索赔条件的不同约定来划分，有有条件担保和无条件担保;从担保义务的履行义务来划分，有义务履行型担保和货币赔付型担保等。

1. 合同担保与非合同担保

根据担保所保障的被担保人义务的法律属性是否为合同义务，可以将担保方式划分为合同担保和非合同担保两类。

合同担保是为确保合同履行，双方当事人通过协商一致或者根据法律研究规定，由一方或者其提供的第三人采取的担保措施。其作用在于促使当事人切实履行合同，确保各方当事人的权益，是对合同法律效力的补充和加强。合同担保设定的前提是存在依法成立的合同，我国担保法规定的五种担保方式都属于合同担保。

在非合同担保中，不存在合同担保中所指的主合同，所担保的被担保人的责任通常是基于一些法律责任，并非是合同责任。尽管在非合同担保中不存在一个主合同，但非合同担保本身所采用的保函就是一种合同，它通常对其所担保的法律责任同样具有从属性。

2. 法定担保与约定担保

根据担保设定的依据或设定方式的不同，可以将担保方式划分为法定担保和约定担保。

法定担保是指法律强制规定必须设立的担保。法定担保具有法定性，担保的条件、担保的当事人、担保的范围等均由法律规定，当事人对担保的约定必须符合相关法律的规定，法定担保的担保责任可能是基于基础合同责任，也可能是基于法律所规定的责任，即法定责任。留置担保是担保法中唯一明确规定的法定担保。

约定担保，又称意定担保，是指由当事人双方自行设定的担保。约定担保具有自愿性，当事人可以决定是否设定担保。从担保的方式、担保的条件至担保的范围等，均由当事人自行约定。约定担保是最常见的、最主要的担保方式。

3. 专业化担保与一般民间担保行为

根据担保人的不同，可以将担保方式划分为专业化担保和一般民间担保行为两类。

专业化担保是由经营信用风险担保产品的专业担保机构以商业化方式开展的以赚取保费为目的的担保行为。这种专业担保机构可以是担保公司，也可以是银行、保险公司。

包括自然人在内的其他市场合法主体所进行的一般民间担保行为也是受担保法保护的。在一般民间担保行为中，比较有代表性的是以自然人或母公司作为保证人的担保。这类担保可以方便灵活地适应千变万化的市场需求。但缺点也是显而易见的，一方面，保证人可能缺乏承保经验，风险意识和代偿能力；另一方面，受益人难以验证保证人的代偿能力。

4. 有条件担保与无条件担保

有条件担保和无条件担保是根据担保合同对索赔条件的不同约定而划分的。有条件担保也称为“基于违约责任的担保”，它的特点是受益人索赔权利的产生必须以被担保人违约为条件，且索赔金额以违约责任金额为限，是典型的从属性担保。所谓从属性担保，就是指担保合同责任是基于主合同的债务而产生，也随主合同债务的消除而消除。

无条件担保，又称见索即付担负，是独立担保中的一种极端形式。所谓独立担保是相对于从属性担保而言的。其最根本的区别在于独立担保的担保合同独立于基础合同，不具有从属性。换言之，基础合同的效力、变更、履约情况等均不影响独立担保合同的效力和履行，保证人仍应依担保合同约定承担担保责任。

5. 义务履行型担保与货币赔付型担保

义务履行型担保是指保证人在被担保人不履行义务时，可以选择接管主合同，以被担保人的身份履行主合同的担保方式。在这种情况下，担保人可以选择实际代为履行,也可以选择货币偿付。当受益人的最终目标不能完全用货币来衡量时,其要求的担保往往会是义务履行型的。

货币赔付型担保是指保证人在被担保人不履行义务时,在担保金额内仅以货币的方式来履行自己承诺的担保义务的担保方式。因为债权人的目标多数能转化为货币化的经济目标,所以货币赔付型担保的应用也非常广泛。

思考题

1. 简述货币的职能。
2. 举例说明信用在现代工程领域的应用。
3. 简述现代信用的形式。
4. 简述基本利率与无风险利率的关系。
5. 假定名义利率为10%,借贷期内物价水平下降了3%,试求实际利率。
6. 简述金融中介的概念,以及金融中介包含的范围。
7. 简述金融资产的特征。
8. 简述风险的三要素,以及风险三要素相互之间的关系。
9. 如何做到全面而有效率地识别工程风险?
10. 简述工程风险识别的依据。
11. 简述工程风险评估的含义和作用。
12. 简述工程风险评估的具体步骤。
13. 简述层次分析法和模糊综合评价法的基本步骤。
14. 简述工程项目风险应对的策略。
15. 简述投资的构成要素以及特点。
16. 简述投资的过程。
17. 融资大体上可以分为哪两种?

第三章 工程投资

第一节 工程投资概述

本书将从工程投资的概念、分类、目的与价值等方面，对工程投资进行介绍。

一、工程投资的概念与分类

(一)工程投资的概念

工程投资，又称工程项目投资，是指投资者为实现经济收益或社会发展而出资，在一定的时间、地点，通过"建设活动"形成生产设施，再通过运营活动回收投资并取得回报的一系列活动的总称。

(二)工程项目投资的分类

工程项目投资根据不同的标准，有多种分类方法。本书将按投资的收益性和风险程度、项目的用途、建设阶段等标准，介绍工程项目投资的不同分类。

1. 按投资的收益性和风险程度分

投资的收益性指投资的净现值是否大于零，涉及项目投入价格、产出价格、税费及补贴政策。按投资的收益性和风险程度，工程投资分为五类：

第一类：纯公益性项目投资，有费用、无收入，如生态项目、环保项目、学校等。

第二类：低收费项目投资，低收入，高费用，无盈利，如灌溉设施、医院等。

第三类：一般收费项目投资，收入大于费用，难以收回投资，如地铁等。

第四类：风险项目投资，收入大于费用，能收回投资，风险大，如高科技项目等。

第五类：自我积累项目投资，收入大于费用，盈利收回投资，如工业等。

2. 按照项目的用途划分

按项目用途，工程投资分为住宅类项目投资、办公和商业类项目投资、专业化生产类项目投资、重大基础类项目投资。其中，住宅类项目，如多居户楼房和高层公寓等；办公和商业类项目，如酒店、体育馆、娱乐场所、商业中心、仓库、办公楼等；专业生产类项目，如工业项目、农业项目等；重大基础类项目，如交通运输项目、环境保护项目、公共设施项目等。

3. 按建设阶段划分

按项目建设阶段，工程投资分为预备项目投资（投资前期项目）或筹建项目投资、新开工项目投资、施工项目投资、续建项目投资、投产项目投资、收尾项目投资、停建项目投资。

4. 其他分类

工程投资按项目产量或投资额（即项目规模），分为大型项目投资、中型项目投资和小型项目投资；按投资项目目标，分为经营性项目投资和非经营性项目投资；按项目投资管理形式，分为政府项目投资和企业项目投资；按项目与企业原有资产的关系，分为新建项目投资和改扩建项目投资；按项目融资主体，分为新设法人项目投资和既有法人项目投资。

二、工程项目投资的目的与价值

（一）工程项目投资的目的

工程项目投资活动作为工程企业经营活动的重要组成部分，最主要的目的便是使项目以及企业的效益最大化，否则，资本逐利的本性及资金机会成本的存在将会使股东将其资金投资到其他用途。

在市场经济条件下，企业作为众多利益相关者的契约结合点，需要为雇员提供工资收入，为政府创造税收，为银行提供利息收入，为客户提供质优价廉的产品与服务以满足其需求，承担相应的社会义务等。按照这些利益实现的顺序，只有相关利益主体自己获得相应的利益后，最后的剩余才属于企业投资者——股东，并需要承担企业的经营风险，换言之，只要实现股东价值最大化，就能满足其利益相关者的利益诉求，或者说，满足其利益相关者的利益诉求是实现股东价值最大化目标的约束条件，企业的根本目标是为所有者创造价值、带来收益。

企业股东之所以投资某个特定的工程项目，其目的是实现对该工程形成的资产及其未来获利的控制和拥有，为投资者带来更多的未来现金流，以实现其价值最大化。而现金具有控制资源能力，工程项目投资的价值取决于该工程所产生的创造未来现金流的能力。这种对资源及其获利的控制和拥有是企业价值之源。

所谓的现金流，是指特定经济系统（这个系统可以是一个工程项目、企业、地区、部门或者是一个国家，在此处指的是工程项目）在一定时期内（如年、半年、季等）现金的流入及流出数量。

这里的现金不仅包括各种货币资金，还包括项目投入企业拥有的非货币资源的变现价值。流入系统的现金称为现金流入，通常用 CI_t 表示。例如，项目销售商品或提供劳务、出售设备、从金融机构获得借款等取得的现金，都是现金流入。流出系统的现金称为现金流出，通常用 CO_t 表示。例如，企业购买货物、购置固定资产、偿还债务等支付的现金，都是现金流出。同一时点上现金流入与现金流出的代数和称为净现金流量,通常用 CI_t-CO_t 表示。净现金流量有正有负,正现金流量表示一定时期的净收入,负现金流量为一定时期的净支出。

(二)工程项目投资的价值

工程项目投资的价值,按照项目测度的层次与范围,分为企业价值、经济价值和社会价值三个方面。商业项目在满足国家政策法规要求的前提下,侧重于其企业价值的分析,而公共项目则侧重于其经济与社会价值的分析。

1. 工程项目投资的企业价值

工程项目投资的企业价值主要体现在财务价值与非财务的战略价值。财务价值主要是因工程项目投资及其运营活动所产生的销售收入形成的增量现金流而新增的企业价值,可以从工程项目投资的盈利能力、偿债能力、生存能力、抗风险能力等予以体现。工程项目投资的企业价值分析需要在财务辅助报表的基础上编制财务报表,计算财务分析指标,考察和分析项目的盈利能力、偿债能力、财务生存能力和抗风险能力,判断工程项目的财务可行性,明确工程项目对财务主体的价值以及对投资者的贡献,为投资决策、融资决策以及银行审贷提供依据。对于经营性项目,应进行全面的财务分析;对于非经营性项目,财务分析主要分析项目的财务生存能力。

财务价值只是项目为企业创造的有形、可计量的一个面,相比之下,工程项目所产生的无形、不可计量的战略价值也是企业价值不可缺少的部分。尤其是高科技,如新能源汽车、新型材料和生物技术产品、R&D 项目、信息技术项目更是如此。与一般项目不同,这些项目往往初期成本太高,有形的财务价值并不高,但它对企业未来取得更好的市场份额,获得竞争优势具有很好的战略价值。

2. 工程项目投资的经济价值

工程项目投资的经济价值主要是从资源合理配置的角度来讲的,是指工程项目投资对经济效率的提高、经济结构的优化升级、经济福利的增加所做出的贡献。

从经济学的角度来看,经济活动的目的是通过配置稀缺经济资源用于生产产品和提供服务,尽可能地满足社会需要。当经济体系功能发挥正常,社会消费的价值达到最大时,就认为是取得了“经济效率”,达到了帕累托最优①。在现实中,市场机制本身存在的缺陷以及政府不恰当的干预,往往导致市场配置资源的失灵,市场价格难以反映投资项目的真实经济价值,所以客观上需要通过国民经济评价来反映建设项目的真实经济价值,判断投资的经济合理性,为投资决策提供依据。因此,与财务价值分析采用实际价格不同,在项目经济价值的评价中,投入物或产出

---

① 也称为帕累托效率(Pareto efficiency),是指资源分配的一种理想状态,假定固有的一群人和可分配的资源,从一种分配状态到另一种状态的变化中,在没有使任何人境况变坏的前提下,使得至少一个人变得更好。

物均采用能够真实反映项目投入物和产出物为真实经济价值的影子价格，即资源的机会成本进行计算。

工程项目投资尤其是特大型建设项目投资的经济价值体现在区域经济、宏观经济两个层面。项目的区域经济价值主要体现在项目的建设对所在区域的现存发展条件、经济结构、城镇建设等方面所产生的现实与长远的贡献。对其进行分析可以促进资源的有效开发与利用，资源在区域的合理配置，可以提高区域经济发展的竞争力。

宏观经济价值是指在宏观上以国民经济整体作为视角，特大型建设项目的建设对国家宏观经济，诸如国民经济总量增长、产业结构调整、生产力布局、自然资源开发、物价变化等方面产生的影响。

3. 工程项目投资的社会价值

随着社会发展观从以经济增长为中心向以人为中心的转变，尤其绿色经济、生态保护的呼声的逐渐增强和企业社会责任意识的提高，投资项目也更加关注为人类社会可持续的生存和发展所产生的影响和做出的贡献。尤其对于那些涉及社会因素较为复杂、社会影响较为久远、社会效益较为显著、社会矛盾较为突出、社会风险较大的公益性、基础性和大中型国家骨干项目与扶贫项目，则更加关注。

工程项目投资社会价值分析通过对项目给社会所带来的各种社会效应进行全面而系统的分析，分析投资项目对社会的影响因素，确定各种效应及影响因素的量与质，从而判别投资项目的社会有益性。所谓社会效应，其内涵是非常广泛的，它不仅包括经济性的（如收入效率、费用等），也包括非经济性的（如生态、环境、技术进步、国防、社会安全、人的精神状态等）。但这里取其狭义，只包括其非经济性的内涵，即包含其对社会环境和自然、生态环境产生的影响（如时间节约、教育、健康、技能开发、信息透明和社会性别平等），新增就业机会、缩小社会差距（地区、民族、性别差异），解决社会公平，维护社会稳定等。

4. 工程项目投资对利益相关者的价值

工程项目投资作为众多利益相关者的契约结合点，又是价值创造过程，它为利益相关者创造价值。作为工程项目的资金提供者，融资者获得项目的部分净现金流及项目合同所规定的利息回报。而被项目直接雇用的人员可以获得与以前工作岗位相比更多的收入及其相应的技能培训。项目还为其客户提供了先前在市场上难以得到的新产品和新服务，以及更多质优价廉的产品。项目产品的生产必然带来互补品的生产，给互补品生产厂商带来商业利益，从而增加直接的社会效益。如公路建设增加必然导致汽油的需求增加，从而增加加油站的收益。

工程项目供应商的利润和收益也必将随着项目产品和服务需求的增加而增加，至少为非负，同时导致供应商对劳动力需求的增加，而增加工人的工资。另外，工程项目还帮助供应商提高其产品质量。与供应商相比较，在新项目的建设中，竞争者看到的是需求的减少和更低的产品价格。但从整个社会的观点来看，这样的竞争不是一种损失，因为消费者可以享受更多的消费者剩余，而竞争者则受益于项目的示范与网络效应①。新项目可能示范新技术、新的业务管理与组织方式的可行性和营利性，或者一些细分市场的生存性，并且竞争者可以复制。这种示范效应可以鼓励更多的竞争者进入，一些竞争者可能从与供应商之间的网络效应中获益。

如果项目建设是用一个新工厂替代原有的老的、落后的工厂，那么他们获得正效应，新项目也可能因为基础设施拥挤而产生负面效应。如果项目能够改善道路、水、电网等设施，使居民不需要付费或少付费，则获得正面的价值。

政府不仅从项目产出中获得所得税和增值(随着销售额的增加，增值税相应增加)，同时，获得相应的进出口关税等。为了支持某些项目的建设，政府将会给予补贴。

第二节　工程项目投资的机会分析

投资最主要的目的是获利。要对一个工程项目进行投资，首先就要判断该项目是否有投资机会。本节内容将从投资机会、市场机会、产业机会等方面阐述如何判断一个工程项目投资的机会大小。

一、工程项目投资机会的特征与驱动因素

投资机会分析作为项目前期可行性分析中的重要环节，旨在发现投资的切入点或可能的接口，找出可供投资的项目，为项目的投资方向和设想提出建议。而进行有效的机会分析，首先需要明确机会的内涵，把握机会的特征及其驱动因素。

(一)机会的概念

机会通常指一种情景，在此情景中，技术、经济、政治、社会和人口条件变化产生了创造新事物的潜力。而究竟什么是机会，则仁者见仁、智者见智，可从广义、一般和狭义三个层面理解。

广义的机会是一种难以捉摸的因素，指存在着的一种极大的反复无常的因素，它对经济增长能产生重大影响。

一般意义的机会是指为实现某种目的提供可能的形势，适于或有利于从事某一特定活动的时间和地点的结合，亦即为了实现某种特定的目的，客观形势在最集

① 如果网络中只有少数用户，他们不仅要承担高昂的运营成本，而且只能与数量有限的人交流信息和使用经验。随着用户数量的增加，这种不利于规模经济的情况将不断得到改善，所有用户都可能从网络规模的扩大中获得了更大的价值。

中的一段时间和空间内提供各种有利因素、有利条件的总和。

狭义的机会是机遇，是最宝贵的稀缺资源，也是影响管理决策的重要因素。它是指在企业经济活动过程中形成和产生的、一种有利于企业经营成功的、带有一种偶然性并能被经营者认识和利用的各种有利因素的总和。

（二）机会的特征

机会的有效识别与分析是进行项目投资的先决条件，要有效地识别与把握机会，必须把握机会的特征。机会具有目标对应性、普遍性、不确定性、潜在性、时效性与风险并存性。

1. 目标对应性

机会与社会主体的目标有关，是与一定目标相对应的因素与情境。同一因素与情境，对具有不同目标的社会主体具有不同的意义。国家决定实行出口退税政策，对于意欲将产品打入国际市场的企业是机遇，对于那些小富即安的地方性工商企业就谈不上什么机遇。正因为机遇与目标有关，社会主体目标不同才会导致能构成机会的因素、情形互不相同，结果出现“乱世出英雄，盛世出秀才”的现象。

2. 普遍性

机会存在于各种经营活动过程之中。在市场经济条件下，只要是进行经营实践活动，无论是生产活动、产品开发，还是销售活动，都会因为存在没有满足的市场需求、没有发现的新趋势，而存在机会。机会不仅存在于已经过去的经营实践活动之中，随着竞争的进一步激化，环境的巨变，未来的经营活动存在更多、更大的机会。机会对每一个投资与经营者都具有均等的认识和利用的可能性。

3. 不确定性

机会的产生与外界环境密切相连，环境变化的混沌性决定了机会产生存在着很大的不确定性。机会的发现和捕捉与“意外”有关，没有固定模式，具有不确定性。机会价值的大小，对于投资者与经营者也是不确定的，关键在于如何利用。

4. 潜在性

潜在性是指机会多处于隐而不露、间接迂回、有待开发的状态之中，蕴藏在事物的发展过程之中，尤其是突变阶段。任何一种机会，除了具有直接的经营功能外，还存在着许多附加的和潜在的经营功能。这些附加的和潜在的经营功能并不存在于机会本身，而是在机会的出现和它的作用发挥时产生的。如果要开发机会的潜在和附加功能，使潜在的机会变成经济效益，需要投资者与经营者的创造性与主观努力。

5. 时效性

时效性是指机会既不可逆，也不可储存。机会不是事物发展中的常态现象，而是在特殊环境下出现的偶然契机，瞬间即逝。机会存在于一定的时间范围内，并随着时间的变化而随之消失；存在于一定的空间范围内，随着空间的转移而不复存在；同一事件的发生，对不同的企业、不同的目标来讲，效果可能不同。

6. 风险并存性

机会是客观存在的，但是人们能否准确地把握机会取决于自身掌握的信息、知识和能力。人们的判断与客观情况完全可能存在差异，人们的行动也可能落后于形势的变化，因此机会与风险常常并存。

(三)机会的驱动因素

机会产生的驱动因素主要有三大类：趋势变革、尚未解决的问题与市场缝隙。变革是机会产生最重要的来源，因为变革的发生或推出新事物，或产生以更优方法解决问题的新机会。

1. 趋势变革

Shane认为技术的变革、政治和制度变革、社会和人口因素以及产业结构变革都是机会产生的重要来源，了解机会来源中的每个要素发生变革的过程，可以从变化中看到未来的发展方向，预测到其将来的潜力和机会，并且，这种趋势变革机会容易产生在时代变迁、环境动荡的时期。虽然在这种环境下，各种新的变革不断出现，但因为处于萌发阶段而往往不被多数人接受和认可。因而，一旦能够及早地发现并把握机会，就有可能成为未来趋势的先行者和领导者；一旦被人们认可，它将产生持久影响，带来巨大的利益。

经济学长波理论认为，经济发展历经萧条、复苏、繁荣、衰退阶段而呈现周期性变化趋势。但经济的不同阶段的趋势为项目投资提供了明确导向。当经济处于繁荣期时，人们可支配收入增加，购买高档品、奢侈品来提高生活质量意愿强烈，因此，在复苏期投资高档品、奢侈品生产的项目具有较好的价值。相反，在经济处于衰退期时，投资生活必需品的项目则具有良好的发展前景。

产业结构的变革也产生商机。随着环境压力越来越大，绿色、低碳成为未来社会发展的必然趋势要求，绿色产品必然受到越来越多消费者的青睐，如环保家具、节能环保家电、节能环保汽车、节能照明等节能减排项目具有大量发展机会；相反，传统高碳型、高污染的产业项目的投资机会将越来越少。

技术变革使人们可以做以前不可能做到的事情，或更有效地去做以前所做的事情，不仅为项目建设提供技术机会，而且为项目投资提供市场与产业机会。物联网、新能源、新材料、移动商务(流动人口交流能力)等新技术创造了新的应用前景和新的需求，为项目投资提供了新的市场机会。

2. 尚未解决的问题

尚未解决的问题是指在人们的日常生活和企业实践中大量存在的未被解决的问题所产生的相应新项目的投资机会。每个问题都是一个绝佳的隐藏着的机会。

如某地区基础设施的欠缺、某地交通的不便、无法买到称心如意的商品、质量差的服务等，在这些问题的解决过程中，都存在着价值或大或小的机会。

3. 市场缝隙

市场缝隙是指未得到满足的需要以及满足这些需求的最有前途的途径：因缺乏基础设施、劳动力、材料或人力资源，或者发展过程中由于组织机构或其他障碍（贸易、国际收支平衡等）所造成的问题和制约因素；未利用或未充分利用的材料或人力资源，以及将其用于更好的用途的机会；发现需要保护或储存，然而被过度利用的自然资源；补充其他投资的需要。这些情况的存在意味着市场缝隙和潜在商业机会的存在，利用现有产品创造出针对全新目标市场的新产品类别，便可以抓住市场机会。事实上，这种方法就是先制造出市场缝隙，再来填补它，或者服务于当前产品缺乏的地区。

二、工程项目投资机会的价值分析

机会的目标相对性决定同一机会对于不同的目标、不同机会对于同一目标的效用具有差异性；而任何机会的获得都需要付出相应的代价。面对众多机会，项目投资者在选择与利用时又存在资源约束，所以鱼与熊掌不能兼得，要获得最优的投资机会，须对机会价值进行评价才能实现。

所谓的机会价值，是指某项机会对实现某一目标的效用与利用该机会所必须付出的代价之比。从经济观点来看，就是以最小的机会成本获得最大限度的预期效用。

预期效用是相对于要实现的目标而言的，不仅包括财务效益目标，还包括经济、社会与环境效益目标等；同时，受空间、时间的稀缺性与收益期等因素的影响。竞争性会影响机会的收益期，同时，越是稀缺的机会效用越高，因而，不仅要分析机会的独占性或者共享性与竞争性，还要分析机会的一次性、周期性与随机性。

机会成本是指获得和利用机会过程的全部代价，包括投资、时间、精力或失去其他机会的收益。

机会价值还与风险相关。例如，企业开发出一个新产品，目前有相应客户的订单支持，企业也有能力扩建生产设施以完成该订单的任务并获得盈利，无疑，这是一个机会。但是，生产能力上去了，如果没有足够的后续订单支持，那么，这些能力就有可能成为沉没成本而产生风险。

总之，机会价值(V)主要由机会对于实现目标的效用 $U(t)$、机会成本 $C(t)$、机会持续时间(T)、机会出现的可能性(P)、风险折扣系数(R)等五个因素决定，其一般评估模型如式 3-1 所示。

$$V = R \times P \times \frac{\int_0^T U(t)\mathrm{d}t}{\int_0^T C(t)\mathrm{d}t} \quad （式 3-1）$$

式 3-1 表明：

（1）机会价值与有关目标效用正相关。一个对于重大目标的实现有帮助的机会，其价值超过只对较次要目标实现有帮助的机会。

（2）机会价值与利用该机会后实现目标所增加的可能性成正比。利用该机会后实现目标所增加的可能性越大，机会的价值也越高；相反，利用该机会后实现该目标所增加的可能性不明显，说明该机会的价值不高。

（3）机会价值与利用该机会所必须付出的代价 —— 机会成本成反比。利用机会付出的代价越大，机会价值越低；相反，只需付出很小代价就可以利用的机会的价值较高。

（4）机会的价值与其实现的概率成正向关系、与风险成反向关系。

上述的机会价值是相对于某个目标而言的，而项目投资者的目标通常是多元的，若分别设为 $O_i(i=1,2,\cdots,m)$，机会相对于每个目标的价值为 $V_i(i=1,2,\cdots,m)$，在投资者的价值体系中的重要程度分别为 $w_i(i=1,2,\cdots,m)$，$\sum_{i=1}^{m} w_i = 1$；则机会的总价值（V_T）是

$$V_T = \sum_{i=1}^{m} w_i v_i \quad （式 3-2）$$

【案例 1】 假定今年某地将新开发一高科技新区，将开展大量建设工程，对于某施工机械有大量新的需求。假定该器械的需求将增加 200 万台，按每台销售收入 3 000 元计算，总收入为 60 亿元。现有三个企业计划利用此机会。

1. 各企业的目标值

A 企业目标：欲将已生产出来眼看要积压的 10 万台该机器卖出去，收入约 3 亿元。B 企业目标：充分利用生产能力，加班加点，不惜用高价购进紧缺配件，增产 20 万台，收入约 6 亿元。C 企业目标：该企业原来并不生产该类机械，为抓住这个市场机会，决定并购一家国外企业，向国内市场销售 30 万台，收入目标为 9 亿元。

2. 政策环境（开发新区）对这三家企业提供的机会意义

A 企业：因其生产的此机器质量一般，尽管市场形势好转，仍很难保证 10 万台全部脱手，估计通过促销可售出 6 万台，此机会的意义即增加实现目标的可能性值是 6/10＝0.60。

B 企业：因其此机器质量较好，市场竞争力强，估计增产 20 万台，有 16 万～18 万台可售出，取中间值该机会的意义值为：17/20＝0.85。

C企业：因我国施工企业对国外新牌号机器取谨慎态度，估计通过加大促销力度后可在国内售出15万台，该机会的意义值为：15/30＝0.50。

3. 为利用该机会，各企业所付出的代价(财务费用暂不考虑)

A企业：①销售(包括售后服务)费用6 000万元；②售出6万台此机器减少可能积压的商品残值2 400万元(假定次年每台可售1 600元，销售成本平均每台1 200元，则每台净收入为400元，总值为2 400万元)。

总代价为8 400万元(6 000＋2 400)。

B企业：①100万台生产成本计3.5亿元；②销售费用按每台600元计算，17万台共计1.02亿元；③剩余3万台积压共计3 000万元，按每台售价2 000元计算，但要将其售出要付销售费用每台1 000元，因而残值为3 000万元。

总代价＝35 000＋10 200－3 000＝42 200(万元)

C企业：①并购企业耗资亿元；②30万台生产成本计4.5亿元；③销售费用按每台1 200元计算，共计1.8亿元(1 200×150 000＝1.8亿元)；④积压15万台折合市值1 500万元，共计2.25亿元，但要追加销售费用1.8亿元；⑤生产线第二年市场价5亿元。

总代价＝60 000＋45 000＋18 000－22 500＋18 000－50 000＝68 500(万元)

这样，该机会的价值分别为

对于A企业：Vop(A)＝30 000×0.6/8 400＝2.14；

对于B企业：Vop(B)＝60 000×0.85/42 200＝1.21；

对于C企业：Vop(C)＝90 000×0.5/68 500＝0.66。

显然，对于A企业，上述机会价值甚大，应紧紧抓住；对于B企业，上述机会有一定价值，在今后市场形势难以预料的情况下，亦应抓住；对于C企业，该机会价值不大，不应贸然进入新的产业领域。假定C企业有充盈资金，可修改自己的目标，用部分资金购买A或B企业的股票，并在适当时候及时抛出，也许机会价值可以大于1。

三、工程项目投资机会分析方法

(一)工程项目投资机会分析流程

根据前面所做的分析，可归纳出如图3-1所示的项目投资机会分析流程：

(1)识别技术机会，即通过对拟投资领域内已有技术在横向和纵向的发展趋势及相互关系的挖掘，推断该领域即将可能出现的技术形态或技术发展点、技术发展方向、技术生命周期、技术研究热点、技术发展的继起性等方面。对各新技术域进行技术搜索，寻找可能存在的新技术投资机会；通过技术领域中的竞争态势比较分析确定拟占领的技术领域。

(2)识别市场机会，通过市场供求缺口、市场成长空间，进一步探求新的市场机会，确定项目投资的拟进入的新市场域。

(3)识别产业机会，即通过分析各产业的发展趋势、产业本身的营利性、产业之中企业竞争态势、产业规制、产业壁垒等因素，寻找投资可能的产业机会。

(4)综合技术、市场、产业的机会，寻求三者的交集，确定项目拟将投资的产品与工艺，为项目进行技术经济论证提供依据。

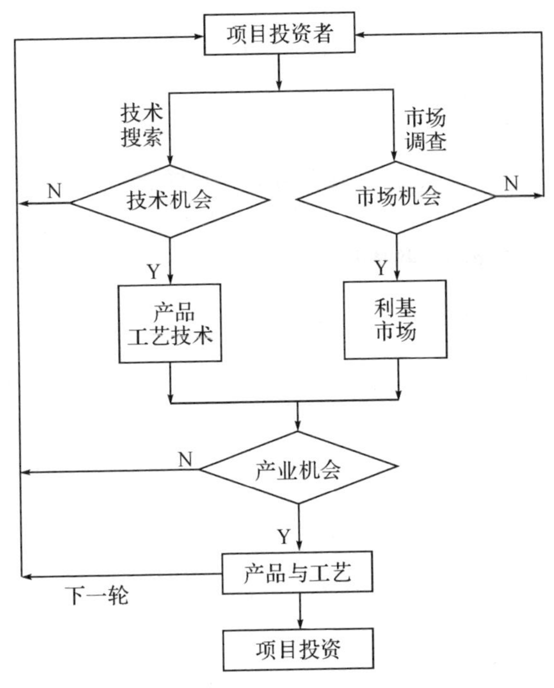

图 3-1　项目投资机会分析与流程

(二)机会的要素分层法

所谓要素分层法是指通过将一般机会分析所涉及的各个方面的要素列出并区分类别，对各要素的重要程度给出权重，并通过评分的方法找出关键要素，来确立项目方向。由于项目选择涉及许多要素，要素分层法就是将这些杂乱无章的影响因素按照项目机会、项目问题、项目发起人的优势、劣势等进行分层；通过要素的分层分析，采取主观评分的方法来判断机会与问题、优势与劣势各自的强弱，从而做出判断。所以，要素分层法是一种将定性(要素分层)与定量(要素评分)相结合的方法：它要求在占有充分信息的情况下，将影响项目发展的有利因素和不利因素做出直观展示，简单直观，易于操作，以便于决策。

对于要素分层法的具体操作应用，可按下面的步骤进行：

(1)列出项目影响因素，通常是随机列举出项目意向所涉及的所有(或主要)影响因素。

(2)对影响要素进行分层。各要素对项目机会、项目问题、承办者所处优势与劣势分别列出。

(3)做出分层矩阵。用矩阵的形式将影响因素列举出来。

(4)进行要素评分。即运用主观评分的方法对各影响要素打分。评分的方法不限,可采取一般评分法,也可采用加权评分法,或采用高低点评分法等。

(5)对评分进行修正。分析项目问题转化为项目机会的可能性;劣势转化为优势的可能性;对转化后的情况重新评分。具体评分时可运用头脑风暴法等,先请评分人员分别评分,然后集中起来说明自己打分的理由,最后再分别打分。有些复杂、争议比较大的项目可多次打分,使分数评得科学、公正。

(6)做出机会选择——项目设想的决策。核算出项目机会、项目问题、优势、承办者所处劣势与各自的得分,并依据得分决定放弃该项目还是建设该项目。

四、工程项目投资的市场机会分析

投资机会指有利于企业投资的一系列因素所构成的良好的投资环境和时机。项目投资是一个由面到点的过程。所谓的“点”即是产品,“面”则为产品所在的产业。理性选择是先选择一个具有盈利性的产业,再在所选择的产业中选择利润增长点高的产品。通过上述机会来源的识别,可以形成投资产业的可能域,投资机会只是为投资产生良好的效益提供了一种客观条件,而某产品市场是否有投资机会以及投资机会的大小,取决于社会对该产品的需求总量、市场的竞争状况、该产品的技术特点和所在行业的特点等各种因素。

市场的成长和成熟受自身规律和多种因素的影响和制约。一旦条件具备,新需求就会产生,处于潜在需求中的市场就会变为现实的市场,过去鲜为人知的移动通信需求在短短几年中迅速增加,为通信工程行业提供了新的机会。

所谓机会辨识,即通过分析、判断和筛选,在众多的机会中发现利己的、可以利用的机会。投资者在辨识某个机会之前,首先需要对该机会进行明确的界定。所谓机会界定,即判断特定机会的商业内涵和商业边界即市场需求空间。在此基础上,才可能对该机会进行辨识,进而才可能判断该机会于已投资是有关的、还是无关的,是有利的、还是无利的。

(一)市场供求缺口

人类的需求创造了产业(或供给),需求是产业得以产生的前提条件,产业(或供给)是需求得到满足的基础,两者相伴而生,缺一不可,不可分离。其中,需求是决定性的和主导性的,而产业(或供给)满足需求的动力在于获得盈利,且动力与盈利水平呈正比。

工程项目是通过工程创造价值的过程,该工程为其客户提供产品与服务,以满足其客户的需求，工程项目的产品是否能够满足需求将决定此项目的产品是否对用户具有价值。这就需要项目去寻求和捕捉机会，以产生项目的产品概念，从而形成项目产品和项目范围。这里的产品是广义的，既包括有形产品，还包括无形服务。因此，寻找项目机会，关键是确定项目产品与需求，从而为客户创造价值，只有满足客户需求的项目才有生命力。

项目产品与需求表明项目成功的基本条件是项目产品能够满足用户的需求，而用户的需求是变化的，有时用户也是变化的。确定用户和用户需求的变化，将需求的变化转化为产品或服务的功能要求和技术要求是达到用户满意和项目成功的关键。

由于人类社会的劳动生产率已经达到了很高的水平，许多生产能力已严重过剩，市场竞争异常激烈。能够想到的产品或服务，大多数已严重供大于求。要想挤入国际市场或开辟新市场，就必须要有新的产品，为顾客提供新服务。要实现这一点，就要有新项目。因而，识别新项目就非常重要。

（二）市场成长空间

市场机会的大小(Q)，与项目进入的时机(t_1)、市场的初始规模(S_0)、市场的成长速度(v)、持续时间($T = t_2 - t_1$)有关，综合起来可以用式 3-3 表示：

$$Q = S_0 + \int_{t_1}^{t_1+1} v\mathrm{d}t \qquad \text{（式 3-3）}$$

1. 初始市场规模(S_0)

即特定市场机会形成之初的市场规模。因为初始市场规模决定着投资项目可能实现的销售规模，决定着项目投资之初的利润。一般地看，初始市场规模越大越好。只要原始市场规模足够大，即便某个项目只占了很小的市场份额，也可能获取较大的商业利润。

2. 机会窗口的大小(W)

国外有学者认为，特定的机会仅存在于一定的时段，所谓的“机会窗口”，是特定商机存在于市场之中的时间跨度。显然，特定机会的时间跨度越大，成长性越好，机会窗口才会越大，投资者得到的机会越多，相反，投资者得到投资的机会就越小，甚至是无法抓住机会。

一般而言，随着时间的变化，市场会以不同的速度增长，并且随着市场的迅速扩大，往往会出现越来越多的机会。但是当市场变得更大并趋于稳定时，市场条件就不那么有利了。因而，当一个市场开始变得足够大，并显示出强劲的增长势头时，机会窗口就打开了；而当市场趋于成熟时，机会窗口开始关闭。如图 3-2 所示，机会窗口于第 10 年打开，第 25 年时开始关闭。

3. 进入时机(t_1)

市场是动态变化的，进入市场的时间不同，机会窗口的有限性决定了其可利用

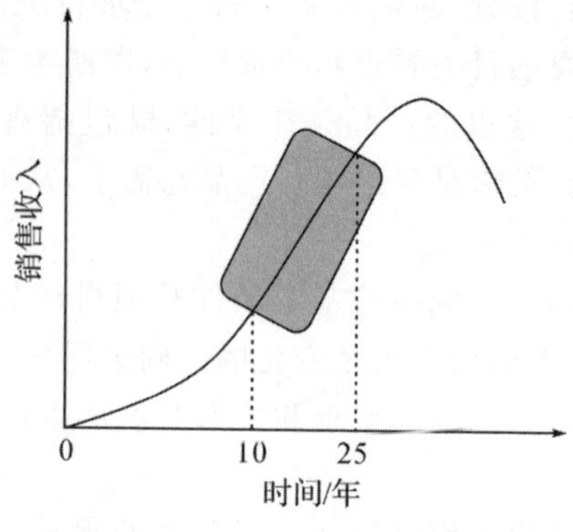

图 3-2　机会窗口

的市场机会就会不同。市场规模总是随着时间变化的，因此，可能带来的风险和利润也会随着时间而变化，在某些时段可能比其他时段更具有商业潜力。投资者选择进入时间点是正确的，便可充分利用这段黄金期的相应机会，相对于其他时段，可获得更多的商业利益。所谓抓住机会的含义正在于此。成功的投资者是在别人还没有醒悟过来时就努力去抓住机会。如果等到机会窗口接近关闭的时候再去投资，留给投资者的余地将十分有限，投资企业也将很难盈利。当然，即使抓住了机会，也不一定必然很快成功，但抓不住机会，则注定是失败的。

如图 3-3 中有两条曲线 A 和 B。对于曲线 A 来说，进入一个新机会的最佳时机就是图中的阴影区域，即从 $t(A)_1$ 到 $t(A)_2$ 的距离。同样地，对于曲线 B 来说，进入一个新机会的最佳时机也是图中的阴影区域，从 $t(B)_1$ 到 $t(B)_2$ 的距离。虽然曲线 A 机会窗的开启时间要长于曲线 B，但它们的销售收入却差别不大。如果进入市场过早，即如在曲线 B 上 $t(B)_1$ 之前进入，销售收入就会不理想，导致企业可能过早地放弃机会。自动取款机（ATM）最早的发明者就是在银行和消费者还没接受自助服务可以代替人工服务来实现交易时就已经进入市场的。但是如果进入市场太晚，如在曲线 $t(B)_2$ 之后进入，就会面临价格竞争的压力以及机会快要消退的威胁。

4. 市场成长速度(v)

如果市场成长速度快，意味着该市场欣欣向荣，蒸蒸日上，呈不断扩张之势，即便是项目的初始市场规模小，也会给项目投资者带来很多的机会。当然，如果初始规模大，且持续成长速度快，更是一个好的机会。市场成长速度决定着利用该机会获得收入的增长速度，并与项目的产品成长速度存在着互动关系。速度快，项目投资者有更多“可资利用”的成长空间，为获得投资机会的最优价值，投资者需要根据市场成长速度，不断调整投资项目的运营策略。

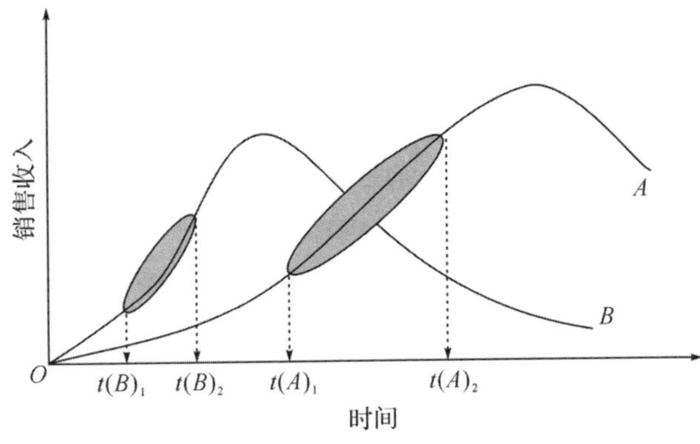

图 3-3　机会持续期

5. 机会存在的持续时间(T)

机会只存在于特定的时间段,时间长,则机会越多。对于不同的项目,机会持续的时间存在很大的差别,不仅受消费者的偏好影响外,新老产品的替代速度也是一个重要的因素。新老产品替代过程,实质是新技术应用逐渐增加、旧技术应用逐渐缩小的过程,而且导致老产品在市场占有率下降、新产品市场占有率上升,直到老技术支持的产品占有率降为零,新技术支持的产品占有率达到 100%而结束。一般来说,伴随着新老技术的逐渐替代,会出现新老产品市场共存交替的阶段。

【案例 2】　某公司新能源汽车投资项目的市场机会分析

1. 市场供求缺口分析

根据国务院 2012 年发布的《节能与新能源汽车产业发展规划(2012—2020年)》,2015 年纯电动车和插电混合动力电动车累计产销量力争达到 50 万辆、2020 年达到 500 万辆。

2013 年,我国新能源汽车销量 1.76 万辆,2014 年产量 6 万辆,2014 年底全国新能源汽车保有量不足 10 万辆。同期中国汽车市场年产销量约 2 000 万辆,保有量 1.5 亿辆。可以看出,新能源汽车的市场占比不足万分之八。

新能源汽车行业受益于补贴政策,未来很可能呈现供不应求的状态。尽管国务院希望新能源汽车的产量能在 2015 年达到 50 万辆,但根据普华永道公司的预测,我国在 2015 年的产量会提升至 42 万辆。因此,我国新能源汽车投资领域在未来几年将会有较大的市场供求缺口。

2. 市场成长空间

目前,包括中国、美国、德国等在内的国家,都对本国新能源汽车的发展做出了规划。例如,2012 年,国务院发布了《节能与新能源汽车产业发展规划(2012—2020 年)》,规划预计到 2020 年,纯电动汽车和插电式混合动力汽车生产能力达

500 万辆。而德国也规划，到 2020 年前实现 100 万辆电动汽车上路的目标。同时，各国也对新能源汽车发展，颁布了相关的补贴及税收优惠等政策。

普华永道 2014 年 12 月发布的关于新能源汽车的研究数据显示，从世界范围来看，全球轻型车产量在 2014 年预计达 8 600 万辆，预计 2020 年轻型车生产总量达 1.09 亿辆，预计到 2020 年全球生产 600 万辆新能源汽车(包括轻度及强混合动力、插电式混动、纯电动及燃料电池汽车)，市场占有率从目前的 3%左右提升到 6%，且在未来仍会继续提升。

可以看出，在世界范围内，新能源汽车都有广阔的市场成长空间，在当前市场规模仍不大的情况下，是合适的项目投资时机。

2018 年，我国新能源汽车产量 428.0 万辆，销量达 437.1 万辆，截至 2018 年底，全国新能源汽车保有量达 261 万辆。同期中国汽车市的年产销量约 2808.1 万辆，保有量 2.4 亿辆。可以看出，新能源汽车的市场占比达 10%，且开始呈现供大于求的状态。

五、工程项目投资的技术机会分析

技术机会分析是指通过对某领域内已有技术横向和纵向的发展趋势及相互关系的挖掘，推断该领域即将可能出现的技术形态或技术发展点，从技术发展方向、技术生命周期、技术研究热点、技术发展的继起性等方面去考查。但技术机会并不是以预先包装好的形式出现的，需要技术管理人员不断地去挖掘和探索，及早发现技术发展的机会之窗是确保项目投资成功的关键因素之一。

技术突破可为新产品的发展提供机会，渐进式改进技术则为企业工艺改进、产品升级提供机会。相关行业的技术进步，即为本行业提供原材料、能源、配件，“上游”行业及以本行业产品为原料、部件的“下游”行业的技术进步也将为企业提供技术机会。例如，航天技术的进步使卫星传输信号技术日益实用化，这为通信工程行业提供了新的技术发展前景和机会。

在市场竞争日益激烈的今天，为了避免不必要的投资，要及早发现技术机会。因此，项目投资者不仅需要了解当前产品的技术状况，更需要科学地分析技术发展趋势，而且要把握其未来的发展机会。我们将介绍以下两种发现技术机会的分析方法：技术成熟度分析以及专利分析。

(一)技术成熟度分析

技术的演化一般要经过导入、成长、成熟等过程，当更新的技术出现后，就可能替代原有技术而导致原有技术的寿命终结。技术剩余寿命的长短取决于行业技术发展速度、相关技术提供的支持等因素。一般来说，若将技术交易日至预计技术被替代时的时间长度称为技术的剩余寿命，则技术的剩余寿命越长，其价格越高。技术先进性、成熟程度和剩余寿命之间存在一定的相关关系。先进的技术可能剩余寿命长，但也可能不够成熟，成熟的技术的剩余寿命也较短。

技术是改造环境以实现某种特定目标的特定方法。产品是“一组将输入转化为输出的相互关联或相互作用的活动”的结果，即“过程”的结果。按照技术与产品过程的关联，产品技术既可以是处于“过程”中、也可以是“过程”后的产品技术，而“过程”中的产品技术成熟度是评估产品技术是否已达到应用及实践标准的依据，也是规范产品的设计与制造的重要依据，“过程”后的产品技术成熟度则是判断某一产品在该类产品进化过程中所处的阶段，用于市场化阶段的规划与设计的重要基础。

技术成熟度就是技术完备等级、技术完善程度，其判断标准是：第一级别是完成了基本原理的研究和报告；第二级别是形成了技术概念和技术应用；第三级别是完成了分析性和实验性的关键功能和特征的概念证明；第四级别是完成了实验室环境下组件和模拟样件的验证；第五级别是完成了相关环境下组件和模拟样件的验证；第六级别是完成了相关环境下系统和子系统模型或原型的演示（地面或空间）；第七级别是完成了空间环境下的系统原型演示；第八级别完成了实际系统；第九级别是成功完成实际系统，并通过成功的任务执行对系统完成了验证。

不同的产品，各等级的具体内容要求会有所变化。然而，从技术转向市场，取得商业成功后，基于技术机会所投资的项目才具有商业价值。

（二）专利分析

专利作为技术的载体之一，专利申请是反映新技术、新产品开发活动的一个极为重要的方面。专利文献详细描述了该发明所属技术领域中的现有技术及其存在的问题，阐述了发明内容，说明了发明的基本要点及实施方案，记载了技术领域中的技术发展历程，反映特定技术领域中技术活动的现状和发展趋势，包含了大量的技术信息和世界上最全面、最新颖的技术情报。通过专利申请量的世界序列分析可以预测技术未来的发展趋势，指导技术研发项目的投资方向和投资力度；通过专利引文分析，可以确定某一技术领域最基本的、核心的专利技术，通过对竞争对手的专利进行分析，预测竞争对手将来的发展状况，制定出正确的产品研发、竞争与市场销售策略，从而在市场竞争中取得主动和优势。专利分析包括：专利的纵向趋势分析、横向引用分析与技术竞争分析。

1. 专利的纵向趋势分析

技术的发展处于不同阶段，其专利的申请数量和专利申请人数量的变化呈现出规律变化。在起步初期，专利数和专利申请人数均较少；随着技术的发展和人们对技术理解的深入，专利数量大幅上升，申请人数量也迅速增加，技术进入发展期；技术进入成熟期以后，专利数量将持续增长，但申请人数量则相对保持稳定，而且申请的专利申请多为改进型专利。之后，经过市场和技术的淘汰，专利申请数量和申请人数量都有所下降，申请的专利多为在已知技术上的小幅度改进，进展不大，技术进入下降期；如果之后专利申请量和申请人数量又有大幅增加，则说明技术进入复苏期，又找到了新的技术空白点，向新的技术方向发展。

依据上述技术生命周期内相关专利的申请数量和专利申请人数量的变化规律，可以绘制技术生命周期图，利用技术生命周期图可以判断某一技术领域现在处于生命周期的哪个阶段，并根据技术的历史发展轨迹预测未来的发展趋势，该项技术的市场机会，为投资者是否投资该技术领域提供有益的参考。

2. 专利的横向引用分析

专利引用分析，可以对企业决策和技术研发、运用提供一种客观的评价方法，并根据竞争者的专利情况，分析自身在行业中的技术竞争地位，找出自身的优势与劣势。专利引用分析通过统计各专利之间的引证关系及频率，可以找出在该领域较为先进或具有较高技术影响力的专利，而这些专利技术涉及的很可能是该领域的核心技术。通过将专利的引证情况做连线式的链接，可以得到专利引用网络，而后对其进行量化分析。

通过技术集中度指数、技术周期指数和技术关键词聚类计算，确定高技术的发展趋势以及有价值的新产品的开发投资。如果一件专利多次被后来的专利引用，表明其在该领域较为先进或较为基础，从而具有较高的技术影响力。因此，引证率较高的专利技术涉及的很可能是该领域内的核心技术。通常情况下，拥有高引用次数专利的企业也比其竞争者或同行在技术上更领先，处于产业的优势地位。

凭借技术集中度指数和技术周期指数，能够判断专利的相对重要性，估测技术处于生命周期的哪个阶段以及技术发展进步的速度。利用专利信息发现新的、潜在的技术机会，用以预测技术的发展趋势。根据网络节点（专利）的度（引用及被引用次数），找到核心技术及其发展状态，再进一步分析每个专利的授权时间及引用关系，可以看到产品技术专利随时间的发展规律（特别是引用关系）。根据引文密集状态及引用时间等信息，判断出技术的发展状态，从而分析其成熟度。专利网络综合利用了专利的结构化信息（存档时间）和非结构化信息（关键词及出现频率），可以全面反映专利之间的关系和分布，反映技术领域的技术扩散状况、技术发展方向及融合的变化趋势，理清技术发展脉络，发现新的技术发展趋势。

3. 专利的技术竞争分析

在国外申请专利，可以覆盖专利申请所在国的某一技术领域，形成专利圈地、技术圈地、市场圈地，甚至是垄断。通过专利申请合法地占领某一技术领域，进而抢占相应的市场，已成为国家或机构争夺和控制国外市场的主要手段之一。因此，通过分析某个地域的某一技术领域里专利申请的方向，可以了解此领域的技术市场分布情况，发现有关产品进入市场的时间、规模等经济信息，探测其市场范围和市场策略，推断其重点关注的国家、地区，以及国际市场的战略等。具体而言，在国外申请专利可能是为了占领该国市场，也可能是为了在技术上控制在该国的竞争对手，使其无法生产出与自己竞争的产品。如溶胶—凝胶处理技术领域，同是美国公司，科宁玻璃公司把大部分发明创造在美国、德国、法国、英国等国家申请专利，而精工—埃普森公司则主要将发明创造集中在日本申请专利。在同一技术领域内，这两个公司采取了不同的技术国际化战略，则说明其有着不同的战略重点。

【案例 3】 染料敏化太阳能电池技术机会分析

本书采用染料敏化太阳能电池技术作为案例，对这一新兴技术潜在的技术发展方向和技术热点进行了分析和探索，并选择了德温特公司提供的数据库作为数据来源。由于染料敏化太阳能电池真正出现的时间是 1991 年，因此，研究人员下载了自 1991 年至 2012 年的染料敏化太阳能专利数据 4 245 条作为技术机会识别分析的数据基础。

1. 技术研发分析

在技术研发层面，主要采用的是基于技术形态的关键词分析。染料敏化太阳能技术主要由半导体薄膜、染料敏化剂、氧化还原电解质、对电极和导电基底几部分构成。通过初步对专利关键词的观察以及专家的意见，确定了该技术的核心技术组成结构，即半导体薄膜、染料敏化剂、氧化还原电解质和对电极这四个技术。我们提取了专利标题、摘要和声明中的技术关键词，并通过半自动方式对关键词进行了进一步的处理。图 3-4 中显示了半导体薄膜、染料敏化剂、氧化还原电解质和

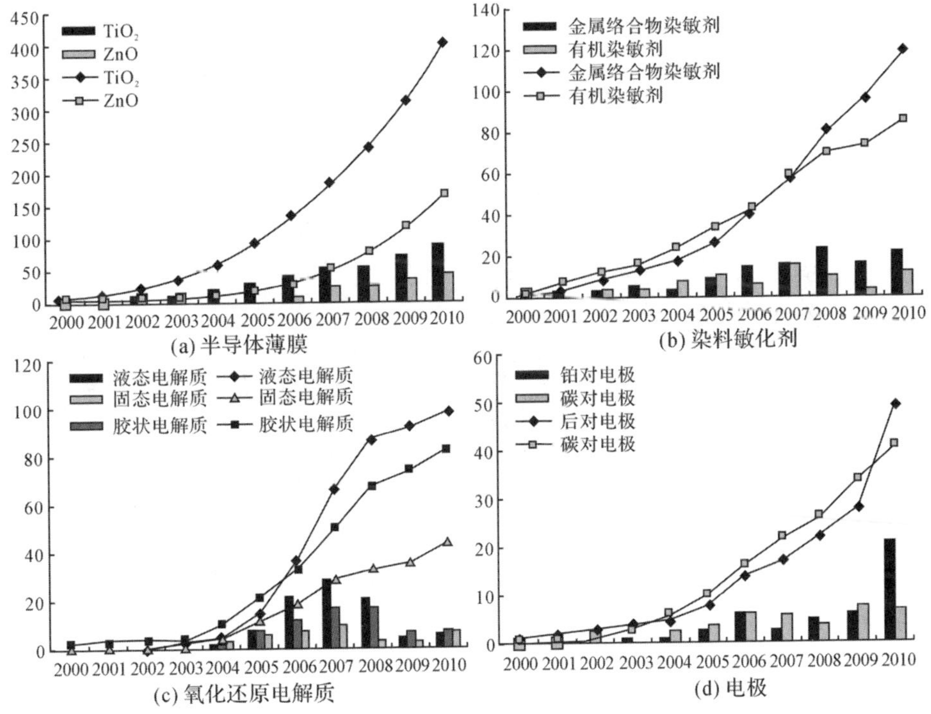

图 3-4 染料敏化太阳能电池组成技术的趋势分析

对电极这四个技术下面的关键词在专利中出现频率随时间的变化趋势。

从图 3-4 中可以看出在染料敏化电池发展的过程中，TiO_2 受到的关注明显多于 ZnO。对于另外的三个核心技术，我们采取了同样的方式对表示不同形态的技术关键词进行了归类和统计分析。从右上角的染料敏化剂技术分析中可以预测较之于金属合成物类染料敏化剂，有机物染料敏化剂发展动力和潜力更大。而图 3-4下方对电解质以及对电极的研究则显示，胶状电解质和铂对电极的发展势头更好。

2. 竞争环境分析

除了从技术研发角度，基于技术形态的关键词分析也为接下来的竞争环境分析奠定了基础。图 3-5 就是以技术雷达图的方式，展现了日本、中国、美国和韩国四个核心竞争国家在染料敏化太阳能电池的各个子技术领域的技术实力对比。从图中可以看出，日本在大多数研究领域都具有绝对优势。但是在铂对电极领域的研究中，中国的专利最多。另外，中国在有机染料、固态电解质和液态电解质领域的研究是除了日本以外研究最多，技术实力最强的。美国则是在金属络合物染料、胶状电解质以及 TiO_2 半导体薄膜领域相较除日本外的其他国家，拥有不俗表现。韩国的优势是 ZnO 半导体薄膜和碳对电极技术。同时，通过图 3-5 我们还可以看到各国在这些技术上的研究侧重点和技术资源分布。各国均在 TiO_2 半导体薄膜

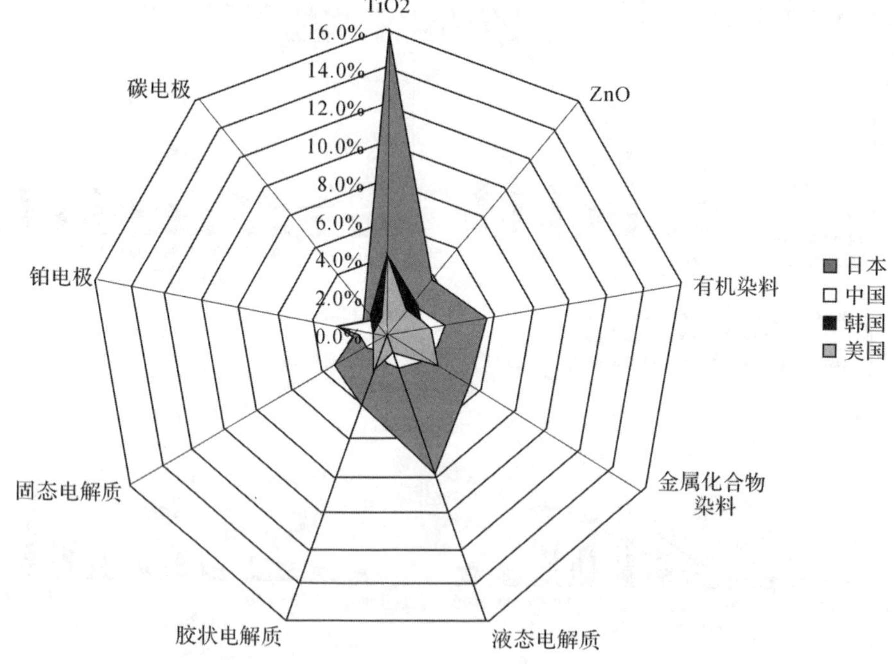

图 3-5　各国技术实力对比雷达图

的研究上投入的较多，证明该技术在染料敏化太阳能电池技术中占据了更重要的地位，是核心中的核心。除此之外，日本相对于其他技术，还在液态电解质技术上研究较多；中国是有机染料和铂对电极；美国和韩国则是金属络合物染料敏化剂。

3. 潜在市场分析

表 3-1 中显示的是染料敏化太阳能电池同族专利分布情况。中国在海外申请的同族专利较少，大部分在国内，预示着中国目前在染料敏化太阳能电池领域还只局限于国内市场，这在未来市场竞争中是一个短板。并且，海外专利的数量从一定程度上代表了技术的竞争力，中国的海外专利的比例最低，意味着中国在发展技术的同时，需要注意与时俱进，保持技术先进性和竞争力。同时，欧洲的专利申请虽然不多，但是海外申请专利比例最大，说明欧洲专利水平高，技术具有领先性，并且注意占领海外技术市场，是技术市场化进程最快的地区。另外，日本在中国申请专利多达上百条，将近中国本土专利的一半，是中国潜在的具有威胁性的竞争对手。

表 3-1 染料敏化太阳能电池各国(地区)专利地域分布表

本地申请国家（地区） 同族专利申请国家（地区）	中国	日本	韩国	美国	欧洲
中国	335	142	43	13	11
日本	21	1 897	65	17	24
韩国	14	83	310	5	24
美国	53	246	111	65	6
欧洲	13	186	49	23	44
澳大利亚	5	58	3	10	21
海外申请专利比例	24.04%	27.37%	46.64%	51.13%	66.15%

六、工程项目投资的产业机会分析

从历史的角度看，不仅产品具有生命周期，产业也具有生命周期，产业的更替不可避免。随着科学技术的不断突破，一些原来作为国家经济支柱的产业（如钢铁业、重化工业）在发达国家正在萎缩，而以电子信息、新材料、新能源、生物工程、航空航天工程为代表的新兴产业正以超常的速度得到发展，为新产业之中的企业提供了难得的投资机会。

投资方向的决定具有前瞻性。工程项目投资的目的是通过投入、运营获得盈利。按照波特的竞争优势观点，企业的竞争优势取决于产业本身的营利性与企业在产业之中的竞争地位。同样，工程项目投资最终能否得到相应的回报，取决于产业是否具有营利性。然而，某个产业具有投资的机会，并不意味着投资就能够获取满意的回报，还与投资对象所处的竞争地位有关。前者与投资产业的市场结构、产业规制、产业壁垒、技术创新等因素关联；而后者则与项目投资的产业内的竞争状况、投资项目所在的产业链位置以及项目本身的核心能力等因素有关。

(一)市场结构

市场结构分为完全竞争、完全垄断、垄断竞争与寡头垄断，它们的市场集中度存在较大差异，完全竞争的市场因为充分竞争而使得企业的经济利润荡然无存，而高度集中的完全垄断产业采取削价和其他竞争战略为进入者设置高壁垒而获得高额利润。现实之中的产业面临的市场结构则通常处于二者之间，可以通过产业集中度加以刻画。产业集中度一般用规模最大的 4 家或前 8 家企业的有关数值(销售额、增加值、职工人数、资产额等)占整个市场或行业的份额来反映投资项目所处市场的垄断程度的大小。

J. Bain、J. Stigler 等人对产业营利性与产业集中度之间的统计关系进行了考察和研究，结果均表明产业营利性与产业集中度之间存在正相关的关系。即集中度(C)在 70%以上的产业的平均利润率高于集中度在 70%以下的产业。而美国的丹姆斯茨和尼德海姆通过实证研究，认为集中度在 10%～50%的区间时，任何资产规模的报酬率(即资产利润率)，不仅不随集中度增加而上升，反而会有所下降；只有当集中度超过 60%后，行业间的报酬与集中度才开始相关。

集中度与厂商利润率之间关系如式 3-4，其含义是厂商的利润率与自身市场份额成正比，与价格弹性和竞争对手的市场份额成反比。

$$\frac{P-MC}{P}=\frac{1}{E_d}=\frac{S_f}{(E_d+E_s)S_r} \qquad (式 3\text{-}4)$$

式中：P——价格；

MC——边际成本；

E_d——商品的价格需求弹性；

E_s——竞争对手在价格上的反应；

S_f——某公司的市场份额；

S_r——竞争对手的市场份额。

这意味着在完全竞争与完全垄断之间，对于同一产业来说，在其他产业条件不变的情况下，产业集中度越高，大企业支配市场的势力越强，从而行业的利润率也越高。产业集中度对企业盈利的影响是通过两个路径来实现的。一是产业自身集中度提高或降低带来的影响；二是上下游产业集中度变化使其市场支配力相对提高或降低带来的影响。也就是说，产业利润率的水平除受产业集中度影响之外，还受其他产业条件的影响。行业利润率最终的结果取决于产业集中度、其他产业条件等多种因素的变动方向和大小的综合影响。例如，在产业进入壁垒由高变低的同时，集中度提高，其结果是这两个影响因素对利润率的作用相互抵消，使利润率的变动较小。

(二)产业链的位置

在现代经济环境中,任何一个产业都不可能独立存在,产业之间因供求关系而存在或多或少、或强或弱的关联,形成产业纵、横链状网络。产业链按照产业价值链组织各企业的价值活动,从而实现整个产业链的价值创造。虽然价值创造是上下游合作的根本,但更重要的是,价值分配关系决定了产业投资者能够获得的其所创造的价值,而价值分配则取决于投资者投资项目所在的产业链位置,因为在全球化竞争的环境中,构成产业链的不同环节因为位置不同而获得不同的附加值。台湾宏基集团创办人施振荣先生,在1992年提出的有名的“微笑曲线”(Smiling Curve)给出了形象而具体的描述,如图3-6所示。

图3-6显示,微笑曲线是一条两端朝上的曲线。在产业链中,附加值更多体现在两端。左边是研发,属于全球性的竞争,伴随技术研发投入的不断增加,产品附加值会逐渐上升;右边是营销,主要是当地性的竞争,随着营销策划、品牌渠道运作以及服务延伸而建立的产品附加值也会逐渐上升;处于中间环节的是制造,因为全球制造已供过于求,其产生的利润最低。因此,产业未来应朝微笑曲线的两端发展,在左边加强研发以创造智慧财产权,在右边加强客户导向的营销与服务。

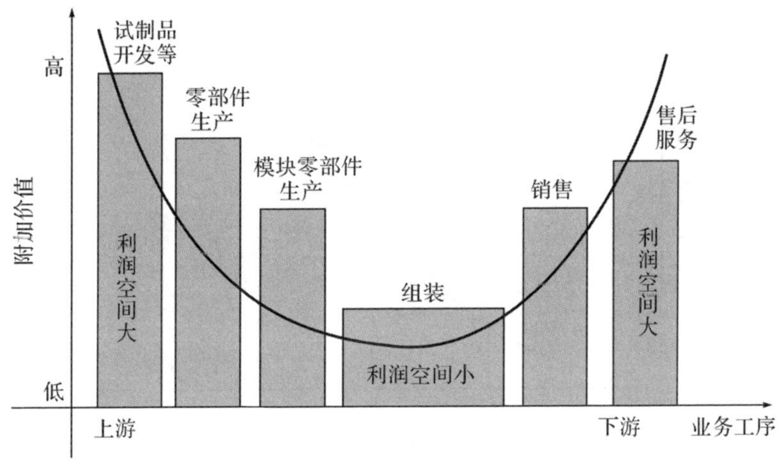

图3-6 微笑曲线

从产业关联视角来看,产业上下游垂直链、横向产业链之间的议价能力决定了其获得要素供给的原材料、劳动力、设备成本,以及产品销售价格,进而决定了产业盈利水平,而潜在进入者、同行业之间竞争和替代品进入又从产量方面影响产业的营利性,如图3-7所示。

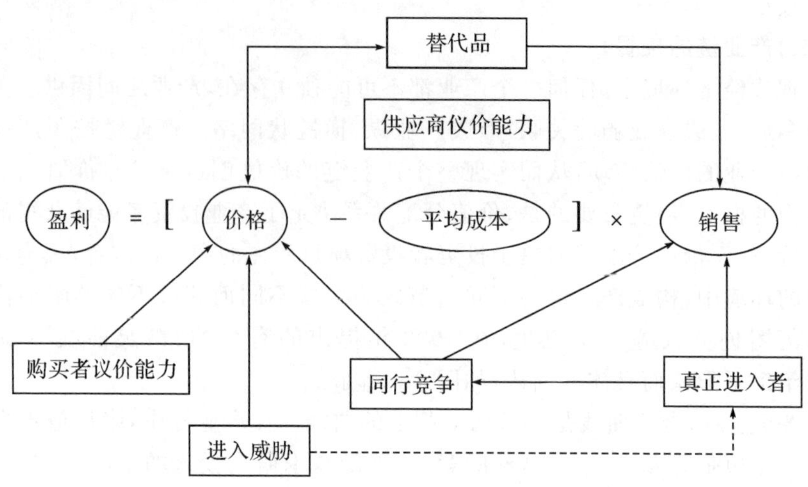

图 3-7 五力模型与产业盈利之间的关系

(三)产业所处的发展阶段

产业的生命周期对投资产业选择产生的影响是综合性的。一个行业都经历初创期、成长期、成熟期与衰退期。如图 3-8 所示,在行业的初创期,市场集中度高,

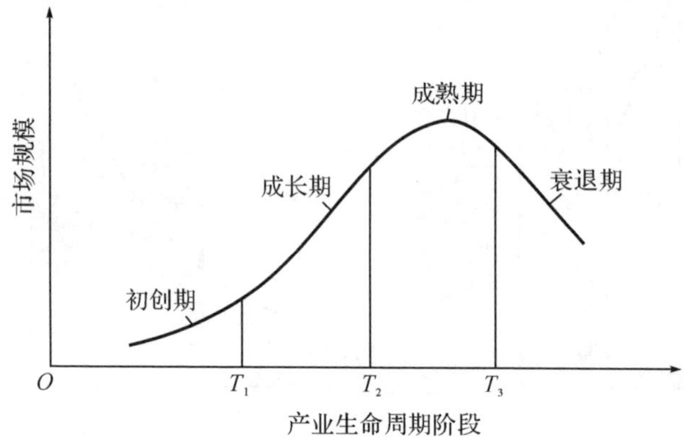

图 3-8 产业生命周期阶段

但企业数量少,属于垄断经营阶段。这时市场规模小,顾客对产品了解少,产品技术不成熟,性能不稳定,整体风险较大。成长期表现为行业市场规模迅速扩大,进入者越来越多,产品创新频繁。成熟期行业规模达到最大,产品标准化,规模与成本成为主要的竞争手段。企业兼并重组使市场集中度迅速提高,行业进入垄断竞争阶段。衰退期则表现为市场规模下降,企业纷纷退出市场,企业数量大减。

从投资产业的选择而言，一定要选择处于初创期或成长期的行业，而且产业的生命周期一定要较长。Robinson、Fomell 和 Sullivan 提出企业内部资源与能力的差异会对进入时机产生影响。他们对财富 1 000 强企业的 171 家的研究发现，先行者往往比跟随者拥有明显不同的技能与资源组合，而拥有强大营销能力与共享制造的企业往往成为跟随者。对于新出现的行业，到底应该在其早期进入还是在成熟期进入，视具体情况而定，如表 3-2 所示。

表 3-2　产业生命周期与投资时机

早期进入	不宜早期进入
①企业形象与名望对顾客至关重要，这时先行者优势明显；②学习曲线对产业至关重要，路径依赖因素可以阻止模仿者的发展；③顾客忠诚非常重要，顾客消费的沉淀成本高，导致顾客的转换成本很高；④早期投资可以控制关键资源	①早期与晚期的竞争与市场开拓完全依赖于不同的技术与能力（如早期依赖技术，晚期依赖规模）；②开辟市场的代价（顾客教育、法规批准、技术先驱等）非常高昂；③早期与小的新企业的竞争代价高昂，但以后这些小企业被新的更强的竞争对手取代；④技术更新快，早期与晚期技术完全不同

(四)进入壁垒

进入壁垒是指一个产业中原有企业相对于潜在进入企业的优势。这些优势体现在原有企业可以持续地使价格高于竞争水平之上而又不会吸引新的企业加入该产业。它是使新厂商进入后无利可图，但同时行业内原有厂商定价高于边际成本，赚取超额利润的因素。进入壁垒就是新厂商比老厂商多承担的成本。其高低既反映了市场内已有企业优势大小，也反映了新进入企业所遇到的障碍的大小。相对于市场集中度和产品差别两者而言，进入壁垒更具有综合性，它几乎涉及影响企业投资与运营绩效产业因素的各个方面。

影响产业集中度的因素很多，且每个产业都有所不同，究其本质最终均可归结为产业进入壁垒。一般来说，进入壁垒高的产业有利于形成比较高的集中度，而高的产业集中度又会提高进入壁垒。相反，较低的进入壁垒使产业很难形成比较高的集中度。因此，产业集中度与产业进入壁垒之间存在着很强的正相关关系。

贝恩(J. Bain)研究和检验了 20 个行业的进入壁垒和利润的相关关系，发现产业平均回报率在高壁垒条件下明显地高于低壁垒。

事实上，进入壁垒是通过产业集中度间接影响产业利润率的，且产业集中度、产业进入壁垒、产业利润率三者均呈正相关关系。即进入壁垒是决定产业集中度的重要因素，产业集中度又是影响产业利润率的关键要素。设想若在高壁垒情况下，产业集中度依然很低，竞争程度很高，这时不可能使产业利润率保持高水平。只要潜在竞争者在进入和退出市场时是完全无障碍的，厂商规模的扩大或集中度的提高并不意味着垄断程度的提高和竞争程度的下降。因此，这就从某种程度上解释了低进入壁垒产业的高集中度为何不能为产业内的厂商带来高的利润率。产业进入壁垒包括规模壁垒、技术壁垒、规制性壁垒等。

1. 规模壁垒

存在规模经济的产业，厂商的最低经济规模（Minimum Efficient Scale，MES）越高，则进入门槛越高，潜在进入者就越难以进入。衡量行业的最低规模门槛的指标是规模壁垒系数：

$$d=\frac{MES}{S} \qquad \text{（式 3-5）}$$

式中：d——规模壁垒系数；

MES——最低总规模；

S——市场总规模。

贝恩提出的判断标准是：规模壁垒系数 d 低于 5%则进入壁垒低，d 高于 10%则进入壁垒较高。一般地，规模壁垒越高，行业的集中度就越高，但集中度不都是由规模壁垒引起的，还有企业策略性行为，政府干预等。

大规模意味着投入大量的资产而呈现资本密集的特点，如航天航空工程、石油化工等，而形成如此大量的资产，意味着资金成为进入行业巨大的门槛。

2. 技术壁垒

技术壁垒是指在位厂商对该行业生产经营关键技术的垄断，或者是潜在进入者在获得关键技术时遇到的各种困难。正如“一流企业卖标准，二流企业卖技术，三流企业卖产品”的市场规律所反映的，在以后的竞争中，知识产权将发挥越来越重要的作用。国际上欧美国家纷纷采用高技术壁垒来限制我国家电产品的进入。家电企业需要取得许多国际认证，如质量体系方面的 ISO 9000 系列认证，环保方面的 ISO 14000 认证，产品安全性方面的 UL、TUV 认证等等，这些认证构成了强大的技术壁垒。

标准是技术的最高层次。过去是先有产品后有标准，现在往往是产品未动，标准先行。谁是标准的制订者，谁就具有了产品竞争和市场的优势。跨国公司通过专利及标准来与国内的竞争对手开展竞争，发达国家和跨国公司都力求将专利变为标准以获取最大经济利益，标准化成了专利技术追求的最高体现形式。发达国家利用其先进技术优势控制国际标准化工作，并通过标准建立技术贸易壁垒。

产品是技术载体，技术壁垒的高低可以通过项目产品与其他产品的差异化的水平体现出来。产品差别是形成市场进入壁垒的重要因素，产品差别的存在使企业间非价格竞争更为激烈，产品差异优势产生于顾客对非常类似、相互可以替代的一类产品之一的偏好，也可能是由于不同顾客具有不同的购买习惯的偏好类型。产品的独特性导致消费者形成偏好，导致转换成本增加，形成壁垒。

从动态的视角，无论是技术标准还是产品，其技术壁垒的高低，实质取决于其技术创新水平。在一个产业中，当厂商研究、开发出原创性的新技术并使其产品具有明显优势(包括产品的功能优势和成本优势)时，就会产生差异化的产品市场，将创新厂商与其竞争对手分隔开来，形成暂时的、一定程度上的垄断格局，即对除创新厂商以外的所有厂商构筑一定的进入壁垒。与此同时，也会不断有厂商通过模仿逐步学习和掌握新技术，随着越来越多的厂商成功掌握该技术，进入壁垒将逐渐降低或瓦解，壁垒内的厂商数量增多，利润率下降。在这一过程中，会出现更新的优势技术来构建新的差异化的产品市场和进入壁垒。如此循环往复，推动整个产业的技术进步和演化。

当技术创新使整个产业的进入壁垒提高时，产业集中度就会相应提高，同时改变市场份额在厂商之间的分布结构，从而使整个产业的盈利水平提高。如果技术创新成果不能对其他在位厂商或潜在厂商构成壁垒，则产业集中度和厂商之间的市场份额不会改变，厂商及整个产业的盈利水平也不会改变。因此，技术进步是通过构筑进入壁垒来影响产业集中度和市场份额分布，进而影响厂商和产业的利润水平的。

3. 规制性壁垒

产业规制划分为经济规制和社会规制两种类型。经济规制主要指政府对厂商在价格、产量、进入和退出等方面的决策进行的限制。例如，许多国家的政府都会对电力、电信、铁路、航空业等基础设施产业，以及自来水、煤气、公共交通等公共事业产业进行比较严格的准入规制和价格规制，以保障基本的经济秩序和公众利益。

例如我国严格控制新增产能，不再核准和支持单纯新建、扩建产能的钢铁项目，所有项目必须以淘汰落后为前提。国家近年来正逐渐淘汰炼铁、炼钢能力落后的工厂，并在逐渐提高淘汰落后产能的标准。

反垄断规制主要指政府在厂商兼并、串谋、市场集中等方面的限制和豁免。政府通过反垄断法，产业政策扶持、鼓励或抑制某一产业的投资和经营活动来调节产业供求关系和经营秩序，保障产业适度竞争、健康发展。

社会规制主要指政府在健康、安全和环境等方面的规制。通过禁止特定行为，对营业活动进行限制，确立资格制度，以及执行检查、鉴定制度和基准、认证制度等方式进行社会性规制，使厂商履行相关义务、承担社会责任，保护社会及公众的健康、安全和生活环境。如出于安全考虑，国家规定所有的汽车必须配制全球定位系统(GPS)，这一政策对于GPS和汽车行业都产生了影响。

价格规制既不能为垄断厂商带来很高的超额利润，也未给消费者赢得利益，导致经济缺乏活力且效率较低。降低因经济规制导致的产业壁垒，形成竞争压力，已是大势所趋。美、英、日等发达国家已逐步推行放松规制、激励性规制、引入竞争机制和完善产权制度等举措进行产业规制改革。与此相反的是，社会规制随着人们对人类健康、安全和生态环境的关注却有不断得到加强的势头。这意味着关系到人类健康、安全和生态环境的产业的进入成本和生产成本将会不断提高，其进入壁垒和产业集中度也会相应升高。

产业规制这一要素对产业盈利性的影响都会通过产量、集中度、技术创新等要素得到传递和反映。因此，在产业营利性分析评价过程中，可以将产业规制作为一种产业环境因素。在进行定性分析的基础上，评估产业规制环境变化对产业的价格、成本、集中度、产量、技术创新等要素的影响，从而预计其对产业营利性的影响。产业规制的类型及其对产业盈利能力的影响。

第三节　工程项目投资的技术选择

现代与工程相关的企业的竞争很大程度上是以自主创新为核心的科技实力竞争，而核心竞争力的获得与保持依赖于工程项目的实施和更新。工程项目的技术选择，涉及技术的市场发展前景和相应技术在产业生命周期的位置，影响到企业的市场进入成本和资源要素获得成本；同时，工程项目技术方案的选择，决定了产品生产效率、生产成本和附加值，进而决定项目产品的市场销售情况，对工程项目经营成功与否具有重大影响。简言之，工程项目投资的技术选择是企业重要与根本的选择，需要十分重视。为此，本章主要从战略、战术角度分别讨论项目投资时的技术选择问题。

一、工程项目投资技术的战略选择

技术是指能用于产品和服务的开发、生产和交付系统的理论与实践知识、技巧和手艺。按其表现形式，技术分为两类：一类是表现为机器、设备、基础设施等生产条件和工作条件的物质技术（硬技术）；另一类是表现为工艺方法、程序、信息、经验、技巧的非物质技术（软技术）。就工程项目投资而言，主要涉及以工艺与设备为代表的技术方案，以及与投资项目的技术方案相适应的设计与产品方案。

（一）技术选择的层次

技术选择不仅要就技术本身做出决策，而且要对涉及的更高层次上的问题做出决策。技术在企业经营中的功能决定了技术选择是一个多层面的决策。企业经营需要各种手段，技术开发、生产制造、市场营销等都是手段。根据手段影响面的大小和影响时间的长短，可将经营手段分为战略性手段和战术性（或操作性）手段两类。技术的功能不仅体现在近期效果上，如改进产品可使销售增加，改进工艺可提高质量、降低成本；还体现在为实现企业战略提供基本途径和保障上。因此，技术选择往往要在战略层和战术层（操作层）上进行分析和决策。

1. 战略层次的技术选择

战略层次的技术选择主要是就技术选择涉及的企业总体和长远发展问题做出决策。在做技术选择的战略层决策时,要对技术选择进行基本定位,包括行业定位、市场定位和技术定位三个方面。

第一,行业定位。技术选择的行业定位是指所选择的技术用于什么行业或在什么行业选择技术。企业技术选择的行业定位有两种基本选择:一是企业现在所处的行业;二是新行业。

第二,市场定位。技术选择的市场定位是指选择的技术用于什么市场。技术选择的市场定位有两种基本取向,一是企业现在所处的市场,二是新市场。

第三,技术定位。技术选择的技术定位是指对技术类型、技术档次所做的基本选择。技术类型的基本选择主要是指产品技术和工艺技术两种类型的选择。

2. 战术层次的技术选择

通常指企业发展中的产品选择和工艺、设备选择。目的在于根据企业内部和外部条件,评价备选技术对企业近期和远期经济效益的影响,选择对实现企业目标最有利的技术和技术组合。企业目标包括:企业的生存需要、竞争需要、发展需要和企业的形象需要。实现技术选择的途径为技术制成品——产品的创新。生产工艺装备的更新改造,形成产品功能、成本有相对优势与竞争优势的技术和技术组合。

常规技术方案评价主要是对技术涉及的具体细节进行确定、分析和评价,包括项目的设计方案、生产工艺、设备选型、技术基础参数、规模和容量等,以进一步缩小选择范围并最终确定项目的最优方案。

面对复杂多变的外部环境,企业的持续发展与其技术选择是息息相关的。随着环境的变化,企业需要不断选择合适的技术,放弃过时的技术,以及选择技术在企业价值链中的应用,而这些选择影响到企业的核心竞争力,并影响到企业的持续发展。

同时,在许多竞争领域,竞争的结果是由技术选择决定的——产品创新和过程创新的成功使企业获取各自竞争领域的竞争优势。战略性技术选择,首先,通过根本性创新的形式来创造全新的业务而深刻影响企业战略,而这些新的技术以产品的形式体现出来,被领先企业推向了市场,技术选择成为决定企业竞争优势的关键。其次,通过改变现有竞争领域的竞争规则和技术在产品或价值链构造中的应用,提高相对于竞争对手的市场地位。再次,通过渐进性产品创新和过程创新形式来提高企业在现有竞争领域的竞争地位,支持现有业务的发展。总之,战略性技术选择是影响到其在产业中当前和未来的竞争地位与竞争优势的关键。

需要关注的是,技术选择和竞争优势的联系还是动态变化的,这种动态性是由竞争领域的变化和企业的演化所决定的。例如,当根本性创新创造了全新的业务时，就会出现许多新的竞争领域，但随着时间变化，进入渐进性创新阶段，经营业务的重点也会发生变化。这种联系也会随着企业的演化而发生变化。公司不同阶段的业务领域的重点是不同的，业务领域的更替和竞争规则的改变，技术在产品和过程中的应用都会发生变化。因此，公司的演化发展过程中，都会涉及技术的获取、放弃和应用，从而影响着企业的竞争优势，因而，相对于战术性技术选择，项目技术的战略性选择更为重要。

(二)项目投资技术选择的因素分析

技术的战略性选择对企业的影响程度是深远的，而且资源的投入水平也是很高的，常常是不可逆的。因此，本书重点关注技术的战略性选择。技术的选择离不开市场、行业以及本身发展的要求，现分别讨论行业、市场、技术定位条件下的技术选择。

1. 行业定位条件下的技术选择

行业发展具有自身的规律，经历早期发展、迅速发展、成熟、衰退四个阶段。其中，与企业面临的竞争态势与技术特征相应的是，行业技术从酝酿与突破、迅速发展，到主导技术定型与技术完善，然后进行技术的局部改进。随着行业的发展演化，企业要在考虑行业发展阶段、企业优势、进入与退出壁垒和企业长期战略等因素的基础上，对保留、退出原行业和进入新行业进行战略选择，而决定自己的行业定位。由于企业可能做出不同的行业定位，项目投资的技术选择也存在于原行业中和进入新行业两种情形。

(1)原行业中的技术选择

已处于某行业中的企业的技术选择，又因其在赢得竞争优势时所面临的竞争对象与采取竞争策略的不同而不同。

1)面向行业内的竞争。为巩固和扩大在行业中的地位，行业内企业采取的竞争策略是产品差别化、价格差别化和服务差别化。产品差别化是通过市场细分，开发出适应某一个或几个细分市场需求的产品，以占领该细分市场；价格差别化是通过成本优势取得价格优势；服务差别化是通过优质服务争得市场。差别化的实现，特别是产品差别化和价格差别化的实现，有赖于技术的进步。其技术选择应着重考虑以下方向：

第一，产品改进或升级换代技术。可选择在原产品基础上的改进和创新、自主开发新型产品等方式，开发生产适于细分市场需求的产品。

第二，工艺改进技术和高效低耗技术。可选择改进工艺的技术以降低成本，通过低价格策略夺取更大的市场，并在此基础上采用高效低耗工艺和设备，进一步降低成本，实现规模经济。

第三，配套技术的改进与提高。改进配套技术和增强配套资源优势可提高企业主体技术的效率，同时可提高服务质量。

2)面向新进入者的竞争。面对新进入者的威胁,行业内企业可通过强化行业壁垒阻止外部的入侵。在技术选择上,可根据行业不同的发展阶段确定技术选择的方向。

在行业的早期发展阶段,可选择有利于保密的技术和可取得专利保护的技术,以取得技术垄断优势。

在行业的迅速发展阶段,可通过技术选择,采用和控制行业特殊资源,通过产品技术优势取得行业标准地位。

在行业的成熟阶段,利用规模经济和工艺技术取得价格优势;利用产品销售壁垒扩大用户群,进一步强化规模优势,并在此基础上采用高效工艺技术。

(2)进入新行业的技术选择

与企业在某一行业中对付入侵者相反,当企业作为某行业的入侵者时,关键是要打破行业壁垒。在技术选择上可考虑以下方向。

当行业处于早期发展、迅速发展前期阶段时,产品变化快,设计具有多样性,技术发展的重点在产品的性能上。此时,新进入者技术选择应基于"产品功能差别化",选择具有更新、更优越功能的产品技术以占领市场。

当行业处于迅速发展阶段后期和成熟阶段时,主导设计已经形成,新进入者应立足于市场细分,技术选择一方面以产品品种差别化为主要方向,并寻找性能、价格有竞争力的替代产品技术,以突破行业壁垒,取得细分市场份额;另一方面,应寻求降低成本的新材料、新工艺技术,创造成本优势,突破价格壁垒;同时,提供有特色的、便捷的服务,辅助产品性能和价格优势的实现。

2. 市场定位条件下的技术选择

企业的市场定位是在总体战略指导下,基于市场供需结构、市场竞争结构和产品属性等要素,综合考虑企业各方面条件和外部环境,对面向原市场,放弃原市场、进入新市场,保留原市场、同时进入新市场等基础方案的可能性及利弊进行分析而选择的结果。

(1)面向原市场的技术选择

面对已进入的市场时,企业对其用户比较熟悉,对市场需求动向、用户消费偏好有较好的把握,已建立销售渠道,在用户中建立了一定信誉,对竞争对手的基本情况也已经掌握。

在原市场中,企业选择和采用新技术的目的是:巩固已取得的市场地位,抵御已进入的竞争者对自己的市场的争夺和侵蚀;防范和反击潜在的新进入者的挑战;拓展市场领域,夺取他人市场。其竞争的策略可能是价格差别化、产品差别化。在此情形下,技术选择的方向是:服务于低价策略的工艺技术改进与创新,以降低成本;服务于产品差别化的老产品改进、质量稳定与提高以及新产品开发的产品技术和工艺技术的改进与创新。

进行选择技术时需重点考虑以下因素:用户需求动向(需求满足程度、需求变动情况与趋势等),已有和潜在竞争对手的动向,技术发展动向,本企业的能力,以及采用新技术可能带来的正负面影响(对产品性能、质量的影响,对成本增加或节约的影响等)。

(2)面向新市场的技术选择

面向新市场是指企业面对的是尚未进入的新市场。它可能是已存在的市场,也可能是正在或将要开拓的全新市场。企业面临较大的不确定性,因为对用户缺乏足够的了解,对市场需求动向、用户消费偏好尚未掌握,销售渠道尚未建立,企业在用户中尚未建立起信誉,与竞争对手尚未交锋,对其情况尚未充分掌握。

面向新市场的企业选择和采用新技术的目标是:夺取他人已开辟和占领的市场,开辟潜在的细分市场,应对已占领市场竞争者的反击,防范潜在新进入者的竞争。进入新市场的基本策略有:价格差别化、产品差别化和服务差别化。为实现这些目标,企业的技术选择方向是:服务于价格差别化的降低成本的工艺技术,服务于产品差别化的产品改进和创新技术,服务于技术支撑体系的配套技术、供给系统、销售网络、销售服务体系的技术改进。

进行技术选择时需考虑的因素主要有:技术机会(如新发明或新开发技术的应用),市场机会(如出现市场扩张势头,新需求产生),获取有竞争力的技术的成本,用户需求特性,企业的开发能力与生产新产品的能力,以及与技术相关的配套资源水平、竞争者实力与动向等。

3. 技术定位条件下的技术选择

所谓的技术定位,指在企业总体战略和技术创新战略指导下,综合考虑企业实力、风险、战略偏好等因素,对产品、工艺技术是采用突破性技术,还是渐进性技术进行综合权衡而选择的结果。

(1)产品技术选择

产品技术选择是在行业和市场定位已经确定的情况下选择具体的产品技术,包括产品的具体用户对象(细分市场)、技术档次选择等。进行产品技术选择时要考虑以下因素:产品细分市场的特点,用户的需求特点和支付能力;产品的可接受的定价水平、竞争态势及对价格的影响,产品生产所需投资,产品的寿命期;原材料及配件供应、配套技术获取和支持、生产能力、质量保证体系、营销网络等产品生产销售配套体系能力与可行性。

(2)工艺技术选择

工艺技术选择要考虑以下因素:企业人员素质、消化吸收能力、投资能力、管理能力、产品对工艺的要求、工艺质量保证水平;市场需求量、本企业市场占有份额、企业可能的生产规模及投资、成本的综合影响等。

(3)渐进性技术选择

渐进性技术选择主要考虑以下因素：

1)技术竞争能力、寿命。技术进步跨度小的技术竞争能力较弱，过时和被替代的可能性较大，寿命期较短；技术进步跨度大的技术则相反。

2)连续性与技术极限。当所选技术对现有技术的继承性较好时，可减少转换成本，消化吸收也较容易，当所选技术在将来被新技术替代时，若延续性好，也会减少未来的转换成本和消化吸收难度。技术性能改进一般存在极限，当接近技术极限时，技术继续改进的潜力已很小。

3)消化吸收能力与速度。若企业的消化吸收能力强，可消化技术进步跨度大的技术，消化吸收速度也较快。

(4)突破性技术选择

突破性技术选择，主要考虑以下因素：

1)可接受性。企业研究开发能力、资源、资金、关键设备仪器、人才的可得性。

2)技术获取可能性与能力。自行研究开发、技术合作、引进等可能方式的可行性，企业通过以上方式获取技术的能力。

3)转换成本。现有资产保留与报废的比例，企业新产品自我替代的程度，供、产、销系统及技术系统和管理系统受损的程度。

4)经济效益。重点是战略经济效益，包括取得市场竞争优势的潜力、市场占有优势、应变能力、对改变企业地位的贡献等。

5)支撑体系。供、产、销系统，技术体系，管理体系对新技术的支持能力。

6)风险。可能出现的风险及企业抵御风险的能力。

二、工程项目投资的技术选择方法

在复杂多变的竞争环境下，企业面临的决策问题更加复杂。为了获得竞争优势，必须做出及时、准确、可靠的决策，那么，如何迅速地对市场与技术的变化做出快速反应，如何获得产品设计的柔性以应对需求、原材料以及生产条件的变化，如何改善产品绩效及其与上下游的关系，提高客户对产品的感知质量与产品的美学价值，如何利用新的信息来提高生产绩效和企业的效益，这些问题都需要将战略与战术层次结合起来进行技术选择。

(一)费用—效果法

工艺流程指投入物(原料或半成品)经有次序的生产加工成为产出物(产品或加工品)的过程。在生产过程中规定的各种技术条件和数据，统称为技术参数。工艺流程和主要技术参数，在可行性研究阶段需要结合产品质量、生产成本、各种消耗等要求，选取最佳方案。在可行性研究阶段，需要列出若干主要车间的工艺流程。

在工艺技术方案确定之后，要根据工厂生产规模和工艺程序的要求，选择设备的型号和数量。设备的选择是与工艺技术的选择密切相关的，通常工艺技术的水平和类型决定相应的设备选择。设备选择的重点应遵循工艺技术和项目的设计生产能力的要求，选择所需要的高效能的机器和设备。

根据项目的生产能力和技术经济特点，确定项目生产营运所需的各类设备，并组成若干可行的备选方案，并按照设备选择原则，对各备选方案进行分析比较，选择出项目的最优设备组合方案。其中关键是对主要生产设备的规格、型号、生产能力、设备台数、运行费用、能耗与物耗指标及产出物（被加工的零部件或元器件）质量等主要条件进行综合技术经济分析论证。项目的主要生产设备选择，反映了项目的生产技术水平和经济合理程度，也是选择其他设备的基础。因此，必须进行认真的选择和论证。

由于工艺的效果、设备的效能通常不能用货币单位来计量，只能代之以实物单位来计量。在技术选择情况下，费用—效果分析（Cost-Effectiveness Analysis）是一种有效的工具。效益—费用比（Benefit-Cost-Ratio）指标（E）的计算公式为

$$E=B/C \qquad \text{（式 3-6）}$$

式中：B——项目产生的效果；

C——项目实施的费用，可以是项目的初始投资，或者是全寿命周期费用，后者是指项目在整个寿命周期内的全部费用，包括一次性投资和运营期的经营费用，并通过折现而加以综合，选择最小费用作为最后的选择，即最小费用法。

最小费用法是在各备选方案功能效果相同的情况下，工艺、设备技术通过比较普遍选择费用最小的工艺、设备方案。也就是说，当项目的效益或效果基本相同时，能达到所要求的某一目标的工艺（设备）方案有多种，比较它们的费用大小，从中选择费用最小的方案，这就是最小费用法。最小费用法可以进一步分为费用现值法（PC）和费用年值法（AC）。

1. 费用现值法

当效果相同或基本相同，又难以具体估算各技术方案的效果时，可采用费用现值（PC）比较法。各方案费用现值的表达式为

$$PC_j = K_j + \sum_{t=1}^{n} \frac{C_j}{(1+i)^t} \qquad \text{（式 3-7）}$$

式中：C_j—— 方案的年经营总额；

K_j—— 方案的投资费用；

i—— 基准折现率；

n—— 计算期（年）；

t—— 时间。

在用费用现值法进行方案比较时，可采用相同部分（费用及其发生的时间均相

同)不参与比较的原则,只计算各方案相对效果,不反映某方案的绝对经济效果;必须在相同的比较时间内对各方案进行比较,否则将会得出错误的结论。

2. 费用年值法

若两方案效果相同或基本相同,但又难于估算,如在项目运营的某一环节采用两种以上的不同方案都可以满足项目功能需要,对这几种方案的选优就属于这种情况,这时可采用费用年值法进行方案比较。费用年值(AC)较低的方案为较优方案。当项目的计算期不同时,一般根据年费用法进行比选。各方案费用年值的表达式为

$$AC=C_j+\frac{i(1+i)^n}{(1+i)^n-1}K_j \qquad (式 3\text{-}8)$$

式中:C_j——方案的年经营总额;

K_j——方案的投资费用;

i——基准折现率;

n——计算期(年)。

【案例 4】 Z 污水处理厂技术方案的选择

Z 污水处理厂位于我国东部沿海城市 S 市。该市地处长江三角洲前缘,市区内河道具有典型的江南水网特点。据统计,S 市 2010 年每天污水排放量已达到 580 万 m^3,S 市区内河水质大部分已超出 V 类水体标准,在水体五级分类中,已处于最劣势等级,水环境现况与现代化国际大都市目标极不相称。

为了提高城市综合竞争力,S 市排水行业制定了一系列的应对措施,打算建设本项目:Z 污水处理厂。其目标是使从污水处理厂排出的水质达到国家标准。2012 年以前,由建设部发布的《城市污水处理厂污水污泥排放标准》(CJ 3025—1993),仅包括 BOD(生物化学需氧量)、COD(化学需氧量)与固体悬浮物(SS)等指标。因此,污水处理工艺选择也主要围绕如何降低 BOD、COD 与 SS 等指标展开。根据国家环保总局与国家质量监督检验检疫局联合发布的《城镇污水处理厂污染物排放标准》,污水处理厂的排放污水中磷的含量也是需要考虑的重要指标。由于除磷工艺复杂,在其他条件基本相同时,除磷工艺的选择就成为污水处理项目方案比选的重点。

现有两个备选方案,即方案 1——化学絮凝和方案 2——化学生物絮凝,都可以强化处理工艺流程,各具特色。相关部门在进行两种工艺的技术方面比较后,还收集两个工艺方案的相关技术经济资料,为了使两方案具有可比性,对其所需的总投资以及运营中直接因工艺不同而发生的动力、药剂、污泥、管理等费用做了归类和比较,如表 3-3 所示。

表 3-3　不同除磷工艺方案的投资及主要运营费用参数表

序　号	技术与经济指标	技术方法	
		化学法	化学生物法
1	平均日污水量/(万 m^3/d)	170	170
2	均耗电量/(万 kW·h)	1 886.96	2 353.36
3	电费单位/(元/万 kW·h)	0.6	0.6
4	混凝剂投加量/(mg/L)	52.23	
5	混凝剂单价/元	900	
6	助凝剂投加量/(mg/L)	0.40	
7	助凝剂单价/(元/t)	12 500	
8	聚凝剂投加量/(mg/L)	0.53	
9	聚凝剂单价/(元/t)	60 000	
10	聚丙烯酰胺投加量/(mg/L)		4.3
11	聚丙烯酰胺单价/(元/t)		35 000
12	聚合铝/(mg/L)		5
13	聚合铝单价/(元/t)		500
14	污泥外运量/(万 t/年)	323.0	26.61
15	污泥外运单价/(元/t)	13.6	13.6
16	污泥处置单价/(元/t)	15.0	15.0
17	职工定员/人	220	163
18	人平均年工资福利费/元	18 000	25 000
19	建设投资/万元	32 167	56 900
20	借款年利率/%	5.85	5.85
21	大修理费率/%	2	2
22	固定资产综合折年限	20	20
23	无形和递延资产摊销年限	5	5
24	项目计算期/年	22	22

试根据以上资料进行技术方案的选择($i=8\%$)。

分析:两个项目的使用年限均为 22 年,它们的投资与经营成本计算如表 3-4 所示,其投资:化学法——32 167 万元;化学生物法——56 900 万元。化学法的年经营成本为 17 505 万元,单位处理成本为 0.309 4 元,单位处理经营成本为 0.282 1 元;化学生物法的年经营成本为 11 216.05 万元,单位处理成本为 0.228 8 元,单位处理经营成本为 0.180 8 元。两种工艺相比,化学生物法的财务指标占优。

因两种备选方案的效果,即污水处理能力及效果相同,故可采用最小费用法,仅对两种备选方案的费用大小进行比较。采用费用年值法，本项目中基准贴现率 i 取 8%，计算期 n 取 22 年，方案 1 化学法的费用年值：

$$AC_1=C_1+E_0K_1=17\ 505.46+0.098\ 0\times 32\ 167=20\ 657.83(\text{万元})$$

方案 2 化学生物法的费用年值：

$$AC_2=C_2+E_0K_2=11\ 216.05+0.098\ 0\times 56\ 900=16\ 792.25(\text{万元})$$

计算表明，方案 1 的费用年值高于方案 2 的费用年值，故从经营这个项目的角度出发应考虑采用化学生物法工艺方案。

表 3-4 Z 污水处理厂化学法与化学生物工艺法相关经济指标

费用科目	工艺方案	
	化学法	化学生物法
动力费/(万元/年)	1 132.19	1 412
药剂费/(万元/年)	5 200.22	6 033
污泥外运费/(万元/年)	4 392.80	361.9
污泥处置费/(万元/年)	4 845.00	399.15
工资福利费/(万元/年)	396.00	408.00
大修理成本/(万元/年)	900.61	1 500.00
年经营成本/(万元/年)	638.64	1 102.00
管理、销售和其他费/(万元/年)	17 505.46	11 216.05
固定资产综合折旧费/(万元/年)	1 608.30	2 776.00
无形和递延资产摊销费/(万元/年)	0	7.00
流动资金借款利息支出/(万元/年)	85.87	201.00
年总成本/万元	19 199.63	14 200.05
可变成本/万元	15 570.21	8 206.05
固定成本/万元	3 629.42	5 994.00
单位处理成本/(元/m^3)	0.309 4	0.228 8
单位处理经营成本/(元/m^3)	0.282 1	0.180 8

以上分析表明，费用效果分析方法适合于分析资金有限、数据缺乏、难以用货币形式计算效益的情况，通常可以先确定一个目标，然后分析达到目标的不同方案，找出其中费用最小的方案，即采用费用效果分析法中的最小费用法。需要注意的是，费用效果分析法可以识别实现某一目标的最有效的途径，但它的重点是达到预先确定的目标，而并未试图估算项目所带来的效益。因此，费用效果分析法并没有说明预期的效益是否能证明所付出的代价是值得的，即效益是否大于费用，这一点还需要通过传统的财务与经济效益分析来实现。

(二)边际分析法

从决策过程来看,技术选择实质是按照相关的评价准则,对于多个可行方案如新旧方案逐个比较予以选择的过程,既形成了方案动态决策的路径,更具有经济学之中增量替代的“边际”特征,因而,称之为“边际”分析。而且,这个“边际”过程又类似于探索一个组合优化问题解空间时所产生的分支,决策者利用边际分析的结果对所需绩效提出边界解决方案(定界),并通过分支、定界探索解空间的基础而获得最优解。

在寻求最优的技术选择结果,获得给定路径效果的最优决策时,需要对不同的决策路径之间进行比较权衡。考虑支持早期技术选择决策路径的发展,大部分的决策在本质上是增量的特点。例如,某技术为基础的系统通常有离散决策的功能(不论是小参数的变化或系统水平的变化)且因决策过程以一系列的方式发生,设计过程能够反映出这些变化,如果能找到一种能够对每个离散决策是否可行的效用评估的方法,则决策者就有希望从中找到最佳路径。图 3-9 说明了一个决策路径的概念。在图 3-9 中,所有的优先级和风险标准是从加权最大的准则开始排序。提出的方法为确定一个解决方案的初始实例,随着决策过程的进行,探索改变解决方案以提供最大的边际效益。

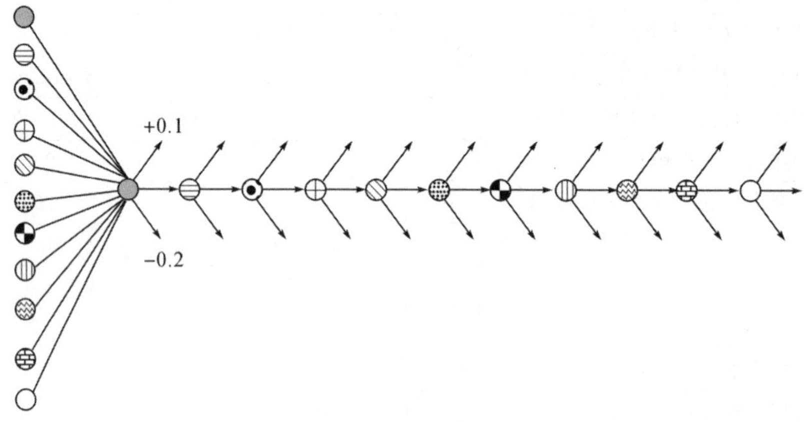

图 3-9　边际分析法的决策路径

技术选择的边际分析大致过程是:首先决策者确定技术选择的初步甄选准则,再按照准则的优先度,决策者就各个方案在新的准则下的边际贡献进行分析,对可行的方案进行选择(定界),在技术方案选择过程中,随着经验的增加,决策者可能会修改甄选准则,从而使最终的决策更具坚实的基础;同时,技术选择的结果,不仅是新的替代方案,还有优化的决策准则(分支)。这样,通过动态的分支定界,每个替代技术方案的绩效被参照优化的标准进行评估而逐渐淘汰,最终获得最优方案(获得最优解),如图 3-10 所示。

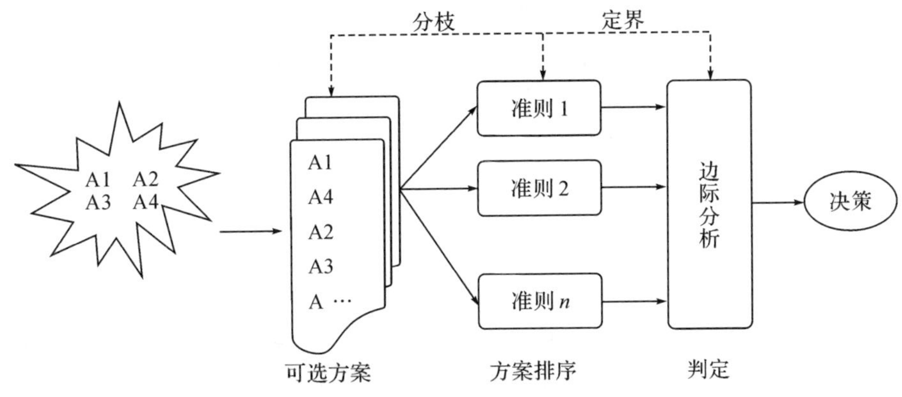

图 3-10 边际分析方法框架

更为重要的是，技术选择的动态过程形成决策路径，它对为何选定某个具体技术方面的原因进行推理，而使得每个决策背后的理由都能通过其加以捕获，并作为整体的理由来用于技术方案绩效的评估。

总之，边际分析方法的目标是开发一个决策路径，使之成为多维决策标准与风险调整参数共同结合的基础，从边际分析角度进行推理来解释为何选择技术的特定方面，并通过透明的决策路径序列将不透明的决策问题透明化，并将方案选择过程可视化，以展现的数据提供有效的结构来发现和解决问题，清晰易懂、有迹可循，以帮助管理者对技术选择信息进行分析、组织、监测和交流，提高技术选择的有效性和效率。

【案例 5】 A 公司的技术方案选择

A 公司需要对一个工地上材料追踪技术的采用做出决策，有 5 个技术方案，其相关的评价具有不同的表现水平，如表 3-5 所示。

表 3-5 A 公司可行技术方案的比较

排序	1	2	3	4
方案	柔性	一致性	成本	供应商的声誉
1	45	23	67	45
2	47	16	60	50
3	50	30	65	48
4	48	30	66	46
5	55	30	66	55

该公司已在四个决策标准中确定它们的整体优先级，按照系统的柔性与现有系统的一致性、实施成本、供应商的声誉依次递减。首先，以方案 1 作为基准，对方

案2与方案1进行比较，如表3-6所示。

表3-6　A公司技术方案1与方案2的比较

排序	1	2	方案2比方案1	
柔性	45	47	4.4%	好
一致性	23	16	−30.4%	拒绝
成本	67	60	−10.4%	拒绝
供应商的声誉	45	50	11.1%	好
			拒绝方案2	

方案2在系统中的柔性表现稍好(+4.4%)(排名最高的决策标准)，但其兼容性显著下降(−30.4%)。仅一致性的表现就需要进一步考虑，更何况其成本也表现不佳(−10.4%)，相对来说，供应商声誉相对稍好(+11.1%)，但不足以影响将方案2排除在更深层考虑范围的决定。

备选方案3相对于方案1，其在柔性和供应商方面略显优势。然而，在一致性上它具有显著优势(+30.4%)，但其成本方面稍显逊色(−3.0%)，如表3-7所示。尽管如此，管理团队经过权衡认为方案3优于方案1。由此不难看出，边际分析、分支定界方法，它不仅仅是为了解决技术选择问题，更是协助决策者支持决策，捕捉决策逻辑、展现分支和边界的决策过程。

表3-7　A公司技术方案3与方案1的比较

排序	3	方案3比方案1	
柔性	50	11.1%	好
一致性	30	30.4%	好
成本	65	−3.0%	关注
供应商的声誉	48	6.7%	可以
		接受方案3	

下一步，将方案4与方案3进行对比，如表3-8所示。总体来看，方案4在方案3的基础上基本没有任何扩充。在这四个标准中的三个都与方案3相当甚至劣于方案3。只有在第三个标准，即在成本上略显优势(+1.5%)。因此，方案4不需要纳入更深一层的讨论范畴，予以排除。

最后，将方案5与方案3进行对比，如表3-8所示。边际分析表明，从任何标准上看，方案5都好于至少等于方案3。因此，方案5被认为是目前实施这项新技术的最佳方案。

表 3-8　A 公司技术方案 3、方案 4 与方案 5 的比较

排序	方案 4	方案 4 比方案 3		方案 5	方案 5 比方案 3	
柔性	48	−4.0%	关注	55	14.6%	好
一致性	30	0.0%		30	0.0%	好
成本	66	1.5%	可以	66	1.5%	可以
供应商的声誉	46	−4.2%	关注	55	14.6%	好
		拒绝方案 4			接受方案 5	

图 3-11 显示了不同的技术替代方案的边际分析得出的所有决策路径。从方案 1 开始，提供了每个后续替代的比较理由，突出主导因素对每一个决策的影响。例如，由于方案 3 对于大多数标准的执行表现要明显好于方案 2，它展现了以这种方式进行分支定界决策的逻辑，并将决策进行可视化、理性化，因此更应该被接受。

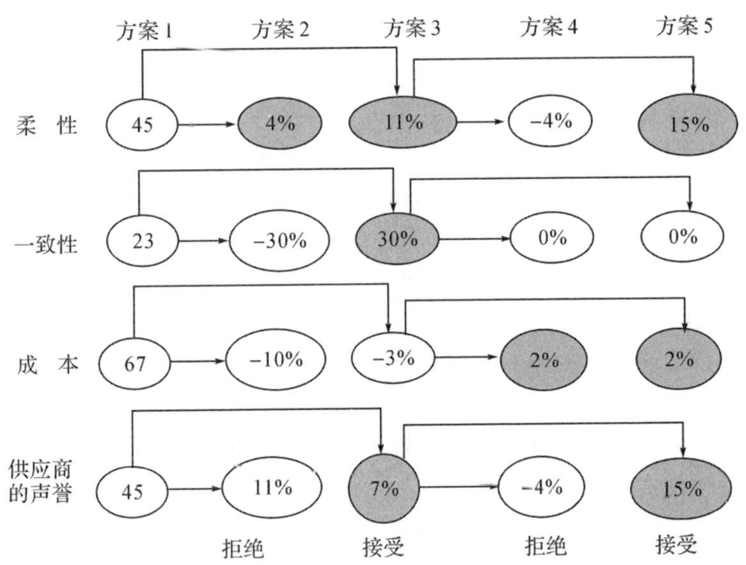

图 3-11　A 公司技术方案选择的决策路径

从上面例子不难看出，边际分析方法提供一种分析每个决策权衡利弊对于方案整体绩效影响的机制，并使得每一项决策结果背后都有一个定量的分析推理，而由此得出的决策路径还可为技术评估和选择提供科学的支持手段，为特定的技术的选择奠定坚实的基础。

第四节　工程项目投资评价

工程项目投资的评价主要包括了工程项目的投资效益评价以及工程项目后评价。

一、工程项目的投资效益评价

投资效益评价，就是对投资项目的经济效益和社会效益进行分析，即分别进行项目的财务评价及国民经济评价，并在此基础上，对投资项目的技术可行性、经济盈利性以及进行此项投资的必要性做出相应的结论，作为投资决策的依据。

（一）投资项目的财务评价

1. 投资项目财务评价的概念

（1）财务评价的含义

财务评价又称财务分析或项目盈利分析，是在国家现行财税制度和价格体系的前提下，从项目角度出发，计算项目范围内的财务效益和费用，分析项目的盈利能力和清偿能力等，评价项目在财务上的可行性。

（2）财务评价的核心

投资项目盈利能力的高低关系到投资主体的切身利益，是财务评价的主要指标，另外从资金筹集角度看，投资主体不但要了解投资项目的盈利能力，更要关心投资项目的偿还能力。故盈利能力和偿还能力是财务评价的核心。

（3）财务评价的主要任务

1）从项目的角度出发分析投资效果、判明投资主体投资所获得的实际利益，从而衡量项目的优劣。

2）为企业拟建项目制订资金筹措计划。

3）为协调企业与国家利益提供依据，为国家提供投资建议。

（4）财务评价方法的分类

1）按时间价值分类

财务评价按是否考虑资金的时间价值分为静态评价法和动态评价法。静态评价法，即非折现现金流量分析，是在进行投资决策分析时，不考虑资金的时间价值对投资效果影响的分析方法，如静态投资回收期法、投资利润率法等等。动态评价法，即折现现金流量分析，是在进行投资决策分析时，考虑资金的时间价值对投资效果影响的分析方法，如净现值法、内部收益率法等等。

2）按资金来源分类

财务评价依资金来源分为全投资评价法和自有资金评价法。全投资评价法也即融资前评价法，该方法排除了融资方案变化的影响，不考虑资金来源的不同，从项目投资总获利能力的角度计算和评价项目的经济效益，考察项目方案设计的合理性。该评价应作为初步投资决策与融资方案研究的依据和基础。

融资前评价应以动态评价为主，静态评价为辅，融资前动态评价应以营业收入、工程投资、经营成本和流动资金估算为基础，考察整个计算期内的现金流出和流入，编制项目投资现金流量表，利用资金时间价值的原理进行折现，计算项目投资内部收益率和净现值等指标。融资前分析也可计算静态投资回收期指标，用以反映收回项目投资所需要的时间。

自有资金评价法也即融资后评价，是以融资前评价和初步融资方案为基础，计算和评价企业自有资金所获得的经济效益，考察项目在拟定融资条件下的盈利能力、偿债能力和财务生存能力，判断项目方案在融资条件下的可行性，该评价可用于融资方案的比较，帮助投资者做出融资决策。

一般财务评价应先进行全投资评价（项目建议书阶段），在评价结论满足要求的条件下，初步设定融资方案，再进行自有资金评价（融资后评价）。

2. 财务评价的基本内容

按相关规范的要求，财务评价应在项目财务效益与费用估算的基础上进行，财务评价的内容应根据项目的性质和目标确定。对于经营性项目，财务评价应通过编制财务分析报表，计算财务指标，分析项目的盈利能力、偿还能力和财务生存能力，判断项目的财务可接受性，明确项目对财务主体及投资者的价值贡献，为项目决策提供依据。具体如下：

(1)项目盈利能力分析

项目盈利能力分析就是考察企业在项目投产后所具有的盈利能力，通常是将行业平均利润率或国家规定的基准收益率作为分析的基础，通过一系列评价指标考察项目可能达到的预期目标值，并确定其合理性和可行性。

(2)项目清偿能力分析

项目清偿能力分析主要是考察计算期内各年财务状况和偿债能力。偿债能力是根据可行性研究中的预期收益，扣除一系列有关费用和税及应提取的公积金和公益金之后，测算项目是否有能力偿还各项借款本息、是否有能力在偿还债务后仍有一定投资回报的分析指标。偿债能力是企业对外融资的依据，也是对项目投资进行可行性论证的一项重要财务评价指标。

(3)项目生存能力分析

项目生存能力分析就是在财务分析辅助表和利润与利润分配表的基础上编制财务计划现金流量表，通过考察项目计算期内的投资、融资和经营活动所产生的各项现金流入和流出，计算净现金流量和累计盈余资金，分析项目是否有足够的净现金流量维持正常运营，以实现财务的可持续性。

财务的可持续性应首先体现在有足够的经营活动净现金流量，其次各年累计盈余资金不应有负值，若有负值应短期借款，同时分析该短期借款的年份长短和数额，进而判断项目的财务生存能力，短期借款应体现在财务计划现金流量表中，其利息应计入财务费，为维持项目正常运营，还要分析短期借款的可靠性。

(4)项目的不确定性及风险防御能力分析

该分析是项目投资风险决策的依据。在可行性分析研究中，对投资环境的各种要素及有关参数进行了较充分的论证，但是不可预见的情况在投资过程中仍大量存在，如投资所涉及的资源价格变化，利息、税率、汇率的调整，市场供求行情的变化以及不可抗自然灾害和政治因素而导致投资期的延长等，都会使原投资成本和预期收益测算数据改变。因此，在财务评价中必须对项目风险进行分析。

(5)外汇平衡能力分析

该分析是针对涉及外汇收支的项目进行的专项财务评价，以考察企业在项目投产后是否有能力通过正常经营获取足够的外汇以平衡企业在项目建设期和运行期所用外汇，是否可通过其他渠道获取平衡外汇的能力。

(6)非经营性项目的财务评价内容

对于没有营业收入的项目，不进行盈利能力分析，主要考察项目的财务生存能力。此类项目通常需要政府长期补贴才能维持运营，应合理估算项目运营期各年所需的政府补贴额，并分析政府补贴的可能性与支付能力。对于有债务资金的项目，还应结合借款偿还要求进行财务生存能力分析。

对于有营业收入的项目，应根据收入抵补支出的程度，区别对待。收入补偿费用的顺序为：补偿人工和材料等生产经营耗费、缴纳流转税、偿还借款利息、计提折旧和偿还借款本金。

3. 财务评价的步骤

投资项目的财务评价是在对项目的技术可行性和市场可行性分析的基础上，利用现行财务指标核算体系，通过编制财务分析报表，对有关指标及数据进行计算和分析而达到可行性研究目的。故其步骤如下所列：

(1)进行评价的基础准备

财务评价准备工作的内容主要是根据项目的技术可行性和市场可行性研究，利用现行的价格核算体系和财税制度，将有关涉及投资成本、收益、税金等财物分析的指标数据汇集和整理，形成一套系统的基础分析数据。

这些基础数据分为两类，一类是与项目投资成本有关的数据，另一类是与项目投资收益有关的数据。包括产品品种方案及生产规模、销售量；项目产品价格、销售收入预测；项目投资固定资产、流动资金估算值、资金年度使用计划及资金来源；项目贷款条件，包括贷款利率及偿还时间、偿还方式；项目涉及产品成本及其构成的预算值；税金及其他专项基金；实施进程表；项目评价计算期限。

在收集基础数据资料时，需要关注的信息资料包括项目投资的市场信息资料、项目投资的生产信息资料、项目投资费用总额及其来源的信息资料。

(2)测算项目的财务效益和财务费用

项目的财务效益主要是指项目实施后所获得的营业收入，对于适用增值税的经营性项目，除营业收入外，其可得到的增值税返还也应作为补贴收入计入财务效益，对于非经营性项目，财务效益应包括可能获得的各种补贴收入。财务费用主要表现为建设项目总投资，成本费用和税金等各项支出。

在财务效益与费用测算中，通常先测算营业收入或建设投资，再依次是经营成本和流动资金，当需要继续进行融资后分析时，可在初步融资方案的基础上估算建设期利息，最后完成总成本费用的估算。

需注意的是，运营期财务效益与费用测算要采用一致的价格体系，采用预测价时，要考虑价格变动因素，对适用增值税的项目，运营期内投入产出的测算价格可采用不含增值税价格，若采用增值税价格，应予说明，并调整相关价格。

项目的财务效益和费用是财务分析的重要基础，其估算的准确性与可靠性对项目财务评价影响极大。故财务效益和费用的测算应遵循“有无对比”的原则，正确识别和估算“有项目”和“无项目”状态的财务效益和费用，其测算应反映行业特点，符合依据明确、价格合理、方法适宜和表格清晰的要求。

(3)编制财务报表

一般要编制财务报表和辅助报表。其中财务报表主要是现金流量表、利润与利润分配表(损益表)、资产负债表、财务计划现金流量表、借款还本付息估算表以及其他报表，如资金来源与运用表(经营状况表)、财务外汇平衡表等。

(4)计算财务评价指标

根据财务报表的基础数据计算财务评价的一系列指标，并对比基准值，从而对项目有关反映盈利能力、清偿能力和外汇平衡能力的财务指标做出基本评价。

财务评价基准收益率的选取应遵循以下原则:其一，政府投资项目的财务评价要采用国家行政主管部门发布的行业财务基准收益率。对于项目产出物或服务非由市场定价的项目，其基准收益率是政府投资所要求的收益水平上限，但这不是对参与该类项目的其他投资者的要求，它们的收益率通过参加政府招投标或与政府部门协商确定。其二，企业投资等其他建设项目的财务评价所采用的行业财务基准收益率，既可使用投资者自行测定的最低可接受收益率，也可选用国家或行业主管部门发布的行业财务基准收益率。根据投资人意图和项目具体情况，项目最低接受的财务收益率取值可高于、等于或低于行业财务基准收益率。

(5)对投资的不确定性和风险的财务分析

据财务报表的基础数据对投资过程存在的不确定性因素及投资风险进行财务可行性分析，分析方法是盈亏平衡分析、敏感性分析和概率分析等。

(6)根据对基础数据和财务指标的分析,提出财务评价结论。

(二)投资项目的国民经济评价

1. 国民经济评价的概念

(1)国民经济评价的含义

投资项目的国民经济评价,是按照资源合理配置,从经济整体利益的角度出发,分析项目对社会福利所做出的贡献,以此评价项目的经济合理性。

(2)国民经济评价的必要性

1)任何投资项目既是单独实体,又是区域经济不可分割的细胞,它在寿命期内的投入与产出,都会对区域经济产生直接或间接影响。通过对项目的国民经济评价,可以保证项目投资符合国家和社会的整体利益,促使国家产业政策的实现,促使产业结构、规模结构的合理化。

2)国民经济评价保证有限的资金能得到最合理、最有效的利用,实现人财物等资源的优化配置。

3)发展中国家市场不够成熟,政府仍是推动经济发展的主要力量,这些国家的市场价格还不能反映社会真实成本和效益。造成价格失真的原因较多,例如,劳动力过剩会使工资过于低估了实际社会费用,通货膨胀使价格低于实际价值,汇率管制则高估了本国货币,保护民族工业发展导致出口价与进口价不能反映其成本和利润,所以,需要对重大项目投资决策使用国民经济评价。

4)发达国家虽然建立了成熟的市场,且政府也越来越广泛地间接调控市场,但由于现实市场不仅不具备古典经济学所要求充分就业、完全竞争,资源自由配置、贴现率相同等条件,而且存在市场失灵和政府失灵,这些都使价格扭曲,所以将投资项目置于社会大环境时,会出现项目利润和社会盈余不一致的现象,同样需要对重大项目投资决策使用国民经济评价。

5)我国是一个国有经济占有重要地位的国家,国家对经济资源的配置具有强有力的调控手段和能力,因此更应重视而且也更有资格和能力来重视项目投资的资源优化配置问题,所以,更宜重视投资项目评价中的经济评价工作。

(3)需要进行国民经济评价的项目

建设项目是否进行国民经济评价,应根据项目性质、目标、投资者、财务主体及项目对经济与社会的影响程度等情况确定。

对于费用效益计算比较简单,建设期和运营期较短,不涉及进出口平衡等一般性项目,如果财务评价的结论能够满足投资决策需要,可不进行国民经济评价;对于关系公共利益、国家安全和市场不能有效配置资源的经济和社会发展的项目除应进行财务评价外,还应进行国民经济评价,对于特别重大的建设项目尚应辅以区域经济与宏观经济影响分析方法进行国民经济评价。

可见需要进行国民经济评价的项目属于价格扭曲、财务成本不能包含项目对资源的全部消耗、财务效益不能包含项目产出的全部经济效果、财务现金流量不能全面真实地反映其经济价值的项目。

下列类型的项目需要进行国民经济评价：

1)具有垄断特征的项目,例如,重大工业项目和重大技术改造项目。

2)产出具有公共产品特征的项目。

3)外部效果明显的项目,例如,技术引进和替代进口项目。

4)资源开发项目,例如,有关稀缺资源开发和利用的项目。

5)涉及国家经济安全的项目,例如,影响国计民生的重大项目。

6)受过度行政干预的项目,例如,产品和原材料价格明显失真的项目。

2. 国民经济评价的特点与条件

(1)国民经济评价方法的特点

1)从社会角度考虑了项目费用和效益,与整个国民经济的宏观调控相衔接。

2)分析方法概念清晰、直接,并有一套系统完整的分析步骤。效益和费用采用统一的度量单位,所得项目净收益既可以给出项目评价结论,也可以跨部门、跨行业进行项目的选择。

3)所用数据以客观效果为依据,并考虑了不同时点效益与费用的不同效果。

(2)国民经济评价法的条件

在大型建设项目国民经济评价中,费用指社会成本而非企业支出,效益指社会效益而非企业收益,识别项目的经济效益和费用应符合以下条件：

1)遵循“有无对比”的原则。项目所涉及的效益和费用都能用货币来衡量。

2)对项目所涉及的所有成员及群体的费用和效益做全面分析。

3)正确识别正面、负面外部效果,防止误算、漏算或重复计算。

4)合理确定效益和费用的空间范围和时间跨度。

5)正确识别和调整转移支付,根据不同情况区别对待。

3. 国民经济评价的步骤

第一步:确定目标或任务。

第二步:描述目标,说明哪些要求是达到目标的实质性内容。

第三步:形成各种可行方案。

第四步:建立各方案达到规定的要求、程度的估价度量标准。

第五步:选择固定效果法或固定费用法。前者是选择最小费用而达到规定效果的方案,后者是在给定费用条件下选择效果完成最好的方案。

第六步:确定各方案达到上述度量指标的水平。

第七步:在达到指标水平及所花的费用方面,对各可行方案进行分析。

第八步:敏感度分析,即分析各种假定或条件变化的情况下对结果的影响。

第九步:做出结论。

需要指出的是在完成国民经济评价之后，应进一步分析对比经济费用效益与财务现金流量之间的差异，并根据需要对财务分析与国民经济评价结论之间的差异进行分析，找出受益或受损群体，分析项目对不同利益相关者在经济上的影响程度，并提出改进资源配置效率及财务生存能力的政策建议。

（三）财务评价与国民经济评价的区别与联系

1. 两种评价的差别

(1)评价的目标和角度不同

财务评价是从投资主体的角度考虑项目的财务净收益及贷款偿还能力，国民经济评价从国家整体和全社会角度考虑项目对国民经济乃至整个社会产生的净效益以及资源有效利用程度，以此确定项目的可行性。

(2)评价范围不同

财务评价只考虑项目本身所能获得的直接可计算效益，而国民经济评价除了考虑直接效益和费用外，还考虑了项目投产后对其他部门及其他企业效益的影响，计算间接的外部的各种相关效益和费用(即外部效果)。例如，工业项目产生的废水排放对周围水域及农田的污染是一种外部费用，工业项目附属的道路工程可以为附近的工厂企业、农民所利用，又是一种外部效益。

(3)效益与费用的界定原则不同

财务评价根据项目的实际收支确定项目效益和费用，凡是流入项目之内的货币收入，均应视为效益，凡是流出项目的货币支付，均看作财务费用。例如，各种税金、利息等支付对投资主体来讲是支出，属于费用，但对国民经济评价来说，其着眼点在于从项目对社会提供的有用产品和服务来考查项目效益，从项目所耗费的全社会有用资源来考查项目费用，故投资主体支付的税金并不表示资源的真正耗用，只是一种转移支付，不能算作支出。又例如，原有企业新上一个项目，占用了属于该企业的一块土地，由于没有发生土地征用等开支，在财务评价中就没算这笔支出，但在国民经济评价中却作为一笔费用，因为这块地有用作其他项目的机会，所以要把这种机会成本打入到费用中才合理。

(4)评价中所用的价格不同

财务评价对投入物和产出品采用市场价格，在建设期内，一般应考虑投入的相对价格变动及价格总水平变动，在运营期内，若能合理判断未来市场价格变动趋势，投入与产出可采用相对变动价格；若难以确定投入与产出的价格变动，一般采用项目运营期初的价格；有要求时，也可考虑价格总水平变动。

国民经济评价注重项目净贡献、资源最优使用，因此投入物和产出品价值应根据机会成本和供求关系确定的影子价格计算，而不考虑价格水平变动因素。

影子价格是使资源得到最合理和最充分利用的价格，在市场机制不完善的情况下，市场价格与影子价格之间会有较大偏离，但由于影子价格能够客观正确地反映该生产要素或商品的价值及其稀缺程度，为资源的合理配置和有效利用提供了正确的价格信息和计算尺度，因此，市场价格体系与影子价格体系是区别财务评价与国民经济评价的主要依据。

(5)评价所用有关参数不同

财务评价与经济评价除了价格参数不同外，其他一些有关参数也有区别。例如，国民经济评价中的社会折现率与财务评价中的基准折现率是有区别的。

2. 两种评价之间的关系

(1)财务评价是国民经济评价的基础。

(2)国民经济评价方法与财务评价都采用现金流量折现方法，即对费用和效益用货币单位计量，并采用折现手段，计算出若干个评价指标，然后再进行评价，例如，两者都利用净现值和内部收益率评价等。

3. 财务评价与国民经济评价不一致的原因

(1)价格失真。由于通货膨胀、外汇汇率高估、劳动力过剩、保护民族工业的措施、垄断等原因，价格不能确切反映项目单位产出(投入)的社会效益(费用)。

(2)存在外部效果。主要是指没有在项目的财务收益或支出中包括进去的那些效益和费用。

(3)存在不可计量的效果。这包括不能或难以用货币度量的效益或费用及本身都无法计量的效果。

(4)可能产生差异的主要项目。主要投入产出品受关税与非关税保护项目；外部效果较为显著的项目，如交通、水利、通信和环境治理项目；主要产出品价格受政府控制的项目，这些主要是公用设施项目，如供水、供电、供气等项目。

4. 对项目是否可行的判断

只有当项目的财务评价和国民经济评价结论一致才可以对项目做出肯定或否定的判断。

对于财务评价结论和国民经济评价结论都可行的建设项目，可予以通过，反之予以否定。对于国民经济评价结论不可行的项目一般应予否定；对于关系公共利益、国家安全和市场不能有效配置的经济和社会发展的项目，如果国民经济评价结论可行，但财务评价不可行，应重新考虑方案，必要时可提出经济优惠措施的建议，使项目具有财务生存能力。

这就是说，当国民经济评价认为可行而财务评价认为不可行时，可采用调节税收、贷款利率以及实行政策性补贴等经济手段，使财务评价变得可行。而国民经济评价认为不可行而财务评价认为可行时，应予以否定，或国家通过价格、税收、利率等经济手段使财务评价不可行，使投资主体不会实施。

二、工程项目后评价

(一)工程项目后评价的概念

项目后评价是判别项目投资目标实现程度的一种评价方法。即在项目竣工、投产并运营一段时间后,对项目立项、准备、决策、实施直到投产运行全过程进行总结评价,对项目取得的经济效益、社会效益和环境效益进行全面系统的综合评价,从而判断项目预期目标的实现程度,总结经验教训,提高未来项目投资管理水平的一系列工作的总称。项目后评价是项目经济评价的一个重要组成部分。

项目后评价是一种微观层次上的评估,是对项目过去的活动或现行的活动进行回顾、审查,是对某项目具体的决策或一组决策的结果进行评价的活动。项目后评价的主要目的是从已经完成的项目中总结正反两方面的经验教训、提出建议、改进工作、不断提高投资决策水平和投资效果。

项目后评价是对项目决策前的评价报告及其设计文件中规定的技术经济指标进行再评价,并通过对整个项目建设过程的各个阶段工作的回顾,对项目全过程的实际情况与预计情况进行比较研究,衡量分析实际情况与预计情况发生的偏离的程度,说明项目成功与失败的原因,全面总结项目管理的经验与教训,再将总结的经验与教训反馈到将来的项目中去,作为其参考和借鉴,为改善项目管理工作和制订科学合理的工程计划及各项规定提供重要的依据和改进意见,以达到提高项目投资决策水平、管理水平和提高投资效益的目的。

(二)工程项目后评价的特点

工程项目后评价不同于项目决策前的可行性研究和项目评价(前评价)。由于评价时间点的不同,工程项目后评价具有如下特点:

1. 现实性

工程项目后评价是对工程项目投产后一段时间所发生的情况的一种总结评价。它分析研究的是项目的实际情况,所依据的数据资料是现实发生的真实数据或根据实际情况重新预测的数据,总结的是现实存在的经验教训,提供的是实际可行的对策措施。工程项目后评价的现实性决定了其评价结论的客观可靠性,而工程项目前评价分析研究的是项目的预测情况,采用的都是预测数据。

2. 独立性

工程项目后评价必须保证公正性和独立性,这是一条重要的原则。公正性标志着工程项目后评价及其评价者的信誉,避免在发生问题、分析原因和做出结论时避重就轻,受项目利益的束缚和局限,做出不客观的评价。独立性标志着工程项目后评价的合法性,工程项目后评价应从项目投资者和受援者或项目业主以外的第三方的角度出发,独立地进行,特别是要避免项目决策者和管理者自己评价自己的情况发生。

3. 可信性

后评价的可信性取决于评价者的独立性和经验,取决于资料信息的可靠性和评价方法的实用性。可信性的一个重要标志是应同时反映项目的成功经验和失败教训,这就要求评价者具有广泛的阅历和丰富的经验。同时,后评价也提出了“参与”的原则,要求项目执行者和管理者参与后评价,以利于收集资料和查明情况。

4. 全面性

工程项目后评价的内容具有全面性,即不仅要分析项目的投资过程,而且还要分析其生产经营过程;不仅分析项目的投资经济效益,还要分析其社会效益、环境效益等。

5. 反馈性

工程项目后评价的目的在于对现有情况的总结和回顾,并为有关部门反馈信息,以利于提高工程项目决策和管理水平,为以后的宏观决策、微观决策和建设提供依据和借鉴,因此,工程项目后评价的最主要特点是具有反馈性。工程项目后评价的结果需要反馈到决策部门,作为新项目立项和评价的基础,以及调整工程规划和政策的依据,这是工程项目后评价的最终目的。因此,工程项目后评价的结论的扩散以及反馈机制、手段和方法成为工程项目后评价成败的关键环节之一。

(三)工程项目后评价的目的与作用

1. 工程项目后评价的目的

工程项目后评价的目的是:通过对项目实施过程、结果及其影响进行调查研究和全面系统回顾,与项目决策时确定的目标以及技术、经济、环境、社会指标进行对比,找出差别与变化,分析成败的原因,并总结经验、汲取教训、得到启示。通过及时有效的信息反馈,对项目实施运营中出现的问题提出对策,为未来新项目的决策和投资决策管理水平的完善和提高提出建议,进而达到提高投资效益的目的。

2. 工程项目后评价的作用

从上述工程项目后评价的概念、特点可以看出,工程项目后评价对于提高项目决策的科学化水平、改进项目管理水平、监督项目的正常生产经营、降低工程项目的风险和提高投资效益水平等方面发挥着重要的作用。

(四)工程项目后评价的程序

1. 成立机构,确定计划

评价单位选择项目负责人,成立专门小组,制订评价计划。项目负责人必须保证评价工作客观、公正,不能由业主单位人员兼任;后评价小组成员必须具有一定的后评价工作经验。后评价计划必须说明评价对象、评价内容、评价方法、评价时间、工作进度、质量要求、经费预算、专家名单、报告格式等。

2. 设计方案，聘请专家

调查是评价的基础，调查方案是调查工作的行动纲领，一般来说方案包含调查内容、调查计划、调查方式、调查对象、调查经费等。评价项目应该根据项目的专业特点，聘请一定数量的相关领域的外部专家。

3. 阅读文件，收集资料

评价小组要阅读业主提供的相关材料和项目文件，例如项目的建设资料、运营资料、效益资料、财务资料、影响资料等，同时国家、行业相关规定和政策也必须参阅。

4. 开展调查，了解情况

评价小组成员必须进行现场的实际调查，了解真实的项目情况，包括宏观和微观的因素。

5. 分析资料，形成报告

在上面工作的基础上，分析各类资料，完成后评价报告，提供反馈信息。

(五)工程项目后评价的方法

项目后评价的基本原则是对比，包括前后对比、预测值和实际发生值的对比、有无项目的对比等。对比的目的是要找出变化和差距，为分析问题及其产生的原因提供依据。国际上通用的后评价方法有统计预测法、前后对比法、有无对比法、目标树—逻辑框架法(LFA)、定性和定量相结合的分析法等。一般而言，进行项目后评价的主要分析方法应该是定量分析和定性分析相结合的方法。

1. 统计预测法

1)预测因素分析

根据预测目的，明确需要研究的主要变量，然后分析影响这些主要变量的因素。

2)搜集和审核资料

统计资料是预测的基础，可以通过直接观察、报告、采访和调查问卷等方法进行统计调查，并认真审核资料，保证其具有完整性和可比性。

3)选择数学模型和预测方法

根据审核后的资料绘制散点图，然后通过分析散点图变化规律，确定统计预测模型。

4)预测并选定预测值

在检验预测技术适用性的基础上，进行预测并最终选定预测值。

2. 前后对比法

前后对比法是将项目实施前即项目可行性研究和评估时所预测的效益和作用，与项目竣工投产运行后的实际结果相比较，以找出变化和原因。这种对比是进行项目后评价的基础，适用于揭示计划、决策和实施的质量，是项目过程后评价应采用的方法，特别是在对项目财务评价和工程技术的效益分析时不可缺少。

3. 有无对比法

有无对比法是指将项目实际发生的情况与无项目时可能发生的情况进行对比，以度量项目的真实效益、影响和作用。对比的重点是要分清项目作用的影响与项目以外作用的影响。这种对比法适用于项目效益后评价。

项目的有无对比不是前后对比，也不是项目实际效果与项目前预测效果的对比，而是项目实际效果与无项目时实际效果的比较。

有无对比需要大量可靠的数据，最好能有系统的项目监测资料，也可引用项目所在地有效的统计资料。在进行对比时，先要确定评价内容和主要指标，选择对比的对象，然后通过建立比较指标的对比表收集相关资料。

通常情况下，项目效益后评价所需要的数据和资料包括：项目前期预测效果、项目实际效果、无项目时可能实现的效果、无项目时实际效果等。

4. 目标树—逻辑框架法

这是目前在许多国家采用的一种行之有效的方法。这种方法从确定待解决的核心问题入手，向上逐级展开，得到其影响及后果；向下逐层推演找出引起的原因，得到所谓的问题树。将问题树进行转换，即将问题树描述的因果关系转换为相应的手段—目标关系，得到所谓的“目标树”。目标树得到之后，进一步的工作要通过规划矩阵来完成。

第五节 工程项目投资的风险管理

任何一个工程项目的投资都存在各种各样的风险，我们需要通过风险管理来降低工程项目中的风险。风险管理的步骤主要有：风险识别、风险评估、风险应对以及分析监控。

一、工程项目投资风险的概念

工程项目投资风险是指工程项目未来无法取得预期价值（预期报酬）的可能性。投资的本金垫支是现在进行的，原始投资的回收和投资报酬的取得是未来发生的。由于未来的不确定性，使得工程投资在未来收到的价值数额也是波动的，进而产生工程投资风险。在具体的经营活动中，工程投资形成资产，工程投资风险具体表现为资产的经营风险。

如果把资产未来预期价值确定为工程投资本金的收回，那么投资风险或经营风险也可以定义为未来发生投资亏损的可能性。资产的流动性反映了经营风险的程度，资产流动性越强，经营风险越小，但资产报酬率越低。

二、工程项目投资风险因素识别

（一）工程项目投资风险来源

工程项目投资风险是指由于不确定性的存在导致工程项目实施后偏离预期财务和经济效益目标的可能性。工程项目投资的风险受法律、法规及政策变化，市场供需变化，资源开发与利用、技术的可靠性、工程方案、融资方案、组织管理、环境与社会、外部配套条件等一个方面或几个方面的共同影响，具体内容如下。

1. 政策方面

由于政府政策调整，使项目原定目标难以实现所造成的损失，如税收、金融、环保、产业政策等的调整变化，税率、利率、汇率、通货膨胀率的变化都会对工程项目投资带来影响。

2. 市场方面

由于市场需求的变化，竞争对手的竞争策略调整，项目产品销路不畅，产品价格低迷等，以致产量和销售收入达不到预期的目标，给工程项目投资预期收益带来的损失。

3. 资源方面

资源开发与利用的项目，由于矿产资源的储量、品位、可采储量、开拓工程量及采选方式等与原预测结果发生较大偏离，导致项目开采成本增高，产量降低或经济寿命期缩短，造成巨大的经济损失。在水资源短缺地区的投资建设项目，可能受水资源勘察不明、气候不正常等因素的影响。对于农业灌溉项目还可能有水资源分配问题。

4. 技术方面

项目采用的技术，特别是引进技术的先进性、可靠性、适用性和经济性与原方案发生重大变化，导致项目不能按期进入正常生产状态；或生产能力利用率降低，达不到设计要求；或生产成本提高，产品质量达不到预期要求等。

5. 工程方面

因工程地质和水文地质条件出乎预料的变化，工程设计发生重大变化，导致工程量增加、投资增加、工期延长所造成的损失；由于前期准备工作不足，导致项目实施阶段建设方案的变化；工程设计方案不合理，可能给工程项目投资的生产经营带来影响等，造成经济损失。

6. 融资方面

项目资金来源的可靠性、充足性和及时性不能保证；由于工程量预计不足或设备材料价格上升导致投资增加；由于计划不周或外部条件等因素导致建设工期拖延;利率、汇率变化导致融资成本升高所造成的损失。

7. 组织管理方面

由于项目组织结构不当、管理机制不完善或是主要管理者能力不足等,导致项目不能按计划建成投产,投资超出估算;或在项目投产后,未能制定有效的企业竞争策略,在市场竞争中失败。

8. 环境与社会方面

对于许多项目,外部环境因素包括自然环境和社会环境因素。如项目选址不当,项目对社区、生态环境影响估计不足;或是项目环保措施不当,在项目建成后,可能给生态带来严重影响,导致社区居民和社会的反对,造成直接经济损失。

9. 配套条件方面

建设项目需要的外部配套设施,如供水排水、供电供气、公路铁路、港口码头以及上下游配套设施等,在可行性研究中虽都做了考虑,但是实际上仍然可能存在外部配套设施没有如期落实的问题,致使建设项目不能取得应有效益,从而带来风险。

10. 其他方面

对于某些项目,应考虑特有的风险因素。例如,对于合资项目,要考虑合资对象的法人资格和资信问题;对于农业建设项目,要考虑因气候、土壤、水利等条件的变化对收成的影响;许多无形成本和效益的度量是分析专家个人的主观价值判断,不能量化的外部或间接效果的定性判断完全是主观的。

(二)工程项目投资风险识别的方法

在第二章中,我们提到了风险识别的方法主要包括了风险核查表法、故障树法、流程图法、头脑风暴法、德菲尔法等。这些方法也常用于工程项目投资风险的识别,它们用于工程项目投资风险的识别时,优缺点如表 3-9 所示:

表 3-9 工程项目投资风险识别方法的对比

方法	优点	缺点	适用情况
风险核查表法	风险识别工作简单,容易掌握,可操作性强	受项目可比性的限制影响,无法对各个风险进行细致描述,无法指示出风险因素之间的相互关系,不能辨别重要性风险	适用于有类似项目的常见的风险
故障树法	故障发生原因的分析更加全面形象,有利于风险管理措施的制定	面对大型项目容易产生遗漏和错误	适用于参与方对项目经验较少的情况

续表

方法	优点	缺点	适用情况
流程图法	既可以识别非技术风险,又可以识别技术风险	时间消耗较长,不能描述细节,易遗漏一些风险因素,缺乏定理分析	适用于组织规模庞大、施工工艺复杂的项目
德尔菲法	能够将专家们的分歧表达出来,集思广益、扬长避短,准确性较高	分析结果容易受到专家们的主观因素的影响,导致结果趋于保守,不易产生新思想	适用于大型工程项目
头脑风暴法	能够避免忽略不常见的风险	对参与成员要求较高	适用于探讨问题比较简单,目标比较明确的情况

【案例 6】 鲁商广场项目投资风险识别

1. 项目概况

青岛鲁商广场项目是青岛市“两改”重点项目,位于青岛市南区“国际金融商务核心区”香港中路与燕儿岛路交汇处。项目所在区域内,青岛市二大交通动脉——香港路、东海路横贯东西,海信广场、阳光百货、佳世客、麦凯乐等大型高端商业林立,云集了香格里拉、阳光假日等星级酒店和凯悦中心、仁恒国际等高级写字楼、公寓。周边景观资源丰富,距青岛地标五四广场 1.2 公里,距奥帆中心 0.6 公里,距浮山森林公园 1.7 公里,是青岛的商业中心、金融中心、政务中心和景观中心。

该项目由青岛鲁商广场青岛有限公司负责开发建设,由 RTKL 国际有限公司、凯里森建筑咨询有限公司、上海圣诺咨询有限公司、青岛腾远设计事务所有限公司等四家公司设计。

该项目计划总投资 100 亿元,占地约 12.2 公顷,总建筑面积为 101.45 万 m^2,规划地上建筑面积约 75 万 m^2,容积率为 5.9%,1A、1B 区工程共计 9 个30～39层高层住宅,共计 30 万 m^2,拟建成集大型商业、星级酒店、甲级写字间、豪华公寓、高尚住宅为一体的国际化大型综合性建筑群,其中高档住宅约 40 万 m^2,投资型公寓约 8 万 m^2,四星级酒店及酒店式公寓约 5 万 m^2,商业约 10 万 m^2,办公楼约 12 万 m^2。

2. 该项目投资风险识别的方法

本项目中使用头脑风暴法,召集有关专家,通过会议的方式充分发挥专家和分析人员的创造性思维,让他们畅所欲言,借助于他们的经验去分析和识别青岛鲁商广场项目投资风险。

专家的选择是头脑风暴法的关键。考虑到该项目的特性以及专家意见的权威性和代表性，分别邀请建筑公司、投资金融机构、科研事业单位等领域专家 30 名，专家来源机构及入选条件如表 3-10 所示。

表 3-10 专家的来源、入选条件及人数

来源	入选条件	入选人数
建筑公司	从事工程项目管理工作 8 年以上 从事工程项目管理工作 10 年以上	10
投资金融机构	从事融资金融工作 8 年以上，并具有中级以上职称 从事融资金融工作 10 年以上	10
科研事业单位	从事融资科研工作 8 年以上 从事融资科研工作 10 年以上	10

3. 该项目投资风险识别的结果

通过使用头脑风暴法，识别出青岛鲁商广场项目开发投资各阶段存在的投资风险，以下将依次对每个阶段存在的投资风险进行具体分析。

(1)立项决策阶段

作为商业地产项目开发经营工作的起点和根本，立项决策的正确与否，直接影响整个项目开发和经营的成败，因此在项目开发过程中，该阶段的不确定性最大，其风险主要来自于开发时机、业态选择以及投资地点选择不当等而给商业地产开发商带来的损失。通过广泛地征询，青岛鲁商广场项目在该阶段可能存在的投资风险如下：

1)开发区位的选择

房地产行业有句名言，第一是区位，第二是区位，第三还是区位。可见，对于房地产行业，区位选择很重要，而对于商业地产项目来说，区位选择的重要性更不言而喻。因为，某一区位所处的社会、经济和自然环境等因素，决定了该区位的市场需求和消费特征，对商业地产项目来说具有重要意义。因而开发商必须对所投资区域进行详细的考察，综合考虑该区域的经济情况、人口结构、商业规划、交通条件、市场供求和发展趋势等因素，并确保开发投资项目的规划用途与周围环境相匹配。鉴于区位选择的极端重要性，在对青岛鲁商广场项目投资风险识别时，必须首先将其考虑进来。

2)经营业态的选择

经营业态的选择对于商业地产项目开发的成功与否具有重大的影响，因而开发商必须慎重考虑选择哪一类型经营业态进行开发。考虑的因素不但要包括顾客流量、消费者行为、喜好和偏爱及购买能力等消费因素，还要考虑经营辐射区域和影响范围、交通通达程度等社会因素。作为一个大型的商业地产项目，青岛鲁商广场项目未来的经营业态包括大型商业、星级酒店、甲级写字间、豪华公寓和高档住宅等。所以，将经营业态的选择作为青岛鲁商广场项目投资风险识别的一项内容进行分析。

3）投资方式风险

投资方式的选择也会对商业地产项目开发的成功与否具有重大的影响。目前在我国，房地产投资方式主要有独立开发和联合开发两种。独立开发具有利益独享、权力集中和管理方便等优点，但是资金投入量大，风险独担；联合开发能降低单方投资额，分散投资风险，但是可能损失一部分利益，同时可能出现管理混乱等情况。因而，开发商在充分考虑投资项目特点、市场环境、公司实力和筹资成本等因素的基础上，慎重选择投资方式，避免因投资方式不当而造成损失。所以，投资方式的选择也作为青岛鲁商广场项目投资风险识别的一项内容。

4）区域发展情况

区域发展情况支撑着商业地产项目未来的发展。区域的社会经济发展情况较好，就能够给商业地产项目提供更多的潜在客户和更大的升值空间。而区域的社会经济发展情况较差，就会影响商业地产的价值和区域发展价格，从而给开发商的投资带来损失。

5）消费者购买力水平分析

消费者的消费水平对商业地产的发展起着决定性的作用。开发商应该仔细研究商业地产所在区域的消费者购买力，考虑诸如人口规模、人口结构、消费习惯与偏好等影响因素，如果开发商对消费者购买力水平判断失误，将会导致商业地产投资的失败。

6）商业竞争的态势

大部分商业地产项目都处于城市的繁华区域和中心区域，商业地产项目的集中，能够增加市场容量，形成集聚效应，扩大商业圈的辐射范围，对商业区域总体而言具有莫大的好处。但是，如果商业地产项目过于集中，将会导致激烈的市场竞争，如果开发商没有对区域的商业竞争的态势做出准确的判断，就可能导致商业地产开发经营的失败。

7）投资估算

商业地产项目投资额较大，如青岛鲁商广场项目的投资额预计100亿元左右，所以投资估算的准确与否对商业地产项目的开发建设具有重要的影响。因为，过多估算投资额，会占用开发商的流动资金，对开发商的资金保证要求较高；过少估算投资额，就会造成资金使用上的捉襟见肘，对商业地产项目的建设造成影响，所以，过多或过少估算都会给开发商带来风险。因此，开发商要对项目的建设规模、产品方案、工艺技术及设备方案、工程方案及项目实施进度等进行详细研究，估算项目投资所需资金总额并做好建设期分年资金使用计划。

8）可行性研究风险

项目的可行性研究能够给开发商的决策提供重要的依据。开发商可以根据可行性研究的市场分析、开发项目技术和经济方案等全面技术经济论证，确定该项目是否值得投资。但是，可行性研究受市场信息不完备、市场预测模型的选取不当等因素影响，研究分析结果可能不尽准确，这就可能给开发商的投资决策带来风险。

(2)开发前期阶段

建设项目投资前期阶段工作量大、涉及面广，包括政府、金融和保险等方面，不确定的风险因素众多，主要有：

1)融资风险

商业地产项目的开发具有资金需要量大、资金运作时间长等特点。因此，如何筹集和融通开发所需巨额资金是很多开发商关心的问题。所以，开发商要在充分考虑自身实力、融资条件等因素的基础上，选择合理的融资方式。因为融资方式合理，减少融资成本，可以降低融资风险；融资方式不当，轻则可能造成融资成本大幅度上升、开发项目中断，难以为继，重则可能造成开发项目失败。所以，关于青岛鲁商广场项目的融资问题也作为其投资风险识别的一个因素予以处理。

2)规划风险

商业地产项目的开发，规划是其招商运营中最重要的一环。如果规划不恰当，将会严重影响项目以后的招商，进而给开发商带来损失；如果规划合理，将会给开发商带来意想不到的收益。因而，在规划设计时，开发商应充分考虑项目的交通情况、出入口的设定、停车场设计等细节问题，以提高人流量。鉴于规划设计的重要作用，也将其作为青岛鲁商广场项目投资风险识别的一项要素。

3)置地风险

土地是商业地产项目开发成功的核心资源。所以，必须充分考虑土地获取过程中的风险，主要包括置地方式和置地时机风险。因为我国的土地政策具有的特点，所以不论开发商通过行政划拨、协议、招标或拍卖方式取得土地使用权，都可能存在一定的风险。置地时机不当，也会给开发商带来风险。

4)工程招标与发包

工程招标与发包是商业地产项目前期开发准备阶段的一个重要环节。在我国，工程招标主要形式有公开招标和邀请招标。公开招标能够选择可靠、技术能力强、管理水平高、报价合理和工期短的施工企业，但是公开招标资格预审及评标费用支出多、工作量较大、耗费时间长，且对中标者可能不了解而增加今后协调和违约的风险。而邀请招标可以有效地节省费用开支、减少招标工作量和缩短招标时间以及最大限度降低承包商违约风险，但其也限制了竞争范围，可能使开发商错过其他在报价、技术、管理上更具竞争力的承包商。

5)合同管理风险

商业地产项目是在一定秩序下进行的，而合同是这种秩序的载体，所以，对于合同风险，开发商要有充分的认识。合同风险的产生，或者由于合同条款不完整，或者由于部分条款违法，从而给投资商造成损失。所以，合同管理风险也作为青岛鲁商广场项目投资风险识别的一项要素予以识别。

6)拆迁协商活动

拆迁目前是我国社会的一个敏感话题，这其中涉及法律和社会等方方面面的问题，如果拆迁操作不当，就会造成重大的社会影响，轻则开发商可能采取法律诉讼，卷入无休止的耗神费资的法庭争议，重则开发商可能终止项目的建设，给投资带来巨大的损失。所以，开发商要重视拆迁活动给商业地产项目带来的不利影响。

7)勘察设计风险

建筑项目的勘察设计是在建设场地内，查明与项目有直接或间接关系的地形、地貌、地质、水文、岩土等的工程性质，并对这些性质进行详细的分析，在分析结果的基础上，依据设计任务书及有关设计标准、设计规范等要求进行建筑设计，最终提交设计结果。勘察、设计是进行项目建设的基础，其对工程进度、成本和质量有重大影响。因为勘察、设计工作质量不高必然会造成施工建设的重复进行，可能会导致工期延长、成本上升和质量下降，从而使开发商的投资蒙受巨大损失。所以，勘察设计风险也是青岛鲁商广场项目可能存在的投资风险中重要的一项。

(3)建筑施工阶段

项目建设施工阶段是指项目从正式开工到工程竣工验收最终形成建筑物实体的工程施工建设阶段。在该阶段由于施工过程复杂、期限较长，受各种因素影响较多，所以比较容易造成较大的成本变动，给项目建设带来了较大的风险。青岛鲁商广场商业地产项目该阶段可能存在的投资风险包括：

1)设计变更风险

设计变更风险的出现可能由于前期的勘察不够准确，或者出现了新的地质情况，或者在开发项目的设计中设计单位的设计存在内容不全、深度不够等问题，或者在开发过程中开发商擅自扩大建设规模、提高建设标准等原因。无论哪种原因，设计的变更必然引起工程项目增加或者已建工程拆除重建，导致工程量增加，工期延长，成本上升。

2)沟通协调风险

在商业地产项目的开发过程中，开发商会与诸如当地政府、设计单位、施工企业等方方面面的主体发生联系，如果开发商沟通协调能力不强，就有可能造成各主体信息不对称，从而产生误会，影响项目建设的顺利进行。

3)施工环境造成的质量风险

在工程建设过程中，由于是在露天作业，工程的质量就不可避免地受到工程地质、水文、气象等自然环境的影响，如在冬季进行混凝土浇筑施工；而且还受到劳动条件、质量管理和质量保证体系等工程软环境因素的影响，如没有严格的质量保证措施，工程质量必然会下降。

4)施工人员素质风险

在施工建设过程中，人是行为主体，因此有关人员素质的高低就会不可避免地直接影响到工程的成本、质量和进度的快慢，例如需要较特殊的技能的基础打桩作业，而没有经过技术培训的施工人员对此施工必然造成影响。

5)人为灾害风险

在施工过程中，施工单位有意或者无意没有按照建筑施工安全生产法规和标准组织施工，存在侥幸心理，施工中冒险、盲目行为随处可见，各项安全技术措施没有落实，可能就会导致如火灾等各种人身伤亡和财产损失等安全事故的发生，轻则造成项目工期延误、效率下降，重则造成项目投资的失败。

6)管理人员素质风险

在项目建设过程中，项目管理人员的责任重大，既要负责日常的建设管理工作，又要进行沟通协调工作。如果开发商委任的项目管理人员缺乏项目管理的经验，业务水平不高，甚至道德缺失，势必会给商业地产项目的开发带来风险。

7)材料使用的变革和更新

科技的发展、潮流的变化或其他原因可能会导致建筑材料的更新和改变。建筑材料的改变对工程实施具有重大的影响，一方面它有可能影响到原有的设计，造成施工工艺的改变，导致成本的增加；另一方面，建筑材料的适用性与实用性还有待检验，从而可能会对项目质量产生影响。

8)建筑施工技术和工艺革新

由于科学技术进步使工程施工中新工艺、新技术和新方法不断出现，这些新工艺、新技术和新方法一方面可缩短工期、提高质量和降低成本；而另一方面，由于不能完全确定其可靠性，所以也存在失败的可能性，从而导致工期延长、成本上升和质量下降。

9)材料的需求与供应风险

项目工程所需的原材料、半成品、构配件和建筑设备、器材等材料都是构成永久性工程的主要因素。如果材料供应短缺，就有可能产生停工的危险，势必对项目的进度产生影响；如果材料贮备过多，就会造成开发商流动资金的短缺，影响项目其他方面的建设。

10)建筑生产力因素短缺风险

建筑生产力因素主要是指建筑工人和技术人员。由于我国建筑市场的特殊性，建筑工人的流动性往往较大，在一定时期一定区域内就会造成工人和技术人员的供给不足，这就会直接影响建设项目的工期，从而增加商业地产项目的开发成本。

11)设备故障或损坏风险

机械设备对工程施工的质量、成本和进度的保证有重要的作用。如果选择了合适的施工机械设备，并且对其进行了良好的保养，就能保证工程建设质量和进度的可靠性；如果设备没有及时保养，发生故障或出现损坏现象，便会影响到施工的顺利进展，造成工期延长，成本增加。

12)信息风险

在项目建设过程中，要时刻注意有关竞争对手的情况、项目建设进度情况和项目质量情况等信息，如果这些信息短缺，或者掌握不精确或错误，或者信息处理过程缓慢，信息传递不及时就有可能会造成项目建设进度落后，质量降低，从而增加商业地产的开发成本。

(4)招商与运营管理阶段

项目建设完成后，本阶段的主要工作是招商与运营管理，该阶段青岛鲁商广场商业地产项目可能存在的风险有：

1)销售人员素质风险

销售人员是商业地产项目的一张名片，具备良好素质的销售人员能够提升商业地产项目的形象；反之，如果销售人员素质不高，就会降低商业地产项目的形象，影响企业的招商计划，并且直接影响购买者的数量，从而增加商业地产项目的投资风险。

2)供给需求变动风险

消费者的消费观念随时在变动，所以开发商要掌握时下的消费风向，在紧跟消费者消费风向的基础上，完善商业地产项目功能的多样性。如果商业地产项目消费功能单一，那么当消费者的消费观念发生变化，开始对休闲、娱乐感兴趣的时候，那么只是针对购物的商业地产项目就有可能失败。

3)维护运行风险

商业设施的维护运营管理除了日常的清洁、安保、机电设备维修、房屋维修之外，还应包括租赁、商业氛围的营造、统一包装和推广等等工作。如果这些工作管理存在缺陷，就会降低项目形象，增加商业地产项目投资风险。

4)治安管理风险

人们都希望找一个治安状况良好的地区来购物、娱乐，如果建筑物所在地区的治安状况不佳，则光顾的消费者将会大为减少，从而间接地影响商业地产的经营，造成商业地产开发商的损失。

5)业态设计风险

开发商应该在正式招商之前，必须先进行业态设计，确定业态组合，合理搭配业态比例，然后根据业态要求，制订招商计划。在招商过程中，不断选择优秀供应商进场，以谋求商业经营繁荣和持续发展，实现真正意义上的“开发商—投资者—经营者—消费者”多方共赢的格局。否则，就会使地产项目缺乏吸引力，从而造成企业的损失。

6)管理能力风险

招商计划的执行和地产日常的运行维护管理,对项目相关人员的管理能力提出了较高的要求,如果管理者缺乏管理能力,就可能会使商业地产的招商与运营管理出现混乱,进而增加商业地产项目的投资风险。

三、工程项目投资风险的评估

(一)工程项目投资风险评估的概念

工程投资的风险评估是对工程项目投资风险进行综合分析,依据风险对工程项目投资目标的影响程度进行项目风险分级排序的过程。它是在工程项目风险识别和估计的基础上,通过建立项目风险的系统评价模型,列出各种风险因素发生的概率及概率分布,确定可能导致的损失大小,从而找到该工程项目的关键风险,确定项目的整体风险水平,为如何处置这些风险提供科学依据。

(二)工程项目投资风险评估的内容

1. 风险因素发生的概率

工程项目投资风险发生的可能性有其自身的规律性,通常可用概率表示。既然被视为风险,则它必然在必然事件(概率为1)和不可能事件(概率为0)之间。它的发生有一定的规律性,但也有不确定性。所以,人们经常用风险发生的概率来表示风险发生的可能性。风险发生的概率需要利用已有数据资料和相关专业方法进行估计。

2. 风险损失量的估计

风险损失量是个非常复杂的问题,有的风险造成的损失较小,有的风险造成的损失很大,可能引起整个工程的中断或报废。风险之间常常是有联系的,某个工程投资活动受到干扰而拖延,则可能影响它后面的许多活动,例如:

(1)经济形势的恶化不但会造成物价上涨,而且可能会引起业主支付能力的变化;通货膨胀引起了物价上涨,会影响后期的采购、人工工资及各种费用支出,进而影响整个后期的工程费用。

(2)设计图纸提供不及时,不仅会造成工期拖延,而且会造成费用提高(如人工和设备闲置、管理费开支),还可能在原来本可以避开的冬雨季施工,造成更大的拖延和费用增加。

风险损失量的估计应包括下列内容:

(1)工期损失的估计。

(2)费用损失的估计。

(3)对工程的质量、功能、使用效果等方面的影响。

由于风险对目标的干扰常常首先表现在对工程实施过程的干扰上,所以风险损失量估计,一般通过以下过程分析:

(1)考虑正常状况下(没有发生该风险)的工期、费用、收益。

(2)将风险加入这种状态,分析实施过程、劳动效率、消耗及各个活动有什么变化。

(3)两者的差异则为风险损失量。

3. 风险等级评估

风险因素非常多,涉及各个方面,但人们并不是对所有的风险都予以十分重视,否则将大大提高管理费用,干扰正常的决策过程。所以,应根据风险因素发生的概率和损失量,确定风险程度,进行分级评估。

(1)风险位能的概念。通常对一个具体的风险,它如果发生,则损失为 R_H,发生的可能性为 E_w,则风险的期望值 R_w 为:

$$R_w = R_H \times E_w \qquad (式 3\text{-}9)$$

例如,一种自然环境风险如果发生,则损失达 20 万元,而发生的可能性为0.1,则损失的期望值 $R_w = 20 \times 0.1 = 2$(万元)。

引用物理学中位能的概念,损失期望值高的,则风险位能高。可以在二维坐标上做等位能线(即损失期望值相等,如图 3-12 所示),则具体项目中的任何一个风险可以在图上找到一个表示它位能的点。

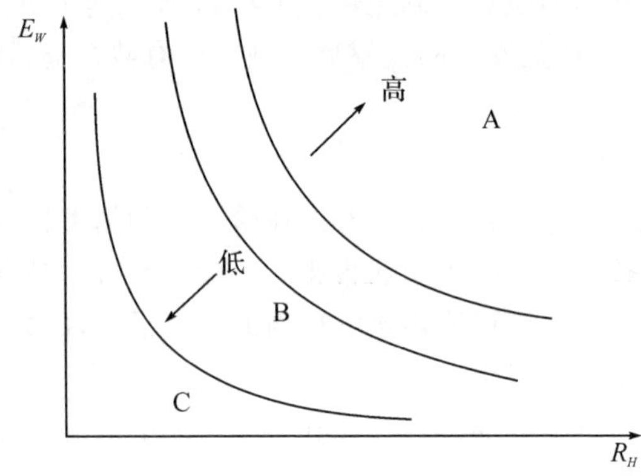

图 3-12 风险等位能图

(2)A、B、C 分类法:不同位能的风险可分为不同的类别。

1)A 类:高位能,即损失期望值很大的风险。通常发生的可能性很大,而且一旦发生损失也很大。

2)B 类:中位能,即损失期望值一般的风险。通常发生可能性不大,损失也不大的风险,或发生可能性很大但损失极小,或损失比较大但可能性极小的风险。

3)C 类:低位能,即损失期望值极小的风险,发生的可能性极小,即使发生损失也很小的风险。

在工程项目投资风险管理中，A 类是重点，B 类要顾及，C 类可以不考虑。另外，也有不用 ABC 分类的形式，而用级别的形式划分，例如 1 级、2 级、3 级等，其意义是相同的。

(3)风险等级评估表。进行风险分级时可使用表 3-11。

综合风险等级分为 K、M、T、R、I 五个等级：K(Kill)表示项目风险很强；M(Modify Plan)表示项目风险强；T(Trigger)表示风险较强；R(Review and Reconsider)表示风险适度(较小)；I(Ignore)表示风险弱。

表 3-11　综合风险等级分类表

综合风险等级		风险影响的程度			
		严重	较大	适度	低
风险的可能性	高	K	M	R	R
	较高	M	M	R	R
	适度	T	T	R	I
	低	T	T	R	I

以上推荐的工程项目投资风险等级划分标准并不是唯一的，其他可供选择的划分标准有很多，也常采用十分制来对风险进行分级打分。

(三)工程项目投资风险评估的步骤

1. 收集信息

工程项目投资风险评估分析时必须收集的信息主要有：类似工程的经验和积累的数据；与工程有关的资料、文件等；对上述两来源的主观分析结果。

2. 对信息的整理加工

根据收集的信息和主观分析加工，列出项目所面临的风险，并将发生的概率和损失的后果列成一个表格，风险因素、发生概率、损失后果、风险程度一一对应，如表 3-12 所示。

表 3-12　风险程度分析表

风险因素	发生概率 P/%	损失后果 C/万元	风险程度 R/万元
物价上涨	10	50	5
地质特殊处理	30	100	30
恶劣天气	10	30	3
工期拖延罚款	20	50	10
设计错误	30	50	15
业主拖欠工程款	10	100	10
项目管理人员不胜任	20	300	60
合　计	—	—	133

3. 评价风险程度

风险程度是风险发生的概率和风险发生后的损失严重性的综合结果。其表达式为：

$$R = \sum_{i=1}^{n} R_i = \sum_{i=1}^{n} P_i \times C_i \quad \text{（式 3-10）}$$

式中：R—— 风险程度；

R_i—— 每一风险因素引起的风险程度；

P_i—— 每一风险发生的概率；

C_i—— 每一风险发生的损失后果。

4. 提交风险评估报告

风险评估分析结果必须用文字、图表进行表达说明，作为风险管理的文档，即以文字、表格的形式做风险评估报告。评估分析结果不仅作为风险评估的成果，而且应作为人们风险管理的基本依据。

（四）工程项目投资风险评估的方法

工程项目的风险程度评估方法较多，主要应用在项目决策和投标阶段。本书中将主要介绍两种应用在工程项目投资风险评估中比较多的方法：专家评分比较法以及风险相关性评价法。

1. 专家评分比较法

该方法主要是找出各种潜在的风险并对风险后果做出定性估计。对那些风险很难在较短时间内用统计方法、实验分析方法或因果关系论证得到的情形特别适用。

在投标时采用“专家评分比较法”分析风险的具体步骤如下：

(1)由投标小组成员及有投标和工程经验的成员组成专家小组，共同就某一项目可能遇到的风险因素进行分类、排序。

(2)列出表格，见表 3-13。确定每个风险因素的权重 W，W 表示该风险因素在众多因素中影响程度的大小，所有风险因素权重之和为 1。

(3)确定每个风险因素发生的概率等级值 P，按发生概率很大、比较大、中等、较小、很小五个等级，分别以 1.0，0.8，0.6，0.4，0.2 给 P 值打分。

(4) 每一个专家或参与的决策人，分别按表 3-13 判断概率等级。判断结果画“V”表示，计算出每一风险因素的 $P \times W$，合计得出 $\sum(P \times W)$。

(5)根据每位专家和参与的决策人的工程承包经验、对招标项目的了解程度、招标项目的环境及特点、知识的渊博程度确定其权威性即权重值 k。k 可取 0.5～1.0。再按表 3-14 确定投标项目的最后风险度值。风险度值的确定采用加权平均值的方法，如表 3-14 所示。

表 3-13　专家打分法风险分析表

可能发生的风险因素	权重 W	风险因素发生的概率 P					风险因素得分 $W\times P$
		很大	比较大	中等	较小	很小	
		1.0	0.8	0.6	0.4	0.2	
1. 物价上涨	0.15		√				0.12
2. 报价漏项	0.10				√		0.04
3. 竣工拖期	0.10			√			0.06
4. 业主拖欠工程款	0.15	√					0.15
5. 地质特殊处理	0.20				√		0.08
6. 分包商违约	0.10			√			0.06
7. 设计错误	0.15					√	0.03
8. 违反扰民规定	0.10				√		0.04
合　计							0.58

表 3-14　风险因素得分汇总表

决策人或专家	权威性权重 k	风险因素得分 $W\times P$	风险度 $(W\times P)\times k/\sum k$
决策人	1.0	0.58	0.176
专家甲	0.5	0.65	0.098
专家乙	0.6	0.55	0.100
专家丙	0.7	0.55	0.117
专家丁	0.5	0.55	0.083
合　计	3.3		0.574

(6)根据风险度判断是否投资。一般风险度在0.4以下可认为风险很小,可较乐观地投资;0.4～0.6可视为风险属中等水平,投资时需要谨慎;0.6～0.8可看作风险较大,因慎重考虑是否投资,还应认真研究主要风险因素的防范;超过0.8则认为风险很大,不应进行投资。

2. 风险相关性评价法

风险之间的关系可以分为以下三种情况:

(1)两种风险之间没有必然联系。例如国家经济政策变化不可能引起自然条件变化。

(2)一种风险出现,另一种风险一定会发生。如一个国家政局动荡必然导致该国经济形势恶化,而引起通货膨胀物价飞涨。

(3)如一种风险出现后,另一种风险发生的可能性增加。如自然条件发生变化有可能会导致承包商技术能力不能满足实际需要。

上述后两种情况的风险是相互关联的，有交互作用。用概率来表示各种风险发生的可能性，设某项目中可能会遇到 i 个风险，$i=1,2,\cdots$，P_i 表示各种风险发生的概率（$0\leqslant P_i\leqslant 1$），$R_i$ 表示第 i 个风险一旦发生给项目造成的损失值。其评价步骤为：

(1)找出各种风险之间相关概率 P_{ab}。P_{ab} 表示一旦风险 a 发生后风险 b 发生的概率（$0\leqslant P_{ab}\leqslant 1$）。$P_{ab}=0$，表示风险 a，b 之间无必然联系；$P_{ab}=1$，表示风险 a 出现必然会引起风险 b。根据各风险之间关系，得到各风险之间的 P_{ab} 表，如表 3-15 所示。

表 3-15　各风险之间的 P_{ab} 表

风　险		1	2	3	…	i	…
1	P_1	1	P_{12}	P_{13}	…	P_{1i}	…
2	P_2	P_{21}	1	P_{23}	…	P_{2i}	…
…	…	…	…	…	…	…	…
i	P_i	P_{i1}	P_{i2}	…	P_{i3}	1	…
…	…	…	…	…	…	…	…

(2)计算各风险发生的条件概率 $P(b/a)$。已知风险 a 发生概率为 P_a，风险 b 的相关概率为 P_{ab}，则在 a 发生情况下 b 发生的条件概率 $P(b/a)=P_a\cdot P_{ab}$，如表 3-16 所示。

表 3-16　风险发生条件概率分析表

风险	1	2	3	…	i	…
1	P_1	$P(2/1)$	$P(3/1)$	…	$P(i/1)$	…
2	$P(1/2)$	P_2	$P(3/2)$	…	$P(i/2)$	…
…	…	…	…	…	…	…
i	$P(1/i)$	$P(2/i)$	$P(3/i)$	…	P_i	…
…	…	…	…	…	…	…

(3) 计算出各种风险损失情况 R_i

$$R_i = \text{风险 } i \text{ 发生后的工程成本} - \text{工程的正常成本}$$

(4) 计算各风险损失期望值 W_i

$$W=\begin{bmatrix} P_1 & P(2/1) & P(3/1) & \cdots & P(i/1) & \cdots \\ P(1/2) & P_2 & P(3/2) & \cdots & P(i/1) & \cdots \\ \cdots & \cdots & \cdots & \cdots & \cdots & \cdots \\ P(1/i) & P(2/i) & P(3/i) & \cdots & P(i) & \cdots \\ \cdots & \cdots & \cdots & \cdots & \cdots & \cdots \end{bmatrix}\times\begin{bmatrix} R_1 \\ R_2 \\ \vdots \\ R_i \\ \vdots \end{bmatrix}=\begin{bmatrix} W_1 \\ W_2 \\ \vdots \\ W_i \\ \vdots \end{bmatrix}$$

其中

$$W_i = \sum p(j/i)\cdot R_j$$

(5)将损失期望值按从大到小进行排列，其中损失期望值越大，我们应对该风险投入越多的重视。

四、工程项目投资风险的应对

工程项目投资的风险应对指根据风险评估的结果，研究规避、控制与防范风险的措施，为工程项目投资全过程风险管理提供依据。根据工程项目投资阶段的不同，具体应关注下列方面。

（一）可行性研究阶段工程项目投资风险的应对

工程项目投资在可行性研究阶段的风险应对，应遵循以下原则：

（1）贯穿于项目可行性研究的全过程

可行性研究是一项复杂的系统工程，而工程项目投资风险来源于技术、市场、工程等各个方面，因此，应从规划设计上就采取规避防范风险的措施，才能防患于未然。

（2）针对性

风险对策研究应有很强的针对性，应结合行业特点，针对特定项目主要的或关键的风险因素提出必要的措施，将其影响降低到最低程度。

（3）可行性

可行性研究阶段所进行的风险应对研究应立足于现实客观的基础之上，提出的风险应对应在财务、技术等方面是切实可行的。

（4）经济性

规避防范风险是要付出代价的，如果提出的风险应对所花费的费用远大于可能造成的风险损失，该对策将毫无意义。在风险应对研究中应将规避防范风险措施所付出的代价与该风险可能造成的损失进行权衡，寻求以最少的费用获取最大的风险效益。

（二）决策阶段工程项目投资风险的应对

在风险分析中找出的关键风险因素，对工程项目投资的成败具有重大影响，需要采取相应的应对措施，尽可能降低风险的不利影响，实现预期投资效益。

（1）提出多个备选方案，通过多方案的技术、经济比较，选择最优方案。

（2）对有关重大工程技术难题潜在风险因素提出必要的研究与试验课题，准确地把握有关问题，消除模糊认识。

（3）对影响投资、质量、工期和效益等的有关数据，如价格、汇率和利率等风险因素，在编制投资估算、制订建设计划和分析经济效益时，应留有充分的余地，谨慎决策，并在工程项目投资执行过程中实施有效监控。

（4）运用实物期权来控制投资风险。第二章内容中提到，扩张型投资期权、放弃型投资期权、延迟型投资期权在投资决策时的正确、及时运用，可保证该项目在市场良好状态下得到预期的收入，同时避免在市场不利条件下的损失。

(三)建设或运营期工程项目投资风险的应对

在建设或运营期阶段,工程项目投资风险建议采取回避、转移、分担和自担措施。

(1)风险回避是彻底规避风险的一种做法,即断绝风险的来源。风险回避一般适用于以下两种情况:某种风险可能造成相当大的损失;风险应对防范风险代价昂贵,得不偿失。

(2)风险分担是针对风险较大,投资方无法独立承担,或是为了控制工程项目投资的风险源,而采取与其他企业合资或合作等方式,共同承担风险、共享收益的方法。

(3)风险转移是将工程项目投资方可能面临的风险转移给他人承担,以避免风险损失的一种方法。转移风险有两种方式,一是将风险源转移出去,如将已做完前期工作的项目转给他人投资,或将其中风险大的部分转给他人承包建设或经营;二是只把部分或全部风险损失转移出去,包括保险转移方式和非保险转移方式两种。

(4)风险自担就是将风险损失留给工程项目投资方自己独立承担。投资方已知有风险但由于可能获利而需要冒险,同时又不愿意将获利的机会分给别人,必须保留和承担这种风险。

(四)结合风险因素等级的应对方案

K级:风险很强,出现这类风险就要放弃项目;

M级:风险强,修正拟议中的方案,如改变设计或采取补偿措施等;

T级:风险较强,设定某些指标的临界值,指标一旦达到临界值,就要变更设计或对负面影响采取补偿措施;

R级:风险适度(较小),适当采取措施后不影响项目;

I级:风险弱,可忽略。

总之,落在表3-11左上角的风险会产生严重后果;落在表3-11左下角的风险,发生的可能性相对低,必须注意临界指标的变化,提前防范与管理;落在表3-11右上角的风险影响虽然相对适度,但是发生的可能性相对较高,也会对项目产生影响,应注意防范;落在表3-11右下角的风险,损失不大,发生的概率小,可以忽略不计。

实际上每个风险应对都会产生一些直接或间接的成本,这些成本要对照它创造的收益来衡量。在设计和实施一个应对的过程、人和技术的初始成本要考虑,维持持续应对的成本也要考虑。成本和相应的效益可以定量或定性地度量,使用的度量单位通常与确定相关目标和风险容限所使用的一致。

五、工程项目投资风险的监控

无论工程项目投资的管理单位采取什么样的风险控制措施,都很难将风险完全消除。而且原有的风险消除后,还可能产生新的风险。因此,在工程项目投资实施的过程中，定期对风险进行监控是一项必不可少的工作内容。

(一)工程项目投资监控概述

1. 工程项目投资监控的概念

工程项目投资监控是指随时监测并记录工程项目的各项风险状态，并与风险管理目标相比较，如发现偏差，则及时采取控制措施的过程。从定义可知，风险监控包括对工程项目投资的监视和控制两大环节。前者是在采取风险应对措施的基础上，定期对已识别风险进行跟踪检查，监测残余风险，观察并记录其发展变化；后者则是在风险监视的基础上，采取相应的技术、合同、经济或组织等手段，对原计划进行调整，以便使制订的风险策略更加符合实际。

工程项目投资监控是实时的、连续的，贯穿于工程项目投资的全过程。在某一时段内，风险监视和控制交替进行，即发现后应立即采取控制措施，而风险因素消失后立即进行下一轮的风险监测。风险监视和风险控制是相辅相成的，风险监视给风险控制提供实施风险应对策略的时机，提示风险管理者何时采取控制措施；风险控制则给风险监视提供监视内容，提示风险管理者下一轮应监视的重要风险。因此，工程项目投资常将风险监视和控制结合起来考虑。

2. 工程项目投资风险监控的依据

(1)风险管理计划

风险管理计划规定风险监控的内容、工具、时间、工作安排和风险的可接受水平等。一切风险管理活动都是按这一计划展开的，但在新的风险出现后要立即对其更新。

(2)风险应对计划

风险应对计划中包括了各种风险的基本情况、引发因素及其应对策略等内容，在风险监控中应该以这些信息为基础，对各项风险进行监控。

(3)变更申请

工程项目投资的外部干扰及工程本身的一些变动可能会导致工程所处环境发生变化，造成工程不能完全按照计划进行。初步风险应对计划是基于工程实施初期的工程情况制定的。工程变更的发生，意味着原计划的基础条件发生了变化，之前制定的应对措施可能已不适应新的情况。因此，在风险监控过程应着重重审工程变更中的内容，如果出现新的风险，应及时调整计划。

(4)风险识别和分析报告

随着工程项目投资的进行，建设环境也在不断变化。定期对项目进行风险评估，可以发现以前未曾识别的潜在风险。监测时应对这些风险继续执行风险识别、估计、评价并制订应对计划。

(5)工程项目投资的实际进展情况

在工程实施阶段，项目组成员会定期总结项目计划的执行情况，并制定各种阶段报告和文件，这些报告都可以表述工程进展和项目的实际情况，是进行风险监控的重要依据之一。

3. 工程项目投资风险监控的内容

在进行风险监控时，监控人员应密切跟踪已识别的风险，不断评估风险等级。再分析风险应对措施是否达到效果的同时，还应关注是否存在残余风险或二次风险。在此基础上，监控人员还应及时搜集工程信息，细化应对措施。具体来说，工程风险监控包括以下四个方面内容。

(1)密切跟踪已识别的风险

通过跟踪、监测，及时了解已识别风险的实际情况，如风险等级，并监测风险应对计划中的每一项措施是否予以实施并收到预期效果。

在实际工作中通常采用风险跟踪检查表(见表 3-17)来记录跟踪的结果，然后定期地将跟踪结果制成风险跟踪报告，使决策者及时掌握发展趋势的相关信息，以便及时地做出反应。

表 3-17 工程风险跟踪检查表

基本信息			
项目名称		填表日期	
风险名称		风险编号	
风险发生概率		风险等级	
风险跟踪情况			
跟踪开始时间		跟踪结束时间	
风险应对措施的基本信息			
措施开始时间		措施结束时间	
采取措施所需成本		措施负责人	
具体应对措施的描述：			
风险的影响范围			
对进度的影响： 对成本的影响： 对质量的影响： 对安全的影响： 对环境的影响：			
填表人		批准人	

(2)监控新风险的发展

在工程项目投资的实施过程中，风险会不断发生变化，可能会有二次风险出现，或者其他新风险，工程项目投资风险监控的重要任务是，监视潜在风险的发展情况，识别新出现的风险，进而考虑是否需要改变风险应对计划。

(3)细化风险应对措施

随着工程项目投资的进行，关于工程的信息越来越全面。因此，在进行工程项目投资风险监控时，要尽可能广泛地收集工程的相关信息，以便于调整风险应对计划，使其更加具体、切合实际。

(4)制定风险损失控制措施

在风险监控阶段，如果发现某项风险事件已经发生并造成损失，则管理者应及时制定风险控制措施，最大限度地降低可能造成的损失。

(二)工程项目投资风险监视方法

工程项目投资风险监视没有一套公认的、可供单独使用的技术与方法，但是通关监控可以及时检验原来的风险发展情况，并可以在此基础上修改原来的风险应对计划。通过风险监视，将风险指标与可接受水平相比较，当风险指标超过可接受水平时，则表明决策者应该采取一定措施应对风险。常用的风险监视方法有以下几种。

1. 审核检查法

审核检查法是监视风险的首选方法。该法用于项目的全过程，从项目建议书开始，直至项目结束。项目建议书、项目产品或服务的技术规格要求、项目的招标文件、设计文件、实施计划、必要的实验等都需要审核。审核时要查出错误、疏漏不准确、前后矛盾、不一致之处。审核还会发现以前他人未注意或未想到的地方和问题。

审核会议要有明确的目标。提的问题要具体，要请多方面的人员参加。参加者不要审核自己负责的那部分。检查是在项目实施过程中进行，而不是在项目告一段落时进行。检查是为了把各方面来的反馈意见立即通知有关人员，一般以已完成的工作成果为对象，包括项目的设计文件、实施计划、实验计划、施工的工程、运到现场的材料设备等。审核结束后，要把发现的问题及时交代给原来负责的人员，让他们马上采取行动予以解决，问题解决后签字验收。

2. 风险表检查法

风险表检查法是根据风险评价清单，从工程所有风险中挑出最严重的几个，列入监视范围，每月进行检查，写出风险应对计划，说明应对策略的实施效果。风险表检查法利用表格的表现形式如表 3-18 所示，清楚地表达风险排序变化情况和风险等级的变化，直观易懂，因此是工程上进行风险监视常用的方法。风险图的操作如下：

(1)列出本月影响工程的前十大风险事件,统计出每个风险事件本月和上月的排列等级。

(2)统计出这些风险事件在风险图中连续停留的月份数。

(3)统计出这些风险在列入风险图之前的风险类别(如果是未知或不可预见,则预示着项目可能存在较大风险,这也表明之前的风险分析不准确)。

(4)应对具体风险所取得的进展情况。

表 3-18　××分项工程风险表

工程名称:　　　　　　　　　　　　　　　　　　　　　　　　　　　文件编号:

风险事件	本月排行	上月排行	停留月份数	风险类别	应对风险的进展情况
材料价格上涨	1	2	5	已知	从预备费中支出
施工组织不当	2	1	5	可预见	重新安排施工组织计划
技术水平低	3	6	3	已知	岗位培训
材料短缺	4	5	2	已知	加强采购
机械设备故障	5	3	5	已知	建立维护制度
工序安排不合理	6	9	3	已知	加强实施过程中的控制和管理
气候不利	7	7	4	未知	增强计划的变通性
政策调整	8	14	1	未知	关注政策变化
设计变更频繁	9	15	1	可预见	加强变更管理
组织不协调	10	12	1	已知	加强团队建设和沟通

3. 风险直方图

风险直方图是按照风险等级排序绘制的直方图,即按照每项风险对工程的影响程度从左到右进行排列,并将其与风险的可接受水平进行比较,如果超过临界值则表明需要采取措施进行应对。实施应对措施后,如果出现残余风险、二次风险或其他新风险,则需对每项风险重新进行排序。

通过对直方图的观察分析可以抓住影响工程的主要风险,反复进行这项工作可以监视各种风险的变化情况,减少风险对工程项目的影响。

【案例 7】 选取某分部工程中的风险 b_1、b_2、b_3、b_4、b_5、b_6、b_7 为监视对象,对其进行评估后得到以排序的风险直方图,如图 3-13 所示。图 3-13 至 3-15 中用 b_i 表示风险,b_i 表示采取应对措施后的残留风险,白色矩形表示未发生的风险,黑色矩形表示已发生的风险,灰色矩形表示新出现未识别的风险或二次风险,本例中假设Ⅲ级风险的临界线为可接受水平的临界线。

由图 3-13 可知:

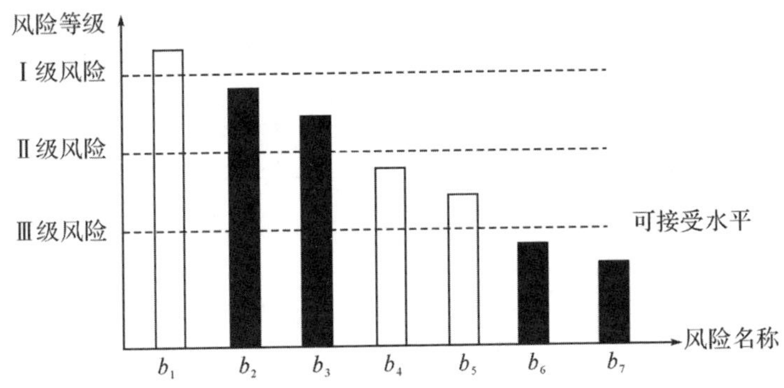

图 3-13 已排序的风险直方图

(1)风险 b_1、b_2、b_3、b_4、b_5 超过了可接受水平,须启动风险应对计划;

(2)风险 b_2、b_3、b_6、b_7 已经发生,须立即采取风险控制措施,减少可能造成的损失。

采取相应的应对措施后,再对工程风险进行监测,得到跟踪直方图如图 3-14 所示。

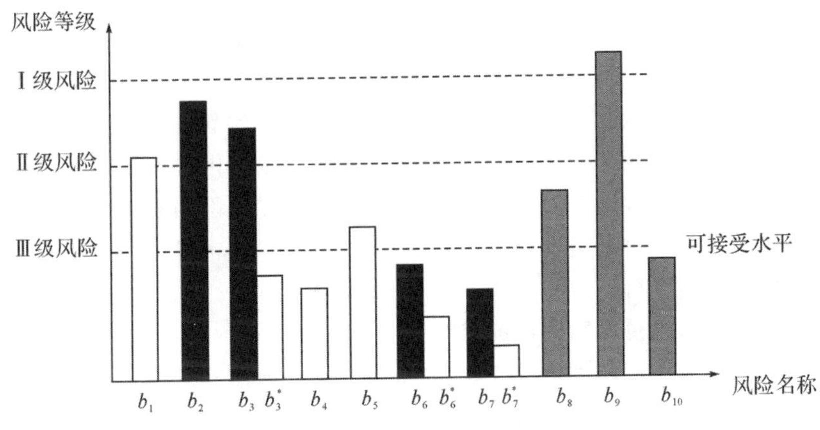

图 3-14 风险跟踪直方图

由图 3-14 可知:

(1)通过采取预防措施,b_1 降为二级风险,b_4 降至可接受水平以下,b_5 虽然仍为二级风险,但是对工程的影响程度有所减弱;

(2)b_2、b_3、b_6、b_7 风险发生后,立即采取有效措施使损失得以控制,b_3、b_6、b_7 还有部分残留风险,但都在可接受水平以下;

(3)项目实施过程中还出现了两个新的未识别风险 b_8、b_9 以及应对 b_2 带来的二次风险 b_{10},对于这三个风险需要进行风险识别及评估,并制定应对措施,在后面的跟踪中应重点关注。

对风险重新进行排序,得到如图 3-15 所示的重新排序的风险直方图。

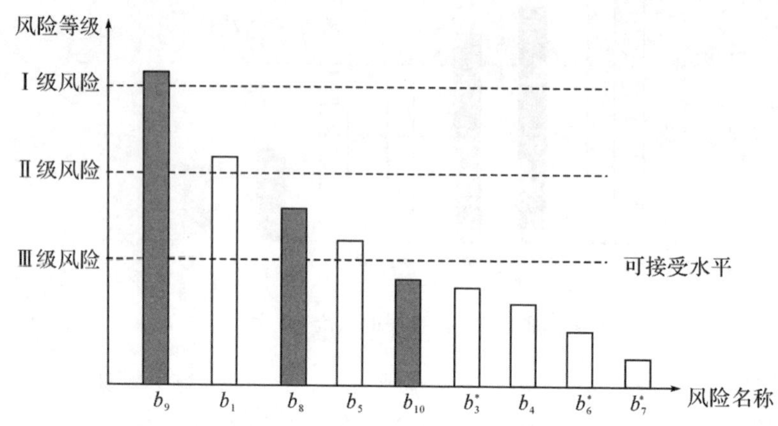

图 3-15 重新排序的风险直方图

4. 风险预警系统

工程项目预警系统是指在工程项目的一整个生命周期中,根据工程的实际特点建立风险预警线,如果某指标超过预警线,则发出预警信号,提醒决策者迅速采取防范措施的系统。大型建设工程的风险管理工作需要有预见性和前瞻性,建立风险预警系统可以有效地达到事前预防的目的。风险预警系统的运作与风险识别、估计、评价等过程相配合,形成一个实时、循环等程序化过程。图 3-16 所示为风险预警系统运行过程,首先通过各项风险指标对各项风险因素进行监测,以决定是否需要采取风险应对策略。通过循环往复的监测工作,可以很大程度上保证工程项目按计划顺利进行。

(三)工程项目投资风险监控的措施

为了取得风险监控的理想成果,应当从多方面采取措施进行监控,通常可以将这些措施归纳为以下技术措施、权变措施、经济措施、组织措施、合同措施和项目变更申请措施等六个方面。以下分别对这六种策略做一个概要性的阐述。

1. 技术措施

技术措施是最能有效控制风险的措施之一,在进行风险控制时,可以运用各种风险管理技术修订原风险应对策略,并采取一定的工程技术手段预防潜在风险的发生,从而纠正风险管理目标偏差,使得工程当前的风险水平回归到预期的目标水平。技术措施还包括采取相应工程技术手段遏制已发生风险所造成损失的进一步扩大。

需注意的是,任何一个技术方案都有基本确定的经济效果,不同的技术方案有

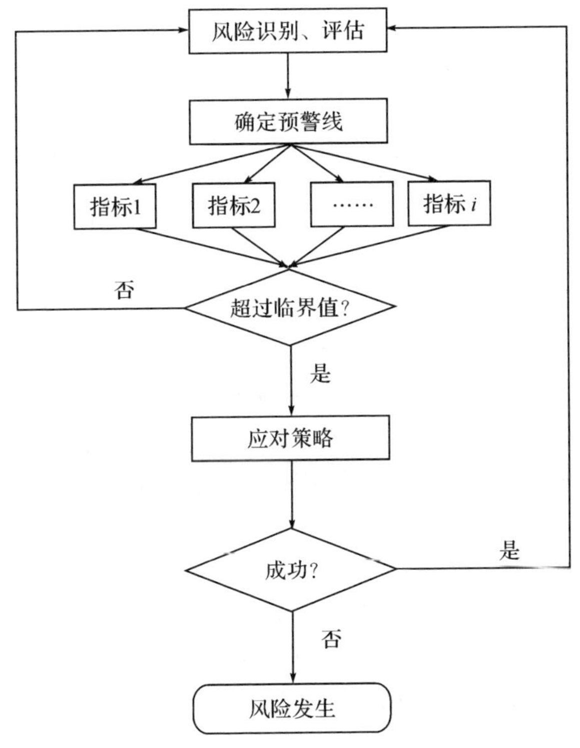

图 3-16　风险预警系统运行过程

着不同的经济效果。因此运用技术措施时，应尽量提出多种不同的技术方案，并对其进行技术经济对比分析。

2. 权变措施

风险控制的权变措施是指未事先计划或考虑到的应对风险的措施。工程项目投资是一个开放性系统，建设环境较为复杂，有许多风险因素在制订风险计划时没有充分认识到。因此，对此类风险应对措施可能会考虑不足，或者事先根本没有考虑，而在风险监控时才发现这些风险的严重性，或者发现是一些新的风险。若在风险监控中出现这种情况，就要求项目管理者能够随机应变，及时提出恰当的应对措施，或对已提出的措施进行修订。

3. 经济措施

经济措施是一种最根本的风险控制措施，其主要体现为以财务型手段来预防风险发生或弥补已发生风险所造成的损失。例如，项目管理者通过风险监测预见到某局部工程很可能无法按期完工，此时若经济条件允许，则应从现金或非基金储备中支出部分资金，以拯救人工、材料设备等资源，保证按期完工。

4. 组织措施

进行任何管理活动，都必须建立相关的组织。在工程风险管理中，组织措施同样是必不可少的。采用组织措施对风险控制时，应在明确事先制定的风险管理目标和风险管理内容的基础上，对风险管理机构的组织结构进行调整和优化，主要包括进一步落实风险控制的组织机构和人员，明确风险目标，安排控制人员的职能分工、权力和责任，改善风险控制的工作流程等。只有采取适当的组织措施，才能保证目标控制的组织工作明确、完善，使风险控制取得良好效果。

5. 合同措施

一方面，工程建设合同中蕴含着潜在的风险，如合同的不完整或缺陷带来的风险；另一方面，工程建设合同也是转移工程风险的主要措施之一。在采取合同措施时要特别注意合同中所规定的各方义务和责任。运用合同措施控制风险，主要包括对合同条款的进一步解释、处理合同执行过程中的问题、防止和处理索赔等。

6. 项目变更申请措施

在频繁地实施应对策略和权变策略后，项目基准计划会变得不切合实际，以至于严重影响工程项目的进展，这时需要变更工程项目计划，即进行工程项目变更。在工程项目施工阶段，无论是业主单位、监理单位、设计单位，还是承包商，认为原设计图纸、技术规范、施工条件、施工方案等方面不适应项目目标的实现，或可能会出现风险，均可向监理工程师提书面的变更要求或建议。工程变更申请书或建议书包括以下内容：

(1)变更的原因及依据。

(2)变更的内容及范围。

(3)变更引起的合同价的增加或减少。

(4)变更引起的合同期的提前或延长。

(5)为审查所必须提交的附图及其计算资料等。

工程变更申请一般由监理工程师组织审查。监理工程师应充分与业主方、设计方、承包方进行协商，对变更项目等单价和总价进行估算，分析因变更引起的该项工程费用增加或减少的数额，以及分析工程变更实施后对控制项目的纯风险所产生的效果。工程变更一般应遵循以下原则。

(1)工程变更的必要性与合理性。

(2)变更后不降低工程的质量标准，不影响工程完工后的运行与管理。

(3)工程变更在技术上必须是可行可靠的。

(4)工程变更的费用及工期是经济合理的。

(5)工程变更尽可能不对后续施工在工期和施工条件上产生不良影响。

【案例8】康馨家园建筑工程项目投资风险管理

1. 康馨家园建筑工程项目简介

康馨家园工程项目位于四川省成都市南部，是成都市较大的房地产建筑项目。

康馨家园建筑工程项目始建于2013年7月1日，至2015年7月1日完工，历时两年。

为建设康馨家园需要动迁200多户居民，仅拆迁费就花了7000多万元。康馨家园工程项目总占地30567平方米，建筑面积约153175平方米，是成都市典型的高层建筑群。

康馨家园工程项目建筑以18层及35层高层建筑为主，设计有地下车库，采用钢筋混凝土框剪结构为主，基础为箱形基础。地面装饰为水泥地面与地砖地面，楼面为水泥楼面，卫生间采用瓷砖墙面，外墙分面砖与涂料两种装饰。建筑耐火等级为一级。

现场特征及施工条件：本工程位于成都市以南的南湾区居民区，多座楼房同时开工，施工现场狭窄，施工现场管理任务重。施工现场离居民区较近，工期紧，施工难度大，为了保证本工程如期完成，须协调好周边关系。

材料供应：三大材(钢材、木材、水泥)由康馨家园置业有限公司统一协调采购，其中散装水泥运至混凝土搅拌站，袋装水泥运到现场。

工程特点：该建筑工程施工项目多，涉及多种施工工艺及各种设备、工具。地质条件复杂，需采用毛石混凝土垫层。

康馨家园工程项目由康馨家园置业有限公司投资兴建。康馨家园置业有限公司以成都康馨置业有限公司为主要投资方，联合成都几家企业联合投资成立的大型专业房地产开发企业，注册资本3000万元人民币，经营范围涉及房地产开发建设、经营和租赁。公司实行董事会领导下的总经理负责制，推行现代化企业管理制度。

公司拥有投资、开发、管理、经营、施工、财务等各类人才近50人，大多数具有中高级职称，具有丰富的房地产开发经验。

2. 康馨家园建筑工程项目投资风险管理体系

康馨家园置业有限公司作为康馨家园工程项目的投资商，面临的风险贯穿于项目的始终。由于项目的周期长、工期紧、任务重，要在项目之初就对整个项目实施过程中的风险进行准确的分析和评估是非常困难的。针对这样的特点，需要对在整个项目实施过程中可能遇到的风险及实际遇到的风险进行动态的分析和评价，及时提出风险处理的办法。基于这种情况，康馨家园置业有限公司专门成立了工程项目部，建立了投资风险管理体系。工程项目部在进行投资风险管理中，将此建筑工程项目投资风险管理分成了四个部分：风险的识别、风险的分析与评价、风险应对及风险的监控，并且在项目实施过程中，这个风险管理的过程是动态和循环的，目的就是为了对工程项目所面临的风险进行实时的监控、评价和管理。该公司的风险管理体系如图3-17：

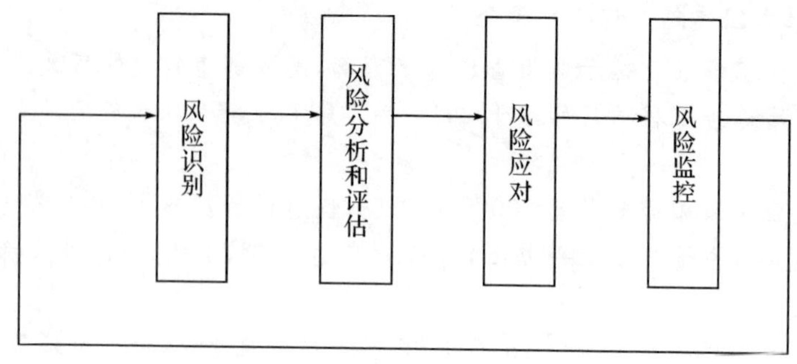

图 3-17　康馨家园项目投资风险管理体系

3. 康馨家园建筑工程项目风险识别

风险识别是康馨家园建筑项目投资风险管理的第一步，也是最重要的一步。这一阶段主要侧重于对风险的定性分析。风险识别应根据风险分类，从风险产生的原因入手。

(1)康馨家园建筑工程项目风险识别依据

康馨家园工程项目风险识别主要依据是：

1)项目产出物的描述。项目产出物的描述是进行风险识别的主要依据。该工程项目产出物是由一定数量的商品房等形成的居民小区，商品房是其核心内容，项目开发计划与设计文件对商品房的数量、质量和技术特性各个方面都有具体要求和说明，项目的经营目标是风险识别的最基本依据。

2)项目的前提、假设和制约因素。项目的建议书、可行性研究报告、设计和其他文件一般都是在若干假设、前提和预测的基础上做出的，这些前提和假设在项目实施期间可能成立，也可能不成立。

3)项目计划。项目计划对风险识别有两个方面的作用，一是作为项目风险识别的依据或支持信息，即在识别项目风险时用作项目风险识别的说明和对于各种风险和风险因素的描述与支持；二是作为项目风险识别的对象，即在项目风险识别过程中，分析和识别各种计划中的风险和风险因素。

4)类似项目的历史资料。类似项目的历史资料对于风险的识别非常有用，这些资料中有对项目风险因素的分析，有各种风险事件发生过程的记录，还有有关项目风险所带来的机遇威胁的分析，以及实际发生的风险事件所造成的损失等方面的信息。

5)公司财务报表。通过分析公司财务报表特别是现金流量预算表，预测公司未来一段时间内的资金充裕情况，充足的现金流量是项目运转的保证。

6)施工企业的情况调查。需要对成都建筑市场上的施工企业的情况进行详细调查，选择合适的施工企业能有利于该工程项目的成功实施。

(2)康馨家园建筑工程项目风险识别方法

风险的识别方法主要有：专家调查法、故障树分析法、绘制风险管理流程图、现场考察、参考统计记录、环境分析、风险核对表法等许多种。

康馨家园投资风险项目部根据公司的具体情况，结合工程特点，主要采取了专家调查法和故障树分析法，经实地考察、口头咨询和问卷调查，认真分析后，总结出该项目从设计到工程竣工期间面临的风险，得到康馨家园工程项目风险清单表。具体情况见表 3-19：

表 3-19　康馨家园项目风险清单

风险因素	检查项目
组织协调	上级部门、业主、设计、施工和监理等各方如何保持良好的协调
物质供应	1. 项目所需物资是否按时供应；2. 出现规格、数量、质量问题时如何解决
人员	1. 所需人员是否到位；2. 对项目目标及分工是否明确；3. 关键成员变动或离开时有何措施
自然环境	1. 是否有洪水、地震或台风等不可抗拒的自然灾害发生；2. 对工程地质与水文气象条件是否清楚；3. 施工对周围环境有何影响
管理	1. 项目是否获得明确的授权；2. 能否与项目利益相关者保持良好的沟通；3. 是否具备有效的激励机制和约束机制
合同	1. 合同类型的选择是否相当；2. 合同条款有无遗漏；3. 项目成员在合同中的责任、义务是否清楚；4. 索赔管理是否有力
施工	1. 施工工艺是否落后；2. 施工技术方案是否合理；3. 采用新方案、新技术是否成熟；4. 施工安全措施是否得当；5. 是否考虑了现场条件
设计	1. 设计的房型、价格、装修档次及消费群体是否符合市场需求；2. 设计内容是否齐全；有无缺陷、错误和遗漏；3. 是否符合规范要求；4. 是否考虑了施工的可能性

(3)康馨家园投资的具体风险状况

通过此检查表，识别出康馨家园工程项目主要有以下风险：

1)项目施工单位的选择具有一定的风险性

如果选择的施工单位具有较高的施工资质和较强的施工组织能力，则可以使项目的质量、工期得到较好的控制和保障，但相应会增加施工费用；如果选用施工资质较低、施工组织能力差的施工单位施工，虽然在一定程度上能够降低施工费用，但可能使建设项目的工期、质量等目标实现出现问题。此项目为节约施工费用基本上选用了几家施工资质比较低的施工单位(一家一级施工资质、三家二级施工资质)，并相应地降低了取费等级。此施工单位的选择能否满足施工质量的要求存在风险。

2)设计与施工现场条件不符的风险

此项目在前期方案策划，如建设项目的户型、价格、装修档次及消费群体等的确定方面做得比较好，房屋期房销售状况非常好，在开工前已经基本销售完毕。管理人员通过对施工图纸与施工现场的考察发现，此项目依山而建，大部分楼栋地处山坡，每栋楼之间及每栋楼的各单元之间因山坡地形缘故存在错台。但在施工图设计时，虽考虑到山坡地形的情况对各楼标高进行了调整，但一栋楼是一个标高，因此施工图纸与现场的实际地形情况结合不是很好，出现了设计地坪与实际标高相差较大的情况，可能造成室外场地的大量土石方挖填，增加项目成本，这不仅增加工程成本，而且对工期也会造成很大的影响。所以设计与施工现场不符存在风险。

3）碰到地下管线，需进行改移或加固，会造成投资增加和延缓工期的风险

有些管线如水管、输油管、电线、电缆等因埋入地下时间较早，设计院在进行工程设计时，了解不到该情况，设计时未予以考虑。在工程开工后，这些管线的主管部门就会找到施工单位，或者施工时，这些管线就会暴露出来，施工单位就需要找到相应的主管部门进行协商和谈判，对管线进行改移、加固或者修过梁跨过它。协商谈判需要一个过程，会延缓工期，而处理措施会增加工程量，造成投资增加和施工时间延长。

4）建设项目总工期目标的确定风险

建设项目总工期目标的确定及保证工期目标实现的各项配套管理制度对一个项目是非常重要的。如果建设项目总工期目标制定的不合理或工期管理的各项管理制度不能确保工期目标的实现，这些都将造成工期不能按时完成，投入的资金不能按时收回来，甚至会造成业主及合作单位的经济索赔。此项目的合同总工期非常紧张，而且又跨越了两个冬季施工和春节假期，按合同工期来安排施工是不合理的，肯定会造成完成情况与计划进度相差很大。在这种情况下，应实事求是地对工期目标做出调整，尽量减少工期损失，保证调整后的计划工期的实现。

5）组织协调不利引发的风险

包括业主与上级主管部门的协调，业主与设计方的协调，施工方与监理方的协调，业主内部的组织协调等。协调对于现场监理人员来讲显得相当重要，因为一个项目工程建设中，工期往往都比较长，在这么长的时间里，承包商与开发商之间难免会有摩擦。监理单位作为公正的第三方，这时就要出面协调好承包方与发包方之间的关系，以便工程能保质保量如期完成，降低工程投资。

6）环境污染引发风险

该地方噪声污染、大气污染、水污染相对严重，这可能导致地价水平下降。

7）材料引发的风险

包括原材料、成品、半成品的供货不足或拖延，数量差错，质量规格有问题，特殊材料和新材料的使用问题，损耗和浪费等。

8)资金引发的风险

包括资金筹措方式不合理,资金不到位,资金短缺等。

4. 康馨家园工程项目风险的评估

此工程项目周期长、涉及的部门和人员非常多,各种风险可能存在于此工程项目实施过程的任何一个环节,具有较强的突发性和不规律性。为了更好地分析和评估康馨家园投资风险,该项目风险管理部采取了专家调查法对工程项目中的风险进行定性分析,对已经识别出的风险评价其对工程的影响大小。为此,利用类似项目的数据进行分析,用某一项目的历史记录对新的类似项目可能遇到的风险进行评估和分析,当然这还得充分考虑新环境的各种变化。过程如下:

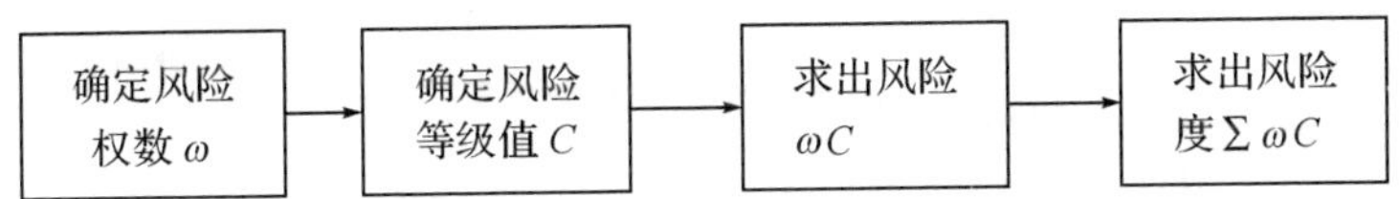

具体步骤如下:

(1) 确定每个风险因素的权数 ω。分值范围可取 0.01 ～ 1.0,0.01 表示最小,1.0 表示最大;

(2) 确定权重即风险的等级值 c,按可能性大小划分为五个等级,分别为 0.2,0.4,0.6,0.8,1.0;

(3) 将每项风险因素的权数与等级值相乘,求出该项风险因素的得分(即 ωC);

(4) 将各风险得分相加,求出此风险因素的总分 $\sum \omega C$,即风险度,它表示一个项目的风险程度。分值越高说明风险越大。由此方法得出表 3-20。

从表 3-20 的分析可以看出,该项目的风险因素得分介于0.5～0.8之间,风险属于中等水平。同样,利用这种方法对各个工作阶段进行风险分析,以确定各阶段中风险的大小。

表 3-20　康馨家园项目风险度表

可能发生的风险因素	权数	风险因素发生的可能性					ωC
		很小 0.2	较小 0.4	中等 0.6	较大 0.8	很大 1.0	
技术方案不合理	0.5			√			0.03
不良地质条件(包括碰到地下管线)	0.1			√			0.06
进度计划编制不合理	0.1				√		0.08
分包方选择失误	0.05			√			0.03
组织协调不利	0.05			√			0.03

续表

可能发生的风险因素	权数	风险因素发生的可能性					ωC
		很小 0.2	较小 0.4	中等 0.6	较大 0.8	很大 1.0	
材料供应	0.01				√		0.08
资金供应紧张	0.01				√		0.08
设计存在缺陷或不完全	0.05				√		0.04
各种安全事故	0.1			√			0.06
内部人员流动	0.04		√				0.016
各人员的素质低下	0.05		√				0.02
质量达不到要求	0.05		√				0.02
自然灾害	0.01	√					0.02
合同条款遗漏,表达有误	0.1			√			0.06
物价浮动	0.05		√				0.02
$\sum \omega C = 0.628$							

康馨家园置业有限公司在康馨家园工程项目开发计划中,对该项目开发风险进行了详细地分析与预测,并制定了相应的风险管理规划。经过对比,以上对该项目风险的分析与评估结果与公司制定的风险管理规划基本一致,虽然材料与资金供应紧张、进度计划编制不合理的风险略有提高,但项目整体风险度 0.628 低于公司确定的项目整体风险度评价基准,这样的风险水平在公司可接受范围之内。

5. 康馨家园工程项目风险具体应对

经过风险识别,知道了项目面临的风险;又经过了风险分析与评估,对于项目风险的整体水平有了清楚的认识,投资风险管理开始进入风险应对阶段。

针对已经识别出的风险及对它们的评价分析,为了有计划、有步骤地进行风险管理,康馨家园工程项目部在识别出此工程项目可能出现的风险后,对风险进行了规划,明确各阶段的风险管理重点,制定了详细的风险应对计划表,并确定风险应对方法和策略,以及主要的执行者。在各个不同的阶段,风险管理的侧重点亦不同。

(1)招投标阶段

招投标中,康馨家园置业有限公司作为康馨家园工程项目开发商,因为项目比较大,还要选择分包方,发布工程招标信息后,有二十多家施工企业要求参加投标,在选择施工单位时,除了标书及报价考察之外,着重对施工单位的信誉进行调查,尽量选择那些施工单位信誉好、施工技术先进、施工质量有保证的施工企业,而不是仅以报价做赢标的依据。

在此阶段，主要面临的风险有政治风险（包括国家有关房地产的政策法规变化风险、国家关于污染及安全规则变化风险，此外国家是否可能战争和动乱等风险）、经济风险（包括通货膨胀、劳动力成本上浮、投资环境恶劣、价格波动、分包商经营不善等）、社会风险（包括：城市规划的变动对已经建成的、正在建设中的以及将要建设的建筑工程的价值量会产生影响；周围环境的建筑发生变化对其他建筑工程的价值和价格会产生影响；某项建筑工程的兴建影响到周围居民的利益而使公众自觉地进行干预）、自然风险（包括地震、火灾、雷电、不良地质构造等）、管理风险（包括工作决策失误、合同条款遗漏或表达有漏洞、合作方违约分包或供应方违约等风险）以及综合产生的决策风险，并在一定程度上考虑项目实施过程中可能发生的风险，而在这一阶段，应主要考虑的风险是决策错误的风险。因为在这个阶段的决策决定了由谁承接这个项目，能否很好地执行这个项目，关键看施工单位的选择。

(2)签订施工合同阶段

着重考虑有关合同管理方面的风险，由施工企业及项目部的风险管理者共同参与，主要面临的风险有政治风险、经济风险和管理风险。在此阶段产生的风险常常是因为责任不清、权利不明所致。一般表现为合同条款不平等、合同条款遗漏及合同中的一些定义模糊等。

(3)项目开工后的实施阶段

主要由项目的风险管理者对整个项目在实施过程中会面临的风险进行逐一识别和分析，找出以后的工作重点，同时提出可行的预防和应对方案。主要面临的风险有自然风险、社会风险、管理风险、技术风险（包括技术方案不合理、新技术不成熟、材料设备不合格、不能及时到货等风险）、安全风险、材料及人员风险等。在项目实施的过程中同时要时刻关注国家宏观经济和政策的变化情况，及时对施工管理进行调整和修订。

(4)项目竣工交付后的保修阶段

主要由项目部的风险管理部门会同专门的回访保修部门对该阶段可能面临的风险进行分析和提出预防应对方案。主要面临的风险是管理风险。

详细的风险应对计划见表 3-21：

表 3-21 风险应对计划表

风险种类	风险因素	风险应对方法	采取的措施	主要阶段
政治风险	政策法规变化	风险自留	索赔	项目全过程
	战争和动乱	风险转移	保险	
	污染及安全规则约束	风险自留	制订安全计划，制订预防及保护措施	
经济风险	通货膨胀	风险自留	执行价格调整，预算中考虑应急费用放弃承包	项目全过程
	劳动力成本上浮	风险自留	加强用工管理	
	投资环境恶劣	风险自留	放弃	
	价格波动	风险分散	控制成本、加强管理、节约开支	
	分包商经营不善	风险自留	严格对分包商的资格审查	
金融风险	汇率浮动	风险自留	合同中规定汇率保值	施工合同签订
管理风险	工作决策失误	损失控制	完善决策程序，充分做好可行性研究	项目全过程
	合同条款遗漏或表达	风险自留	加强合同管理、争取索赔	
	合作方违约	风险转移	严格合同条款	
	分包或供应方违约	风险转移	严格进行资格审查	
	进度计划编制不合理	损失控制	在施工中调整进度计划，重新审核施工方案	
	质量达不到合同要求	损失控制	严格按照合同及施工，健全质量管理体系	
	劳务争端	风险自留	采取预防措施，经常沟通协调	
自然风险	地震、火灾、雷电等	风险转移	购买保险	合同签订前投标阶段
	不良地质构造	损失控制	对地质情况事先调查，制订完整的地质处理方案	
社会风险	节日（春节）	风险自留	制订预防措施，合理安排施工进度计划	投标阶段，施工阶段
	工作效率低	风险自留	预留损失费，争取主动	
	城市发展规划	风险自留	充分做好可行性研究	
	区域发展波动	风险自留	充分做好可行性研究	

续表

风险种类	风险因素	风险应对方法	采取的措施	主要阶段
技术风险	设计不充分存在错误	风险转移	在合同中分清责任	项目实施阶段
	技术方案不合理	风险控制	重新制订技术方案	
	新技术不成熟	风险自留	请教专家，多方学习，制订备用方案	
	材料设备不合格	风险转移	按合同条款规定退货、索赔	
	不能及时到货	风险转移	根据合同规定退货、索赔	

6. 康馨家园投资风险监控

按照投资风险监控的有关理论，投资风险监控主要是做好项目投资的监督和控制。

(1)康馨家园的投资控制情况

在风险控制阶段，任何项目都存在不同的风险，风险的承担者应对不同的风险有着不同的准备和对策。针对康馨家园识别出来的风险及各风险的性质、相关因素以及项目所处的环境，采取的风险应对措施如下：

1)选择风险适中的项目

权衡利弊后，回避风险大的项目，选择风险小或适中的项目。这在项目决策中就应该提高警惕，对于那些可能明显导致亏损的项目就应该放弃，而对于某些风险超过自己承受能力，并且成功把握不大的项目也应该尽量回避。

2)采取先进的技术措施和完善的组织措施

采取先进的技术措施和完善的组织措施，以减小风险产生的可能性和可能产生的影响。对管理的项目选派得力的技术和管理人员，采取有效的管理组织形式，并在实施的过程中实行严密的控制。

主要做法是：

①合理安排工作顺序。

②及时发现问题及时解决。比如，对于发现设计与施工现场条件不符，在项目还没开工前，工地施工技术人员就多次和设计部门交涉修改设计，考虑到山坡地形，对每个单元间错台高度进行调整，避免了室外场地的大量土石方开挖。还比如，对于地下管线的处理，有关方面及时与地方领导和各相关部门沟通，争取他们的支持。

③合理安排施工工期。工程项目部根据该工程项目总工期要求，以及设计图纸、定额资料，以及现场客观条件和技术条件，编制出控制总工期的总体进度计划。在编制进度计划时，采用倒排进度法，给出一定的富余量。并对其中的关键线路上的工序进行调整，使之最合理。

④应用新技术、新材料。在建筑过程中，根据工程的实际情况，采用一些新的建筑技术和新的材料，达到既节约工程造价，又能满足建设设计的要求和用户使用功能的要求。

⑤严把质量关。为此，公司采取了以下措施：加强质量检查人员的业务培训，对施工中出现的新技术、新材料及时进行质量检查的方法、手段和评定质量的标准等方面的学习；实行质量岗位责任制，项目经理对工程质量全面负责，班组保证分项工程质量，个人保证操作面和工序质量；实行质量否决权，公司对工程质量实行重奖重罚。

⑥严格控制成本。主要是进行材料成本控制和人工费控制。

3)购买保险或要求对方担保，以转移风险

康馨家园置业有限公司作为工程开发商投保了建筑、安装工程一切险，第三者责任险，社会保险，机动车辆险。对一些无法排除的风险，可以通过购买保险的办法解决；如由于合作伙伴可能产生的资信风险，可要求对方出具担保，如银行出具的投标保函，履约的保函以及预付款保函等。

4)提出合理的风险保证金

这是从财务的角度为风险做准备，康馨家园置业有限公司在工程预算中增加一笔不可预见的风险费，以抵消或减少风险发生时的损失。

5)采取合作方式共同承担风险

康馨家园的投资本身就是由几个有实力企业通过协议而进行的，这本身有利于分散投资风险。在康馨家园置业公司成立后，还与分包商签订协议，承担相应的风险责任，通过风险的分配以加强责任心和积极性，达到能更好地计划与控制。也就是做到公平合理，责、权、利平衡。

6)加强风险的预控和预警工作

在工程的实施过程中，不断地收集和分析各种信息和动态，捕捉风险的前奏信号，以便更好地准备和采取有效的风险对策，以抗可能发生的风险。在风险发生时，及时采取措施以控制风险的影响，这是降低损失、防范风险的有效办法。在风险状态下，依然必须保证工程的顺利实施。

(2)康馨家园工程项目风险监督

风险管理过程每一步不是孤立的，而是相互依赖和相互影响的，风险的识别不可能很全面，分析也不可能没有误差，当项目真正开始实施后，可能有许多的情况会发生变化，这就要求在整个风险管理的过程中不断地重复风险管理的过程，尽可能将所有风险都纳入企业的掌握之中。康馨家园工程项目经理部门进行风险控制管理时非常注意两个关键问题：一是风险控制目标的确定与分解，二是责任落实。在有效管理规划与控制风险时，还应注意施工项目风险控制的执行与反馈信息。这是对风险控制效率和效果的评价与规避风险能力再提高的过程，检查风险管理方案的实施情况，对风险情况进行监控，用实践效果评价风险管理决策效果。要确定在条件变化时的风险处理方案，检查是否有被遗漏的风险，对新发现的风险因素应及时提出对策。

康馨家园工程项目风险管理部门的风险监督管理人员在此项目结束时，还对该项目的风险管理做出总结和归纳，将所有的数据都收集起来，作为下一个项目风险管理的资料之一。

思考题

1. 某工业建设项目，建筑安装工程费用是5 500万元，设备及工程器具购置费为3 200万元，工程建设其他费用为1 000万元，预备费为600万元，建设期贷款利息为400万元，不需缴纳固定资产投资方向调节税。经测算项目铺底流动资金占建设投资的30%，试求项目铺底流动资金以及该项目总投资。

2. 工程项目投资的价值具体体现在哪些方面？

3. 简述机会的特征以及驱动因素。

4. 试通过具体案例，分析某工程项目的市场机会或技术机会。

5. 简述产业集中度与行业利润率之间的关系，以及产业集中度对企业盈利产生的影响。

6. 简述行业的生命周期对其市场规模的影响。

7. 简述项目投资机会的分析流程。

8. 一个企业进入新的领域时，应如何对技术进行选择？

9. 试举例分析如何使用费用—效果法或边际分析法选择工程项目中的技术。

10. 简述我国工程项目投资估算的阶段以及各阶段的要求。

11. 简述我国工程项目投资估算方法。

12. 简述财务评价的核心和主要任务。

13. 有时候财务评价与国民经济评价不一致，原因是什么？

14. 简述工程项目风险监控的依据。

第四章　工程融资

工程项目中,资金是一切建设活动的基础。只有资金满足工程建设的需求,后续工作才能顺利、按时开展。为了获得工程所需的资金,工程融资是必不可少的。

第一节　工程融资概述

一、工程融资的概念

工程融资是指为保证工程项目建设全周期对资金的需求,向外部企业单位或个人以及在本企业内部筹集资金的财务活动。工程融资是工程建设的起点,也是资金运动的起点,是工程建设项目建造经营活动的需要,是工程财务管理的一项重要内容。

二、工程融资的种类

工程融资与一般的融资类似,也可以分为企业融资与项目融资。

企业融资的用途比较广泛,而项目融资目的是单一的,就是为了完成一个项目。项目融资通常是资源开发、基础设施建设、大型制造业的项目,具备投资金额大、回收期长等特点。

企业融资的主体一般是公司或其子公司,项目融资的主体一般是新设的一家公司或合伙企业,发起项目融资的单位只是发起人或合伙人之一。

值得指出的是,企业融资的大部分形式也都适用于项目融资,但 BOT、PPP、ABS 等项目融资方式却不能用于企业融资;项目融资中,发起人一般也会投入部分资金或资源。

三、工程融资的意义

(一)工程融资是施工前重要的准备工作

对工程项目业主而言,发包工程是否顺利完成,关键在于能否顺利将工程建设资金及时安排到位,因为业主必须支付两类直接成本:其一,支付给总承包商用于设施建造的各项支出,约占直接成本的 60%～80%;其二,土地成本、法律规定的各种费用、设计费、建设管理费、建设贷款利息、设施未被占用前的机会成本等。故在工程项目施工前，业主就应对工程项目做细致的融资规划。

对建筑承包商而言，它能否在国际建筑市场获得成功，不仅取决于技术能力、管理经验和声誉，还要看其融通资金的能力和使用资金的本领；一个大型项目招标时，承包商财务状况、固定资产和流动资产情况，往往被列为最重要的资格预审条件。只有提供先进技术和有吸引力的融资条件，承包商才能赢得合同。

(二)促进基础设施的建设

基础设施产业主要涉及三个领域：公共设施，如电力、电信、自来水、排污等；公共工程，如公路、大坝；城市交通，如铁路、港口、机场。

良好的基础设施能够提高生产力、降低成本。据统计，基础设施存量增长1%，GDP也会增长1%，而且基础设施发展对于解决贫困、改善生存环境起到良好作用。我国基础设施建设的资金需求规模大，但财政用于基础设施部门的支出仅占总支出的7%，供小于求，需要采用工程融资的方式吸收民间资本介入，可以促进我国基础设施的建设。

(三)增加对外资的吸引与利用

通过工程融资，既可以政府和企业为融资主体，进行对外借款、发行股票和债券；又可采用项目融资，以项目为融资主体吸引外资，不仅筹资量大，还可以分散风险。《担保法》《保险法》《信托法》《证券法》《招标投标法》等法律，为工程融资尤其是项目融资提供了必要的法律保障。

四、工程融资的资金成本

工程融资是一种市场交易行为，有交易就会有交易费用，资金使用者为了能够获得资金使用权，就必须支付相关的费用。如委托金融机构代理发行股票、债券而支付的注册费和代理费，向银行借款支付的手续费等等。从资金筹措方的角度来说，需要尽可能降低融资的资金成本。

(一)资金成本的概念

资金成本是指企业为筹集和使用资金而付出的代价。企业筹集和使用任何资金，都要付出代价。狭义的资金成本仅指筹集和使用长期资金(包括自有资金和借入长期资金)的成本。由于长期资金也被称为资本，所以，长期资金的成本也可称为资本成本。这里的资金成本主要是指资本成本。资金成本一般包括资金筹集成本和资金使用成本两部分。

1. 资金筹集成本

资金筹集成本是指在资金筹集过程中所支付的各项费用，如发行股票或债券支付的印刷费、发行手续费、律师费、资信评估费、公证费、担保费、广告费等。

2. 资金使用成本

资金使用成本是指占用资金而支付的费用，它主要包括支付给股东的各种股息和红利、向债权人支付的贷款利息以及支付给其他债权人的各种利息费用等。

资金筹集成本与资金使用成本是有区别的，前者是在筹措资金时一次支付的，在使用资金过程中不再发生，因此可作为筹资金额的一项扣除，而后者是在资金使用过程中多次、定期发生的。

（二）资金成本的作用

分析资金成本有助于企业选择筹资方案，确定筹资结构以及最大限度地提高筹资的效益。资金成本的主要作用如下：

(1)资金成本是选择资金来源、筹资方式的重要依据。不同的筹资方式，其个别的资金成本也不尽相同。资金成本的高低可以作为比较各种筹资方式优缺点的一项依据，从而挑选最小的资金成本作为选择筹资方式的重要依据。

(2)资金成本是企业进行资金结构决策的基本依据。资金结构由借入资金与自有资金组合而成，寻求两者间的最佳组合，一般可通过计算综合资金成本作为企业决策的依据。

(3)资金成本是比较追加筹资方案的重要依据。企业为了扩大生产经营规模，增加所需资金，往往以边际资金成本作为依据。

(4)资金成本是评价投资项目是否可行的重要尺度。在评价投资方案时，一般是以项目的投资收益率与资金成本比较，投资项目的预期投资收益率高于资金成本，则是可行的；反之，预期投资收益率低于其资金成本，则是不可行的。

(5)资金成本是衡量企业经营业绩的重要标准。资金成本是企业生产经营活动必须达到的最低收益率。将企业的实际资金成本与相应的利润率比较，可以评价企业的经营业绩。

（三）资金成本计算的一般形式

资金成本可用绝对数和相对数表示。为便于分析比较，一般用相对数表示，称为资金成本率，其一般计算公式为：

$$K=\frac{D}{P-F}$$

或

$$K=\frac{D}{P(1-f)} \quad \text{（式 4-1）}$$

式中：K——资金成本(率)；

P——筹集资金总额；

D——使用费；

F——筹资费；

f——筹资费费率(即筹资费占筹集资金总额的比率)。

资金成本是选择资金来源、拟定筹资方案的主要依据，也是评价投资项目可行性的主要指标。

企业不可能只使用某种单一的筹资方式，往往需要通过多种方式筹集所需资金。为进行筹资决策，就要计算确定企业长期资金的总成本——加权平均资金成本。加权平均资金成本一般是以各种资本占全部资本的比重为权重，对个别资金成本进行加权平均确定的。其计算公式为：

$$K = \sum_{i=1}^{n} w_i \times k_i \tag{式 4-2}$$

式中：K——平均资金成本率；

w_i——第 i 种资金来源占全部资产的比重；

k_i——第 i 种资金来源的资金成本率。

从以上公式可以看出，在个别资本成本一定的情况下，企业加权平均资本成本的高低取决于资本结构。

【例 4-1】 某企业账面反映的长期资金共 500 万元，其中长期借款 100 万元，应付长期债券 50 万元，普通股 250 万元，保留盈余 100 万元；其资金成本分别为 6.7%、9.1%、11.26%、11%。该企业的加权平均资金成本为：

$$K=6.7\%\times\frac{100}{500}+9.1\%\times\frac{50}{500}+11.26\%\times\frac{250}{500}+11\%\times\frac{100}{500}=10.09\%$$

各类融资方式的资金成本计算将在后续内容中详细介绍。

第二节 企业融资

企业融资是指以企业为主体来融通资金，使企业及其内部各环节之间资金供求实现平衡运动的过程。企业融资的基本目的是维持企业正常生产和进行实业投资，扩大再生产。企业融资主要包含了债务融资与股权融资。

债务融资与股权融资有本质区别。债务融资形成的是企业的负债，借出资金方拥有债权，借款方需要还本付息，其支付的利息计入当期财务费用，可以在税前扣除。股权融资所得资金则属于资本金（股本金），出资人拥有股权，企业不需要给股东还本付息，股东的收益来自于税后盈利的分配，即股利。

一、债务融资

企业债务融资是指企业或公司，通过借款承债方式从个人、团体或金融机构借来资金，用做企业生产经营流动资金或发展建设资金，资金借出方成为公司的债权人，并获得该企业还本付息的承诺，而企业则成为债务人，承担按照约定到期还本付息的合同义务。

债务融资主要包括银行信贷、企业债券、过桥贷款和租赁融资。

(一)银行信贷

银行信贷是企业最重要的一项债务资金来源,主要是在发展建设项目上通过银行取得长期贷款。在大多数情况下,银行作为债权人有能力对企业进行干涉和对债权资产进行保护。但银行信贷缺乏流动性,一旦投入企业则长期沉淀其中,银行会面临企业延期偿还债务的风险;且经常发生借款人将银行借款挪作他用或改变投资方向,甚至转移、隐匿企业资产的行为,因此,银行放贷非常谨慎。企业使用银行信贷的风险主要是利率变化、国家宏观经济和产业经济技术政策调整、借款资金所投资的项目发生较大的市场变化导致不能如期偿还银行借款。对于中小企业而言,由于种种原因,真正得到银行信贷融资还比较难。

1. 银行信贷的种类

我国目前各大银行的借款种类主要划分如下:

(1)按用途划分,分为固定资产投资借款、更新改造借款、技术发行贷款、基本建设贷款、科技开发和新产品试制借款、出口信贷等。

(2)按提供贷款的机构划分,分为政策性银行贷款、商业银行贷款、其他金融机构贷款等。此外,企业还可从信托投资公司取得实物或货币形式的信托投资贷款,从财务公司取得各种中长期贷款等。

(3)按有无担保划分,分为信用贷款和抵押贷款。信用贷款指不需要企业提供抵押品,仅凭其信用或担保人信誉而发放的贷款。抵押贷款是指要求企业以抵押品作为担保的贷款。抵押品有房屋、建筑物、机器设备、股票、债券等。

(4)按币种划分,分为人民币贷款和外汇贷款。

2. 银行信贷取得的条件

我国的银行及非银行金融机构对企业发放贷款的原则是:按计划发放、择优扶植、有抵押或担保和按期归还。企业申请贷款一般应具备的条件包括:

(1)独立核算、自负盈亏、有法人资格;

(2)经营方向和业务范围符合国家产业政策,借款用途属银行贷款办法规定范围;

(3)借款企业具有一定的物资和财产保证,担保单位具有相应的经济实力;

(4)具有偿还贷款的能力;

(5)财务管理和经济核算制度健全,资金使用效益及企业经济效益良好;

(6)在银行设有账户,办理结算。

具备上述条件的企业欲取得贷款,先要向银行提出申请,陈述借款原因及金额、用款时间与计划、还款期限与计划。银行根据企业的借款申请,对企业的财务状况、信用情况、盈利的稳定性、发展前景、借款投资项目的可行性等进行审查。审查同意贷款后，再与借款企业进一步协商贷款的具体条件，明确贷款的种类、用途、金额、利率、期限、还款的资金来源及方式、保护性条件、违约责任等，并以借款合同的形式将其法律化。借款合同生效后，企业便可取得借款。

3. 银行信贷筹资的特点

与其他长期负债筹资相比，银行信贷筹资的优点为：

(1)筹资速度快

长期借款的手续比发行债券简单，得到借款所花费的时间较短。

(2)借款弹性较大

借款时企业与银行直接交涉，有关条件可谈判确定；用款期间发生变动，亦可与银行再协商。若企业选择债券筹资，其所面对的是众多投资者，协商改善筹资条件的可能性较小。

(3)借款成本较低

银行信贷利率一般低于债券利率，且筹资费用较少。

银行信贷筹资的缺点为：其保护性限制条款较多。由于期限长、风险大，资金使用限制较多。银行通常对借款企业提出一些有助于保证贷款按时足额偿还的条件。

4. 银行信贷的资金成本计算

向银行借款，企业所支付的利息和费用一般可作企业的费用开支，相应减少部分利润，会使企业少缴一部分所得税，因而使企业的实际支出相应减少。

对每年年末支付利息、贷款期末一次全部还本的借款，其借款成本率为：

$$K_g=\frac{I(1-T)}{G-F}=i_g\times\frac{1-T}{1-f} \qquad (式\ 4\text{-}3)$$

式中：K_g——借款成本率；

G——贷款总额；

I——贷款年利息；

i_g——贷款年利率；

F——贷款费用；

T——所得税税率；

f——贷款费用占贷款总额的比例。

(二)企业债券

债券融资是指企业通过向个人或机构投资者出售债券、可换股票据等筹集营运资金或资本开支。企业债券是企业依照法定程序发行，约定在一定期限内还本付息的债券。企业债券代表着发债企业和投资者之间的一种债权债务关系。债券持有人是企业的债权人，不是所有者，无权参与或干涉企业经营管理，但债券持有人有权按期收回本息。企业债券与股票一样，都属有价证券，可以自由转让。如果企业发行债券后，经营状况不好，连续出现亏损，可能无力支付投资者本息，造成资不抵债，企业会面临破产危险，投资者也面临投资损失的风险。从这个意义上来说，企业债券也是一种风险较大的债券。

企业债券通常有交易市场，投资者可以随时予以出售转让。这就为债权投资者提供了充分的流动性，可以降低投资“被套牢”的风险。市场对企业债券定价的准确性和及时性都比较高，债券的价格变动能及时反映企业债权价值的变化，债权人可以根据变动情况迅速采取交易行动。当然，与银行信贷相比，债券融资也有不足之处，主要是企业发行债券需要中国证监会批准，操作程序也很复杂。

1. 企业债券的种类

(1)按债券上是否记有持券人的姓名或名称，分为记名债券和无记名债券。

(2)按能否转换为公司股票，分为可转换债券和不可转换债券。可转换债券是指根据债券合同规定，可以在一定时期内按照事先规定的转换比率或转换价格转换为一定数量的普通股股票的企业债券，票面利率通常低于一般企业债券。

(3)按有无特定的财产担保，分为有担保债券和信用债券。有担保债券是指以一定的公司财产作为担保而发行的企业债券。根据担保形式的不同可进一步分为抵押债券、质押债券和保证债券。

(4)按是否参加公司盈余分配，分为参加企业债券和不参加企业债券。

(5)按利率的不同，分为固定利率债券和浮动利率债券。

(6)按能否上市，分为上市债券和非上市债券。

(7)按照偿还方式，分为到期一次债券和分期债券等。

(8)此外，还有收益企业债券、附认股权债券、附属信用债券等类别。收益企业债券是只有当公司获得盈利时才向持券人支付利息的债券，不会给发行公司带来固定的利息费用，对投资者而言收益较高，但风险也较大。附认股权债券是附带允许债券持有人按特定价格认购公司股票权利的债券，票面利率通常低于一般企业债券。附属信用债券是当公司清偿时，受偿权排列顺序低于其他债券的债券，这种债券的利率高于一般债券，目的在于补偿债券持有人由于较低的受偿顺序而带来的潜在损失。

2. 企业债券筹资的特点

与其他长期负债筹资方式相比，发行债券的突出优点在于筹资对象广、市场大。而筹资成本高、风险大、限制条件多，是其不利的一面。

企业债券筹资的优点：

(1)由于债权人不参与企业利润的分配，因此债券资金成本有确定的限制；

(2)债券的成本低于普通股和优先股；

(3)债权人不直接参与公司的经营管理，也不分享公司股东对企业的控制权；

(4)债券的利息通常列入税前支出，可为企业带来税收方面的好处；

(5)如果发行可收回债券,则可利用其可收回性,需要时可及时调整企业的资本结构。

债券筹资的缺点表现为:

(1)债券必须按时还本付息,若企业因一时资金周转不畅而不能按时还本付息,企业将陷入财务危机,甚至会导致企业破产;

(2)发行债券提高了企业的财务风险,从而要求企业为其所有者(股东)提供更高的投资报酬率,加大了企业经营的难度;

(3)长期债券的存续期较长,未来的不确定因素常会给企业带来较大的潜在偿还风险;

(4)严格的债券合同将在一定程度上限制企业的经营决策。

3. 企业发行债券的资格与条件

(1)发行债券的资格

我国《公司法》规定,股份有限公司、国有独资公司和两个以上的国有企业或者其他两个以上的国有投资主体投资设立的有限责任公司,有资格发行企业债券。

(2)发行债券的条件

根据《证券法》《公司法》和《公司债券发行试点办法》的有关规定,发行公司债券,应当符合下列条件:

1)股份有限公司的净资产不低于人民币 3 000 万元,有限责任公司的净资产不低于人民币 6 000 万元;

2)本次发行后累计公司债券余额不超过最近一期期末净资产额的 40%;金融类公司的累计公司债券余额按金融企业的有关规定计算;

3)公司的生产经营符合法律、行政法规和公司章程的规定,募集的资金投向符合国家产业政策;

4)最近三个会计年度实现的年均可分配利润不少于公司债券 1 年的利息;

5)债券的利率不超过国务院规定的利率水平;

6)公司内部控制制度健全,内部控制制度的完整性、合理性、有效性不存在重大缺陷;

7)经资信评估机构评级,债券信用级别良好。

4. 企业债券的资金成本计算

企业发行债券后,所支付的债券利息列入企业的费用开支,因而使企业少缴一部分所得税,两者抵消后,实际上企业支付的债券的利息仅为:债券利息×(1－所得税税率)。因此,债券成本率可以按下列公式计算:

$$K_B=\frac{I(1-T)}{B(1-f)}$$

或
$$K_B = i_k \times \frac{1-T}{1-f} \quad \text{（式 4-4）}$$

式中：K_B——债券成本率；

B——债券筹资额；

I——债券年利息；

i_k——债券年利息利率；

T——所得税税率。

【例 4-2】 某公司发行总面额为 500 万元的 10 年期债券，票面利率为 12%，发行费用率为 5%，公司所得税税率为 33%。该债券的成本为：

$$K_B = \frac{500 \times 12\% \times (1-33\%)}{500 \times (1-5\%)} = 8.46\%$$

若债券溢价或折价发行，为更精确地计算资金成本，应以实际发行价格作为债券筹资额。

【例 4-3】 假定上述公司发行面额为 500 万元的 10 年期债券，票面利率为 12%，发行费用率为 5%，发行价格为 600 万元，公司所得税率为 33%。则该债券成本为：

$$K_B = \frac{500 \times 12\% \times (1-33\%)}{600 \times (1-5\%)} = 7.05\%$$

（三）过桥贷款

1. 过桥贷款及其目的

过桥贷款又称搭桥贷款，过桥贷款资金被称为过桥资金。一般来讲，过桥贷款是一种短期贷款，借款企业使用它可以为长期低成本的融资安排提供担保，或还清现有的债务，或实现资本运营中某一过渡期的特殊目的。过桥贷款的性质是一种过渡性的贷款，这种类型的贷款融资允许借款人用其偿还目前的债务或解决某一历史遗留问题。也就是说，过桥贷款作为短期融资，预期今后可以用诸如长期贷款或其他融资而得以较快回收。过桥贷款的期限较短，一般最长不超过一年，利率相对较高，有时比同期银行信贷利率高出几倍，并以股权、房地产或有价证券作抵押。回收快和过渡性质是过桥贷款的最大特点。

2. 过桥贷款在资本运营中的用途

过桥贷款可以弥补借款人所需融资的时间缺口。企业融资中将过桥贷款称为缺口融资，用它弥补目前运作急需用款与正式资本融资这两者之间的时间缺口。此时过桥贷款就是一种资本运营的过渡贷款，适用于以下不同的情况。

(1)用作一轮股权融资之前。例如，公司预计几个月后发行股票或债券，但急需一笔生产经营资金，此时可使用过桥贷款，满足其营运资本的需要，将来利用发行债券或股权融资的方式来偿还过桥贷款。又如，企业挂牌上市或上市公司、增发的方式已得到核准,因募捐资金尚不到位,为解决临时性的资金向银行申请并由承销商担保的短期贷款。

(2)用于并购交易搭桥期。如企业实施某项并购,且已选定目标公司,但并购资金几个月后才能到位,此时可使用过桥贷款,在并购资金到位后偿还。

(3)用于静默期与IPO(首次公开募股)两者期间。如拟上市企业已确定引进战略投资者并完成尽职调查、签订了相关协议后,投资机构为拟上市企业提供短期资金,以便完成在申请上市前的某项具体资本运作事项以达到上市标准,并在引进战略投资者时偿还或在上市前债转股。

对企业而言,必须在某个特定运作项目及特定协议条件下方能获得过桥贷款。金融机构或投资机构发放这种贷款的目的往往是为了资本运营,过桥贷款协议也常载有权益性条款。例如,协议规定在一定条件下将过桥贷款转换为资本融资——换成企业股权;如果达不到协议约定地方上市条件,则立即收回本金和利息,这是过桥贷款与其他债务融资的根本区别。

(四)租赁融资

租赁融资也称为融资租赁、金融租赁或购买性租赁。根据国际统一私法协会《融资租赁公约》规定,融资租赁是指这样一种交易行为:出租人根据承租人的请求及提供的规格,与第三方(供货商)订立一项供货合同,根据此合同,出租人按照承租人在与其利益有关的范围内所同意的条款取得工厂、资本货物或其他设备(以下简称设备)。并且,出租人与承租人(用户)订立一项租赁合同,以承租人支付租金为条件授予承租人使用设备的权利。

我国法律对融资租赁合同的解释如下:《中华人民共和国合同法》第二百三十七条规定,“融资租赁合同是出租人根据承租人对出卖人、租赁物的选择,向出卖人购买租赁物,提供给承租人使用,承租人支付租金的合同”。

1. 租赁融资的运作模式和租金计算

(1)融资租赁的运作模式

出租人根据承租人对租赁物件的特定要求和对供货人的选择,出资向供货人购买租赁物件,并租给承租人使用,承租人则分期向出租人支付租金,在租赁期内租赁物件的所有权归出租人所有,承租人拥有租赁物件的使用权。租期届满,租金支付完毕并且承租人根据融资租赁合同的规定履行全部义务后,租赁物件所有权即转归承租人所有。尽管在融资租赁交易中,出租人有设备购买人的身份,但购买设备的实质性内容(如供货人的选择、对设备的特定要求、购买合同条件的谈判等)由承租人享有和行使,承租人是租赁物件实质上的购买人。

(2)融资租赁业属于新型金融产业

融资租赁是集融资与融物、贸易与技术更新于一体的新型金融产业,出租人即租赁公司是国家批准的非银行金融机构。由于其融资与融物相结合的特点,出现问题时租赁公司可以回收、处理租赁物，因而在办理融资时对企业资信和担保的要求比银行信贷要低，非常适合中小企业融资。此外，融资租赁属于表外融资，不体现在企业的资产负债表中，不影响企业的资信状况。这对需要多渠道融资的中小企业而言是非常有利的。

(3)融资租赁是一种特殊的金融工具

传统租赁以承租人租赁使用物件的时间计算租金，而融资租赁以承租人占用融资成本的时间计算租金。

由于租赁物件的所有权只是出租人为了控制承租人偿还租金的风险而采取的一种形式所有权，在合同结束时最终有可能转移给承租人，因此租赁物件的购买由承租人选择，维修保养也由承租人负责，出租人只提供金融服务。融资租赁实质是依附于传统租赁上的金融交易，是一种特殊的金融工具。

(4)租金的计算

出租人以租赁物件的购买价格为基础，按承租人占用出租人资金的时间为计算依据，根据双方商定的利率计算租金。全部租金等于购买租赁物件的购置成本加上租赁期的租赁融资利息，一般来说，融资租赁的年利率大约在租赁物件购置成本的10%～16%。

2. 租赁融资的种类

(1)简单直接融资租赁

由承租人选择需要购买的租赁物件，出租人通过对租赁项目风险评估后出租租赁物件给承租人使用。在整个租赁期间承租人没有所有权但享有使用权，并负责维修和保养租赁物件。出租人对租赁物件的好坏不负任何责任，设备折旧在承租人一方。

(2)杠杆融资租赁

具体做法类似银团贷款，是一种专门做大型租赁项目的有税收好处的融资租赁，通常由一家租赁公司牵头作为主干公司，为一个超大型的租赁项目融资。首先成立一个脱离租赁公司主体的操作机构——专为本项目成立资金管理公司并提供项目总金额20%以上的资金，其余部分资金来源则主要是吸收银行和社会闲散游资，利用100%享受低税的好处、“以二博八”的杠杆方式，为租赁项目取得巨额资金。其余做法与简单融资租赁基本相同，只不过合同的复杂程度因涉及面广而随之增大。一般用于飞机、轮船、通信设备和大型成套设备的融资租赁。

(3)委托融资租赁

第一种方式是拥有资金或设备的人委托非银行金融机构从事融资租赁，第一出租人同时是委托人，第二出租人同时是受托人。第二出租人接受委托人的资金或租赁标的物，根据委托人的书面委托，向委托人指定的承租人办理融资租赁业务。在租赁期内租赁标的物的所有权归委托人，出租人只收取手续费，不承担风险。这种委托租赁的一大特点就是让有资金而没有租赁经营权的企业可以“借权”经营。

第二种方式是出租人委托承租人或第三人购买租赁物，出租人根据合同支付货款，又称委托购买融资租赁。

(4)项目融资租赁

承租人以项目自身的财产和效益为保证，与出租人签订项目融资租赁合同，出租人对承租人项目以外的财产和收益无追索权，租金的收取也只能以项目的现金流量和效益来确定。出卖人(即租赁物品生产商)通过自己控股的(或合作经营的)租赁公司运用这种方式推销产品、扩大市场份额。通信设备、大型医疗设备、运输设备甚至高速公路经营权都可以采用这种方法。项目融资租赁方式将在本章项目融资相关内容中进一步介绍。

其他还包括返还式租赁，又称售后租回融资租赁；融资转租赁，又称转融资租赁等。

任何融资租赁都有风险，主要包括：①产品市场风险，主要来源于市场变化；②金融风险，特别是国际支付、汇款渠道和汇率风险；③贸易风险，来源于订货谈判到试车验收全过程，如信用证支付、运输保险、商品检验风险；④技术风险，包括技术的先进与否、技术是否成熟可靠等。

3. 租赁融资合同的基本内容与格式

这里介绍外国A租赁公司(以下简称出租人)与中国B公司(以下简称承租人)就租赁融资一事签订融资租赁合同的模板，以供参考。

合同编号：

融资租赁合同

外国A租赁公司(以下简称出租人)与中国B公司(以下简称承租人)签订本合同，其条款如下：

1. 出租人同意租出，承租人同意租进附件所列的设备；该附件是本合同不可分割的部分。

2. 租期为2年，从承租人验收设备之日起算。

3. 总租金为240万美元，从承租人接受所租设备之日开始计租。在租赁期内，月租为10万美元，应于每月5日前交入C银行的出租人账户。

在租赁期间任何一方不得要求加租或减租。如果承租人不准时交租，则应向出租人交付比该行长期贷款利率多1%的利息作为处罚。

签约后一个月内承租人向出租人提交中国银行出具的保函，担保承租人按合同规定交租。

4. 出租人必须按 CIF 中国条件在附件规定的时间内把所租设备运交承租人。

5. 出租人应于装船后把合同号码、品名规格、件数、毛重、净重、发票总值、载货船名、预计到达时间和目的港以电传通知承租人以便提货。同时还要向承租人航寄下列单据：a. 提单正本 2 份；b. 发票 4 份；c. 装船单 4 份；d. 出租人的厂家出具的关于所租设备的品质、数量检验证 1 份。

6. 货到中国港后，承租人要委托中国检验机构检验所租货物。如有品质、规格、数量等与合同规定不符，承租人有权在货到 30 天内凭该检验机构的检验证书向出租人提出索赔；或者要求出租人自费及时更换不合格的零件或机器。

7. 在租赁期间，出租人必须办理必要的保险；保险应包括第三者责任险，使在事故中遭受损失和伤亡的其他有关方也可受益。

8. 在租赁期间，出租人应免费提供租后服务，包括所租设备的安装、运转、修理和保养。承担人必须妥善爱护所租设备，保持经久耐用。如果由于承租人员的错误操作造成设备损坏，修理费应由承租人承担。

9. 出租人应按优惠价格向承租人提供原料、燃料和部件。

10. 在设备到达厂房 1 个月内，出租人要派出两名技术员到中国指导所租设备的安装，并培训承租人的技术员和工人，使他们掌握有关操作、修理和保养所租设备的技术。在这种情况下，承租人同意付给出租人的两名技术员每人月薪____元人民币；其他一切费用则由出租人承担。

11. 为达到第 10 条所述的目的，有关安装、调试、检查、修理、操作和保养的技术资料应由出租人免费提供给承租人。

12. 出租人的技术人员每季度至少要对所租设备检验一次以确保设备正常运转。承租人则要给予他们必要的协助。

13. 如果承租人涉及第三者的专利权纠纷，出租人应对其后果负责。

14. 没有出租人书面同意，承租人不得将设备转租给第三方。

15. 当合同期满时，承租人可作以下不同的选择：(1)继续再租 2 年；(2)改签融资租赁合同租用更长的时间；(3)按照双方议定价格直接购买设备。

16. 如果一方受到不可抗力的阻挡而不能履行合同义务，执行合同的时限应作相应的延长。

17. 如果一方严重违反合同的任一条款并在 60 天内未作改正，另一方可提前 60 天向违约方提交书面通知终止本合同。违约的一方应对有权终止合同的一方所受的经济损失负责赔偿。

18. 有关本合同的一切争议应该按照国际商会的调解和仲裁规则由一个或几个按该规则指定的仲裁员最终仲裁解决。

本合同用中文、英文两种文字写成，两者具有同等效力。

出租人：__________

承租人：__________

______年______月______日

签订于__________

附件出租人同意把下列设备租给承租人：

货物名称：__________ 制造厂名：__________

规格：__________ 型号：__________

数量：__________ 单价：__________

装船日期：__________ 租金总额：__________

月租金额：__________ 租金支付条款：__________

二、股权融资

股权融资是指公司通过出售或以其他方式交易公司的股份(或股票)获得企业生产经营资金和发展资金的融资方式。股权融资与其他融资方式的本质区别就是发生了公司的股权变化，资金提供者通过购买公司股权而成为公司的股东，享有股东权利、承担股东义务。

股权融资方式主要有吸收直接投资、发行股票和留存收益筹资等。

(一)吸收直接投资

吸收直接投资(以下简称吸收投资)是指企业按照“共同投资、共同经营、共担风险、共享利润”的原则直接吸收国家、法人、个人投入资金的一种筹资方式。吸收投资中的出资者都是企业的股东。企业经营状况好、盈利多，各方可按出资额的比例分享利润，但如果企业经营状况差、连年亏损，甚至被迫破产清算，则各方要在其出资的限额内按出资比例来承担损失。

1. 吸收投资的出资方式

企业在采用吸收投资方式筹集资金时，一般投资者可以用下列资产作价出资。

(1)以现金出资

以现金出资是吸收投资中一种最重要的出资方式。有了现金，便可获取其他物质资源。因此，企业应尽量动员投资者采用现金方式出资。吸收投资中所需投入现金的数额，取决于投入的实物、工业产权之外尚需多少资金来满足建厂的开支和日常周转的需要。

(2)以实物出资

以实物出资就是投资者以厂房、建筑物、设备等固定资产和原材料、商品等流动资产所进行的投资。企业吸收的实物一般应符合以下条件：①确为企业科研、生产、经营所需；②技术性能比较好；③作价公平、合理。实物出资所涉及的实物作价方法应按国家的有关规定执行。

(3)以工业产权出资

以工业产权出资是指投资者以专利权、专有技术、商标权等无形资产所进行的投资。企业吸收的工业产权一般应符合以下条件:①能帮助研究和开发出新的高科技产品;②能帮助生产出适销对路的高科技产品;③能帮助改进产品质量,提高生产效率;④能帮助企业大幅度降低各种消耗;⑤作价比较合理。

(4)以土地使用权出资

土地使用权是指按有关法规和合同的规定使用土地的权利。企业吸收投资者用土地使用权作为出资额时,一般应符合以下条件:①企业科研、生产、销售活动需要;②交通、地理条件比较适宜;③作价公平、合理。

2. 吸收投资的程序

企业吸收投资,一般应遵循以下程序:

①确定筹资数量;

②联系投资者;

③协商投资事项;

④签署投资协议;

⑤共享投资利润。

3. 吸收投资的优缺点

吸收投资的优点是:有利于增强企业信誉,有利于尽快形成生产能力,有利于降低财务风险。

吸收投资的缺点是:资金成本较高,容易分散企业控制权。如果某个投资者的出资比例较大,则该投资者对企业的经营管理就会有相当大的控制权,不利于企业治理。

(二)发行股票

1. 股票的概念

股票是股份有限公司为筹措股权资本而发行的有价证券,是股份有限公司签发的证明股东所持股份的凭证。股份是股份有限公司资本的表现形式。股份有限公司将资本划分为等额的股份。购买股票的投资者即成为公司的股东,股票实质上代表了股东对股份公司的所有权。股东凭借股票可以获得公司的股息和红利、参加股东大会并行使自己的权利,同时也承担相应的责任与风险。

2. 股票的分类

根据不同的标准,可以对股票进行不同的分类,常见的类别有以下几种:

(1)按股东享有权利和承担义务的不同划分

股票按股东享有权利和承担义务的不同,可分成普通股票和优先股票。

普通股票简称普通股,普通股的股利随公司盈利的高低而变化。普通股具备股票的最一般特征，是股份公司资本的最基本部分。

优先股票简称优先股，是股份公司依法发行的具有一定优先权的股票。优先股的股息率是固定的，但企业对优先股不承担法定的还本义务，是企业自有资金的一部分。

(2)按是否记载股东姓名划分

股票按是否记载股东姓名，可以分为记名股票和不记名股票。

记名股票是在股票上载有股东姓名并将其记入公司股东名册的一种股票。记名股票要同时附有股权手册，只有同时具备股票和股权手册，才能领取股息和红利。记名股票的转让、继承都要办理过户手续。

不记名股票是指在股票上不记载股东姓名的股票。凡持有不记名股票，都可成为公司股东。不记名股票的转让、继承无须办理过户手续，只要将股票交给受让人，就可发生转让效力，移交股权。

(3)按发行对象和上市地区的不同划分

股票按发行对象和上市地区可分为 A 股、B 股、H 股、N 股和 S 股等。在中国内地上市交易的股票主要有 A 股、B 股。A 股是以人民币标明票面金额并以人民币认购和交易的股票。B 股是以人民币标明票面金额，以外币认购和交易的股票。H 股为在中国香港上市的股票。N 股是在纽约上市的股票。S 股是在新加坡上市的股票。

3. 股东的权利

(1)普通股股东的权利

普通股股票的持有人是股份公司的股东，一般拥有以下权利：

1)公司管理权

对大公司来说，普通股股东成千上万，不可能每个人都直接对公司进行管理。普通股股东的管理权主要体现为在董事会选举中有选举权和被选举权。通过选出的董事会代表所有股东对企业进行控制和管理。股东行使管理权的途径是参加股东大会。股东大会是股份公司的权力机构。股东大会由股东组成，通常定期召开。

2)分享盈余和剩余财产要求权

股东的这一权利直接体现了其在经济利益上的要求，这一要求又可以表现为两个方面：

一是股东有权要求从股份公司经营的利润中分配股息和红利，公司盈余的分配方案由股东大会决定，每一个会计年度由董事会根据企业的盈利数额和财务状况来决定分发股利的多少并经股东大会批准通过。

二是股东在股份公司解散清算时，有权要求取得公司的剩余资产。但是公司破产清算时，财产的变价收入首先要用来清偿债务，然后支付优先股股东，最后才能分配给普通股股东。

3)出让股份权

股东有权出售或转让股票,这也是普通股股东的一项基本权利。

4)优先认股权

优先认股权是普通股股东拥有的权利,即普通股股东可优先于其他投资者购买公司增发新股票的权利。当公司增发普通股票时,原有股东有权按持有公司股票的比例,在一定期限内以低于市价的认购价格购买新股。

(2)优先股股东的权利

优先股的"优先"是相对于普通股而言的。这种优先权主要表现在以下几个方面:

1)优先分配股利权

优先分配股利的权利,是优先股的最主要特征。优先股的股利除数额固定外,还必须在支付普通股股利之前予以支付。对于累积优先股来说,这种优先权就更为突出。

2)优先分配剩余资产权

在企业破产清算时,出售资产所得的收入,优先股位于债权人的求偿之后,但先于普通股。其金额只限于优先股的票面价值.加上累积未支付的股利。

3)部分管理权

优先股股东的管理权限是有严格限制的。通常,在公司的股东大会上,优先股股东没有表决权,但是,当公司研究与优先股有关的问题时有权参加表决。

4. 发行股票融资的优缺点

(1)普通股融资的优缺点

1)普通股融资的优点

①发行普通股筹措资本具有永久性,无到期日,无须归还的优点。这对保证公司对资本的最低需要、维持公司长期稳定发展极为有益。

②发行普通股融资没有固定的股利负担,股利的支付与否和支付多少,视公司有无盈利和经营需要而定,经营波动给公司带来的财务负担相对较小。由于普通股筹资没有固定的到期还本付息的压力,所以筹资风险较小。

③发行普通股筹集的资本是公司最基本的资金来源,它反映了公司的实力,可作为其他方式筹资的基础,尤其可为债权人提供保障,增强公司的举债能力。

④由于普通股的预期收益较高并可一定程度地抵消通货膨胀的影响(通常在通货膨胀期间,不动产升值时普通股也随之升值),因此普通股融资容易吸收资金。

2)普通股融资的缺点

①普通股的资本成本较高。首先,从投资者的角度讲,投资于普通股风险较高,相应地要求有较高的投资报酬率。其次,对于筹资公司来讲,普通股股利从税后利润中支付,不像债券利息那样作为费用从税前支付,因而不具有抵税作用。此

外，普通股的发行费用一般也高于其他证券。

②以普通股融资会增加新股东，这可能会分散公司的控制权。此外，新股东分享公司未发行新股前积累的盈余，会降低普通股的每股净收益，从而可能引发股价的下跌。

(2)优先股融资的优缺点

1)优先股融资的优点

①没有固定到期日，不用偿还本金。事实上等于使用的是一笔无限期的贷款，无偿还本金义务。但大多数优先股又附有收回条款，这就使得使用这种资金更有弹性。当财务状况较弱时发行，而财务状况转强时收回，有利于结合资金需求，同时也能控制公司的资金结构。

②股利支付既固定，又有一定弹性。一般而言，优先股都采用固定股利，但固定股利的支付并不构成公司的法定义务。如果财务状况不佳，则可暂时不支付优先股股利，那么，优先股股东也不能像债权人一样迫使公司破产。

③有利于增强公司信誉。从法律上讲，优先股属于自有资金，因而，优先股扩大了权益基础，可适当增加公司的信誉，加强公司的借款能力。

2)优先股融资的缺点

①融资成本高。优先股所支付的股利要从税后利润中扣除，不同于债务利息可在税前扣除。因此，优先股成本很高。

②融资限制多。发行优先股，通常有许多限制条款，如对普通股股利支付上的限制，对公司借债限制等。

③财务负担重。优先股需要支付固定股利，但又不能在税前扣除，所以当利润下降时，优先股的股利会成为公司一项较重的财务负担。

5. 发行股票的资金成本计算

(1)普通股的资金成本

确定普通股资金成本的方法有股利增长模型法和资本资金定价模型法。

1)股利增长模型法。普通股的股利往往不是固定的，因此，其资金成本率的计算通常用股利增长模型法计算。一般假定收益以固定的年增长率递增，则普通股成本的计算公式为：

$$K_s=\frac{D_C}{P(1-f)}+g=\frac{i_c}{1-f}+g \qquad \text{(式 4-5)}$$

式中：K_s——普通股成本率；

P——普通股票面值；

D_c——普通股预计年股利额；

i_c——普通股预计年股利率；

g——普通股利年增长率。

【例 4-4】 某公司发行普通股正常市价为 56 元，估计年增长率为 12%，第一年预计发放股利 2 元，筹资费用率为股票市价的 10%，则新发行普通股的成本为：

$$K_s=\frac{2}{56\times(1-10\%)}+12\%=15.97\%$$

2)资本资金定价模型法。这是一种根据投资者股票的期望收益来确定资金成本的方法。在这种前提下，普通股成本的计算公式为：

$$K_s=R_F+\beta(R_m-R_F) \qquad (式 4-6)$$

式中：R_F——无风险报酬率；

β——股票的系数；

R_m——平均风险股票报酬率。

【例 4-5】 某市场无风险报酬率为 10%，平均风险股票必要报酬率为 14%，某公司普通股值为 1.2。新发行普通股的成本为：

$$K_s=10\%+1.2\times(14\%-12\%)=14.8\%$$

(2)优先股的资金成本

公司发行优先股股票筹资，需支付的筹资费有注册费、代销费等，其股息也要定期支付，但它是公司用税后利润来支付的，不会减少公司应上缴的所得税。

优先股资金成本率可按式(4-7)计算：

$$K_P=\frac{D_P}{P\times(1-f)}$$

或

$$K_P=\frac{P_0\times i}{P\times(1-f)} \qquad (式 4-7)$$

式中：K_P——优先股成本率；

P_0——优先股票面值；

D_P——优先股每年股息率；

i——股息率。

【例 4-6】 某公司发行优先股股票，票面额按正常市价计算为 200 万，筹资费费率为 14%，股息年利率为 14%，则其资金成本率为：

$$K_P=\frac{200\times14\%}{200\times(1-14\%)}=14.58\%$$

(三)留存收益筹资

1. 留存收益的性质

从性质上看，企业通过合法有效的经营所实现的税后利润，都属于企业的所有者。

企业将本年度的税后利润部分或者全部留存下来的原因很多，主要包括：

(1)收益的确认和计量是建立在权责发生制基础上的，企业有利润，但不一定有相应的现金净流量增加，因而企业不一定有足够的现金将利润全部或部分分派给所有者。

(2)法律、法规从保护债权人利益和要求企业可持续发展等角度出发,限制企业将利润全部分配出去。《中华人民共和国公司法》规定,企业每年取得的税后利润,必须提取10%的法定盈余公积金。

(3)企业基于自身扩大再生产和筹资的需求,也会将一部分利润留存下来。

2. 留存收益筹资的渠道

(1)提取盈余公积。

盈余公积是指有指定用途的留存净利润,它是企业按照《中华人民共和国公司法》规定从净利润中提取的积累资金,包括法定盈余公积金和任意盈余公积金。

(2)未分配利润。

未分配利润是指未限定用途的留存净利润。这里有两层含义:一是这部分净利润没有分给公司的股东;二是这部分净利润未指定用途。

3. 留存收益筹资的优缺点

(1)留存收益筹资的优点

1)资金成本较普通股低。用留存收益筹资,不用考虑筹资费用,资金成本较普通股低。

2)保持普通股股东的控制权。用留存收益筹资,不用对外发行股票,由此增加的权益资本不会改变企业的股权结构,不会稀释原有股东的控制权。

3)增强公司的信誉。留存收益筹资能够使企业保持较大的可支配的现金流,既可解决企业经营发展的资金需要,又能提高企业举债的能力。

(2)留存收益筹资的缺点

1)筹资数额有限制。留存收益筹资最大可能的数额是企业当期的税后利润和上年年未分配利润之和。如果企业经营亏损,则不存在这一渠道的资金来源。此外,留存收益的比例常常受到某些股东的限制。他们可能从消费需求、风险偏好等因素出发,要求股利支付比率要维持在一定水平上。留存收益过多,股利支付过少,可能会影响到今后的外部筹资。

2)资金使用受制约。留存收益中某些项目的使用,如法定盈余公积金等,要受国家有关规定的制约。

4. 留存收益筹资的资金成本

留存收益成本的计算公式为:

$$K_S=\frac{D_C}{P_C}+g \qquad \text{(式 4-8)}$$

式中:K_S——留存收益成本;

D_C——预期年股利额;

P_C——普通股市价;

g——普通股利年增长率。

【例 4-7】 某公司普通股目前市价为 56 元，估计年增长率为 12%，本年发放股利 2 元，则：

$$D_C = 2 \times (1 + 12\%) = 2.24(\text{元})$$

$$K_S = 2.24/56 + 12\% = 16\%$$

三、企业融资的风险管理

(一)企业融资风险的含义

企业融资风险是指企业因融入资金而产生的丧失偿债能力的可能性和企业利润(股东收益)的可变性。

资金是企业持续从事生产经营活动的前提条件，融资是企业理财的起点，融资直接制约着投资和分配。企业在融资、投资和生产经营活动中的各环节上无不承担一定程度的风险，融资风险是财务风险的重要组成部分。企业承担的风险因负债方式、期限及资金使用方式等不同，所面临的偿债压力也有所不同。因此，融资决策除了规划资金需要数量，并以合适的方式筹措到所需资金以外，还必须正确权衡不同筹资方式下的风险程度，并提出规避和防范风险的措施。如果企业决策正确，管理有效，就可以实现其经营目标。在市场瞬息万变的经济条件下，任何不利于企业的情况发生，都会使筹集的资金使用效益降低，从而产生融资风险。

(二)企业融资风险的种类

1. 按企业融资方式的不同

按企业融资方式的不同，融资风险主要可分为以下几类：

(1)银行贷款融资风险

银行贷款融资风险是指经营者利用银行借款方式筹集资金时，由于利率、汇率及有关筹资条件发生变化而使企业盈利遭受损失的可能性。主要包括利率变动风险、汇率变动风险、资金来源不当风险和信用风险等，这些风险具有一定的客观性，如利率的调整非企业自身所能决定，同时也具有可估计性，可以根据宏观经济形势、货币政策走向等估计利率、汇率等的变动趋势。

(2)债券融资风险

债券融资风险是指企业在利用债券方式筹集资金时，由于对债券发行时机、发行价格、票面利率、还款方式等因素考虑欠佳，使企业经营成果遭受损失的可能性。主要包括发行风险、通货膨胀、可转换债券的转换风险等。由于债券具有偿付本息的义务性，决定了债券融资必须充分依托企业的偿债能力和获利能力。因此，相对于股本的无偿还性，股息支付的非义务性、非固定性，债券融资的风险要大得多。这种风险同样具有一定的客观性。

(3)股权融资风险

股权融资风险是指股份制企业在利用股票融资的过程中，由于股票发行数量不当、融资成本过高、时机选择欠佳等给企业造成经营成果损失，并且因经营成果无法满足投资者的投资报酬期望，引起企业股票价格下跌，使再融资难度加大的可能性。这种风险与债务融资风险相比，风险较小。股票融资风险可由更多的股东承担，我国许多股份制企业以配股方式支付股利而无须支付现金，从而避免了负债偿息带来的财务风险。

(4)租赁融资风险

租赁融资风险是指企业利用租赁方式融资时，由于租期过长、租金过高、租期内市场利率变化等原因给企业带来一定损失的可能性。主要包括技术落后风险、利率变化风险、租金过高风险等。其中有些风险具有必然性，如技术落后风险，由于科学技术的飞速发展，这种风险是必然的。承租人承担风险有一定的被动性，因为如租期、租金、偿付租金的方法主要是由出租人来定的。

2. 按照风险的来源不同

按照风险的来源不同，企业融资风险可以分为以下几类：

(1)利率风险

利率风险与因利率变动而使企业融资成本发生的变化有关，所以利率风险的产生有以下两个条件：

1)企业的债务融资业务。如果企业没有采取债务融资方式来筹集资金，则利率变动不会对企业债务利息产生任何影响，企业也就不会因债务负担过重而形成融资风险。

2)市场利率发生始料未及的变动。企业在融资活动中产生利率风险，可以说主要是因为企业对利率走势的预期与实际并不相符造成的。如果企业对市场利率走势的预期能够与实际情况完全相符，那么企业就完全可以避免利率变化给自身带来的影响。但事实上企业是做不到这一点的。因为引起市场利率变动的因素很多。总的来说，利率水平由市场上资金的供求关系决定。而资金的供给与需求又相应地受一国的货币与财政政策，以及借贷双方对未来经济活动的预期等因素的影响。因此，借贷的期限、风险、流动性、物价水平、宏观政策等的变化都有可能引起市场利率波动。

由此可见，在现代社会中任何企业都会面临利率风险。企业以货币资金方式融资交易的规模越大，利率市场化程度越高，企业面临的利率风险就越大。

(2)外汇风险

从表面上看，外汇风险起源于汇率的变动，但汇率变动又受到外汇供求关系的影响。所以，凡是影响外汇供求关系变化的因素都是外汇风险产生的原因。这些因素包括以下几方面：

1)经济发展状况。在现代货币制度下，货币价值稳定与否取决于一国的经济发展状况。当一国经济发展稳定、货币供应适当时，其对内价值稳定，对外价值——汇率也会稳定。反之，汇率的对内价值和对外价值都难以保持稳定。

2)国际收支变化。国际收支是一国一定时期内对外交易的系统记录，它的变化直接影响着汇率变动。一般来说，当一国出现国际收支逆差时意味着外汇需求增加、外汇供给减少，将导致外汇汇率上升。反之，会导致外汇汇率下跌。

3)物价水平变化。物价表现为一国货币的对内价值。在市场经济条件下，一国物价大幅度上涨，也就代表了货币的对内贬值，而货币的对内贬值也必然影响一国货币的对外价值，并最终导致本币对外贬值，即本国货币汇率下跌。

4)利率变化。利率作为一种重要的经济杠杆，会作用到社会经济生活的各个领域，包括汇率。实际上利率与汇率是相互影响相互作用的。利率对汇率的影响主要表现在因各国利率水平存在不一致而导致外汇资金供求状况的改变，影响汇率变动。

5)各国中央银行对汇率的干预。各国中央银行为了维持汇率稳定或想通过汇率变化来实现自身的某种经济目标，往往会干预外汇市场，这会影响到外汇的市场供求，并最终使汇率向有利于自身的方向变化。

(3)信用风险

造成信用风险的因素很多，有的来自于主观原因，由债务人的道德品质决定，如部分企业信用观念淡薄，虽然有能力偿还债务，但故意拖欠债务不还；有的来源于客观原因，由债务人所处环境决定，如经济情况恶化、市场萧条，公司产品销售不出去，导致企业破产倒闭，难以偿还应付的贷款等。

(4)市场风险

市场风险是企业投资的对象由于市场价格变动而给企业带来损失的风险。由于所投资的产品在市场上的价格受到诸多因素的影响，变数极多，因此，当市场价格突变时会导致企业市场份额急剧下降，利润减少甚至亏损，形成市场风险。

(5)流动性风险

企业在融资活动中之所以会产生流动性风险，主要原因是企业的资产负债结构配置不当。企业在融资过程中负债结构配置不当是形成企业流动性风险的一个主要原因。在实际的投融资活动中，一方面很多企业主要依靠各类期限的负债来弥补资金不足；另一方面企业的投资对象多种多样，既有现金、银行存款、短期证券等流动性较强的金融资产，也有投资期限长、回收慢的房地产、基础设施等流动性较差的固定资产类的实物资产。如果企业将资金运用于大量的流动性较强的投资项目中，虽然能保证较好的流动性，满足企业偿债能力的需求，但会影响企业的盈利水平，这种盈利水平的降低又会反过来影响企业的偿债能力，产生财务风险。反之，如果企业将大量的资金运用于流动性较差的长期投资项目中，又会因各种不确定因素导致企业资金周转困难，并由此产生流动性风险。避免流动性风险最好的办法就是资产与负债的完全匹配，但实际上企业要在投融资活动中真正做到这一点往往是非常困难的。

(三)企业融资风险的识别和评估

1. 评估指标体系

识别评估融资风险指标体系如下:

(1)资本结构

资本结构是指企业长期债务资本与权益资本的比例。一般来说,特定行业的企业经过权衡,应该有其相对稳定的资本结构,资本结构若变动过大,可能影响财务和经营活动及财务目标的实现。关于资本结构的确定应该考虑企业经营的特点、资本成本、税负利益、增长能力、破产成本等。

资本结构比率=借入资本/自有资本

该指标表明企业债务资本与自有资本比例。比率越低偿还债务的能力越强,则融资风险越小。这一指标的临界值各国存有不同的看法:英国为1,日本为1~2。如果结构比率大于1,则表示风险过大,应引起警惕;如果比率小于1,则表明企业在资本结构风险方面,处于安全区。

(2)长期负债率

长期负债率=长期负债/总资产

这一指标反映企业资本结构对债务的依赖程度。比率多大合适,应结合行业及本单位的特点确定。参考值为30%~40%。

(3)债权销售比率

债权销售比率=销售收入/债权额

这一指标反映企业收回债权的能力,比率越高,其安全性越强。临界值一般为5。如果低于5,则进入危险区,应提高警惕采取措施。

(4)利息保障倍数

利息保障倍数=利息及税前利润/利息支出

这一指标衡量企业是否从经营活动中产生足够的盈利,保证定期支付利息。如果确实需要定期支付一部分本金,则所付本金也要包括在费目中。若该指标比率等于1,则意味着赚来的钱刚够融资借款的成本;大于1,企业才有利润;小于1,说明赚来的钱还不够利息。

上述四项指标,前两个表明是比值,后两个表明是能力。后者更重于前者,两者结合起来分析。上述比率达到临界点后,就进入危险区域,需要加强管理。

(5)资本成本

企业应该追求使公司价值最大的资本结构,那么此时对应的资本结构成本也应该是最低的。资本成本是以各种融资数量为权数,乘以对应融资成本的加权平均数,即:

加权平均资本成本=债务额占总资本比重×债务资本成本×(1-所得税率)+权益额占总资本的比重×权益资本成本

从价值链角度看，确定融资成本应该着重从整体成本分析高或低。

(6)财务杠杆系数

财务杠杆系数是指单位债务融资对企业每股收益的影响敏感度。财务杠杆系数越大，表明财务杠杆作用越大，财务风险也越大；财务杠杆系数越小，表明财务杠杆作用越小，财务风险也就越小。

财务杠杆系数的计算公式为：

财务杠杆系数＝普通股每股收益变动率/息税前利润变动率

(7)营运资金持有量

营运资金是流动资产与流动负债之差，营运资金持有量的多少是企业营运资金融资决策的结果，更具体地体现着企业财务风险战略。

2. 融资风险状况评估

可采用指标比较法，将测算指标值与原融资决策的目标进行比较（见表4-1），观察分析差异的有无及大小，其差异是否超过容忍度，是否达到预警临界值。

风险等级可分为5级：1级优良状态（无风险征兆）；2级正常状态（可接受的低度风险，在未来可能需要采取补救措施）；3级轻微状态（勉强接受的中度风险）；4级严重状态（超出意料的严重风险，应在规定时间采取措施将风险降低到可接受的范围）；5级危机状态（不能接受的高度风险，应在规定时间采取措施将风险降低到可接受的范围）。

表4-1　融资分析状况评估表

指　标	正常值	目标值	容度	预测值	风险等级
资本结构比率	1				
长期负债比率	30%～40%				
债权销售比率					
利息保证倍数	1				
资本成本	<市场利率				
财务杠杆系数	<1.2				
营运资金持有量					

(四)企业融资风险的应对

1. 融资风险控制措施

(1)注重资产与负债的适配性，合理确定长短期负债结构

按资产运用期限的长短来安排和筹集相应期限的债务，是规避现金性风险的有效方法之一。如购置机器设备等固定资产需要长期占用资金，则应选择长期筹资方式，如长期借款；而季节性、临时性等原因引起的短期资金需求，应用短期负债

来解决。由于资产运用时间与负债偿还的期限基本一致，既可以降低规避企业债务风险，又可以提高资本收益率。相反，如果将短期负债用于长期资产的需求，企业需要举新债还旧债，将加重企业偿债的压力，面临较大的现金性财务风险；如果用长期负债满足短期资金的需求，则会造成资金浪费，提高资金成本。

(2)合理确定资产负债率，严格控制负债规模

收支性风险在很大程度上是由于资本结构，即资产负债比例安排不当形成的，如在资产收益率较低时安排较高的资产负债率。合理确定资产负债率，严格控制负债规模是规避收支性财务风险的重要方法之一。

(3)加强经营管理，提高企业盈利能力

提高企业盈利能力是降低收支性财务风险的根本方法。如果企业盈利水平较高，净资产增长较快，就可以从根本上消除收支性风险。

(4)合理预期利率，适时选用借款的种类

利率呈现上升趋势，应采用长期负债筹资，避免未来利率上升增加利息支付；利率呈现下降趋势，应采用短期负债筹资，减少未来的付息压力。

(5)运用利率期权控制融资风险

第二章中提到，利率期权是一项关于利率变化的权利。买方支付一定金额的权利金之后，在到期日有权决定，是否按事先约定的利率和期限借入一定金额的货币。这样，当市场利率向不利方向变化时，买方可以固定其利率水平；当市场利率向有利方向变化时，买方可以获得利率变化的好处。

借款人通过买入一项利率期权，可以在利率水平向不利的方向变化时得到保护，而在利率水平向有利方向变化时受益。因此通过利率期权，企业不仅能规避利率不利变动所导致的损失，而且保留了从利率有利变动中获利的机会。

2. 融资风险的应对策略

(1)风险规避

风险规避是指放弃某种借贷资本或短期负债的融资，以避免给企业带来局部或整体的被动。这种情况一般是债权方要求过高，代价太大，企业因不能承受而不得不使用的处理方式，如过高的承诺费、补偿性余额或抵押要求等。

(2)风险接受

风险接受是企业认为某种融资方式带来的财务风险在偏好内，可以不通过采取控制、转移等手段而接受下来。

(3)风险转移

风险转移是指应债权人要求或企业自身感觉对未来的不可预知性，将财务风险与第三者或其他方共担或转嫁，如请求担保、租赁、按揭等。

(4)风险利用

风险利用是指企业抓住商机和理想环境，对融资产生的风险加以更为有效的

使用,即奇货可居的风险战略。如并购、反并购、债务重组等。

(5)风险控制

风险控制与抑制是指通过采取一系列测算、组合、对冲、营运等途径将融资风险控制在风险偏好之内。对于企业确定的融资风险基准评价指标数值,在实际融资时,可以就有关方面进行测算并与其对比。

(6)债务重组

当企业出现严重亏损、无力偿还债务时,可通过与债权人协商,采取减免债务、降低债息及债权转股本等方式,实施债务重组,从而降低企业收支性财务风险。

各企业应综合自身业务特点,采取以下措施控制融资风险发生:①要设定本企业目标值及容忍度;②要及时预测项目的预测值;③确定风险等级;④寻找产生风险的原因,针对不同原因拟定措施,防范风险发生及进一步扩大。

【案例 1】 G 公司融资案例分析

1. 公司概况

G 公司成立于 1997 年,注册资本超过 46 亿元,以建筑工程及相关工程技术研究、勘测、设计、服务,水电投资建设与经营,房地产开发经营为主业,并且多次获得国家优质工程金质奖,是隶属于国务院国资委的国有大型企业,是实行国家计划单列的国家首批 56 家大型试点企业集团之一,享有省级对外工程承包权和进出口贸易权,是国家创新型试点企业。

从 1999 年开始,通过深化企业改革,清理历史遗留问题,完善母子公司体制,初步实现了集团核心企业 G 集团公司与股份公司的分离、社会职能与生产经营职能的分离、工业三产业与建筑主业的分离。编制了《G 集团 2000 年至 2010 年发展战略》,确立主业方向,确定要通过 11 年的艰苦努力,把 G 集团建成“管理型、现代化、多元化、国际化”的实力雄厚、社会知名、企业持续发展、职工收入不断增加的一流企业集团。2001 年,在获得国家批准,实现 6.5 亿元资金债转股以后,按现代企业制度要求,G 公司实现了 G 集团核心企业的成功改制。

2. G 公司采取的融资方式

(1)发行股票

G 公司自 1997 年以来,为支持公司发展,通过多次融资为 G 公司筹集了发展所需资金。包括:2007 年和 2014 年两次增发股票,1998、2000、2009 年的三次配股。其中,2014 年 3 月 G 公司成功增发了 11 亿股 A 股,共募集 39.7 亿元,是 G 公司历史上募集资金最多的一次融资(见表 4-2 和表 4-3)。

(2)债务融资

G 公司 2008 年来进行了二十余次债券融资,同时 2007 年以来不断从银行进行贷款(见表 4-4 和表 4-5)。

表 4-2 G 公司增发股票情况

增发时间	实际增发数量/万股	实际募净额/万元	增发价格/(元/股)	发行方式	股权登记日
2014-03-27	111 731.84	397 070.45	3.58	非公开发行股票	2014-03-25
2007-09-28	61 380.92		5.39	G 公司换股吸收合并 G 水利水电工程集团有限公司，由第三方中国葛洲坝集团公司向本公司的股东提供现金选择权	2007-09-26

表 4-3 G 公司配股情况

配股公告日	配股价格/元	实际配股数量/万元	实际募资总额/万元	股权登记日	除权基准日	配股方案
2009-10-29	4.26	48 217.41	205 406.16	2009-11-02	2009-11-11	每 10 股配 3.00 股
2000-09-05	5.70	8 280.00	47 196.00	2009-11-02	2009-11-11	每 10 股配 3.00 股
1998-06-05	8.00	8 400.00	67 200.00	2009-11-02	2009-11-11	每 10 股配 2.73 股

表 4-4 G 公司发行债券情况

债券品种	时间	发行日期	到期日期	金额/亿元	发行利率
公司债券	2016 年第二期	2016-05-04	2021-05-04	20	3.27
公司债券	2016 年第一期	2016-01-19	2021-01-19	30.00	3.14
短期融资券	2015 年第二期	2015-12-09	2016-12-10	20.00	3.08
短期融资券	2015 年第一期	2015-09-10	2016-09-10	15.00	3.38
超短期融资券	2015 年第三期	2015-06-16	2015-12-13	10.00	3.65
超短期融资券	2015 年第二期	2015-05-21	2015-11-17	10.00	3.00
超短期融资券	2015 年第一期	2015-03-11	2015-09-07	15.00	4.60
中期票据	2014 年第一期	2014-12-24	2019-12-25	5.50	4.95
超短期融资券	2014 年第三期	2014-11-06	2015-08-07	15.00	4.08
超短期融资券	2014 年第二期	2014-06-16	2015-03-15	20.00	4.70
超短期融资券	2014 年第一期	2014-02-18	2014-11-16	20.00	5.70
超短期融资券	2013 年第二期	2013-10-17	2014-01-19	20.00	5.20
超短期融资券	2013 年第一期	2013-07-25	2013-10-24	20.00	4.70
中期票据	2013 年第一期	2013-03-06	2020-03-06	6.00	5.11
短期融资券	2012 年第一期	2012-07-18	2013-07-19	18.00	3.60
短期融资券	2011 年第一期	2011-07-13	2012-07-14	20.00	5.51
中期票据	2011 年第一期	2011-02-23	2016-02-25	5.00	5.85

续表

债券品种	时间	发行日期	到期日期	金额/亿元	发行利率
中期票据	2010 年第一期	2010-09-17	2015-09-20	5.00	4.27
短期融资券	2010 年第一期	2010-04-16	2011-04-19	8.00	2.92
短期融资券	2009 年第一期	2009-03-11	2010-03-12	8.00	2.00

表 4-5　G 公司银行贷款情况　　单位:百万元

报告期	短期借款			长期借款		
	期初	期末	本期增加	期初	期末	本期增加
2016/12/31	17 770.51	7 127.35	−10 613.16	23 996.73	26 152.97	2 156.24
2015/12/31	8 218.42	17 770.51	9 552.09	21 230.10	23 996.73	2 766.63
2014/12/31	5 191.25	8 218.42	3 027.17	21 281.41	21 230.10	−554.31
2013/12/31	4 862.01	5 191.25	329.23	18 114.41	21 784.41	3 670.00
2012/12/31	3 328.72	4 862.01	1 533.29	17 373.05	18 114.41	741.36
2011/12/31	2 260.33	3 382.72	1 068.39	16 052.09	17 373.05	1 320.97
2010/12/31	2 223.17	2 260.33	37.16	13 266.47	18 052.09	2 785.61
2009/12/31	3 775.50	2 223.17	1 552.33	9 966.96	13 266.47	3 299.51
2008/12/31	3 779.17	3 775.50	3.67	6 984.03	9 966.96	2 982.93
2007/12/31	1 194.65	3 779.17	2 584.52	3 651.25	6 984.03	3 332.78

3. 两种融资方式对 G 公司的影响分析

(1)对 G 公司财务状况的影响分析

1)G 公司盈利状况分析(见表 4-6)

表 4-6　G 公司 2007—2015 年盈利能力指标　　单位:%

年份	盈利能力		
	营业利润率	总资产报酬率	净资产收益率
2007 年	5.58	5.19	14.09
2008 年	4.48	5.64	16.87
2009 年	5.75	6.71	23.95
2010 年	5.25	5.90	14.07
2011 年	4.37	5.56	14.52
2012 年	3.94	4.99	13.24
2013 年	3.97	4.73	12.14
2014 年	4.73	5.41	12.58
2015 年	4.86	4.99	14.82
2016 年前三季度	4.90	2.38	10.11

G公司自2007年整体上市以来,营业收入和净利润均保持着不断平稳增长的态势。值得一提的是2008年,国内外形势错综复杂、动荡不安,先是历经雪灾,不久就是“5·12汶川特大地震”,这一年还爆发了国际金融危机,但是面对这样的一年,G公司顶住巨大压力和挑战,砥砺前行,保持着不错的业绩。2008年公司生产经营整体情况还比较乐观,得益于国家拉动内需的经济目标,工程合同签约量稳步前进,公司业绩取得了新突破,开拓了新领域——高速铁路建设,对G公司扩大产业领域是重大进展。2008年,作为G公司整体上市后极为重视的第一年,在国家整体经济环境动荡的大背景下,经济发展是头等大事,除此以外从企业内部出发,密切关注公司制度建设与完善,尤其是内部控制制度。公司经过资产重组,优化配置资源,成立了一批有针对性的专业子公司,产业结构日益完善,公司的竞争力大大提高,展现了良好的发展态势。

结合G公司历年再融资情况来看,2009年曾经以每10股配3股的比例进行配股,共募集资金20亿元,用于内遂高速公路项目的建设。结合当时的证券市场发展情况,配股这种融资方式,可以得到良好的市场反应,通过配股融资大力支持了G公司的经营,2009年的营业收入比2008年增长了37%,净利润增长了64%。同时,2009年公司的盈利能力也达到了历年最佳状态。2014年通过增发融资,成为企业发展的助推剂,营业收入突破700亿元,涨幅达到20%,净利润增加了10亿元,增幅也有不俗的表现,达到了51%。2015年营业收入上涨了15%,净利润也上涨了15%,达到了同步增长,相比2014年增速有所放缓。自2007年至今公司营业收入和净利润均稳步上升,不过,因发行债券的关系,公司的财务费用自2008年开始不断增加,但由于营业收入增长幅度远高于财务费用的增幅,公司的财务费用率出现不升反降的现象,这说明通过发行债券融资助力企业发展,并未对财务费用率造成不良影响。

2)G公司资产质量状况分析(见表4-7)

表4-7 G公司2007—2015年资产质量状况指标 单位:%

年份	总资产周转率	固定资产周转率
2007年	0.58	1.57
2008年	0.67	3.78
2009年	0.72	3.49
2010年	0.75	4.31
2011年	0.77	4.99
2012年	0.75	5.39
2013年	0.73	5.72
2014年	0.75	6.17
2015年	0.71	6.07

通过计算总资产周转率与固定资产周转率(见表4-7),发现G公司在2009年配股之前总资产周转率较低,2009年开始稳定在0.7%以上,说明G公司自2009年开始提高了总资产的利用效率。固定资产周转率是企业年销售收入净额与固定资产平均净值的比率,是衡量固定资产利用效率的一项指标,虽然在2007年只有1.57%,但自整体上市以来一直呈现平稳增长的趋势,2014年开始该项指标超过了6%,2015年固定资产利用率继续上升,按照这个趋势2016年有望突破7%,表明固定资产利用效率高,利用固定资产效果好。这两项指标从一定程度上反映了资产质量状况,对比各年发现,2014年定向增发后这两项指标均有小幅度提高。

3)G公司成长能力分析

根据表4-8所示,2009年公司以每10股配3股实行配股,资本保值增长率达到167.88%的高峰,之后的几年呈现逐渐下降的趋势,2014年公司定向增发改善了这一数据,资本保值增值率上升到136%,且之后的两年里资本保值增值率继续上升,表示企业的成长能力良好,说明增发和配股提高了企业资本的运营效率、改善了资本安全状况。

表4-8 G公司2007—2016年三季度成长能力指标 单位:%

年份	资本保值增值率	营业收入增长率
2007年	129.46	28.25
2008年	87.82	61.34
2009年	167.88	38.34
2010年	142.39	37.53
2011年	107.63	27.21
2012年	116.31	15.03
2013年	108.54	11.19
2014年	136	20.29
2015年	161.12	14.90
2016年前三季度	155.16	21.73

由此可见,股权融资和债权融资都有利于资本保值和营业收入的增长,但是相较于债权融资,2009年和2014年的股权融资更能增强G公司的成长能力。

(2)对G公司债务风险状况分析

表4-9 G公司2007—2016年三季度债务风险指标

年份	资产负债率/%	利息保障倍数
2007年	76.11	3.34
2008年	82.71	2.31

续表

年份	资产负债率/%	利息保障倍数
2007 年	78.41	3.03
2010 年	76.02	3.43
2011 年	78.72	3.05
2012 年	78.53	3.02
2013 年	79.22	3.06
2014 年	74.91	3.62
2015 年	77.98	4.14
2016 年前三季度	72.12	3.47

由表 4-9 可以看出，自 2007 年以来，G 公司的资产负债率持续保持在较高的位置，说明企业的资金来源主要是负债，企业的财务风险相对较高。建筑企业因其行业的特殊性，资产负债率居高不下，2007—2015 年该行业资产负债率的平均值维持在 70%～77.5%，作为一家国有建筑企业，G 公司的资产负债率一直高于该行业平均值。负债率高的企业会面临很大的经营压力，2008 年 G 公司的资产负债率已经超过 80%，这是一个相当危险的数值，2009 年通过配股融资不仅解决了企业的营运资金，同时降低了企业的资产负债率，2010 年起资产负债率仍然呈现上升的趋势，2013 年达到 79.22%逼近 80%，2014 年通过增发使资产负债率降到 74.91%，可见增发对该项指标的影响很显著。增发后的第二年又有上升的趋势，不过 2016 年前三季度的资产负债率却是历年来最低的。综上所述，增发和配股对资产负债率而言是一剂救命良药，能大大降低企业的资产负债率。

利息保障倍数反映的是企业能够偿还到期债务的保证程度，也体现出一个企业获利能力的强弱。建筑企业由于行业特性，企业自有资金很少，不足以维持企业经营扩张的愿望，所以大多数是举债经营，谈到借款就不得不说说偿债，利息保障倍数是衡量企业偿还借款能力大小的重要标志。企业要维持举债经营的能力，利息保障倍数必须大于 1，如果小于 1 代表没有偿还利息的能力，利息保障倍数越大，代表企业长期偿债能力越强。过低的利息保障倍数说明企业面临经营效果差甚至亏损的局面，有无法偿还利息的可能性。建筑业利息保障倍数的行业平均值多年保持在 2～2.6，G 公司的利息保障倍数基本维持在 3 以上，说明 G 公司偿还利息的能力与同行业相比较强，长期偿债能力较好。自 2009 年以来，G 公司为支持生产经营以及项目的建设大量举债，但这并未影响企业的偿债能力。2009 年的配股以及 2014 年的增发对利息保障倍数都有提拉作用，2015 年，传统建筑市场日益萎缩，行业竞争激烈，但随着国家各项政策的推出，为建筑业的发展提供了新的机遇。面对竞争与机遇并存的市场形势，G 公司创新商业模式，坚持走国际业务优先的专业化发展道路，取得显著成绩。2015年新签合同1815.98亿元，较2014年增长32%，其中新签国际合同695.15亿元，比2014年增长22.36%。为了满足资金需求，2015年发行两次短期融资券，分别募集资金15亿元、20亿元，三次超短期融资券共募集35亿元，息税前利润的增长幅度大于利息增长幅度，所以利息保障倍数大幅度提高，达到4.14。

发行债券会提高资产负债率，但对利息保障倍数的影响难以确定。而增发和配股不仅大大降低了企业的资产负债率，对利息保障倍数也有较为明显的提拉作用，说明股权融资增强了G公司的偿债能力。

4. G企业融资情况分析总结

企业的财务绩效以正常的生产经营为支撑，作为建筑企业的G公司，持续运营需要稳定的资金链作保证，历年融资虽然方式不同，但都帮助企业稳定了资金链。结合上节对G公司财务绩效的分析，总结了G企业融资中表现出的以下情况：

(1)资产负债率偏高

在上一节的数据分析中可以看出，股权融资对于G公司财务绩效的影响明显优于债权融资。但是G公司很少通过发行股票方式募集资金，自成立以来仅有三次，股权融资对于G公司来说使用难度较大，其资金来源主要是债权融资，导致了较高的资产负债率。要想通过银行借款，必须要有较强的偿债能力，银行会对资产负债率等指标有很高的要求。G公司在当地的建筑企业中属于规模较大的，多年来经营业绩良好，企业社会形象好信誉度高，加上其国有企业的身份，通过银行贷款、发行债券融资才得以顺利实现。

现阶段G公司的主要融资方式是债权融资，即向银行贷款和发行债券。从财务数据可以看出，2007年年末短期借款余额37.8亿元，2016年年末短期借款71亿元，增长了87.83%，2007年年末长期借款余额69.8亿元，2016年年末长期借款262亿元，增长了275%；2009—2015年每年都有大量的债券融资，2012年融得18亿元，2013年融得46亿元，2014年融得55亿元，2015年更是高达70亿元。以短期融资券和超短期融资券为主的短期债券，相较长期债券，其利率一般更低，但由于还款日期迫在眉睫常常面临着较大的还款压力，财务风险较高。发行债券常用于调整债务结构，置换银行贷款和补充流动资金。纵观历年的资产负债率都在74%以上，较高的资产负债率说明企业面临着较大的偿债风险，如遇较大的金融动荡，很可能造成企业的巨大损失。

(2)融资方式较为单一

除了增发、配股和债券融资，建筑企业仍有很多融资方式可以选择，比如融资租赁和项目融资，这种类型的融资限制条款较少风险较低，且均能以较小的资金撬动较大的收益。而G公司主要以债权融资，融资的利息增加了企业经营成本；同时，G公司发行债券融资频繁密集，还款期限比较集中，短期内企业必须筹集巨额资金还债，影响当期企业资金的周转和使用。过度负债融资会降低企业的再筹资能力，甚至会危及企业的生存能力，企业一旦债务过度，会使筹资风险急剧增大，进而影响企业的正常生产经营，大大降低企业的盈利能力。

(3)融资受宏观环境影响

我国资本市场经历过二十多年的发展，取得了令人瞩目的成就，融资政策推陈出新，不断完善相关制度，每一种融资方式都经历过从试点到全面推行的过程，而政策也都具有波动性，当某一项政策放松或者降低条件门槛就会引发相应的融资热潮，而当某种融资方式加强了监管，提高了审核门槛，市场就逐渐降温。G公司作为国有企业在选择融资方式的问题上迎合了国家融资政策的引导。

(4)融资决策考虑因素

首先，股权融资与债权融资对公司治理的影响不同。通过股权融资获得的资金具有永久性和无负担的特点，作为自有资金使用不需要到期归还，资金用途不被限定，既可以充实企业的营运资金也可以用于企业的投资活动。而通过债权融资获得的资金期限短且有负担，债权融资筹措的资金到期需要归还，出借资金的一方对资金的用途有限制要求，它主要是用于解决企业营运资金的短缺，而不能用于企业资本项下的开支，也就是不能用借来的钱做规定以外的投资用途。其中，通过债券融资的方式获得的资金多是以中长期为主的，相比银行融资和民间融资利率更低，同时资金的供给渠道也比较多。综上所述，债权融资获得的资金有使用期限，必须在约定的时间内归还本金，并且还要支付一定的利息，可以理解为占用他人资金的成本，但债权人对利润没有享有权，对企业也没有决策权，G公司重债权融资轻股权融资正是考虑了这一重要因素，这也符合国有企业融资的要求。但是从对G公司的财务分析来看，相较债权融资，股权融资更有利于G公司财务绩效的提高。

其次，股权融资与债权融资的融资成本不同。股权融资的成本包括了隐性成本与显性成本。隐性成本代表的是由于部分不确定因素造成的费用或者是无法用货币度量的成本，一是企业进行股权融资要对公司部分控制权出让，二是当企业采取股权融资的方式筹集资金后，代表它放弃了其他的融资方式，从而出现了机会成本。例如企业通过股权融资后，市场的利率下调，债权融资的成本下降，企业没有利用债权融资抵消税负的功能。这些都构成了股权融资的隐性成本。企业股权融资的显性成本，也就是财务成本，主要包括了企业在筹集资金过程中产生的费用以及占用资金的股利支付等。企业从申请发行股票到公开发行的过程中有大量的工作需要完成，并需要支付广告费、手续费、印刷费等。同时很多工作是依靠中介机构来完成的，因此企业必须支付股票承销的佣金。以上所有均构成了筹资费用，而后期公司盈利对新股东支付的股利也算作融资成本的一部分。债权融资的成本相对简单一些，主要成本集中在筹集资金过程中产生的费用以及对资金占用所要支付的利息。因为债权是存在期限的，所以只需要为有限期间内所占用的资金支付利息并偿还本金就可以了。因此，股权融资的成本一般高于债权融资成本，而债权融资中发行债券的成本又低于银行贷款的成本。

最后，股权融资与债权融资的难易程度不同。G公司在当地的建筑企业中属于规模较大的，多年来经营业绩良好，企业社会形象好信誉度高，加上其国有企业的身份，通过债权融资比较容易，其中银行贷款依然是国有企业融资的主要方式。而股权融资的手续繁多、审批较为复杂，发行债券则更容易获批。

第三节　项目融资

项目融资是近年来越发重要的一种融资方式。项目融资分为投资结构、融资模式、资金选择和信用保证担保四大模块。

一、项目融资的简介

(一)项目融资的参与者

项目融资的特征决定了项目融资的参与者比传统的企业融资方式多。其主要参与者有：项目发起人、项目公司、贷款银行、承建商、供应商、项目产品的购买者或使用者、保险公司、融资顾问和有关的政府机构等。上述各参与者之间的基本合同关系如图4-1所示。

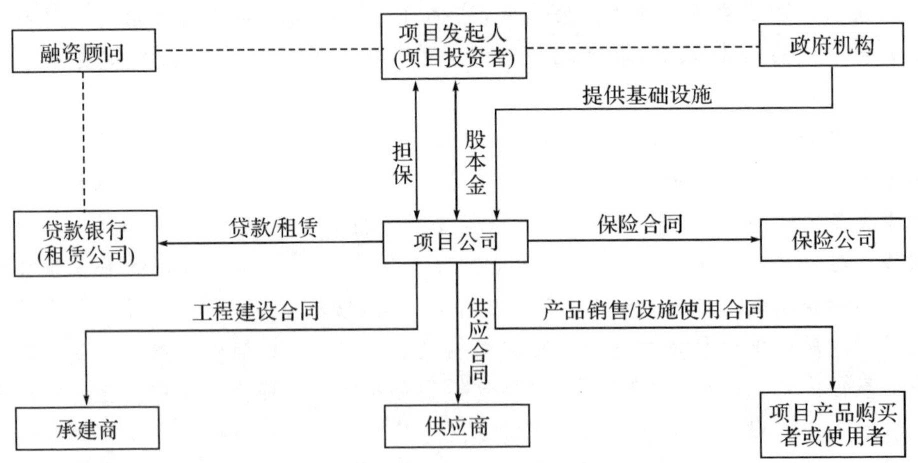

图4-1　项目融资参与者之间的基本合同关系

1. 项目发起人

项目发起人亦称项目的实际投资者。项目发起人通过组织项目融资获得资金，经过项目的投资、经营活动，获取投资利润和其他利益，实现投资者的最终目标。在有限追索的融资结构中，项目发起人除拥有项目公司的全部股权或部分股权，提供一定的股本金外，还应以直接担保或间接担保的形式为项目公司提供一定的信用支持。

项目发起人在项目融资过程中主要负责争取或协助项目公司取得项目所需的政府批文及许可证。例如，建筑、外汇、兑换、营业执照、设备进口、融资及环境等方面的批准。

项目发起人通常是一家公司。当项目的初始资本数额巨大时，单一发起人往往难以单独承担其投资风险，由两家或多家公司以合资或合作形式作为集体发起人。例如，泰国瑞阳炼油项目总投资达 24 亿美元，是由英国壳牌石油公司和泰国石油当局联合作为发起人；印度尼西亚纸浆厂项目总投资 10 亿美元，是由日本纸浆公司、丸红公司和 CITRA 等五家公司联合作为发起人。项目发起人也可以是许多与项目有关的公司（如项目的承建商、设备供应商、产品的买主或最终用户）组成的企业集团，还可以是与项目有间接利益关系的实体（如土地的所有者）。从发起人的国别看，发起人既可以是东道国境内的企业，也可以是境外的企业或投资者。一般来说，发起方中包括至少一家境内企业会有利于项目的获准与实施，降低项目的政治风险。

2. 项目公司

项目公司亦称项目的直接主办人，是指直接参与项目投资和管理，承担项目债务责任和项目风险的法律实体。实施项目融资，一个普遍的做法是成立一个项目公司，其优越性表现在：

第一，将项目融资的债务风险和经营风险大部分限制在项目公司中，项目公司对偿还贷款承担直接责任，这是实现有限追索融资的关键；

第二，根据一些国家的会计制度，成立项目公司进行融资，可以避免将有限追索的融资安排作为债务体现在项目发起人的资产负债表上，实现非公司负债型融资；

第三，对于有多国参加的项目来说，成立项目公司便于把项目资产的所有权集中在项目公司本身，由于它拥有必备的生产技术、管理、人员等条件，有利于集中管理；

第四，从贷款人角度看，成立项目公司便于银行在项目资产上设定抵押担保权益。

3. 贷款银行

项目融资的债务资金主要来源于商业银行、非银行金融机构和一些国家的政府出口信贷机构的贷款。在本书中，把上述金融机构统称“贷款银行”。采用项目融资方式建设的项目规模都十分庞大，因此在融资时必须寻求由十几家银行甚至几十家银行组成的银团贷款，也称辛迪加贷款。项目融资时，究竟由一家银行贷款还是由多家银行贷款，主要依据贷款规模和项目的风险两大因素。根据国际上许多项目融资的经验，一般来说，贷款额超过 3 000 万美元以上的项目，通常需要 3 家以上的银行组成银团提供贷款；但对那些被认为是高风险的项目，仅几百万美元的贷款，也常常需要由多家银行组成的银团提供。

商业银行等金融机构不仅是贷款方，有时也可扮演担保人的角色。例如，当项目可以从诸如世界银行等多边国际组织得到优惠利率贷款时，所有或部分为项目提供贷款的商业银行可能会出具担保或开立信用证以支持提供优惠利率贷款的多边组织。对项目发起人来说，一旦商业银行为多边组织的优惠利率贷款提供担保，就把本来具有完全追索权的多边组织贷款转化为具有有限追索权贷款（因为优惠利率贷款方的风险已经部分转移给了商业银行），这种转化为发起人带来的好处要远远超过其花费的担保费和手续费。

在项目融资的实施中，根据银团组织中各家银行在贷款中的作用不同，可将其划分以下五种不同类型的银行：

(1)安排行。安排行是最初与项目公司签订贷款协议并销售全部或部分贷款的银行。由于安排行先与项目公司签订贷款协议，之后再在银团之间签订销售协议，因此，安排行承担后期无法全部售出其贷款协议的风险，按照惯例，安排行一般由专业力量强、实际操作经验丰富的几家大银行组成。

(2)代理行。代理行是指负责项目贷款日常事务管理的一家或数家银行，其主要职能是有效地管理贷款，但要收取一定的管理费。

(3)参与行。参与行是指参加银团，并按照各自先前承诺的份额向项目公司提供贷款的银行。

(4)技术行。技术行是指负责处理与项目贷款有关技术问题的银行。

(5)保险行。保险行是指专门处理项目融资中保险问题的银行。其主要职责是从贷款银行利益出发，聘请保险顾问与保险公司联系和协商，其目的是减少贷款行因商业和政治风险而产生的损失。

4. 承建商

承建商通常指通过固定价格的一揽子承包合同而负责工程项目的设计和建设的工程公司或承包公司。

项目建设的工程公司或承包公司的资金状况、工程技术能力、资历和信誉在很大程度上影响贷款银行对项目建设期风险的判断，信誉良好的承建商有利于项目按期完成并保证质量，可以大大降低贷款的商业风险，是项目融资成功的有力保证。

5. 供应商

供应商包括设备供应商和能源、原材料供应商。

设备供应商是指为项目提供各种机械和运输设备的公司、厂商。设备供应商通过延期付款、低息优惠、出口信贷的安排，构成项目资金的一个重要来源。

能源、原材料供应商是指为项目长期提供稳定的能源、原材料的公司。它们为了寻求长期稳定的市场，在一定条件下愿意以长期的优惠价格为项目提供能源、原材料，这为项目融资安排提供了便利条件。

供应商在保证项目建设按期竣工和正常运营方面的作用十分重要，它的信誉和经济状况如何，是贷款银行在评估贷款风险时必须慎重考虑的。

6. 项目产品购买者或使用者

项目产品的购买者（承购商）在项目融资中发挥着重要的作用，因为项目建成和经营之后，是否能够有大量的稳定的现金流量还本付息，在很大程度上就取决于它。在项目融资的实践中，它通过与项目公司签订长期购买协议，尤其是“无论提货与否均需付款（take of pay）”或“提货与付款（take and pay）”性质的购买合同，保证了项目产品市场和未来现金流量的稳定性。产品购买者角色一般由项目发起人本身、有关的政府机构或对项目产品有兴趣的独立第三方担任。例如，我国广东沙角 B 电厂，发出的电力均由广东省电力部门负责购买。

7. 保险公司

保险是项目融资的一个重要内容。特别在贷款方对借款人或发起人的资产只有有限追索权的情况下，保险赔款就成了贷款方一个最主要的抵押。项目融资的巨大资金规模以及未来许多难以预料的不利因素，要求项目各方准确地认定自己面临的主要风险，及时为它们投保，并同保险公司或保险经纪公司保持密切的联系和良好的工作关系，以减少可能发生的损失。

8. 融资顾问

融资顾问通常由商业银行的投资银行业务部或专门的投资银行来担任。在项目推荐和融资谈判中，融资顾问通过对融资方案的反复设计、分析和比较，最终设计一个既能最大程度保护投资者利益，又能为贷款银行所接受的融资方案。

融资顾问应对项目所在国的情况非常熟悉，并拥有一定的专业技能和关系，以便把项目“推销”给贷款银行。个别时候，融资顾问也可以是贷款参与方。融资顾问负责撰写项目报告（信息备忘录），说明项目的性质和经济可行性，列出关于项目成本、市场价格以及需求、汇率等重要因素的数据，并简要介绍每一个项目发起方的情况。融资顾问应尽量保证报告中信息的及时性、全面性和准确性，但他们并不对报告的内容负任何法律责任。

9. 政府机构

采用项目融资方式建设的项目，一般都是投资规模大、投资回收期长的项目，这就需要项目所在国的政府及其有关机构在项目审批、产品价格确定、项目实施等方面提供支持和保证,否则项目实施可能很难进行。有关的政府机构在项目融资中扮演着间接而重要的角色,例如,在宏观方面为项目建设提供良好的投资环境,在微观方面给予有关的批准和特许运营,提供项目优惠待遇,保证外汇来源等。但在大多数情况下,政府并不直接参与到项目融资中来,即使在以 BOT 形式进行的融资活动中也是如此。有时,项目所在地的政府及其所属机构,会应发起人的请求,向贷款银行等有关方出具一种非保证作用的书面支持信或安慰信,表明对有关项目的支持。当然,政府机构可能通过代理机构进行权益投资,或成为项目产品的最大买主或用户。

上述各方是项目融资的主要参与方。有时,项目公司因缺乏相应的专业管理人才,会指定一家独立公司负责项目完工后的经营管理工作,这样的公司称为项目管理公司,它自然也是参与方之一。此外,有关的信用评估机构、律师事务所等也会参与项目融资的有关工作。

根据以上各参与方在项目融资中的职能和作用,可把所有的参与者分为以下三大类:

第一类是核心层,即项目发起人、项目公司和贷款银行;

第二类是风险分担层,即承建商、项目设备和原材料供应商、项目产品的购买者或使用者、保险公司、政府机构等;

第三类是服务层,即融资顾问以及工程顾问、法律和税务顾问等。

应当说明的是,并不是所有的项目融资都会涉及以上各方。

(二)项目融资的四大模块

项目融资的框架由四大模块构成:项目的投资结构,项目的融资结构,项目的资金结构以及项目的信用保证结构。

1. 项目的投资结构

项目的投资结构即项目的资产所有权结构,是指投资者对项目资产权益的法律拥有形式和投资者之间的法律合作关系。项目融资中,由于投资者之间的合作形式有多种,这就形成了不同种类的投资结构。各种不同的投资结构中的投资者对其资产的拥有形式,对项目产品、项目现金流量的控制程度,以及对所承担的债务责任和所涉及的税务结构是不同的。这些差异直接影响项目融资整体结构的设计。实践中,项目投资结构的设计是多种多样的。就一个具体项目而言,究竟如何确定一个最优的投资结构,还很难找到一个统一的标准。通常的做法是要求投资者依据项目的特点和合资各方的发展战略和利益追求、融资方式、资金来源等条件综合考虑。

2. 项目的融资结构

项目的融资模式是项目框架结构中的核心部分。在项目融资中,当投资、融资决策分析完成后，一项极为重要的工作就是聘请融资顾问设计融资结构，并由投资者选择合适的融资模式。

所谓融资结构的设计，是融资顾问按照投资者的要求，对几种融资模式进行组合、取舍、拼装，以实现预期的目标。国际上常用的项目融资的基本模式有：直接融资模式、项目企业融资模式、杠杆租赁融资模式、“设施使用协议”融资模式、“生产支付”融资模式、BOT 项目融资模式、PPP 项目融资模式、ABS 项目融资模式等。具体到每一个国家，项目融资的模式又可以按下列标志区分：按照项目公司的类型，可分为中外合资项目融资模式和外商融资项目融资模式；按照运营期后果是否移交，可以分为 BOT 模式和其他项目融资模式；按照抵押品的类型，可以分为以未来现金流量抵押和产品支付项目融资模式等。

3. 项目的资金结构

项目的资金结构是指项目的股本资金、准股本资金和债务资金三者之间的比例关系与其构成的方式。项目的资金结构是由投资结构和融资结构决定的，但它也会影响项目融资结构的设计。

在项目融资中，如果能灵活巧妙地安排项目的资金构成比例，选择适当的资金形式，可以达到既减少投资者自有资金的直接投入，又能提高项目的经济效益的目的。换言之，针对同一个项目，选择不同的融资结构和资金结构，最终的效果会有很大的差别。

在项目的资金结构中，通常把解决债务资金问题作为融资安排的重点，但也必须要有适当数量的股本资金和准股本资金作为融资的信用支持。债务资金的主要形式有：商业贷款、银团贷款（辛迪加贷款）、商业票据、债券、政府出口信贷、租赁等。

4. 项目的信用保证结构

前已述及，项目融资的基本特征之一是项目的风险分担，而能否保证实现风险分担的关键是项目担保。项目担保分为两大类：一类是直接的财务担保，如完工担保、成本超支担保、不可预见费用担保；另一类是间接的或非财务性的担保，如长期购买项目产品的协议、长期供货协议等。这两大类担保形式的组合就构成了项目的信用保证结构。

项目融资框架结构虽然由上述四个模块构成，但就项目融资的整体结构而言，却不能理解为四个模块的简单拼装与组合。实际的过程是项目融资的各参与方之间经过反复谈判，才能完成融资模块的设计和确定模块之间的组合关系。在这个过程中，需要反复对不同方案进行比较、选择、调整，最后确定一个最佳方案。

二、项目实体的投资结构

(一)影响项目投资结构设计的主要因素

所谓项目投资结构的设计,是指在项目所在国的法律、法规、会计、税务等外在客观因素的制约条件下,寻求一种能够最大限度地实现各投资者投资目标的项目资产所有权结构。项目投资者在投资结构设计中所考虑的目标通常是一组相对复杂的综合目标集,而不仅仅是利润目标。归纳起来,影响项目投资结构设计的因素主要包括以下几个:

1. 项目风险的分担和项目债务的隔离程度

实现融资的有限追索是采取项目融资方式的基本要求。在项目投资结构设计时,必须考虑如何根据各项目参与方的特点和要求实现项目风险的合理分配,以及使项目债务隔离程度符合项目投资者的要求。例如,若项目投资者只愿意承担间接的、有限的风险和责任,则多偏好于有限责任公司投资结构。而若投资者有能力且愿意承担更多的风险和责任,以期获得更大的投资回报,则可能会倾向于采用非法人式的契约型投资结构。

2. 利用税务优惠条件

许多国家对于建设项目的投资活动都有税收优惠政策,并且在某些特定条件下,允许税收优惠在不同公司之间合并,统一纳税,从而达到利用税务亏损冲抵公司盈利的好处,最终降低项目的综合投资成本和融资成本。税务问题在某种程度上也是项目投资结构和融资结构设计需要考虑的重要问题之一。

不同的项目投资结构,其税务结构的灵活性也不同。如在公司型投资结构中,项目公司作为一级法人是纳税主体,其应纳税收入或亏损全部留在公司内部,较难为其他投资者所利用。而在非法人式的契约型投资结构中,项目资产由投资者分别直接拥有,项目产品也是由投资者直接拥有,销售收入直接归投资者所有,即非法人式合作组织本身不是纳税主体,而投资者才是纳税主体。此时项目投资者可以将项目的亏损或盈利与其他业务的收入合并起来,统一纳税,这样可以达到利用税务亏损冲抵投资者其他业务盈利的好处。

3. 财务处理方法

项目投资结构不同,其财务处理方法也有差异,这种差异主要体现在两个方面:一是财务资料的公开披露程度;二是财务报表的账务处理方法。按照各国公司法、证券法等相关法规规定,股份公司要承担信息公开披露的责任和义务,如果投资者不愿意将项目相关资料公开,就会对有限责任公司投资结构持谨慎态度。并且,按照各国相关法律规定,采用不同的投资结构,或者虽然投资结构相同,但是采用不同的投资比例,往往会影响到项目资产负债情况是否反映在投资者自身的财务报表上以及反映方式。这就会对投资者的其他经营活动带来影响。因此，在项目投资结构设计时，应该尽量满足投资者对财务、会计处理方面的要求。

对非法人式的契约型投资结构，不管投资比例大小，该项投资全部资产负债和损益状况都必须在投资者自身的公司财务报表中全面反映出来。而对于公司型投资结构来说，必须根据具体情况进行不同的账务处理：

(1)如果投资者在一个项目公司中持股比例超过50%，此时，投资者被认为拥有被投资的项目公司的控制权，该项目公司的资产负债表需要全面合并到投资者自身公司的财务报表中去，以达到全面真实地反映该投资者财务状况的目的。

(2)如果投资者在一个项目公司中持股比例介于20%～50%之间，此时，投资者对公司没有控制权，不存在合并财务报表的问题，但由于持股比例比较大，对公司的决策有很大的影响，因此，应在投资者自身公司的财务报表中按投资比例反映出该项投资的实际盈亏情况。

(3)如果投资者在一个项目公司中持股比例低于20%，其投资对公司决策的影响就有限，所以只要求在其自身公司的财务报表中反映出实际投资成本，而不需要反映任何被投资公司的财务状况。

综上所述，投资者在设计项目投资结构时，应根据自身要求，设计出对自己有利的税务结构。如果投资者不希望将新项目的融资安排反映在自身的财务报表上，同时又不失去对项目的实际控制权，就需要小心处理投资者在项目公司中的投资比例。反之，如果投资者尽管在一个项目中所占比例较小，但仍希望能够将投资合并进自身的资产负债表中以增强公司的形象，则可适当选择非法人式的契约型投资结构和合伙制投资结构等。

4. 产品分配形式和利润提取的难易程度

项目投资者参与项目的投资、开发建设的目的或者是获得项目产品，或者是获得项目利润。项目和投资者自身特点不同，对项目产品的分配形式和利润提取方式也会有不同要求。在投资结构设计时，就需要考虑以下两个方面：

(1)投资者的经济背景。不同的投资结构，对利润的提取方式有不同的规定。如在公司型投资结构中，项目产品由项目公司统一对外销售，统一结算，统一纳税，在弥补项目经常性支出和资本性支出后，项目利润在投资者之间进行分配。而在契约型投资结构中，项目产品一般是直接分配给各投资者自己支配的。这种情况下，如果投资者拥有较广泛的销售渠道和市场知名度，就很容易将产品变现，取得收入，赚取利润。因此，从这个意义上说，大型跨国公司参与项目融资时，会偏向于选择契约型投资结构，而中小型公司参与项目融资时往往采用公司型投资结构。

(2)投资项目的不同性质对项目投资结构的影响。一般来讲，在资源开发类项目中，投资者愿意直接获得项目产品。因为这些产品是重要的资源，可能是投资者下游工业项目必需的原材料，也可能是对投资者所在国具有重要战略意义的物资。

这也是大多数跨国公司在资源丰富的发展中国家和地区从事投资活动的一个重要原因。而在基础设施项目投资中，多数投资者一般不会十分重视对项目产品的直接拥有形式，只是为了开拓公司的业务活动领域，增加公司利润。因此，在资源开发类项目中，一般以契约型投资结构从事项目的开发和建设，而在基础设施项目中则以公司型投资结构为主要形式。

5. 项目投资变动的要求

项目投资的变动包括原有投资的转让退出和新资本的进入两个方面。这两个方面的不同要求会促使投资者选择不同的项目投资结构。

(1)投资的可转让性。投资者在一个项目中的投资权益能否转让、转让程序以及转让时的难易程度是评价投资结构有效性的一个考虑因素，其结果对于项目融资的安排也会产生一定的影响。作为一个投资者，在项目经营期间，出于战略上或者经济上的原因，需要出售项目资产或权益时，其转让程序、转让成本等问题是很重要的制约因素。一般情况下，若采用公司型投资结构，则投资的转让就比较简单；而若采用契约型投资结构或合伙制结构，因为转让投资时要征得其他投资者的同意，转让投资就显得相对麻烦、复杂些。

(2)再融资便利性的要求。项目融资的另一个明显特点就是较高的债务股本比例。当项目经营出现困难时，可能会要求注入一定数量的补充资本。因此，在设计项目投资结构时，就要格外重视这一问题。项目经营中可能要求注入补充资本时，一般倾向于选择公司型投资结构，以增加增资扩股时的便利，而如果项目出现财务困境的概率较小时，则可能会偏向选择契约型投资结构。

6. 项目管理的决策方式与程序

在不同投资结构中，各投资者在投资项目管理中的经营决策权及其行使方式是不同的。在契约型投资结构和一般合伙制结构中，不论投资者投资比例的大小，投资者可直接参与投资项目的经营决策；但在公司型投资结构中，投资比例不大的投资者往往难以在项目的经营方面有重要的影响，从而难以实现自己的意志。如果投资者在项目中的投资比例不大，但又想拥有一定的经营决策权，则必须考虑采用非法人式契约型投资结构或一般合伙制结构。

(二)公司型投资结构

公司型投资结构是指股东共同出资成立有限责任公司、股份有限公司等形式的公司，以该公司为合资实体的投资结构。公司型投资结构的基础是有限责任公司，是根据《中华人民共和国公司法》成立的、与项目投资者完全分离的独立法律实体。作为一个独立的法人，公司拥有一切项目投资者出资所形成的项目资产所有权，以及处置上述资产的权利，但公司股东对项目资产既没有直接的法律权益，也没有直接的受益人权益。投资者通过持股拥有公司，并通过任命董事会成员对公司的日常运作进行管理。同时，投资者按照股权比例享有相应的决策权和收益权。

图 4-2 是一个简单的公司型投资结构示意图。投资者根据股东协议认购合资公司股份，建立并经营合资公司。合资公司将资产抵押给银行换取贷款，独立地经营和从事市场销售活动。

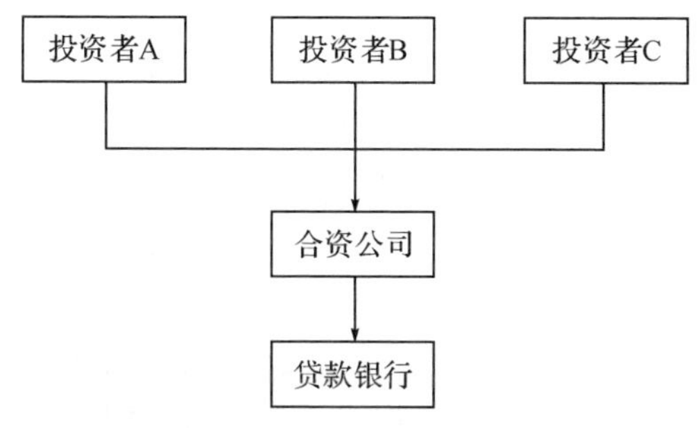

图 4-2　公司型投资结构

1. 公司型投资结构的优势

该种投资结构的优点主要表现在以下 4 个方面：

(1)有限责任。在公司型投资结构中，公司股东承担有限责任，最大的责任仅限于其认购的股本资金，从而使公司股东与项目实现了风险隔离。此时，项目的融资风险和经营风险大部分被限制在项目公司内，项目公司对偿还贷款承担直接责任。

(2)融资安排比较灵活。公司型投资结构拥有整个项目的资产及其现金流量的权益，从贷款银行的角度来说，由于项目融资对项目资产设定抵押担保权益，因此贷款银行较愿意对此类项目提供贷款。同时，公司型投资结构也容易为资本市场所接受，待到时机成熟时，比较容易发行证券筹措新的资金，这都增加了融资安排的灵活性。

(3)投资转让比较容易。公司股票代表着投资者在一个公司中的投资权益。投资者只要转让其股票也就达到了转让投资权益的目的，这比转让项目资产本身容易得多，而且转让还不影响公司的继续存在和发展。

(4)可以安排成表外融资结构。如果公司型投资结构中的任何一个投资者的股份不超过一定比例，则项目公司的债务融资安排不需要与任何一个投资者自身公司的财务报表合并，可以安排成资产负债表外融资，从而使项目投资者自身公司的负债比率较低。

2. 公司型投资结构的弊端

公司型投资结构的弊端主要表现在以下两方面：

(1)项目投资者对项目现金流量缺乏直接的控制。这对于希望利用项目现金流量自行安排融资的投资者来说，就成了一个不利因素。

(2)税务结构的灵活性差。大多数情况下，公司型合资公司本身是一个纳税实体，项目开发前期的税务亏损或优惠只能保留在公司结构中，并在规定年限中使用，因此除了100%持股的公司以外，投资者无法利用合资公司的亏损去冲抵其他业务的利润。

此外，在公司型投资结构中，还存在"双重征税"现象，即项目公司如有盈利要缴纳公司所得税，项目投资者取得红利或股息后还要缴纳公司所得税或个人所得税。这样，无形中就降低了项目的综合投资回报率。

(三)合伙制投资结构

合伙制投资结构是两个或两个以上合伙人共同从事某项投资活动建立起来的一种法律关系。合伙制投资结构不是一个独立的法律实体，其合伙人可以是自然人也可以是公司法人。合伙制投资结构通过合伙人之间的法律合约建立起来，没有法定的形式，一般也不需要在政府部门注册。合伙制投资结构有两种基本形式：普通合伙制和有限合伙制。

1. 合伙制投资结构的基本形式

(1)普通合伙制

普通合伙制，是指所有合伙人对于合伙制投资结构的经营、债务以及其他经济责任和民事责任均负连带责任的一种合伙制。普通合伙制通常只适用于专业化的合作，如会计师事务所、律师事务所等，以及被用来作为一些小型项目开发的投资结构，很少在项目融资中使用。普通合伙制投资结构的示意图如图4-3所示。

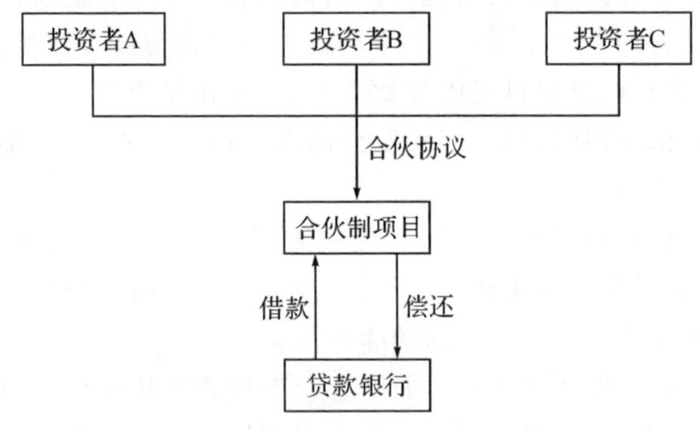

图4-3 普通合伙制投资结构

(2)有限合伙制

有限合伙制是指合伙人中至少有一个普通合伙人和一个有限合伙人。在有限合伙制投资结构中，普通合伙人负责项目的组织、经营、管理工作，并承担对合伙制投资结构债务的无限责任；而有限合伙人不参与也不能够参与项目的日常经营管理，对合伙制投资结构的债务责任也被限制在有限合伙人已投入和承诺投入到合伙制项目中的资本数量。有限合伙制投资结构的示意图如图 4-4 所示。

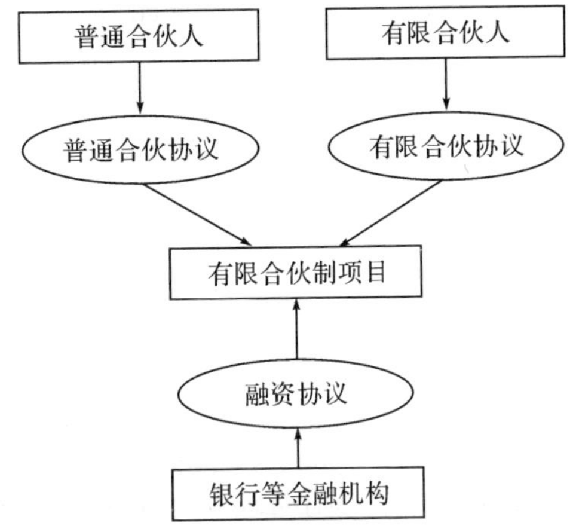

图 4-4 有限合伙制投资结构

在使用有限合伙制作为投资结构的项目中，普通合伙人是该项目领域中具有技术、管理特长并且准备利用这些特长从事项目的开发公司。由于不同投资者有对资金风险和投资成本控制等多方面的需求，普通合伙人愿意组织一个有限合伙制的投资结构，吸引对项目的税务、现金流量和承担风险程度有不同要求的投资者参加到项目中，共同分担风险和分享利润。有限合伙制能避免普通合伙制的责任连带问题，是项目融资中经常使用的一种投资结构。

2. 合伙制投资结构的优势

(1)合伙人可以充分地利用税务优惠

合伙制投资结构将一个会计年度内的净收入或亏损按投资比例直接转移给合伙人。每个合伙人单独申报自己在合伙制投资结构中的收入，并且法律允许该结构下的投资者将从合伙制投资结构中获取的收益或亏损与投资者其他来源的收入进行合并。因此，这种结构有利于投资者较灵活地做出自己的税务安排。

(2)合伙制投资结构管理比较灵活

合伙制投资结构对普通合伙人赋予了充分的决策权。合伙制投资结构中的任一普通合伙人，无论投资份额的大小，均有权代表其他合伙人做出管理决策。这样就大大简化了决策程序，提高了决策效率。

3. 合伙制投资结构的劣势

(1)普通合伙人承担无限责任

普通合伙人在投资结构中承担无限责任，一旦项目出现问题，或者如果其他合伙人无力承担其应负责任的话，普通合伙人就面临着所需要承担的责任超出其在合伙制投资结构中投资比例的风险。

(2)每个合伙人都具有约束合伙制投资结构的能力

合伙人对合伙制投资结构的约束表现在以下几个方面：一是按照合伙制投资结构的法律规定，每个普通合伙人都被认为是合伙制的代理，至少在表面上或形式上具有代表合伙制投资结构签订任何法律协议的权利；二是合伙制投资结构下的法律权益转让必须得到其他合伙人的同意。

(3)融资安排比较复杂

由于合伙制投资结构在法律上并不是一个法律实体，无法拥有项目的资产，因此合伙制投资结构在安排融资时需要每个合伙人将项目中属于自己的一部分资产权益拿出来作为抵押或担保，并共同承担融资安排中的责任和风险。合伙制投资结构安排融资的另一个潜在的问题是，如果贷款银行由于执行抵押或担保权利进而控制了合伙制投资结构的财务活动，有可能导致在法律上贷款银行也被视为一个普通合伙人，从而被要求承担合伙制投资结构所有的经济和法律责任。

(4)容易与其他投资结构相混淆

总体说来，合伙制投资结构在法律上比公司型投资结构复杂，有关的法律在不同国家之间相差较大。如果投资结构考虑不周可能出现两种极端的情况：一种是有限合伙制投资结构可能被作为公司型投资结构处理；另一种情况是如果对“参与管理”界定不清，有限合伙人可能由于被认为“参与管理”而变成普通合伙人，使有限合伙制与普通合伙制混为一谈。

尽管合伙制投资结构设计较为复杂，但由于其税务设计灵活的优点，在项目融资中也得到了较为广泛的应用。经常使用合伙制投资结构的项目有两类：一类是资本密集、回收期长但风险较低的公用设施和基础设施项目，如电站、高速公路等。投资者参与该类项目的目的是利用项目前期的税务亏损和投资优惠冲抵其他收入，提前回收一部分投资。另一类是投资风险大、税务优惠多，同时具有良好前景的资源类勘探项目，如石油、天然气和一些矿产资源的开发。许多国家对资源类地质勘探项目的前期勘探费用支出给予税收优惠政策。

(四)契约型投资结构

契约型投资结构也称为合作式投资结构，是指项目发起人之间，根据合作经营协议结合在一起的、具有契约合作关系的投资结构。合作经营协议的条款通常包括投资或合作条件、收益或产品的分配、风险和亏损的分担、经营管理的方式和合作企业终止时财产的归属等内容。

项目融资中，在石油天然气开发、采矿、初级矿产加工、钢铁及有色金属等领域有较多应用契约型投资结构，如图 4-5 所示。

1. 契约型投资结构与公司型投资结构的区别

(1)投资各方收益或产品的分配机制不同。公司型投资结构中投资各方按其

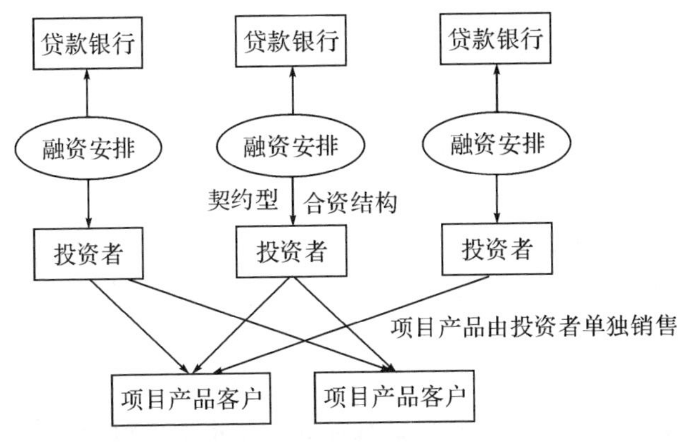

图 4-5 契约型投资结构

出资比例承担经营风险及分配利润；而契约型投资结构中收益或产品的分配、风险和亏损的分担等并不一定是按出资比例来决定的，而是可能按照合作各方达成的合作协议条款来决定。

(2)法人地位的不同。公司型投资结构具有独立法人地位，为有限责任公司或股份有限公司；而契约型投资结构不一定成立一个法人实体，契约型投资结构可能是一个合作的临时组织，也可能是一个具有独立法人地位的经济实体。

(3)投资资本回收的方式不同。公司型投资结构中投资者的投资只有在企业解散后才能回收，并且其红利或股息也要在税后利润中支付；而契约型投资结构中投资者的投资可以先行回收，甚至在获得财政、税务部门的批准后，可以在合作企业缴纳所得税前回收投资，并且固定资产折旧可以用作股东投资的提前回收。

2. 契约型投资结构的优势

(1)每个投资者直接拥有全部项目资产的一个不可分割的部分，直接拥有并有权独自处理其投资比例的项目最终产品。投资者只承担与其投资比例相应的责任，投资者之间没有任何的连带责任或共同责任。

(2)一般成立项目联合管理委员会对项目实施管理。根据合作协议，该委员会由每个投资者派出代表组成，投资者代表有权代表本公司的利益在联合管理委员会进行投票。每个投资者都有权做出与其投资比例相应的项目投资、原材料供应、产品处置等重大商业决策。联合管理委员会往往会委托其他经营者经营该项目。

(3)可以充分利用税务优惠。契约型投资结构多数时候不是一个法人实体，所以项目本身不必缴纳所得税，其经营业绩完全合并到各个投资者自身的财务报表中去。因此。若项目投资者本身具有很好的经营业绩，新的投资项目就可以采用契约型投资结构以吸收项目建设期和试生产期的税务亏损和各种投资优惠，用于冲抵公司所得税，从而降低项目的综合资金成本。

(4)融资安排的灵活性。契约型投资结构中,项目投资者直接拥有项目的资产,直接掌握项目的产品,直接控制项目的现金流量,并且可以独立设计项目的税务结构,这就为投资者提供了一个相对独立的融资活动空间。每一个投资者均可以按照自身发展战略和财务状况来安排项目融资。

3. 契约型投资结构的劣势

(1)投资转让程序比较复杂,交易成本比较高。在契约型投资结构中,投资转让是投资者在项目中直接拥有的资产和合约权益的转让。与股份转让或其他资产形式的转让相比,转让程序比较复杂,交易成本较高。

(2)管理程序比较复杂。由于缺乏现成的、较具操作性的法律规范契约型投资结构的行为,参加该种结构的投资者的权益保护基本上依赖于合资协议,因而必须在合资协议中对所有的决策和管理程序按照问题的重要性清楚地加以规定。尤其对于投资比例较小的投资者,一定要在合资协议中提出保护其在重大问题上的发言权和决策权。此外,在契约型投资结构中,项目投资者将组建工程项目管理委员会或聘请第三方作为融资项目的管理者,从而导致管理链条的分散和拉长,因此,管理程序操作复杂。

三、项目的融资模式

(一)项目融资模式设计的基本原则

项目融资模式是指项目法人取得资金的具体形式。资金从哪里来和如何取得,既有区别又有联系。一定的融资模式,一般只适用于某一特定的融资渠道,但同一渠道的资金,往往可采用不同方式取得,而同一融资方式又往往适用于不同的融资渠道。项目融资模式是项目融资整体结构组成中的核心部分,是对项目融资各要素的综合,设计项目融资模式,实际上是对项目融资要素的具体组合和构造。设计项目的融资模式,首先需要确定好设计原则,并与项目投资结构的设计同步考虑,在项目的投资结构确定下来之后,进一步细化完成融资模式的设计工作。

1. 有限追索原则

实现融资对项目投资者的有限追索,是设计项目融资模式的基本原则之一。追索的形式和追索的程度,既取决于贷款银行对一个项目风险的评价以及该项目融资结构的设计,又取决于项目所处行业的风险系数、投资规模、投资结构、项目开发阶段、项目经济强度、市场安排以及投资者的组成、财务状况、生产技术管理、市场销售能力等多方面的因素。条件基本相同的项目,如果上述因素有程度上的差异,项目融资的追索形式或追索程度也会有相应变化。

按照有限追索原则,在融资过程中为了限制融资对投资者的追索责任,需要考虑三个方面的问题:

(1)融资项目的经济强度在正常情况下必须足以支持融资的债务偿还;

(2)必须能够找到强有力的来自投资者以外的信用支持；

(3)融资结构的设计必须做出适当的技术性处理，如提供必要的担保等。

2. 项目风险分担原则

保证投资者不承担项目的全部风险责任也是项目融资模式设计的一条基本原则，而要做到这一点，就需要在投资者、贷款银行以及其他与项目利益有关的第三方之间合理有效地划分项目的风险，力争实现对投资者的最低债务追索。前面相关章节的分析已经表明，项目不同运行阶段中的各种性质的风险都有可能通过合理的融资结构设计将其分散。例如，项目建设中投资者可能需要承担全部的项目建设期和试生产期风险，但是在项目建成投产以后，投资者所承担的风险责任将被限制在一个特定的范围内，比如投资者可能只需要以购买项目全部或者绝大部分产品的方式承担项目的市场风险，而贷款银行则可能同样需要承担项目的一部分经营风险。这是因为即使投资者或项目以外的第三方产品购买者以长期协议的形式承购了全部项目产品，对贷款银行而言，也存在着国际市场产品价格过低导致项目现金流量不足和项目产品购买者不愿意或者无力继续执行产品销售协议，造成项目产品销售不畅等潜在的风险。项目风险的分担同样需要考虑投资结构的支持。例如，在合资项目中，主要投资者可通过引入一些小股东(投资者)的方式保证一部分项目产品的销售，可以起到很好的分担市场风险的作用。

3. 成本降低原则

一般来讲，项目融资涉及的投资数额大，资本密集程度高，运作的周期也长，因此，在融资项目设计与实施的过程中应该考虑的一个重要方面就是如何降低成本的问题，这里最主要的是一些经济手段的运用。比如，世界上多数国家的税法都对企业税务减免问题有相应的规定，但是税务减免不是无限期的(个别国家例外)，短则只有三五年，长的也只有十年左右时间。同时，许多国家政府为了发展经济还制定了一系列的投资鼓励政策，并且其中很多政策也通过税前税后的规定与项目的纳税基础紧密联系起来，因此，投资者完全可以利用这些税务减免的手段来降低项目的投资成本和融资成本。除此之外，降低成本还可从项目的投资结构和融资结构两个方面入手：一是完善项目投资结构设计，增强项目的经济强度，降低项目风险，减少债务资金成本；二是要合理选择，科学确定融资渠道，优化资金结构和融资渠道配置，降低项目的融资成本。

4. 完全融资原则

现实经济运行中，任何项目的投资，包括采用项目融资方来安排资金的项目都需要投资者在项目运作中注入一定数量的股本资金作为对项目开发的支持。但项目融资过程中，股本资金的进入方式比传统的企业融资要灵活很多。投资者股本资金的注入完全可以考虑以担保存款、信用证担保等非传统形式来完成，这可以看作是对传统资金注入方式的一种替代，投资者据此来实现项目100%融资的目标要求。

而要做到这一点，就需要在设计项目融资结构的过程中，充分考虑如何最大限度地控制项目的现金流量，保证现金流量不仅可以满足项目融资结构中正常债务部分的融资要求，而且可以满足股本资金部分的融资要求。项目现金流量的充足程度是贯彻这一原则的基础。

5. 近期融资与远期融资相结合的原则

综观世界各国项目融资的情况可以看出，项目融资一般都是7～10年的中长期贷款，期限最长的可以达到20年左右。而在投资过程中，有的投资者愿意接受长期的融资安排，有的投资者则更多考虑的是近期融资的需要，他们选用项目融资方式是出于对某个国家或某个投资领域不十分熟悉，对项目的风险及未来发展没有十分的把握而采取的一种谨慎策略，或者是出于投资者在财务、会计或税务等方面的特殊考虑而采取的一种过渡性措施。在此背景下，其融资战略只能是一种短期战略，项目运行中如果采用项目融资方式的各种决定因素变化不大，就长期地保持这种项目融资的结构；一旦这些因素朝着有利于投资者的方向发生较大的变化，他们就会希望重新安排融资结构，放松或取消银行对投资者的种种限制。降低融资成本，这就是在项目融资中经常会遇到的“重新融资问题”。这也是投资者基于经济利益因素而做出的正确选择。基于这一原因，在设计项目融资结构时，投资者需要明确选择项目融资方式的目的以及对重新融资问题是如何考虑的，为尽可能地把近期融资与远期融资结合起来，不同的项目融资结构在重新融资时的难易程度是有所区别的，有些结构比较简单，有些结构相对复杂，项目融资模式的设计必须充分考虑这一问题。

(二)项目融资的基本模式

1. 直接安排模式

直接安排模式是指项目发起人直接安排项目的融资，并直接承担其融资安排中相应的责任和义务。这种模式在非公司型合资结构中比较常见，因为绝大多数的非公司型合资结构不允许以合资结构或管理公司的名义举债。一方面，项目发起人与项目管理公司签订协议，由项目管理公司负责项目建设和销售工作，项目发起人也可自行对项目进行管理；另一方面，项目发起人与项目贷款人签订融资协议，由贷款人给开发项目提供贷款。同时，项目发起人将自有资金注入开发项目，使项目得以启动。在项目的建设过程中，项目贷款人通过银行账户对项目进展情况进行监控，并按协议规定陆续注入后续资金。当项目建设成功并进入经营或销售阶段时，按项目发起人与项目贷款人的协议，将税后收入的一部分用于贷款的偿还，剩余部分作为利润由项目发起人支配。这种模式需要直接使用项目发起人名义进行融资安排，因此，对于资信状况良好的项目发起人来说，获得的资金成本较低。

2. 项目公司模式

项目公司模式是指开发商以自有资金作为股本金设立独立的项目公司，再由该项目公司以自身名义与融资方签订融资协议的模式。项目公司对项目的建设和销售进行管理，同时承担相应的法律义务。项目公司以所开发项目的未来现金流作为还款保证。

一般情况下，由于项目公司缺乏必要的经营历史和信用记录，在申请融资时往往需要开发商提供一定的担保，如完工担保。开发商需要对由于工程或技术上的原因造成的开发项目过期或成本超支承担责任。在这种模式下，开发商只是提供了一种有限责任的直接担保，而融资的主体是项目公司，这样开发商所承担的责任和义务就大大降低了。

(三)项目融资的常见模式

1. “设施使用”模式

(1)概念及适用项目

它的全称是“设施使用协议”。以“设施使用协议”为基础的项目融资模式，是指围绕着一个工业设施或者服务性设施的使用协议作为主体安排项目融资。这种“设施使用协议”，在工业项目中也称为“委托加工协议”，是指在某种工业设施或服务性设施的提供者和这种设施的使用者之间达成的一种具有“无论提货(使用)与否均需付款”性质的协议。以“设施使用协议”为基础安排项目融资，其成败的关键在于项目设施的使用者能否提供一个强有力的具有“无论提货(使用)与否均需付款”性质的承诺。这种承诺要求项目设施的使用者，在项目融资期间，不管是否真正地利用了项目设施所提供的服务，都得向设施的提供者无条件地定期支付预先确定数额的项目设施使用费。项目设施使用费在理论上要足以能够支付融资期间项目的生产运营成本和偿还债务。因此至少需要考虑以下三个方面：一是生产运营成本和资本再投入费用；二是融资成本，即项目融资的本金和利息的偿还；三是投资者的收益，在这方面的考虑较前两方面要灵活一些，可以根据投资者股本资金的投入数量和投入方式做出不同的结构安排。

在项目融资中，这种无条件承诺的合约权益，即获得项目设施使用费的权益将被转让给提供贷款的银行和项目投资者提供的完工担保一同构成项目信用保证结构的主要组成部分。

以“设施使用协议”为基础的融资模式，主要应用于石油、天然气管道项目、发电设施、某种专门产品的运输系统以及港口、铁路设施等带有服务性质的项目。20世纪80年代以来，在很长一个时期内，由于国际原材料市场不景气而导致与原材料有关的项目投资风险过高，包括工业国家在内的公司、财团对这一领域的新项目投资都持相当谨慎的态度，因此这种融资模式开始被引入工业项目中。

(2)运作方式

下面以一案例说明以“设施使用协议”为基础的融资模式的运作过程。

【案例 2】 几个投资者准备以非法人式契约型合资结构的形式在某国著名铁矿区投资兴建一个大型的铁矿开发项目。由于该地铁矿石质地优良,该项目与国外一些著名钢铁公司订有长期的铁矿石供应协议。但是,由于当地港口运输能力不够,严重影响项目的生产和出口。于是,铁矿开发项目的几个投资者决定对港口进行扩建,以扩大港口的出口能力。但铁矿开发项目的投资者或者出于本身财务能力的限制,或者出于发展战略上的考虑,不愿意单独承担起港口的扩建工作。项目投资者希望铁矿石买方能够共同参与港口的扩建工作,然而,买方出于各种考虑也不愿意进行直接的港口项目投资。经过谈判,铁矿项目投资者与主要铁矿石客户等各方共同商定,利用“设施使用协议”作为基础安排项目融资来筹集资金扩建港口。

其具体操作步骤如下:

(1)签订“设施使用协议”。铁矿开发项目的投资者与作为项目铁矿石买方的国外钢铁公司谈判达成协议,由铁矿石买方联合提供一个具有“无论提货(使用)与否均需付款”性质的港口设施使用协议。协议规定,一旦港口扩建成功,铁矿石买方就定期向港口的投资者支付规定数额的港口使用费作为项目融资的信用保证。由于签约方是实力雄厚的钢铁公司,这个协议能够为贷款银行所接受。对于实力较小的公司,则可能还需要银行的担保信用证。理论上,项目设施的使用费在融资期间应能够足以支付港口项目的生产经营成本、项目债务本息和投资者合理的收益。

(2)组建项目管理公司。铁矿开发项目投资者在取得买方的港口设施使用协议及铁矿的长期销售合约后,投资组建一个港口运输管理公司,负责拥有、建设、经营整个铁矿运输港口系统。由于港口的未来吞吐量及其增长有协议保证,港口经营收入也相对稳定和有保障,所以铁矿开发项目的投资者可以将新组建的港口运输管理公司的股票发行上市,公开募集当地政府、机构投资者和公众的资金作为项目的主要股本资金。

(3)公开招标选择项目承包商。中标的承包商必须具备一定标准的资信和经验,并且能够由银行提供履约担保。港口运输管理公司要与中标的工程承包商签订“交钥匙”工程建设合同。

(4)构建项目融资的信用保证框架。铁矿项目投资者将“港口的设施使用协议”转让给新组建的港口运输管理公司,港口运输管理公司以该协议和工程承包商的承建合同以及其提供的工程履约担保作为融资的主要信用保证向贷款银行取得融资。

上述案例中,以“设施使用协议”为基础的项目融资模式中各方的关系如

图 4-6 所示。

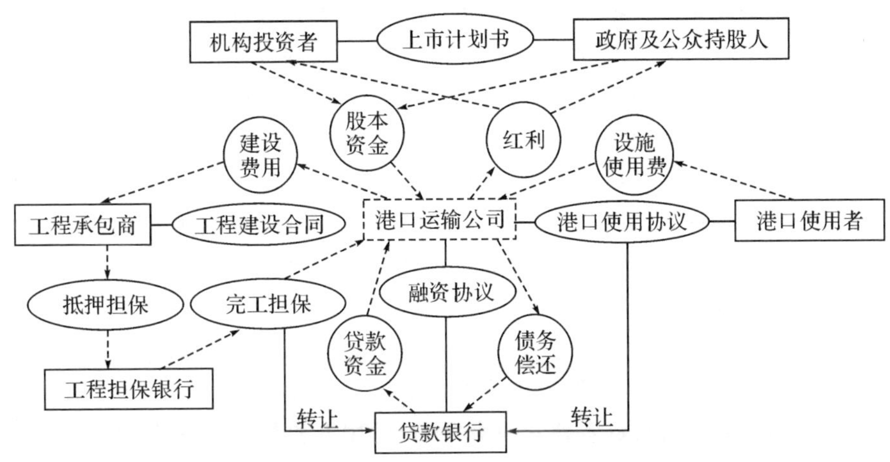

图 4-6 以“设施使用协议”为基础的项目融资模式

对于作为铁矿石客户的国外钢铁公司而言，只需承诺正常使用港口设施和支付港口使用费的义务，与直接参与港口的扩建投资相比，避免了投资风险；对于铁矿项目的投资者来说，在完成了港口的扩建工作的同时，避免了大量的资金投入，有效地将港口项目的风险分散给了与项目有关的用户、工程承包商以及其他投资者。更重要的是，通过这一安排保证了铁矿项目的长期市场。通过这一案例，也可以进一步理解市场安排在项目融资中所起到的关键性作用。

(3)特点

1)在投资结构的选择上比较灵活，既可采用公司型合资结构，也可采用契约型合资结构、合伙制结构，按照项目性质、项目投资者和设施使用者的类型及融资、税务方面的要求，设计相应的投资结构。

2)适用于基础设施项目。使用该融资模式时，项目的投资者可以利用与项目利益有关的第三方，即项目设施使用者的信用来安排融资、分散风险、节约初始资金的投入，因而特别适用于资本密集，收益相对较低但相对稳定的基础设施项目。

3)采用该种模式进行的项目融资活动，在税务结构处理上比较谨慎。这突出表现在虽然国际上有些项目将拥有设施使用协议的公司利润水平安排在损益平衡点上，以达到转移利润的目的，但有些国家的税务制度在这一方面有一定的规制要求。

2. “产品支付”模式

(1)概念及适用项目

产品支付(Production Payment)融资模式，亦称生产支付融资模式，是指建立在贷款银行从项目中购买某一特定矿产资源储量的全部或部分未来销售收入权益的基础上的融资安排。根据“产品支付协议”，贷款银行远期购买项目全部或一定比例的资源储量或未来生产的资源性产品产量，这部分资源储量或产量的收益将作为项目融资的主要偿债资金来源。因此，产品支付的融资安排是贷款银行通过直接拥有项目的产品和销售收入，而不是通过抵押或权益转让的方式来实现的。

产品支付融资模式是项目融资的早期模式之一，起源于20世纪50年代美国的石油、天然气项目的融资安排，后被广泛运用到各种矿产资源开发项目中。一般来说，产品支付融资模式适用于资源储量已经探明并且项目生产的现金流量能够比较准确预测的资源开发项目。

(2)运作方式

通常情况下，以产品支付融资模式的基本运作思路如下：

1)贷款银行或项目投资者建立一个“融资的中介机构”，由该机构与项目公司签订“产品支付协议”(有时还要签订“销售代理协议”)，从项目公司购买一定比例的项目资源储量或未来生产的资源性产品产量，作为项目融资的基础。

2)根据产品支付协议，融资中介机构以支付产品“购货款”的形式为项目企业融资，提供项目的建设和资本投资资金，而项目公司则承诺按照一定的价格计算公式安排产品支付。产品的定价要在产品本身价格的基础上考虑到“利息”因素。同时，融资中介机构要求以项目固定资产抵押和完工担保作为项目融资的信用保证。

3)融资中介机构以产品支付协议规定的产品销售收入权益为抵押，从贷款银行处获得用于向项目公司支付购买协议规定比例或数量的资源性产品的资金。

4)在项目进入生产期后，如果签订了销售代理协议，项目公司将作为融资中介机构的代理销售其产品，销售收入直接进入融资中介机构用以偿还债务；若没有销售代理协议，则融资中介机构要在市场上直接销售产品或销售给项目公司或其他相关公司，以销售收入偿还从贷款银行处借入的“购货款”。

实际上，产品支付融资模式中贷款银行也可以直接安排融资而不利用融资中介机构。但是，利用融资中介机构有利于贷款银行将一些由于直接拥有资源或产品而引起的责任和义务(例如环境保护责任)限制在融资中介机构内，并且在信用保证结构上，利用融资中介机构比直接安排融资时简单。因此，产品支付融资在大多数情况下都会设立一个融资中介机构。

上述运作思路如图4-7所示。

(3)主要特点

1)信用保证结构较其他融资方式独特。产品支付的融资安排是建立在贷款银行购买某一特定矿产资源储量的全部或部分未来销售收入权益的基础上的。在这一安排中，提供融资的贷款银行从项目中购买到一个特定份额的生产量，这部分生产量的收益也就成为项目融资的主要偿债资金来源。因此，产品支付是通过直接

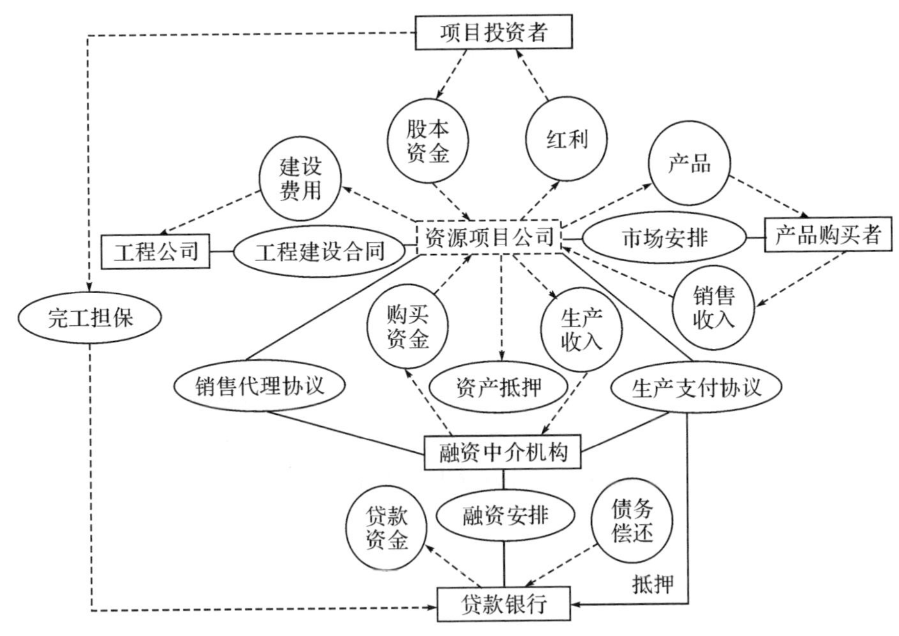

图 4-7 以“产品支付协议”为基础的项目融资模式

拥有项目的产品和销售收入，而不是通过抵押或权益转让的方式来实现融资的信用保证。对于那些资源属于国家所有，投资者只能获得资源开采权的国家和地区，产品支付的信用保证主要通过购买项目未来生产的现金流量，加上资源开采权和项目资产的抵押来实现。

2)融资容易被安排成为无追索或有限追索的形式。由于所购买的资源储量及其销售收益被作为产品支付融资的主要偿债资金来源，而融资的数量决定于产品支付所购买的那一部分资源储量的预期收益在一定利率条件下贴现出来的资金现值。所以贷款的偿还非常可靠，融资比较容易被安排成为无追索或有限追索的形式。在产品支付融资安排中，如何计算所购买的资源储量的现值是一个关键并且复杂的问题。它需要考虑资源总量、资源价格、生产计划、通货膨胀率、汇率、利率及资源税等一系列相关因素来合理确定。

3)在产品支付融资中，贷款银行一般只为项目的建设和资本费用提供融资，而不承担项目生产费用的贷款。并且要求项目投资者提供最低生产量、最低产品质量标准等方面的担保。

3. “杠杆租赁”模式

(1)概念及应用范围

杠杆租赁属于融资租赁的一种，既可为整个项目安排融资，也可用来安排债务资金作为整个项目融资的一个组成部分。杠杆租赁融资模式是指在项目投资者的要求下，资产出租人以租赁费优先获得权的转让和租赁资产的抵押向贷款人取得贷款，购买项目资产，然后租赁给资产承租人，即项目投资者，资产承租人以项目营运收入支付租赁费而获取资产使用权的一种融资模式。资产出租人和贷款银行的收入以及信用保证主要来自该租赁项目的税务优惠、租赁费、项目的资产以及对项目现金流量的控制。显然，对资产出租人而言，杠杆租赁融资模式是一种无追索或有限追索的资金融通方式。

一般的租赁融资将项目的税务结构和会计处理问题放在设计项目投资结构时加以考虑和解决，而杠杆租赁模式是在融资结构设计时将项目的税务结构作为一个重要的组成部分加以考虑，因此杠杆租赁融资模式也称“结构性融资模式”。

杠杆租赁的应用范围比较广泛，既可以为一个大型项目安排融资，也可以为项目的一部分建设工程安排融资，比如购置项目的某一专用大型设备。

(2)运作方式

杠杆租赁融资模式的运作程序主要包括以下步骤：

1)项目投资者确定或参加一个项目的投资，并设立项目公司或专设公司。

2)项目投资者将项目资产及其在投资结构中的全部权益转让给资产出租人，并提供具有“无论提货与否均需付款”或“提货与付款”性质的产品承购协议。资产出租人——合伙制结构通过转让销售合同、应收款形式和建立项目现金流量控制账户形式获得担保，将融资安排成有限追索形式，同时与项目公司或专设公司签订项目租赁协议。

3)项目建设期，项目投资者为融资安排提供完工担保，承担项目的全部责任。合伙制结构从贷款人和股本参加者处获得项目建设费用和流动资金，与工程承包公司签订工程建设合同，支付项目的建设费用。

4)项目经营阶段，项目公司在拥有项目资产使用权的基础上进行生产经营，并按租赁协议逐年支付租赁费。杠杆租赁经理人按照生产费用、项目资本性开支、杠杆租赁经理人的管理费、到期债务偿还、股东投资收益等先后顺序分配和使用项目现金流量。

5)租赁期末，项目投资者的一个相关公司需要以事先商定的价格将项目的资产购买回去。但该相关公司不能为投资者本人或其设立的项目公司，否则此项交易的性质变为委托购买，不能享受杠杆租赁融资中的税务好处。

(3)杠杆租赁融资的优势

与其他项目融资方式相比，杠杆租赁融资模式具有以下优势：

1)融资成本较低。由于杠杆租赁融资通常能够得到税收和政策上的优惠，因而可以降低融资成本。在杠杆租赁融资结构中，出租人通常可以获得投资税务抵免、加速折旧等好处，这些税务好处可以作为补偿股本参加者的股本资金投资收益的一个重要组成部分，使项目投资者获得较低的融资成本。另外，在一些国家，如果租赁的设备为新技术、新设备，符合政府产业政策的要求，可享受到政府的融资优惠和信用保险。比如政府对租赁公司提供低息贷款，并在承租人无法交付租金时，向租赁公司赔偿部分租金以分担其风险和损失。这样，金融租赁公司就可以将这些优惠以较低租金的形式分配给承租人一部分。

2)易实现完全融资。在一般项目融资中，项目发起人总是要提供一定比例的股本资金，以增强贷款人提供有限追索性贷款的信心。在杠杆租赁融资模式中，由债务参加者和股本参加者所提供的资金构成了被出租项目的全部或大部分建设费用或者购买价格，因此很可能全部解决项目所需资金或设备问题，而不需要项目投资者进行任何股本投资，即实现100%的融资。

3)不直接拥有但仍控制项目资产。根据金融租赁协议，作为承租人的项目公司拥有租赁资产的使用权、经营权、维护和维修权等，因此金融租赁项下的资产甚至通常被视为由项目投资者完全所有、由银行融资的资产。

(4)杠杆租赁融资模式的劣势

与其他项目融资模式相比，杠杆租赁模式的主要缺陷是融资结构、法律关系和操作管理非常复杂，这种复杂性导致了以下两方面的问题：

1)由于杠杆租赁融资模式结构相当复杂，所以组织成功也相当困难。并不是任何人都可以组织起以杠杆租赁为基础的项目融资，项目资产承租人本身的资信状况是一个相当关键的评断指标。

2)同样，由于杠杆租赁融资结构的复杂性，导致不易对融资进行重新安排。因此，项目投资者在选择杠杆租赁项目融资模式时值得注意的一点是，杠杆租赁融资模式一经确定，重新安排融资的可能性以及重新融资的可选择余地就变得较小。

4. ABS模式

(1)ABS模式的概念

ABS(Asset-Backed Securitization)模式的全称是资产支持证券化融资模式，是指以目标项目所拥有的资产为基础，以项目资产可以带来的预期收益为保证，通过在国际资本市场发行高档债券来筹集资金的一种项目融资方式。ABS融资方式的目的在于，通过其特有的提高信用等级方式，使原本信用等级较低的项目照样可以进入国际高档证券市场，利用该市场信用等级高、债券安全性和流动性高、债券利率低等优势，大幅度降低发行债券筹集资金的成本。按照规范化的证券市场的运作方式，在证券市场发行债券，必须对发债主体进行信用评级，以揭示债券的投资风险及信用水平。债券的筹资成本与信用等级密切相关。信用等级越高，表明债券安全性越高，债券的利率就越低，从而使通过发行债券筹集资金的成本越低。

(2)运作方式

ABS这种融资方式可以有效地解决企业资金短缺和融资困难的局面。行业不同，ABS 融资方式的运作也有所区别。一般而言，通过 ABS 模式进行融资应包含以下六个阶段。

第一阶段：组建项目融资专门公司。采用 ABS 融资方式，项目主办人需组建项目融资专门公司，可称为信托投资公司或信用担保公司，它是一个独立的法律实体。这是采用 ABS 融资方式筹资的前提条件。

第二阶段：寻求资信评估机构授予融资专门公司尽可能高的信用等级。由国际上具有权威性的资信评估机构，经过对项目的可行性研究，依据对项目资产未来收益的预测，授予项目融资专门公司 AA 级或 AAA 级信用等级。

第三阶段：项目主办人(筹资者)转让项目未来收益权。通过签订合同，项目主办人在特许期内将项目筹资、建设、经营、债务偿还等全权转让给项目融资专门公司。

第四阶段：项目融资专门公司发行债券筹集项目建设资金。由于项目融资专门公司信用等级较高，其债券的信用级别也在 A 级以上，只要债券一发行，就能吸引众多投资者购买，其筹资成本会明显低于其他筹资方式。

第五阶段：项目融资专门公司组织项目建设、项目经营并用项目收益偿还债务本息。

第六阶段：特许期满，项目融资专门公司按合同规定无偿转让项目资产，项目主办人获得项目所有权。

(3)优点

1)通过国际承包公司能够发行比中国国家主权评级更高的债券(通过信用增强来实现)；

2)能够成功地达成中、长期美元的融资目标；

3)能有效扩展资金渠道；

4)通过国际资本市场发行债券能降低融资成本，低于银行融资的成本；

5)能延长融资期限；

6)可预期高品质应收账款，能为该国际承包公司发挥财务杠杆的功能。

5. BOT 模式

(1)概念

BOT 是“Build-Operate-Transfer”的缩写，意为“建设—经营—移交”，是 20 世纪 80 年代国际上兴起的依靠国外私人资本进行本国基础设施建设的一种融资和建造项目管理模式。它是指国外某一财团或投资人作为项目的发起人，从东道国政府获得某项目的建设特许权，然后联合其他方组建专门的项目公司，负责该项目的融资、设计、建造、运营和维护，在规定的特许期内，项目公司通过项目经营回收项目的投资，并获得效益，特许期满后，项目公司将项目无偿或以极少的名义价格移交给东道国政府。BOT 模式的结构框架如图 4-8 所示。

BOT 模式适用于任何项目,但当前主要用于资源开发、基础设施、大型制造业和公共服务设施等一些投资较大、建设周期长和可以运营获利的领域,例如:采矿、油、气、炼油厂;电厂、供水或废水、废物处理厂;通信;公路、隧道或桥梁;铁路、地铁、机场、港口;制造业(如大型轮船、飞机制造等),文、体设施,医院,政府办公楼等。

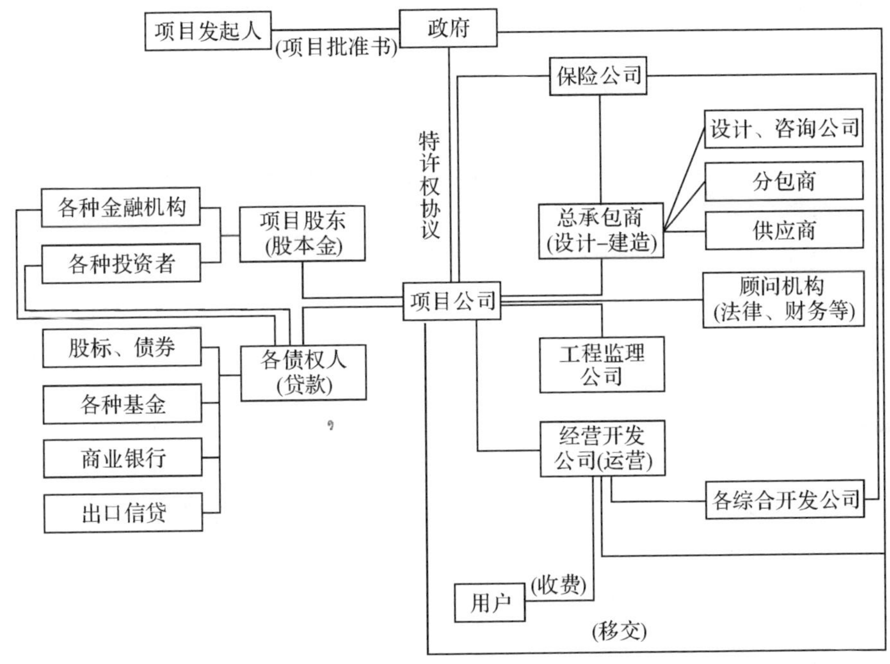

图 4-8 BOT 模式的结构框架

(2)BOT 模式基本形式和演变形式

目前,BOT 已经发展成为一种基础设施国有项目民营化的融资建设管理模式。BOT 模式是一种统称,包括 3 种基本形式和 10 余种演变形式,BOT 的基本形式:

1)BOT(Build-Operate-Transfer,建造—经营—移交)模式;

2)BOOT(Build-Own-Operate-Transfer,建造—拥有—经营—移交)模式,既有经营权又有所有权,项目的产品/服务价格较低,特许期比 BOT 长;

3) BOO(Build-Own-Operate,建造—拥有—经营)模式,不移交,项目产品服务价格更低、特许期更长。

BOT 的演变形式:

1)BT(Build-Transfer,建造—移交)模式;

2)BOOST(Build-Own-Operate-Subsidy-Transfer,建造—拥有—运营—补贴—

移交)模式;

3)ROT(Rehabilitate-Operate-Transfer,修复—经营—移交)模式;

4)BLT(Build-Lease-Transfer,建造—租赁—移交)模式;

5)ROMT(Rehabilitate-Operate-Maintain-Transfer,修复—运营—维护—移交)模式;

6)ROO(Rehabilitate-Own-Operate,修复—拥有—经营)模式;

7)TOT(Transfer-Operate-Transfer,移交—经营—移交)模式;

8)SOT(Sold-Operate-Transfer,出售—经营—移交)模式;

9)DBOT(Design-Build-Operate-Transfer,设计—建造—经营—移交)模式;

10)DOT(Develop-Operate-Transfer,开发—经营—移交)模式;

11)OT(Operate-Transfer,经营—移交)模式;

12)OMT(Operate-Manage-Transfer,经营—管理—移交)模式;

13)DBFO(Design-Build-Finance-Operate,设计—建造—融资—经营)模式;

14)DCMF(Design-Construct-Manage-Finance,设计—施工—管理—融资)模式。

(3)BOT 模式的运作程序

每一个 BOT 项目均有其自身的特点,世界上没有两个 BOT 项目是完全相同的。不同的 BOT 项目在操作过程中也是千差万别的。但一般来说,每一个 BOT 项目的运作均要经历项目的确定、招标、评标、谈判、建设、运营和移交等几个阶段。

1)项目的确定

BOT 项目的确定可以采用两种方式:一是政府直接确定;二是私营部门提出政府确定。

2)招标

在国际上通过竞争性招标程序选定 BOT 项目的授权单位是比较普遍的做法。政府通过此种方法选定 BOT 项目的授权单位,有利于取得更快的建设速度、更低的成本、更合理的运营价格。

3)评标

评标是政府根据招标文件的要求,对所有的标书进行审查和评比的行为。在 BOT 项目中评标的主要内容是确立评标的基本标准。

4)谈判

在确定了项目的发展商后,政府就必须和发展商进行实质性谈判。谈判的内容涉及项目的技术、经济、法律等多个方面。通过谈判,正式形成涉及项目建设、经营及转让的所有法律文件。法律文件主要包括授权法律和特许权协议。

5)建设阶段

BOT 项目的建设一般是通过交钥匙方式进行的。即发展商在取得政府的授权后,通过项目建设总承包协议,规定由建设总承包者负责项目的规划、设计、建筑施工、设备安装等，直到项目建成投产且有关工程质量、产品质量符合政府的有关要求为止。

6)运营和移交阶段

在项目建成后，发展商即拥有了经营项目取得收益的经营权利。发展商可以自己直接经营，也可以委托其他机构经营。在经营过程中，必须向政府提供特许权协议中规定的有关资料，直到经营期结束。

项目授权期满后，发展商必须将项目无偿转让给政府，这是政府进行 BOT 项目最终、最后、最为重要的权益。在移交前的若干年，政府和发展商应分别指派代表组成转让委员会，制定项目转让的具体标准和办法。发展商在将项目转让给政府时应该包括以下内容：一是备品、备件。二是维修、库存、保管记录等方面的资料。三是可转让的许可证、遗照、证明文件。四是专有的资料，如软件、经营手册、商业机密等。五是债权债务资料。六是各类人员的工资及福利情况。七是其他转让所需要的资料。

(4)BOT 模式的优点

1)由于获得东道国政府特许和支持，有时可享受优惠政策，拓宽融资渠道；

2)可以减轻东道主国政府的外债负担和还本付息的责任；

3)可以将公营机构的风险转移到私营承包商，避免公营机构承担项目的全部风险；

4)可以吸引国外投资，以支持国内基础设施建设，解决发展中国家缺乏建设资金的问题；

5)BOT 模式项目通常都由外国公司总承包，既能给东道国带来先进的技术和管理经验，也能给东道国分包商带来较多的发展机会，同时促进了国际经济的融合。

(5)BOT 模式的缺点

1)在特许权期限内，政府将失去对项目所有权和经营权的控制；

2)参与方多，结构复杂，资格预审及招投标程序复杂，项目前期过长且融资成本高；

3)可能导致东道国大量的税收流失，在项目经营过程中，会有大量的外汇流出；

4)可能造成设施的掠夺性经营；

5)政府虽然转移了建设、融资等风险，却承担了其他责任与风险，如利率、汇率风险等。

6. PFI 模式

(1)概念

PFI(Private Finance Initiative)，英文原意为“私人融资活动”，在我国被译为

“民间主动融资”。PFI 是对 BOT 项目融资的优化，指政府部门根据社会对基础设施的需求，提出需要建设的项目，通过招投标，由获得特许权的私营部门进行公共基础设施项目的建设与运营，并在特许期(通常为 30 年左右)结束时将所经营的项目完好地、无债务地归还政府，而私营部门则从政府部门或接受服务方收取费用以回收成本的项目融资方式。

(2)运作方式

第一阶段，公共部门首先根据社会公众对公共服务的新需求，结合考虑公共部门的服务供给能力，确定需要新开发的公共项目；然后在待选公共项目中，依据 PFI 模式的适用特征与条件，初步选定应用 PFI 模式的公共项目；接着在政府部门的主导下，联合有关咨询机构，组建拟建项目的工作小组，对拟采用 PFI 模式的公共项目进行初步可行性分析和设计，确定项目实施的方案，按照公共项目采用 PFI 模式的基本原则，评价应用 PFI 模式的可行性和有效性，测算出应用 PFI 模式进行项目开发的综合效益，对项目的商业计划大纲做出评价，根据测算和评价的结果最终确定其是否采用 PFI 模式进行开发，并对公众发布结果。

第二阶段，即项目承担人的招标与选择阶段，项目工作小组委托招标代理机构或组成招标小组起草招标文件、发布招标公告或投标邀请；有关私营部门组成项目公司后首先要通过资格预审，再依据招标文件的要求准备投标书、确定融资方案；招标小组按规定组成评标委员会进行评标和遴选，并与 2～3 位候选人在项目财务分析、资金价值评估基础上就特许经营权细则、补助金以及优惠条件等问题进行标前谈判，最终确定项目承担人；并在此基础上招标小组与承担人进行细节磋商，确定双方认可的融资方案和建设、运营方案，签订一揽子合同与协议。值得注意的是，一旦进入到候选人名单，承包商就应针对提出的融资方案开始组织融资，在被确定为中标人后签署贷款协议，实施融资直至融资完成。

第三阶段，即项目建设和运营维护阶段，在项目工作小组的监督下，项目公司组织融资，进行项目详细设计和建设，项目建成后进行项目运营和维护管理，直至合约期满，最后完成项目所有权对公共部门的移交或项目公司拥有。

(3)特点

虽然 PFI 来源于 BOT，也涉及项目的“建设—经营—转让”问题，但作为一种独立的融资方式，与 BOT 相比具有以下几个特点：

1)项目主体单一。PFI 的项目主体通常为本国民营企业的组合，体现出民营资金的力量。而 BOT 模式的项目主体则为非政府机构，既可以是本国私营企业，也可以是外国公司，所以，PFI 模式的项目主体较 BOT 模式单一。

2)项目管理方式开放。PFI 模式对项目实施开放式管理，首先，对于项目建设方案，政府部门仅根据社会需求提出若干备选方案，最终方案则在谈判过程中通过与私人企业协商确定；BOT 模式则事先由政府确定方案，再进行招标谈判。其次，对于项目所在地的土地提供方式及以后的运营收益分配或政府补贴额度等，都要综合当时政府和私人企业的财力、预计的项目效益及合同期限等多种因素而定，不同于 BOT 模式对这些问题事先都有框架性的文件规定，如：土地在 BOT 模式中是由政府无偿提供的，无须谈判，而在 PFI 模式中，一般都需要政府对最低收益等做出实质性的担保。所以，PFI 模式比 BOT 模式有更大的灵活性。

3)实行全面的代理制。PFI 模式实行全面的代理制，这也是与 BOT 模式的不同之处。作为项目开发主体，BOT 公司通常自身就具有开发能力，仅把调查和设计等前期工作和建设、运营中的部分工作委托给有关的专业机构。而 PFI 公司通常自身并不具有开发能力，在项目开发过程中，广泛地应用各种代理关系，而且这些代理关系通常在投标书和合同中即加以明确，以确保项目开发安全。

4)合同期满后项目运营权的处理方式灵活。PFI 模式在合同期满后，如果私人企业通过正常经营未达到合同规定的收益，则可以继续拥有或通过续租的方式获得运营权，这是在前期合同谈判中需要明确的；而 BOT 模式则明确规定，在特许权期满后，所建资产将无偿地交给政府拥有和管理。

根据资金回收方式的不同，PFI 项目通常可以划分为如下三类：

①向公共部门提供服务型(Services Sold to the Public Sector)。即私营部门结成企业联合体，进行项目的设计、建设、资金筹措和运营，而政府部门则在私营部门对基础设施的运营期间，根据基础设施的使用情况或影子价格向私营部门支付费用。

②收取费用的自立型(Financially Free-Standing Projects)。即私营企业进行设施的设计、建设、资金筹措和运营，向设施使用者收取费用，以回收成本，在合同期满后，将设施完好地、无债务地转交给公共部门。这种方式与 BOT 的运作模式基本相同。

③合营企业型(Joint Ventures)。即对于特殊项目的开发，由政府进行部分投资，而项目的建设仍由私营部门进行，资金回收方式以及其他有关事项由双方在合同中规定，这类项目在日本也被称为“官民协同项目”。

7. PPP 模式

(1)概念

PPP(Public-Private-Partnership)模式，是指政府与私人组织之间，为了提供某种公共物品和服务，以特许权协议为基础，彼此之间形成一种伙伴式的合作关系，并通过签署合同来明确双方的权利和义务，以确保合作的顺利完成，最终使合作各方达到比预期单独行动更为有利的结果。

公私合营模式(PPP)，以其政府参与全过程经营的特点受到国内外广泛关注。PPP 模式将部分政府责任以特许经营权方式转移给社会主体(企业)，政府与社会主体建立起“利益共享、风险共担、全程合作”的共同体关系，政府的财政负担减轻，社会主体的投资风险减小。PPP模式比较适用于公益性较强的废弃物处理或其中的某一环节，如有害废弃物处理和生活垃圾的焚烧处理与填埋处置环节。

(2)运作过程

PPP模式的融资项目按照生命周期大致可以分为下面几个阶段：理想与可行性研究阶段、选择私人投资机构阶段、项目建设阶段、项目运营阶段、项目移交阶段。这些是PPP模式运作的一般过程，需要注意的是，有时根据项目的不同，采用PPP模式时可能并不包括上述的所有阶段。

下面通过一个模拟的案例来说明PPP模式的操作步骤。

【案例3】

1. 项目提出

N市的水资源与卫生系统亟须进行彻底改造，否则对当地居民的日常生活和工业发展会产生严重的负面影响。这项建设需要大量的资金投入，当地政府无法解决；同时，由于当地的水资源和卫生系统的设施使用费偏低，使得项目建成后的回报率可能较低。于是，该市经过多方咨询后，决定采用PPP模式进行该项公共设施的建设。

2. 特许权协议

在决定采用PPP模式进行该项公共设施的建设后，由当地政府决策机构与私有企业G公司签署了一项长达30年的特许权协议，由G公司承担建设、经营、维护和管理工作。

协议规定，在特许权阶段，没有当地政府决策机构的批准，G公司不得擅自买卖固定资产，特许权期满后，所有的固定资产全部归当地政府所有。

协议还规定，G公司每年将向该市交纳一定的特许权费用，这些费用是有限的，并不是按照项目回报的一定比例计算的。

3. 项目组织机构的设立

(1)项目公司的成立。G公司负责成立项目公司，作为特许权人承担合同规定的责任和义务。

(2)当地政府的作用。当地政府利用特许权费用成立了一个合同执行事务所，根据协议和有关法律的规定，对项目公司的建设和运作进行监督。

(3)长期投资方与当地政府的关系。长期投资方与当地政府达成一项协议，如果G公司不履行对投资人的偿债义务，当地政府必须终止合同。另外如果合同在特许期内终止，当地政府必须承担对投资人的偿债义务。这项措施的运用，使得当地政府必须与投资人合作，合同在特许期内终止时，努力寻找一个可替代G公司的公司来承担G公司在合同中的责任和义务。这对双方都形成了一种牵制，以尽可能保证合同的有效执行。

(3)PPP 模式的优点

1)消除费用的超支。公共部门和私人企业在初始阶段私人企业与政府共同参与项目的识别、可行性研究、设施和融资等项目建设过程,保证了项目在技术和经济上的可行性,缩短前期工作周期,使项目费用降低。PPP 模式只有当项目已经完成并得到政府批准使用后,私营部门才能开始获得收益,因此 PPP 模式有利于提高效率和降低工程造价,能够消除项目完工风险和资金风险。研究表明,与传统的融资模式相比,PPP 项目平均为政府部门节约 17%的费用,并且建设工期都能按时完成。

2)有利于转换政府职能,减轻财政负担。政府可以从繁重的事务中脱身出来,从过去的基础设施公共服务的提供者变成一个监管的角色,从而保证质量,也可以在财政预算方面减轻政府压力。

3)促进了投资主体的多元化。利用私营部门来提供资产和服务能为政府部门提供更多的资金和技能,促进了投融资体制改革。同时,私营部门参与项目还能推动在项目设计、施工、设施管理过程等方面的革新,提高办事效率,传播最佳管理理念和经验。

4)政府部门和民间部门可以取长补短,发挥政府公共机构和民营机构各自的优势,弥补对方身上的不足。双方可以形成互利的长期目标,可以以最有效的成本为公众提供高质量的服务。

5)使项目参与各方整合组成战略联盟,对协调各方不同的利益目标起关键作用。

6)风险分配合理。与 BOT 等模式不同,PPP 在项目初期就可以实现风险分配,同时由于政府分担一部分风险,使风险分配更合理,减少了承建商与投资商风险,从而降低了融资难度,提高了项目融资成功的可能性。政府在分担风险的同时也拥有一定的控制权。

7)应用范围广泛,该模式突破了引入私人企业参与公共基础设施项目组织机构的多种限制,可适用于城市供热等各类市政公用事业及道路、铁路、机场、医院、学校等。

(4)四种融资模式的比较(见表 4-10)

表 4-10 四种融资模式的比较

比较对象	ABS 模式	BOT 模式	PFI 模式	PPP 模式
短期资金获得的难易程度	难	较容易	较容易	难
项目的所有权	不完全拥有	拥有	拥有	部分拥有
项目的经营权	拥有	(转交之前)失去	可能拥有	部分拥有

续表

比较对象	ABS模式	BOT模式	PFI模式	PPP模式
融资所需时间	较长	最长	较短	较短
政策风险	小	大	一般	一般
融资成本	最低	最高	较低	一般
对宏观经济的影响	有利	利弊兼具	有利	有利
适用范围	未来具有长期稳定现金流的项目	未来具有长期稳定现金流的项目、资金技术密集型项目(电厂、通信)	未来具有长期稳定现金流的项目、基础设施(道路、桥梁)、公益项目	政策性较强的经营性基础项目

四、项目的资金选择

(一)项目资金的结构与选择

项目资金的结构和选择是指如何安排和选择项目的资金构成和来源。项目融资的资金构成一般有三个部分:股本资金、准股本资金和债务资金。虽然这三部分资金在一个项目中的构成及比例关系受到项目的投资结构、融资模式和项目的信用保证结构等的限制,但是也不能忽视资金结构安排和资金来源选择在项目融资中起到的特殊作用,它们之间的关系是相辅相成的。如果能够灵活巧妙地安排项目的资金结构比例,选择适当的资金来源形式,将可以达到既减少项目投资者的自有资金流入又提高项目综合经济效益的双重目的。

1. 债务资金和股本资金的比例

与传统的企业融资相比较,项目融资的一个重要特点就是可以增加项目的债务承受能力,项目融资方式可以获得较高的债务资金比例。但是,项目融资的这一特点并不意味着项目融资可以不考虑股本资金或只需要很少的股本资金。项目融资所做到的只是通过投资结构和融资模式的合理设计,使股本资金的投入形式多样化,最大限度地利用项目的信用保证结构来支持项目的经济强度。同时,即使在具备较高的经济强度和强有力的担保结构支持下,贷款银行也会要求投资者在项目中注入相当数量的股本资金,以确保投资者有足够的经济动力和压力来激励他们保证项目运作成功。

项目资金安排的一项基本原则是在不影响项目经济强度的前提下,尽可能地降低项目的资金成本。由于债务资金利息在所得税前支付,股本资金的股利在所得税后支付,因此债务资金成本相对股本资金低。理论上如果一个项目使用的债务资金比例越高，该项目的资金成本越低，但是它的风险却越大，此时，再使用债务资金的成本将快速上升；相反，如果一个项目使用股本资金比例越高，该项目的资金成本就相对高，它的风险却相对低。因此，项目资本结构的确定事实上是项目资金成本和可承受风险的权衡问题。由于不同的项目、不同的行业、不同的投资者以及不同的融资模式的具体情况不同，项目融资没有标准的“债务/股本资金比率”可供参照。一般来说，项目的经济强度和投资者对待风险的态度会影响项目的债务/股本资金比率。

2. 合理的项目资金结构需要考虑的内容

(1)项目的总资金需求量和现金流量

为了合理确定项目的资本结构和筹资规模，必须准确地制订项目的资金使用计划并计算总资金需求量。如果资金使用计划和总资金需求量测算不够准确，往往会导致资金筹集和资金使用不匹配，增加项目资金成本和运行风险，甚至可能影响项目的最终成败，国际上存在着大量因资金使用计划考虑不全面和不准确导致失败的案例。

一个新建项目的资金预算主要包括三方面的资金计划：

1)项目资本投资。本类资金预算应包括土地、基础设施、厂房、机器设备、工程设计、工程建设等费用。

2)项目流动资金。是确保项目正常运行需要的流动资金。

3)不可预见费用。也即投资费用超支准备金，一般为项目总投资的10%～30%。

为避免因资金不足影响项目的建设和运行，也为了避免项目融资规模过大，做好项目总资金需求量预算以及项目建设期、试生产期、生产期各阶段的资金需求量及现金流量预算是项目融资中的重要环节。

(2)资金使用期限

理论上说，投资者的股本资金是项目中使用期限最长的资金，其回收只能依靠项目的投资收益，而项目的债务资金则是有固定期限的。因此，有必要根据具体项目的现金流量特点和不同项目阶段的资金需求采用不同的融资手段，确定不同的债务期限结构。合理的债务期限结构可以起到优化项目债务结构、降低项目债务风险的作用。

安排资金使用期限一般原则是：长期资金使用需要长期债务支持，利用短期贷款为项目安排长期资金是不经济的。对于流动资金的需求除短期贷款外，还可以采用较灵活的方式，如银行信用额度、银行透支、商业票据等，可以根据项目的实际生产资金需求安排提款和还款。需要注意的是，项目融资贷款期限通常比企业融资期限要长，短的期限可以达到8～10年，长的期限可以达到20年，因此，根据项目的经济生命周期和项目现金流量状况决定长期负债的期限更加重要。

(3)资金成本

项目资本中投资者的股本资金成本是一种机会成本,在评价该成本的时候要考虑很多因素:投资者获得该部分资金时的实际成本;当时、当地的资本市场利率水平;可供选择的投资机会预计收益率;投资者的长期发展战略;潜在的相关投资利益等。

(4)混合结构融资

混合结构融资是指不同利率结构、不同贷款形式或者不同货币种类的贷款的结合。混合结构融资如果安排得当,可以起到降低项目融资成本、减少项目风险的作用。例如,根据项目产品的市场分布和销售收入的货币币种比例,相应安排项目的融资货币种类可以起到自然保值的作用,降低汇率风险。

(二)股本资金与准股本资金

股本资金主要包括优先股和普通股。优先股又可以分为固定红利优先股、浮动红利优先股和可转换优先股。准股本资金则主要包括无担保贷款、零息债券和可转换债券。股本资金和准股本资金最大的区别就在于:准股本资金相对于股本资金来说,在安排上具有较高的灵活性,并在资金偿还序列上享有优先于股本资金的地位。

准股本资金是相对于股本资金而言的,它是指项目投资者或者与项目利益有关的第三方所提供的一种从属性债务。准股本资金需要具备以下性质:①债务本金的偿还需要具有灵活性,不能规定在某一特定期间强制性地要求项目公司偿还从属性债务;②从属性债务在项目资金优先序列中要低于其他的债务资金,但是要高于股本资金;③当项目公司破产时,在偿还所有的项目融资贷款和其他的高级债务之前,从属性债务将不能被偿还。从项目融资贷款人的角度来看,准股本资金将被视为股本资金的一部分。项目融资中股本资金、准股本资金的形式如图 4-9 所示。

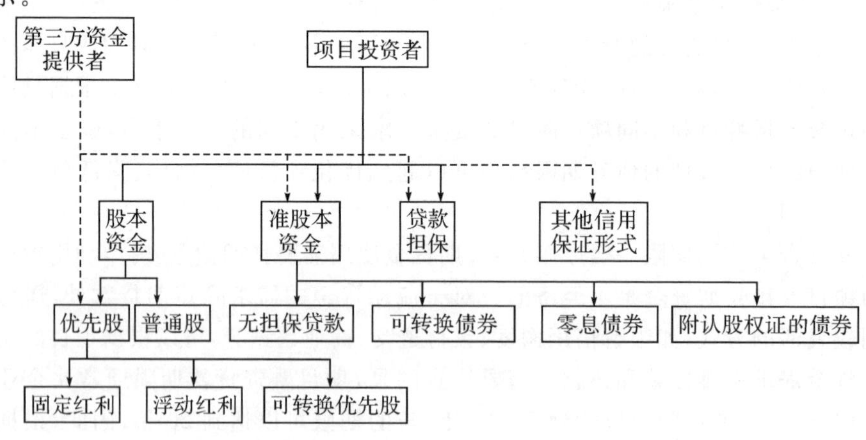

图 4-9 项目融资中股本资金、准股本资金的形式

1. 股本资金

由于项目融资中股本资金在收益分配和风险承担上的特殊性，股本投入在项目中具有风险资本的性质，它是项目融资的基础。由于债务资金具有优先受偿权，贷款人均将项目投资者的股本资金视为其融资的安全保障。然而，作为项目投资者，股本资金不仅要承担风险，更重要的是项目具有良好的发展前景，能够为其带来相应的投资收益。

增加股本资金并不能改变或提高项目的经济效益，但可以提高项目的风险承受能力，增加项目的经济强度。股本资金在项目融资中所起的作用可以归纳为以下几个方面：

第一，股本资金越高，债务资金风险越低。项目预期的现金流量（在偿还债务之前）在某种意义上讲是固定的。贷款银行通常希望项目的现金流量能够按照计划支付项目的生产成本、资本开支、管理费用，并按计划偿还债务，同时为各种可能发生的不可预见风险提供充分的资金余地。毫无疑问，项目承受的债务越高，现金流量中用于偿还债务的资金占用比例就越大，贷款人所面对的潜在风险也就越大；相反，在项目中股本资金投入越多，项目的抗风险能力就越强，贷款人的风险也就越小。

第二，股本资金越高，借款成本越低。具有高股本资金比例的项目可以增强项目对贷款人的吸引力，使得贷款人可以以比较低的利率放款，在一定程度上降低项目的债务成本。

第三，股本资金越高，投资者对项目的关注程度越高。投资者在项目中投入资金的多少与其对项目管理和前途的关心程度是成正比的。因此，贷款人总是要求投资者在项目中投入相当数量的资金。如果投资者在项目中只承担很少的责任，他们就可能在对其自身伤害很少的情况下从项目中脱身。

第四，投资者在项目中的股本资金代表着投资者对项日的承诺和对项目未来发展前景的信心，对于组织项目融资可以起到很好的心理鼓励作用。

在项目融资结构中，应用最普遍的股本资金形式是认购项目公司的普通股和优先股。过去项目公司股本资金基本上来自投资者直接的资金投入，近年来有一些项目在安排项目融资的同时，直接安排项目公司上市，通过发行项目公司股票和债券的方式来筹集项目融资所需要的股本资金和准股本资金。这类股本资金被称为公募股本资金，其中较为典型的例子有欧洲海底隧道和欧洲迪士尼乐园两个项目。

除此之外，有时与某个项目开发有关的一些政府机构和公司出于其政治利益或经济利益等方面的考虑，也会为项目提供类似股本资金和准股本资金的资金。这些机构包括愿意购买项目产品的公司、愿意为项目提供原材料的公司、工程承包公司、政府机构以及世界银行和地区开发银行等。这些机构为了促进项目的开发，有可能提供一定的股本资金、软贷款或贷款担保等。

2. 准股本资金

如前所述,准股本资金是相对股本资金而言的。一般来讲,准股本资金可以以一种与股本资金和债务资金平行的形式进入项目,也可以用作一种准备金形式,用来支付项目建设成本超支、生产费用超支以及其他贷款银行要求投资者承担的资金责任。从资金的从属性质出发,又可以把准股本资金分为一般从属性债务和特殊从属性债务两大类。所谓一般从属性债务是指该种资金在项目资金序列中低于一切其他债务资金形式;而所谓特殊从属性债务将在其从属性定义中明确规定出该种资金相对于某种其他形式债务(典型的是项目融资中的长期债务)的从属性,但是针对另外的一些项目债务,则具有平等的性质。

准股本资金有以下的优点:

(1)从属性债务为投资者设计项目的法律结构提供了较大的灵活性。首先,作为债务,利息的支付是可以抵税的;其次,债务资金的偿还可以不用考虑项目的税务结构,而股本资金的偿还则会受到项目投资结构和税务结构的种种限制,其法律程序要复杂得多。

(2)投资者在安排资金时具有较大的灵活性。作为一个投资者,任何资金的使用都是有成本的,特别是,如果在项目中投入的股本资金是投资者通过其他渠道安排的债务资金,投资者就会希望利用项目的收入承担部分或全部的融资成本。从属性债务一般包含了比较具体的利息和本金的偿还计划,而股本资金的红利分配则带有较大的随机性和不确定性。

(3)在项目融资安排中,对于项目公司的红利分配通常有着十分严格的限制,但是可以通过谈判减少对从属性债务在这方面的限制,尤其是对债务利息支付的限制。然而,为了保护贷款人的利益,一般要求投资者在从属性债务协议中加上有关债务和股本资金转换的条款,用以减轻在项目经济状况不佳时的债务负担。

(4)准股本资金的操作相对于股本资金来说也要简便一些。

3. 以贷款担保形式出现的股本资金

以贷款担保作为项目股本资金的投入,是项目融资独具特色的一种资金投入方式。在项目融资结构中投资者不直接投入资金作为项目公司的股本资金或准股本资金,而是以贷款人接受的方式提供固定金额的贷款担保作为替代。作为项目的投资者,这是利用资金的最好形式,由于项目中没有实际的股本资金占用,项目资金成本最低。然而,从贷款银行的角度,项目风险高于投资者直接投入股本资金的形式,因为贷款银行在项目的风险因素之外,又增加了投资者自身的风险因素。因此,采用贷款担保形式作为替代投资者全部股本资金投入的项目融资结构是较少见的,多数情况是贷款担保作为项目实际投入的股本资金或者准股本资金的一种补充。只有在项目具备很好的经济强度,同时承诺担保责任方本身具有很高的政治、商业信誉的双重条件下的项目融资结构，才有可能以贷款担保形式百分之百或者接近百分之百地替代项目投资者实际的股本资金投入。

(三)债务资金

项目融资最典型的作用在于为特定项目筹集大量的债务资金，通常在基础设施项目或资源开发项目中，债务资金比例可达 70%～80%，甚至更高。因此，如何安排项目的债务资金筹集是项目融资资金结构问题的核心。

1. 项目债务资金的主要来源

项目投资者可能获得债务资金的市场可以分为两类，即本国资金市场和外国资金市场。本国资金市场又可以分为国内金融市场和政府信贷两部分，外国资金市场又可分为国际金融市场、外国政府出口信贷、世界银行以及地区开发银行的政策性信贷等。

从投资者获得债务资金的性质上分，也可分为商业贷款和政策性贷款。如果所投资项目符合项目所在地政府或国际机构如世界银行、亚洲开发银行的条件，经申请批准可以获得政策性债务资金。

一般情况下，工业化国家的项目发起人会从本国取得债务资金，而发展中国家的发起人应该努力从国外借入资金。主要有两个原因：一是大部分的项目成本包含“进口内容”，如项目中的机器设备通常是工业国家生产，以美元定价，或者是其他可接受的硬通货定价，进口到东道国。二是出于法律和规章制度的原因，许多发展中国家的国内银行系统通常都无法以外币和硬通货的形式提供资金。另外，因为存款大部分是短期的，银行系统不可能也不愿意提供基础设施项目所需的大量的长期本国货币贷款。

2. 债务资金的基本结构性问题

(1)债务期限

债务的到期时间是区别长期债务和短期债务的一个重要界限。在资产负债表中，一年期以下的债务称为流动负债，超过一年的债务则称为非流动负债，即长期负债。

项目融资结构中的债务资金基本上是长期性的资金，即便是项目的流动资金，多数情况下也是在长期资金框架内的短期资金安排。有的资金形式，如商业银行贷款、辛迪加银团贷款、租赁融资等可以根据项目的需要较灵活地安排债务的期限。但是，如果使用一些短期资金形式，如欧洲期票、美国商业票据等作为项目融资的主要债务资金来源，如何解决债务的合理展期就会成为资金结构设计的一个重要问题。

(2)债务偿还

一般来说，至少有两个不同的项目阶段反映在贷款协议中：建造或开发阶段、运营阶段。

在建造或开发阶段中，贷款被发放，偿债可能通过两种方式被推迟，即在产生现金流量的运营阶段到来之前采用利息转本，或者在运营阶段之前允许用新发放的贷款来支付利息。

建造阶段对贷款人来说是高风险期。对这一阶段的融资，常常通过获得项目发起人的有法律约束力的担保来使融资具有完全追索权。或者，在建造阶段，贷款人要求比项目其他阶段较高的利率。用建造合同和相关的履约保函作为担保也将减少风险。

当项目按照预先决定的、项目文件中的所有各方同意并经独立的专家审核了的标准被认为是圆满竣工时，对发起人的追索权将不再存在，或者较高的利率将被降低。项目的竣工将是运营阶段的开始，这时项目应产生现金流量，并开始偿债、分期还款。

在运营阶段，贷款人将用销售收益或项目产生的其他收益作为担保品。偿债的速度通常取决于项目预期产量和应收账款。

长期债务需要根据一个事先确定下来的比较稳定的还款计划表来还本付息。又由于项目融资的有限追索性，还款需要通过建立一个由贷款银团经理人控制的偿债基金方式来完成。每年项目公司按照规定支付一定数量的资金到偿债基金中，然后由经理人定期按比例分配给贷款银团成员。如果资金形式是来自金融市场上公开发行的债券，则偿债基金的作用就会变得更为重要。

项目融资的借款人通常希望保留提前还款的权利，即在最后还款期限之前偿还全部的债务。这种安排可以为借款人提供较大的融资灵活性，根据金融市场的变化或者项目风险的变化，对债务进行重组，获得成本节约。但是，某些类型的债务资金安排对提前还款有所限制，例如一些债券形式要求至少在一定年限内借款人不能提前还款，又如采用固定利率的银团贷款，因为银行安排固定利率的成本原因，如果提前还款，借款人可能会被要求承担一定的罚款或分担银行的成本。

(3)债务序列

无论是企业融资还是项目融资，债务安排都可以根据其依赖于公司(或项目)资产抵押的程度或者依赖于有关外部信用担保的程度而划分为由高到低不同等级的序列。所谓高级债务，是指由全部公司(或项目)资产作为抵押的债务或者是得到相应强有力信用保证的债务；所谓低级债务，是相对于高级债务而言的，一般是指无担保的债务。低级债务也称为初级债务或从属性债务。项目融资中的准股本资金就属于这一类型。在公司(或项目)出现违约的情况下，公司(或项目)资产和其他抵押、担保权益的分割将严格地按照债务序列进行。从属性债权人的位置排在有抵押权和有担保权的高级债权人之后，只有在这些债务获得清偿之后，才有权从公司(或项目)资产和其他来源中获得补偿。

项目融资中的银团贷款(或类似性质的债务资金)是最高级的债务资金形式，

这是因为有限追索的性质决定了贷款银团在项目融资中要求拥有最高的债权保证。投资者在项目中的贷款或其他类似性质的贷款是项目公司的从属性债务，对于贷款银团来说具有股本资金的性质。因此，已经安排了项目融资的项目，基本上是不可能再以该项目资产为基础从其他渠道获得相似性质的融资了。

(4)债务担保

项目融资的债务担保在形式上和内容上都与企业融资有一定程度的区别。公司债务可以分为有担保债务和无担保债务两类。有担保债务可以公司的资产(如工厂设备、房地产、有价证券等)作为抵押或关联企业担保、有价证券质押等，形式比较简单；无担保债务也即信用债务，主要依赖于公司的资信、经营能力，有时也依赖于公司提供的消极担保条款作为保证。

项目融资的债务担保在含义上要广泛得多，除了包括以项目资产作为抵押外，还包括对项目现金流量使用和分配权的控制，对项目公司银行往来账户的控制，对有关项目的一切重要商业合同(包括工程合同、市场销售合同、原材料供应合同等)权益的控制，对项目投资者给予项目的担保或来自第三方给予项目的担保及其权益转让的控制。项目融资中的债务担保是项目信用保证结构需要重点解决的问题。

(5)违约风险

任何一种债务都是有违约风险的，即使是处于高债务序列的负债，仍然存在一定风险。在企业融资中，基本可以确定债务资金风险低于股本资金风险。但是，在项目融资中，这种区分很可能没有意义。因为如果项目失败了，贷款人可能会发现他们的地位与股本投资者没有太大的区别，这是由项目融资的有限追索和负债率高的特点所决定的。

项目融资出现借款人违约无法偿还债务的情况一般有三种形式：

1)项目的现金流量不足以支付债务的偿还。

2)项目投资者或独立的第三方不执行所承担的具有债权保证性质的项目义务。

3)在项目公司违约时，项目资产的价值不足以偿还剩余的未偿还债务。

(6)利率结构

项目融资中的债务资金利率主要有三种机制，即浮动利率、固定利率以及浮动/固定利率。较为普遍使用的债务资金形式，如辛迪加银团贷款采用的多为浮动利率，计算利率的基础(以美元贷款为例)一般为伦敦同业银行拆放利率(LIBOR)或美国银行的优惠利率(Prime Rate)，有时也使用美国财政部发行的证券收益率(Yield)，然后根据项目的风险情况、金融市场上的资金供应状况等因素，在这个基础上加一个百分数，形成借款人的实际利息率。浮动利率债务一般的利率变动期间为三个月或六个月，在此期间内利率是固定的。

采用固定利率机制的债务资金有两种可能性：一种可能性是贷款银团所提供的资金本身就具有固定利率的结构，如一些长期债券和财务租赁；另一种可能性是通过在金融掉期市场上将浮动利率转换成固定利率而获得的，利率被固定的期间可以是整个融资期，也可以是其中的一部分时间。

评价项目融资中应该采用何种利率结构，需要综合考虑三方面的因素：一是项目现金流量的特征；二是金融市场上利率的走向；三是借款人对控制融资风险的要求。

(7)货币结构与国家风险

项目融资债务资金的货币结构可以依据项目现金流量的货币结构加以设计，以减少项目的外汇风险。投资者可以采取一些货币保值措施。另外，为了减少国家风险和其他不可预见因素，国际上大型项目的融资安排往往不局限于在一个国家的金融市场上融资，也不局限于一种货币融资，而是经常签署“一揽子”货币保值条款。事实证明，资金来源多样化是减少国家风险的一种有效措施。

3. 常见的债务资金形式

(1)商业银行贷款

在项目融资整个发展过程中，商业银行是主要的参与者，商业银行贷款是项目融资中最基本和最简单的债务资金形式。商业银行贷款可以由一家银行提供，也可以由几家银行联合提供。贷款形式可以根据借款人的要求来设计，包括定期贷款、建设贷款、流动资金贷款等。

(2)国际辛迪加银团贷款

国际辛迪加银团贷款(International Syndicated Loan)，简称国际银团贷款，是由获准经营贷款业务的一家或数家银行牵头，多家银行与非银行金融机构参加而组成的银行集团。采用同一贷款协议，按商定的期限和条件向同一借款人提供融资的贷款方式。它是国际商业银行贷款的一种特殊形式，是商业银行贷款概念在国际融资实践中的合理延伸，并且在目前的国际金融市场上得到越来越广泛的运用。许多项目，特别是发展中国家的项目，大多是由多边金融机构共同融资的。国际上很多大型项目融资，因其资金需求规模大、结构复杂，只有大型跨国银行和金融机构联合组织起来才能承担得起融资的任务。

(四)信托资金

1. 信托的概念

从广义上讲，信托是指在信任基础上的委托行为，它涉及社会、法律与经济等方面，但狭义的信托仅限于经济范畴。不同国家的信托法对于信托的具体规定又有所不同。

1923 年 1 月 1 日起施行的日本《信托法》第一条第(1)款规定：“本法所称信托，是指将财产权转移或为其他处分，使他人依照一定的目的管理或处分财产。”

1961 年 12 月 30 日颁布并施行的韩国《信托法》第一条第二款规定:“本法所称信托,是指设定信托人(委托人)与接受信托人(受托人)间基于特别信任关系,委托人将特定财产转移或为其他处分给受托人,使受托人为一定人(受益人)的利益或为特定的目的管理或处分该财产的法律关系。”

2001 年 10 月起施行的《中华人民共和国信托法》第二条规定:“本法所称信托,是指委托人基于对受托人的信任,将其财产权委托给受托人,由受托人按委托人的意愿以自己的名义,为受益人的利益或者特定目的,进行管理或者处分的行为。”

由此可见,不管各国信托法如何规定,信托都是一种代人理财的财产管理制度,是委托人在对受托人信任的基础上,将其财产委托给受托人进行管理或者处分,以实现受益人(可能是委托人本身,也可能是他人)的利益或者特定目的。

2. 信托的职能

(1)财务管理

信托的本质是“受人之托,代人理财”,而这正好体现了信托的财务管理职能,也是信托最基本的职能。

所谓“财务管理职能”,也称为“财产事务管理”或“社会理财职能”,是指受托人接受委托人的委托,为后者经营管理或处分财产的职能。

信托机构作为理财专家,接受客户的委托,代为管理其委托财产,并在信托结束后将财产交付给指定的受益人。在财产管理中信托机构可以提供专业服务,实现委托人无力实现的经济效果,这便是财务管理职能的充分体现。

当然,在信托业务中,受托人经营信托财产是为了受益人的利益,受托人不能借此为自己谋利益。因此,受托人管理和处理信托财产必须服从于信托的目的,其活动也要受到信托合同的约束,受托人不能按自己的需要,随意利用信托财产。而且,信托财产运用所产生的收益要归于受益人,受托人只能收取手续费。与之相应的,受托人只要在符合信托契约规定的情况下经营信托财产,即使发生亏损也可以不承担责任。

目前,包括我国在内的许多国家,银行与证券经营机构也可以开展理财业务,发挥财务管理职能。但信托公司作为一种专业的机构,在理财方面有着独特的优势,其财务管理职能的内容十分丰富,与各种金融业务都有着千丝万缕的联系,具有理财的灵活性,随着我国市场经济的不断发展,信托的财务管理职能将会有更大的空间。

(2)资金融通

资金融通职能是指信托具有筹集资金和融通资金的作用。

随着市场经济的发展、货币流通量的扩大,人们在消费之余积累的剩余资金日益增加,企业在生产过程中沉淀的间歇资金也越来越多,这些资金都有待于挖掘。

我国传统的融资手段比较单一，主要依靠银行吸收储蓄来积累资金，这是远远不够的。信托作为一项金融业务，也可以发挥筹集资金的作用，为投资项目开辟新的融资渠道。例如，信托可以利用其经营方式灵活的优势，吸收劳动保险机构的劳保基金、各种学会和科研机构的基金以及各主管部门自主支配的委托基金，有效地加以利用，满足委托单位的要求。另外，信托还可以利用代理发行股票与债券、代理收付等手段，筹集社会闲散资金。同时，信托的最大优势在于灵活多样性，信托机构可以针对具体投资项目和业主的要求，灵活设计融资结构，如股权融资、信托贷款、项目融资等，既可以融入长期资金，也可以引入阶段性资金，满足不同经济关系和不同经济利益主体的多种需求，实现资金的有效配置，支持社会再生产，促进市场经济发展。

(3)社会投资

这是指信托机构运用信托业务手段参与社会投资的功能。

世界上大部分国家的信托机构都可以开办投资业务，我国也不例外。自 20 世纪 80 年代恢复信托业务以来，各家信托公司就开办了投资业务，这从大多数信托机构命名为“信托投资公司”就可以看出。

信托的社会投资职能的表现也是十分灵活多样的。

在我国经济体制转型过程中，信托可以支持企业(特别是国有企业)改制，以便建立产权明晰的现代企业制度。面对企业改制，信托投资业务可以实现政企分开、明确产权出资人，并且可以改善股权结构。一些信托公司开发的股权投资信托业务，在职工持股、期权设计、股份化改造中获得了相当程度的社会认同。

同时，信托机构对参加经济联合的企业单位，根据需要给予投资性贷款与资金支持，用于企业资金周转。另外，信托机构也可以在投资中提供一揽子金融服务，架构委托人、受托人、受益人、投资项目的多边信用关系。

(4)沟通与协调

这是指通过信托业务处理和协调交易主体间经济关系，为之提供信任与咨询事务的功能。由于这一职能不存在所有权转移的问题，因此与前三种功能有所区别。

在现代经济生活中，信息存在诸多的不对称性，交易主体的机会主义行为倾向增加了交易费用。为了降低交易成本，弱化交易对手的机会主义行为，交易主体通常要了解与之有关的经济信息，包括经济政策、交易对方的资信及经营能力与付款能力、项目的可行性、市场价格、利率、汇率等。而信托业务具有多边的经济关系，受托人作为委托人与受益人的中介，可以发挥横向纽带的作用。另外，信托机构通过其业务活动而充当“担保人”“见证人”“咨询人”“中介人”，加强了经济联系和沟通，为交易主体提供经济信息和经济保障，促使经营各方建立相互信任的关系。

信托的沟通与协调职能大大优化了资源配置，促进了地区之间的物资和资金交流，加速了资金周转与商品流通，也推进了跨国经济技术协作。

(5)社会福利

这是指信托业可以增进职工的福利，为社会公益事业提供服务的功能。

目前，多数国家和地区已建立了多元化的社会保障体系。其中，养老金制度是一种基本的社会保障制度，如何运用归集的养老金，信托便可以起到积极的作用，养老金信托成为许多国家的选择。当然，在欧美、日本等国家中，社保体系的主要支柱并不是社会养老保险，而是企业年金制度。企业年金的运作方式也多采用“信托模式”，也就是以独立财产制度来运作企业年金，这符合资金运作要求长期安全、稳定回报率的特性。因此，在 2005 年，我国劳动保障部(2008 年与人事部合并为人力资源和社会保障部)，劳动保障部也决定采用“信托模式”管理企业年金。通过年金信托可以提高资金运用效果，更好地保障职工的福利。

另外，随着经济的发展和社会文明程度的提高，越来越多的人热心于为学术、科研、教育、慈善、宗教等捐款的公益事业，但他们对捐助或募集的资金缺乏管理经验，而又希望其热心支持的公益事业能持续下去，信托机构便可以发挥作用。信托机构通过公益信托业务为欲捐款或资助社会公益事业的委托人提供服务，借助信托机构的专业运作能力及信托监察制度，实现其特定的目的。

3. 信托的种类

按照不同的划分标准，信托业务可以分为不同的种类。

(1)按信托性质划分

信托按性质不同可分为信托类业务与代理类业务。

1)信托类业务

信托类业务是信托财产的所有者为实现其指定人或自己的利益，将信托财产转交给受托人，要求其按信托目的代为管理或妥善处理。这种信托要求信托财产发生转移，并要求受托人对信托财产进行独立管理，受托人得到的处理权限与承担的风险较大。

2)代理类业务

代理类业务是委托人按既定的信托目的，授权受托人代为办理一定的经济事务。委托人一般不向信托机构转移信托财产的所有权，授予信托机构的权限较小。信托机构一般只办理有关手续，不负责纠纷处理，不承担垫款责任，故而风险也较小。

(2)按信托目的划分

信托按目的不同可分为民事信托与商事信托，以及介于两者之间的民事商事通用信托。

1)民事信托

民事信托是受托人不以营利为目的而承办的信托，也称为非营业信托。在这类信托业务中,受托人大多办理的是与个人财产有关的各种事务,如财产管理、执行遗嘱、代理买卖代为保管等。

2)商事信托

商事信托是受托人以营利为目的而承办的信托,也称为营业信托。这类信托业务以商法为依据建立信托关系,受托人按商业的原则办理信托,通过经营信托业务以获得盈利。

(3)以信托财产的性质为标准划分

以信托财产的性质为标准,信托业务分为金钱信托、动产信托、不动产信托、有价证券信托和金钱债权信托。

1)金钱信托

金钱信托也叫资金信托,它是指在设立信托时委托人转移给受托人的信托财产是金钱,即货币形态的资金,受托人给付受益人的也是货币资金,信托终了,受托人交还的信托财产仍是货币资金。在金钱信托期间,受托人为了实现信托目的,可以变换信托财产的形式,比如用货币现金购买有价证券获利或进行其他投资,但是受托人在给付受益人信托收益时要把其他形态的信托财产还原为货币资金。目前,金钱信托是各国信托业务中运用比较普遍的一种信托形式。

2)有价证券信托

有价证券信托是指委托人将有价证券作为信托财产转移给受托人,由受托人代为管理运用。比如委托受托人收取有价证券的股息、行使有关的权利,如股票的投票权,或将有价证券出租收取租金,或以有价证券作抵押从银行获取贷款,然后再转贷出去,以获取收益。

3)不动产信托

不动产信托是指委托人把各种不动产,如房屋、土地等转移给受托人,由其代为管理和运用,如对房产进行维护保护、出租房屋土地、出售房屋土地等。

4)动产信托

动产信托是指以各种动产作为信托财产而设定的信托。动产包括的范围很广,但在动产信托中受托人接受的动产主要是各种机器设备,受托人受委托人委托管理和处理机器设备,并在这个过程中为委托人融通资金,所以动产信托具有较强的融资功能。

5)金钱债权信托

金钱债权信托是指以各种金钱债权作信托财产的信托业务。金钱债权是指要求他人在一定期限内支付一定金额的权力,具体表现为各种债权凭证,如银行存款凭证、票据、保险单、借据等。受托人接受委托人转移的各种债权凭证后,可以为其收取款项,管理和处理其债权,并管理和运用由此而获得的货币资金。例如西方国家信托机构办理的人寿保险信托就属于金钱债权信托,即委托人将其人寿保险单据转移给受托人，受托人负责在委托人去世后向保险公司索取保险金，并向受益人支付收益。

(4)以信托目的为标准划分

以信托目的为标准，信托可以划分为担保信托、管理信托、处理信托、管理和处理信托。

1)担保信托

担保信托是指以确保信托财产的安全，保护受托人的合法权益为目的而设立的信托。当受托人接受了一项担保信托业务后，委托人将信托财产转移给受托人，受托人在受托期间并不运用信托财产去获取收益，而是妥善保管信托财产，保证信托财产的完整。例如附担保公司债信托就是一项担保信托。附担保公司债信托是西方国家信托机构广泛开展的一项信托业务，是信托机构在公司企业发行企业债券时，为便利企业债券的发行，保护投资者的利益而设立的。发行债券是企业筹措资金的一种方式，企业在发行债券时首先要解决一个问题，就是担保品的保管问题。

2)管理信托

管理信托是指以保护信托财产的完整、保护信托财产的现状为目的而设立的信托。这里的管理是指不改变财产的原状、性质，保持其完整。在管理信托中，信托财产不具有物上代位性。如果管理信托中的信托财产是房屋，那么受托人的职责就是对房屋进行维护保护，保持房屋的原貌，在此期间，也可以将房屋出租，但不得改建房屋。如果是以动产，如机器设备为对象设立管理信托，那么受托人可以将设备出租获取租金收入，但不可将动产出售变卖，换成其他形式的财产。

3)处理信托

处理信托是指改变信托财产的性质、原状以实现财产增值的信托业务。在处理信托中，信托财产具有物上代位性，即财产可以变换形式，如将财产变卖转为资金，或购买有价证券等。若以房屋为对象设立处理信托，受托人就可以将房屋出售，换取其他形式的财产。若以动产为对象设立处理信托，受托人就可以将动产出售。

4)管理和处理信托

这种信托形式包括了管理和处理两种形式。通常是由受托人先管理财产，最后再处理财产。例如以房屋、设备等为对象设立管理和处理信托，受托人的职责就是先将房屋、设备等出租，然后再将其出售，委托人的最终目的是处理信托财产。这种信托形式通常被企业当作一种促销和融资的方式。企业在销售价值量巨大的商品，如房屋、大型设备的时候，若采用一次性付款的方式很难将产品销售出去。若采用分期付款方式，企业又不能及时收回成本。企业以这些商品为对象设立管理和处理信托，把商品的所有权转移给信托机构，信托机构则通过各种形式为企业融通资金。这样,商品可以顺利销售,企业的资金又可以顺利回收。

4. 信托的特点

(1)以信用为基础。任何类型的信托都是建立在委托人对受托人信用的基础上,如果受托人不为委托人所信用,信托行为就不会产生。

(2)具有特定的目的。信托的目的是为了受益人的利益,受托人接受委托人的信托财产,并按照委托人的意愿去运用,所得收益归于委托人或指定的受益人,受托人所得到的是约定的信托报酬。

(3)财产权是信托成立的前提。委托人必须享有财产的所有权(或支配权),受托人才能接受这项信托,受托人替代委托人行使财产上的法定权利。

(4)信托是多边的经济关系。信托行为一般涉及三方面关系人即委托人、受托人和受益人,有时委托人本身就是受益人,有时受益人不止一个人。而商业银行一般贷款是涉及银行和贷款单位两个方面。

(5)信托按经营的实际效果计算收益。信托机构不承担损失风险。受托人按委托人要求对财产进行经营管理,收益归受益人所有,亏损也由受益人负担。

5. 选用信托资金融资的优势

与其他融资方式相比,选用信托资金进行融资具有以下五大优势:

(1)融资速度较快。信托融资的操作相对简单,期限设计和资金运用方式灵活,从设计到审批(或备案)以及发行所需的时间较少,可快速筹集资金。同时,信托资金的进入壁垒较低。资金信托计划的设立很容易,只要是经批准设立的信托公司均可以开展资金信托业务,信托公司设立资金信托计划无须审批,只需报主管部门备案。这些都有利于高效快捷地完成投融资运作,缩短项目周期。

(2)融资者负担小。信托融资对融资者没有限制,只要信托公司愿意投资给融资者即可。

(3)融资成本较低。融资成本指融资者在融资过程中为筹措资金而付出的组织管理费用、融资后的资金占用费用以及融资时支付的其他费用。信托公司要求的融资成本根据具体情况而有所不同。总的来说,一般信托融资成本与银行融资的成本一致或略高,但比债券融资成本和股票融资成本低。

(4)风险小,投资回报率高。相对于股票、债券、房地产投资回报,信托投资回报要稳定得多。在目前的投资收益梯度系列中,一年期投资收益(考虑短期贴现因素)从低到高的大致品种排序是银行存款、国债、企业债券。而投资基金和股票则为不确定收益。城市基建项目集合资金信托产品收益相对较高,而且比较稳定,风险相对较小,是比较理想的投资品种。

(5)投资领域多元化。从目前监管部门制定的各项监管法规规定综合考察,信托公司是当前唯一准许同时在资本市场、货币市场和实业领域投资的金融机构,正是因为这种优势,从而有利于信托公司资源整合,发挥其他金融机构所不能发挥的重要作用。

6. 房地产投资信托基金(REITs)

(1)REITs 的概念

房地产投资信托基金(Real Estate Investment Trusts,简称 REITs)是一种以发行受益凭证或股票的方式汇集特定多数投资者的资金,由专门的投资机构进行房地产投资经营管理,并将投资综合收益按比例分配给投资者的一种信托基金。REITs 不仅为房地产业的发展提供了银行外的融资渠道,而且为投资者提供了收入稳定、风险较低的投资产品。

(2)REITs 的基本运作模式

REITs 的基本结构如图 4-10 所示。基本当事人有 5 个:投资人(基金受益人)、基金经理人(基金管理公司)、基金托管人(基金保管公司)、基金代理人(承销公司)以及投资顾问。

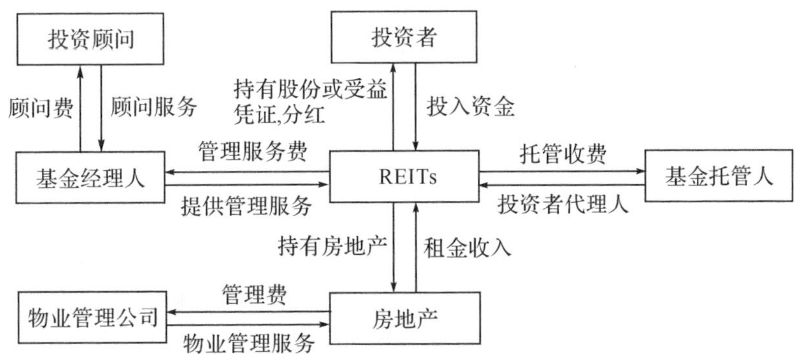

图 4-10 REITs 运作模式

投资人也称基金受益人,包括基金的个人投资者、境内机构投资者、合格境外机构投资者以及法律法规允许或经中国证监会批准可以购买投资基金的其他投资者。基金持有人是基金单位受益凭证或股票的持有者,通过分红享有基金资产的一切权益。

基金经理人由发起人组建的基金管理公司担任,是基金组织结构中的核心。基金经理人凭借专门的知识和经验,运用所管理的基金资产,根据法律及基金章程或基金契约的规定,按照科学的投资组合原理进行投资决策,谋求所管理的基金资产不断增值,最终使基金持有人获取尽可能多的收益,同时收取基金管理服务费。

基金托管人是基金持有人权益的代表,是基金资产的名义持有人和保管人。为了充分保障基金投资者的权益,防止基金资产被挪作他用,各国的证券投资法均有相应规定——凡是基金都要设立基金托管机构,即由基金托管人来对基金管理机构的投资操作进行监督,并对基金资产进行保管,同时根据托管资产的价值每年按一定比例收取托管费。根据中国国情和相关法规，一般建议由具有基金托管资格的商业银行担任基金托管人。

投资顾问主要为基金经理人提供市场分析、咨询、法律法规咨询，对投资项目进行可行性论证、项目经济效益评估等服务，以确保基金公司投资不出现失误，提高基金投资效益。投资顾问一般由基金经理人、房地产专家、证券专家以及金融财团等组成，由基金经理人聘任。

同时，由于房地产投资管理中需要对房地产进行装修、招租、物业管理等经营活动，REITs 的结构安排中还增加了物业管理人（负责所投资房产的物业管理）和独立估值师（负责所投资房产的价值估值，以公允地反映基金净值）等服务机构。而基金受益凭证或股票的发行、募集、交易、赎回和分红派息等事务，由基金经理人和保管人负责受理，但具体事务一般是委托基金代理人（承销公司）来办理。

(3)REITs 的类型

按照不同的划分标准，可以将房地产投资信托基金划分为多种类型。例如，按照投资策略可分为权益型、抵押型和混合型；按照组织结构可分为契约型和公司型；按照投资人能否赎回可分为开放型和封闭型。

1)按照投资策略分类

房地产投资信托基金按照投资策略可分为权益型 REITs、抵押型 REITs 和混合型 REITs 三种类型。

权益型 REITs(equity REITs)也称为收益型 REITs，属于直接投资并拥有房地产，靠经营房地产项目来获得收入。根据 REITs 经营战略和投资专长的差异，各种权益型 REITs 的投资组合有着很大不同，但主要经营购物中心、公寓、办公楼、仓库等收益型房地产项目。投资者的收益来源于租金收入和房地产项目的增值收益。目前正在运行的 REITs 主要以权益型为主，几乎占所有 REITs 的 90%以上。

抵押型 REITs(mortgage REITs)主要承担金融中介的角色，将所募集资金用于向房地产项目持有人及经营者提供各种房地产抵押贷款。其主要收入来自其按揭组合所赚取的利益，如发放抵押贷款所收取的手续费和抵押贷款利息，以及通过发放参与抵押贷款所获抵押房地产的部分租金和增值收益。

混合型 REITs(hybrid REITs)是伴随着权益型 REITs 和抵押型 REITs 的产生而发展起来的。混合型 REITs 既可以投资于房地产物业，也可以投资于房地产抵押贷款，是权益型 REITs 和抵押型 REITs 的混合体。因此，这类房地产投资信托基金会投资于一系列资产，包括实质物业、按揭或其他有关的金融工具类别。

2)按照组织结构分类

房地产投资信托基金按照组织结构可分为契约型 REITs 和公司型 REITs 两种类型。

契约型 REITs 也称“单位信托基金”，是指由专门的投资机构(大多数是金融机构)共同出资组建一家基金管理公司，基金管理公司作为委托人，通过与受托人(即基金保管公司)签订“信托契约”的形式发行受益凭证，吸引社会上的闲散资金，其投资标的是相关房地产物业。这种基金是目前最为流行的一种，英国、日本、新加坡等国以及中国香港、中国台湾地区大多数都是契约型基金。在组织结构上，此种基金一般不设董事会，而是指定一家证券公司或承销公司代为办理受益凭证——基金单位持有证的发行、买卖、转让、交易、利润分配、收益及本金偿还等。受托人接受基金经理公司的委托，并且以基金保管公司的名义为基金注册和开立户头。基金账户独立于基金保管公司的账户，即使基金保管公司因公司经营不善而倒闭，其债权方不能动用基金资产。它的主要职责是负责管理、保管信托财产，监督基金经理人投资等。

契约型 REITs 的优点归纳起来有以下几点:第一，经营与保管分开，经理公司与保管机构可以互相监督。第二，财务独立，经理公司在保管机构有独立的基金账户，不与经理公司和保管机构的财产相混，也不受保管机构经营状况的影响。第三，利润充分归于受益人，投资者利益得到保障。

公司型 REITs 又称“共同基金”，是指由发起人组建基金公司，并以向社会公开发行股票或受益凭证的方式来筹集资金，投资者购买基金股票或受益凭证，即成为该公司的股东，凭股票或受益凭证分享红利，基金本身是一家股份有限公司。当然，公司型 REITs 的投资标的也是相关房地产物业。目前，美国的共同基金基本上都属于公司型基金，基金持有人既是投资者也是股东，已经不完全是信托概念下的委托人。

公司型 REITs 如同其他公司型基金一样，具有以下特点:第一，公司型基金的形态是股份制投资公司，但又不同于一般的股份公司，其业务集中于房地产证券投资信托。第二，公司型基金设有董事会和股东大会。基金资产由公司所有，投资者则是该公司的股东，也是该公司资产的最终持有人。第三，公司型基金一般设有基金经理人和托管人。基金经理人负责基金资产的投资运营，托管人则负责对基金经理人的投资活动进行监督。

从经济角度看，契约型投资基金比公司型投资基金更加简单，体现了效率原则;从法律角度看，前者比后者更加符合信托原理。

3)按照投资人能否赎回分类

房地产投资信托基金按照投资人能否赎回可分为开放型 REITs 和封闭型 REITs 两种类型。

开放型 REITs(open-ended REITs)可以不断向投资者发售新的股票，并利用收入购买其他房地产资产。新股发行时必须对现有的资产进行估价，以确定新股的发行价格。联系进行估价是比较困难的，尤其是当 REITs 投资于房地产权益时。

封闭型 REITs(closed-end REITs)是指当原始股票发行和资产购买以后,就不再发行新的股票,现有证券的价值将取决 REITs 投资组合中资产的表现。封闭型 REITs 可以使用收益中允许其保留的一小部分(5%)或者使用现有房地产折旧产生的现金流来购买其他房地产。

封闭型基金与开放型基金有较大的区别。第一,基金单位发行的数量限制不同。封闭型基金发行的数量是有限制的,发行的总金额是一定的,在设定期限内,不能增加或减少。而开放型基金的发行则没有数量上的限制,可根据实际情况,增加发行数量。第二,基金的买卖方式不同。封闭型基金在第一次发行结束后,投资者不能将所持有的基金单位转卖给基金经理人,而只能在证券交易所或证券交易中心转让,即在二级市场上进行竞价交易。而开放型基金在第一次发行结束后,投资者可将基金卖给基金经理人,赎回现金,不需要在二级市场进行买卖,买卖不需要证券经纪商。第三,两者买卖价格也有所不同。封闭型基金的买卖价格受市场供求关系的影响,进行竞价买卖,可能出现低于或高于票面面值的情况,而开放型基金的买卖价格不受市场供求关系的影响,基金卖出价根据单位资产净值加上一定比例的发行费确定,而基金买入价就是基金单位的资产净值。当然,在一定条件下,封闭型基金也可以转化为开放型基金。

此外,还可以按照所投资物业的类型分为商业 REITs、工业 REITs 和住宅 REITs 等。在 1994 年以前,REITs 只局限于投资几种房地产类型,如公寓、写字楼、酒店等;1994 年以后,REITs 有了很大发展,其投资对象的范围日益扩展。目前,几乎所有的房地产物业如公寓、超市、商业中心、写字楼、工业地产、酒店等,均有相应的 REITs 与之相对应。为降低其投资风险,多数国家都对 REITs 投资未开发完成的房地产或者参与房地产开发建设进行了一定的限制。

(4)REITs 的性质

作为投资信托制度在房地产金融领域的应用,REITs 满足了中小投资者的投资需求,一般而言,REITs 具有以下三个特性。

1)信托性。房地产投资信托基金是由信托机构作为中介而建立的当事人之间的信托关系。REITs 本质上是一种资金信托性投资基金。社会上分散的中小投资者不愿将富余的资金投向储蓄,期望将资金投入利润较高的房地产领域。但个人单独进行房地产投资势单力薄,风险较大。投资者将分散的闲置资金集中起来,采取签订信托契约的形式,或类似股份公司的股份形式,成立房地产投资信托基金,委托对房地产市场具有专门知识和经营管理经验并值得信赖的人,从事房地产投资。

2)储蓄性。资本市场上有一些资金持有人,期望将小额资金储蓄起来,积少成多,并使资金做到既保本又获利。这种投资偏好与投资储蓄存款类似,承担低风险，保本生息，尽可能获得较高收益。现实中，投资房地产投资信托基金类似银行储蓄，对资金规模没有高门槛限制，风险低于股票，而收益通常高于储蓄利息。可见，房地产投资信托基金是降低风险、获得较高收益的重要投资工具。

3)合作性。一般而言，投资人都是有限的社会闲散资金持有者，资金实力差，个人缺乏能力单独投资于某几种有价证券或某项不动产。而房地产投资信托基金以一般社会大众为资金筹集对象，将他们的资金集合起来，增强资金实力，改善投资条件，并满足了投资人的愿望。所以说，房地产投资信托基金具有投资人目标一致基础上的合作投资性质。房地产投资信托基金既具有合作性，又不同于合作社，因为投资者的信托是有一定期限的，如 3 年、5 年不等，投资人所持的投资信托凭证可以转让，这与常见的信用合作关系是不同的。

(5)REITs 的职能

REITs 的功能包括财产事务管理、资金融通、代理和咨询以及房地产投资等。

1)财产事务管理职能。提供财产事务管理是投资信托基金的基本职能。财产事务是指与信托财产有关的各种事务。财产事务管理是指受托人受委托人之托，为其管理或处理财产事务，即“受人之托，履人之嘱，代人理财”。现代信托业务，无论是资金信托，还是实物信托，都具有财产事务管理职能。财产事务管理包括代人理财和代人办事两个方面。代人理财是指以管理和处理财产的方式为财产所有者提供服务：管理时不变更信托财产的原状或性质，仅做运用、改善、维护和保存，例如委托贷款、委托投资、商务管理等；处理则是需要变更或消灭信托财产的原状或性质，例如代委托人出售或转让信托财产。代人办事是指受托人以代办一系列经济事务的方式为委托人提供服务，如代收款项、代理发行、代理买卖有价证券、代付股息红利、代付利息、代办会计事务等信托财产事务管理活动，解决人们在财产管理方面的难题，它是信托存在的基础，并且适应了社会经济发展的需要。

2)资金融通职能。资金融通职能是指在财产事务管理活动中，投资信托基金具有筹措资金和融通资金的功能。在市场经济条件下，货币信用的存在，作为信托财产经济主体的相当大部分财产是以货币资金的状态存在的，因而投资信托基金对财务管理职能的运用，必然伴随着货币资金的融通，进而使信托机构具有了金融中介的性质，产生融通资金的职能。信托的这一职能，表面上看与商业银行金融职能相似，但有本质的区别。商业银行的金融职能，反映的是以还本付息为条件的授信/受信与受信/授信的关系，体现了商业银行与客户的双边债权债务关系，商业银行融资一般只能采取吸存放贷的间接融资方式。信托的金融职能，反映的是以信托为基础的委托与受托的关系，体现了信托机构与委托人、受托人的多边经济关系，信托融资不仅可以采用间接融资方式，也可以采用直接融资方式。并且，商业银行融通的对象仅限于货币资金，而信托融通的对象，既可以是货币资金，也可以是其他形态的财产，如融资租赁。可见，信托的金融职能是其财产事务管理职能的深化,是实现其财产事务管理职能的一种结果形态。

3)代理和咨询职能。代理和咨询职能是指信托受托人利用其与交易主体各方建立的相互信任的关系,为有关当事人提供代理和咨询事务服务。由于信托可以建立多边经济关系,信托受托人作为委托人与受益人的中介,有助于使其成为横向经济联系的桥梁和纽带。信托受托人可以以代理人、担保人、咨询人、见证人、监督人、介绍人等身份为交易各方建立相互信任的关系,帮助委托人了解与其交易有关的信息,如经济政策、交易对方的资信、交易对方的经营能力、项目的可行性、市场价格、利率、汇率趋势。为委托人的财产寻找投资场所等。信托受托人实现这一职能,不存在所有权的转移问题。通过办理代理和咨询业务,可以促进横向经济联系和沟通,帮助委托人开拓业务,促进社会和经济发展。

4)房地产投资职能。在财产事务管理职能基础上发展起来的房地产投资职能,是指受托人运用信托产品参与房地产投资活动。受托人根据委托人的意愿,运用信托财产进行房地产投资,并且实现资金融通和财产交易,使货币转化为资本,扩大了房地产资本和投资规模,也实现了信托的业务开拓。受托人尤其是 REITs 开办房地产投资业务,是许多国家 REITs 的普遍做法。

(6)REITs 的优势

REITs 具有筹集资金的灵活性和广泛性,具备专家经营、组合投资、分散风险、流动性高和品种多等特点。REITs 不仅为房地产业的发展提供了一种重要的融资渠道,而且为投资者提供了具有稳定收入、风险较低的投资产品。

1)具有流通性和变现性。由于房地产的位置固定等特性,在房地产交易过程中需要借助于中介机构,不但费力,而且转移手续繁杂,变现性差,从而使得房地产投资者存在极高的流动性风险。REITs 是以证券来表征房地产的价值,证券在发行后可以在次级市场上交易,投资者可以随时在集中市场或店头市场上买卖证券,有助于资金的流通,一定程度上消除了实物房地产不易脱手的顾虑。

2)专业化经营。REITs 经营权与所有权高度分离,凭借专业化的经营管理,使房地产营运绩效大幅度提高,直接影响 REITs 的证券价格,从而使投资者分享房地产专业经营的成果。

3)资本积累。REITs 是以受益凭证在资本市场募集资金,再以直接经营或间接融资方式投资于房地产市场,投资者高效地运作于资本市场和房地产市场,促使房地产经营者大规模地筹集房地产开发资金,加速资本积累。

4)分散投资风险。由于房地产投资需要庞大的资金投入,个人投资者无力进行多项房地产开发计划,造成投资风险的过度集中。REITs 以收益凭证募集大众资金,从事多样化的投资,不仅可以通过不同的房地产种类、区位、经营方式等投资组合来降低风险,还可以在法律规定范围内从事政府债券、股票等有价证券投资以分散投资风险。

5)增强房地产市场的机能。由于 REITs 的投资组合、投资期间、受益来源与分配等事项均受到相关法规的严格限制,而阻止房地产短线交易的投机行为,使资金投入提高房地产使用效率。此外,运用 REITs 对大型公共设施建设计划进行融资,既可以顺利推动项目建设,也可使投资大众分享公共建设投资成果,而 REITs 在集中市场或店头市场挂牌上市,以证券市场的竞争来督促公共部门效率的提升。

【案例 4】 青红高速公路项目的信托融资

1. 项目概况

青红公路冀鲁界至邯郸段高速公路作为青兰高速公路邯郸段的一期工程,是国家高速公路网规划的"青岛—兰州"和河北省重点规划"五纵六横七条线"高速公路主骨架中"鲁冀界(聊城)—邯郸—涉县—冀晋界(长治)"的重要组成部分。青红高速公路鲁冀界至邯郸段起自冀鲁界卫运河特大桥,经馆陶县、广平县、邯郸市,横跨邯临公路和京珠高速公路、中华大街、京广电气化铁路,终于邯武复线,全长 93.79 公里。2004 年上半年开工,2006 年竣工通车。建设标准为平原微丘区双向四车道高速公路,路基宽 28 米,路面宽 24 米,计算行车速度采用 120 公里每小时。全线设 7 处互通式立交、16 处分离式立交,大桥 6 座,中桥 12 座,小桥 10 座,天桥 29 座,涵洞 19 道,通道 87 道。全线设主线收费站 1 处,匝道收费站 6 处、服务处 2 处、养护工区 2 处。青红高速公路是内陆与沿海联系的大动脉,是邯郸市交通运输的横向主轴线,也是连接邯郸西部各旅游景点及其丰富矿产资源外运的主干道。该项目的实施对于建设河北省乃至国家高速公路网络,改善邯郸市路网布局,打通晋煤东运的快速出海通道有着重要的意义。

2. 融资方案选择的原因

青红高速公路冀鲁界至邯郸段是政府还贷公路,总投资 27.31 亿元,其中:交通部补助 2.37 亿元,省交通厅投入 3.12 亿元,业主解决 4.07 亿元(其中 2 亿元由信托融资方式筹集),国家开发银行贷款 17.754 亿元。

(1)贷款信托自身的优势

本项目虽然有政府 5.49 亿元的资金注入和国家开发银行的银行贷款,但是仍需要项目方自行筹措 4 亿元资金,而项目方只能解决 2 亿元资金,还有 2 亿元的资金缺口需要补足。

青红公路冀鲁界至邯郸段高速公路定位是政府还贷公路,利用对投资回报有较高要求的外资不实际;发行公路建设债券手续复杂、难度较大、无法流通,人们购买意愿不高。比较起来,贷款信托具有操作简单、筹资速度快捷的优势。经过融资决策分析,青红公路冀鲁界至邯郸段高速公路项目方最终依托平安信托投资有限责任公司搭建信托融资平台,吸收社会投资补充本项目的资金。

(2)本项目收益好

良好的收益是信托计划成功发行的保证。该项目是国家高速公路网的组成部分,是河北省“五纵六横七条线”高速公路的组成部分,项目建成后,对河北省尤其邯郸市的经济发展起着至关重要的作用。本项目的财务分析如表4-11所示。

表4-11 项目财务分析表

本项目全部投资的财务净现值(FENV)/万元	154 825
财务内部受益率(FIRR)/%	8.66
财务投资回收期(N)/年	16.15
财务效益费用比(FBCR)	1.54

从上表可以看出本项目具有一定的盈利能力、清偿能力和抗风险能力。

3. 信托融资方案分析

(1)委托人

青红高速公路项目贷款集合资金信托计划面向中国境内具有完全民事行为能力的自然人、法人或者依法成立的其他组织,委托人保证委托给平安信托投资有限责任公司的资金是其合法所有的可支配财产。

(2)受托人

此项目的信托机构(受托人)为平安信托投资有限责任公司(以下简称平安信托)。

(3)贷款人

邯郸市青红高速公路管理处是青红高速公路项目法人(甲级),全面负责青兰高速公路的青红公路冀鲁界至邯郸段项目一期、二期工程的建设和管理工作。青红管理处是于2003年12月经河北省交通厅和邯郸市人民政府批准成立的、直属邯郸市交通局的事业单位,是国家开发银行AA一级信用客户,在国家开发银行取得的风险限额为52亿元。

(4)信托计划的交易结构

本信托计划名称为青红高速公路项目贷款集合资金信托计划,募集资金2亿元整,信托期限自信托计划成立之日即2005年11月23日开始,于2007年11月23日终止。投资者最低认购额50万元,并按10万元的整数倍增加,信托计划发售金额达到2亿元或发售合同份数达到200份即宣告成立。

1)平安信托把信托资金向邯郸市青红高速公路管理处以贷款形式发放。在信托期限内,平安信托可将信托资金通过存放银行、购买国债等方式进行管理和运用。信托生效后每满一年进行一次信托财产的核算与分配,信托期满或终止时进行清算分配。

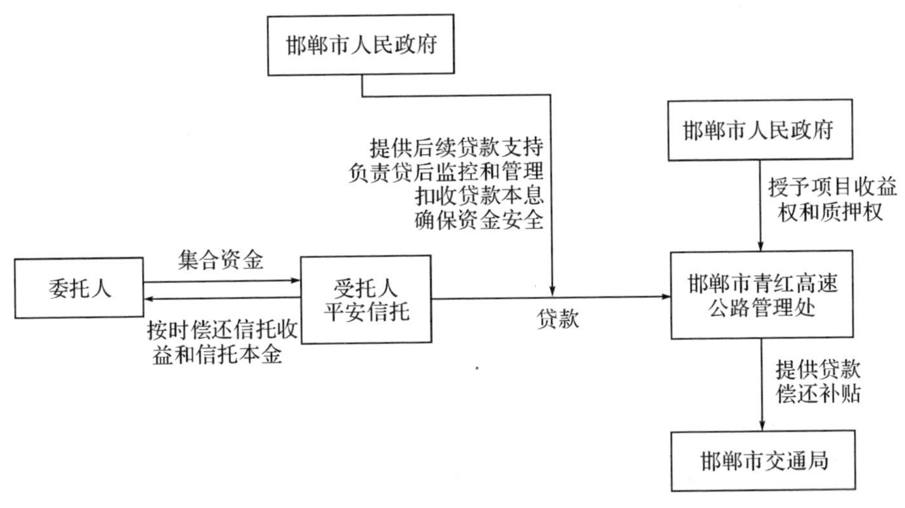

图 4-11 信托计划的交易结构

2)国家开发银行提供的后续贷款用来偿还信托财产的本金和利息。

3)国家开发银行全权负责贷后监控和管理,并授权直接扣收贷款本息,确保资金安全。

4)邯郸市人民政府授予项目法人充足的公路收益权质押权,以充足的公路受益权作为质押保证。

5)邯郸市交通局为借款人提供贷款偿还补贴承诺。

4. 经验总结

青红高速公路(冀鲁界至邯郸段)项目依托平安信托进行信托融资,弥补了项目建设初期的资金缺口,对投资人来说也是低风险高回报,实现了投资者和项目建设方的双赢。平安信托此次的信托计划虽然仍与国家开发银行合作,但由过去国家开发银行提供的担保,变成后续贷款支持。从这一风险控制手段的变化中可以看出,随着不断向类似项目融资,信托公司开始逐步熟悉了基础设施建设业务,不再一味依赖银行的担保,可以独立判断、评估项目风险。

(五)融资租赁

1. 融资租赁概述

融资租赁是一种以租赁形式进行融资,用以替代借款筹资的筹资活动。租赁通常是以收取租金为对价而让渡实物形态资产的占有权、使用权和收益权的一种交易。因而从本质上讲,租赁是承租人和出租人之间的一项契约性协议。协议中规定承租人拥有使用租赁资产的权利,同时必须定期向出租人支付租金。融资租赁包含租赁的全部要素:租赁的当事人、租赁资产、租赁期、租赁费用、租赁的撤销以及租赁资产的维修。

按照租赁的结构，融资租赁又可进一步分为直接租赁和杠杆租赁两类。直接租赁是指只有出租人和承租人两方参加的简单租赁形式。出租人自己安排资金购买被出租资产，然后将其租赁给承租人。杠杆租赁在“项目的融资模式”内容中已做详细的介绍，这里不再赘述。

2. 融资租赁的特点

(1)融资租赁的优点

1)筹资速度较快。租赁会比借款更快获得企业所需设备。

2)限制条款较少。相比其他长期负债筹资形式，融资租赁所受限制的条款较少。

3)设备淘汰风险较小。融资租赁期限一般为设备使用年限的75%。

4)财务风险较小。分期负担租金，不用到期归还大量资金。

5)税收负担较轻。租金可在税前扣除。

(2)融资租赁的缺点

1)资金成本较高。租金较高，成本较大。

2)筹资弹性较小。当租金支付期限和金额固定时，增加企业资金调度难度。

3. 融资租赁的程序

融资租赁的程序，是指融资租赁业务活动中各项工作的先后顺序。由于各国法律、租赁机构和融资租赁的类型不同，其具体程序也不完全一致，但基本程序还是具有一致性的。通常，融资租赁的基本程序主要包括：选择供货单位、提出租赁委托、进行租赁决策、签订有关合同、履行交付义务、按约支付租金和租赁业务终止等七个基本步骤。

(1)选择供货单位

融资租赁的特点之一，是由承租人根据自己的需要选择、确定租赁物。因此，首先应该由承租人选择租赁物和供货单位。在租赁物和供货单位初步确定后，应由承租人同供货单位协商有关租赁物买卖的事项，包括租赁物的性能、规格、质量、价格、售后服务等内容。通常，为了提高租赁物买卖质量，在选择供货单位时，可以同时选择几家供货单位进行协商，或者采取招标方式进行选择。

(2)提出租赁委托

租赁物和供货人确定或初步确定后，就应该选择租赁机构。租赁机构的选择既可以采取协商的方式，也可以采取招标的方式。通常，应根据租赁物的价值、特点和选择成本等来确定。主要应考虑租赁机构的经营范围、经营能力、资信情况和租金等条件。租赁机构确定后，应向其提出租赁申请，租赁申请的意思表示多以租赁委托书来表达。委托书中应载明租赁物的类型和供货单位，并同时向租赁机构提交有关技术经济资料。通常，需要提交的技术经济资料主要包括：租赁物的购置审批文件、承租人的基本情况资料、租赁物使用项目的基本情况资料、近期承租人的财务情况资料等。

(3)进行租赁决策

租赁决策是租赁机构根据对承租人审查与分析的结果，最终确定是否承担其租赁业务和以什么方式承担其租赁业务的过程。租赁机构享有租赁自主权，任何单位和个人都不得强令其从事某项租赁业务，也不得阻挠其进行正当的业务经营。租赁决策的主要内容包括：租赁种类决策、租赁期限决策、租赁责任决策和租金数额决策。租赁种类决策是确定采取哪种租赁形式办理租赁，常用的租赁形式主要包括融资性租赁、衡平性租赁和服务性租赁。融资性租赁是完全由租赁机构自行出资购置租赁物，衡平性租赁是以租赁物为抵押贷款购置租赁物，服务性租赁是除提供租赁物还提供相关技术服务。

租赁期限决策，是确定租赁业务的起止时间。通常，租赁期限同租赁物的经济寿命期基本一致比较合理。租赁责任决策，是确定租赁业务中有关各方当事人的权利与义务。租赁业务是一种责任关系复杂的金融业务，其间要涉及多方当事人，会形成多种权利义务关系。它是确定租赁相关合同的基础，也是确定相关各方经济利益的基础。应该在公平合理的前提下，由各方当事人来协商确定。租金数额决策是确定整个租赁期内的租金总额，以及承租人需要支付的租金数额在时间上的分配。它是租赁决策的焦点，直接影响到租赁机构和承租人双方的经济利益。通常，应根据市场利率、租赁形式、双方的权利与义务等由双方协商确定。

(4)签订有关合同

租赁合同是确定出租人与承租人之间权利义务关系的协议，也是租赁关系成立的凭证。由于融资租赁具有比较复杂的租赁关系，在此过程中要涉及多方当事人签订多个相关合同。对融资性租赁和服务性租赁来讲，首先要租赁机构与承租人签订租赁合同，然后再由租赁机构与供货单位签订租赁物供货合同。租赁合同在先供货合同在后，前者是后者成立的前提，后者则是前者的依据，两者既彼此独立又密切联系。此外，如果需要某方提供担保，还需要签订相关的担保合同。在衡平性租赁的条件下，则至少应签订三个相关合同。除需要签订租赁合同和供货合同外，还包括租赁机构与贷款提供机构的抵押贷款合同。如果存在担保等其他交易关系，还需要签订相应的担保和交易合同。

(5)履行交付义务

租赁的有关合同签订后，即可按照合同的规定各自履行自己的义务。提供贷款的和经营出租业务的租赁机构要实际支付款项，提供租赁物的供货单位要实际交付租赁物，承租人则要向租赁机构交付租赁物受领证书。最终供货商实际收到约定的货款，承租人实际收到租赁物，租赁机构实际收到租赁物受领证书，各方的交付责任才算完成。如果还有其他相关合同，则还必须履行其他相关交付责任。

(6)按约支付租金

融资租赁相关各方在履行了各自的交付责任后,承租人则必须按照租赁合同的规定,向作为出租人的租赁机构定期支付租金。在衡平性租赁的条件下,要先以该租金偿还贷款租赁机构的贷款。在贷款全部偿还后或在其他租赁形式条件下,租金才是租赁机构的收入。通常,租赁期间无论发生任何影响租赁物使用的情况,承租人都必须按照合同要求的数额、时间和方式支付租金。

(7)租赁业务终止

租赁合同期满后,租赁机构应与承租人办理结束合同手续,按照合同约定退回租赁物。如果承租人要求继续租用该租赁物,他通常享有该租赁物的租用优先权,可同租赁机构协商办理续租手续。如果承租人要求购买租赁物,他通常也同样享有该租赁物的购置优先权,可由双方协商确定租赁物的价格,办理租赁物转让手续,将该租赁物的所有权转让给承租人。至此,该项融资租赁业务结束。

融资租赁的基本程序如图 4-12 所示。

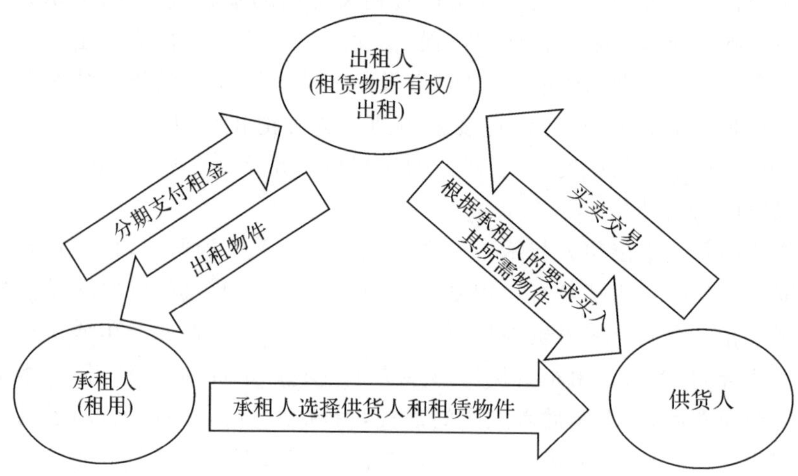

图 4-12 融资租赁的基本程序

【案例 5】柬埔寨 LSS 水电站融资租赁项目

1. 项目基本情况介绍

柬埔寨 LSS 水电项目是一个以发电为主的综合性的水电项目。工程位于柬埔寨西北部的上丁省境内,坐标为东经 106°12′、北纬 13°35′,上游距斯雷博河和桑河汇合处 1.5 公里,下游距赛公河和桑河汇合处大约 20 公里,是桑河和斯雷博河汇合后规划的梯级电站的最后一级;电站装机容量 400MW,年发电量为 19.70 亿度。该项目是 BOT(建设—经营—转让)项目,项目特许经营期 45 年(含建设期 5 年)。电站计划 2017 年年底首台机组发电,2018 年全部机组发电,建成后将接入柬埔寨国家电网,电力在柬埔寨国内消纳。柬埔寨国家电力公司与项目公司签署了购买LSS水电站所有发电量的承诺。并由柬埔寨政府提供财政支付担保。

2. 中方投资企业介绍

项目投资人是中国国内五大发电集团之一某集团的子公司G公司,G公司成立于2010年,为该集团对外投资的平台,服务于该集团"一带一路"和"走出去"的战略目标。G公司以境外能源开发为主要业务,涉足水电、火电、风电、太阳能等电力行业,以东南亚国家为重点研究开发地区,在缅甸、柬埔寨、泰国、印度尼西亚等国家均有前期研究项目;同时积极进行发达地区电力资源开发,在罗马尼亚等欧洲国家也开展了项目研究。经过多年的发展,G公司目前境外投产装机60万千瓦,在建装机40万千瓦,并储备了一大批前期项目,择优开发。

柬埔寨LSS水电有限公司为项目的开发实体,该项目公司由柬埔寨RG公司持股49%,越南EVN公司持股10%。2014年1月,G公司通过收购柬埔寨LSS水电项目公司股权,获得柬埔寨LSS水电项目的建设运营权。

购买柬埔寨LSS水电项目发电量的是柬埔寨国家电力公司(简称EDC,为柬埔寨国有公司),EDC与中方投资者G公司签订了长期购电协议。柬埔寨国家电力公司成立于1996年,为政府全资控股的公司,负责柬埔寨全国电力的调度。EDC承担着PPA项下的购电和支付义务,如果EDC不能支付项目公司电费,柬埔寨政府将做兜底偿还。同时,柬埔寨工业矿产能源部代表柬埔寨政府按照法律规定程序以国际竞标方式开发和实施柬埔寨LSS水电站BOT项目,并与开发商签订项目实施协议和土地租赁协议。

3. 柬埔寨LSS水电项目采用融资租赁的决策因素

(1)项目工期紧张,资金需求密集

根据柬埔寨LSS水电项目公司与柬埔寨政府签订的BOT协议,项目公司应在2014年8月底前完成融资,在2017年年底完成首台机组发电,且前期股东投入的资金只能持续到2014年9月。因此项目的施工建设还待开展,资金到位的时间至关重要。

通过对类似的境外大型水电项目进行银行贷款的调研,中国企业进行境外项目银行贷款的审批手续繁杂,涉及审批的部门众多、流程长,许多项目从确定贷款银行后至贷款合同群签订完毕的时间少则半年,多则两三年。因此银行贷款无法满足短时期内签订融资合同群并进行放款的条件,G公司唯有积极寻求其他融资途径,以满足LSS水电项目迫在眉睫的资金需求。

(2)难以寻求长期贷款

LSS水电项目建设期和运营期较长,贷款年限也较长,在国际市场上很难寻求可以提供十年以上贷款的合作银行。自2013年10月正式启动LSS水电项目融资工作以来,G公司通过邀请内资、外资、政策性、商业性、国有及股份制的各大银行进行了项目融资商谈工作，探讨项目融资的方案。由于柬埔寨在环境和社会影响评价方面未能满足“赤道原则”的要求，多家外资银行合作意愿不明确，同时考虑到项目融资期限较长、风险较高，多家商业银行也未明确表示合作意愿。

(3)项目法律情况复杂

公司水电项目涉及中国、柬埔寨和越南三个不同国家的股东，贷款和担保事宜将不可避免地涉及三个不同国家的法律。同时，参加融资谈判的工作人员分别来自中国、柬埔寨、越南、加拿大、美国、爱尔兰、新西兰、新加坡等国家，不同的地域不同的文化，极大地减缓了银行融资合同群的谈判进度，增加银行进行尽职调查的用时，并最终将导致项目的建设资金无法及时到位，带来严重的后果。

(4)跨境抵质押存在很多困难

由于项目涉及的资产位于柬埔寨，而熟悉当地相关法律知识并有实际操作经验的专业人员相对匮乏，三个国家的股东对于资产抵质押的要求各不相同，致使跨境抵质押难以实现，无法满足银行贷款的要求，给项目的银行融资带来困难。

(5)银团贷款遭遇困难

对于大型投资项目，各家银行的审批手续较为复杂，加之海外投资还涉及东道国政治、宗教、法律、环保等多因素，项目能否顺利开展的不确定性非常大，因此大多数银行，包含内资、外资、政策性、商业性、国有及股份制的银行，不愿承担过大风险和不明朗的前景，不愿意提供融资。

柬埔寨 LSS 水电项目公司的 49％股权由外方股东持有，外方股东对于项目的融资成本尤为关注，旨在寻求同等条件下贷款利率和其他手续费率最低的融资途径。G 公司在融资工作开展的前期邀请了国内多家政策性和商业银行就银团贷款各项事宜进行了商谈，本着效益优先的原则，初步确定了由两家政策性银行、两家国有商业银行组建为柬埔寨 LSS 水电项目银团的融资策略，并确定了牵头行。但是在银团组建后的融资商谈过程中，在贷款利率、手续费率、各家银行承贷比例等关键条件上，银团内部各方出现了分歧。牵头行所能承受的贷款利率高于其他三家银行，并提出了贷款前端费和安排费的收取，这两个费率也高于其他三家银行提出的手续费率。此外，牵头行和另外一家国内政策性银行都想承担贷款的大部分额度并一直无法达成共识，致使贷款额度无法在四家银行中明确分摊，银团贷款的商谈不得不被搁置。

鉴于 LSS 水电项目迫切的资金需求和开工要求，G 公司不得不在国内和国际市场上寻求其他的融资途径。G 公司向国内外知名银行、股权投资基金等金融机构进行了多方咨询，探讨通过设立境外投融资平台公司发行债券、引入风险投资等其他多种融资品种进行融资。综合考量时间、成本、法律、税务和可行性等各方面的因素，发行境外债券所需要的时间无法满足 LSS 水电项目对资金到位的时间需求；内保外贷较高的融资成本和有限的贷款规模，无法满足项目股东的要求，且需要国内股东提供超过股权比例的担保，这对国有企业几乎是不能实现的担保条件；内保外债较高的融资成本和较长的时间需求，也无法满足LSS水电项目最迫切的要求。

G公司根据其母公司多年来在水电项目领域进行融资的良好经验和在金融界所树立起来的优良信誉，分析了其母公司在国内水电流域开发所运用过的融资方式，积极与国内各金融租赁公司联系，经过多轮商谈和磋商，摸索出了一条适合LSS水电项目融资的全新道路——融资租赁。

4. 柬埔寨LSS水电项目融资租赁模式设计

在电力企业中采用融资租赁模式是一个很好的融资渠道，首先发电企业在项目建设当中，中长期的固定资产占总投资的60%～70%，企业固定资产比例过高是水电站项目的特点，而通过融资租赁可以有效地解决这一问题。售后回租是融资租赁的重要模式，在该模式下，电力企业把即将建成的电站项目一次性出售给租赁公司，然后再对电站购回，以租金的方式作为向租赁公司收回电站的报酬，盘活了电站项目资产的同时，电力企业保持了对电站资产的使用权和控制权，既获得了出售电站时的资金，可以用于发展其他电力项目，同时还可以保留对电站资产的控制权。通过电站的运营回收的资金，来补贴支付给租赁公司的租金，可谓一举多得，能有效提高电力企业的资产报酬率和资金运转效率。

根据G公司及其母公司在国内水电融资市场丰富的经验和良好的资源，G公司先后与多家国内、国外租赁公司进行洽谈，最终与I租赁公司达成合作共识，就柬埔寨LSS水电项目融资租赁开始了租赁模式及合同群的商谈工作。

I金融租赁有限公司成立于2007年11月28日，是国务院确定试点并首家获中国银监会批准开业的银行系金融租赁公司，是中国某银行的全资子公司，注册资本110亿元人民币。经过近十年的发展，I租赁公司已成为国内资产规模最大，最具盈利能力、创新能力和市场领导力的租赁企业。截至2014年12月，I租赁公司经营和管理的境内外总资产2560亿元，公司拥有和管理的飞机已超过420架，其中已交付商用飞机214架；管理船舶和海工资产逾280艘/台；各类大型设备近3万台/套。I租赁公司的市场份额、资产规模、资本回报、营业收入和利润总额等主要指标均列行业第一。

LSS水电项目就以下几个方面进行了融资租赁模式的设计和创新：

(1)突破传统融资租赁模式，设计委托直租模式

传统融资租赁模式主要有直接租赁和售后回租。传统的直接租赁是出租人以现有资产直接出租给承租人或先向设备厂商采购设备，再将其出租给承租人(如图4-13所示)。传统售后回租是承租人将现有的资产出售给出租人后，又随即租回的融资方式(如图4-14所示)。因此传统的融资租赁需要建立在资产已形成并可进行转移的前提下，这与本项目建设初期资产未形成的实际情况不相符。

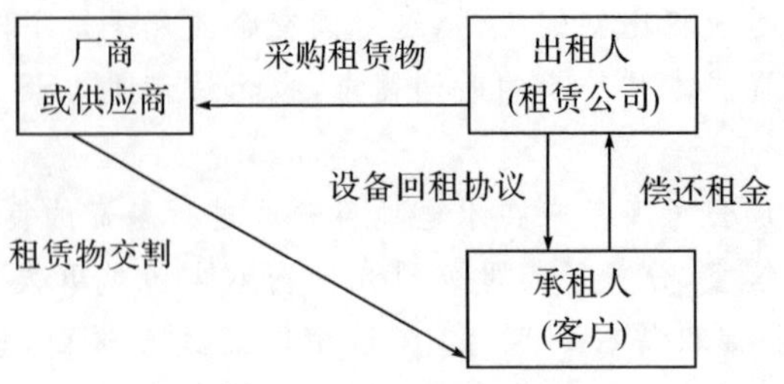

图 4-13 传统直接租赁模式

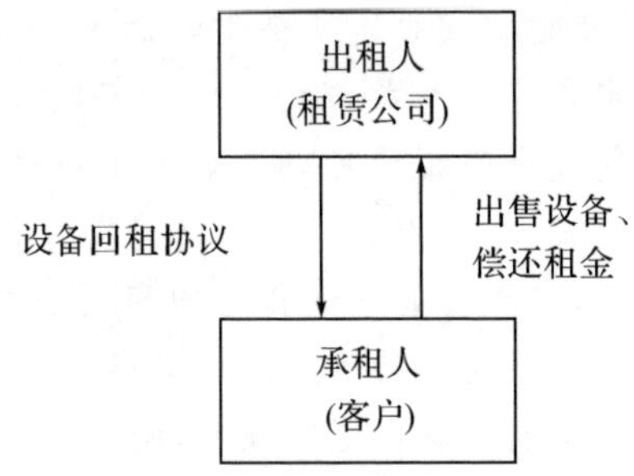

图 4-14 传统售后回租模式

柬埔寨 LSS 水电项目属于新建项目，项目初期尚未形成资产，有别于传统意义的融资租赁业务，无法按照传统的租赁模式进行操作。同时，水电站项目设备的特点是交付和安装周期长、跨度大。零部件、预埋件的数量繁多，甚至超过上万件。如果按照传统融资租赁的模式操作，即由租赁公司向设备商采购租赁物，操作过程将会很复杂，工作量非常大，采购效率很低，可行性不高。因此，G 公司根据本项目的特点创新设计委托直租模式如图 4-15 所示。租赁公司与柬埔寨 LSS 水电公司签订委托采购协议，由柬埔寨 LSS 水电公司收到 I 租赁公司的预付款后，根据委托采购协议向厂商支付购置款，厂商直接将设备交付到柬埔寨 LSS 水电公司。同

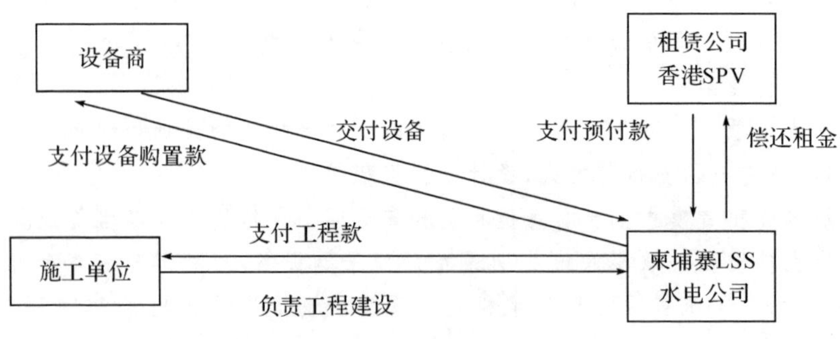

图 4-15 委托直租模式

时，本项目还将土建施工单位纳入融资的范畴，根据签订的委托采购协议，通过I租赁公司向柬埔寨LSS水电公司支付预付款，柬埔寨LSS水电公司将工程款支付给土建施工单位，最终柬埔寨LSS水电公司根据融资租赁合同向I租赁公司支付租金。委托直租模式既解决了项目建设初期资产未形成的问题，也克服了传统租赁下租赁公司无法按照客户需求大批量采购设备的难题。在保证项目正常建设的前提下达到筹集建设资金的目的，并使得资金流向生产率更高的社会单位，提高水电企业资产的利用率。

(2)搭建海外SPV，形成跨境租赁

经过G公司与租赁公司的共同研究与探讨，国际金融市场的贷款利率相对国内同期金融市场贷款利率较低，因此租赁公司专门为本项目在香港搭建了境外SPV(即特殊目的公司，指境内居民法人或境内居民自然人以其持有的境内企业资产或权益在境外进行股权融资为目的而直接设立或间接控制的境外企业)，在国际市场筹集成本较低的资金，有效降低项目公司的融资成本。

G公司在充分研究论证税收筹划、境外融资、海外资金池、境外再投资、投资退出等各方面的因素后，搭建了香港、开曼两层境外SPV公司，由开曼公司直接持股柬埔寨LSS水电项目公司，并由柬埔寨的项目公司直接向租赁公司的香港SPV公司进行提款，形成中国内地、中国香港、柬埔寨三层跨境联动的融资租赁架构。

根据企业会计准则，承租人可以利用融资租赁的方式购入资产并实现加速折旧。应计提折旧总额为融资租赁固定资产的入账成本(即购置成本)，其折旧按照租赁期与资产可使用年限两者较短来计提，则一般租赁业务期限为3～10年期不等，远低于普通资产的常规计提折旧年限，从而实现加速折旧，达到避税目的。

由于出租人和承租人都位于境外，而香港是所得税负较低的地区，此跨境租赁结构能够规避不必要的税收，各国实施主体可有效利用相关国家税法和折旧制度，灵活选取折旧年限或租赁期限，并进行有效的税收筹划，最大程度保障租赁公司和项目公司的利益。

(3)合理规划提款流程，避免资金沉淀

一般的项目融资租赁，租赁公司对单次提款金额和提款总次数都有严格的限制，造成项目公司资金沉淀严重，提款与支付进度存在较大时间差，致使企业隐性利益流失。就国内目前的水电项目建设情况来看，在大型水电设备制造合同签订后的很短时间内必须向厂商支付相应的合同预付款，在设备制造的各个阶段完成后，还需支付合同进度款。这样可能在融资租赁合同提款前，以上款项就急需支付，这使得融资租赁的提款流程在操作上有很大难题。针对水电设备和工程类的合同支付可预期、与工程进度高度匹配的特点，G公司积极与出租人协商，设置灵活的提款方式，将提款时间与工程合同的支付时间相匹配，即根据不同合同的支付日期进行提款与支付，实现提款、放款、交付设备和偿还租金的闭环管理，确保最大程度地减少资金沉淀，提高资金效益。同时，对提款流程进行规范，在提款时向出租人提供相应的设备采购和施工建设合同。项目公司通过中国工商银行金边分行支付设备款项，满足租赁公司资金监管要求，在满足了租赁公司内部审批和后期监管要求的同时，也满足项目公司操作性的要求，实现互利共赢。

五、项目的信用保证结构

项目信用保证结构由两类担保组成，一类是直接的财务担保，如完工担保、成本超支担保、不可预见费用担保；另一类是间接的或非财务性的担保，如长期购买项目产品的协议、长期供货协议等。

项目的信用保证结构与项目本身的经济强度[①]之间的关系是相辅相成的。一般来说，项目的经济强度越高，信用保证结构相对越简单，其条件也较为宽松；反之，则要求复杂、严格一些。

（一）项目融资担保的概述

1. 担保在项目融资中的作用

由于项目融资的根本特征体现在项目风险的分担方面，而项目担保正是实现这种风险分担的一个关键所在。由于许多的项目风险是项目本身所无法控制的，出于对超出项目自身承受能力的风险因素的考虑，贷款银行必须要求项目的投资者或与项目利益有关的第三方提供附加的债权担保。所以，项目担保是项目融资结构中的一个关键环节，成为保障项目融资成功的首要条件。

具体来说，项目担保在项目融资中的作用主要有两个方面：

第一，采用项目担保形式，项目的投资者可以避免承担全部的和直接的项目债务责任，项目投资者的责任被限制在有限的项目发展阶段之内或者有限的金额之内。也正是因为如此，项目投资者才有可能安排有限追索的融资结构。

第二，采用项目担保形式，项目投资者可以将一定的项目风险转移给第三方。通过组织一些对项目发展有利，但又不愿意直接参与项目投资或参与项目经营（由于商业原因或政治原因）的机构为项目融资提供一定的担保，或者利用商业担保人提供的担保，在一定条件下可以将项目的许多风险因素加以转移。

因此，项目融资担保的任务是将与项目利益有关的和对项目发展有需求的各个方面所能提供的担保及所能承担的责任组织起来，使得其中任何一方都不会因财务负担过重或者项目风险过高而无法开发或经营项目，通过利用各个方面所提供的担保，组成一个强有力的项目信用保证结构，使其能够为贷款银行所接受。

---

① 项目的经济强度是指最初安排投资时，如果项目可行性研究中假设条件符合未来实际情况，项目是否能够生产出足够的现金流量，能否支付生产经营费用、偿还债务并为投资者提供理想的收益，以及在项目运营的最后或者最坏的情况下项目本身的价值能否作为投资保障。

2. 项目担保人

项目担保人包括三个方面:项目的投资者、与项目利益有关的第三方参与者和商业担保人。

(1)项目投资者作为担保人

项目的直接投资者和主办人作为担保人是项目融资结构中最主要和最常见的一种形式,如图 4-16 所示。

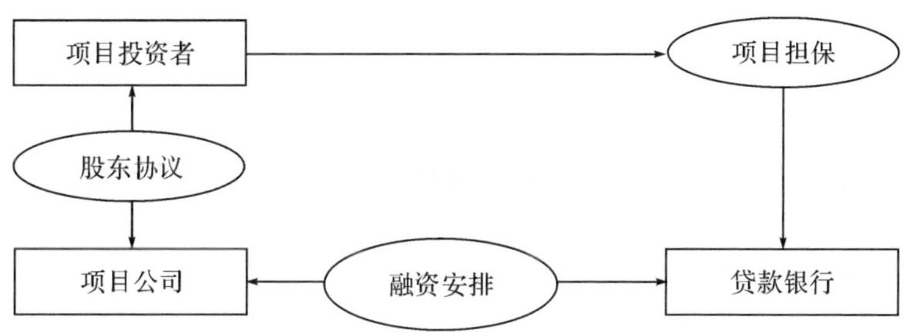

图 4-16 项目投资人作为担保人

在一般的情况下,项目投资者通过建立一个专门的项目公司来经营项目和安排融资。但是,这样的安排,由于项目公司在资金、经营历史等各方面多不足以支持融资,很多情况下贷款银行会要求借款人提供来自项目公司之外的担保作为附加的债权保证。如果项目投资者不能够找到其他能够被贷款银行所接受的担保人,那么项目的投资者自己必须提供一定的项目担保。如项目投资者提供的“项目完工担保”“无论提货与否均需付款协议”和“提货与付款协议”等均属于这种性质的项目担保。

(2)利用与项目有利益关系的第三方作为担保人

所谓利用第三方作为担保人是指在项日的直接投资者之外寻找其他与项目开发有直接或间接利益关系的机构为项目的建设或者项目的生产经营提供担保。由于这些机构的参与,不但分担了项目的部分风险,而且还为项目融资设计一个强有力的信用保证结构创造了有利条件,对项目投资者具有很大的吸引力,如图 4-17 所示。

能够提供第三方担保的主体主要有三类:与项目开发有直接利益关系的商业机构、政府机构、国际性金融机构。

(3)商业担保人

商业担保人与以上两种担保人在性质上是不一样的。商业担保人以提供担保作为一种盈利的手段,承担项目的风险并收取担保服务费用。商业担保人通过分散化经营降低自己的风险。银行、保险公司和其他的一些专营商业担保的金融机构是主要的商业担保人。商业担保人提供的担保服务有两种基本类型:

1)商业银行、投资公司和一些专业化的金融机构以银行信用证或银行担保的

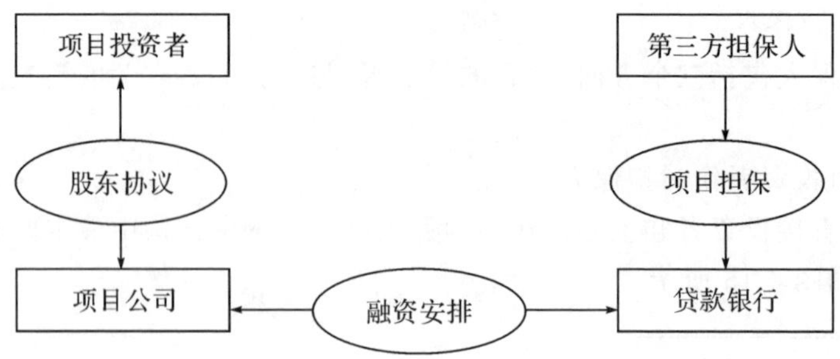

图 4-17　与项目利益相关的第三方作为担保人

形式担保项目投资者在项目中或者项目融资中所必须承担的义务。

2)为防止项目意外事件发生的担保

这类商业担保人一般为各种类型的保险公司。项目保险是项目融资文件中不可缺少的一项内容。保险公司提供的项目保险包括广泛的内容,除项目资产保险外,项目的政治风险保险在有些国家也是不可缺少的。

(二)项目融资担保的范围

一个项目可能面临各种各样的风险因素,其中主要有:信用风险、完工风险、生产风险(包括技术风险、资源风险、能源和原材料供应风险、经营管理风险)、市场风险、金融风险、政治风险、项目环境保护风险。这些风险因素可以归纳成商业风险、政治风险、金融风险和不可预见风险等基本类型。

1. 商业风险

商业风险是项目融资的最主要风险。大多数商业风险属于项目的核心风险,即可控制风险。那么作为项目融资的贷款银行,对于这类可控制的商业风险,通常都会要求项目投资者或者与项目有直接利益关系的第三方提供不同程度的担保,特别是在项目完工、生产成本控制和产品市场安排三个方面。

(1)项目完工风险。一个项目是否能够在规定的预算和规定的时间内建成投产,达到商业完工的标准,是组织项目融资的基础。这一阶段的风险传统上要求由项目投资者全面承担。由项目投资者提供担保,承诺在项目工程延期、建设成本超过预算等问题出现时为项目提供资金。有时甚至担保人被要求承诺如果项目在无法达到商业完工标准时偿还全部的项目贷款。

(2)生产成本控制风险。在进入正常生产阶段之后,一个项目的经济强度在很大程度上取决于对生产成本的控制。项目是否在同行业同类型企业中占据有利地位和具有竞争性,除了项目所具备的自然条件和技术条件之外,是否能够按照一个具有竞争性的价格取得某些重要原材料、能源或外部服务的供应是非常关键的要素。

(3)产品市场安排风险。项目产品的销售和价格是决定项目成败的另一个重要环节。降低市场风险同样也是项目担保所必须面对的一个主要问题,“无论提货与否均需付款”协议和“提货与付款”协议是项目担保解决产品市场风险的主要手段。

2. 政治风险

政治风险是贷款银行在项目融资中关注的另一类型风险。在政治环境不稳定的国家开展投资活动,具有很高的政治风险。没有政治风险担保,很难组织起有限追索的项目融资结构。一般来说,项目投资者自己很难解决项目的政治风险问题,需要安排第三方参与,为贷款银行提供政治风险担保。

对于政治风险而言,一般项目所在国的政府或者中央银行应该是最理想的政治风险担保人。这些机构与项目发展有直接利益关系,对项目的投资环境有直接的决定权。如果争取到这些机构对项目融资的担保,或者争取到一些与项目经营有关的特许权协议(例如对外汇控制的特殊政策或进出口特许政策等),可以有效地减少国外投资者和国外贷款银行对政治风险的顾虑。

但是对于一些被认为存在高政治风险的发展中国家,仅仅有项目所在国政府的保证是不够的。这时,世界银行、地区开发银行、一些工业国家的出口信贷、海外投资保险机构所提供的担保,将有利于组成项目的融资。

3. 金融风险

项目的金融风险和政治风险一样,都属于不可控的外围风险,主要是指由于项目发起人不能控制的金融市场变化对项目可能产生的负面影响,主要包括汇率的波动、利率的变化、国际市场商品和劳务价格的涨跌,特别是能源和原材料价格的上升、项目产品价格的下跌等。

在项目融资中,金融风险的防范和分担是非常敏感的问题,对于汇率和利率风险,可以通过使用金融衍生工具,如套期保值技术等来分散。但是,在东道国金融市场不完善的情况下,使用金融衍生工具存在一定的局限性。在这种情况下,境外项目发起人和贷款银行一般要求东道国政府或国家银行签订远期外汇兑换合同,把汇率锁定在一个双方可以接受的价位上,但东道国政府或银行一般不愿意承担这个风险,此时项目公司应同东道国政府或银行签订专门合同,规定在一定范围内由各方分摊相应的汇率风险。

4. 不可预见风险

项目除了存在商业风险和政治风险之外,也还会因为地震、火灾以及其他一些不可预见因素而导致失败。这类风险被称为不可预见风险,亦称为或有风险,避免这类风险主要也是采用商业保险的方法。

(三)项目融资担保的步骤

安排项目担保的步骤可以大致划分为四个阶段(具体通过项目担保人和贷款

银行谈判解决)：

(1)贷款银行向项目投资者或第三方担保人提出项目担保的要求。

(2)项目投资者或第三方担保人可以考虑提供公司担保(对于担保人来讲，公司担保成本最低)；如果公司担保不被接受，则需要考虑提供银行担保。后者将在银行和申请担保人之间构成一种合约关系，银行提供项目担保，而申请担保人则承诺在必要时补偿银行的一切费用。

(3)在银行提供担保的情况下，项目担保成为担保银行与担保受益人之间的一种合约关系。这时真正的担保人(项目投资者或其他第三方担保人)并不是项目担保中的直接一方。

(4)如果项目所在国与提供担保的银行不在同一国家时，有时担保受益人会要求担保银行安排一个当地银行作为其代理人承担担保义务，而担保银行则承诺偿付其代理人的全部费用。

(四)项目融资担保的主要类型

根据项目担保在项目融资中承担的经济责任形式，项目担保可以划分为四种基本类型：直接担保、间接担保、或有担保、意向性担保。其中无论是哪种类型的项目担保，其担保所承担的经济责任都是有限的，这是项目融资结构与传统企业融资结构的一个重要的区别。

1. 直接担保

直接担保(Direct Guarantee)是指担保人以直接的财务担保形式为项目公司(借款人)按期还本付息而向贷款银行提供的担保。它是项目担保中传统的担保方式，是担保人代替借款人向贷款人承担所有的义务，具有直接性和无条件性，但它在时间或数量上是有限的，是所融资项目必需的最低信用保证结构。其主要操作方式有：

(1)项目完工担保

项目完工担保是对项目完工风险的担保，是一种有限责任的直接担保形式。大多数的项目完工担保属于仅仅在时间上有所限制的担保形式，即在一定的时间范围内(通常在项目的建设开发阶段和试生产阶段)，项目完工担保人对贷款银行承担着全面追索的经济责任。在这期间，项目完工担保人需要想尽一切办法去促使项目达到商业完工的标准，并支付所有的成本超支费用。

由于项目完工担保的直接财务责任在项目达到商业完工标准后就立即终止，项目融资结构也从全面追索转变成为有限追索性质。贷款银行此后只能单纯(或绝大部分)地依赖于项目的生产经营，或者依赖于项目的生产经营加上“无论提货与否均需付款”等类型的有限信用保证支持来满足债务偿还的要求，所以，对于项目商业完工的标准及检验是相当具体和严格的。这其中包括了对生产成本的要求、对原材料消耗水平的要求、对生产效率的要求以及对产品质量和产品产出量的要求。无论哪项指标不符合在融资文件中所规定的指标要求，都会被认为是没有达到项目完工担保的条件，项目完工担保的责任也就不能解除，除非贷款银行同意重新制定或放弃部分商业完工标准。

(2)资金缺额担保

资金缺额担保是一种在担保金额上有所限制的直接担保，主要是为项目完工后收益不足的风险提供担保。其主要目的是保证项目具有正常运行所必需的最低现金流量，即具有至少能支付生产成本和偿还到期债务的能力。这种担保的担保人往往是由项目发起人承担。

从贷款人的角度看，为了保证项目不至于因资金短缺而造成停工和违约，往往要求项目发起人以某种形式承诺一定的资金责任，以保证项目的正常运转，从而使项目可以按照预先计划偿还全部银行贷款。

2. 间接担保

间接担保(Indirect Guarantee)，亦称非直接担保，在项目融资中是指担保人不以直接的财务担保形式为项目提供的一种财务支持。间接担保多以商业合同和政府特许权协议形式出现。对于贷款银行来讲，这种类型的担保同样构成了一种带有确定性的、无条件的财务责任。在项目融资中间接担保的主要形式是以“无论提货与否均需付款”协议和“提货与付款”协议为基础的项目担保。

“无论提货与否均需付款”协议和“提货与付款”协议是两大类既有共性又有区别，并且是国际项目融资所特有的项目担保形式。“无论提货与否均需付款”协议和“提货与付款”协议是项目融资结构中的项目产品(或服务)的长期市场销售合约的统称。这类合约形式几乎在所有类型的项目融资中都广泛地得到应用，从各种各样的工业项目(如煤矿、有色金属矿、铁矿、各种金属冶炼厂、石油化工联合企业、造纸、纸浆项目)一直到公用设施和基础设施项目(如海运码头、石油运输管道、铁路集散中心、火力发电厂等)，因此在某种意义上这类合约已经成为项目融资结构中不可缺少的一个组成部分。同时，这类合约形式在一些项目融资结构中也被用于处理项目公司与其主要原材料、能源供应商之间的关系。“无论提货与否均需付款”协议和“提货与付款”协议在法律上体现的是项目产品买方与卖方之间的商业合同关系，尽管实质上是由项目产品买方对项目融资提供的一种担保，但是这类协议仍被视为商业合约，因而是一种间接担保形式。

3. 或有担保

或有担保(Contingent Guarantee)是针对一些由于项目投资者不可抗拒或不可预测因素所造成项目损失的风险所提供的担保。

或有风险的担保按其风险的性质，可以划分为三种基本类型：

(1)主要针对项目由于不可抗拒因素造成的风险。例如地震、火灾、地下矿井塌方等一系列问题，这类风险不属于项目正常生产建设所必须面对的问题，但是，一旦发生将给项目造成不可估量的损失,提供这类或有担保的项目担保人通常是商业保险公司。

(2)主要针对项目的政治风险。由于政治风险的不可预见性质,因此为减少这类风险所安排的担保有时也归在或有担保的范围内。

(3)主要针对的是与项目融资结构特性有关的,并且一旦变化将会严重改变项目经济强度的一些项目环境风险。

例如,以税务结构为基础建立的杠杆租赁融资模式,贷款银行大部分收益来自项目的税务好处,如果政府对税收政策做出任何不利于杠杆租赁结构的调整,都会减少贷款银行的利益,甚至损害项目融资结构的基础。又如,如果一个项目的能源、原材料是由项目所在地政府以某一种优惠价格提供的,并且项目融资也正是在这种政府特许权合同的基础上建立的,一旦政府优惠政策发生改变,则必然会导致项目经济强度的减弱。上述类似风险也都属于或有风险的范畴,在项目融资中通常都是要求项目投资者提供有关的担保。一旦项目出现类似情况,由项目投资者提供必要的财务支持。

4. 意向性担保

从严格的法律意义上讲,意向性担保(Implied Guarantee)不是一种真正的担保,因为这种担保不具有法律上的约束力,仅仅表现出担保人有可能对项目提供一定支持的意愿。因为意向性担保不需要在担保人公司的财务报告中显示出来,所以这种类型的担保受到担保人的偏爱,在项目融资中得到较为普遍的应用。然而,也正是由于意向性担保的普遍使用,目前国际上对于意向性担保所承担的法律责任有一种越来越严格的发展趋势。

安慰信(Letter of Comfort)是一种最经常使用的意向性担保形式。在项目融资中,安慰信通常是由项目公司的控股公司(或母公司)写给贷款银团,表示该公司对项目公司以及项目融资的支持,以此作为对项目融资财务担保的替代。安慰信的内容主要包括:控股公司确认它了解项目融资的安排,表示它将不减少在项目公司中的股权(或者保证在项目公司中股权不会减少到某一个比例),陈述它将继续支持项目公司的业务经营和发展。例如,控股公司可以表示它将用适当的方法保证项目公司获得正当的管理,在认为需要时将为项目公司提供必要的财务支持,将尽力促使项目公司按期履行其贷款义务,或者在认为项目公司有可能出现财务问题时保证不从项目公司中提取资金。有时在安慰信中,控股公司也需要承诺,在贷款期间项目公司需要将控股公司的名字作为其名称的一个重要组成部分。这一条与不减少股权的承诺,在事实上同样被视为一项很重要的意向性担保条件,因为在大多数情况下,很少有信誉良好的公司会看着自己的子公司破产或出现严重的财务危机而完全撒手不管。例如,在中信公司从事的几个大型海外项目融资时,贷款银团都把中信公司保持在项目公司中的股权和使用中信公司名称作为一项重要的内容。

六、项目融资的风险管理

(一)项目融资风险的概念

项目融资风险就是为实现项目融资目标的活动或事件的不确定性和可能发生的危险。为消除或有效控制项目融资风险,必须对项目融资风险进行科学的认识和剖析。项目融资风险是一种不确定事件或状况,一旦发生,会对至少一个项目融资目标,如时间、范围或质量目标产生积极或消极影响。例如,风险起因之一可能是项目融资需要申请环境许可证,或者是分配给项目的设计人员有限。而风险事件则是许可证颁发机构颁发许可证需要的时间比原计划长,或者所分配的设计人员无法完成任务。这两个不确定事件无论哪一个发生,都会对项目融资的进度或者绩效产生影响。

在项目融资管理中不应把风险视作“烫手的山芋”,应该认识到风险既有可能带来损失,也有可能带来机遇及收益。因此,对于项目融资风险的管理,并非是要消除所有的风险(这也是不可能完成的任务),而是要控制不利的风险所带来的危害和损失。因此项目融资风险管理的过程就可以相应地看作是在项目的整个生命周期内为了控制风险而采取的一系列行动,项目融资风险管理贯穿于项目管理的始终。

风险意味着一种不确定性,意味着可能给企业或项目带来的某种影响。

在此前章节已提到,项目融资风险包括商业风险、政治风险、金融风险和不可预见风险等基本类型,此处不再赘述。

(二)项目融资风险的识别

1. 项目融资风险识别的步骤

工程项目融资风险识别,可以通过以下三个步骤进行:

(1)收集资料。资料和数据能否到手、是否完整,都会影响工程项目融资风险损失的大小。

(2)估计项目风险形式。风险形式估计是要明确项目融资的目标、战略、战术,以及实现项目融资目标的手段和资源,以确定项目融资及其环境的变数。

(3)根据直接或间接的症状将潜在的风险识别出来。原则上,风险识别可以从原因查结果,也可以从结果反过来找原因。从原因查结果,就是先找出本项目会有哪些事件发生,发生后会引起什么样的结果。例如,在项目进行过程中,关税税率会不会变化,关税税率提高或降低两种情况各会引起怎样的后果。从结果找原因,比如,建筑材料涨价将引起项目超支,那么哪些因素会引起建筑材料涨价呢?项目进度拖延会造成诸多不利后果,造成进度拖延的常见因素是项目执行组织最高管理层犹豫不决、政府有关部门审批程序烦琐复杂、设计单位没有经验、手头的工作太多、施工阶段进入雨季等,这些都是我们需要考虑。

2. 风险识别的工具和技术

(1)核对表

人们考虑问题时有联想的习惯。在过去经验的启示下,思想常常变得很活跃,浮想联翩。风险识别实际上是关于将来风险事件的设想,是一种预测。如果把人们经历的风险事件及其来源罗列出来,写成一张核对表,那么项目管理人员看了就容易开阔思路,容易想到项目会有哪些潜在的风险。核对表可以包含多种内容,比如,以前项目成功或失败的原因,项目其他方面规划的结果(范围、成本、质量、进度、采购与合同、人力资源与沟通等计划成果),项目产品或服务的说明书,项目班子成员的技能,项目可用的资源等。还可以到保险公司索取资料,认真研究其中的保险条例。这些资料能够提醒人们还有哪些风险尚未考虑到。

项目融资风险核对表的形式如表 4-12 所示。

表 4-12　项目融资风险核对表

项目融资成功的条件	项目融资风险
项目融资只涉及信贷风险,不涉及资本金 (1)切实地进行了可行性研究,编制了财务计划 (2)项目使用的产品或材料费用要有保障 (3)价格合理的能源供应要有保障 (4)项目产品或服务要有市场 (5)能够以合理的运输成本将项目产品运往市场 (6)要有便捷、通畅的通信手段 (7)能够以预想的价格采购到建筑材料 (8)承包商富有经验且诚实可信 (9)项目管理人员富有经验,诚实可靠 (10)不需要未经考验的新技术 (11)合营各方签有各方皆满意的协议书 (12)稳定、友善的政治环境,已办妥有关的执照和许可证 (13)不存在被政府没收的风险 (14)国家风险令人满意 (15)主权风险令人满意 (16)对于货币、外汇风险事先已有考虑 (17)主要的项目发起者已投入足够的资本金 (18)项目本身的价值足以充当担保物 (19)对资源和资产已进行了满意的评估 (20)已向保险公司缴纳了足够的保险费,取得了保险单 (21)对不可抗力已采取了措施 (22)成本超支的问题已经考虑过 (23)投资者可以获得足够高的资本金收益率、投资收益率和资产收益率 (24)对通货膨胀率已进行了预测 (25)利率变化预测现实可靠	(1)工期延误,因而利息增加,收益推迟 (2)成本费用超支 (3)技术失败 (4)承包商财务失败 (5)政府过多干涉 (6)未向保险公司投保人身伤害险 (7)原材料涨价或供应短缺、不及时 (8)项目技术陈旧 (9)项目产品或服务在市场上没有竞争力 (10)项目商品或服务寿命期比预期短 (11)项目管理不完善 (12)对于担保物的估计过于乐观 (13)项目所在国政府无财务清偿力

(2)项目工作分解结构

风险识别要减少项目结构的不确定性,就要弄清项目的组成、各个组成部分的性质、它们之间的关系、项目同环境之间的关系等。项目工作分解结构是完成这项任务的有力工具。项目管理的其他方面,如范围、进度和成本管理,也会使用项目工作分解结构。

(3)常识、经验和判断

以前完成的工程项目积累起来的资料、数据和教训,以及项目班子成员个人的常识、经验和判断在风险识别时非常有用。尤其对于那些采用新技术、无先例可循的工程项目,更是如此。另外,把项目有关各方找来,同他们就风险识别进行面对面的讨论,也有可能触及一般规划活动中未曾发现或发现不了的风险。

(4)实验或试验结果

利用实验或试验结果识别风险,实际上是花钱买信息。例如,在地震区建设高耸的电视塔,预先做一个模型,放到振动台上进行抗震试验。实验或试验还包括数字模型、计算机模拟或市场调查等方法。

(三)项目融资风险的评估

在项目融资中,除了对项目风险进行识别,还必须对其进行风险评估,因为只有对项目风险做出正确的分析,才能找出限制项目风险的方法和途径,设计出能够合理分担项目风险的融资结构。

项目融资风险评估的方法很多,如专家打分法、层次分析法、CAPM模型(资本资产定价模型)法、敏感性分析法、概率分析法和蒙特卡罗法等,还有理论界正在探讨的方法,如实物期权法、VAR(风险价值模型)法等。本书介绍国际项目融资常用的风险评估的一般方法。

项目融资的风险分析是在项目可行性研究的基础上进行的,可行性研究中经常使用的项目现金流量模型,是项目风险评估的重要定量工具。根据项目融资的特点和要求,运用项目现金流量模型,对影响项目经济强度的各种因素的变动风险做出准确的数量化描述,为项目融资的方案设计提供重要的数据支持。在项目融资中,只有对项目风险做出准确的度量,才能找出限制项目风险的方法和途径,设计出风险共担的融资结构。

项目风险评估的基本思路如下:

首先,利用项目现金流量模型求出项目的投资收益和净现值,据此进行投资决策的风险分析,测定项目的经济强度,定量地评估项目风险。

其次,通过与所选定的标准进行比较,判断各种因素对项目的影响程度,即进行融资决策的风险评估。

1. 项目现金流量模型

项目现金流量模型是以一个项目作为一个独立系统,反映项目在计算期内实际发生的流入和流出系统的现金活动及其流动数量。

项目在某一时间内支出的费用称为现金流出，取得的收入称为现金流入，两者之差为净现金流量。建立项目现金流量模型时，需要计算一系列财务基础数据，包括项目总投资、项目建设工期、产品成本费用、销售收入、税金、利润以及其他与项目有关的财务基础数据。将计算出的财务基础数据汇总编制项目现金流量表，可以方便项目投资收益和净现值的计算。

2. 项目风险贴现率的确定

项目风险贴现率是指项目的资金成本在公认的低风险的投资收益率的基础上，根据具体项目的风险因素加以调整的一种合理的项目投资收益率。

作为项目的投资者，在建立和使用现金流量模型对项目的风险进行定量分析和评估时，首先应根据项目的现金流量模型计算出项目的投资收益和净现值，进而评价投资决策。而在项目的投资收益和净现值的计算过程中，需要解决的一个关键问题就是怎样选择和确定能够正确反映项目风险的贴现率，并依据这一贴现率计算项目的投资收益和净现值，评价项目的经济强度。那么，如何确定项目的风险贴现率呢？目前，国内的项目进行经济分析时一般使用国家发展和改革委员会与建设部标准定额司测定的部门行业标准折现率，而在国外通常使用CAPM模型确定项目风险贴现率。掌握CAPM模型，可以了解国际资本市场上通行的对项目风险的一种定量分析思路，同时，CAPM模型也是从事国际项目融资的工作人员所必须具备的知识。

(1)CAPM模型

CAPM模型，即Capital Asset Price Model，又称资本资产定价模型，按照这一模型，一个具体项目的风险贴现率的计算公式为：

$$R_i = R_f + \beta_i \times (R_m - R_f) \quad \text{(式 4-9)}$$

式中：R_i——项目 i 带有风险校正系数的贴现率(风险校正贴现率)，也即在给定风险水平条件下项目 i 的合理预期投资收益率；

R_f——权益资本无风险投资收益率；

β_i——项目 i 的风险校正系数，代表项目对资本市场系统风险变化的敏感程度；

R_m——资本市场平均投资收益率。

需要注意的是，利用CAPM模型计算项目的风险贴现率要基于以下的假设条件：

1)存在一个高效的能够实现完全竞争的资本市场。投资者在资本市场中可以不考虑交易成本和其他制约因素的影响。

2)在资本市场上，追求最大的投资收益是所有投资者的投资目的。高风险的投资有较高的收益预期，低风险的投资有较低的收益预期。

3)在资本市场上,所有投资者均有机会运用多样化、分散化的方法来减少投资的非系统性风险。在投资决策中只需要考虑系统性风险的影响和相应的收益问题即可。

4)在资本市场上,对某一特定资产,所有的投资者是在相同的时间区域做出投资决策。

(2)CAPM 模型参数的确定

CAPM 模型参数是在该模型中为计算项目的风险贴现率,衡量项目风险的大小而使用的一些参数。CAPM 模型的参数主要有:无风险投资收益率(R_f),风险校正系数(β),资本市场平均投资收益率(R_m)。

1)无风险投资收益率(R_f)

无风险投资收益率是指在资本市场上可以获得的风险极低的投资机会的收益率。换一句话说,它是指投资者可以在几乎不承担任何风险的前提下获得的资本回报。在项目风险分析中,需要确定无风险投资收益率这一指标值,一般的做法是在资本市场上选择与项目预计寿命相近的政府债券的利率作为 R_f 的参考值,通常 R_f 也被用来作为项目风险承受力底线的指标。

2)风险校正系数(β)

风险校正系数可以用来衡量项目公司对系统风险的承受能力。它是风险贴现率计算中较难确定的指标值,在项目风险分析中,这一指标值的计算方法存在的争议也较大。

在国际项目融资中,一般的方法是根据资本市场上已有的同一种工业部门内相似公司的系统性风险的 β 值作为将要投资项目(分析对象)的风险校正系数。β 值越高,表示该工业部门在经济发生波动时风险越大。也就是说,当市场宏观环境发生变化时,那些 β 值高的公司对这些变化更加敏感。反之,公司的 β 值越低,市场和宏观环境的变化对其影响相对来说越小。

3)资本市场平均投资收益率(R_m)

依据现代西方经济理论,在资本市场上存在一个均衡的投资收益率。然而,这一均衡的投资收益率在实际的风险分析工作中却很难计算出来,在一些资本市场相对发达的国家,通常以股票价格指数来代替这一均衡的投资收益率,作为资本市场的平均投资收益率的参考值。由于股票价格指数的收益率变动频繁、变动幅度较大,所以,在实际计算资本市场平均投资收益率时,一般是计算一个较长时间段的平均股票价格指数收益率。这样做带来的一个问题是,在实际的风险分析计算时,可能会出现 $R_m - R_f < 0$ 的情况,这是因为 R_m 的估值是过去某一阶段中的平均投资收益率,而 R_f 的估值,如前所述,是反映对未来收益的预期,两者不匹配,解决这一问题可以通过计算一个较长时间段内的($R_m - R_f$)的平均值,来代替 R_m 的单独估值。

(3)加权平均资本成本的计算

如上所述，运用CAPM模型计算出项目的风险贴现率，这一项目的风险贴现率是投资者股本资金的风险收益率，也可以看作是投资者股本资金的资金成本(即权益资本成本)。在实际工作中，项目融资的主体通过项目融资方式所筹集的资金往往有多种资金来源，既有权益资金，又有债务资金，要计算出项目的投资收益和净现值，需要使用不同资金来源的加权平均资本成本，这个加权平均资本成本即可以用来计算净现值的项目风险贴现率。具体计算步骤可以归纳如下：

1)根据CAPM模型计算风险校正贴现率，即投资者股本资金的风险收益率，也即投资者股本资金的资金成本。

2)根据各种可能的债务资金的有效性和成本，估算项目的债务资金成本。债务资金成本的计算相对来说比较容易，可以根据项目的经济强度、公司资信以及可能采用的融资结构估算出债务资金的利息率。此外，项目公司也可以根据以往公司债务资金成本估算出在投资项目中的债务资金成本。

3)以股本和债务资金在资本总额中各自所占的比例为权数，应用加权平均法来计算出项目平均资本成本，这一平均资本成本，即可以用来计算净现值的项目风险贴现率。

加权平均资本成本是将债务资本成本和权益资本成本分别乘以两种资本在总资本中所占的比例，再把两个乘积相加所得到的资本成本。其计算公式如下：

$$
\begin{aligned}
WACC &= R_e \times W_e + R_d(1-T) \times W_d \\
&= R_e \times \frac{E}{E+D} + R_d(1-T) \times \frac{D}{E+D}
\end{aligned}
\qquad \text{(式 4-10)}
$$

式中：$WACC$——加权平均资本成本；

R_e——权益资本成本；

W_e——权益资本成本权重；

R_d——债务资本成本；

W_d——债务资本成本权重；

E——权益资本；

D——债务资本；

T——所得税税率。

【例4-8】 某项目公司决定采用项目融资方式筹集资金。项目资金来源有两种：一是自有资金，二是贷款。有关资料如下：普通股成本为14%，优先股成本为11%，长期贷款成本为8%(税前)。总资本中长期贷款占30%，优先股占10%，普通股占60%，企业所得税率为25%。则该项目的$WACC$计算如表4-13所示。

表 4-13　某项目 WACC 计算

资金类别	资本成本	权重	加权平均资本成本
	①	②	③=①×②
长期贷款	8%×(1−25%)	30%	1.8%
优先股	11%	10%	1.1%
普通股	14%	60%	8.4%
			11.3%

3. 项目净现值的确定

计算出项目带有风险校正系数的贴现率，将其代入项目现金流量净现值的计算公式中，即可得出考虑到项目具体风险因素之后的项目净现值。其计算公式如下：

$$NPV = \sum_{t=0}^{n}(CI - CO)_t(1+i)^{-t} \qquad \text{(式 4-11)}$$

式中：NPV—— 项目的净现值；

$(CI-CO)_t$——第 t 年的净现金流量，其中 CI 为现金流入量，CO 为现金流出量；

n——计算期数，一般为项目的寿命期；

i——贴现率。

根据项目现金流量的净现值计算，如果 $NPV \geqslant 0$，则表明项目投资者在预期的项目寿命期内，至少可以获得相当于项目贴现率的平均投资收益率，项目收益将大于或等于投资的机会成本，项目是可行的。如果 $NPV < 0$，说明项目的投资机会成本过高，项目不可行。

4. 项目净现值的敏感性分析

如前所述，项目的风险分析是在可行性研究的基础上，运用可行性研究中所使用的现金流量模型进行风险分析，当确定了风险贴现率后，就可以计算出项目的净现值，判断项目的投资能不能满足最低风险收益的要求。如果项目的投资能满足最低风险收益的要求，对于项目投资者来说，从风险分析的角度看，项目是可行的，但这并不意味着项目一定能够满足融资的要求。为了设计合理的融资结构，满足投资方和债务方对相应风险的共同要求，就需要在现金流量模型的基础上建立项目的融资结构模型。合理的项目融资结构模型需要考虑项目的债务承受能力和投资者可以得到的投资收益率。通常，在一系列债务资金的假设条件下，通过调整现金流量模型中各种变量之间的比例关系，来验证预期的融资结构是否可行。采用的方法是在建立了现金流量模型的基础方案之后，进行模型变量的敏感性分析，考察项目在各种可能条件下的现金流量状况及债务承受能力。

敏感性分析是经济分析中常用的一种风险分析方法，也是项目融资风险评估中最经常使用的一种定量分析方法。它是通过分析、预测项目主要影响因素发生变化时对项目经济评价指标(如净现值)的影响，从中找出敏感因素，并确定其影响程度。项目敏感性分析有单因素敏感性分析和多因素敏感性分析两种。在单因素敏感性分析中，每次只设定一个因素变化，其他因素保持不变，这样就可以分析出这个因素的变化对指标的影响大小。多因素敏感性分析是考察多个因素同时变化对项目的影响程度，从而对项目风险的大小进行估计，为投资决策提供依据。

一般情况下，在项目融资中需要测度敏感性的变量要素主要有：产品价格、主要原材料或燃料动力价格、利率、汇率、建设投资、产品产量、工程、税收、项目寿命期。如果一个变量因素在较大的范围内变化时，引起指标(净现值)的变化幅度并不大，则称其为非敏感性因素；如果某因素在很小范围内变化时，就引起指标很大的变化，则称其为敏感性因素。从项目风险分析的角度，我们当然更关心敏感性因素对项目经济效果的影响，所以对于敏感性因素，需要进一步研究这个变量取值的准确性，或者收集众多的相关数据以减小在预测中的误差。

一般说来，敏感性分析的基本步骤如下：

(1)确定分析指标。在项目融资风险分析中，通常采用净现值(*NPV*)。

(2)选择需要分析测度的变量要素。影响项目经济效果的不确定性因素很多，而且所有与之有关的因素都具有不同程度的不确定性，但没有必要对所有因素都进行敏感性分析，只需选择那些预计对净现值影响较大的因素和引用数据的准确性把握不大的因素。

(3)计算各变量要素的变动对指标(净现值)的影响程度。进行单因素敏感性分析时，在固定其他因素的条件下，变动其中某一个不确定性因素，计算净现值相应的变动结果，这样逐一得到每个因素对指标的影响程度。多因素敏感性分析要计算多个因素同时变化对经济指标的影响程度。在项目融资风险分析中，一般情况下，产量变化幅度应在10%～15%范围之间；价格是以略低于目前实际价格的产品价格作为初始价格，然后按照预期的通货膨胀率逐年递增作为现金流量模型的基础价格方案，在基础方案之上对项目前几年(至少五年)的价格水平加以调整，或在基础方案之上以高出生产成本的5%～10%；投资成本的超支假设一般在10%～30%范围之间取值；生产成本的取值可以采用比基础方案生产成本高出5%～10%的数字或采用比基础方案通货膨胀率高的生产成本增长速度；利率的敏感性取值比较简单，可以以金融市场上的可测利率为依据，按一定的幅度加以变动。

(4)确定敏感性因素，对项目的风险情况作出判断。

此外，需要注意的是，有时在进行现金流量模型变量的敏感性分析时，需要对最差方案下的现金流量(即所有变量的最坏可能性结合在一起作为现金流量模型的方案)和最佳方案下的现金流量进行比较，来了解在各种假设条件下的项目现金流量状况及债务承受能力，进一步考察项目的抗风险能力。

5. 项目主要参与方的风险评估

在项目融资中，各参与方进行风险估计的侧重点和估计方法是不同的，图 4-18列出项目融资的三个主要参与方的风险观、主要变量、它们所面临的主要风险以及风险分析方法。

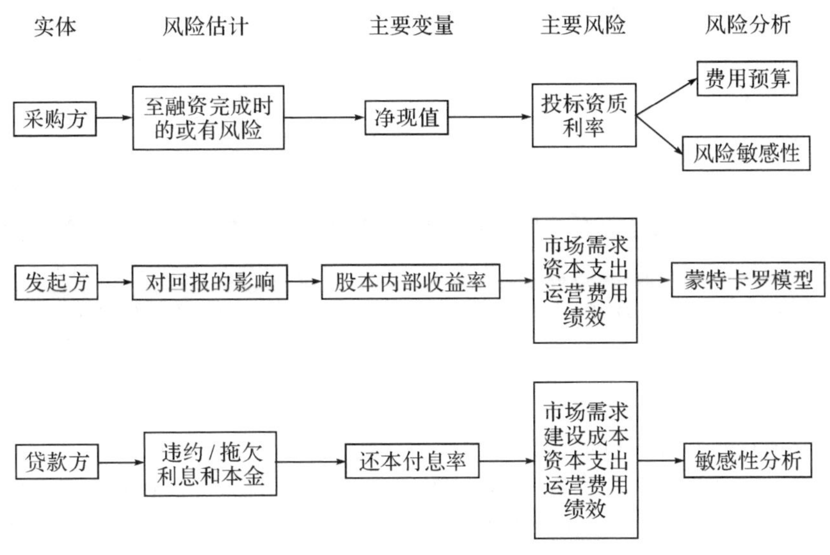

图 4-18 项目主要参与方风险评估流程图

(四)项目融资风险应对的一般机制

项目融资风险的内在应对机制主要体现在项目融资的信用保证结构上。项目融资的信用保证结构核心是通过各种类型的法律契约和合同将与项目有关的各方利益结合起来共同分担风险。这是控制和转移项目融资风险的重要手段。常见的信用保证机制如下。

1. 完工担保协议和债务承购保证，转移和限制完工风险

为了转移和限制项目的完工风险，贷款银行可以要求项目公司提供无条件的“完工担保”和“债务承购保证”。如果项目不能完工是项目投资者不履行其提供资金的担保义务所致，则按照提供“债务承购保证”偿还贷款人的贷款，将有限追索的项目融资转化为完全追索的企业融资。

2. 无条件的供应协议和销售协议，限制生产经营风险

长期的、无条件的供应协议是减少项目生产风险的一种有效方法。尤其是在一些原材料和能源依赖性较强的项目中，签订无条件的原材料和能源供应协议能够稳定经营成本，减小项目生产风险。同时，项目融资都要求有长期的产品销售协

议作为融资的支持。通过长期的、无条件的销售协议安排，项目有了较为稳定的收益来源，从而降低了产品市场风险。

3. 通过多元化的投融资结构和政府书面承诺，规避国家风险

在国际项目融资中，规避国家风险是一个值得重视的问题。为了限制东道国政府实行没收或国有化的风险，对于项目的投资者而言，可以组成国有化的投资集团。这样一来，东道国政府的没收或国有化行为就会面临国际压力。在客观条件允许的情况下，也可以事先与东道国政府进行谈判，尽量寻求东道国的书面承诺，以降低国家风险。

4. 通过保险保障体系的建立，转移不可抗力风险

对于政治风险、自然风险等不可抗力风险，降低项目公司和承包商风险的有效途径是通过保险来部分或全部地转移风险。因此，通过建立融资项目全面的保险保障体系，对直接投入的人、财、物及主体工程、设备等可能出现的意外保险、资产损害、设备故障等情况及相应发生的损失进行投保，转移项目融资中的不可抗力风险。

5. 运用利率期权控制融资风险

企业融资中同样可以运用利率期权来控制融资的风险。

在项目公司进行债务融资时，通过买入一项利率期权，可以在利率水平向不利的方向变化时得到保护，而在利率水平向有利方向变化时受益。因此通过利率期权，企业不仅能规避利率不利变动所导致的损失，而且保留了从利率有利变动中获利的机会，从而有效控制融资的风险。

【案例 6】 松山湖大学创新城 PPP 融资项目风险管理

1. 项目概况

松山湖大学创新城是东莞市委、市政府谋划打造的全市三大增长极之一，总投资约 35.81 亿元，占地面积约 397 亩(约 26.5 万平方米)，总建筑面积约 54 万平方米，分为科研功能区、企业孵化功能区、高端配套功能区，将建有研究院大楼、创业投资大厦、孵化器大楼、学术交流中心、公共配套中心、人才公寓等。项目根据地块划分为 7 个区(A-H 区)，并分五期建设。大学创新城选址于大学路以北、玉兰路以南，新城大道以东，学府路以西，是园区多条主干道的交汇点。大学创新城贯穿整个用地，项目选址区域主要为浅丘地形，地势四周高中间低，中部有三级水体，南北二、三水体常年有水。整个地形如缓坡河谷，与南侧松山湖遥相呼应，交通便利，环境优美。

项目建成后，将入驻 10～15 个大学研究院，集聚高科技专业人才约 1 万人，将力争建设成为科技、金融与产业融合发展的示范区，科技资本、金融资本、土地资本"三资"融合的样板区，科技服务业蓬勃发展的高端区以及东莞乃至全省协同创新

的先行区，对东莞产业转型升级起着示范和带动作用。目前，大学创新城已引进了清华东莞创新中心、广东省智能机器人研究院、东莞信大融合创新研究院等9所研究院。

东莞市大学创新城工程建设费用322 100万元。

2. 项目融资风险识别

松山湖大学创新城PPP项目各方所面临的融资风险较多。从大学创新城业主具体实施情况考虑，结合PPP项目主要融资风险分类，项目融资风险集中体现在以下几点：

(1)招标风险

由于PPP项目模式属于公私合营特许投融资建设模式，各地对PPP项目招标模式也都有不同规定。而东莞市鲜有这样的例子，所以松山湖开发区及控股公司都是第一次操作此类项目，在决策时需要综合考虑大学创新城PPP项目的投融资环境(特别是当前的融资环境)、国家以及东莞市的相关规定，在此基础上选择合适的招标模式，设定较为科学的招标条件。既要保证在投标过程中吸引到较多的投资人参与竞标，又要避免融资能力差、管理水平不高的投资人中标后推进项目不力，造成大学创新城业主地位被动、项目成本升高、工程延期。

(2)投标人投资、融资能力风险

大学创新城的建筑安装费用高达29.5亿元，若在评标时投标人投融资能力审核不到位，投资人的融资成本高，资金使用时间不匹配，项目资金的投入达不到项目要求，就会影响项目的质量和进度。若投资人资金来源复杂，被中标单位操作成"带资承包"，致使项目运作与法律法规相驳，也会带来极大的风险。因此，需要在发包过程中严格审查PPP项目私人投资人的融资能力。

(3)项目回购风险

按照预先设定的回购方案，大学创新城在项目建设完成后，通过出售、出租等经营活动和财政拨款，获得大学创新城PPP项目的回购款。但如果财政拨款不到位，或计划用于回购的经营收入用于其他地方，则有可能造成回购违约。

另外，如果监管不严，PPP项目投资方为了套取银行资金，将融资用于其他项目，致使大学创新城将存在债务转嫁风险。

(4)政策风险

PPP项目模式是新生事物，在国内发展时间短，目前尚无相关方面法律，除了少数地方政府出台相应试行办法外，尚未形成一套完善的决策管理机制，有关规定也较为笼统，致使政府职能部门责权不清。且PPP项目模式作为一种政府特许的投融资模式，其法律性质、合同主体、投资客体都比较特殊，从而产生了法律的适用性问题。而从东莞市的情况来看，PPP项目模式尚处于摸索阶段，有很多未明确的地方，将会依照相关部门的管理办法及行政部门的特别批示处理，这就决定了该项目具有很强的政策不确定性。

(5)同价格风险

大学创新城项目前期工作时间较紧迫,设计方案还不够有深度,在组织设计和施工方案等方面还没进行优化,后期施工可能会发生较多的设计变更,投资控制难度较大。

由于设计工作还没有完全完成,工程量清单不全,如果建工费用报价以"下浮率"形式招标,将会给工程变更引发的价格调整商议带来较多的分歧,合同价格管理难度加大。

(6)项目实施运营风险

项目实施运营风险包括项目实施运营阶段的各类项目特有风险,大学城项目实施运营风险主要体现在项目支付和贷款影响的项目建设成本、进度和质量等方面的一般项目风险以及运营期的项目收益风险和运营维护费管理等风险。大学城PPP项目融资项目风险跨越项目实施运营的全过程,项目实施风险可能导致项目进度落后,成本增加或质量不合格等结果,从而增加工程贷款债务和融资风险。工程项目运营期风险直接影响项目收益和投资回报水平。项目的回购因素是指在运营期结束后项目可能的使用状态是否能进行工程和股权的顺利回购并移交给政府,私人部门的经营收益是否能抵消项目公司PPP融资债务。

3. 项目融资风险控制方法

(1)构建完善的PPP项目全面风险管理体系

大学创新城项目涉及的环节较多,风险交叉融合了工程建设、投融资等业务领域,需要用系统化管理的思维方式对决策、实施、评价阶段的风险进行跟踪和分析,分析明确各参与方的主要职责与相互之间的关系,通过各阶段风险管理机制设计与完善,进行风险防范控制,构建全过程PPP融资项目全面风险管理体系,见下图4-19。

(2)建立PPP项目经验数据库

聘请专门的建设项目管理咨询机构对项目进行策划,吸收先进经验;流程优化,科学设计PPP项目的整个流程,在每个阶段合理分流控制项目风险;制度创新,为松山湖甚至东莞市类似项目的开展提供指引;加强大学创新城PPP项目的阶段性评估和后评价工作,总结PPP项目模式成功经验或失败教训,用于下一阶段或其他项目的反馈指导,优化决策。

(3)降低工程招标风险措施

科学合理设计投资人选聘机制,严格执行评标标准。一方面,在资格预审阶段合理设计并严格执行PPP项目投资人准入门槛,要严格审查投标人财务状况,认真分析投标人近三年的财务报表,从投标人资信情况、业绩情况、现金情况等指标深入考察投标人的经济实力。另一方面,在评标阶段建立指标量化评标体系,以保

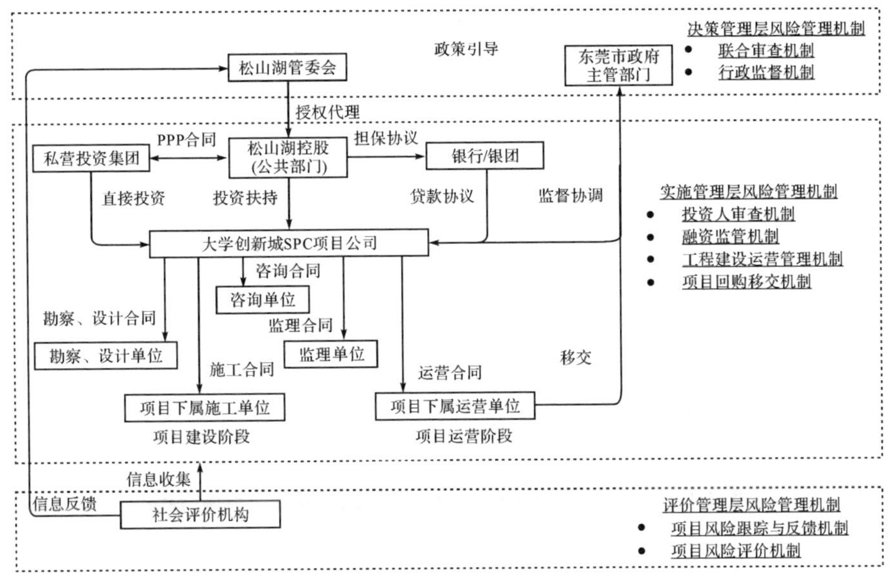

图 4-19　松山湖大学创新城 PPP 项目融资全面风险体系

障竞争招标采购有效进行，便于选择最优投资人，规避因投资人能力不足引起的工程建设风险。为了降低风险，大学创新城 PPP 项目投资人将优先考虑专业施工单位，特别是有 PPP 项目经验的专业施工单位。

(4)降低项目移交风险措施

在决策阶段严格审查 PPP 项目还款计划，合理设计回购年限、付款支付比率；认真做好项目可行性论证、方案优化选择、初步设计、施工图设计等工作，采取在招标阶段通过标前完善设计方案，精确编制工程量清单和预算造价，采用竞标方式确定结算造价，签订严格条件的总价合同等手段锁定工程建设费，降低投资超概引起回购总价上浮过大而带来的风险；在实施阶段严格控制设计变更，超过一定额度的设计变更应报原审批单位同意后实施；在处理工程变更问题时，要根据变更的内容和原因，明确责任承担者。大学创新城 PPP 项目包含了多个单项建筑，需要在移交前的合适时间成立项目移交委员会，直接、高效地处理单项建筑和整个项目的移交相关事宜，同时也需要保证政府职能部门对移交过程的监督。

(5)降低政策风险措施

充分借鉴其他地方 PPP 项目的经验教训，研究与制定 PPP 项目融资模式相关的东莞市地方法规，在 PPP 项目模式谈判、合同签订、履行及项目转让中寻求法律、法规支持；深入研究政治、经济形势，把握未来经济发展趋势，对大学创新城 BT 项目进行合理预测，创新项目组织和制度设计；针对当前 PPP 项目决策管理机制不完善的问题，合理规避政府决策风险；成立由建设行政主管部门、财政部门、审计部门等共同组成的联合审查小组，集中审查PPP项目建议书、实施方案、初步设计等，实行公开透明化决策管理，提高决策效率。完善PPP项目内部与外部监督机制，降低决策失误风险。

4. 项目融资风险评估

(1)项目融资风险评估指标体系建立

大学创新城项目融资风险指标的选取根据项目具体融资风险影响因素识别，以及专家对大学城项目实际讨论情况进行分析筛查，得到详细的项目融资风险评价指标体系和风险分担责任表。其中公共部门主要指松山湖控股公司及东莞市政府，金融机构包括国家开发银行及信托机构，项目公司为SPC大学创新城公司。私营企业包括深圳建筑交通有限公司、湖南望新建设集团股份有限公司、北京中协成建设监理有限责任公司组成的联合私营投资集团。

表4-14 松山湖大学创新城PPP项目风险指标及风险分担

目标	风险类型	风险指标	风险分担
松山湖大学创新城PPP项目融资风险评价	政策风险	政治稳定性	公共部门
		政策执行性	公共部门
		法律法规完备	公共部门
		法律法规变动风险	公共部门
		法律监督和执法体系	公共部门
	金融风险	通货膨胀风险	公共部门＋金融机构
		利率风险	公共部门＋金融机构
		资金到位风险	公共部门＋金融机构
	招标风险	合同类型风险	公共部门＋私人企业
		合同条款风险	公共部门＋私人企业
		合同管理风险	公共部门＋私人企业
	融资风险	项目融资结构风险	私人企业＋金融机构
		投资信用风险	公共部门＋私人企业
		财务水平及资质	私人企业
	价格风险	原材料价格涨幅	项目公司
		人工、机械价差	项目公司
	完工风险	停工待料风险	私人企业
		不可抗力风险	公共部门

(2)风险评估方法应用

松山湖大学创新城项目风险评价主要运用专家打分进行模糊综合评价，首先运用德尔菲法确定风险的权重值，德尔菲法是常见风险定性评价方法，应用于项目指标繁杂的项目，在运用过程中更加简便快捷，依据专家的知识水平和实践经验，对于具体工程来说更加贴近实际，能比较准确和快速地反映专家对实际工程的意见。

然后依据评价集请专家对风险因素和风险影响因素进行打分，确定其隶属度。松山湖大学创新城各项风险指标隶属度采取0到10为其标度，其评价等级区间分五级，主要为风险小(0,0.2)，风险较小(0.2,0.4)，风险一般(0.4,0.6)，风险较大(0.6,0.8)，风险大(0.8,1)，并以此为等级依次进行打分，专家对松山湖大学创新城风险评价打分结果如表4-15所示。

表4-15 松山湖大学创新城风险评价打分结果

风险类型	风险指标	指标权重	风险隶属度				
			小(0.0—0.2)	较小(0.2—0.4)	中(0.4—0.6)	较大(0.6—0.8)	很大(0.8—1.0)
政策风险(6%)	政治稳定性	0.0138	0.7	0.1	0.1	0.1	0.0
	政策执行性	0.0108	0.7	0.1	0.1	0.1	0.0
	法律法规完备性	0.0126	0.8	0.1	0.1	0.0	0.0
	法律法规变动风险	0.0126	0.8	0.1	0.1	0.0	0.0
	法律监督和执法体系	0.0102	0.7	0.1	0.1	0.1	0.0
金融风险(11%)	通货膨胀风险	0.0341	0.6	0.2	0.1	0.1	0.0
	利率风险	0.0352	0.5	0.3	0.1	0.1	0.0
	资金到位风险	0.0407	0.3	0.4	0.2	0.1	0.0
招标风险(15%)	合同类型风险	0.0375	0.2	0.3	0.2	0.2	0.1
	合同条款风险	0.0510	0.1	0.2	0.4	0.2	0.1
	合同管理风险	0.0615	0.1	0.4	0.3	0.1	0.1
融资风险(13%)	项目融资结构风险	0.0286	0.2	0.5	0.2	0.1	0.0
	投资信用风险	0.0481	0.1	0.6	0.2	0.1	0.0
	财务水平及资质	0.0533	0.1	0.6	0.2	0.1	0.0
价格风险(16%)	原材料价格涨幅	0.0832	0.1	0.5	0.2	0.2	0.0
	人工、机械价差	0.0768	0.1	0.5	0.2	0.2	0.0
完工风险(13%)	停工待料风险	0.0651	0.1	0.2	0.4	0.2	0.1
	不可抗力风险	0.0279	0.3	0.4	0.2	0.1	0.0
	管理不当风险	0.1705	0.1	0.3	0.3	0.2	0.1
	新技术及新材料应用	0.0465	0.1	0.2	0.4	0.2	0.1
运营风险(8%)	市场需求状况	0.0472	0.1	0.2	0.4	0.2	0.1
	产品回购风险	0.0328	0.2	0.3	0.3	0.1	0.1

(3)项目风险评估效果分析

根据上述表格中的数据建立单风险因素模糊评价矩阵，与指标权重矩阵点乘后可得到综合评价集，最终可得到大学创新城 PPP 项目融资风险集（政策风险、金融风险、招标风险、融资风险、价格风险、完工风险、运营风险）的评估结果如下（0.1948，0.2760，0.4604，0.4000，0.4728，0.3964），评估结果可得该项目政策风险小，说明大学创新城得到东莞市政府的大力支持，项目政策环境较好。项目金融风险低，金融机构贷款和金融担保风险较低。项目招标和完工风险比较高，说明项目融资投资人竞争较大，投资人项目实施技术管理能力评估较弱。项目投资人融资能力和运营风险比较低，说明项目融资结构和投资人财务信用水平较高，项目收益预期较高，有利于项目回购移交。同理可得出项目综合风险评价值为0.3996，综合风险较低，可采取相关策略加强项目建设实施管理工作，进一步降低项目合同履约阶段的项目融资风险。

5. 项目融资风险对策

(1)建立 PPP 项目有效风险分担机制

PPP 项目设计运营时间长，融资成本大，涉及融资主体多，需要建立合理的风险分担机制，这样才能降低损失，产生最大收益，私人部门的投资积极性也会提高，众多风险承担方才愿意承担合理的风险。确定参与主体的风险收益，明确各方承担的风险责任。风险分担机制遵循以下原则：按照收益承担相应的风险，获得高收益的同时，需承担高收益带来的相应风险；按照主体职责进行风险分配，即项目中主体的工作内容和风险对应，项目参建者承担各自的参建风险，项目运营者承担主要运营风险，项目发包人承担发包风险，项目投标人承担投标风险等等。同时风险的承担程度与主体项目参与程度呈正相关关系；风险的分配要和主体的承担相对应，同时按照项目风险最小原则进行各方合作和共担风险，政府可根据项目实施程度和营利性质进行适当风险补偿，确保项目总体风险最小，社会和经济效益最大原则。

(2)建立 PPP 项目全面风险管理系统

目前 PPP 项目风险管理的研究只是针对某一主体或某一个阶段，从全寿命周期进行全面的分析研究的资料较少，全面风险管理是通过考虑项目各阶段风险影响因素，采取统筹科学的方法践行连续渐进的全面风险控制理念，能充分考虑各阶段项目主体的风险责任和利益需求，对 PPP 项目实现和运营具有十分重要的意义。

通过系统化管理的思维方式对 PPP 项目规划、实施及运营各阶段的风险进行跟踪和分析，明确各参与主体的职责与利益关系，并建立多层次风险管理机制进行完善。依照工程项目具体特点，主要包括：规划阶段风险管理机制、实施风险管理机制和运营后评价风险管理机制。其中规划阶段风险管理机制内容可分为建立政府部门与私人企业联合审查机制和政府部门的行政监督机制；实施风险管理机制主要有建立投资人及项目公司风险审查机制、融资监管机制、建设项目工程管理机制及PPP项目移交回购机制；运营后评价风险管理机制主要包括项目风险跟踪反馈机制、项目风险评价机制等。同时，建立PPP项目数据库，吸收先进经验与先进实施流程，合理控制项目各阶段融资风险，为后续阶段或其他类似项目进行反馈指导并优化PPP项目风险控制。

思考题

1. 简述资金成本的概念和组成。

2. 简述银行信贷筹资与其他长期负债筹资相比的优缺点。

3. 简述企业债券与其他长期负债相比的优缺点。

4. 某公司发行总面额为1000万元的10年期债券，票面利率为10%，发行费用率为6.5%，公司所得税税率为33%，求该债券的成本。

5. 优先股有哪些普通股不具备的特性？

6. 某公司发行普通股正常市价为75.2元，估计年增长率为11%，第一年预计发放股利3元，筹资费用率为股票市价的10%，求新发行普通股的成本。

7. 简述企业融资风险的评价指标。

8. 简述公司型投资结构的优缺点。

9. 简述契约型投资结构与公司型投资结构的区别。

10. 与其他项目融资方式相比，杠杆租赁模式具有哪些优势？

11. 试对ABS、BOT、PFI、PPP等四种融资模式进行比较。

12. 简述股本资金在项目融资中的作用。

13. 简述项目担保在项目融资中的作用。

14. 请简述项目融资担保的步骤。

15. 试通过案例，分析如何对一个工程项目的融资风险进行识别、评估以及应对。

第五章　工程保险

第一节　概　述

工程保险是从财产保险中派生出来的一个险种，主要以各类民用、工业用和公共事业用工程为承保对象。现代工程保险已经发展成为产品体系较为完善，具有较强专业特征且相对独立的一个保险领域。

一、工程保险的概念

《中华人民共和国保险法》中对保险的表述为："本法所称保险，是指投保人根据合同约定，向保险人支付保险费，保险人对于合同约定的可能发生的事故因其发生所造成的财产损失承担赔偿保险金责任，或者当被保险人死亡、伤残、疾病或者达到合同约定的年龄、期限等条件时承担给付保险金责任的商业保险行为。"保险责任的确认以保险合同和保单为依据。

对于工程保险，国内现行的保险专业书籍多数把它界定为一类较小的财产保险。但是，从工程保险承保的对象和保险公司实际的行业情况看，把工程保险仅仅界定为财产保险是不恰当的。工程保险不仅涉及财产保险，还涉及人身保险、责任保险等，属于综合性保险。因此，工程保险的概念需要重新界定。所谓工程保险，是指投保人（包括承包商、业主或工程风险的其他承担者）通过与保险人（保险公司）签订工程保险合同，投保人支付保险金，在保险期内一旦发生自然灾害、意外事故或人为原因造成财产损失、人身伤亡时，由保险人按照工程保险合同约定承担保险赔付责任的商业保险行为。

二、工程保险的特征

工程保险是一种综合性保险，它取决于工程风险的综合性。工程保险不同于一般的财产保险和人寿保险，其特点表现为如下方面。

（1）特殊性

工程保险承保的风险具有特殊性。首先，表现在工程保险既承保被保险人的财产损失风险，同时还承保被保险人的责任风险。其次，承保风险标的中大部分暴露于风险之中，自身抵御风险的能力大大低于普通财产的标的。最后，工程在施工过程中始终处于一种动态的过程，而且存在大量的交叉作业，各种风险因素错综复杂，风险程度高。

(2)综合性

工程保险的主要责任范围一般由物质损失部分和第三者责任部分构成。同时工程保险还可以针对工程项目风险的具体情况提供运输过程中、人员工地外出过程中、保证期过程中各类风险的专门保障，是一种综合性保险。

(3)广泛性

普通财产保险的被保险人的情况较为单一，通常只有一个明确的被保险人。工程保险在建设过程中可能涉及的当事人较多，关系相对复杂，业主、总承包商、分包商、设备和材料供应商、勘察设计商、技术部门、监理人、投资者、贷款银行等，均可能对项目拥有保险利益，成为被保险人。

(4)不确定性

普通财产保险的保险期限相对较为固定，通常为一年。工程保险的保险期限一般是根据工期确定的，往往是几年，甚至是十几年。工程保险期限的时点也是不确定的，是根据保险单和工程的具体情况确定的。为此，工程保险通常采用工期费率而较少采用年度费率。

(5)变动性

普通财产保险的金额在保险期内是相对固定不变的，工程保险中物质损失部分针对的标的实际价值在保险限期内是随着工程建设的进度不断增长的。所以保险限期内，不同时点的实际保险金额是不同的。

三、工程保险的作用

随着工程建设项目越来越多，建筑安装设计和施工工艺越来越复杂，工程保险分散风险的作用就越发明显，投保人可以较少的保费获得较多的风险保障。工程保险中一人出险多人分担的保障机制将起到有效分散工程风险损失的作用。

(1)分散市场风险，保障建筑市场的稳定发展

现代建筑尤其是大型建筑物的建设具有工艺技术复杂，资金投入巨大，建设周期长，时效要求高等特点。因此，建筑工程涉及的环节多，出错的概率也大，事故的原因也越趋复杂。通常，追查事故原因需要有一段时间，但建筑行业的资金投入巨大，且不说重大毁灭性事故发生后重建的资金筹集有困难，即使是局部性事故使工程暂停、延期，其造成的资金、利息及建筑物不能按时投入使用的损失都是巨大的。

根据《保险法》规定，非人寿保险必须将每笔保险业务额的20%办理再保险，而对一次保险事故可能造成的最大损失所承担的责任不得超过该保险公司资本金加公积金总和的10%，超过部分必须购买再保险。这些规定使资金巨大的建筑工

程通常以主保、分保和再保等形式在几家保险公司投保。因而，一旦事故发生，损失将由几家保险公司，甚至整个保险业承担。这样，通过保险，建筑市场的风险被分散，事故发生后的震荡被减弱。由此，建筑市场的运转得以稳定，避免了因不可测因素而导致的建筑商破产及随之而来的市场动荡。

工程保险的另一作用是使企业可通过购买保险将不确定的成本转化为确定的成本打入预算之内，使企业内部的管理稳定、规范，效益得到保障。建筑物在建设过程中事故风险概率大，因而不可预测的费用占预算成本的比例很高，这给管理与融资都带来很大的困难。用购买保险的方法，可使风险成本列入管理成本中，降低了经营与融资的风险。

(2)规范市场准入，促进建筑市场建立"优胜劣汰"的机制

在国内建筑市场的投标竞争中，国家有关部门颁发的施工证书是建筑承包商参加投标的主要依据。但一些劣质的施工单位却可通过拉关系、走后门、请客送礼等不正当竞争手段获取证书和施工合同，使政府规范机制名存实亡。因为政府行政人员的行为是游离于市场之外的，能否准确地评估施工队伍的质量与他们的经济利益无直接关联。但保险公司则不同，让不合格的建筑商投保，将使保险公司蒙受惨重的经济损失。因而保险公司必然要对前来投保的建筑承包商的施工能力及管理水平进行严格审查，对资质差的建筑商不予投保或提高保费。

在市场经济成熟的国家，购买不到保险的建筑商无法进入建筑市场，用高费率买到保险的建筑商在竞标中也处于劣势。因此，保险公司客观上起到了市场规范者的作用。建筑商在安全生产与优质生产上投入成本多，就可在保险市场中获得优惠的认可，能够较为容易地进入建筑市场。这样，建筑市场优胜劣汰的良性循环系统逐步形成。

(3)实施全程监督，保证施工安全和建筑质量

政府用发证评级的方式来制止劣质施工队进入建筑市场是对建筑工程的事前监督，而质检机构现有的完工验收又是一种事后监督，监理部门负责工程中的监督。这三个部门职能分散，不法建筑商往往各个击破，形成漏洞。保险公司则不然，国外的调查表明，由于产生损失原因的多样性和复杂性，保险公司每年需赔付的赔偿金数额相当可观。作为经济实体，保险公司事先对建筑商的施工能力进行审查，而且还通过有关保险条例规范建筑商行为，并派出自己的监理员全程监督工程的施工，甚至从一开始就参与工程的设计，以便切实有效地降低风险，最大限度地降低事故发生概率，在事故发生后，最大限度地降低事故损失，以使保险公司的损失降到最小。保险公司的这一目标，客观上最大限度地保证了施工的安全和建筑质量的提高。安联承保中国香港新机场的案例就说明了这一点。德国安联保险集团作为总保险人，参与中国香港新机场及其基础设施建设的全过程，他们以雄厚的实力和中国香港政府一起制定出完善的风险管理计划，内容包括：工程进度报

告、工程范围考察、可赔付风险范围、估算风险因素、分析风险因素、调查损失及其发生频率、推荐防损措施,不同阶段进行各种风险测试等。这种保险公司对建设项目全程的风险管理,更有效地保障了建设工程的质量。

(4)规范统筹事故处理程序,合理保障事故各方的权益

建筑工程事故原因复杂,往往涉及各方面的利益,对于未投保工程,一旦发生事故,经常会引发诸多的经济和法律纠纷。由于各方对损害赔偿和损失分担无事先约定,极可能陷入一场旷日持久的谈判或诉讼中,耗费大量的精力和资金。伤亡者家属或动员大批亲友盘桓纠缠,或势单力孤听天由命,事故单位的主要负责人必须花费大量精力处理此类事情,甚至闹得无法办公、休息,企业和个人都蒙受巨大的精神和物质损失。在法制尚不健全的我国,此类纠纷屡见不鲜。如 1993 年上海"海底皇宫"娱乐总汇火灾案中,分包商的施工人员违规操作引起火灾,造成 12 人死亡,15 人受伤,损失巨大。由于未投保任何工程险,对于事故责任和补偿,尤其是对伤亡人员补偿费用的分担和补偿标准问题,各方始终未能达成一致,导致双方对簿公堂,前后历时 7 个月之久不能了结。若有保险公司的介入,损害赔偿、损失分担、协调和事后处理工作都可交由保险公司负责。保险公司在处理这些问题上有丰富的经验和完善的处理程序,并严格执行签订的保险合同,可使一切问题化繁为简,大大减轻政府部门和企业的负担,迅速妥善地处理纠纷,合理地保障事故各方的权益。

四、工程保险的原则

在保险的发展过程中,逐渐产生并完善了保障其正常开展工程保险的特定原则,这些原则已为世界保险界所公认,也是我们进行工程保险时应遵循的准则。保险的应用原则一般要坚持如下图 5-1 所示的 6 条基本原则。

(一)可保利益原则

《中华人民共和国保险法》第 11 条第 1 款明确规定:"投保人对保险标的应当具有保险利益。"第 2 款规定:"投保人对保险标的不具有保险利益的,保险合同无效。"可保利益(保险利益)是指投保人对保险标的所具有的法律上承认的经济利益。它体现了投保人或被保险人与保险标的之间存在的经济利益关系,即保险标的损害或丧失,投保人或被保险人必须蒙受经济损失。

保险利益的构成有三个条件:一是必须是法律认可的利益。保险利益必须是符合法律规定、符合社会公共利益要求、被法律认可并受法律保护的利益。二是必须是客观存在的利益。保险利益必须是客观上或事实上的利益,所谓事实上的利益包括"现有利益"和"期待利益";保险利益主要是指投保人或被保险人的现有利益,诸如财产所有权、共有权、使用权等;如果期待利益可以确定并可以实现,则也可以作为可保利益。三是必须是经济上能确定的利益,即可通过货币形式计算的

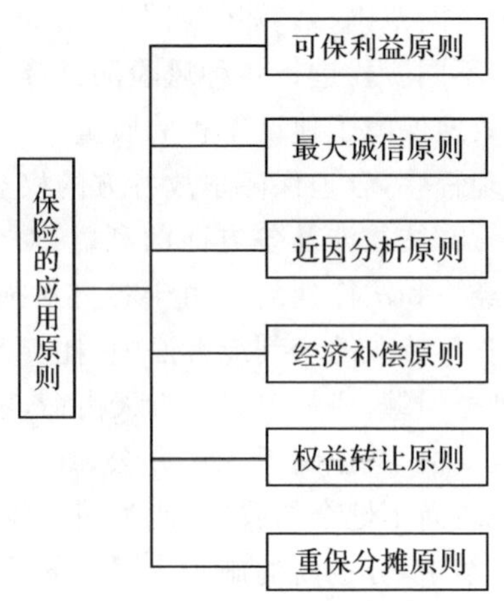

图 5-1　保险的应用原则

利益。

保险利益原则是指在订立和履行保险合同的过程中，投保人或被投保人对保险标的必须具有可保利益，如果投保人对保险标的不具有可保利益，确定的保险合同无效；或者保险合同生效后，投保人或被保险人失去了对保险标的的可保利益，保险合同也随之失效。

与其他财产保险不同，工程保险中承保的风险是综合的，主要有业主风险和承包商风险，有时还包括设计单位、监理单位和供应商的风险，同时，承保的标的是多样的，主要有工程项目、相关责任和费用。所以工程保险的保险利益体现为多主体和多形式，而不像财产保险较为单纯，在确定工程保险的保险利益时，主要依据所有权、合同和相关法律。

在工程保险中，业主、承包商、材料供应商都有各自的可保利益。可保利益原则要求投保人在保险事故发生时或在保险合同成立时，对保险标的必须具有可保利益，否则保险合同无效。强调可保利益有以下两个方面的作用：一是可以防止道德风险，如投保人将工地上他人的房屋及设备投保，在订立合同后有可能故意制造保险事故以谋取赔偿，产生道德风险，但由于其不具有可保利益，保险合同失效而达不到目的，甚至受到法律制裁；二是可以作为赔偿的最高限额，投保人对保险标的具有的可保利益，是保险人承担保险责任的最高限度，投保人因为保险标的受损而获得超过可保利益的额外收入。

(二)最大诚信原则

诚实信用原则是市场经济活动的基本规则，是协调各方当事人之间的利益、保障市场有序运行的重要法律原则。我国《保险法》第五条规定："保险活动当事人行使权利、履行义务应当遵循诚实信用原则。"

最大诚信原则的含义可以表述为：保险合同各方当事人在签订保险合同时都必须最大限度地按照诚实的精神，将各自知道的有关事实告知对方，如实陈述，不得不予告知、隐瞒、伪报或欺诈；而在保险合同生效后各方当事人应当按照信用的精神，认真行使各自的权利和履行各自的义务。

最大诚信原则的具体内容包括“告知”和“保证”，这是工程保险合同双方履行最大诚信原则的依据和标准。

“告知”是指投保人在订立保险合同时，应将与保险相关的重要事实如实地向保险人陈述，以便让保险人判断是否接受承保和以什么条件承保。关于“重要事实”的问题，英国1906年《海上保险法》的定义是：“影响慎重的保险人决定是否承保和确定保险费等承保条件的一切资料。”

关于“告知”的程度问题有两种类型：一种是“充分（无限）告知”，即承担告知义务的一方应将其知道的所有关于保险标的风险的情况主动告知对方；另一种是“优先告知”，即当事人一方只需要针对对方提出的问题进行如实的告知即可。我国现行的保险法和工程保险条款均是采用“优先告知”的原则，即“有问有答，不问不答”。为此，工程保险的投保人在办理保险的过程中，只要针对保险人在工程保险投保单提出的问题进行如实回答，即履行保险合同项下对被保险人的“告知”义务。

“保证”分为“确认保证”和“承诺保证”。“确认保证”是指投保人或者被保险人确认过去或者现在的某一特定事项的存在或者不存在的保证。在工程保险中，保险人通常会要求投保人对影响风险程度的一些情况进行确认，如公司周围是否有河流、湖泊或者海洋等。“承诺保证”是指投保人对将来某一事项作为或者不作为的保证。如在工程项目中，投保人承诺一旦保险标的风险发生变更，将立即通知保险人。

“保证”还可分为“明示保证”和“默示保证”。“明示保证”是指将保证的内容以文字的形式在保险合同中载明。如条款中规定，被保险人“在保险财产遭受盗窃或恶意破坏时，立即向公安局报案”。“默示保证”是指投保人或被保险人对于某一种特定事项虽然没有明确表示担保其真实性，但该事项的真实存在是保险人决定承保的重要依据，并成为保险合同的内容之一。默示保证一般是由法律作出规定。

在工程保险中，由于工程项目尤其是一些大型项目均具有较强的专业性和特殊性，尽管一些从事工程保险的专业人员具有一定的工程建设基本知识，但是他们不可能对项目的个性化和特殊的风险进行全面的了解。为此，根据最大诚信原则，投保人应将项目风险的情况如实告知保险人，使保险人在决定承保和确定保险方案与费率时，对项目风险的实际情况有较为充分的把握。

（三）近因分析原则

所谓近因分析原则，是指若引起保险事故发生，造成保险标的损失的近因属于保险责任范围之内，则保险人承担损失赔偿责任。如近因属于除外责任，则保险人不负赔偿责任。

对于近因的确定，则是指引起保险标的损失的直接的、最有效的、起决定作用的因素。需要指出的是，在时间和空间上，近因不一定是最接近损失结果的原因。例如，由于打雷击倒了大树，大树压倒了旁边的一间房屋，房屋倒塌导致屋内的财物受损这样的一个风险事故，屋内财物受损的近因不是房屋倒塌而是雷击。

如何确定近因，其关键在于确定风险因素与损失之间的因果关系。理论上讲，近因的认定有两种基本方法：

第一种方法是从原因推断结果，即从最初的事件出发，按逻辑推理直至最终损失的发生，最初事件就是最后事件的近因。例如，前述例子的打雷击物致屋内财物受损，其近因是雷击，而不是房屋倒塌。

第二种方法是从结果推断原因，即从损失开始，从后往前推，追溯到最初事件，没有中断，则最初事件就是近因；如有额外因素的介入，则需要具体分析。

在具体业务实践、保险理赔中，对于引起保险标的损失的原因，可以按照不同的情况，从以下几方面来认定近因，进而确定保险责任。

1. 单一原因造成的损失

如果造成损失的原因只有一个，则该原因即近因。此时进行判断比较简单，即如果此原因是保险合同中所规定的保险责任，则保险人应予以赔偿；如果此原因在保险合同所规定的保险责任范围之外，则保险人无须赔偿。例如，在海上货物运输保险中，假设货物在运输途中遭受雨淋而受损，此时如果投保人在投保水渍险的基础上加保了淡水雨淋险（淡水雨淋险是海上保险中的一个附加险），则保险人需要予以赔偿；而如果投保人没有加保淡水雨淋险，则保险人无须赔偿。

2. 多个原因同时发生造成的损失

当多个原因同时发生，不分先后，从而导致保险事故的发生时，则这些原因均为近因。如果这些原因在保险合同所规定的保险责任范围之内，则保险人就必须负赔偿或给付责任；如果这些原因不在保险合同所规定的保险责任范围之内，则保险人就无须赔偿或给付；如果这些原因中部分在保险责任范围之内，部分在保险责任范围之外，则保险人只承担保险责任范围内的原因所导致的损失，不负责保险责任范围之外的原因所导致的损失，如果损失无法分别估算，则保险人应与被保险人协商解决。

3. 多个原因连续发生造成的损失

多种原因连续发生导致保险事故的发生，如果后面的原因是前面原因的直接后果或合理的连续，或属于前面原因自然延长的结果时，则以前面的原因为近因，即最先发生并造成了一连串后续事故的原因就是近因。保险人是否需要赔偿或给付取决于此近因是否在保险合同所规定的保险责任范围之内。若在此范围之内则应予以赔偿或给付;反之,则无须承担赔偿或给付责任。

4. 多个原因间断发生造成的损失

当导致保险事故发生的原因有多个,并且该一连串发生的原因有间断情形,即有新的独立的原因介入,使原有的因果关系断裂并导致损失,则新介入的独立原因是近因。如该近因属于保险责任范围内的事故,则保险人应负赔偿或给付责任;如果新介入的原因属于保险合同所规定的除外责任,在新原因介入之前发生的承保风险损失,保险人应予以赔偿或给付。例如,某人投保人身意外伤害险,发生交通事故并使下肢伤残,在康复过程中,突发心脏病,导致死亡。其中,心脏病突发为独立的新介入的原因,也是导致死亡的近因,在人身意外伤害险中,该原因不属于保险责任范围,因此保险人对被保险人死亡不承担赔偿责任,但对其因交通事故造成的伤残,保险人应承担保险金的给付责任。

(四)经济补偿原则

经济补偿原则是指保险合同生效后,如果发生保险人范围内损失,被保险人有权按照合同的约定,获得全面、充分的赔偿。保险赔偿是弥补被保险人由于保险标的遭受损失而失去的经济利益,被保险人不能因保险赔偿而获得额外的利益。

经济补偿原则的核心是要维护保险作为一个社会经济制度的积极意义,即它一方面要确保被保险人遇到承保风险所造成的损失能够得到充分的补偿,以稳定其正常的生产和生活活动;另一方面又要防止一些不法的被保险人利用保险进行非法牟利。只有这样,保险才能健康、有序地发展,才能正常发挥其保障的作用。

经济补偿原则的应用不是绝对的,也有例外。例外是指在保险实务中对于经济补偿原则使用上的例外情况。这些例外情况主要存在于人身保险、定值保险、重置价值保险和施救费用赔偿的领域。其中,重置价值保险与工程被保险人关系密切。所谓重置价值保险是指以被保险人重置或者重建保险标的所需要的费用或成本确定保险金额的保险。但是,应当注意的是这种赔偿方式是有前提条件的,即投保人应当按照重置价格进行投保。在工程保险的理赔中,往往因赔偿标准的问题产生纠纷,其核心的问题就是前提条件的确认和维持。如果被保险人没有按照重置价格进行投标,则保险人可以拒绝按照重置方式进行赔偿。但是经常出现的问题是在保险限期内工程的重置价格发生了较大的变化,投保人或被保险人没有及时通知保险人,到了损失发生时,保险人才发现。这种情况可以通过“申报制度”的方式加以解决,就是对那些工期较长的项目要求投保人每隔一定的时间向保险人申报一次合同金额的变化情况,另一种解决的方式是保险人经常对合同金额可能发生的变化进行检查和核对。

(五)权益转让原则

权益转让原则对保险人来说又称代位追偿原则,是经济补偿原则的派生原则。权益转让原则是指在财产保险,被保险标的发生保险事故造成推定全损,或者保险标的损失是由第三者的责任造成的，保险人按照合同的约定履行了赔偿责任后，被保险人应将享有的向第三者(责任人)索赔的权益转让给保险人，保险人取得该项权益，即可以把自己放在被保险人的地位，向责任方追偿。

在理解工程保险项下的权益转让原则时，应当注意两个问题：一是当工程项目一旦发生保险事故，造成了损失，而这种损失的全部或者部分应由第三者负责时，投保了工程保险的被保险人在这种情况下对索取对象具有选择权，根据保险合同，被保险人具有这种权利，只要损失本身属于保险责任范围，被保险人就有权向保险人索赔；二是被保险人选择向保险人索赔的先决条件，即如果保险责任项下负责的损失涉及其他责任方时，不论保险人是否已赔偿被保险人，被保险人均应立即采取一切必要措施行使或保留向该责任方索赔的权利。在保险人赔偿后，被保险人应将向该责任方追偿的权利转让给保险人，移交一切必要的单证，并协助保险人向责任方追偿。

另外，工程保险中的第三者可能涉及两类：一是没有作为工程保险被保险人的、存在合同关系的当事人；二是不存在合同关系的当事人。

(六)重保分摊原则

被保险人以一个保险标的同时向两个或两个以上的保险人投保同一风险，就构成重复保险，简称“重保”。其保险金额的总和往往超过保险标的可保价值，为了防止被保险人获得超额赔偿，通常采用各保险人之间分摊的办法，分摊的方式有以下三种：

(1)比例分摊：按各个保险人承保保险金额的比例分摊损失金额。

(2)限额分摊：按各个保险人在没有其他保险人重复保险的情况下，各自按单独承保的保险金额占总保险金额的比例分摊赔偿款。

(3)顺序分摊：最先承保的保险人先赔偿，后承保的保险人依次赔偿实际损失与已补偿金额之间的差额。

五、工程保险与工程风险

工程风险与工程保险是紧密相连、互为因果关系的。工程风险是工程保险发展的内在原因和需求，而工程保险是工程风险的有效分散途径之一。

工程风险与工程项目的投资、建设和使用是相伴而生的。工程量越大，施工工艺越复杂，工程风险就越多。一项工程的工期短则几个月长则十几年甚至几十年，工程可能涉及土建、安装、机电等多个工种以及不同专业的接口衔接，因而工程施工过程出现操作失误、工程缺陷、人员伤亡、设备材料坏损盗失、接口不能衔接等情况是比较普遍的。面对复杂的工程风险，业主和承包商渴望通过一定的途径将风险转嫁出去。就风险管理研究的现状而言，风险分散处置的主要途径包括风险回避、风险自留和风险转移。工程保险就是风险转移重要而有效的途径之一。

从工程保险行业的角度来看，工程风险与工程保险是紧密相连的。在承保阶段，首先要系统地识别标的工程风险以及准确估计工程风险程度，在此基础上，双方商定保险项目、保险责任和保险金额，厘定保险费率等关键的保单条款；在保险期间，通过风险防范和施救等控制工程风险的发生和损失程度。总之，工程风险与工程保险相伴而生，工程风险管理（包括工程风险分析和控制）贯穿于工程保险的全过程。

第二节 工程保险险种

在工程建设全过程中，风险普遍存在，复杂多样的风险因素决定了其转移各类损失及赔偿风险的需求。随着保险市场的不断发展，目前建设工程领域已初步形成了较为全面的建设工程保险体系，主要包括：建筑工程一切险、安装工程一切险、职业责任保险、工程质量保险、工程保证保险、安全生产保险以及其他建筑工程相关保险。

一、建筑工程一切险

（一）建筑工程一切险的概念

建筑工程一切险是指对各种建筑工程项目提供全面的保障措施的保险。建筑工程一切险承保各类民用、工业和公用事业建筑工程项目，包括道路、水坝、桥梁、港埠等，在建造过程中因自然灾害或意外事故而引起的一切损失，不管是在施工期间工程本身、施工机具还是工地设备等所遭受的损失一律予以赔偿，同时也对因施工而给第三者造成的物资损失或者人员伤亡承担相应的赔偿责任。

（二）建筑工程一切险的适用范围

建筑工程一切险是一种针对自然灾害或意外事故造成标的物损失的综合性财产保险。一般财产只承保物质标的，建筑工程一切险不但承保物质标的，还承保责任标的，并对事故发生后的清理费用也予以承保。因此，建筑工程一切险是一种综合性保险。其范围包括三资企业、补偿贸易、外汇贷款和其他利用外资形式的建筑工程，以及我国对外承包工程、经援工程的保险等。

（三）建筑工程一切险的主要内容

1. 被保险人

凡在工程建设期承担风险或具有利益关系的各方均可以成为被保险人。在一张保险单项下，可以有多个被保险人。建筑工程一切险的被保险人可以有以下几方：(1)建设单位，又称业主或工程项目所有人；(2)施工单位，可分为总承包人和分承包人；(3)技术顾问，由业主聘请的建筑师、设计师、工程师等专业顾问，对工程进行设计、咨询或监理；(4)其他关系方，如贷款银行。

当存在多个被保险人时，为了避免相互追究责任，往往都附加共保交叉责任条款，即被保险人之间发生相互责任事故，均由保险人赔偿，无须相互进行追偿，保险人也丧失了代位求偿权，犹如每个被保险人都有一张保险单。加保“交叉责任”必须先投保第三者责任险。

2. 投保人

由于工程保险中的被保险人涉及多方，因此，具体由谁出面投保、谁为保险合同中的被保险人，应根据工程合同中各关系方不同的权利和义务关系加以确定。我国目前的实际做法是，建筑工程一切险一般由业主或承包人投保，也可以共同投保。如果工程项目的各个部分由总承包人转分包出去，则有可能使用多份保险单。

3. 保险标的

一般在保险合同明细表中分项列明的在列明工地范围内的与实施工程合同相关的财产或费用，都属于保险合同的保险标的。物质损失部分的保险项目包括：建筑工程，所有人提供的物料及项目，安装工程项目，建设用机器、装置及设备，场地费清理，工地内现成的建筑物，以及所有人或承包人在工地上的其他财产。

建筑工程一切险除了上述保险项目外，还可附加第三者责任险。第三者责任险主要是指在工程保险期限内因被保险人造成第三者(如工地附近的居民、行人及外来人员)人身伤亡、致残或财产损毁而应由被保险人承担的民事赔偿责任，此外，它还包括因此类事件的发生而引起的诉讼费和约定的其他费用。

下列财产需要在保险合同中经双方特别约定并在保险合同中载明应保险金额，才可以属于保险合同的保险标的：

(1)施工用机具、设备、机械装置。

(2)在保险工程开始前已经存在或形成的位于工地范围内或周围的属于被保险人的财产。

(3)在本保险合同保险期终止前，已经投入商业运行或业主已经接受、实际占有的财产或其中的任何一部分财产，或已经签发工程竣工证书，或工程承包人已经正式提出申请验收并经业主代表验收合格的财产或其中任何一部分财产。

(4)清除残骸费用。该费用指发生保险事故后，被保险人为修复保险标的清理施工现场所发生的必要、合理的费用。

下列财产不属于保险合同的保险标的：

(1)文件、账册、图表、技术资料、计算机软件、计算机数据资料等无法鉴定价值的财产。

(2)便携式通信装置、便携式计算机设备、便携式照相摄影器材以及其他便携式装置和设备。

(3)土地、海床、矿藏、水资源、动物、植物、农作物。

(4)领有公共运输行驶执照的,或已由其他保险予以保障的车辆、船舶、航空器。

(5)违章安装、危险安装、非法占用的财产。

4. 保险责任范围

由于按一切险方式承保,所以保险责任范围比较广泛,不易一一列明,而通过除外责任来限定保险责任范围。物质损失的责任范围如下:

(1)在保险期限内,若保险单明细表中分项列明的保险财产在列明的工地范围内。因本保险单除外责任以外的任何自然灾害或意外事故造成的物质损坏或灭失。

(2)保险单列明的因发生上述损失所产生的有关费用。

(3)保险公司对每一保险项目赔偿责任均不得超过保险单明细表中对应列明的分项保险金额,以及保险单特别条款或批单中规定的其他适用的赔偿限额。但在任何情况下,保险公司在保险单下承担的对物质损失的最高赔偿责任不得超过保险单明细表中列明的总保险金额。

5. 除外责任

(1)物质损失部分的除外责任

下列原因造成的损失、费用,保险人不负责赔偿:

1)因设计错误、原材料缺陷或工艺不善引起的保险财产本身的损失,以及为换置、修理或矫正这些缺点错误所支付的费用;

2)自然磨损、内在或潜在缺陷、物质本身变化、自燃、自热、氧化、锈蚀、渗漏、鼠咬、虫蛀、大气(气候或气温)变化、正常水位变化或其他渐变原因造成的保险财产自身的损失和费用;

3)由于超负荷、超电压、碰线、电弧、漏电、短路、大气放电及其他电气原因造成电气设备或电气用具本身的损失;

4)施工用机具、设备、机械装置失灵造成的本身损失。

同时,在物质损失部分下,发生下列损失、费用,保险人也不负责赔偿:

1)维修保养或正常检修的费用;

2)档案、文件、账簿、票据、现金、各种有价证券、图表资料及包装物料的损失;

3)盘点时发现的短缺;

4)领有公共运输行驶执照的,或已由其他保险予以保障的车辆、船舶和飞机的损失;

5)除非另有约定,在保险工程开始以前已经存在或形成的位于工地范围内或其周围的属于被保险人的财产的损失;

6)除非另有约定,在本保险合同保险期间终止以前,保险财产中已由工程所有人签发完工验收证书或验收合格或实际占有或使用或接收部分的损失。

(2)第三者责任部分的除外责任

1)保险合同物质损失项下或本应在该项下予以负责的损失及各种费用;

2)工程所有人、承包人或其他关系方或其所雇用的在工地现场从事与工程有关工作的职员、工人及上述人员的家庭成员的人身伤亡或疾病;

3)工程所有人、承包人或其他关系方或其所雇用的职员、工人所有的或由上述人员所照管、控制的财产发生的损失;

4)领有公共运输行驶执照的车辆、船舶、航空器造成的事故;

5)被保险人应该承担的合同责任,但无合同存在时仍然应由被保险人承担的法律责任不在此限。

(3)共同除外责任

下列原因造成的损失、费用,保险人不负责赔偿:

1)战争、类似战争行为、敌对行为、武装冲突、恐怖活动、谋反、政变;

2)行政行为或司法行为;

3)罢工、暴动、民众骚乱;

4)被保险人及其代表的故意行为或重大过失行为;

5)核裂变、核聚变、核武器、核材料、核辐射、核爆炸、核污染及其他放射性污染;

6)大气污染、土地污染、水污染及其他各种污染。

共同除外责任下,发生下列损失、费用,保险人也不负责赔偿:

1)工程部分停工或全部停工引起的任何损失、费用和责任;

2)罚金、延误、丧失合同及其他后果损失;

3)保险合同中载明的免赔额,即本保险合同中载明的以免赔率计算的免赔额。

6. 保险金额

各保险项目的保险金额分别确定。

(1)建筑工程的保险金额应不低于承包工程建筑完成时的总价值,其中应包括工程的设计费、施工费、安装费、运费、保险费、杂费、税金和其他有关的费用。鉴于建筑工程的特点,一般先按工程的预算确定保险金额,待工程完工后再按工程的决算调整工程的保险金额,所以保险费也按调整后的保险金额计算,多退少补。安装工程如果作为建筑工程的一部分同时投保,对此应掌握其保险金额只在整个工程项目的20%以内;如果超过这一百分比,则应按照安装工程一切险的费率计算保险费。对于价值超过工程项目50%的安装工程项目,应另出保险单予以承保。安装工程的保险金额通常由机器设备的价格、运费、安装费、关税等组成。

(2)工程用机械设备的保险金额可以按重置价值确定。

(3)工程项目所有人在工地上的原有财产如需投保,应在保险单上分别列明,保险金额可根据其实际价值确定。

(4)场地清理费的保险金额应由保险人和被保险人共同协商确定。但应掌握一个尺度,一般来说,大的工程项目的场地清理费的保险金额不超过总保险金额的5%,小的工程项目不超过总保险金额的10%。

(5)第三者责任险的保险金额即赔偿限额,它一般由保险双方协商确定。第三者责任保险的赔偿限额分为如下四种:一是每次事故中每个人的人身伤亡赔偿限额;二是人身伤亡总的赔偿限额;三是每次事故造成第三者的财产损失的赔偿限额;四是对上述人身和财产责任事故在保险期限内总的赔偿限额,保险费即总限额计算。

7. 免赔额

免赔额主要有以下几种:

(1)建筑工程的免赔额一般为保险金额的0.5%~2%。

(2)建筑用机械设备等的免赔额为保险金额的5%。

(3)其他各项目的免赔额是保险金额的2%。

(4)第三者责任保险对财产损失规定了免赔额,其数额按每次事故赔偿限额的1‰~2‰计算,具体由被保险人和保险人协商确定。除非另有规定,第三者责任保险一般对人身伤亡不规定免赔额。

8. 特种危险赔偿限额

除了第三者责任保险有赔偿限额外,对于地震、洪水等巨灾损失,保险人在保险单中也要专门规定一个赔偿限额,以限制承担责任的程度。特种危险赔偿限额对赔偿采取累计的方法。赔偿限额究竟定多少,应考虑工地所处的自然地理条件、该地区以往发生此类灾害事故的记录,以及工程项目本身具备的抗御灾害能力的大小等因素。但总的可掌握在占总保险金额(不包括第三者责任险中的人身伤亡部分)的50%~80%。

9. 保险期限

我国建筑工程一切险条款对保险期限的规定:“保险责任自保险工程在工地上动工或用于保险工程的材料、设备运抵工地之时起始,至工程所有人对部分或全部签发完工验收证书或验收合格,或工程所有人实际占有或使用或接收该部分或全部工程之时终止,以先发生者为准。但在任何情况下,建筑期保险期限的起始或终止不得超出本保险单明细表中列明的建筑期保险生效日或终止日。”对大型、综合性工程,由于其中各个部分的工程项目分期施工,如果投保人要求分别投保,可以分别签发保单和分别规定保险期间。如需扩展保险期限,必须事先征得保险人的同意,必要时还应加收保险费。

(1)保险责任开始

保险责任自保险工程破土动工日起或自用于保险工程的材料、设备运抵工地时开始。

(2)保险责任终止

有以下几种情况,应以先发生者为准:

1)保险责任的起始或终止不得超出本保险单载明的保险期间范围。

2)工程所有人对部分或全部工程签发完工验收证书或验收合格。

3)工程所有人实际占有或使用或接收时终止。如部分使用,该使用部分的保险责任终止。

(3)试车和考核期

保险人仅在本保险合同明细表中列明的试车和考核期间内对试车和考核所引发的损失、费用和责任负责赔偿;若保险设备本身在本次安装前已被使用过或是转手设备,则自其试车之时起,对该项设备的保险责任即行终止。

二、安装工程一切险

(一)安装工程一切险的概念

安装工程一切险是指为各种机器的安装及钢结构工程的实施提供专门保险,主要适用于安装工厂用的机器、钢结构、起重机、设备、储油罐、吊车及包含机械工程因素的各种建造工程项目。

(二)安装工程一切险与建筑工程一切险的区别

1.建筑工程一切险的保险标的从开工以后逐步增加,保险额也逐步提高,而安装工程一切险的保险标的一开始就存放于工地,保险公司一开始就承担着全部货价的风险,风险比较集中;在机器安装好之后,试车、考核所带来的危险以及在试车过程中发生机器损坏的危险是相当大的,这些危险在建筑工程一切险中是没有的。

2.在一般情况下,自然灾害造成建筑工程一切险的保险标的损失的可能性较大,而安装工程一切险的保险标的多数是建筑物内安装及设备(石化、桥梁、钢结构建筑物等除外),自然灾害(洪水、台风、暴雨等)导致损失的可能性较小,人为事故导致损失的可能性较大,这就要督促被保险人加强现场安全操作管理,严格执行安全操作规程。

3.安装工程在交接前必须经过试车考核,而在试车期内,任何潜在的因素都可能造成损失,损失率要占安装工期内的总损失的1/2以上。由于风险集中,试车期的安装工程一切险的保险费率通常占整个工期的保费的1/3左右,而且对旧机器设备不承担赔付责任。

总的来讲,安装工程一切险的风险较大,保险费率也要高于建筑工程一切险。

(三)安装工程一切险的主要内容

1.投保人与被保险人

安装工程一切险的投保对象为具有可保利益的工程相关利益方。具体的被保险人有:工程所有者(订货人)、承包商或分包商、供货商及负责提供安装机器设备的一方、制造商即机器设备的制造人。如果供货商和制造人为同一个人,或者制造人和供货商为共同被保险人,那么在任何条件下,安装工程一切险对制造人风险的直接损失都不予负责。另外,技术顾问、其他关系人,如银行或其他债权人等均可作为被保险人。

2. 保险标的

安装工程一切险的保险项目分为物质损失部分和第三者责任部分两大类,后一类的内容与建筑工程一切险相同,这里不再重复。物质损失部分的保险标的主要有以下方面:

(1)安装项目。工厂和矿山的安装机器设备、钢结构工程及机械工程,具体包括安装的机器、设备、装置、物件、基础工程及工程所需的各种设施,如水、照明、通信设施等。安装工程主要可分为三类:新建工厂、矿山或某一车间生产线安装的成套设备;单独的大型机械设备装置,如发电机组、锅炉、巨型吊车等组装的工程;各种钢结构建筑物,如储油罐、桥梁、电视发射塔之类的安装、管道、电缆的敷设工程等。

(2)土木建筑工程。土木建筑工程项目,指新建、扩建厂矿必须拥有的土建项目,如厂房、仓库、道路、水塔、办公楼、宿舍等。如果此项目已包括在上述安装项目内,则不必另行投保,但要在保险单中说明。

(3)安装施工用机具设备。施工机具设备一般都包括在承保合同价格内,如果要投保可列入此项。

(4)场地清理费,可作为附加承保。

(5)业主或承包商在工地上的其他财产,也可作为附加承保。

(6)责任赔偿部分的保险标的即第三者责任保险。包括因发生与保险单所承保工程直接相关的意外事故引起工地内及邻近区域的第三者人身伤亡、疾病或财产损失,对被保险人因上述原因而支付的诉讼费用以及事先经保险公司书面同意而支付的其他费用。

3. 保险责任

安装工程一切险的保险责任与建筑工程一切险基本相同,承保各种自然灾害、意外事故以及外来原因和人为的过失造成的损失和费用。

4. 除外责任

安装工程一切险的除外责任共有十条,除两条外,其余都与建筑工程一切险相同。这两条是:

第一条:因设计错误、铸造或原材料缺陷或工艺不善引起的保险财产本身损失,以及为换置、修理或矫正这些缺点错误所支付的费用。

如前面曾提及的，建筑工程一切险将设计错误造成的损失一概除外，而安装工程一切险仅把设计错误造成的保险财产本身损失除外。

第二条：由于超负荷、超电压、碰线、电弧、漏电、短路、大气放电及其他电气原因造成电气设备或电气用具本身的损失。

5. 保险期间

安装工程一切险保险期间的起讫与建筑工程一切险相同。安装工程一切险的保险期一般包括一个试车考核期。在机器设备安装完毕和验收之前须经试车考核，即机器设备通电并加料后进行各种试运或操作试验，以考核其技术性能及生产能力是否达到合同规定的各项指标，只有在试车考核合格之后，工程才能移交。试车分为单机、联机试车（冷试）和投料试车（热试）两个阶段，试车考核期限在安装工程合同或机器设备的贸易合同中有明确规定，一般为1～3个月。实践证明，试车考核期是安装工程中风险最大的一个阶段，损失频率和损失程度比安装期内高得多，而且多半与设计错误、原材料或工艺缺陷有关。因此，对试车考核期必须格外重视，必要时保险公司应派员查看。

6. 保险金额

(1)安装项目部分。包括安装的机械设备、装置物料、基础工程（地基、基座）以及工程所需的各种临时设施，如水、电、照明、通信等。按照安装工程的类型可分为成套设备的安装工程、单独的大型工程机械装置（如发电机组、锅炉、巨型吊车）的组装、各种钢结构建筑物（如储油罐、桥梁、电视发射塔之类）工程及管道、电缆的敷设工程等。当采用完全承包方式时，安装项目保险金额为承包合同价；当订货人对引进设备投保时，其保险金额为CIF合同价、国内运费、保险费、关税和安装费的总和。如引进设备的价格是CIF合同价，则应该加上运费和保险费。安装项目的保险金额，一般按安装合同总金额确定，待工程完毕后再根据完毕的实际价值进行调整。

(2)土木建筑工程项目部分。土木建筑工程项目是指与安装工程紧密联系的建筑，如厂房、仓库、道路、水塔、办公楼、宿舍、码头、桥梁等。建筑项目部分的保险金额为工程项目建成后的价格，这部分保险金额不超过整个保费的20%时，可以附保；但超过20%时，则按照建筑工程一切险费率收取；超过50%时，则需单独投保建筑工程一切险。

(3)场地清理部分，其费用的保险金额按工程规模的大小确定，一般大型工程不超过价格的5%，小型的工程占合同价的5%～10%，但此保险须单独投保。

(4)业主或承包商在工地上的其他财产，是指上述工程以外的保险标的，如安装工程用的机器设备、工地内现成的财产等，其保险金额以重置价格计算。

(5)第三者责任险的保险限额的确定和建筑工程一切险相同，请参阅有关内容。

7. 免赔额

安装工程一切险的免赔额有以下几种：自然灾害引起的巨灾损失的免赔额为3000～5000 美元；试车期的免赔额为 10000～100000 美元；其他风险的免赔额为2000～5000 美元；第三者责任的免赔额为 2000～5000 美元；特种危险的免赔额与自然灾害相同，为 3000～5000 美元。

8. 保险费率

安装工程一切险的费率制定也是一项复杂工作，与建筑工程一切险一样，没有固定的费率表，须根据情况制定费率。而安装工程项目的具体情况千差万别，制定每项工程的费率主要考虑以下因素：

(1)项目本身的风险大小。例如，试车期间发生爆炸的可能性，安装期间有无大型的起重吊装物件，有无危险品储存，附近有无危险性较大的工厂，有无交叉作业，以及设备制造的质量。

(2)自然地理条件和工地环境状况。例如，地震、洪水、台风等特种灾害的风险大小，邻近有无建筑物和居民。

(3)施工条件。例如，有无危险作业，工地现场防火、防盗、防洪设施和安全保卫制度，施工季节，物资储存条件，施工单位的技术和管理水平。

(4)免赔额的高低。根据国外资料，安装工程一切险试车期的免赔额提高 1 倍，费率可降低 7.5%；提高 5 倍，费率降低 15%。

(5)以往同类项目的损失统计资料和赔付情况。

此外，同业竞争因素和与保户的业务关系也是费率制定不可忽视的因素。

三、职业责任保险

(一)职业责任保险的概念

责任保险是一种以被保险人对第三者依法应该承担的赔偿责任为保险标的的保险。赔偿责任是指公民或法人因疏忽行为或过失行为损害他人财产和人身而依法应对受害人承担的民事损害赔偿责任。

职业责任保险是承担各种专业技术人员因工作疏忽或过失造成第三者损害的赔偿责任保险。根据责任范围不同，职业责任保险通常分为两大类：一类适用于被保险人的工作直接涉及人体，保险对象是因被保险人的“工作失职”所造成的损害；另一类适用于被保险人的工作与人体没有直接关系，保险对象是因被保险人的“错误和疏忽”所造成的损害。投保这类的专业人员包括律师、会计师以及建筑师等。责任保险只承担相应的经济赔偿责任，至于由此产生的其他法律责任，责任保险则不予承保。

根据投保人不同，职业责任保险可分为法人职业责任保险和自然人职业责任保险两大类。前者的投保人是具有法人资格的单位组织，后者的投保人是作为个体的自然人。关于职业责任保险费率的签订,应着重考虑的因素包括职业种类、工作场所、单位性质、业务数量、技术水平、职业素质、历史记录、赔偿限额以及免赔额等。

(二)职业责任保险的类型

1. 勘察设计责任保险

工程勘察设计责任保险是指以建设工程勘察单位或个人因勘察设计上的疏忽或过失,而引发工程质量安全事故造成损失或费用应承担的经济赔偿责任为保险标的的职业责任保险。

作为房屋职业责任险中的一种,其保险对象为经过资格与资质审查,取得勘察设计证书,依法成立并领取工商行政管理部门的营业执照的建筑工程勘察设计单位。其中,保险金额为被保险人应收的勘察设计费;保险费率为保险金额的 2‰;保险期限为自被保险人接受勘察设计任务并签订合同开始,民用项目至竣工验收时为止,工业项目至正式投产前为止。在保险期内,由于被保险人在勘察上的错误造成工程质量事故并导致赔偿责任时,受损超过其勘察费用 50%的,超过部分由保险人负责,但保险人的最高赔偿金额不超过受损部分勘察费的 150%。

2. 监理责任保险

工程监理责任保险是以监理职业责任为保险标的的一种责任保险,它承保监理人在履行监理合同所规定的监理义务过程中,由于疏忽行为、错误或失职而造成委托人或依赖于这种服务的第三方损失,依法应当由监理人承担的赔偿责任。

3. 施工责任保险

工程施工责任保险是指以施工单位或个人因施工上的疏忽、过失、失职,而引发工程在施工阶段或使用阶段的质量安全事故或问题,应当承担的经济赔偿责任为保险标的的职业责任保险。

(三)职业责任保险的特征

工程职业责任保险是一种广义上的财产保险,具有一般财产保险的特征,但也有自身的特殊性,具备一些区别于普通财产保险的特点。

1. 保险标的没有物质载体

工程职业责任险是以勘察、设计、监理、施工等职业责任为保险标的没有有形的物质载体,是一种由于疏忽大意或过失而应承担的责任。

2. 责任确认具有复杂性

工程质量安全的好坏往往与建设单位、勘察单位、设计单位、施工单位、监理单位、材料设备供应商等具有密切的关系,工程事故出现是多方面因素、多方面责任的共同结果,因此认定勘察、设计、监理、施工在事故中是否承担责任及责任的大小比较复杂。

四、工程质量保险

(一)工程质量保险的概念

广义的工程质量保险，是指由保险机构对工程质量损坏予以赔偿、维修或重置的保险。工程质量保险包括工程质量潜在缺陷保险、工程质量保证保险、工程参建主体职业责任保险等与工程质量有关的保险。

狭义的工程质量保险，指工程质量潜在缺陷保险，是由工程的建设单位投保，保险公司根据法律法规和保险条款约定，对在保修范围和保修期限内出现的由工程质量潜在缺陷所导致的投保建筑物损坏，予以赔偿、维修或重置的保险。

工程质量潜在缺陷，是指设计、材料和施工等因素造成的工程质量不符合工程建设强制性标准以及合同的约定，并在使用过程中暴露出的质量缺陷。

工程质量保险承保的是投保人的经济赔偿责任，不免除投保人依法须承担的其他法律责任。

(二)国外运行情况

工程质量保险制度起源于法国，之后西班牙、意大利、英国、瑞典、丹麦、芬兰、美国(新泽西州)、加拿大(不列颠哥伦比亚省)、澳大利亚、墨西哥、巴西、日本、沙特阿拉伯、阿联酋、卡塔尔、喀麦隆、刚果、摩洛哥、中非、突尼斯、阿尔及利亚、加蓬、毛里求斯等国家和地区均进行了实施。以下就几种主要的国外模式进行介绍。

1. 法国

法国建筑工程质量保险，也称为建筑工程内在缺陷保险，简称 IDI(Inherent Defect Insurance)。法国是开展强制性建筑工程质量保险最早和较为成熟的国家，从 1978 年制订《斯比那塔法》实施建筑工程内在缺陷保险以来，建立了较为完整的建筑工程质量保险构架体系，如图 5-2 所示。

(1)法律基础

法国 1804 年拿破仑法典规定，建筑师和设计师必须在建筑完工年内负有对房屋结构缺陷做维修的责任，在 10 年保证期后，除非证明建筑师或设计师有欺诈行为，否则建筑工程所有者将对建筑工程负完全的责任。后来，法国对该法典进行了多次修订。在二十世纪七十年代，建筑工程质量方面仍然存在一些问题，房屋建筑工程的裂缝、渗漏等缺陷出现次数较多，而且存在建筑工程完工后就找不到建设单位和施工单位的现象，建设单位和施工单位质量责任在建筑工程完工后无法有效地落实。针对这种情况，在 1978 年制订了《斯比那塔法》，对拿破仑法典进行了全面修订。该法规定建筑工程 10 年内在缺陷保险为强制性保险，建筑工程的参建各方必须投保。

(2)保险范围

所谓建筑工程质量保险(建筑工程内在缺陷保险)，其中建筑工程指房屋建筑

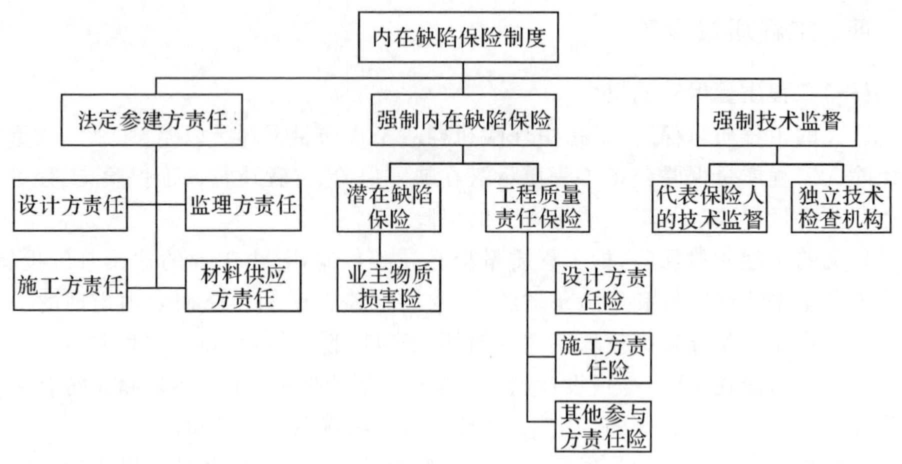

图 5-2　法国建筑工程质量保险构架体系

工程，不包括道路、桥梁等基础设施工程；内在缺陷主要是指由于设计错误、施工工艺或建筑材料引起的缺陷和竣工验收建筑工程质量检查机构颁发的完工证书时未发现的缺陷，这些缺陷涉及建筑物的牢固、安全包括消防安全和不满足隔声、保温等功能要求，对于屋面、外墙防水和渗漏等则是附加的。

(3)投保主体

凡涉及工程建设活动的所有单位，包括建设单位、设计单位、施工单位、技术检查机构、建筑产品制造商以及建筑师均须向保险公司进行投保，以确保其对工程质量负责。

(4)保险责任范围和期限

法国工程质量保险责任包括建筑结构的牢固性(地基基础、主体结构和固定在结构上的设备)、建筑结构影响到的人员安全、防渗漏和噪声控制与保温等建筑功能。

法国建筑工程质量潜在缺陷保险期限为 10 年，从第 2 年到第 10 年，第 1 年为建造商无条件负责维修并承担相关费用(备注：若完成开始第 1 年建造商没有了，则由业主投保的保险公司从第 1 年开始来维修)。各部分保险责任期限如表 5-1 所示。

表 5-1　法国质量保险责任期限表

项目	结构牢固性	噪声控制与保温	防渗漏	良好运行
地基基础、主体结构和围护结构	10 年	10 年	2 年	—
固定在结构上的设备	10 年	10 年	2 年	—
独立于建筑物的设备	—	10 年	—	2 年

(5)保险费率

最初建设单位的保险费率为工程总造价的1.0%～1.5%(除税外),但由于10年前保险公司持续亏损,保险费率调整为建筑工程总造价的3%左右(该项调整是按风险预估10倍左右提出的)。

工程参建各方的责任保险费率如下:设计师为总收入的0.3%,建造商为总收入的0.8%～0.9%,检查机构为总收入的0.35%。

(6)第三方技术检查机构

对建设工程进行质量控制则是保证工程质量保险正确实施的必要条件。法国规定保险公司承保工程质量保险后,必须聘任第三方工程技术检查机构实施质量管控。该检查机构要针对每个建设工程的特点,从工程的方案设计、施工图设计和施工过程的各个阶段进行质量控制。

技术检查机构应得到建筑工程检查机构认证委员会的资质认可。该认证委员会由法国建设部组织成立,是独立的机构,其成员由法国建设部、教育部、人事部、保险公司和技术专家组成,对检察机构的单位资质和人员资格进行认证。单位的资质条件包括管理水平和技术能力,其中技术能力应包括从事结构、消防、水电设备、地下屋面、墙面防水、环境和建筑功能等专业的技术能力。

法国为了技术检查机构的独立公正,规定技术检查机构只能从事此项工作,不得与工程参建主体有任何业务联系。同时,为了避免技术检查工作由于恶性竞争给行业带来不良后果,法国对技术检查机构的数量进行限制,据悉,全法国目前获批开展此项业务的机构只有10家,这样就促使技术检查机构的工作重心放在提升服务上而非抢占市场上,有利于保障工程质量。

(7)赔偿程序

在保险期限内建筑结构安全和建筑功能出现缺陷,由保险公司先行赔付,然后代位追究设计、建造商及检察机构的责任。这就在法律上保证了业主在最短时间内拿到钱来维修。

保险公司收到业主建设工程内在质量缺陷的索赔后,首先确认是否在保险期内,再派出技术专家进行估价。业主是否同意该估价要在15天内做出决定,若同意就给予赔偿;若不同意,则由双方共同指定公估、检查部门派出技术专家进行现场检查,做出检查评估报告。该阶段要在60天内完成,若60天内没有完成,则表示接受了业主的要求,保险公司要在60～90天把根据检查评估报告核定的损失金额寄给业主。若遇到复杂的技术问题,则应在225天之内完成上述全部工作。赔偿流程如图5-3所示。

(8)赔偿限额和免赔

对于业主,一幢建筑物一个保单。赔偿最高限额为该幢建筑物的总造价。法国建筑工程质量保险对业主未设立免赔,这充分保障了业主的权益。但未设置免

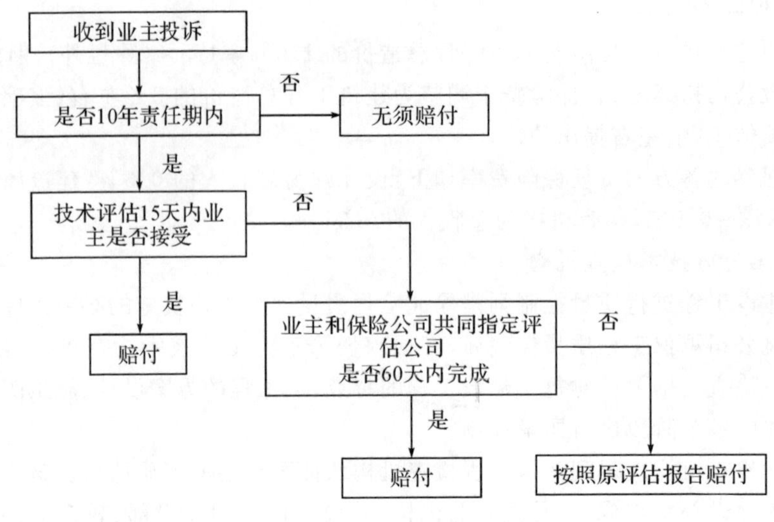

图 5-3　赔偿流程

赔,使业主有点毛病就找保险公司,导致索赔率居高不下。

2. 西班牙

西班牙工程质量保险框架体系参照法国的相关规定,吸取了法国工程质量保险框架体系的一些成功经验并经立法实施,但也有一些差异。

一是在潜在缺陷险方面,西班牙和法国一样都要求开发商必须投保。但在责任险方面,西班牙没有强制要求工程承包商投保,只是鼓励工程承包商积极参与投保。

二是西班牙的工程质量保险为伤害保险,因此,在西班牙模式中只要出现了质量事故,保险公司就得先行赔付。

三是西班牙工程质量保险费率采用了固定费率及浮动费率相结合的方式。西班牙对于结构部分的潜在缺陷保险是强制要求的,此部分的费率制定是国家法定的。对于设施设备的缺陷保险则为鼓励投保,采取了浮动费率的机制,根据开发商之前的业绩记录,对其收取差别保费。

四是西班牙工程质量保险框架体系对业主设置了免赔,同一原因造成的累计损失低于投保金额的 1%者为免赔,超出部分保险公司才赔偿,降低了保险公司的赔付率。

3. 英国

(1)制度发展

英国的潜在缺陷保险制度建立于 20 世纪 80 年代初期,最早将法国的模式修改后引入英国形成。潜在缺陷保险适用于商业和工业用房,包括酒店、写字楼、商场、工厂和集合式的公寓房屋，以潜在缺陷保险为核心逐步形成了英国的潜在缺陷保险制度。

(2)法律基础

英国是案例法国家，案例法对房屋的后继购买者未提供直接保障，只有达成将第一购买者的合同权利转让给后继购买者的协议后，后者才能获得前者的合同权利，英国的法律未强制规定开发商的房屋质量缺陷责任，因此，一般情况下开发商都不愿向购房者或承租者等承诺对质量缺陷负责。开发商通常要求承包商、设计等各方提供附属担保(Collateral warranty)，向购房者保证质量。但附属担保存在烦琐、易遗漏、费用高的缺点。

鉴于案例法对房屋的后继购买者的保障不足，英国 1972 年颁布了《缺陷房屋法》(Defective Premises Act, 1972)，该法规第一章明确规定了承包商、开发商、分包商、建筑师和其他住宅建设参与各方的质量法律责任。要求房屋用熟练的工艺、合适的材料建造，并且完工时要适合人居住。同时改善了新房后继购买人的地位，规定合同内不得限制后继购买人权利，新房购买人及后继购买人可就房屋工艺不善和材料缺陷等问题起诉责任人。另外，原来的索赔期从缺陷被发现后 6 年变为明确的从房屋完工后 6 年开始。

但在英国，法律费用十分昂贵而且法律途径往往需要很长时间，在这期间房屋得不到修缮，而且诉讼也未必就会成功，就算成功了，也可能由于付出的经济和时间成本过高而得不偿失。正是在这样的法律背景下，房屋缺陷保险引入了英国，它不论对于第一购房者还是后继购房者来说都非常有价值，因为它不仅在缺陷修补和损害赔偿方面提供了比《缺陷房屋法》和普通法更广的补偿途径，而且更重要的是其保证期比法律规定的 6 年索赔期要长。

(3)英国国家房屋建筑委员会

英国国家房屋建筑委员会(National Housing Building Council, NHBC)是英国住宅保证项目的最大机构，以 NHBC 为代表的住宅保障项目运行机构专为私人住宅房屋(通常是低层房屋)提供担保、保险和质量检查等服务，拥有大约 18200 家注册建筑商和开发商，每年建造的新住房量约占英国住房总量的 90%，英国国家住宅保障项目模式也以 NHBC 为代表。日本、瑞典、荷兰、丹麦、澳大利亚等国家的模式都是参照英国 NHBC 建立的。

NHBC 本身集成了房屋质量保险制度的所有功能模块，将 10 年保险模式中由多方完成的工作集于一体。该模式的主要功能模块包括注册管理模块、质量管理模块和房屋质量保险模块三部分，这三部分是不可分割和协同工作的有机整体。住宅质量在管理上以注册管理模块作为保证，包括单位注册管理和房屋注册管理，在技术上由质量管理模块作为保证，包括质量信息与标准制定和质量检查，在经济上由房屋质量保险模块作为保证。其中房屋的质量保险不仅是整个模式体系的经济支撑，而且贯穿了整个保证体系。NHBC模式的工作原理如图5-4所示。

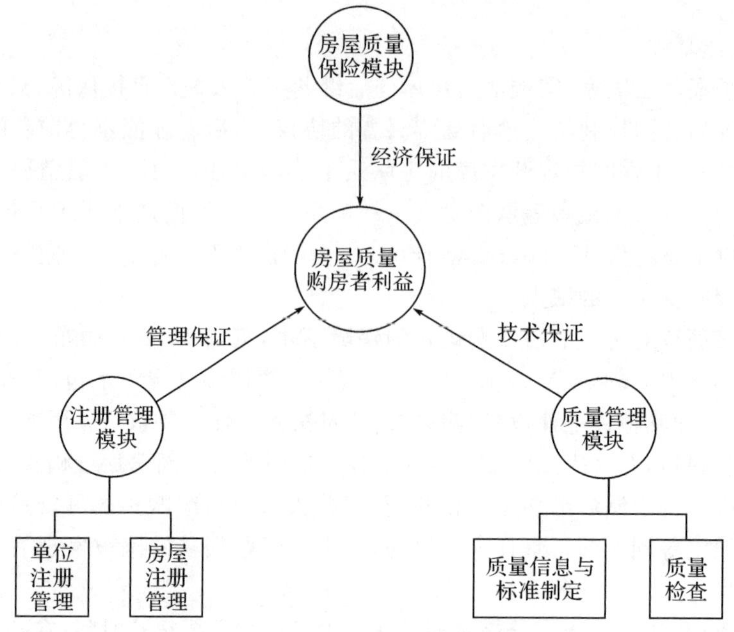

图5-4　NHBC模式工作原理图

对于房屋质量保险模块，NHBC同时也是一家注册的保险公司，拥有近8亿英镑储备金。它是英国新住房质量担保和保险的最大提供者，为约200万户住房提供保障。其受保范围包括新建、改造、联建和自建的住房。凡经注册的建筑商和开发商，只要遵守NHBC的标准，其新建和改建住房均可得到由NHBC本身所提供的工程质量保险，其保单名为"Buildmark"(建筑标记)。保险的有效期限为自住宅交付使用之日起10年。持有这种保单，在10年保证期内的第2年后，凡受保的新建和改建的住房出现了保证范围内的缺陷质量时，购房者可直接向NHBC索赔。NHBC将视质量事故造成损失的严重程度，直接对购房业主做出赔偿，但在赔付后要进行追偿。第2年后，NHBC理赔完毕不再向注册单位追偿。实际上前2年内相当于一种保修保证保险。保险模块一方面有利于保证购房者权益，消除了消费者对住宅质量和性能的不信任感，另一方面有利于注册单位的稳定经营。

(4)英国与法国、西班牙的主要区别

英国的潜在缺陷保险体系与法国、西班牙的质量保险体系相似，包括法律责任、质量保险和质量检查。不同之处主要在于英国的潜在缺陷保险完全是自愿的，房屋承建各方的责任保险也是自愿的，但英国国家房屋建筑委员会通过将保险与贷款条件挂钩使质量保险成为实质上的强制。

(三)国内运行情况

2017 年 8 月 22 日,我国住房和城乡建设部发布《关于开展工程质量安全提升行动试点工作》,明确在上海、江苏、浙江、安徽、山东、河南、广东、广西、四川等 9 个省市开展工程质量保险试点工作,以培育工程质量保险市场,完善工程质量保证机制,从而逐步建立起符合我国国情的工程质量保险制度,有效落实工程质量责任,防范和化解工程质量风险,切实保证工程质量,保障工程所有权人权益。

1. 上海

(1)上海市推进工作情况

上海市住房和城乡建设管理委员会会同市保监局等单位从 2004 年年底启动了工程保险和风险管理的研究。同时,结合 2005 年原建设部《关于推进建设工程质量保险工作的意见》中的相关要求,形成和提出了"引入市场机制、转变政府职能、三险合一"的工程保险模式和风险管理的基本理念,并于 2006 年出台了《关于推进建设工程风险管理制度试点工作的指导意见》。

2006—2010 年,按照《关于推进建设工程风险管理制度试点工作的指导意见》所定下的机制,在上海城投、世博土控、中星集团、上海建工集团、上海建筑科学研究院等大企业的支持下,在公建、市政、厂房、住宅等近 10 个工程上开展了试点,积累了一定的经验。但是由于所提出的风险管理制度对现行制度有所突破,缺乏法律支持,难以取得实质性推进。

上海世界博览会(简称世博会)之后,上海调整了推进的思路,着重推进了住宅工程质量保证保险。通过各方积极努力,在 2011 年颁布的地方性法规《上海市建设工程质量和安全管理条例》中规定了质量保证保险作为替代物业维修金的一种选择性的保险品种,即"投保保证保险可以免于缴纳相当于建安造价 3%的物业维修金",为进一步推进保险提供了契机。

2012 年,由上海市住房和城乡建设管理委员会(简称建管委)和原上海市住房保障和房屋管理局、上海市金融服务办公室(简称金融办)保监局联合印发了《关于推行上海市住宅工程质量潜在缺陷保险的试行意见》,标志着上海地区住宅工程质量潜在缺陷保险进入三年的试点期,明确了整个质量保证保险(质量潜在缺陷保险)的运行机制。在试点期间,中国太平洋财产保险股份有限公司作为主承保公司组建共保体,为 8 个住宅项目提供了工程质量潜在缺陷保险,保体共实现保费收入 3090 万元。

在《试行意见》到期后,2016 年 6 月,上海市住建委、市金融办和市保监会联合起草《关于本市推进商品住宅和保障性住宅工程质量潜在缺陷保险的实施意见》。《实施意见》的颁布实施进一步推进了上海市建设工程实施质量缺陷保险工作。2017 年 7 月 26 日市住建委发布《上海市住宅工程质量潜在缺陷保险实施细则(试行)》,2017 年 11 月起正式实施。

2018 年 2 月 28 日，上海市 IDI 信息平台正式投产运行。该平台对接保险公司出单系统和报案理赔系统，以及上海市住建委建设市场管理信息平台，实现了直保与再保的业内协同、保险与建筑业的跨行业大协同。

2019 年 1 月 14 日，在上海市保险同业公会与上海市工程建设质量管理协会共同主办的“新时代 新形势 新创造——充分发挥保险在城市综合治理中的作用”研讨会上，上海市工程质量保险专业委员会宣布成立，旨在为包括工程质量潜在缺陷保险在内的各类保险提供全流程风险管控服务。

2019 年 3 月 14 日，上海市人民政府办公厅转发市住房城乡建设管理委等三部门《关于本市推进商品住宅和保障性住宅工程质量潜在缺陷保险的实施意见》的通知。

(2)上海工程质量保险制度的具体做法

1)建设工程质量潜在缺陷保险机制

① 统一共保机制

鉴于该保险的承保期限高达 10 年，对建筑行业和保险行业均是新生事物，为减少风险、维护投保人利益和避免低价竞争，潜在缺陷保险采取共保模式，能够集合多家保险公司资源，降低保险成本，提高服务水平，适合于保障民生利益的保险项目的推广。同时便于形成统一保险条款、统一基础费率、统一理赔服务、统一信息平台，方便管理和制度推广。

② 保险公司风险管理机制

在施工过程中，由保险公司委托专业工程技术检查机构实施风险管理，风险管理与最终费率浮动挂钩。对于工程存在严重质量缺陷、且保险公司所提出的整改建议未得到实质性整改的，保险公司有权拒绝承保，使得工程现场能够真正形成与建设单位相制衡的一方。由于上位法制约，目前仍与监理相独立。

③ 保险理赔机制

保障期限自保险建筑内首套单位交付使用之日起，不设免赔额。探索建立类似车险理赔模式的保险理赔机制。为了方便业主，提高索赔和保修的时效，保险公司可以委托物业公司集中受理住户业的维修索赔；受理后，根据业主选择，由保险公司进行赔偿，或委托第三方机构承担具体维修工作。同时，从实际出发，针对影响业主基本生活的保险责任事故，制定应急赔付机制，及时应急抢修，帮助业主迅速恢复正常生活，有效化解矛盾和隐患。

④ 责任竞合和代位追偿机制

投保住宅工程质量潜在缺陷保险并不免除法律法规规定或合同约定的建设、勘察、设计、施工、设备材料供应商承担的法律责任，只是将经济赔偿转移给了保险公司。

保险公司在承担合同约定的维修保障责任后，就享有相关责任方追偿的权利，可以对相关责任方采取有效措施积极进行追偿。通过保险公司的追偿，能确保工程质量责任的有效落地。

⑤ 相关制约手段

申领施工许可证之前，签订意向书，预付 30% 的保费用于风险管理。在初始产权登记前，签订保险合同。房管部门根据保险合同和保费支付凭证，同意其不缴纳物业维修金。

2)建设工程潜在缺陷保险主要内容

① 关于适用范围

在全市保障性住宅工程和商品住宅工程中推行工程质量潜在缺陷保险。前述范围的住宅工程在土地出让合同中，应当将投保工程质量潜在缺陷保险列为土地出让条件。

② 关于承保范围和期限

住宅工程承保范围分为基本保险和附加险。基本保险范围是地基基础工程和主体结构工程、保温和防水工程。其中地基基础工程和主体结构工程包括整体或局部倒塌，地基产生超出设计规范允许的不均匀沉降，阳台、雨篷、挑檐等悬挑构件和外墙面坍塌(含脱落)或出现影响使用安全的裂缝、破损、断裂，主体承重结构部位出现影响结构安全的裂缝、变形、破损、断裂；国家和本市法律、法规、规章和工程建设强制性标准规定的其他情形，保险期限为 10 年；保温和防水工程包括围护结构的保温工程，屋面防水工程，有防水要求的卫生间、房间和门窗、外墙面防渗漏处理工程，保险期限为 5 年。

③ 关于附加保险范围

附加保险范围包括装修工程(包括全装修和非全装修，墙面、顶棚抹灰层工程等其他分项工程)，电气管线、给排水管道、设备安装，供热与供冷系统工程，保修期限为 2 年。

④ 关于保险期限

保险期限从该工程质量潜在缺陷保险承保的保险建筑竣工备案 2 年后起算，建设工程在竣工备案后 2 年内出现质量缺陷的，由施工承包单位负责维修。

此规定主要解决两方面问题：一是保险和施工单位质量保修责任竞合的问题。保险公司理赔维修和施工单位质量保修的标的物是共同的，施工单位 2 年质保期和保险期限是累加的，地基基础工程和主体结构工程成为 12 年，保温和防水工程成为 7 年，对小业主有利。二是避免施工单位偷工减料的道德风，防止保险托底后施工单位罔顾住宅质量。

⑤ 关于保险费率

工程质量潜在缺陷保险的保险费计算基数为建设工程的建筑安装总造价。同时为体现市场化原则，保险公司对具体项目的承保费率，可以根据建设工程风险程度和参建主体资质、诚信情况、风险管理要求，结合再保险市场状况，在保险合同中具体约定，对资质等级高和诚信记录优良的，保险公司给予费率的优惠调整。

⑥关于共保模式

由于建设工程质量缺陷保险风险巨大，为提高保险公司抵御风险的能力，工程质量潜在缺陷保险的承保采取共保模式，由具备一定实力的保险公司组成共保体。

加入共保体的保险公司必须符合下列条件：牵头的保险公司注册资本金达到50亿元人民币，近三年偿付赔付率不低于150%，并具有建设工程质量保险承保经验，同时风险管理能力强、机构健全、承保理赔服务优质。共同保险体应当遵守统一保险条款、统一费率、统一理赔服务、统一信息平台的共保要求。参加共保体的保险公司由市建管委、原市房管局、市金融办通过公开招标方式确定。

⑦ 关于风险管理

风险管理是推行工程质量缺陷保险的主要目的之一。投保工程质量潜在缺陷保险的建设单位，在办理施工许可手续时间节点前，与保险公司签订工程质量潜在缺陷保险合同，并一次性支付合同约定的保险费(含不高于30%的风险管理费用)。工程质量潜在缺陷保险合同签订之后，风险管理介入，但风险管理公司不替代现有建设工程管理体制。

保险公司聘请建设工程质量安全风险管理机构以及符合资格要求的工程技术专业人员对保险责任内容实施风险管理。风险管理机构根据保险责任内容实施检查，每次检查形成检查报告，检查报告内容包括检查发现的质量缺陷问题、处理意见和建议；在工程完工后，形成最终检查报告，最终检查报告应当明确发现的质量缺陷问题及整改情况，并给出保险责任内容的风险评价。检查报告和最终检查报告应当提供给保险公司和建设单位。

建设单位接到检查报告和最终检查报告后，责成施工单位及时整改质量缺陷问题。施工单位和监理单位不得妨碍风险管理工作，并应当配合提供便利条件。

监理单位督促施工单位开展质量缺陷整改，施工单位拒不整改或者整改不力的，监理单位应当报告建设单位。在施工单位完成整改前，监理单位不得同意通过相关验收。

保险公司在最终检查报告中指出建设项目存在严重质量缺陷，且在竣工时没有得到实质性整改的，建设单位不得通过竣工验收。

⑧ 关于理赔流程

理赔直接面对小业主，必须便捷、高效和快速，保险公司应当制定充分保护被保险人权益的理赔操作规程，并向保险监管部门备案。

一是入户告知。保险公司需编制《住宅工程质量潜在缺陷保险告知书》，列明保险责任、范围、期限及理赔申请流程，在业主办理入户手续时，建设单位应当将《住宅工程质量潜在缺陷保险告知书》，随同《新建住宅质量保证书》《新建住宅使用说明书》一起送交业主。二是保险公司建立便捷的理赔流程。可以委托物业服务企业等专业服务机构统一受理业主的理赔申请，组织现场勘查和维修。在接到索赔申请后，2 日内派员现场勘查，7 日内做出核定，对属于保险责任的，保险公司在与被保险人达成赔偿协议之日起 7 日内履行赔偿义务。对于影响基本生活且属于保险责任范围内的索赔申请，保险公司在收到索赔申请后的约定时限内先行组织维修。三是争议解决。业主对是否属于保险责任存有另议的，可以与保险公司共同委托有资质的第三方鉴定机构进行鉴定。

⑨关于信息平台

保险公司应当建立工程质量潜在缺陷保险信息平台，所有承保工程质量潜在缺陷保险的保险公司应将承保信息、风险管理信息和理赔信息等录入该信息平台，并对风险管理、出险理赔情况进行统计分析，定期向住房城乡建设监管部门、保险监管部门报告。

2. 北京

北京市住房和城乡建设委员会（简称住建委）按照原建设部与保险监督管理委员会（简称保监会）2005 年联合下发的《关于推进建设工程质量保险工作的意见》的文件精神的要求，会同保险监督管理委员会北京监管局（简称北京保监局）等单位积极组织工程质量保险的研讨，积极探索建设工程质量保险工作机制。

2006 年年初，北京市住建委颁布了北京市工程建设地方标准《房屋质量缺陷损失评估规程》，详尽阐述了房屋质量缺陷损失评估程序与方法，以及评估结果与评估报告的规范形式等内容，从而为有效解决房屋缺陷引发的经济纠纷提供了标准的依据，客观上推动了建筑工程技术风险评级体系的建立，并为建筑工程质量保险的顺利运营（特别是索赔与理赔工作顺利开展）提供了相应的制度保障。

2007 年，按照住房和城乡建设部（简称住建部）的统一部署，北京市推行了工程质量保险试点工作，中国人民保险公司与首开集团、建工集团、住总集团、金隅集团 4 家建设单位签订了关于经济适用房、两限房开发工程的建设工程质量潜在缺陷保险合作协议，后因开发商改变投保意愿，保险公司也因为投保数量少、缺少法律法规依据等因素而不愿承保。最终保险试点工作就此搁浅。

2015 年 9 月 25 日，《北京市建设工程质量条例》经北京市第十四届人民代表大会常务委员会第二十一次会议表决通过，于 2016 年 1 月 1 日起施行。这是北京市第一部建设工程质量管理的地方性法规，填补了北京市工程质量地方性法规的空白。《北京市建设程质量条例》的核心内容之一，是充分发挥市场机制在质量管理资源配置中的决定性作用，而建设工程质量保险制度的推行实施则是发挥市场机制作用的关键。《北京市建设工程质量条例》中明确了北京市推行建设工程质量保险制度，要求从事住宅工程房地产开发的建设单位在工程开工前，按照规定投保建设工程质量潜在缺陷保险。《北京市建设工程质量条例》在有关工程质量保险的制度设计上，力求通过引入第三方质量风险管控机构，加强事前风险防范、事中风险管理和事后风险补偿，逐步引导培育保险制度在北京市工程建设领域不断发展成熟，充分发挥其优点，进一步促进工程质量管理工作。

2019 年 4 月 24 日，北京市人民政府办公厅关于转发市住房城乡建设委等四部门《北京市住宅工程质量潜在缺陷保险暂行管理办法》的通知，其中关于承保范围和期限、保险期限、保险费率、承保模式、风险管理、理赔流程等的内容与上海市《关于本市推进商品住宅和保障性住宅工程质量潜在缺陷保险的实施意见》的内容基本一致，并对北京市行政区域内新建、改建、扩建的住宅工程推行住宅工程质量潜在缺陷保险制度。

3. 浙江

2018 年 3 月，浙江省住建厅发布《浙江省住宅工程质量保险试点工作方案》，明确工程质量保险试点工作由省建设厅负责，并确定在杭州、宁波、嘉兴、金华和衢州五个市的新建住宅工程开展工程质量保险试点。试点内容包括：培育工程质量保险市场、建立健全风险管理机制、提高承保理赔服务质量和加强工程质量保险信用管理。

浙江省住宅工程质量保险试点工作分为三个阶段：

(1)准备阶段(2018 年 3 月—2018 年 5 月)，专题调研，研究探索试点工作的具体内容、措施，制定本地区的试点工作方案；

(2)试点阶段(2018 年 6 月—2021 年 6 月)，要根据本地区实际，确定本地区工程质量保险的基本承保范围和期限，确定一批试点企业和试点项目，对试点项目的试点情况进行跟踪；

(3)总结阶段(2021 年 7 月—2021 年 9 月)，总结项目试点过程中好的经验和做法以及解决问题的方法，研究现行相关制度的适用性和改进意见。

五、工程保证保险

(一)保证保险的概念

保证保险属于保证担保的一种，是被保证人根据权利人的要求，请求保险人担保自己信用的保险。保证保险的保险人代被保证人向权利人提供担保，如果由于被保证人不履行合同义务或者有犯罪行为，权利人受到经济损失，则由保险人承担赔偿责任。保险人赔偿后可向被保证人进行追偿。保证保险也是一个具有创新性的险种，其与一般保险的区别见表 5-2。

保证保险分为确实保证保险和忠诚保证保险两类。确实保证保险包括合同保证保险、产品质量保证保险、住房抵押贷款保证保险等。忠诚保证保险又称为雇员忠诚保险，它是指因雇员的不法行为，如盗窃、贪污、伪造单据和挪用款项等，而使雇主遭受经济损失时，由保险人承担赔偿责任的保证保险。

表 5-2 保证保险与一般保险的区别

	一般保险	保证保险
合同方	保险人和投保人	被保证人:履行特定义务的人; 权利人:得到补偿的人; 保证人:保险公司
保险费的含义	保险费反映的是可能的损失赔偿	保险费只是一项服务费,保证人预计损失不会发生
损失补偿	保险人一般没有权利从被保险人处得到损失补偿	保证人有法定权利从违约方取得损失补偿
风险特征	保险人旨在补偿被保险人不可控制的损失	保证人保证被保证人的品质、诚实和履约能力,这些均属于可以控制的损失

(1)合同保证保险

合同保证保险又称为契约保证保险,指因被保证人不履行合同义务而造成权利人经济损失时,由保险人代替被保证人进行赔偿。合同保证保险主要用于建筑工程的承包合同。

(2)产品质量保证保险

产品质量保证保险是指因被保险人制造或销售了丧失或不能达到合同规定效能的产品给使用者造成了经济损失时,由保险人对有缺陷产品本身以及由此引起的有关损失和费用承担赔偿责任。

(二)工程保证保险的概念

工程保证保险属于保证保险中的确实保证保险,并可以进一步细分,属于确实保证保险中的合同保证保险。合同保证保险是保险人根据投保人(委托人/被保证人)的要求向权利人提供信用担保的保险,即保险人承诺如果由于被保证人(被保险人)不履行合同义务,包括作为或者不作为而导致权利人遭受经济损失,保险人负责赔偿。

在工程保证保险中,应当建立"关系三角形"的概念,即以基础合同关系为"底边",以保险人或者保证人为顶点。基础合同关系就是被保证对象合同关系,保证保险是以基础合同的实际履行风险作为客体的。工程保证保险的投保人通常是工程承包商,而权利人通常是业主,如图 5-5 所示。

工程保证保险虽然属于广义的财产保险范畴,但是与其他财产保险相比,工程保证保险具有以下特征:

一是工程保证保险的当事人涉及三方,保险人作为保证人出现,被保险人是担

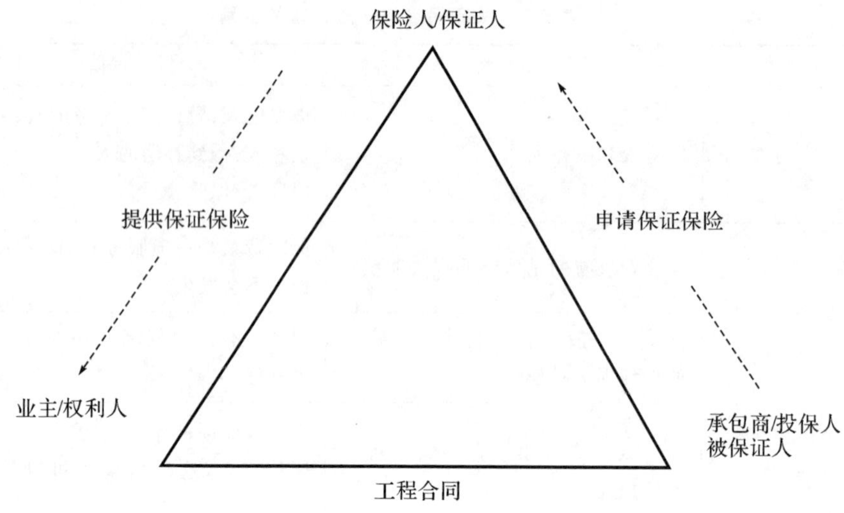

图 5-5 工程保证保险的"关系三角形"

保工程合同关系的义务人,权利人则通常是业主,是工程保证保险中的受益人。

二是在工程保证保险中,被保险人对于保险人支付给权利人的赔偿负有偿还的义务,保险人在向权利人履行了保证义务之后,有权向被保险人追偿。

(三)工程保证保险的种类

工程保证保险业务的种类是根据工程建设管理的需要设计的,通常有投标保证保险、履约保证保险、预付款保证保险、保证金保证保险和维修保证保险。这些不同的保证保险是在工程的不同阶段使用的,如图 5-6 所示。

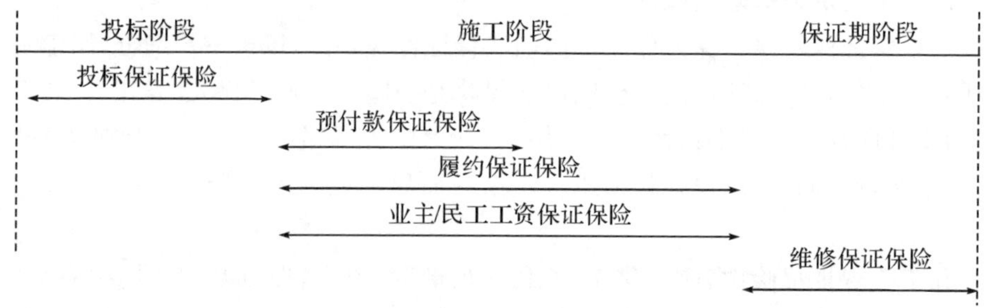

图 5-6 工程保证保险的种类

1. 投标保证保险

在工程招投标中设立投标保证制度的目的是确保投标工作的正常进行。要求投标人对其投标行为的信用提供担保,可以对投标人起到一定的制约作用。

投标保证保险,亦称投标保函,可以保护招标人的合法利益。因为在工程招投标工作中可能出现个别投标人由于种种原因，最后无法与招标人签订合同的结果，即出现废标。一旦出现废标，招标人需要重新组织招标，这势必给招标人造成损失，这种投标保证保险（或者保函）可以对这种损失进行补偿。同时，投标保证制度可以对恶意废标行为起到一定的制约作用。

投标保函的担保金额一般根据招标文件的规定，可以是一个确定的金额，也可以是投标金额的一定比例，通常采用的是投标金额的 2%～10%。投标保函的期限一般是根据招标文件的规定，通常采用的是一个明确的日期，即预期合同签订日。

2. 履约保证保险

在工程建设合同中设立工程合同履约保证保险，亦称履约保函，其实质是对于承包商工程合同履约的担保，目的是确保工程能够顺利进行。

履约保证保险的作用有：一是向业主担保承包商的履约能力和信用；二是作为业主的一种后备资源，当承包商由于种种原因出现履约危机时，担保人则会协助承包商克服危机。

履约保证保险的作用是确保承包商对于整个工程合同的履行，所以，履约保证保险的保险期限一般是按照工程建设合同期限设定的。履约保证保险的期限与维修保证保险的期限通常存在一个衔接关系，即履约保证保险到期后即转为维修保证保险。履约保证保险的保险金额一般根据工程合同文件的规定，可以是一个确定的金额，也可以是合同金额的一定比例，通常采用的是工程合同金额的 10%。

3. 预付款保证保险

预付款保证保险，亦称预付款保函，是保险人作为保证人向业主就承包商在工程建设合同项下的"预付款责任"履约风险提供保障，即由于承包商在接受了业主的预付款之后，不能按照合同的规定履行，导致业主损失时，保险人负责赔偿。

预付款保证保险（预付款保函）提供的担保金额通常是根据工程合同中"预付款条款"的安排决定，可以是一个确定的金额，也可以是工程合同金额的一定比例，通常采用的是工程合同金额的 10%～20%。从保险公司承担的实际风险看，随着工程的进展，这个担保金额在担保期限内是递减的。

4. 业主支付保证保险

在工程建设合同中，业主按照承包商的工程进度进行付款，包括对已经完成的项目支付全部的工程款，但有些业主会故意拖欠工程款，导致承包商利益受损。

业主支付保证保险，是指由保险公司向承包商保证业主按照合同约定如期向承包商支付工程款，若业主违约，由保险公司代为偿付的保险。保险公司赔偿后，可向业主进行赔偿。保险期限自工程承包合同签约之日起，至承保合同约定的工程竣工之日，或保险单载明的保险终期之日止（二者以先到者为准）；工程项目提前竣工的，保险责任于竣工之日自行终止。

5. 民工工资支付保证保险

民工工资支付保证保险，是指由保险公司向工程项目所在地建设行政主管部门提供的保证工程项目所在地的施工承包人按规定支付建筑务工人员工资的保险。当施工承包人拖欠务工人员工资导致项目所在地建设行政主管部门及人力资源社会保障部门作出认定或法院文书裁判，由保险公司在保险金额内先行赔付。

6. 维修保证保险

工程质量问题是工程建设管理的重点，为了切实维护业主的利益，在工程建设合同项下均有关于工程质量保证的条款，亦称为保修责任条款，即要求承包商为其承建的项目提供一种质量保证的承诺，一旦出现质量问题，承包商将负责维修。保修责任是一种期间责任，即要求承包商在项目建设完工之后，提供一定期限的担保，通常是 12 个月的保修责任，但也有 6 个月、18 个月甚至是 24 个月的保修责任。

尽管业主可以通过工程建设合同明确承包商的责任和义务，确保项目建设的质量，但仍然存在承包商实际承担责任的能力和诚意问题。因此，就需要一个第三者为承包商提供保证。维修保证保险，亦称维修保函，就是根据这样的需求出现的，其设立目的就是为承包商实际履行工程建设合同项目下的维修责任提供保证。

一般维修保证保险的担保金额为合同金额的 5%，保险期限则是根据工程合同的有关保证期的规定确定，通常是 12 个月。

六、安全生产保险

(一)工伤保险

1. 工伤保险的概念

工伤保险，又称职业伤害保险，是通过社会统筹的办法，集中用人单位缴纳的工伤保险费，建立工伤保险基金，对劳动者在生产经营活动中遭受意外伤害或职业病，并由此造成死亡、暂时或永久丧失劳动能力时，给予劳动者及其实用性法定的医疗救治以及必要的经济补偿的一种社会保障制度。

2. 工伤保险的特点

(1)工伤保险的对象是生产劳动过程中的劳动者。由于职业危害无处不在，无时不在，任何人都不能完全避免职业伤害，所以，工伤保险作为抗御职业危害的保险制度适用于所有职工，任何职工发生工伤事故或遭受职业疾病，都应毫无例外地获得工伤保险待遇。

(2)工伤保险实行补偿不究过失原则。无论工伤事故的责任归于用人单位还是职工个人或第三者，用人单位均应承担保险责任。

(3)工伤保险不同于养老保险等险种,劳动者不缴纳保险费,全部费用由用人单位负担,即工伤保险的投保人为用人单位。

(二)意外伤害保险

1. 意外伤害保险的概念

意外伤害保险是《中华人民共和国建筑法》明确规定的一种强制性保险险种,是以被保险人因遭受意外伤害而造成伤残、死亡、支出医疗费用、暂时丧失劳动能力作为赔付条件的人身保险业务,承包商必须为从事危险建筑安装作业的职工办理意外伤害保险。

2. 意外伤害保险与工伤保险的区别

建筑意外伤害保险与工伤保险的区别有四点。

(1)保障对象不同

建筑意外伤害保险的保障对象是施工场所内的所有人员,工伤保险仅限于本企业职工。由于建筑施工方的人员流动较大,在投保时为不记名投保,更有利于实际操作。

(2)保障程度不同

工伤保险保障程度低,职工因工致残鉴定分为十级,每级伤残相对应的是若干个月的本人工资,只能满足受害施工人员最基本的日常生活开销,这与建筑工程意外伤害保险的保障额度有较大差异。建筑意外伤害保险的保险金额由投保人与保险人协商约定,其保障程度更高,并且是一次性全部补偿,极大减轻了受害施工人员的生活压力。

(3)保费计算方法不同

工伤保险保费是本单位职工工资总额与单位缴费费率之积,而建筑意外伤害保险是依据保险人与投保人约定的保险金额、免赔额等相关条件确定最终的保险费。

(4)预防程度不同

工伤保险“重补偿,轻预防”,仅收取保费,没有对各企业的安全管理提出建设性建议;但是由于建筑行业风险性较大,故保险公司会为施工企业提供切实有效的建议,有利于施工方规范管理,提高施工安全,充分发挥建筑意外伤害保险的预防功能,从而降低建筑施工安全事故的发生率。因此,建筑意外伤害保险“有补有防,补偿与预防并重”,更有助于建筑施工安全有效地进行。

(三)雇主责任保险

1. 雇主责任保险的概念

雇主责任保险是指被保险人所雇佣的员工在受雇过程中从事与保险单所载明的与被保险人业务有关的工作而遭受意外或患与业务有关的国家规定的职业性疾

病，所致伤残或死亡，被保险人根据《中华人民共和国劳动法》及劳动合同应承担的医药费用及经济赔偿责任，包括应支出的诉讼费用，由保险人在规定的赔偿限额内负责赔偿的一种保险。

2. 雇主责任保险的特点

多数国家的雇主责任保险具有下列特点：

(1)雇主必须投保，不因雇主破产或停止受到影响。

(2)雇员伤害赔付不以雇主有无过失作为必要前提。

(3)伤害赔付并不基于实际损失，而是基于实际需要。

(4)以定期支付形式取代一次性抚恤金赔付形式。

(5)雇主可将赔付费用作为一种生产成本加以处理。

3. 雇主责任保险与意外伤害险的区别

(1)保险标的不同

意外伤害险的保险标的是被保险人的人身，当被保险人因意外而受伤害时，保险人应当按照保险合同的约定赔偿；而雇主责任险的保险标的是雇主承担的赔偿责任，雇主只有对雇员履行了赔偿义务后，保险人才对雇主赔偿。构成雇主责任险的前提是雇主与雇员之间签订的书面雇用合同所确认的直接雇佣关系，而意外伤害险并不局限于这种雇佣关系。

(2)保障的范围不同

①对职业病的保障不同

意外伤害险对职业病是不予承保也不予赔偿的，而雇主责任险对雇员在受雇期间因职业病导致的损害给予承保和赔偿。

②对第三人侵权的保障不同

意外伤害险仅对被保险人的损害进行补偿，如果被保险人对第三人侵权致有损害需要赔偿，适用《中华人民共和国侵权责任法》的规定，则由被保险人自己承担民事责任；而雇主责任险则不同，当雇员在完成雇主交付的工作或者任务时导致第三人损害的，雇主与雇员承担连带赔偿责任，雇主赔偿给第三人的损失可向保险人索赔。

(3)保障的期限不同

在保单有效期内，雇主责任险只对雇员在受雇并且在执行任务期间受到的伤害进行赔偿；意外伤害险只要在保单有效期内，被保险人由于意外事故受到伤害都能得到保险人的赔偿。

(4)投保人的范围不同

雇主责任险的投保人是雇主。意外伤害险的投保人是多样的，雇主可以为自己买，也可以为雇员购买，还可以为与雇主有关系的第三人购买，雇主就是投保人；雇员也可以为自己购买，雇员自己是投保人。

(5)保险受益人不同

意外伤害险的被保险人可以指定与他有利害关系的第三人为受益人。雇主责任险的受益人只能是雇主。

(6)两种赔偿金的处理方式不同

意外伤害险的保险赔偿金是由保险人支付给受益人的,被保险人或者被保险人的法定继承人有权按照法律的规定继续向原主或其他肇事者提出人身伤害赔偿请求;而雇主责任险的保险赔偿金是支付给雇主的,雇员只能得到事故赔偿金。

(四)安全生产责任保险

1. 安全生产责任保险的定义

安全生产责任保险是指以被保险企业在生产经营过程中发生生产安全事故,造成人身伤亡或第三人财产损失时,依法应当承担的经济赔偿责任为保险标的,在保险合同约定的企业赔偿限额范围内进行赔偿的责任保险险种。人身伤亡包括雇员和第三人的伤亡。

2. 安全生产责任保险的特征

(1)综合性特征

安全生产责任险的保险内容除了综合雇主责任险、意外伤害保险条款的有关内容,还综合了第三者责任险的内容,保险的功能放大。针对安全事故,还包括施救费用项目。安全生产责任保险,综合了各商业保险险种的长处,覆盖面广、保险条件宽,具有综合性的特征,便于已经投保雇主责任险、意外伤害险的企业向安全生产责任险投保的转变。

(2)公益性特征

安全生产责任险是经国家安全生产监督管理总局特批的专业险种,按照“政府主导、市场运作”的模式着力推行责任保险。其在费率、保额方面与普通商业保险具有明显的差别,具有保费低、保险范围广、应急特征明显等优势。同时,安全生产责任险由政府加以推动、规范和监督,在保证保险服务质量以及安全生产与保险的互动等方面的作用更加明显。

(3)无过错归责

商业保险许多实行的是“过错归责”,因被保险人存在疏忽或过失而引发的安全责任事故,保险人才予以赔偿,被保险人无过错而引发的安全事故属于除外责任。安全生产责任险则实行“无过错归责”,无论被保险人有无过错,发生安全事故造成雇员伤亡,保险人都将赔偿。

(4)理赔手续简化

雇主责任险、意外伤害保险以及公众责任保险等商业保险,在发生安全责任事故后,理赔需要相关部门出具鉴定报告、证明材料和清单等大量数据,手续较为复杂,赔付效率低,理赔时间过长。安全生产责任险规定,被保险人及其代表在生产安全事故发生后不履行救护职责或逃逸等特殊情况下，雇员受伤需要抢救的，保险人根据当地县级以上人民政府安全生产监督管理部门的要求对抢救费用在保险单约定的各单项赔偿限额内先行垫付。

3. 安全生产责任保险与相关保险的关系

(1)与工伤保险关系

安全生产责任险与工伤保险是并行关系，是对工伤保险的必要补充，主要有以下两点不同。

①覆盖范围不同

工伤保险在高危行业全员覆盖率低。我国工伤保险实行记名投保方式，在高危行业覆盖率较低，很大程度上无法解决大量流动性员工的安全保障问题，特别是农民工很难获得保障；而安全生产责任险可以有效覆盖流动性员工的安全保障问题。

②赔偿额度不同

工伤保险赔偿额度较低。由于工伤保险制度是我国的基本社会保险制度，赔付额较低，且必须经过一定的严格认定程序，手续烦琐。工伤保险保障额度以城镇或农村上年平均工资为依据，其中死亡补偿金为 48～60 个月的统筹地区上年度职工月平均工资。安全生产责任险赔偿额度较高，索赔程序较为简单。

(2)与其他相关保险关系

安全生产责任保险与意外伤害保险、雇主责任保险等其他险种是替代关系。生产经营单位已购买意外伤害保险、雇主责任保险等其他险种的，可通过与保险公司协商，适时调整为安全生产责任险，或到期自动终止转投安全生产责任险。

七、建设工程相关保险

(一)建材质量保险

建材是建设工程中使用材料的统称，可分为结构材料、装饰材料和专用材料。结构材料包括木材、竹材、石林、水泥、混凝土、金属、砖瓦陶瓷、玻璃、工程塑料、复合材料等；装饰材料包括各种涂料、油漆、镀层、贴面、各色瓷砖、具有特殊效果的玻璃等；专用材料指用于防水、防潮、防腐、防火、阻燃、隔音、隔热、保温、密封等的材料。

影响工程的因素很多，但归纳起来主要有五个方面，即人(Man)、材料(Material)、机械(Machine)、方法(Method)和环境(Environment)，简称为 4M1E 因素。其中，建材的质量将直接影响建设工程的结构刚度和强度、工程外表及观感、工程的使用功能、工程的使用安全等。

为了有效应对建材质量风险，可以引入建材质量保险。例如，2015 年 7 月 9 日，冀东混凝土公司与中国人民财产保险公司(简称人保财险)签署了混凝土质量责任保险协议，并在承保模式及风险管理上进行大胆创新，将第三方检测机构引入风险管控的过程，对混凝土生产全过程进行严格监控。作为全国首创的混凝土质量责任保险模式，此举对推动混凝土行业质量保障体系建设，促进混凝土行业规范建设都有着重要意义。

(二)建筑特种设备责任险

建筑特种设备是指建设工程施工现场使用的特种设备，包括起重机、升降机、高处作业吊篮、叉车、推土机、装载机、搬运车等。

建筑特种设备责任险也称建筑特种设备第三者责任险，是指投保人所有或使用特种设备时，因被保险人的疏忽和意外引发事故对第三者造成的人身伤害或利益损失，由保险公司代为赔偿的一种保险。建筑特种设备责任险是场地险，即责任事故的发生须在保险单载明的区域范围内，超出区域范围所发生的意外事故造成的损失不予赔偿。

建筑特种设备责任险期限一般规定为"保险期限按照国家规定的特种设备检验期限确定，以保险单载明的起讫时间为准"，检验期限是指特种设备的检验周期。在特种设备检测期限内，由保险当事人双方确定保险期限，对于检测期限外的特种设备不予承保。我国实行严格的质量检测制度，例如，在用起重机械的定期检验周期为 2 年，施工升降机的定期检验周期为 1 年；在用电梯的定期检验周期为 1 年，在用机动车辆定期检验周期为 1 年。

(三)环境污染责任保险

环境污染责任保险是以企业发生污染事故对第三者造成的损害依法应承担的赔偿责任为标的的保险。它是一种特殊的责任保险，是在第二次世界大战以后经济迅速发展、环境问题日益突出的背景下诞生的。在环境污染责任保险关系中，保险人承担了被保险人因意外造成环境污染的经济赔偿和治理成本，使污染受害者在被保险人无力赔偿的情况下也能及时得到赔付。

保险固然有理赔的功能，然而面对被污染了的环境，理赔对于社会的和谐稳定所起到的作用就显得微不足道了。环境污染给受害方造成的影响可能是长期潜在的，当前的损失评估可能不能完全反映这一影响，如果是健康和生命方面的影响就更不是金钱所能够弥补的。

所以，最好的方法是避免环境污染事故的发生。环境污染责任保险把保险的风险管理方法与环境管理相结合，通过第三方的风险管理与服务的实施，努力让环境事故"大事化小、小事化了"，最大限度降低突发性环境污染事故的发生概率，降低环境风险，保障环境安全。保险公司承保后，会要求企业在投保的同时完善防范措施。如果没有防范措施，风险将处于免赔的状态。这在一定程度上能够加强企业自身风险的管控，从而产生更大的社会意义。

（四）货物运输保险

货物运输保险是以运输途中的货物作为保险标的，保险人对由自然灾害和意外事故造成的货物损失负赔偿责任的保险。按照运输方式可分为直运货物运输保险、联运货物运输保险、集装箱运输保险。按照运输工具可分为水上货物运输保险、陆上货物运输保险、航空货物运输保险。

从保障范围来看，货物运输保险要比普通财产保险广泛得多。在发生保险责任范围内的灾害事故时，普通财产保险仅负责被保险财产的直接损失以及为避免损失扩大采取保护、施救等措施而产生的合理费用。货物运输保险除了负责上述损失和费用，还要承担货物在运输过程中因破碎、渗漏、包装破裂、遭受盗窃以及整件货物提货不着而引起的损失，以及按照一般惯例应分摊的共同损失和救助费用。凡是保险货物本身缺陷或自然损耗、包装不善、被保险人的故意行为或过失的，属于保险除外责任。

普通财产保险的保险期限一般按时间计算确定，货物运输保险属于运程保险，保险责任的起讫时间从货物运离发货人仓库开始，直至运达目的地的收货人仓库或储存地，按保险标的实际所需的运输途程为准。

（五）公众责任保险

公众责任保险又称普通责任保险或综合责任保险，它以被保险人的工作责任为承包对象，是责任保险中独立的、适用范围最为广泛的保险类别。

所谓公众责任，是指致害人在公众活动场所的过错行为致使他人的人身或财产遭受损害，依法应由致害人承担的对受害人的经济赔偿责任。公众责任的构成，以在法律上负有经济赔偿责任为前提，其法律依据是各国的民法及各种有关的单行法规制度。此外，在一些并非公众活动的场所，如果公众在该场所受到了应当由致害人负责的损害，也可以归属于公众责任。因此，各种公共设施场所（如工厂、学校、医院、展览馆、动物园以及工程建设工地等）均存在着公众责任事故风险。这些场所的所有者、经营管理者等均需要通过投保公众责任保险来转嫁其责任，主要有普通责任、综合责任、场所责任、电梯责任、承包人责任等，我国则主要表现为场所公众责任。

公众责任保险的年保险费是：

$$年保险费=投保赔偿总限额\times 公众责任保险费率$$

（六）物业管理责任保险

物业管理责任保险（物业管理责任险），是指保险公司向物业管理企业收取保险费，承担物业管理企业因管理或从事管理的过程中的疏忽或过失造成第三者人身伤亡或财产损失，依法应承担的经济赔偿责任。物业管理责任保险分为基本险和附加险两部分，附加险通常包括游泳场所附加险、停车场责任附加险、电梯责任附加险等。

物业管理责任保险的年保险费是：

年保险费=年物业管理费收入×物业管理责任保险费率

(七)巨灾保险

巨灾保险，指对因发生地震、飓风、海啸、洪水等自然灾害，可能造成巨大财产损失和严重人员伤亡的风险，由保险人进行补偿的保险。巨灾是指对人民生命财产造成巨大的破坏损失，对区域或国家经济社会产生严重影响的自然灾害事件。巨灾的显著特点是发生的频率很低，但一旦发生，其影响范围之广、损失程度之大，一般超出人们的预期，由此累计造成的损失往往超过了承受主体的实际承受能力，并极可能最终演变成承受主体的灭顶之灾。

我国是世界上受到灾害影响最大的国家之一，除了火山爆发，几乎面临所有的自然巨灾风险，灾害发生的频率相当高。我国当前的巨灾风险管理主要采用的是一种中央政府为主导、地方政府紧密配合、国家财政救济和社会捐助为主的模式，并没有建立专门的巨灾保险体系。

随着党的十八大、十八届三中全会的召开和保险"新国十条"的推出，2014 年 10 月，保监会宣布，建立巨灾保险制度将分三步开展：第一步，在 2014 年年底前完成"建立巨灾保险制度"专题研究工作，明确巨灾保险制度框架；第二步，在 2017 年年底前完成巨灾保险立法工作，推动出台《地震巨灾保险条例》，研究建立巨灾保险基金；第三步，在 2017—2020 年进入全面实施阶段，逐步将巨灾保险制度纳入国家防灾减灾综合体系。

第三节　工程保险实务

工程保险从投保到合同终止的整个过程中，需要开展各项工作，如投保、保险费率的厘定、保险合同的签订、保险索赔理赔、再保险、公估等，且业主、承包商、保险公司等保险主体在保险过程中分别承担不同的角色。

一、工程保险投保

建设工程保险投保主要包括选择保险险种、投保方式、选择保险公司、填写保险申请、保险人风险评估、签订保险合同等。

(一)选择保险险种

选择保险险种是投保的第一项工作内容。被保险人面临的风险种类繁多，不是所有的风险保险人都可以承保，投保人也不一定都要投保，应考虑建设工程行为主体、工程项目所处的环境、承包方式等诸多因素，根据不同险种的保险责任范围，合理选择保险险种。

(二)确定投保方式

目前建设工程保险通常有两种投保方式:各自投保和整体投保。

1.各自投保

各自投保是指工程的建设、施工、勘察、设计等单位各自向保险公司进行投保。其优点是可以采用差异化浮动保费促进行业优胜劣汰。不足之处在于索赔时的责任界定可能会出现推诿扯皮现象。

2.整体投保

整体投保是由建设单位牵头按项目投保,再由建设、施工、勘察、设计等单位按比例进行分摊。其优点是索赔时不会出现责任界定不清、推诿扯皮的现象,便于保险公司操作。不足之处在于建设单位再分摊给其他责任主体时,由于其自身的强势地位,极易出现不公平转嫁、不合理分配等行为;同时,由于施工、勘察、设计等单位不直接面对保险公司,失去了差异化浮动保费促进行业优胜劣汰的作用。

(三)选择保险公司

通过招投标方式选择保险公司是最为理想的方式。因此,对于大型工程项目的保险可以采用招标方式进行;中小型项目或紧急型工程可以议价、邀请保险人直接协商办理。不论哪种方式,投保人都应该为保险公司提供现场勘查的机会,并准备好工程的相关资料,如工程承包合同、工程预算表、工程场所及邻近地区平面布置图、施工方法简述、施工进度表、工程基本设计图纸等,使保险人对工程及施工现场有充分的了解。

在招标过程中,投标人可根据自己的投保计划,参考保险人的保险建议书进行适当的调整。投保人也不宜采取报价最低的决标方式,而是要将报价与保险公司的风险管理专业建议、保险条件、履约能力、诚信记录、服务水平等进行综合考虑,正确选择保险公司。

(四)递交保险申请

保险申请书是投保人对保险人要约的书面形式,也是保险单的重要组成部分。申请书由投保人如实详尽地填写,并在签章后作为向承保人投保的依据。

(五)保险人风险评估

保险人风险评估主要包括两项内容,一是对投保人进行风险评估,二是对工程项目进行风险评估。

1. 对投保人的风险评估

对投保人的风险评估包括投保人的资信情况、技术能力、管理水平、工程业绩、荣誉、财务情况,以及以往工程的损失记录等。

2. 对工程项目的风险评估

保险人在接到保险申请书后,一般要到被保险人所在的工地实地调查,进行风险评估。调查有两个目的:一是通过实地调查,掌握工程概况和特点,对工程风险进行有效的评估，为投保人制定投保建议书获取第一手资料；二是保险人根据实地调查，掌握工程责任风险点，有针对性地对投保人提出防范措施，预防风险发生。当保险人进行调查时，投保人应给予积极的配合，提供必要的方便和支持。

（六）签订保险合同

保险合同是保险双方当事人履行各自责任与义务的法律依据，保险合同受国家法律保护。因此，投保人签订保险合同绝不能草率从事，应注意以下四个问题：一是要认真阅读合同内容，确保保险方案的内容已全部包括其中，对于存在疑问的地方请保险人加以解释说明；二是待合同填写完整后，投保人签字，对于未填写完整的合同不要轻易签名；三是可聘请律师作为顾问协助完成签约等工作；四是对保险合同要进行妥善保管，防止丢失、毁坏等。

二、保险费率的厘定

保险费率即保险价格，是一定时期保险费与保险金额的比例关系。工程保险费率的确定方法多种多样，需要根据具体情况采用适用的方法。这里介绍四种常用的方法。

（一）标准法

这种方法以工程保额损失率的计算为基础，一般适用于统计资料比较完善的情况。通过计算工程保额损失率加均方差计算纯费率。纯费率与附加保费率之和为毛费率，即

$$毛费率=纯费率+附加保费率 \qquad (式\ 5\text{-}1)$$

1. 确定纯费率

纯费率是纯保费占保险金额的比率。它是用于补偿被保险人因保险事故造成保险标的损失的金额。其计算公式为：

$$纯费率=工程保额损失率\pm均方差 \qquad (式\ 5\text{-}2)$$

(1)计算工程保额损失率

工程保额损失率是赔偿金额与保险金额的比率，可以采取一定时期内或一定数目的工程项目的统计资料计算。其计算方式为：

$$工程保额损失率=\frac{赔偿金额}{保险金额}\times1000‰ \qquad (式\ 5\text{-}3)$$

但在多种情况下，如果知道多年或多个工程项目的保额损失率，则可计算平均保额损失率。其计算公式为：

$$\bar{x}=\frac{\sum_{i=1}^{n}x_i}{n} \qquad (式\ 5\text{-}4)$$

(2)计算均方差

均方差是各保额损失率与平均损失率离差平方和平均数的平方根。它反映了各保额损失率与平均保额损失率相差的程度。它说明平均保额损失率的代表性，均方差越小，则其代表性越强；反之，则代表性越弱。若以σ表示均方差，则其计算公式为：

$$\sigma = \sqrt{\frac{\sum_{i=1}^{n}(x_i - \overline{x})^2}{n}} \quad \text{(式 5-5)}$$

(3)计算稳定系数

稳定系数(意外附加费率)是均方差与平均保额损失率之比，它衡量期望值与实际结果的密切程度，即平均保额损失率对各实际保额损失率(随机变量各观察值)的代表程度。稳定系数越低，则保险经营稳定性越高；反之，则保险经营稳定性越低。稳定系数(意外附加率)一般在工程保额损失率的基础上增加10%～20%。

(4)计算纯费率

工程保险的纯费率是工程保险的纯保费占保险金额的比率，是作为保险金用于补偿被保险人因保险事故而造成保险标的的损失金额。其计算公式为

纯费率＝工程保额损失率±均方差

＝工程保额损失率×(1±稳定系数)

＝工程保额损失率×(1±意外附加费率)　　(式 5-6)

在一般情况下，保险公司为了经营稳定性，对附加的均方差一般采用加而不采用减的形式，即

纯费率＝工程保额损失率×(1＋意外附加费率)　　(式 5-7)

2. 确定附加费率

工程附加费率是附加保费与保险金额的比率。工程附加费率由经营附加费率和利润附加费率构成。

经营附加费率可以为上年度保险公司营业费用率或承保工程实际所需的费用占附加了意外附加费用后的纯保费的比率。利润附加费率为承保工程风险所获利润率。

3. 确定毛费率(工程保险费率)

由以上可知，工程保险费率(毛费率)的计算公式如下：

$$r = r_0 \times \prod_{i=1}^{3}(1 + r_i) \quad \text{(式 5-8)}$$

式中：r—— 工程保险费率(毛费率)；

r_0—— 工程保额损失率；

r_1—— 意外附加费率(或稳定系数)；

r_2—— 经营附加费率；

r_3—— 利润附加费率。

(二)参照法

这种方法适用于缺乏工程建设历史损失资料的情况，具体是借鉴其他保险公司承保类似工程的保险费率。需要注意：所参照的保险公司应该具有先进的保险技术、悠久的经营历史和相对稳定的保险费率；所参照的工程应该与承保工程具有相同的工程种类，以及相似的保险费率因素；参照时要根据承保工程的实际风险因素、风险程度和承保条件作适当的调整。

(三)类推法

这种方法从其他险种费率类推，适用于承保工程在遭受风险损失上与其他险种下承保的建筑物相似的情况。例如，火灾保险或财产保险的保险费率基本上已规范化，可以以此进行类推。但是火灾保险或财产保险承保的标的物是已建成的建筑物，抵御风险的能力较强，而工程保险承保的是未建工程或在建工程，风险程度较大。因此，制定费率时应适当上浮，一般上浮幅度为150％～200％。

(四)最大可能损失法

最大可能损失法(PMI)由美国学者阿兰·费里德兰提出，最早用于火灾保险。目前我国主要采用这种方法计算工程保险费率，它运用概率理论，对风险单位在通常情况下因一次保险事故而可能招致的最大损失进行估计。一般将发生可能性极小的风险和巨灾风险忽略不计。

PMI计算的基本原理如下：将承保标的按一定方式划分为多个风险单位，估计出各风险单位在发生事故时的损失值，最大的单位损失即该标的的PMI值。其中风险单位是指发生一次保险事故可能造成保险标的的损失范围，它是保险人确定其能够承担的最高保险责任的计算基础。关于PMI的计算方法，保险界没有统一的标准，以至于可能造成评估上的偏差。

一般而言，在统计资料比较完善的情况下，可以运用标准法计算出工程损失率，进而确定工程保险费率，而当缺乏工程建设历史损失资料时，宜采用参照法、类推法或最大可能损失法。标准法下工程保险费率的确定更加客观准确，但数据收集工作量较大，而且计算较为烦琐，相对而言，后三种方法更易操作，但偏差较大。需要注意的是，参照法和类推法需要结合投保工程的实际情况对选定的比较对象进行适当调整，最大可能损失法建立在风险评价的基础上，需要将风险评价定量化，以克服主观判断偏差。

三、工程保险合同

(一)概述

1. 保险合同含义

《中华人民共和国保险法》(以下简称《保险法》)对保险合同的概念有明确界定:保险合同是指投保人和保险人约定保险权利义务关系的协议。目前的保险险种很多,因而保险合同的种类也很多,不同种类的保险合同条款的内容也不同。迄今为止,我国保险学界对商业保险合同的分类尚不统一,其中一种比较普遍的分类是按照保险标的性质将保险合同分为三大类:第一类是人身保险,包括人寿保险、健康保险、人身意外伤害险;第二类是财产保险,包括财产损失保险和责任保险;第三类是信用保险和保证保险。

2. 保险合同形式

我国保险法规定只要投保人提出要求,保险人同意承保,并就合同条款达成协议,保险合同就宣告成立。但是,在实际操作中,必须采用一定的形式证明保险合同成立。就财产保险而言,目前普遍采用的具有保险合同效力的书面协议包括投保单、保险单、保险凭证、暂保单、批单。保险合同的五种形式的类比如表 5-3 所示。

表 5-3　五种保险合同的类比

合同形式	别称	合同成立条件	法律效力
投保单	要保单 投保申请书	经保险方签章	等同于正式的保险合同
保险单	保单	双方签章认定	正式的保险合同
保险凭证	小保单	经保险人签发	等同于正式的保险合同
暂保单	—	经保险人签发	等同于正式的保险合同
批单	—	由保险人出立	与保险合同抵触的,以批单为准

(1)投保单

投保单又称要保单或投保申请书,是投保人申请投保的一种书面形式。投保人据实填写投保单内容,包括被保险人、保险标的及存放地点、投保险别、保险期限等,经与保险人商定交付保险费办法,并经保险人签章承保后,保险合同即告成立,保险人并应根据保险合同及时向投保方出具保险单或者保险凭证。

(2)保险单

保险单又称保单,是合同双方签订正式保险合同的书面凭证。保险单是保险合同的正式文件,是投保人或被保险人索赔的重要依据,也是保险人确定理赔责任的重要依据。

(3)保险凭证

保险凭证也称小保单,是证明保险人已经签发保险单、保险合同已经成立的凭证。

(4)暂保单

暂保单是保险人签发正式保险凭证前出立给投保人或被保险人的一种临时性保险凭证。暂保单具有与保险单同等的法律效力。预约保险合同是一种长期性合同,可就保险内容进行约定。

(5)批单

批单是在对保险合同内容进行修改、补充时,由保险人出立的单证。批单内容也是保险合同的重要组成部分。当两者相抵触时,以批单内容为准。

3. 工程保险合同

工程保险合同即保险人与业主、承包商等工程参与方就工程项目有关的权利义务达成的协议。

工程保险合同具备诚信性、双务性、附和性、法律性等基本特征,此外,还具有补偿性和射幸性的特点。所谓补偿性是指只有当被保险人的保险标的在保险责任范围内遭受损失时,才能获得赔偿,并且以实际发生的损失额或保险金额为补偿上限。工程保险合同的射幸性指保险标的在保险责任范围内遭受损失时,被保险人可以获得超过其已交纳保费的赔款,但是如果在保险期内未发生事故,则被保险人得不到赔偿,也不会退回已交的保费(除合同中特别约定外)。也就是说,被保险人交纳保费与保险人未来可能给付保险赔偿是一种平等关系,但它是建立在单笔保险业务所收和所付金额不等基础上的。这是工程保险合同射幸性的具体体现。

4. 工程保险的保险单类型

工程保险单可分为年度保险单、项目保险单和多个项目保险单三类。

(1)年度保险单

年度保险单是指以投保单位 1 年内完成的全部项目可能发生的对受害人的赔偿责任为保险标的。年累计赔偿限额由投保单位根据该年承担的项目可能发生的风险状况来定,保险期限为 1 年。

(2)项目保险单

项目保险单是以投保单位完成的某一项目可能发生的对受害人的赔偿责任为保险标的。累计赔偿限额一般与该工程项目的总造价相同,保险期限由投保人与保险公司具体约定。按项目投保可以视为对按年度投保的一种补充措施,一是工程建设单位发现工程的参建单位没有按年度购买保险时,要求其按项目购买保险;二是参建单位虽然按年度购买了保险,但年度保险单的赔偿限额与本项目不匹配时,可以按项目投保作为补偿。

(3)多个项目保险单

多个项目保险单是以投保单位完成的多个项目可能发生的对受害人的赔偿责任为保险标的。累计赔偿限额一般为多个项目的总造价或多个项目总造价的一定比例,保险期限由投保人与保险公司具体约定。

(二)工程保险合同要素

工程保险合同管理对于保险人和被保险人来说,是工程保险实务操作的核心之一。明确工程保险合同要素有益于合同当事人清楚自身的权利与义务,顺利签订工程保险合同。清楚地规定合同各要素,也有利于减少当事人在履行合同过程中的争议。工程保险合同要素包括主体、客体和内容三要素。

1. 工程保险合同主体

工程保险合同主体是与合同发生直接或间接关系的人,包括保险人、投保人、被保险人、受益人、保险代理人和保险经纪人等。

(1)保险人

保险人是指经营工程保险的保险公司,是合同的签约人之一,也是重要的合同主体之一。保险人根据保险合同收取保费,并按合同规定的责任范围承担灾害事故所致经济损失的给付责任。由此看来,保险人是工程风险的经营者,工程保险经营本身蕴含着一定风险。为了将保险人经营风险控制在安全范围内,世界上多数国家都对保险人在设立资格、营业范围、基金运作等方面作了严格规定。保险人必须经政府批准,并且满足一定条件,才能获准营业。我国经营工程保险的保险公司主要有中国人民财产保险股份有限公司、中国太平洋保险(集团)股份有限公司和中国平安保险(集团)股份有限公司。

(2)投保人

投保人又称保户,是以保险标的向保险人申请保险、负有交纳保费义务的人。在工程保险险种中,既有投保人与被保险人一致的情况,也有两者分离的情况。比如,建筑工程一切险和安装工程一切险的投保人和被保险人,多数情况下是一致的。人身意外伤害险、十年责任险和两年责任险等责任险中,投保人和被保险人是不一致的。

(3)被保险人

被保险人是保险合同保障对象。比如建筑工程一切险的被保险人是业主或承包商,雇主责任险的被保险人是雇主。

(4)受益人

受益人也叫保险赔偿金受领人,是合同约定的有权享受保险合同利益的人。受益人一般在保险合同中载明,由被保险人指定。

(5)保险代理人

保险代理人是代理保险人从事具体保险业务而向保险人收取佣金的人。代理人应根据保险人委托的业务范围和代理权限进行代理业务。其代理业务范围包括宣传保险、接受承保、签发保险凭证、处理索赔案件等。目前,我国工程保险业务代理不如人身保险代理活跃,代理人队伍也不如其壮大。我国若要发展工程保险市场,需要有一批既懂得保险知识又懂得工程知识的代理人队伍。

(6)保险经纪人

保险经纪人是投保人的代理人,从投保方的利益出发,代其投保、签订保险合同、索赔等。保险经纪人应该既熟悉保险业务,又了解保险市场,能够为投保人选择合适的保险人。

2. 工程保险合同客体

保险合同的客体是保险利益。保险利益是指投保人或被保险人对保险标的所具有的法律上承认的利益。保险利益不同于保险标的。保险标的是保险合同中所载明的投保对象,是保险事故发生所在的本体,即作为保险对象的财产及其有关利益或者人的生命、身体和健康。

特定的保险标的是保险合同订立的必要内容。但是订立保险合同的目的并非保障保险标的本身。换句话说,被保险人投保后并不能保障保险标的本身不发生损失,而是在保险标的发生损失后,他能够从经济上得到补偿。因此,保险合同实际上保障的是被保险人对保险标的所具有的利益,即保险利益。

尽管保险利益与保险标的的含义不尽相同,但两者的关系则是相互依存的。一般来说,在被保险人没有转让保险标的的情况下,保险利益以保险标的的存在为条件:保险标的存在,投保人或被保险人的经济利益也存在;保险标的遭受损失,投保人或被保险人也将蒙受经济上的损失。

3. 工程保险合同内容

保险合同的内容即保险条款,是指规定保险双方当事人的权利和义务及其他有关事项的文字条文,是当事人双方履行合同义务、承担法律责任的依据。保险条款可以分为3类,即基本条款、附加条款、保证条款。

(1)基本条款

基本条款是按法律规定必须在保险合同中列明的内容,缺少这些条款,保险合同就不成立。根据我国《保险法》第十八条的规定,保险合同的基本条款包括以下事项。

1)有关保险当事人、关系人的条款

该条款确定了保险合同中的权利和义务的承担者,明确了保险合同的履行地点和合同纠纷的诉讼管辖。该条款主要包括:保险人的名称和住所;投保人、被保险人的姓名、性别、年龄、身份证号码和住址;受益人的姓名、性别、受益份额。

2)保险标的

保险标的是保险利益的物质载体,明确保险标的是为了便于确定保险合同的种类，判断保险利益是否存在以及保险人确定承保保险责任的范围。

3)保险期限

保险期限也称保险期间或保险有效期限，是保险合同中，保险人对保险标的发生保险事故承担经济赔偿责任的开始到终止的时间。在此期间内，保险人和被保险人都应遵守合同规定的各自的权利和义务。

保险期限可分为期内索赔发生制和期内事故发生制两种。

按照期内索赔发生制，索赔必须在保险期限内提出，而损失可以发生在保险期限之前。为了有一个确定的时间界限，保险单规定了追溯时日(或追溯期限)，只有发生在追溯期限内的损失，保险公司才会给予赔偿。从保险人的角度来看，期内索赔发生制使保险公司可以了解和掌握全部的索赔情况；但不足之处是使保险时间前置了，投保人发生事故的可能性增大，保险公司承担的风险较大。

按照期内事故发生制，投保人选定时间投保后，保险公司对保险期内发生的损失负责，即使此赔偿请求发生在任何时间，包括保险有效期后。这样投保人就不需要在保险期结束后再续保。期内事故发生制的优点是保险公司可以在保险期限内较为方便地评估风险，使其赔偿责任与其保险期间内承担的风险相适应；不足之处是将保险责任期限延长了，由于通货膨胀的影响，保险公司最终的赔偿数额可能远高于设计过失发生时的水平和标准。

工程保险期限与工期关联紧密，投保人应该将工程的实际情况，特别是与工期有关的情况向保险人充分告知，特别是将可能影响工期的因素和情况向保险人进行实事求是的说明，使保险人能够全面了解情况，为保险人合理地确定保险期间提供可靠的依据。

4)保险金额

保险金额是保险人对被保险人进行经济补偿的最高给付限额，同时也是保费的计算依据。保险金额的确定一般以保险价值为基础，以保险标的重置价值、账面价值、市场价值、实际价值或平均余额作为保险金额。工程保险属于系列财产保险，应在保单中列出财产项目清单及其保险金额。保险金额的确定，从理论上讲，应以工程的重置成本为基础，并考虑被保险人的实际需要和承保范围等因素，经保险双方协商确定保险金额。在工程保险实务操作中，建筑工程一切险和安装工程一切险的保险金额初步按合同价或概预算造价拟定，待工程竣工决算后，按工程决算数调整保险金额。但一般规定保险金额不能大于保险标的的保险价值。

5)保险费

保险费指投保人按一定的保险条件取得保险人的保障而应交纳的价款。保险费表明了保险产品的价格。一般财险险种的保险费与三个因素有关，即投保方转嫁风险大小、转嫁期间长短及投保方要求的保障程度。保险费的计算公式为：

工程保险保费＝保险金额×保险费率

工程保险保费与投保方要求的保障程度成正比。保单规定的保险项目越多，保险责任范围越宽且保险金额越大，意味着保险提供的风险保障程度越高，则保费就要相应增加。此外，如果保险标的的风险程度增加，说明潜在的风险转移的可能性增加，则需提高保险费率。总之，保险金额与保险费率是影响工程保险保费的两个重要因素。

6)免赔额

免赔额是指保险人对于保险标的在一定限度内的损失不负赔偿责任的金额。免赔额是保险制度中的一种保险双方的共保机制，主要是针对一些保险金额巨大、责任范围广、损失概率高的保险种类进行设计的。设计免赔额的实质是为了充分调动被保险人的积极性，可能发生的损失由投保人与保险人共同承担，从而降低保险人的风险责任。

保险中的免赔额一般分为相对免赔额和绝对免赔额。相对免赔额是指投保人在索赔时，如果损失金额低于合同设定的免赔额，则保险人不负赔偿责任；反之，则保险人负责赔偿全部损失。绝对免赔额是指投保人在索赔时，投保人索赔的损失金额若低于免赔额，则保险人不负赔偿责任；如果损失金额高于免赔额，则保险人赔偿超出免赔额的损失部分。目前我国广泛使用的是绝对免赔额。

免赔额按形式分为定额型、比例型、混合型和累进型。定额型是指将免赔额确定为一个固定的货币金额，这是较为常见的形式；比例型是将免赔额确定为损失金额的一个固定比例；混合型是指将免赔额同时确定一定金额和一定比例，并且适用两者中的较高者；累进型是指在混合型的基础上，将固定百分比修改为按照出险次数自负额的百分比，例如，第一次出险的免赔额比例为5%，第二次出险的免赔额比例为7%，第三次出险的免赔额比例为10%。

免赔额对保险费率的确定有一定程度的影响，免赔额倍数与保费折扣率呈正比关系，随着免赔额倍数的增高，保费的折扣率值增大。有些投保人投保时，为了获得一个较低的保险费率，减少保费的支出，往往乐于提出高免赔额的方案。但这样做的结果，往往会增大企业自留责任风险，达不到责任事故发生后得到经济补偿的预期目的。因此，投保人应在保险成本与保险效果之间权衡利弊，以求得最佳点。

7)保险责任和除外责任

工程保险的保险责任，是指在保险合同中约定的保险人对被保险人应承担赔付责任的事故及其所造成损失的范围。与保险责任紧密联系的另一个概念是除外责任，是指在保险条款中规定的保险人不负赔偿责任的各种事故及其所造成的损失范围。

①保险责任与除外责任的逻辑关系

保险责任(Y)和除外责任(N)存在特定逻辑关系：一种是矛盾关系，即除外责任以外的责任属于保险责任，保险责任之外的责任属于除外责任，两者之间关系如图 5-7 所示；另一种是对立关系，但两者之间存在逻辑空隙，即保险责任和除外责任都没有明确规定的责任。许多保险纠纷就源于这种可游离的缝隙(P)，如图 5-8 所示。

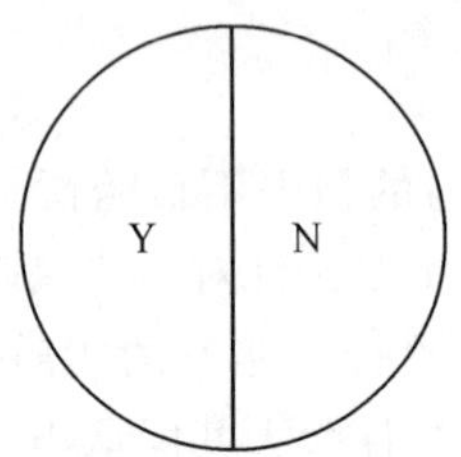

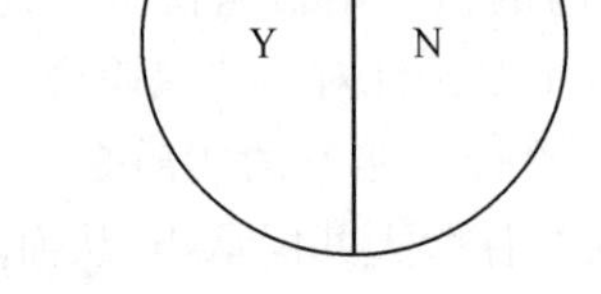

图 5-7　两者之和等于所属概念外延　　图 5-8　两者之和小于所属概念外延

②保险责任和除外责任的逻辑列示

关于保险责任和除外责任的逻辑列示，工程保险合同一般有三种形式。

第一种是列举式，即列举承保，其他的一切除外。保险合同直接列示全部保险责任，没有列出的原因导致损失的，保险人不予赔付。

第二种是除外式，即列出不予保险的责任，除此之外都是保险责任，这是一种间接列示保险责任形式。对于发展比较成熟的险种或者保险人承保比较有信心的业务，可以采用这种列举除外责任的形式。

第三种是混合式，既直接列举保险责任，又列举除外责任，未列明责任通常不属于保险责任。但也有特例，有些合同的保险责任条款既逐项列出除外责任，又逐项列出保险责任，并且在承保责任列项的最后一项说明："除外责任以外的其他不可预料的自然灾害和意外事故。"也就是说，该保单就把保险责任和除外责任之外的未列明的灾害事故作为承保责任。

目前，我国的工程保险发展还处于探索阶段，工程项目的承保情况也很复杂，一般采用混合式列举保险责任的逻辑表达形式比较好，既可以将风险锁定在确定的范围，也可以避免因承保责任和除外责任界定不明而发生纠纷。

③承保责任和除外责任的具体内容

承保责任分为条款责任和附加条款扩展责任。条款责任是保险合同主条款规定的承保责任，而附加条款扩展责任是在保险双方当事人达成的基础上，设置附加条款，扩展保险责任范围。

工程保险主条款的保险责任一般是承保因下列各项风险而造成的损失：一是自然风险引发的保险责任，是人类不可抗拒的风险，属于工程保险绝对承保的责任，包括地震、雷电、暴雨、泥石流、洪水、暴风等；二是意外事故引发的保险责任，包括火灾、施工过程意外、爆炸、飞行物坠落等；三是第三者责任引发的保险责任，是指因保险责任事故而造成第三方的人身伤亡和财产损失，被保险人依法应承担经济赔偿的责任；四是道德风险引发的保险责任，包括工人故意或恶意违反施工操作规程和破坏行为导致保险标的损失的。

除外责任是指不在合同承保责任范围内的原因造成的事故损失，保险人不负责赔付。在工程保险的除外责任中通常包括以下 13 种情况：

a. 被保险人的故意行为及重大过失引起的损失或责任；

b. 战争、敌对行为、武装冲突引致损失；

c. 核辐射或放射污染引致损失；

d. 机器、设备及材料的自然磨损、氧化；

e. 事故所引起的间接损失；

f. 文件、图表、账册、现金的损失；

g. 货物盘点时的短亏损失；

h. 错误设计引起的损失、费用及责任；

i. 换置、修理或矫正标的本身原材料缺陷或工艺不善所支付的费用；

j. 非外力引起的机械或电气设备装置损坏或建筑用机器、设备、装置失灵；

k. 全部停工或部分停工引起的损失，节假日停工及季节性停工不在此列；

l. 保单中规定的应由被保险人自行负担的免赔额；

m. 建筑工程第三者责任险条款规定的责任范围和除外责任。

以上除外责任的前 7 条是与一般财产保险相同的除外责任，后 6 条是工程保险特有的除外责任。

8）赔偿方式

赔偿方式是指勘估损失后，计算损失赔偿的方式。各险种的赔偿方式是不同的。例如，财产保险赔偿主要有三种方式。首先是第一危险赔偿方式。这种方式把保险标的价值分为两部分，一部分与保险金额相等，视为第一危险，超过保险金额部分为第二危险。第一危险由保险人负责赔偿，第二危险由被保险人自行负责。其次是比例分摊赔偿方式。该方式是按照保险金额与出险时的实际价值的比例乘以实际损失来计算赔偿金额。第三种是限额赔偿方式。这种方式是指双方当事人事先约定一个赔偿限额，当财产损失达到实际限额时保险人就给予赔偿。

9）投保人的义务

①如实告知

如实告知是指投保人在订立保险合同时必须将保险标的的重要事实，以口头或书面的形式向保险人进行真实陈述。投保人对保险标的的重要事实告知与否以及告知是否如实会影响保险人对风险的判断。所以，如实告知是投保人必须履行的首要义务。

②交付保险费

保险合同是双务合同,交付保险费是投保人最基本的义务。财产保险合同成立后,如果投保人不能如期地交付保险费,保险人可以按一般债的关系,以诉讼方式请求投保人交付保险费或者解除保险合同,但通常不影响保险合同的效力,除非保险合同中特别约定。

③维护保险标的的安全

保险合同订立以后,投保人或被保险人应当遵守国家有关消防、安全、生产操作、劳动保护等方面的规定,维护保险标的的安全,不能因为有了保险而放松对保险标的的安全的谨慎态度,这样会增加保险标的的危险程度。

④危险增加通知

在保险合同订立以后,由于主观或客观的因素会产生保险标的危险增加的现象,投保人或者被保险人应当将增加的有关情况及时通知保险人,使保险人了解危险的真实状况。

⑤保险事故发生的通知

投保人、被保险人或者受益人履行保险事故发生通知义务的目的如下:第一,可以使保险人获得取证的时间,迅速调查事实真相,明确事故责任;第二,可以使保险人及时采取施救措施,避免损失的扩大;第三,可以使保险人有相对充裕的时间准备保险金。因此,在保险事故发生后,投保人、被保险人或受益人应当采用口头或书面的形式及时通知保险人。

⑥出险施救

《中华人民共和国保险法》(简称《保险法》)第五十七条第一款规定:“保险事故发生时,被保险人应当尽力采取必要的措施,防止或者减少损失。”这意味着投保人或者被保险人不能因为有了保险,就放弃对保险标的的施救,而是有义务尽量减少保险标的的损失。

⑦提供单证

我国《保险法》第二十二条规定:“保险事故发生后,按照保险合同请求保险人赔偿或者给付保险金时,投保人、被保险人或者受益人应当向保险人提供其所能提供的与确认保险事故的性质、原因、损失程度等有关的证明和资料。保险人按照合同的约定,认为有关的证明和资料不完整的,应当及时一次性通知投保人、被保险人或者受益人补充提供。”

⑧协助追偿

在财产保险中,如果保险事故的发生涉及第三者责任方,则保险人向被保险人支付赔偿金后,享有代位求偿权,即保险人有权以被保险人的名义向第三者责任方追偿。

10)保险人的义务

①承担保险责任

保险人按照法律规定或者合同约定的保险责任承担赔偿或给付保险金义务，这两项义务也是保险人最基本的义务。

保险人除了要支付保险责任范围内的赔偿金或者保险金以外，对于为减少保险损失而支出的合理施救费用、为明确保险责任而支出的争议处理费用以及为鉴定损失原因和损失程度而支出的检验费用也承担赔偿责任。

②条款说明

保险合同是附和性合同，保险条款通常是由保险人实现拟定的，投保人只能选择接受或者不接受。对于这样格式化的条款，由于专业性较强且技术复杂，投保人很难理解其中的奥妙。为了保证合同的公平和公正，保险人有义务将保险条款解释清楚，使投保人真正了解其购买的保险产品的保障范围，不至于因理解的偏差而得不到预期的保险保障，损害投保人的利益。

我国《保险法》第十七条第二款规定："对保险合同中免除保险人责任的条款，保险人在订立合同时应当在投保单、保险单或者其他保险凭证上做出足以引起投保人注意的提示，并对该条款的内容以书面或者口头形式向投保人做出明确说明；未作提示或者明确说明的，该条款不产生效力。"

③及时签发保险单证

我国《保险法》第十三条规定："投保人提出保险要求，经保险人同意承保，保险合同成立。保险人应当及时向投保人签发保险单或者其他保险凭证。保险单或者其他保险凭证应当载明当事人双方约定的合同内容。当事人也可以约定采用其他书面形式载明合同内容。依法成立的保险合同，自成立时生效。投保人和保险人可以对合同的效力约定附条件或者附期限。"

④为投保人、被保险人或再保险分出人保密

保险人或者再保险接收人在办理保险业务的过程中，对投保人、被保险人或者再保险分出人的业务和财务状况负有保密义务。保险人在处理保险业务时，不可避免地会了解到一些投保人、被保险人或再保险分出人的业务和财务情况以及个人隐私，保险人应该对此保密，不能向外透露，否则会损害投保人、被保险人或再保险分出人的利益。

(2)特别条款

特别条款就是指附加条款，是保险人为满足投保人或被保险人的特殊需要，在保险合同基本条款的基础上，增加一些补充内容，以扩大承保的责任范围的条款。在建设工程保险中，特别条款归纳起来可以分为三类：扩展性特别条款、限制性特别条款、规定性特别条款。

1)扩展性特别条款

扩展性特别条款是对标准条款的一种内容延伸,将标准条款中的除外条款纳入保险责任范围,主要包括责任对象扩展特别条款,如交叉责任扩展等;责任范围扩展特别条款,如罢工、暴动及民众骚动扩展等;责任场地扩展特别条款,如电梯、游泳场扩展(物业)等;责任费用扩展特别条款,如误工补助补充责任等;责任保期扩展特别条款,如保险期扩展、追溯期扩展等。

2)限制性特别条款

限制性特别条款是对特别条款责任范围加以限制的条款,例如,战争除外、故意除外、驾驶各种机动车辆除外、从事其他职业除外等。

3)规定性特别条款

规定性特别条款是指针对保险合同执行过程中的一些重要问题,或者需要说明的问题进行明确的规定,以免产生误解和争议。例如,标准条款与特别条款抵触规定、赔偿限额和免赔额的规定、赔偿办法的说明等。

四、工程保险索赔与理赔

(一)工程保险索赔

1. 工程保险索赔概念

工程保险索赔是指被保标的出险后,具有保险金请求权人告知保险人出险,并且提供相关依据,向其提出损失赔偿要求。保险金请求权人包括投保人、被保险人、受益人、委托代理人等。索赔申请一般是在保险事故发生后,应立即通知保险人,提出索赔要求。索赔申请时间最迟不得超过条款规定时限,否则由此增加的费用由保险金请求权人承担。

2. 索赔时效

民法中的时效是指一定事实状态经过一定时间导致一定民事后果的法律制度。《保险法》第 26 条规定:“人寿保险以外的其他保险的被保险人或者受益人,向保险人请求赔偿或者给付保险金的诉讼时效期间为二年,自其知道或者应当知道保险事故发生之日起计算”。这一保险赔款请求权时效的规定适合人寿保险以外的其他各类险种,自然适用于工程保险,因而工程保险的索赔时效是两年。保险赔偿请求权人应在得知事故损失发生后两年内,向保险人提出索赔要求,如果在此期间不行使任何求偿权利,则该保险赔款请求权在两年以后自动灭失。

3. 索赔程序

保险金请求权人在出险后,应按照一定程序向保险人索赔,如图 5-9 所示。

(1)通知出险

出险以后,应及时将出险事故情况通知保险人,包括出险地点、时间、损失程度、出险原因等情况。工程保险合同出险通知期限一般表述为“立即”或“及时”。但这些都是模糊概念。为了便于操作，保险当事人应在保险合同中明确规定具体出险通知期限。

(2)施救和减损

通知保险人出险的同时，还应采取必要措施开展救助行动。只要施救费用不高于施救标的现存价值就是可行的。

(3)填写索赔报告

在保险损失事故已经确定的情况下，应以书面形式告知保险人，填写索赔报告。索赔报告包括出险原因、出险经过、损失情况、请求赔付金额等内容。

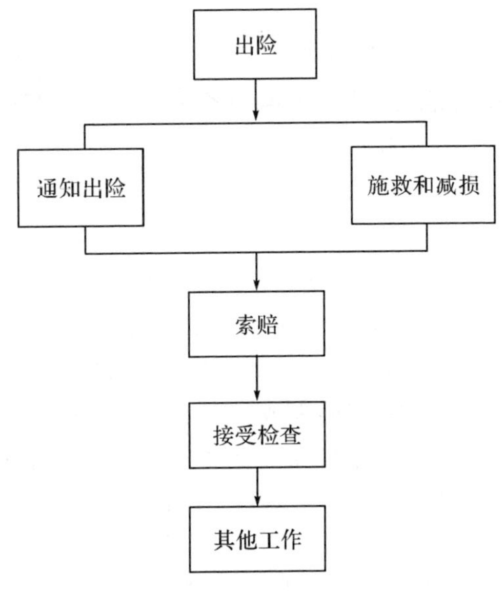

图 5-9　工程保险索赔流程

(4)接受保险人检查

保险人在接到出险通知和索赔申请后，应进行事故现场勘察，核实出险情况、损失程度，核算损失赔付金额。被保险人或受益人应协助保险人并接受其检查。

(5)提供索赔文件

保险金请求权人提出索赔申请时，应提供相关索赔文件，作为索赔依据。工程保险索赔文件一般包括以下文件。

1)保险单文本、工程承包合同、原始造价清单等，主要证明第三者人身和财产受损是否属于保险标的及其价值。

2)事故证明，如建设工程质量安全鉴定部门、消防部门、气象部门等相关的出险证明材料，以证实责任事故的真实性。

3)损失清单,主要说明索赔款的计算依据以及有关责任损失费用的名目和用途,如事故死亡人数、受伤人数、伤残人数、医疗费用、诉讼费用支出、财产损失等数据。

4)法院裁决书及其他必要的证明损失性质、原因和程度的单证材料。

5)提供事故发生后的现场照片以及现场的有关影像资料,如果施救的,则还要提供施救现场的照片,主要证明责任事故造成损失的状况。

在提供索赔单据的过程中,如果索赔人不能一次性完整地向保险人提供索赔单据或保险公司在审核索赔单证时发现单证不完整并要求投保人补充提供,则投保方应该继续提供有关证明材料。

(6)其他处理工作

保险金请求权人在索赔过程中还有一些零星工作:协助保险人勘察和核定损失;处理损余财产;领取保险金;当涉及第三者责任,在领取保险金后应开具权益转让书,这样保险人拥有代位追偿权。

(二)工程保险理赔

1. 工程保险理赔概述

理赔是指保险人在发生保险责任事故时,按照保险合同规定承担保险赔偿和给付责任。理赔是保险人必须履行的义务。我国《保险法》第二十三条规定:保险人收到被保险人或者受益人的赔偿或者给付保险金的请求后,应当及时作出核定;……对属于保险责任的,在与被保险人或者受益人达成有关赔偿或者给付保险金的协议后十日内,履行赔偿或者给付保险金义务。保险合同对赔偿或者给付保险金的期限有内定的,保险人应当按照约定履行赔偿或者给付保险金义务。

理赔工作的核心是“定损”和“核赔”。“定损”就是根据保险合同的有关规定,对被保险人的损失或者其提出的索赔进行“定性”和“定量”分析。“定性”是对导致损失的原因进行确定,并认定其是否属于保险责任范围;“定量”是对损失的工程量或者货币量进行确定的过程。“核赔”则是根据保险合同的有关规定,对于保险人应当支付的赔款进行核算和确定,通常应当考虑的因素有是否足额投保、赔偿限额、免赔额等。

2. 工程保险理赔程序

理赔程序包括:报案受理、现场勘查、损失核定、赔案处理、赔款理算、赔案复核、赔案审批、赔案管理、追偿9个步骤。理赔程序如图5-10所示,关键的步骤为赔偿责任的认定、现场查勘取得详尽的损失资料与数据、有关损失额的确定以及赔付后的责任追偿。

3. 工程保险理赔赔偿责任认定

责任分析是理赔工作的关键,即根据事故实际情况和保险条款,结合国际上通

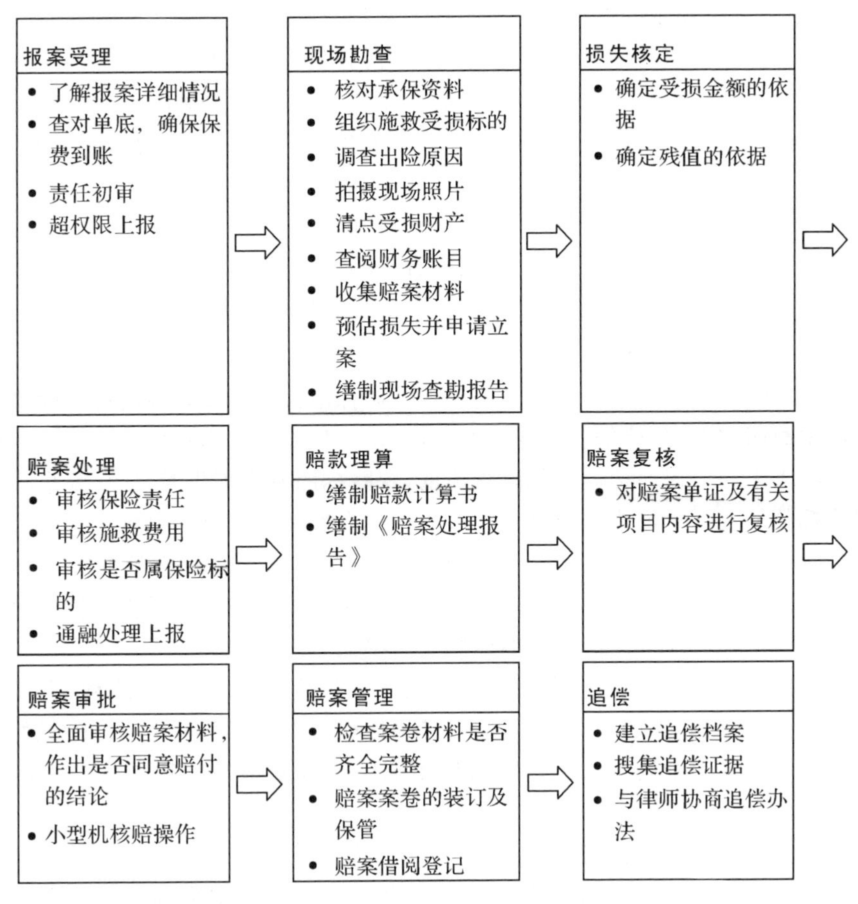

图 5-10 理赔程序

行的近因原则，确定损失的原因，最后确定损失是否属于保险责任。它包括以下工作内容。

(1)落实保险费到账情况

因为保险双方是一种合同契约关系，保险费的到账与否是保险合同成立的关键，如果被保险人没有按保单规定缴纳保费，则已经违约在先，将得不到保险人的赔偿。

(2)对照保单核实有关情况

查明出险日期、出险地点，例如受损标的是否载明在保单明细表中，使用性质是否已经改变，出险地点是否符合保单上所载明的地点和范围，出险日期是否在保单规定的保险期限内，保险内容变化时是否有批单。谨防先出险后投保的道德风险。

(3)根据保单规定的保险责任审定损失责任

首先应复查建筑工程已投保哪些险别,有何附加条款,其次根据保险条款运用近因原则分析损失发生的原因,即分析损失是否属保险所承保的风险所致。如果对损失原因,按掌握的资料不能确定,还需请专家及保险公估机构来帮助鉴定,从而确定损失是否属保险责任。

(4)编写保险理赔查勘报告,做出具体的判断

在获得翔实的第一手资料后,根据综合分析的情况,对受损的建筑工程或其他保险标的损失做出明确结论,是全部赔付还是部分赔付或者完全拒赔。

4. 工程保险理赔估算

我国《保险费》第五十五条规定:"投保人和保险人约定保险标的的保险价值并在合同中载明的,保险标的发生损失时,以约定的保险价值为赔偿计算标准。投保人和保险人未约定保险标的的保险价值的,保险标的发生损失时,以保险事故发生时保险标的的实际价值为赔偿计算标准。保险金额不得超过保险价值。超过保险价值的,超过部分无效,保险人应当退还相应的保险费。保险金额低于保险价值的,除合同另有约定外,保险人按照保险金额与保险价值的比例承担赔偿保险金的责任。"这是工程保险理赔应遵循的原则。

工程保险属于综合险别,既包括一般财产损失险种、人身保险险种、责任险险种,也包括建筑工程一切险等全险保险,其中以建筑安装工程为主要保险标的的建筑安装工程全险为主要险种。这里按照不同险别分别说明工程保险的理赔估算(简称理算)。

(1)固定资产的理赔估算

针对固定资产的理算,应分别按照固定资产发生全部损失和部分损失两种情况处理赔偿。

1)全部损失赔偿理算

全部损失赔偿简称全损赔偿,是指保单规定的全部标的财产或单项标的财产全部损失。部分损失赔偿简称分损赔偿,是指实际损失未达到保险单载明的保险金额。

一种情况是当保险标的发生全损时,无论保险金额以何种方式确定,应首先比较保险金额与重置价值。当受损财产的保险金额高于出险当时的市场重置价值时,赔偿金额以不高于重置价值为限赔偿。当受损财产的保险金额低于出险当时的市场重置价值时,理算方法有两种。

第一种是以账面价值投保时,以不高于保险金额为限,按照实际损失赔付,即以全损且以账面价值投保公式计算:

$$F(x)=\begin{cases}v, & c>v\\ m, & m<c<v\end{cases} \tag{式 5-9}$$

式中：$F(x)$——赔偿金额；

v——出险时标的市场重置价值；

c——保险金额；

x——标的损失；

m——实际损失。

第二种是以估价投保时，以出险时的实际市价赔偿，但不能高于保险金额，即以全损且以估价投保公式计算：

$$F(x)=v \quad \text{（式 5-10）}$$

式中：$F(x)$——赔偿金额；

v——出险时标的市场重置价值；

x——标的损失。

2）部分损失赔偿理算

部分损失赔偿简称分损赔偿。分损赔偿理算又分两种情况。

一是以账面原值投保的情况。当发生保险责任范围内的损失时，应将保险单列明的保险金额与受损财产出险时的市场重置价值进行比较。如果保险金额高于市场重置价值，以市场重置价值赔偿。如果保险金额等于或低于市场重置价值，按照不同的理赔案件处理方式理算保险赔款。

当保险人采用支付赔款方式处理理赔案件时，

保险赔款＝保险金额×受损财产损失程度×投保比例　（式 5-11）

当保险人采用修复或重置方式处理理赔案件时，

保险赔款＝受损财产恢复原状的修复费用×保险金额÷市场重置价值

（式 5-12）

例如，一项投保了建筑工程一切险的路网建设工程，在保险期间，泥石流冲毁了部分路基。按照出险当时的市价计算，修复该段路基共花费材料费、人工费等费用 60 万元。该段工程的保险金额是 500 万元，出险当时的市场重置价值是 800 万元，随后承包商向保险公司索赔。保险公司采用修复赔偿方式，理算的保险赔款为：60×500÷800＝37.5 万元。

二是以固定资产原值加成或市场重置价值投保的情况。由于这种情况下的保险金额接近固定资产的实际价值，保险赔款可以直接按照受损财产恢复原来功能所需的实际修复费用计算。假设一台设备投保了设备附加险，保险期间发生损坏，修理该设备共发生费用 6 万元，则保险公司应赔偿保户 6 万元。

（2）雇主责任险的理赔估算

雇主责任险的出险损失赔偿，一般按照如下标准处理：造成死亡的，每人按照保险合同规定的最高赔偿限额（一般按照雇员若干月的工资收入计算）给付；造成伤残的，按照伤残程度理算给付；永久丧失全部工作能力的，按照最高限额给付；永久丧失部分工作能力的，根据伤残部位和程度，参照本保单所附的雇主责任赔偿金额表规定的比例乘以最高限额给付；造成暂时丧失工作能力超过规定天数的，经医生证明，按照被保险雇员的工资计算给付。

假设某建筑工人在施工过程中从空中坠落，导致身体多处骨折和大脑损伤，永久丧失了从事有关建筑工作的能力，参照本保单所附的雇主责任赔偿金额表，应该得到的赔偿比例是70%，若其被投保的最高赔款限额是6个月的工资1.5万元，则该工人可以得到的赔款为：1.5×70%＝1.05万元。

(3)意外伤害险的理赔估算

意外伤害保险是与建设安装工程有关的险种，它属于人身保险险种。雇主、承包商可为雇员投保意外伤害险，雇员本人也可投保该险种。国外一些工程保险业发达的国家都推行强制性的意外伤害保险制度，我国也在一些城市探索实施强制性意外伤害保险。以深圳市为例，意外伤害保险的保障标准是每位施工人员8万元的意外伤害补偿和2万元的医疗费。被保险人在保险期间因遭受意外伤害而造成伤残、死亡、支付医疗费用或暂时丧失劳动能力的，依据伤残情况和医疗费用支出额，结合当地的伤残或死亡给付标准进行赔偿。

(4)在建项目的理赔估算

对于正在建设或安装尚未转入固定资产的工程保险项目的索赔，一般按照受损项目的重置价值确认损失。有时可能出现损失金额超过保险金额的情况，这时保险人的赔偿责任以不超过保险金额为限。

目前的工程保险理赔实务出现了按照工程造价理赔的方法。由于工程项目的保险金额是以投资概算表列示的工程造价确定的，因此损失理算也应该按照出险当时的工程造价计算理赔，同时需要明确工程造价的构成，清晰地界定出属于保险范围的造价费用项目。一般情况下，工程造价主要由建筑费用、安装费用、设备费用和其他费用构成。如若承包商对整体建筑工程全额投保了一切险，那么应以建筑工程造价表的四项费用总和作为保险责任计算理赔；如果进行部分投保，就应分清损失项目是否是保险项目。另外，部分投保的保险金额应按照损失金额与该保险标的的投保比例的乘积理算。

5. 工程保险赔偿方式

工程保险赔偿方式主要有三种：

一是支付赔款，这是比较普遍的支付形式，保险公司根据保险标的的价值和受损程度，核定损失金额，以现金支付赔款；

二是修复，在遭受损坏的财产可以修复时，保险公司支付修复费用进行重修；

三是重置，当修复变得不可能或不经济的时候，保险公司支付费用重新建设能达到原来功能水平的工程。

在理赔实务中，具体采用何种赔偿处理方式应视合同约定和出险实际情况而定。

6. 重复保险的处理

在工程保险实务中，有时还会出现同一标的重复保险的情况。我国《保险费》第五十六条规定："重复保险的投保人应当将重复保险的有关情况通知各保险人。重复保险的各保险人赔偿保险金的总和不得超过保险价值。除合同另有约定外，各保险人按照其保险金额与保险金额总和的比例承担赔偿保险金的责任。重复保险的投保人可以就保险金额总和超过保险价值的部分，请求各保险人按比例返还保险费。重复保险是指投保人对同一保险标的、同一保险利益、同一保险事故分别与两个以上保险人订立保险合同，且保险金额总和超过保险价值的保险。"

重复保险损失分摊方式通常有三种。

(1)比例责任分摊

比例责任分摊即各家保险公司以其承保标的的保险金额与总保险金额的比例作为损失分摊比例计算赔付额。我国《保险法》规定除合同约定分摊方式外，重复保险赔款分摊采用比例责任分摊方式。

假设某承包商将一项工程同时向甲、乙、丙三家保险公司投保，三家公司的保险金额分别是 2500 万元、1500 万元、1000 万元，如果该项目在保险期间发生损失 1200 万元，出险当时的实际价值 2500 万元，按比例责任分摊时，三家公司的赔偿金额分别为 600 万元[1200×2500÷(2500＋1500＋1000)＝600]、360 万元[1200×1500÷(2500＋1500＋1000)＝360]、240 万元＝[1200×1000÷(2500＋1500＋1000)＝240]。

(2)限额责任分摊

限额责任分摊即以各家保险公司在没有重复承保情况下的赔偿金额与其赔偿金额总和的比例，计算各保险公司应分摊的损失赔偿额。

假设在上述案例中，在无重复保险情况下，甲、乙、丙三家公司按照非足额投保方式计算赔偿金额，甲公司的实际赔偿金额为 1200 万元(1200×2500÷2500＝1200)，乙公司的实际赔偿金额为 720 万元(1200×1500÷2500＝720)，丙公司实际赔偿金额为 480 万元(1200×1000÷2500＝480)，则三家公司保险公司按照无重复保险情况下的赔偿额与总赔偿额的比例分摊赔偿责任，赔偿金额分别为 600 万元、360 万元、240 万元。

(3)顺序责任分摊

按照出单顺序，先出单的保险公司先负责赔偿，赔偿不足的部分由后序出单的保险公司逐一负责赔偿。如果上述案例中的甲、乙、丙三家公司按顺序先后出单，则 1200 万元的赔款全部由甲公司承担。

在保险合同中，应约定各保险人分担保险赔款方式，否则各保险人按照保险金额与保险金额总和的比例承担赔偿责任。

7. 争议处理

(1)争议产生的原因

无论在人身保险还是财产保险的索赔理赔过程中,保险双方出现争议的现象非常普遍。工程保险理赔过程出现争议的情况也比较多。产生争议的原因主要有四个方面。

第一,保险合同的缺陷引起争议。因为工程承保操作的复杂性和差别化,加之我国尚未出台工程保险合同范本,合同文本的订立存在一定难度,有时可能出现某些条款规定含糊甚至有缺陷。保险双方可能因此产生争议。

第二,对保险合同理解的差异引起争议。工程保险合同条款一般是用专业术语描述的,被保险人因为保险专业知识限制可能对某些条款理解有偏差,因此产生争议的情况。

第三,被保险人或其他保险金请求权人的道德风险引起争议。道德风险主要源于工程保险市场信息不对称性。可能引发争议的被保险人或其他保险金请求权人的道德风险主要表现为投保方在投保时隐瞒重要情况,如工程设计缺陷等,或者被保险人或其他保险金请求权人在保险期间未能采取必要措施防灾减损。

第四,保险人的道德风险引起争议。在工程保险监管机制不完善的情况下,保险人可能出现逃避保险责任的道德风险。保险人有意拖延核损和赔付或赔付金额不足时,都有可能导致保险金请求权人不满而引发争议。

(2)争议处理机制

在弄清楚保险索赔理赔争议产生原因之后,就要有针对性地提出争议处理意见,健全争议处理机制。具体包括六个方面。

第一,制定工程保险合同范本。合同范本应规定合同主条款及条款下的具体细项及一般表达格式等。保险双方当事人签订合同时,参照合同范本有利于防止合同遗漏或表达含糊,尽可能避免因合同缺陷引发争议。

第二,补充或修改保险合同。如若因合同内容出现争议,保险人应与投保人或被保险人协商,补充或修改某些条款,增加或修改的内容可以写入批单。

第三,积极与客户沟通。保险实质是“一人有难大家帮”,保险公司销售保险产品就是为被保险人提供人性化服务,因而保险公司应进行人性化经营。人性化经营的重要表现是从投保人或被保险人角度出发,积极与其沟通。通过介绍相关保险知识,参与并协助其做好防灾减损工作,加强双方信息传递,以便消除矛盾。

第四,寻求中介机构帮助。当双方矛盾不能通过协商解决时,可以寻求第三方帮助。比如双方对损失估算产生分歧时,可以由工程造价咨询机构或保险公估机构以第三方身份,客观公正地测量和估算损失,为双方提供专业鉴定意见。

第五,仲裁机构仲裁。当双方争议无法依靠自身力量调和时,可以将争议交由双方共同信任的仲裁机构调节。争议双方仅涉及国内的企业、组织或个人的,可由国内仲裁机构受理。当争议双方有一方为外方时,当事人要求在我国仲裁的,由中国国际贸易促进委员会对外经济贸易仲裁委员会受理。

第六,提起法律诉讼。当争议无法解决时,当事人可以在法律规定时效内,向被告方所在地或保险标的所在地的人民法院提起诉讼,由法院裁决。

五、工程保险再保险

(一)再保险概念

在工程保险领域,往往因为工程承保金额巨大、工程风险高,使得发生巨额损失的可能性增大。巨灾一旦发生,保险人将因此陷入泥潭。为了规避偶然巨灾理赔带来的重创,保险人可以将承保业务的一部分再向其他保险人投保,这就是再保险。

再保险也称为分保或再保。在保险学中,再保险被定义为保险人与再保险接受人之间的一种契约关系,通过订立分保条款、分保合同摘要表或再保险合同文本,保险人将承保的保险责任的一部分转嫁给再保险接受人。

再保险业务涉及原保险人和再保险人。原保险人是保险业务的最初承保单位,即分保分出人。再保险人是对原保险人承保业务的一部分进行再次承保的单位,即接受人。工程保险再保险接受人可以是其他也开办类似险种的财产保险公司,也可以是专业再保险公司。

(二)再保险与原保险的关系

再保险的基础是原保险,再保险的产生正是基于原保险人经营中分散风险的需要。因此,原保险和再保险是相辅相成的,它们都是对风险的承担与分散。再保险是保险的进一步延续,也是保险业务的组成部分。再保险与原保险的区别在于:

1.原保险合同主体一方是保险人的,另一方是投保人与被保险人;再保险合同主体双方均为保险人。

2.保险标的不同

原保险合同中的保险标的既可以是财产及其利益、责任和信用,也可以是人的生命与身体;再保险合同中的保险标的是原保险人所承担的危险责任。

3.合同性质不同

原保险人在履行赔付职责时,对财产保险的损失赔付属补偿性质,而对各种人身保险的赔付属给付性质;再保险人的摊赔则不论财产保险还是人身保险,都属于对原保险人承担损失责任的补偿。

(三)再保险分类

再保险的关键是确定原保险人和再保险人的保险责任分担问题。

根据计算基础和责任分担方式不同,再保险可以分为两大类:一类是以保险金额为计算基础的比例再保险,即分出公司自留额和接受公司接受额均按照保险金额的一定比例确定，比例再保险双方的保险责任、保险权益和保险金额之间存在固定比例关系；另一类是以赔付额为计算基础的非比例再保险，或者称为超额赔款再保险，即分出公司自留额和接受公司接受额按照赔付金额确定，两者之间没有比例关系。再保险的分类如表 5-4 所示。

表 5-4　再保险分类

以保险金额为计算依据	比例再保险	成数再保险
		溢额再保险
以保险赔付额为计算依据	非比例再保险（超额赔款再保险）	险位超赔再保险
		事故超赔再保险
		赔付率超赔再保险

1. 比例再保险

比例再保险又分为成数再保险和溢额再保险。

(1)成数再保险

成数再保险是按照再保险合同规定，在约定限额内，将承保范围内的业务保险费和保险赔款按照一定比例分给再保险接受人。成数再保险一般适用于三种情况，即新险种或出险概率高的业务、保险金额和业务质量比较平均的业务及转分保业务。

(2)溢额再保险

溢额再保险是由分出公司根据自身承担保险责任能力确定自留额，分出额则以自留额的若干倍数，即“线”数表示。自留额和分出额与保险金额的比例称为自留比例和分出比例。保费和保险赔付额按照自留比例和分出比例在原保险人和再保险人之间分担。

例如某一溢额再保险合同规定，自留额是 2000 万元，线数是 3，则合同容量(自留额和分保额之和)为 8000 万元，则自留比例是 25%(2000÷8000×100%)，原保险人和再保险人共同协商分配保费和分摊赔付额。

2. 非比例再保险

非比例再保险又称超额赔款再保险，可以分为险位超赔再保险、事故超赔再保险、赔付率超赔再保险。

(1)险位超赔再保险

险位超赔再保险是指以每一危险单位所发生的赔款计算自负责任额和分保责任额。危险单位是指保险标的发生一次灾害事故可能造成的最大损失范围，是分保合同限额的计算基础。工程危险单位可以是一项工程或是一项工程的一部分、某一期间的赔偿责任，也可以是一份保单，需要根据工程布局、结构、施工情况、风险联系程度等划分，且是可以变更的。险位超赔再保险合同按照危险单位逐一划分分保责任。

关于险位超赔在一次事故中的赔款计算，有二种情况：一是按危险单位分别计算，没有限制；二是有事故限额，即对每次事故总的赔款有限制，一般为险位限额的2至3倍，即每次事故接受公司只赔付2至3个单位的损失。

(2)事故超赔再保险

事故超赔再保险是以巨灾事故为分保对象，以一次巨灾事故所发生的赔款(包括再保险期限内的一系列灾害事故赔款)计算自负责任额和分保责任额。事故超赔再保险合同保障金额一般很高，可以类似溢额再保险合同的做法，将其分成若干层次供不同偏好和能力的再保险人选择。

(3)赔付率超额再保险

赔付率超赔再保险是按赔款与保费的比例来确定自负责任和再保险责任的一种再保险方式，即在约定的某一年度内，赔付率超过一定标准时，由再保险人就超过部分负责某一赔付率或金额。

由于赔付率超赔再保险可以将分出公司某一年度的赔付率控制于一定的标准之内，所以，对于分出公司而言，赔付率超赔再保险又有停止损失再保险或损失中止再保险之称。

(四)再保险合同

再保险一般有三种安排方式，即临时再保险、预约再保险和合同再保险。根据工程保险业务特点和分保要求，适宜采用合同再保险形式。合同再保险是原保险人和再保险人用签订合同的方式确定双方的再保险关系，在一定时期内对一宗或一类业务进行缔约人之间的约束性再保险。通常，合同再保险是由再保险合约详细规定合约成员分担保险责任的方式。与其他险种比较，工程保险的承保条件比较复杂，再保险合约事先对再保险期限内的分保业务的分保条件作出规定，有利于避免临时再保险和预约再保险安排出现纰漏，给原保险人造成损失。

按照保险责任分担方式，再保险合同可以分为如下四种形式：①成数分保合同，即一种以保险金额为计算基础，原保险人将全部承保风险按照协议的固定比例分给再保险人的合同形式；②溢额分保合同，即原保险人以保险金额的一部分作为自留额，余下的溢额部分分给再保险人，通常分出额是自留额的若干倍(即用线数表示)；③一揽子分保合同，即原保险人根据风险安排需要，将若干不同险别的业务组合在一起安排再保险的再保险合同；④超额赔款分保合同，即一种以赔款为基础确定原保险人的自负责任和分出责任的非比例分保合同形式。

1. 工程保险合同种类

工程再保险普遍采用的合同形式是溢额分保合同或成数和溢额混合分保合同。随着工程再保险业的发展，工程再保险合同还可以采用成数和超赔保障混合分保合同以及一揽子分保合同。

(1)溢额分保合同

溢额分保合同属于比例再保险的一种,是原保险人和再保险人以保险金额为基础划分分保责任。自留额、线数和危险单位是溢额再保险的三要素。溢额分保合同规定自留额、线数、合同限额,据此计算自留比例和分出比例,分摊保费和赔付额。

溢额分保合同的优点表现为两方面:一方面是原保险人可以根据自身赔付能力、承保业务质量等条件确定最优自留额度,自留额内的业务不必分保,这样原保险人既可以通过分保降低承保风险,又可以适当降低分保保费支出,符合合理分散风险原则;另一方面是溢额保险合同对巨额承保风险分担表现出很大的弹性。原保险人可以将巨额保险金额的溢出额按照分保接受人的承保能力和偏好分成若干层次供其选择,避免了分保接受人选择分保业务的局限性。

(2)成数和溢额混合分保合同

成数和溢额混合分保合同是将成数分保和溢额分保结合的混合分保形式。成数分保分摊自留额内的保险责任,溢额分保分摊自留额以外的溢额部分保险责任。

为了将两种分保形式应用在同一分保业务中,成数和溢额混合分保合同的安排流程如下。首先是分出人安排成数分保合同,规定自留额和最高责任额;然后安排溢额分保合同,分摊超出成数分保责任限额部分的保险责任。

运用两种分保形式的组合形式,既降低分保费用,简化分保手续,又因为溢额分保的最高责任额相对较低(已经被成数分保分担了一部分),使溢额分保变得容易。因此,对于保险金额较大的大型工程项目再保险,适宜采用成数和溢额混合分保合同。

(3)成数与超赔保障混合分保合同

成数与超赔保障混合分保合同是指原保险人确定成数分保合同限额,余下部分安排超额赔款分保合同。成数和超赔保障混合分保合同与成数和溢额混合分保合同类似,都是在成数分保基础上对余下部分再安排一份分保合同。两者的主要区别在于余下部分的分保安排。

适宜采用成数和超赔保障混合分保合同的条件如下:首先,单独组织成数分保合同需要支付较多的保费;其次,成数分保最高合同限额以外的保险责任限额不是很高,无须安排溢额分保合同。这样,在成数分保合同基础上,安排超额赔款分保合同,既减少了分保费用,又增加了巨额损失保障能力。

(4)一揽子分保合同

一揽子分保合同可以将不同险种业务组合起来进行分保,比较适合工程保险。因为工程保险的同一保险标的涉及多个险种,比如一项大型工程项目可能投保建筑工程一切险、雇主责任险、两年责任险或十年责任险、意外伤害险等。因此,可以将多个危险单位涉及的不同险种的保险业务组合在一起，各危险单位采用成数分保合同形式，形成一揽子分保合同。

（五）再保险业务的安排方式

在再保险经营实务中，再保险的安排方式主要有三种：临时再保险、固定再保险和预约再保险。

1. 临时再保险

临时再保险是指由于业务发展的需要，原保险人与再保险人根据各自情况洽商分保条件和费率，临时达成再保险合同的一种再保险安排方式，是保险市场上最早使用的一种再保险形式。

临时再保险的优点在于可选择性，对原保险人和再保险人均无约束力。缺点在于手续烦琐，若等再保险合同签订之后再订立原保险合同，则可能原保险合同被竞争对手抢走；若先签订原保险合同后再有再保险合同，则会出现原保险人风险累积的情况。

临时再保险一般适合于新开办的或不稳定的业务，固定再保险合同中规定除外的或不愿放入固定再保险合同的业务，以及超过固定再保险合同限额的业务。

2. 固定再保险

固定再保险是原保险人与再保险人确立固定的再保险关系，原保险人和再保险人对于规定范围内的业务有义务约束，双方都无权选择的一种再保险安排方式。固定再保险合同一经签订，双方都必须按合同规定的再保险具体方式与限额、承保范围和手续费、账单发送、赔款给付、责任期限以及使用币种等事项严格执行。此合同长期有效，若一方想终止合同，必须在年底前 3 个月，以书面形式通知对方，否则合同继续有效。

固定再保险合同的优点是：可以保证原保险人及时地转移风险责任，有利于稳定经营，对再保险人来说也能比较均衡地得到数量多、风险较为分散的业务，因此是国际再保险业务中最为普遍的再保险合同形式。

3. 预约再保险

预约再保险是原保险人对合同规定的业务有权决定是否分出，但一旦决定分出，再保险人就必须接受的一种再保险安排方式。预约再保险合同克服了临时再保险合同手续烦琐的缺点，是对固定再保险合同的自动补充，适合火险和水险的比例分保。

六、工程保险公估

（一）保险公估概述

保险公估业是与保险市场相辅相成的中介行业之一，它的出现是保险市场发展和保险业分工深化的必然结果，为保险业的发展起到了推动作用。保险公司由于运营成本和经营规模的限制，一般不会配备所有与承保标的相适应的专业承保和理赔人员；并且，诸如建筑安装工程保险的承保和理赔的专业技术难度较大，单靠自身力量已很难适应保险市场竞争的需要。保险公司既要开展业务，又需降低展业风险和成本，于是，就需求助第三方。保险公估机构便应运而生。

1. 保险公估的含义

保险公估是保险公估机构以独立于保险当事人各方的身份，客观公允地办理保险标的的评估、查勘、鉴定、检验、估价和赔款理算并提供公估报告的公证行为。与保险代理人和保险经纪人的地位不同，保险公估人不受保险当事人任何一方或公估委托人的利益左右，从独立的超然于各方经济利益的角度，客观公允地执业。

保险代理业、保险经纪业和保险公估业天然合一。这三者对保险市场的作用相互补充，为推动保险市场的发展起着不可忽视的作用。

2. 保险公估业发展历程

保险公估业起源于英国，已有三百多年的发展历史。在 17 世纪中叶的英国，伴随着建筑物火险的兴起和保险业的发展，保险公司越发意识到，依赖自己的雇员和保险代理人可能引发两者的道德风险，需要借助中立的技术性机构公估风险损失，于是保险公估业逐渐成为辐射全球的技术性中介行业。

在保险公估业的发展过程中，其性质和地位发生了显著变化，由保险理赔的辅助性手段演变成举足轻重的中介制度；其业务范围由起初只是单一的损失理算，后来逐渐发展成为包括评估、风险管理、勘损、理算等业务的综合性行业；其服务对象涵盖了保险人和保险赔偿请求权人。保险公估人既可以接受保险人的委托，评估保险标的的价值和风险，勘察事故和理算损失，也可以接受保险赔偿请求权人的委托，客观公允地评估保险标的的风险和实际损失。

我国保险公估业的发展主要经历了三个阶段。首先是起步阶段。由于保险市场主体多元化格局逐步形成，各保险公司开始注重服务功能，但在理赔中却遇到了难题，从而开始求助保险公估机构。于是保险公估业应运而生，但当时的保险公估机构并非真正独立的市场中介主体，这些机构与政府或保险公司存在一定的经济利益联系。其次是发展阶段。保险业伴随着国民经济发展进入了快车道，一些保险公估机构也相继成立，如天津的北方公估行、深圳的民太安保险公估有限公司等中资机构，以及平量行等外资保险公估机构。再次是调整阶段。在保险业和保险中介业迅速发展的同时，保险市场和保险中介市场陷入无序竞争状态。1995 年初，保险监管当局开始加强了保险市场和保险中介市场的监管，保险公估业进入调整阶段。有些保险公估机构在竞争中生存下来，有的则被淘汰。

(二)工程保险公估的业务范围

随着保险市场的发展，委托人的公估需要不断增加，保险公估业务范围也会进一步拓展。为了更清楚地了解保险公估人的业务资源，按照保险过程的先后顺序和公估工作的性质将保险公估业务范围主要分为理赔公估和承保公估。

1. 工程保险理赔公估

不同险种或者同一险种不同保险标的的理赔公估的工作内容是不同的，但是保险理赔公估也有共性规律可以遵循。理赔公估的操作程序和业务核心基本相同，主要是保险标的出险后的查勘、检验、估损及理算。

(1)工程保险理赔公估流程

保险理赔公估操作程序与保险公司理赔程序有关，在了解理赔公估操作程序之前，需先了解保险公司理赔程序，如图 5-11 所示。

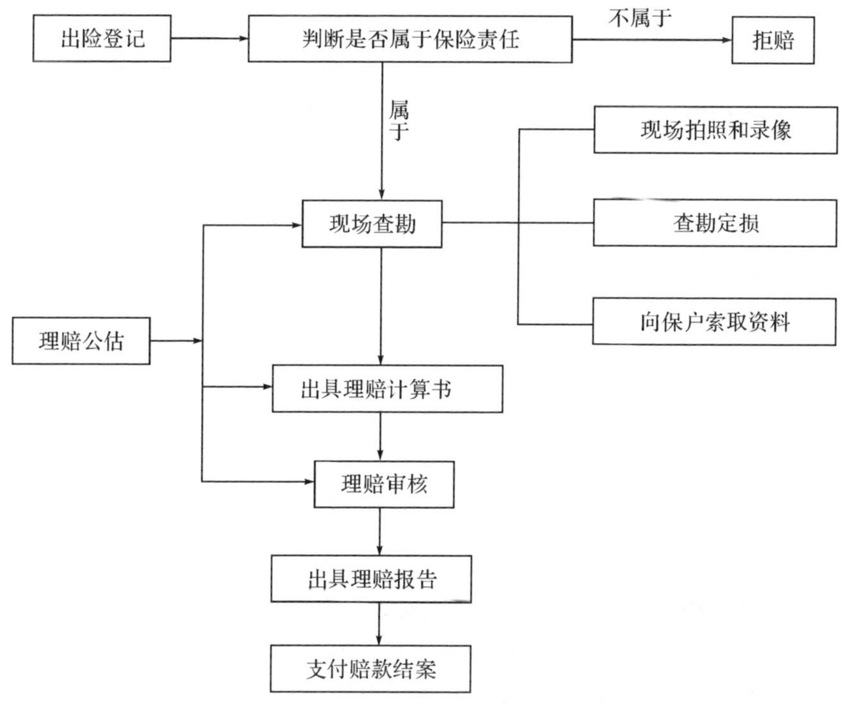

图 5-11　保险公司理赔工作流程

在理赔程序中，比较重要且有难度的操作是现场查勘、出具理赔计算书和理赔审核。这三项操作既需要专业技术支持，又影响责任判定和损失估计的公允性和准确性。因而，保险公司一般根据上述三项工作的难度和重要程度决定是否委托保险公估机构。如果保险公司认为委托公估机构参与理赔是必要的，而且公估机构也接受了委托，保险公估机构应按照保险理赔公估程序进行公估。

尽管公估流程因为险种和保险标的不同而有所区别，但是基本的工作流程是相同的，如图 5-12 所示。保险理赔公估一般包括八个步骤。

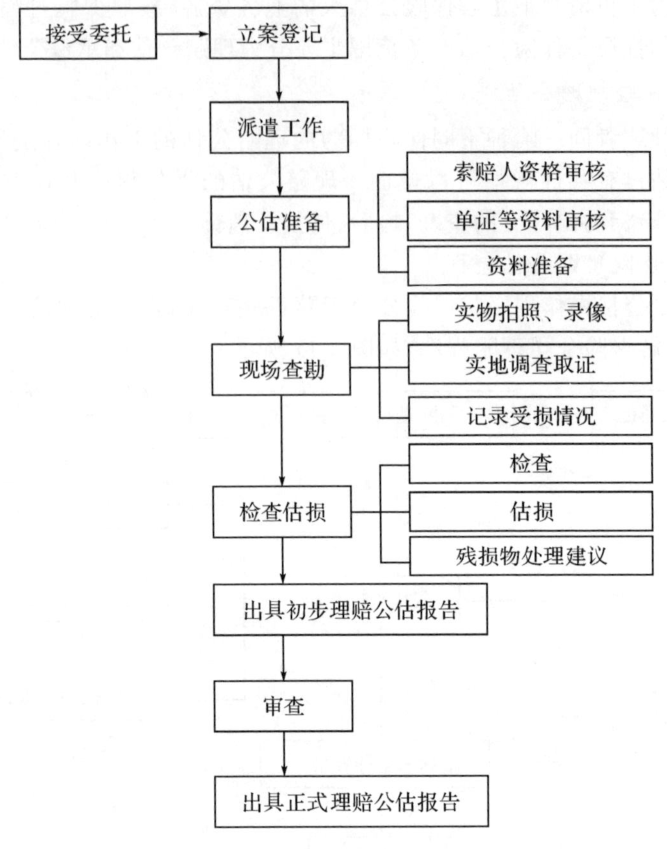

图 5-12　保险公估机构理赔公估流程

1)立案登记

保险公估机构在接到客户委托后,应对委托案件进行登记,填制公估业务受理案件登记表。公估机构应权衡接受业务委托风险以及本公司的业务范围和执业能力,决定是否受理。如果公估机构决定接受委托,双方应该签订业务委托受理合同,一般是签订保险公估业务受理单。

2)派遣工作

保险公估机构在决定受理公估委托后,应进行工作安排,分派公估师组建公估师小组。在指派时,需要考虑公估师的专业技能、专业特点和业务能力,形成能够胜任公估任务要求的队伍。若机构内部人员不能满足要求,可以聘任外界专家,共同完成任务。

3)公估准备

保险公估是一项系统工作,在到公估现场进行具体工作前,应制订业务计划。

首先，公估小组集体研究案情，分析公估的重点和难点，针对重点和难点，商讨解决方案和安排适合的人员；其次，重点研究保险标的，熟悉标的的特性及相关规定，并收集整理有关资料。公估准备工作应兼顾质量和效率，既要准备充分，又要节省时间，以便留下充足的时间到现场收集第一手资料。

4)现场查勘

现场查勘是理赔公估的关键而基础的环节之一，主要工作是要求公估小组及时赶到事故现场，进行实物拍照和录像，收集第一手资料，对受损保险标的进行全方位、多角度的实地调查取证工作，记录受损标的的重要细节，包括遭损标的的数量、损失程度、估计损失金额、抢救措施和费用等。保险公估师应凭借自身的执业敏感性和专业能力，全面客观地反映事故现场的真实情况。

5)检查估损

保险理赔关键是根据充分客观的现场资料判定责任归属、损失程度和损失金额。所以，保险公估师需要对现场查勘结果进行检查和估损，这是体现保险公估质量的关键工作。

为了判定责任归属，首先要查明致损原因，并估计损失程度。公估师可以根据现场查勘的详细记录，对每个细节的资料进行整理，翔实确切地确定受损标的物的损失程度、损失金额等，列出受损标的明细表。公估师通过抽取样本和试验等分析推理，鉴定损失原因，判定损失责任划分，最后提出损失处理建议。

6)出具初步理赔公估报告

在查勘、定损以后，公估师小组应以书面形式报告全部现场查勘情况，包括检验手段、方式、经过、结果等详细过程，形成公估报告初稿。

根据《保险公估人管理规定》，保险公估机构出具的公估报告至少应包括：①保险公估事项发生的时间、地点、起因、过程和结果等；②保险标的情况；③公估活动所依据的原则、手段和方法等；④保险标的损失理算以及出险施救保护等费用的计算方法和金额；⑤公估结论。

7)审查

保险公估业务应实行内部审核制度，公估师小组应将初步公估报告报给本公估机构的领导层审查。初步公估报告审查的重点有三：一是现场查勘的证据是否充分，是否足够支持公估结论；二是受损标的的损失程度和损失金额的估计是否符合实际情况；三是公估报告的内容是否完整规范。

如果初步公估报告审查没有问题，就可以出具正式的公估报告。如果有问题，需要进行修改，并根据问题的严重性，决定修改策略。修改后的公估报告复核后没有问题，可出具正式的公估报告。

8)出具正式理赔公估报告

经审核无误后，公估师可以出具正式的公估报告。正式公估报告应内容完整，报告表达逻辑清晰、资料翔实、数据准确，且一般需要两个以上的公估师签章。签章公估师要对该报告的真实性、完整性和准确性负责。正式的理赔公估报告还必须由持有资格证书的公估机构的总经理和副总经理签署才能生效。

一般情况下，公估机构向委托人提供了正式的理赔公估报告，委托工作即告结束。但有的时候，保险公司需要公估机构进一步协助赔款理算和理赔支付，公估机构可以继续工作，在完成上述工作后结案。

(2)工程保险理赔公估报告

保险公估报告是保险公估机构公估工作成果的体现。公估报告虽然不具有法律强制性，但是它作为保险双方理赔的依据，在解决双方争议的过程中体现一定的权威性。因而，公估报告应客观公允地反映标的损失情况，准确地判定责任归属。保险公估机构应对本公司出具的公估报告及有关文件的客观性、准确性负有经济责任和法律责任。

保险理赔公估报告由标题、开头、正文、落款四部分构成。

1)标题

公估报告的第一部分是标题。标题应说明出险标的的名称和标的所投保的险种。

2)开头

开头部分简单地介绍承保的基本情况。具体内容包括被保险人名称、保单号码、保险金额、保险期限、保险标的，还应介绍出险情况，如出险日期、出险地点、查勘日期。

3)正文

正文是公估报告的核心部分。依据《保险公估人管理规定》第三十九条规定，保险公估公司出具的保险公估报告至少应包括以下内容：

①保险公估事项发生的时间、地点、起因、过程、结果等情况；

②保险公估标的简介；

③进行保险公估活动所依据的原则、定义、手段和计算方法；

④标的理算以及其他费用的计算公式和金额；

⑤保险公估结论。

保险公估报告正文分为现场查勘和公估核算两部分。

①现场查勘报告部分

现场查勘报告部分包括出险经过、出险原因及保险责任分析。

a.出险经过

出险经过要写清楚事故或灾害何时、何地、因何种原因发生的，要描写事故或灾情的发展过程，单位和有关部门如何施救，险情是如何被消灭和排除的。由于损失赔偿责任要根据风险损失的近因原则判定，因而该部分应具体写清楚风险是怎样发生的:出险前有何迹象,是否采取了防灾措施,出险前财务放置情况,出险现场的保护情况,是否收集了相关的人证、物证。

b. 出险原因

现场查勘人员应在深入现场调查的基础上,如实反映出险原因。通常情况下的出险原因都比较复杂,需要把事实真相搞清楚:分清风险因素中哪些是自然因素,哪些是人为因素;哪些是主要因素,哪些是次要因素。

c. 保险责任分析

保险责任应从分析和描述出险原因和出险经过中自然得出,但最终要以保险条款为依据判断出险原因是否属于保险责任。根据出险过程和出险原因描述,再与保险合同条款核对,基本可以判定是否属于保险责任。保险责任分析部分应分别就每一保险标的以及每一保险标的的致损原因,分别写清楚依据保险合同的哪一条款判定保险责任的。

②公估核算报告部分

公估核算部分的主要内容是进行实际损失核计和提出处理意见。公估核算部分包括保险公估活动所依据的原则、手段和计算方法以及实际损失核算和处理意见。在进行具体的损失估算之前,应简要说明该估算过程拟采用的手段和计算方法等。损失估算应按照受损标的逐项核定,核实受损财产的原价值、损失程度、种类和数量等。对于受损标的数量较多且比较复杂的,可以列出清单,并且应提出处理意见,其中要写清楚赔款金额和损余财产的处理意见。

4)落款

公估报告的落款应注明公估机构全称、项目负责人、报告出具日期。

2. 工程保险承保公估

从保险人的角度来说,若要保证承保业务质量,需要了解复杂的标的物的风险规律和价值情况,合理设定保险费、保险责任范围和保险金额,使得保费收入和合同安排能够在抵偿经营费用和未来的保险赔付之外,有一定利润。保险人若要达到预期的目标,一个基本的前提就是恰当地评估工程风险。

承保公估就是由保险公司委托公估机构对保险标的物现时价值和承保风险做出科学的评估。

(1)工程保险承保公估流程

保险标的物不同,具体的承保公估流程也不同。但总的说来,一般要经历如下步骤(图 5-13)。

承保公估流程的基本步骤与理赔公估流程相同,包括立案登记、派遣公估师、公估准备、价值公估和风险公估、出具初步公估报告、审核、出具正式公估报告。

其中价值公估和风险公估是承保公估的核心,是公估工作质量的保证,因此需要有丰富的专业技术知识和实际公估经验的公估师和其他专业人士参与,通过现

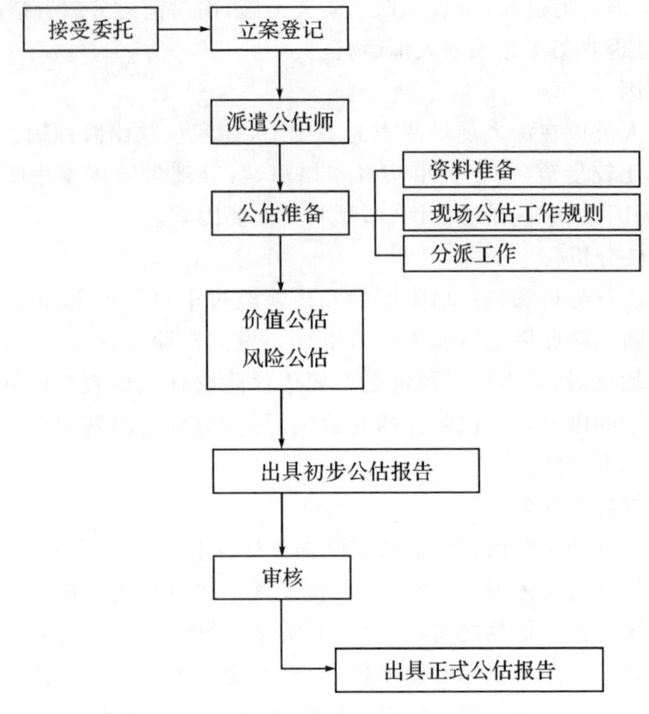

图 5-13　承保公估流程

场查勘和资料分析，得出公估结论，确认标的的价值和风险程度。

(2)工程保险承保公估报告

承保公估报告正文包括承保标的简介、价值评估和风险评估三部分。

承保标的简介部分应有选择地描述与工程风险有关的情况，应通过调查分析，选择描述的角度和确定描述的内容。

价值评估部分首先应说明保险标的价值公估活动的定义，进一步说明价值公估的性质、范围等；其次要说明承保公估所依据的原则、手段和计算方法；最后给出价值公估的结论。

风险评估部分应说明四个问题：一是工程风险因素；二是最大的风险单元；三是可能发生的最大损失和最可能的损失；四是施工单位资质等与工程风险相关的因素。风险评估部分对这四个问题说明清楚后，应出具风险评估结论，包括风险程度、建议使用保险费率等。

第四节　工程保险保前保后管理

一、工程保险保前管理

(一)风险评估小组组建

保险公司在收到投保申请后,应进行工作安排,分派工作人员组建风险评估小组。在指派时,需要考虑风险评估人员的专业技能、专业特点和业务能力,形成能够胜任公估任务要求的队伍。若机构内部人员不能满足要求,可以委托公估机构,共同完成任务。

风险评估小组组建后,应先根据工程项目制定评估计划,分析风险评估的重难点,并商讨解决方案;然后重点研究保险标的,熟悉标的的特性及相关规定,并收集整理有关资料。

(二)风险识别

1. 风险因素

风险因素分析是确定一个项目的风险范围,即有哪些风险存在,将这些风险因素逐一列出,以作为工程项目风险管理的对象。在工程建设不同阶段,由于目标设计、项目的技术设计和计划,环境调查的深度不同,人们对风险的认识程度也不相同,需经历一个由浅入深逐步细化的过程。风险因素分析是基于人们对项目系统风险的基本认识上的,通常首先罗列对整个工程建设有影响的风险,然后再注意对自己有重大影响的风险。罗列风险因素通常要从多角度、多方面进行,形成对项目系统风险的多方位透视。风险因素分析通常可以从以下几个角度进行分析。

(1)按项目系统要素进行分析

1)环境项目要素风险

项目环境系统结构的建立和环境调查对风险分析是有很大帮助的。从这个角度,最常见的风险因素为:

①政治风险。例如政局的不稳定性,战争状态、动乱、政变的可能性,国家的对外关系,政府信用和政府廉洁程度,政策及政策的稳定性,经济的开放程度或排外性,国有化的可能性,国内的民族矛盾,保护主义倾向等。

②经济风险。国家经济政策的变化,产业结构的调整,银根紧缩,项目的产品的市场变化;项目的工程承包市场、材料供应市场、劳动力市场的变动,工资的提高,物价上涨,通货膨胀速度加快,原材料进口价格和外汇汇率的变化等。

③法律风险。如法律不健全,有法不依、执法不严,相关法律的内容的变化,法律对项目的干预;人们可能对相关法律未能全面、正确理解,工程中可能有触犯法

律的行为等。

④社会风险。包括宗教信仰的影响和冲击、社会治安的稳定性、社会的禁忌、劳动者的文化素质、社会风气等。

⑤自然条件。如地震、风暴、特殊的未预测到的地质条件如泥石流、河塘、垃圾场、流沙、泉眼等,反常的恶劣的雨、雪天气,冰冻天气,恶劣的现场条件,周边存在对项目的干扰源,工程项目的建设可能造成对自然环境的破坏,不良的运输条件可能造成供应的中断。

2)项目系统结构风险

它是以项目结构图上项目单元作为对象确定的风险因素,即各个层次的项目单元,直到工作包在实施以及运行过程中可能遇到的技术问题,人工、材料、机械、费用消耗的增加,在实施过程中可能遇到的各种障碍、异常情况。

3)项目的行为主体产生的风险

它是从项目组织角度进行分析的,主要有以下几种情况:

①业主和投资者

a.业主的支付能力差,企业的经营状况恶化,资信不好,企业倒闭,撤走资金,或改变投资方向,改变项目目标。

b.业主不能完成他的合同责任,如不及时供应他负责的设备、材料,不及时交付场地,不及时支付工程款。

c.业主违约、苛求、刁难、随便改变主意,但又不赔偿,发出错误的行为和指令,非程序地干预工程。

②承包商(分包商、供应商)

a.技术能力和管理能力不足,没有适合的技术专家和项目经理,不能积极地履行合同,由于管理和技术方面的失误,造成工程中断;

b.没有得力的措施来保证进度、安全和质量要求;

c.财务状况恶化,无力采购和支付工资,企业处于破产境地;

d.他们的工作人员罢工、抗议或软抵抗;

e.错误理解业主意图和招标文件,方案错误,报价失误,计划失误;

f.设计单位设计错误,工程技术系统之间不协调、设计文件不完备、不能及时交付图纸,无力完成设计工作。

③项目管理者

a.项目管理者的管理能力、组织能力、工作热情和积极性、职业道德、公正性差;

b.项目管理者的管理风格、文化偏见可能会导致他不正确地执行合同,在工程中苛刻要求;

c.在工程中起草错误的招标文件、合同条件,下达错误的指令。

d.其他方面。例如中介人的资信、可靠性差;政府机关工作人员、城市公共供应部门(如水、电等部门)的干预、苛求和个人需求;项目周边或涉及的居民或单位的干预、抗议或苛刻的要求等。

(2)按风险对目标的影响分析

由于项目管理上层系统的情况和问题存在不确定性,目标的建立是基于对当时情况和对将来的预测之上,所以会有许多风险。这是按照项目目标系统的结构进行分析的,是风险作用的结果。从这个角度看,常见的风险因素有:

1)工期风险。即造成局部的(工程活动、分项工程)或整个工程的工期延长,不能及时投入使用。

2)费用风险。包括财务风险、成本超支、投资追加、报价风险、收入减少、投资回收期延长或无法收回、回报率降低。

3)质量风险。包括材料、工艺、工程不能通过验收,工程试生产不合格,经过评价工程质量未达标准。

4)生产能力风险。项目建成后达不到设计生产能力,可能是由于设计、设备问题,或生产用原材料、能源、水、电供应问题。

5)市场风险。工程建成后产品未达到预期的市场份额,销售不足,没有销路,没有竞争力。

6)信誉风险。即造成对企业形象、职业责任、企业信誉的损害。

7)法律责任。即可能被起诉或承担相应法律的或合同的处罚。

(3)按管理的过程分析

这里包括极其复杂的内容,常常是分析责任的依据。具体情况为:

1)高层战略风险,如指导方针、战略思想可能有错误而造成项目目标设计错误。

2)环境调查和预测的风险。

3)决策风险,如错误的选择、错误的投标决策、报价等。

4)项目策划风险。

5)计划风险,包括对目标(任务书、合同、招标文件)理解错误,合同条款不准确、不严密、错误、二义性,过于苛刻的单方面约束性的、不完备的条款,方案错误、报价(预算)错误、施工组织措施错误。

6)技术设计风险。

7)实施控制中的风险。例如:

①合同风险。合同未履行,合同伙伴争执,责任不明,产生索赔要求。

②供应风险。如供应拖延、供应商不履行合同、运输中的损坏以及在工地上的损失。

③新技术新工艺风险。

④由于分包层次太多，造成计划的执行和调整、实施控制的困难。

⑤工程管理失误。

8)运营管理风险。如准备不足，无法正常营运，销售渠道不畅，宣传不力等。

在风险因素列出后，可以采用系统分析方法，进行归纳整理，即分类、分项、分目及细目，建立项目风险的结构体系，并列出相应的结构表，作为后面风险评价和落实风险责任的依据。

2. 风险识别方法

风险识别的常见方法如表 5-5 所示。

表 5-5　风险识别方法

方　法	内　容
专家调查法	主要包括德尔菲法和头脑风暴法。这两种方法在实际应用中较为普遍，主要是通过业内一定数量的有经验的专家们的意见综合评定各类风险因素。专家调查法要求领域专家既要有系统的专业知识，又要有相关的实际工作经验。
环境扫描法	环境扫描法是针对当前项目所面临的各种内部环境及外部环境因素，对其进行系统分析，从而判别当前环境下的潜在风险以及未来环境不断变化条件下潜在风险的识别方法。
故障树分析法	故障树分析法是通过推理演绎从结果出发查找原因的过程。这种方法的优点是不仅可以帮助识别出引发风险事件的各种因素，而且还可以计算风险发生的概率；其缺点是对风险管理者能力要求较高。较适用于各种复杂性高、技术性强的大型项目。
核对表法	核对表法又称为风险清单法，是将过去已经发生过的风险事件及其来源逐一详细记录，形成一张风险清单核对表，然后根据当前工程项目的实际所处环境确定出潜在的风险因素。其核心是依据核对表对当前项目进行核对分析，并进行辨识。

3. 风险识别程序

识别建设工程风险应遵循以下程序：

(1)收集与项目风险有关的信息。风险管理需要大量地占有信息，了解情况，要对项目的系统环境有十分深入的了解，并要进行预测。不熟悉情况，不掌握数据是不可能进行有效的风险管理的。风险识别是要确定具体项目的风险，必须掌握该项目和项目环境的特征数据，例如本项目相关的数据资料、设计与施工文件，以了解该项目系统的复杂性、规模、工艺的成熟程度。

(2)确定风险因素。对工程、工程环境、其他各类微观和宏观环境、已建类似工程等，通过调查、研究、座谈、查阅资料等手段进行分析，列出风险因素一览表。确定风险因素是在风险因素一览表草表的基础上，通过甄别、选择、确认，把重要的风险因素筛选出来加以确认，列出正式风险清单。

(3)编制项目风险识别报告。编制项目风险识别报告是在风险清单的基础上，补充文字说明，作为风险管理的基础。风险识别报告通常包括已识别风险、潜在的项目风险、项目风险的征兆。

(三)风险评估

风险评估是对风险的规律性进行研究和量化分析。工程建设中存在的每一个风险都有自身的规律和特点、影响范围和影响量。通过分析可以将它们的影响统一成成本目标的形式，按货币单位来度量，并对每一个风险进行评价。

1. 风险评估的内容

(1)风险因素发生的概率

风险发生的可能性有其自身的规律，通常可用概率表示。既然被视为风险，则它必然在必然事件(概率为1)和不可能事件(概率为0)之间。它的发生有一定的规律性，但也有不确定性。所以，人们经常用风险发生的概率来表示风险发生的可能性。风险发生的概率需要利用已有数据资料和相关专业方法进行估计。

(2)风险损失量的估计

风险损失量是个非常复杂的问题，有的风险造成的损失较小，有的风险造成的损失很大，可能引起整个工程的中断或报废。风险之间常常是有联系的，某个工程活动受到干扰而拖延，则可能影响它后面的许多活动，例如：

1)经济形势的恶化不但会造成物价上涨，而且可能会引起业主支付能力的变化；通货膨胀引起了物价上涨，会影响后期的采购、人工工资及各种费用支出，进而影响整个后期的工程费用。

2)设计图纸提供不及时不仅会造成工期拖延，而且会造成费用提高(如人工和设备闲置、管理费开支)，还可能在原来本可以避开的冬雨季施工，造成更大的拖延和费用增加。

风险损失量的估计应包括下列内容：

①工期损失的估计。

②费用损失的估计。

③对工程的质量、功能、使用效果等方面的影响。

由于风险对目标的干扰常常首先表现在对工程实施过程的干扰上，所以风险损失量估计，一般通过以下分析过程：

①考虑正常状况下(没有发生该风险)的工期、费用、收益。

②将风险加入这种状态，分析实施过程、劳动效率、消耗、各个活动有什么变化。

③两者的差异则为风险损失量。

(3)风险等级评估

风险因素非常多,涉及各个方面,但人们并不是对所有的风险都十分重视,否则将大大提高管理费用,干扰正常的决策过程。所以,组织应根据风险因素发生的概率和损失量,确定风险程度,进行分级评估。

1)风险位能的概念。通常对一个具体的风险,它如果发生,则损失为 R_H,发生的可能性为 E_W,则风险的期望值 R_W 为:

$$R_W = R_H \cdot E_W \quad \text{(式 5-13)}$$

例如,一种自然环境风险如果发生,则损失达 20 万元,而发生的可能性为 0.1,则

损失的期望值 $R_W = 20 \times 0.1 = 2$ 万元

引用物理学中位能的概念,损失期望值高的,则风险位能高。可以在二维坐标上作等位能线(即损失期望值相等),如图 5-14 所示,则具体项目中的任何一个风险可以在图上找到一个表示它位能的点。

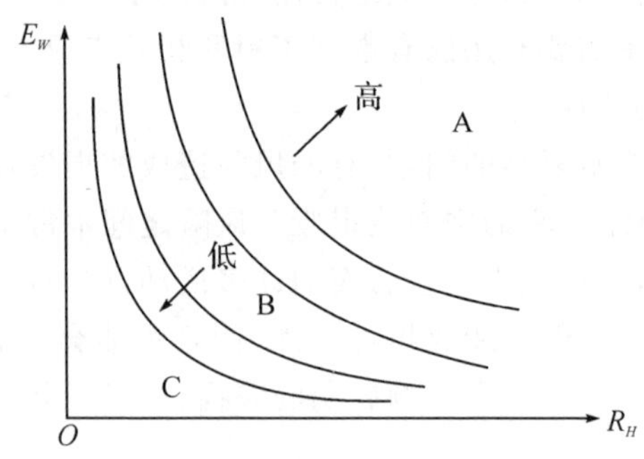

图 5-14　风险等位能线

2)A、B、C 分类法:不同位能的风险可分为不同的类别。

①A 类:高位能,即损失期望值很大的风险。通常发生的可能性很大,而且一旦发生损失也很大。

②B 类:中位能,即损失期望值一般的风险。通常发生可能性不大,损失也不大的风险,或发生可能性很大但损失极小,或损失比较大但发生可能性极小的风险。

③C 类:低位能,即损失期望值极小的风险,发生的可能性极小,即使发生损失也很小的风险。

在工程项目风险管理中,A 类是重点,B 类要顾及,C 类可以不考虑。另外,也有不用 ABC 分类的形式,而用级别的形式划分,例如 1 级、2 级、3 级等,其意义是

相同的。

3)风险等级评估表。组织进行风险分级时可使用表5-6。

表5-6　风险等级评估表

	风险等级		
可能性	轻度损失	中度损失	重大损失
很大	Ⅲ	Ⅳ	Ⅴ
中等	Ⅱ	Ⅲ	Ⅳ
很小	Ⅰ	Ⅱ	Ⅲ

注：表中Ⅰ为可忽略风险，Ⅱ为可容许风险，Ⅲ为中度风险，Ⅳ为重大风险，Ⅴ为不容许风险。

2. 风险评估分析的步骤

(1)收集信息

风险评估分析时必须收集的信息主要有：承包商类似工程的经验和积累的数据，与工程有关的资料、文件等，对上述两来源的主观分析结果。

(2)对信息的整理加工

根据收集的信息和主观分析加工，列出项目所面临的风险，并将发生的概率和损失的后果列成一个表格，风险因素、发生概率、损失后果、风险程度一一对应，见表5-7。

表5-7　风险程度(R)分析

风险因素	发生概率 P/%	损失后果 C/万元	风险程度 R/万元
物价上涨	10	50	5
地质特殊处理	30	100	30
恶劣天气	10	30	3
工期拖延罚款	20	30	10
设计错误	30	50	15
业主拖欠工程数	10	100	10
项目管理人员不胜任	20	300	60
合　计			133

(3)评价风险程度

风险程度是风险发生的概率和风险发生后的损失严重性的综合结果。其表达式为：

$$R = \sum_{i=1}^{n} R_i = \sum_{i=1}^{n} P_i \times C_i \qquad \text{(式 5-14)}$$

式中：R—— 风险程度；

R_i—— 每一风险因素引起的风险程度；

P_i—— 每一风险发生的概率；

C_i—— 每一风险发生的损失后果。

(4)提出风险评估报告

风险评估分析结果必须用文字、图表进行表达说明，作为风险管理的文档，即以文字、表格的形式作风险评估报告。评估分析结果不仅作为风险评估的成果，而且应作为人们风险管理的基本依据。

(四)签订合同

保险公司经过风险评估以及一系列初步审核决定承保时，应根据风险评估结果以及审核结果来确定具体保险费率、合同条款等。保险公司对于保险费率的审核主要分为费率适用的审核和计算的审核；合同条款的具体内容包括保险费率、保险金额、保险期限、保险责任、赔偿方式等内容，其中保险金额的确定涉及保险公司及被保险人的利益，往往是双方争议的焦点，因此保险金额的确定是工程保险核保中的一个重要内容。在具体的核保工作中应当根据公司制定的市场指导价格确定保险金额，避免出现超额保险和不足额保险。

另外，保险合同中一般还有附加条款，主险和标准条款提供的是适应工程风险共性的保障，但是作为风险的个体是有其特性的。一个完善的保险方案不仅解决共性的问题，更重要的是解决个性问题，附加条款适用于风险的个性问题。特殊性往往意味着高风险，所以，在对附加条款的适用问题上更应当注意对风险的特别评估和分析，谨慎接受和制定条件。

(五)再保险

对于承保金额巨大、工程风险高的工程，其发生巨额损失的可能性也很大，而巨灾一旦发生，保险人将因此陷入“泥潭”。所以，保险公司在承保此类项目后进行再保险。

首先，保险公司应寻求更大的其他开办类似险种的财产保险公司，也可以是专业的再保险公司；其次，保险人与再保险接受人之间应根据具体项目情况订立分保条款、分保合同摘要表或再保险合同文本，从而实现保险责任的转嫁。

二、工程保险保后管理

(一)项目跟踪小组组建

保险公司在与投保人签订合同后，应根据项目具体情况与规模分派工作人员，从而成立相应的跟踪小组。在指派时，需要考虑风险跟踪检查人员的专业技能、专业特点和业务能力，形成能够胜任任务要求的队伍。

风险跟踪检查是一项系统工作，在到现场进行具体工作前，应制订业务计划。首先，跟踪小组应对施工主合同进行详细分析，分析与保险标的有关的风险点，从而制定详细的风险跟踪检查计划，更具针对性地开展后续工作。

(二)合同分析

合同分析是指从合同履行的角度分析、解释合同,将合同目标和合同约定的内容落实到合同实施的具体问题上和具体事件上,用以指导具体工作,使合同能满足合同管理的需要。合同分析主要分为以下几个方面:

1. 明确合同义务和责任

合同分析最主要的作用,就是明确各自的合同义务以及违反合同义务要承担的合同责任。保险公司的跟踪小组必须按照一定的方法和程序,对合同条款认真分析,才能进一步明确自身承担的合同义务以及相应的合同责任。明确合同义务和责任是合同实施的前提。

2. 查找合同缺陷,明确合同含义

签订书面合同的目的就是明确当事人的合同权利义务,定分止争,但客观上由于当事人的有限理性,无法对未来的种种不确定情况事前做出合理、准确的预期,并在合同中明确、具体约定。因此,合同往往是不完全的,存在很多缺陷。通过合同分析,可以进一步发现合同中存在的缺陷,如合同中存在的前后矛盾、语言含义模糊等现象,保险公司的跟踪小组应根据合同履行中的具体情况,本着诚实信用的原则,对合同没有约定或约定不明确的进行协商、补充、完善。

3. 分析合同风险,制定应对风险措施

除了保险合同,跟踪小组也应当分析投保项目的工程合同。根据合同内容,跟踪小组应分析与保险标的息息相关的风险范围和风险性质,根据自身承受风险的能力制定相应的防范和应对风险的措施。

(三)风险跟踪检查

1. 跟踪检查的目的和作用

跟踪检查是指保险人在承保之后,根据项目以及建设的具体情况,定期或者不定期地对项目风险的实际情况进行动态调查,及时了解和掌握项目及其风险可能产生的变化,并有针对性地提出加强风险管理的意见,督促被保险人对于风险状况进行改进,必要时可以对保险方案进行调整。

由于保险是一种金融服务类产品,它的提供是一个过程,这个过程的终点是保险期限结束,而不是保险费收取之后。同时,在工程建设的过程中无论是施工环境和条件还是施工对象,均在不断地发生调整和变化。因此,保险人在经营工程保险的过程中应当提倡和加强对承保项目的跟踪检查和服务的意识,通过跟踪检查能够有效地控制风险并体现服务。

跟踪检查可以由保险人进行,对一些技术性强的项目也可以委托专业公司(公估公司)进行,主要必须从成本的角度加以权衡。进行跟踪检查的内容主要应针对以下四个方面。

(1)合同执行情况

工程合同在执行过程中往往需要进行不断地调整,尤其是在一些大型工程项目中。这些调整可能出于各种因素的考虑,有业主因变更需要提出的,也有设计单位根据施工条件和工艺技术限制提出的。这些调整和变更大致可以分成两类:一类是不会对风险产生本质变化的;另一类是可能对风险产生本质变化的。对于后一类的情况,保险人应当及时与被保险人进行协商,以便对保险方案进行必要的调整和修改。

(2)施工管理情况

保险人在承保工程项目时,对被保险人资质的评估主要是通过形式审核的。而被保险人,特别是施工单位对项目的建设和管理的实际能力还必须通过实践才能够验证。所以,在开工之后应通过对施工现场进行跟踪检查,了解被保险人在项目管理和施工方面的实际能力,尤其是应通过跟踪检查注意可能存在的借用资质的现象。

(3)工程进度情况

保险人在承保的全过程对工程进度情况进行动态监控,一方面能够及时发现施工过程中可能出现的各种情况,尤其是涉及风险变更的情况(如实际施工进度偏离计划导致风险加大),以便及时地向被保险人提出防范和改进意见。另一方面能够为出险时掌握和控制损失情况提供有效的保证,因为,通过跟踪检查能够动态掌握施工的进展情况,一旦发生损失就能够较容易确定"出险前的状态"。

(4)工程价格情况

在工程保险中,固然条款对保险金额的管理有明确的规定,但是在大多数情况下这种条款的制约是较为软弱的。一些保险人简单地依赖条款的规定,却忽略了对工程价格的动态管理,所以,尽管大多数的工程项目均存在调整(增加)概算的情况,却很少有保险人能够在保险期限结束后,通过对保险金额的调整而追收保险费。被保险人只有在出险索赔时,才向保险人披露工程价格变动的信息,这种现象显然是不合理和不公平的。但是,保险人应采用更加积极的态度面对这个问题,跟踪检查并动态地掌握工程价格变化的实际情况就是解决问题的一个有效途径。

2.跟踪检查的周期

对于进行跟踪检查的周期没有固定的要求,保险人可以根据工程项目的性质、工程进展情况和风险分布的情况决定,通常是每个季度进行一次。除了进行定期的跟踪检查外,保险人也可以在一些特殊的时点安排临时或者专门的跟踪检查,如在安装设备期间、试车之前、雨季或台风等灾害季节之前,或是在进行一些特殊作业,如大型设备、构件吊装之前,或者是在开工前保险标的进入工地时等。

(四)防损

在工程保险过程中,保险人积极参与防损工作是保险服务的基本环节。同时,投保人也必须积极配合，进行防灾减损工作。FIDIC（国际咨询工程师联合会）条款规定，投保的项目出险后，承包商应尽快通知保险公司，并统计损失数量和金额，然后经监理工程师复核，保险公司再对出险情况进行调查核实。

防损与工程保险过程紧密相连，保后阶段应该包括以下防损措施：

1）风险发生前的防损

在保单签订后就应该开始防损，可采取的措施有风险预警制度，及时发现风险隐患；技术服务，保险人利用专业经验为投保人提供风险管理技术服务。

2）风险发生时的防损

风险一旦发生，保险人与投保人应共同采取施救保护措施，并同时做好善后处理，将损失降到最低限度。我国《保险法》已明确规定，出险以后，投保人或被保险人有责任采取必要措施，防止和减少损失。风险损失发生期间为减损而支付的必要费用由保险人承担。

（五）理赔

保险人及时准确地赔付保险责任范围内的事故损失是保险法明确规定的保险人的义务。保险人及时、高效、足额地赔付被保险人，对于保险公司经营具有战略意义。理赔是保险产品的重要组成部分，关系消费者对保险产品的满意度，而且具有示范效应。保险理赔服务质量将影响消费者对保险产品的进一步需求。现实中，很多人买了保险之后，一旦出险获得赔付很困难，理赔案件久拖不决，严重影响了人们的保险消费信心和积极性。因此，保险公司制定高效理赔程序对于提高工程保险理赔效率至关重要。

工程保险的损失原因分析和损失估算非常复杂，因而其理赔过程也很复杂。工程保险理赔流程如图5-15所示，主要经历六大步骤。第一是进行查勘前准备，审阅保险单，了解险情；第二是进行现场勘查，主要是查勘受损项目，清点损失；第三是事故调查，分为初步调查、详细调查和技术测试鉴定；第四是进行灾害事故原因及责任分析，原因分析适用近因原则，责任分析主要认定是保险责任还是除外责任；第五是审核财务情况；第六是进行赔偿处理。

思考题

1. 简述工程保险的保险利益和保险标的的含义。
2. 简述工程保险险种的分类。
3. 简述工程保险费率的厘定方案。
4. 简述工程保险合同含义和表现形式。
5. 简述工程保险合同的要素。

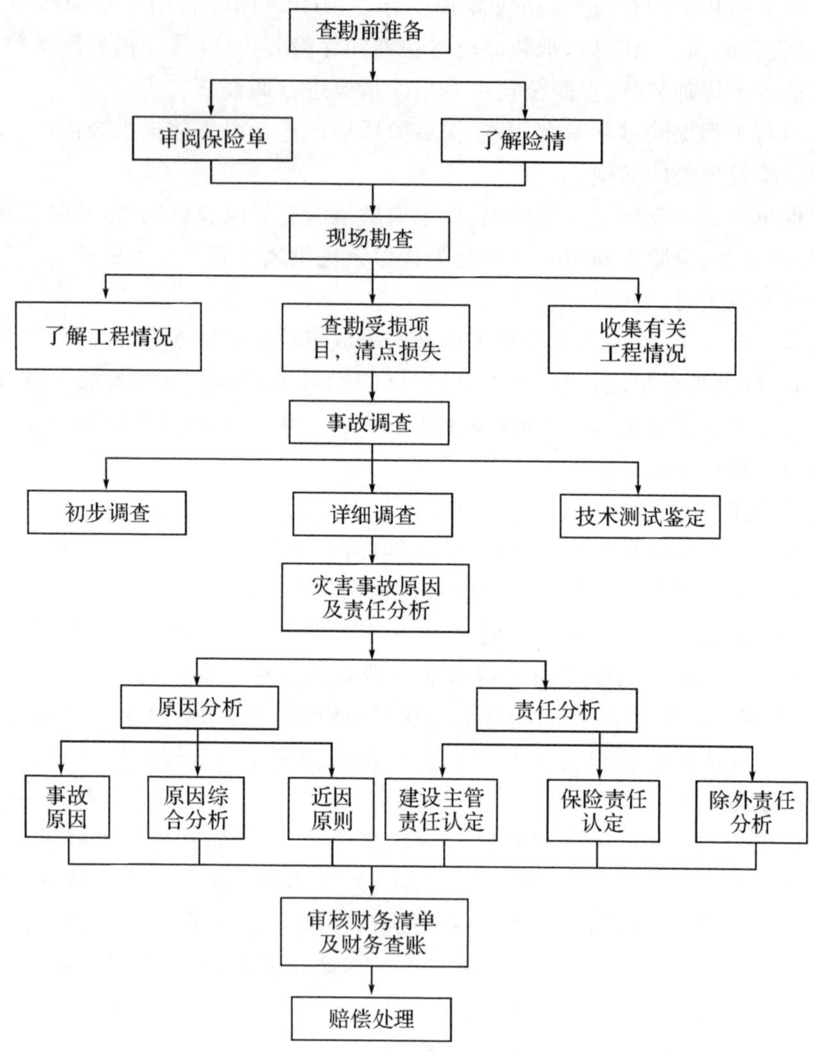

图 5-15　工程保险理赔流程

6. 简述投保人的索赔程序。
7. 简述保险人的理赔程序。
8. 简述在不同的情况下理赔的估算方法。
9. 如何解决索赔理赔争议?
10. 简述工程再保险的概念。
11. 简述工程再保险的分类。
12. 简述工程保险理赔公估的流程。

第六章　工程保证担保

第一节　概述

一、工程保证担保概述

(一)工程保证担保概念

保证担保是指保证人应合同一方(债务人或被保证人)的要求,向另一方(债权人)做出书面承诺,当委托人或被保证人不履行合同,以致债权人遭受损失时,保证人代为履行合同或债务的一种行为。具有代为清偿债务能力的法人及其他组织或公民(自然人)可以作为保证人。保证担保的最大特性就是从属性:保证人对债权人的债务从属于原债务人对债权人的债务。保证债务以原债务的存在为前提,随着原债务的消失而消失,保证债务的范围不能超过原债务的范围。

工程保证担保是指担保人(银行、担保公司、保险公司、其他金融机构、商业团体或个人)应工程合同一方(被担保人)的要求向另一方(权利人)做出书面承诺,保证如果被担保人无法完成其与权利人签订的合同中规定应由被担保人履行的义务,则由担保人代为履约或做出其他形式的补偿。

(二)工程保证担保经济学理论

1. 委托代理理论

委托代理理论(Principal-agent Theory)产生于20世纪60年代末70年代初,现代意义的委托代理概念最早是由罗斯提出的:“如果当事人双方,其中代理人一方代表委托人一方的利益行使某些决策权,则代理关系就随之产生。”委托代理理论从不同于传统微观经济学的角度来分析企业内部、企业之间的委托代理关系,它在解释一些组织现象时,优于一般的微观经济学理论。

在建筑市场中,工程发包人往往采取与承包人签订工程承包合同的方式,将工程项目委托给承包人承建,使两者之间形成一种非常密切的委托代理关系。发包人与承包人签订工程承包合同后,二者就形成了一个受法律保护的利益共同体。承包人按照合同规定按期完成工程建设并交付给发包人,发包人则按合同的约定向承包人支付工程款或酬金。由于承—发包双方存在信息不对称的情况,需求有别,行为目标自然也会冲突。

工程保证担保属于委托人采取的一种惩戒机制,重在用制度来制约和监督承包人的违约行为,从根源上遏制违约风险的产生。

2. 信息不对称理论

1970 年,美国经济学家乔治·阿克洛夫(George A. Akerlof)提出了著名的"柠檬市场"理论,该理论后来逐渐发展成为著名的信息不对称理论。根据该理论,在市场交易中,交易双方始终存在信息不对称状态,一方占有的信息始终多于交易的另一方,占有信息优势的一方经常滥用该信息优势来获取额外利益,并损害信息弱势一方的利益,从而导致优质产品从市场中退出,低质产品却仍留在市场中,最终导致"劣币驱良币"现象的出现,以至于最终市场萎缩。

信息不对称是客观存在的,它极易导致两种现象的产生:逆向选择和道德风险。

逆向选择是指在交易之前,由于信息不对称,合同的一方有意隐瞒自己所掌握的信息,或利用对方不知情来做出使自己受益而使对方受损的行为。在建设工程招投标过程中,投标人为了中标,有意隐瞒不利于自己的信息,而招标人却往往不易获得这种信息,从而做出错误的判断,给建设工程带来潜在的风险。

道德风险是指在交易双方签订合同后,其中一方利用多于另一方的信息,有目的地损害另一方的利益却增加自己利益的行为。建设工程的一个重要特征是先"下订单"后"生产",即先确定买谁的,再让谁按事先约定的要求完成建设项目,加之合同的不完全性和风险的未来性,所以往往会造成投标人的道德风险。

在保证担保中,保证人会对要求投保的承包人的履约能力做深入的考察和了解,会要求承包人提供资产负债表、银行信用、已承接工程的履约情况、高层管理人员持股和纳税及个人最新经济状况等资料;承包人为获得担保公司的担保,必须及时、真实地披露信息;而委托人虽然对承包商能否履约缺乏足够的信息,却能充分地信任保证人。所以可以认为,承包商与保证人之间是信息对称的,而保证人与委托人之间也是信息对称的,如图 6-1 所示。保证担保是一种信用工具,可有效地解决合同双方的信息不对称问题,增进市场信用,从而使建设合同得以全面、正常地履行。

3. 信号传递理论

信息传递理论是由美国迈克尔·斯宾塞教授提出的,最初是为了研究劳动市场上存在的有关雇员能力的信息不对称问题。信息传递理论是解决逆向选择问题的一种重要方法。自然状态选择代理人的类型时,由于存在信息不对称,代理人知道自己的类型,而委托人不知道代理人的类型。代理人为了显示自己的类型,选择某种信号,使自己的类型被委托人识别。委托人在观察到代理人的信号后,与代理人签订契约。

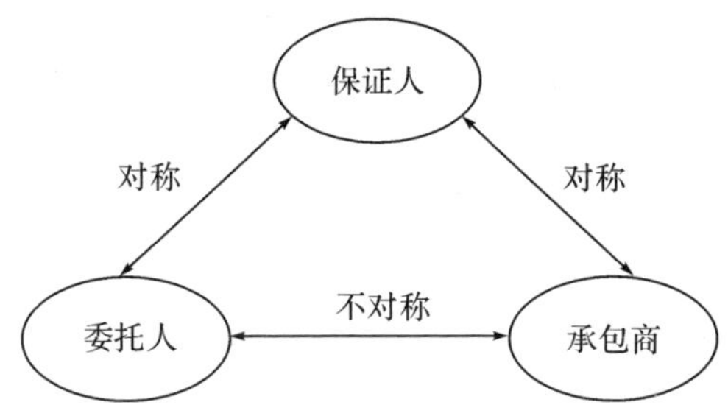

图 6-1 保证担保制度消除建筑市场信息不对称机理

在建设市场中，工程担保起到了信号传递的作用，它修订了不对称的市场信息，提高了市场交易双方的信用，从而使市场机制真正发挥优胜劣汰的作用。信誉良好、实力雄厚的建筑企业很容易得到担保机构的担保，发包人可以根据投标人获得担保这一信号，对投标人进行选择，把认为最适合的单位选定为中标单位；相反，信誉不良、资质等级达不到要求的建筑企业，担保机构不愿为其出具担保，就很难拿到工程项目，长期下去这些企业必然被淘汰出局，建筑市场因此得以净化。

(三)工程保证担保制度的基本功能

1. 规范建筑市场准入，形成良性竞争机制

通过实施工程保证担保制度，可使实力强、信誉度高的企业多获得工程，使部分资金薄弱、经营管理能力不强或诚信记录有瑕疵的企业少接甚至接不到工程，逼迫其自动退出建筑市场的竞争。由于保证人和被保证人的经济利益直接相关，保证人如果为不合格的承包商提供了担保，保证人必然会蒙受重大经济损失，因而保证担保公司必然要严格审查前来投保的公司的能力与管理水平，对于那些“劣质公司”不予提供保证担保，从而压缩他们的生存空间，促进建筑市场形成良性的竞争环境和竞争机制。

2. 有利于完善建设工程项目招投标制度

目前我国工程招投标中一般是在一个合理的范围内选定一个合理的价格为中标价。由于这个“合理价格”没有一个普遍客观的评价标准，因此在投标人、招标人和评标委员之间极易产生“暗箱操作”的不光彩行为，这些行为表现为围标、串标、私下定标等。这种不规范的招投标市场，对后期建筑施工合同的签订和履行必然带来不利影响。此时，若建立完善的建设工程项目保证担保制度，则投标人在进行投标时必须有担保人对其进行投标担保。这种制度的益处表现为：第一，提高初审效率。在承包商投标之前，担保人会对其进行资质评审，一些资质、实力不够的承包商先期就会被淘汰，这样以担保公司对承包商严格有效的专业化资信预审代替行政主导的市场准入控制和业主的自行考虑，可以减少一些不必要的程序，提高初

审效率;第二,简化评标程序,降低交易成本。评标时,可采用最低价中标原则,在担保人的监督和反担保措施的约束下,承包商若不以合理的价格报价,即使中标,也是进则亏损、退则被罚。这就大大简化了评标程序,降低了交易成本,而且避免了招标中的不良行为,使招投标市场更加规范。

3. 保障建设工程项目合同的全面履行

保障合同全面、顺利地履行是建立和发展工程担保的根本目的。工程担保机制在传统的合同双方中引入了独立的第三方,即担保人。担保人虽然是受被担保人委托且由被担保人直接支付其担保费,但是只有当被担保人严格履行了合同条款时,担保人才能使自己的风险降到最低并且获得预期的利润。因此,担保人必须以公正、严格的态度来监督合同的全面履行,而不会偏向合同的任何一方。

4. 确保建设工程质量

我国建设工程领域目前面临的主要问题是:一方面,缺乏对业主行为的有效监督。业主凭借自己的优势地位,压价、回扣、垫资、拖欠工程款等行为极大地损害了承包商的利益,致使承包商资金周转困难,导致承包商对工程敷衍了事、草草收工,从而留下大量的质量隐患。另一方面,缺乏对承包商行为的有效监督。承包商非法转包、资质挂靠、拖延工期、延付工人工资、拖欠供应商货款、逃避保修责任等行为屡禁不止。如此,由于双方都存在不规范行为,相互的制约力必然减弱,工程质量管理工作也不好进行。最终导致建设工程质量低劣,出现重大质量安全事故也就在所难免。

实施工程担保制度,有利于保证参与工程建设各方主体的正当权益,约束和规范各方主体的质量管理行为。一方面,承包商向业主提交履约担保后,业主得到保证,承包商将在规定的时间内,以不超过双方议定的价格完成该项目,并达到合同中规定的质量标准。一旦承包商在施工过程中没有按照合同全面履行其质量义务,业主就可以要求担保方对因此而遭受的一切损失进行补偿。因此,通过履约担保,可以充分保障业主的合法权益,并促使承包商强化自律意识、质量责任意识,加强质量管理。另一方面,工程担保制度要求业主提供支付担保,这在很大程度上既解决了业主拖欠工程款的问题,又使得那些无资金、无信誉的业主无法进行工程发包,从而保证承包商的正当利益,为其从事和加强质量管理奠定坚实的经济基础。

业主由于建设投资大,必然对工程质量高要求、严管理,这时可以借助其他形式的担保(如保留金担保、差额担保等)来加强对承包商工程质量的控制。承包商也可以借助分包担保来加强对分包商工程质量的管理,避免出现以往因费用受制于业主而对分包的工程质量管理作用形同虚设的现象,以此提高整个工程的质量。

5. 有助于解决建设工程拖欠款问题

当前阻碍建筑业健康发展的最大顽疾是拖欠工程款。通过建立工程保证担保制度，实施业主支付担保，有助于从根本上解决这一问题。在工程保证担保中，保证人将为有支付能力的业主向承包商提供付款担保，保证业主按照施工合同的约定向承包商支付工程款。如果业主违约，保证人将在保证额度内代为业主支付，同时向业主索赔，使业主不但在经济上受到惩罚，而且在信用上也要付出很大代价。通过推行工程担保制度，使各方对自己的市场行为造成的后果所应负的责任更加清晰化、价值化、数量化，进而从源头上解决工程款拖欠问题。

6. 有利于抑制腐败现象

利用建设工程项目保证担保可以缩小政府在建设工程项目中行政干预的范围，使政府职能由微观监督转化为宏观引导和管理，特别在一些公共投资项目上，在完善的建设工程项目保证担保制度下，建立起市场监督和保障制度，用市场调节代替行政干预，就能提高工作透明度，抑制政府的腐败行为。

7. 促进新的经济增长点

调查资料显示：我国已经发展担保机构 6000 多家。我国是发展中国家，展望“十四五”规划，又具有全球最大建筑市场的潜力。推行工程担保后，中国占世界担保市场的份额增大是一个可预知的未来。当前，我国把发展第三产业作为调整经济结构的重要举措，大力推行工程担保制度，一方面金融、保险机构在拓展业务、增加收入的同时，为我国工程和企业担保；另一方面为国际工程承包提供担保，使担保领域成为我国新的经济增长点。

二、工程保证担保与工程风险

工程风险可分为可保风险和不可保风险，如图 6-2 所示。工程保险保的是可保风险，转移的是意外和自然灾害的风险；而工程担保保的是不可保风险中的信用风险，它的特点是将信用风险转移回它的风险源。工程保险和工程担保都是防范工程风险的一种手段，在工程项目风险管理中都处于“风险处置阶段”。但二者也有许多不同点。

首先，工程保险是一种风险转移的手段，投保人通过与保险人签订保险合同，在交纳一定数额的保险费后，借助保险制度对工程风险进行财务融通，将参与工程建设的组织和个人面临的风险转移给保险公司。当属于责任范围内的工程风险发生后，保险公司会对投保人所受的损失给予经济补偿，并且对非投保人原因引起的损失不具有追偿权，这从实质上补偿了投保人的损失，减轻了事故后投保人的经济负担。由此可以看出工程保险保障的是投保人的利益，受益方是投保人自己；而工程担保则是被担保人通过与担保人签订的担保合同并向担保人交纳一定的费用后，担保人向第三人保证被担保人无法完成工程合同中规定的义务时，担保人代位履约或做出其他形式的补偿。但是，担保人在向第三人进行补偿后，会向被担保人进行追偿，如此，最终承担损失的还是被担保人自己，从这个意义上说，工程担保并

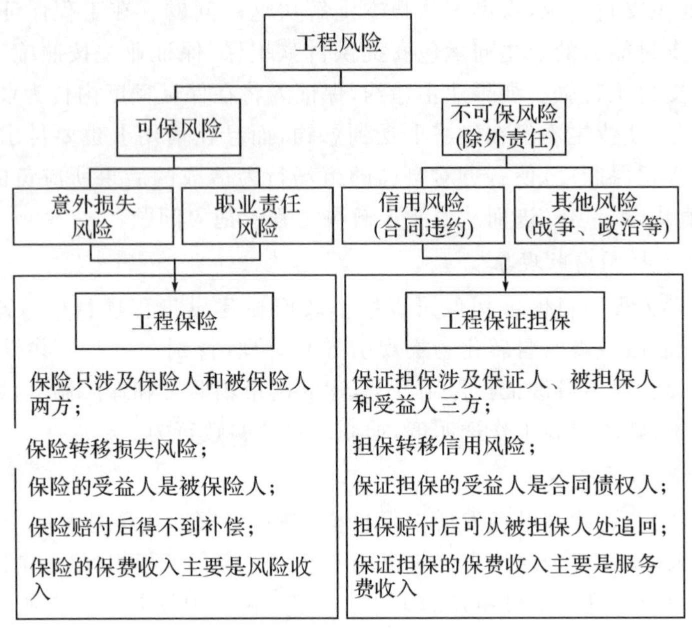

图 6-2　工程风险、工程保险与工程保证担保的关系

不是一种最终的风险转移手段。

其次，工程保险保障的风险从性质上来说主要是一些自然风险、政治风险、经济风险和技术风险，从风险对象方面来说主要是财产风险、人身风险和责任风险三部分。而工程担保保障的风险从性质上来说是商务风险和信用风险，从风险对象方面来说只有责任风险。可以说，某种程度上二者存在互补关系。

最后，工程担保并没有从根本上减轻被担保人的负担，没有使被担保人实质受益，实际上受益的是与被担保人签订工程合同的第三方，这一点也与工程保险不同。

第二节　工程保证担保种类

清华大学教授孟宪海在其《国际工程担保制度研究借鉴》(2000)中，系统总结了建设工程项目保证担保的形式，并将其进行了分类。第一类：要求承包商提供的工程项目保证担保，主要有投标担保、履约担保、付款担保、维修担保、预付款担保、分包担保、差额担保、完工担保八种。第二类：要求业主提供的工程项目保证担保——业主支付担保。第三类：反担保。

一、工程承包保证担保

(一)投标担保

1. 概念

投标担保是指由担保人为投标人向招标人提供的保证投标人按照招标文件的规定参加招标活动的担保。投标担保可采用银行保函、专业担保公司的保证,或保证金担保方式,具体方式由招标人在招标文件中规定。

任何单位和个人不得干涉投标人按照招标文件自主选择投标担保方式。投标担保的担保金额一般不超过投标总价的2%,最高不得超过50万元人民币;其有效期通常比投标书的有效期长28天。招标人要求投标人提交投标担保的,应当在招标文件中载明。投标人应当按照招标文件要求的方式和金额,在规定的时间内向招标人提交投标担保。投标人未提交投标担保或提交的投标担保不符合招标文件要求的,其投标文件无效。开标之后,业主应将未中标的投标人的投标保证迅速予以退还,也应退还中标人的投标保证。

2. 适用范围及作用

(1)适用范围

投标担保的适用范围有三类:①勘察、设计、施工、监理在内的工程建设项目的投标;②与工程建设有关的重要设备、材料等采购的投标;③其他应招标方要求需提供担保的投标。

(2)担保作用

投标担保的作用在于:拟承包商要想参与投标,事先必须取得投标保证。一方面,由于撤回投标必须承担损失,因此通过投标担保,可以促使投标人认真对待投标报价,这样就有效防止了投标人轻率地进行投标;另一方面,保证人在为投标人提供保证之前,必须严格审查其资信状况,否则将不会为其提供保证,这样就限制排除了不合格的拟承包商参加投标活动。

3. 办理流程

担保办理流程如图6-3所示。

4. 国内外投标担保的运用情况

许多国家和地区都在采用投标担保,如美国、德国、西班牙等。但是不同国家和地区的担保保证在具体实施时并不完全相同,在担保主体、担保额度等方面存在差异。

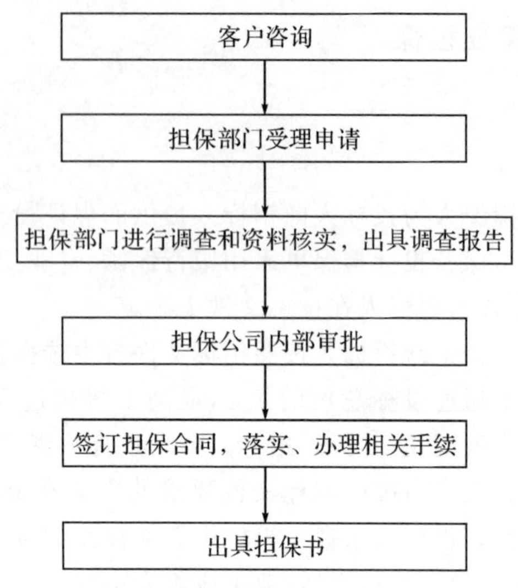

图 6-3　担保办理流程

(1)国外投标担保运用情况

表 6-1　12 个国家投标担保运用情况

国家	投标担保
美国	对公共投资项目实行强制性保证担保:保函由经批准从事担保业务的保险公司和专业担保公司出具;保函特点为高保额的有条件保函;投标担保保额为联邦政府20%或最高 300 万美元的投标保函,州政府 5%～10%投标担保。
加拿大	与美国的担保制度相似。
墨西哥	与美国的担保制度相似,实行有条件保函。投标担保 1%～10%。
英国	无投标担保。
法国	无投标担保。
德国	传统上无投标担保,但近年来在大型项目及政府投资项目中使用的是 1%～5%的投标保函。银行主要承保无条件保函(90%市场份额),保险公司主要承保有条件保函(10%市场份额)。
西班牙	对公共投资项目实行强制性保证担保:2%投标担保＋预付款担保＋4%履约担保＋维修担保,保函为有条件方式。私人投资项目与公共投资项目的担保情况类似。
意大利	对公共投资项目实行强制性保证担保:2%投标担保＋ 10%履约担保,为无条件方式。当中标价与标底相差 20%以上时,增加差额担保(表现为提高履约担保保额),承保人主要为保险公司和银行。

续表

国家	投标担保
丹麦	1%～2%的投标保函通常只在国际招标中采用。保函通常为有条件方式,但一些私人业主会要求无条件保函。
荷兰	没有强制性担保要求,但在合同中普遍要求担保,担保品种有投标担保、履约担保、维修担保、预付款担保,多为无条件担保,保额为5%～20%不等,由合同双方自行确定,银行是主要承保人(85%的市场份额),其次是保险公司。
日本	投标担保:发包人应要求每一个投标人提交至少为合同金额5%的投标担保金,但假若已提交了投标担保保险合同或投标人已通过资格审核预审,则可免于支付担保金。
韩国	对公共投资项目要求的投标担保保额为5%,承保人主要是会员制的建筑业联合基金(KCFC, Korea Construction Financial Cooperative)。

(2)国内投标担保的运用情况

表6-2　国内16个地区投标担保运用情况

地区	担保方式	担保额度	有效期
北京市	银行保函、担保公司担保书和投标定金。	不超过投标总价的2%,最高不得超过50万元。	超出投标有效期的28天。
广东省深圳市	现金、银行支票、银行保函和担保公司保函。	不超过投标总价的2%,最高不超过80万元。	不短于投标有效期截止日后28天。
黑龙江省	银行和保险公司保函、担保公司担保书、投标保证金。	投标总价的2%,最高不超过80万元。	不短于投标有效期截止日(投标有效期延长的,应经双方书面认可)后28天。
河南省	银行保函、专业担保公司的保证或保证金。	不超过投标总价的2%,最高不得超过80万元。	投标截止之日起到完成评标和招标人与中标人签订合同的30～180天。
广东省清远市	银行保函、专业担保公司保证或投标保证金。	投标总价的2%,但最高不得超过80万元。	不短于投标有效期截止日的30天。
辽宁省沈阳市	银行保函、担保公司担保书及投标保证金。	不超过投标总价的2%,最高不得超过50万元。	超出投标有效期30天。

续表

地区	担保方式	担保额度	有效期
湖北省黄石市	银行保函、专业担保公司的保证。	一般不超过投标总价的2%，最高不得超过80万元。	投标有效期后的30～180天。
河北省石家庄市	银行保函、专业担保公司的保证或保证金。	一般不超过投标总价的2%，最高不得超过80万元。	投标有效期后的30～180天。
辽宁省大连市	银行保函、专业担保公司保证书。	不超过投标总价的2%，最高不得超过80万元。	招标人与中标人签订施工合同后5个工作日内。
湖北省	银行保函、担保公司保证书、保险公司保证保险函。	投标总价的1%～2%，最高不得超过50万元。	不短于投标有效期截止日(投标有效期延长的，应经双方书面认可)后28天。
浙江省杭州市		投标总价的1%～2%，最高不得超过80万元。	超出投标有效期28天(投标有效期延长的，其担保延长期应经双方书面认可)，并在担保合同中约定。
贵州省	投标保证金或投标保函。	不超过投标总价的2%，最高不得超过80万元。	招标人与中标人签订合同后5个工作日内。
浙江省台州市	银行保函、担保公司保证书、保险公司保证保险函。	投标总价的0.5%～2%，最低不得低于5万元。最高不得超过80万元。	超出投标有效期(投标有效期延长的，应经双方书面认可)30个工作日。
山东省烟台经济技术开发区	银行保函、专业担保公司的保证书、投标保证金。	不超过投标总价的2%，但最高不得超过80万元，最低不少于2万元。	至少应超出投标有效期28天。
温州市	投标保证金。	投标总价的2%，最高不得超过80万元。	
陕西省	投标保函、担保公司保证书和银行承兑汇票。	不得超过投标总价的2%，最高不得超过80万元。	投标有效期截止日后的30～180天。

(二)履约担保

1. 概念

履约担保的本质是保证人向业主(建设方)保障承包商履行承包合同所做出的承诺,其有效期通常为:截止到承包商完成工程施工和缺陷修复之日。中标人收到中标通知书和合同协议书之后,应按规定的时间签署合同协议书,并将履约保证金(银行保函或专业担保公司保证书)一同交付给业主,然后与业主签订正式承包合同。当承包商将承包合同全部履行完毕之后,业主应在合理的期间内将履约保证金返还给承包商。

履约担保的形式有三种:履约保函、履约担保书、保留金,如表 6-3 所示。

表 6-3　履约担保形式

形式	内　容
履约保函	由商业银行开具的担保证明,通常为合同金额的 10%左右,分为有条件的银行保函和无条件的银行保函。 ① 有条件的银行保函是指下述情形:在承包人没有实施合同或者未履行合同义务时,由发包人或监理工程师出具证明说明情况,并由担保人对已执行合同部分和未执行部分加以鉴定,确认后才能收兑银行保函,由招标人得到保函中的款项。建筑行业通常倾向于采用这种形式的保函。 ② 无条件的保函是指下述情形:在承包人没有实施合同或者未履行合同义务时,发包人不需要出具任何证明和理由,只要看到承包人违约,就可对银行保函进行收兑。
履约担保书	当承包人在履行合同中违约时,开出担保书的担保公司或者保险公司用该项保证金去完成施工任务或者向发包人支付该项保证金。工程采购项目履约担保采用履约担保书形式的,其金额一般为合同金额的 30%～50%,履约担保书是我国工程担保制度探索和实践的重点内容。
保留金	发包人根据合同的约定,每次支付工程进度款时扣除一定数目的款项,作为承包完成其修补缺陷义务的保证。保留金一般为每次工程进度款的 10%,但总额一般应限制在合同价款的 5%(通常最高不得超过 10%)。

2. 适用范围及作用

(1)适用范围

2006 年 12 月 7 日,建设部颁发了《关于在建设工程项目中进一步推行工程担保制度的意见》,在此有这样明确的规定:工程建设合同造价在 1000 万元以上的房地产开发项目(包括新建、改建、扩建的项目),施工单位应当提供以建设单位为受益人的承包商履约担保。这一规定,明确的是“工程建设合同造价在 1000 万元以上的房地产开发项目”,必须由施工单位提供以建设单位为受益人的承包商履约担保。如果不是房地产开发项目(虽然工程建设合同造价在1000万元以上),是否适用该规定,则未明确规定。

(2)作用

承包商履约担保的作用显而易见:第一,担保人替业主和自己对承包商(被担保人)的品德和履约能力进行了严格把关。由于担保人的担保责任,保证人为维护自身经济利益,防止担保责任的发生,在提供担保前,必然会对申请人(可能的被担保人)的实力、履约记录、资信等状况进行仔细而严格的审核,一旦决定提供担保,则要设定制约机制对承包商的履约过程进行监管,确保合同全面、正常地履行。本质是通过第三方担保来确定工程施工合同的履行。第二,将信用风险最终转移给风险源。承包商一旦违约,担保风险发生,担保人将受到业主的索赔,担保人赔付后,自动取得了向承包商的追偿权,承包商自身将最终承担由于信用风险的发生所产生的实际损失。履约担保这种最终的风险自留机制,必将极大地加强承包商的自觉履行意识。

3. 履约保函

履约保函是银行金融机构应劳务方和承包方(申请人)的请求,向工程的业主方(受益人)做出的一种履约保证承诺。如果劳务方和承包方日后未能按时、按质、按量完成其所承建的工程,则银行将向业主方支付一笔约占合约金额5%~10%的款项。

履约保函有一定的格式限制,也有一定的条件,目前主要有银行保函、专业担保公司保证书两种形式,但是银行与担保公司都有内部规定的格式,故市场上的保函格式不统一,在担保有效期、索赔程序、争议解决等条款内容上存在差异。表6-4为建设银行履约保函格式文本。

表6-4 建设银行履约保函格式文本

编号: 致受益人________: 因被保证人________与你方签订________(合同或协议)编号________,我行已接受被保证人的请求,愿就被保证人履行上述合同(或协议)约定的义务向你方提供如下保证: 一、本保证担保的范围为________(币种及金额)。 二、本保证担保的方式为连带责任保证。 三、本保证担保的期间自______年______月______日至______年______月______日。 四、在本保证期间内,如被保证人________(违约情形),我行将在收到你方符合下列条件的索赔通知后__个工作日内,凭本保函向你方支付本保证担保范围内你方索赔的金额: (一)你方的索赔通知必须以书面形式提出,索赔通知应由你方法定代表人或授权代理人签字并加盖单位公章;

(二)你方的索赔通知必须在本保证期间内送达我行；

(三)你方的索赔通知必须同时附有：

1. 声明你方索赔的款额并由被保证人或其代理人以其他方式直接或间接地支付给你方；

2. 证明被保证人有上述违约事实的证据或相关的证明材料。

五、本保函所附声明条款系本保函的不可撤销、不可变更的组成部分。

六、本保函应由本行法定代表人签字并加盖公章。

保证银行(盖章)

法定代表人或授权代理人(签字)

签发日期______年______月______日(本保函格式适用于承包保证、履约保证和工程维修保证)

4. 国内外履约担保的运用情况

履约担保是国内外普遍采用的担保种类之一。另外，履约担保相对投标担保来说，担保额度较高，如美国和中国山东省烟台经济技术开发区都实行的是100%的担保额度，这防止了承包商违约，但相应地加重了承包商的负担。

(1)国外履约担保的运用情况

表 6-5　14 个国家履约担保情况

国家	履约担保
美国	对公共投资项目实行强制性保证担保：保函由经批准从事担保业务的保险公司和专业担保公司出具，保函特点为高保额的有条件保函，100%履约担保。
加拿大	与美国的担保制度相似，但履约担保金额仅为50%。
墨西哥	与美国的担保制度相似，实行有条件保函和对担保业务的特别监管。履约担保金额为10%～20%。
英国	在政府工程中，投资超过一定数额的项目一般要求使用保函，保函品种主要包括履约担保、预付款担保、保留金担保等，政府工作中要求的履约担保必须是有条件保函，此外，从1996年起还推荐使用清偿保护担保；在民间项目中，采用IEC(国际电工委员会)合同时一般需提交10%的履约担保，以无条件保函为主，保证人主要是银行，其次是专业保证公司和保险公司。
法国	发包人有时会参考OPQCB机构颁发的证书；5%的履约保函(多由银行承担)。
德国	传统上无投标担保，主要采用5%的履约保函但有免除条款。但近年来5%～20%的履约保函都越来越多地在大型项目及政府投资项目中得到使用。银行主要承保无条件保函(90%市场份额)，保险公司主要承保有条件保函(10%市场份额)。

续表

国家	履约担保
西班牙	对公共投资项目实行强制性保证担保：2%投标担保＋预付款担保＋4%履约担保＋维修担保，保函为有条件方式，在私人投资项目中类似。
意大利	对公共投资项目实行强制性保证担保：2%投标担保＋10%履约担保，为无条件方式。当中标价与标底相差20%以上时，增加差额担保(表现为提高履约担保保额)，承保人主要为保险公司和银行。目前，该国正在研究将履约担保的保额提高到25%～100%。
丹麦	没有强制性担保要求，但在公共项目和私人项目中都普遍采用15%的履约担保，到工程竣工后保额减至10%，为期1年；之后2～5年保额减至2%，总维修期为5年。保函通常为有条件方式，但一些私人业主会要求无条件保函。主要承包人为专业从事担保业务的保险公司(共两家)和银行，其市场份额分别占60%和40%。
荷兰	没有强制性担保要求，但在合同中普遍要求担保，履约担保多为无条件担保，保额为5%～20%不等，由合同双方自行确定，银行是主要承保人(85%的市场份额)，其次是保险公司。
澳大利亚	以私人投资项目为主要担保市场，5%～10%见索即付的履约保函为主要担保品种，市场正在开始接受100%的美式有条件保函。
日本	传统上，中标人应提供有其他投标人承诺的完工保证；1996年后，改为履约保证金担保，可以是现金、等额有价证券、履约保函或保证保险等。
韩国	对公共投资项目要求担保、履约担保：罚没性(forfeiture)保函20%，或10%＋替补承包商；或30%以上有条件保函；承保人主要是会员制的建筑业联合基金(KCFC，Korea Construction Financial Cooperative)。
新加坡	新加坡建筑师协会(The Singapore Institute of Architects)颁发新加坡建筑承发包标准合同对担保有所要求，承发包普遍适用招标方式，一般要求5%～10%的履约担保，承保人是银行或保险公司，一般是按年承保，到期续保，直到保期结束。无条件保函成为突进新加坡市场的主流。业主也不再分阶段索取保函，而是10%的保函担保建设的全过程以及保修期甚至更长。

(2)国内履约担保的运用情况

表 6-6 国内 20 个地区履约担保运用情况

地区	担保方式	担保额度	有效期
北京市	银行保函、担保公司担保书、履约保证金和同业担保。	采用担保公司担保书和同业担保方式的,为合同价的 10%;采用履约担保金方式的(包括银行保函),为合同价的 15%。	
天津市		一般为工程承发包合同总价的 5%~10%;采用经评审的最低投标价法中标的招标项目,担保金额为工程承发包合同总价的 10%~15%。	截止到承包工程竣工验收合格之日。
广东省深圳市		不得低于工程承包合同价的 10%;采用经评审的最低投标价法中标的招标工程,担保金额不得低于工程承包合同价的 15%。	截止到承包工程竣工验收合格之日。
福建省厦门市		不得低于工程建设合同价(中标价格)的 10%;采用经评审的最低投标价法中标的招标项目,承包商还应按规定提交低价风险担保或低价风险保证金。	从工程建设合同约定的开工日期起,至工程建设合同约定的竣工日期后 90~180 天止。
黑龙江省	银行保函、担保公司担保书、保险公司保函	建设工程承包合同价的 5%;采用低价中标的招标工程,担保金额为建设工程承包合同价的 20%。	截止到承包建设工程竣工验收备案之日。
河南省	银行保函、专业担保公司的保证	保函担保金额一般不低于合同价款的 10%,采用经评审的最低投标价法中标的招标项目,保函的担保金额应不低于合同价款的 15%。	工程建设合同约定的工程竣工验收合格之日后的 30~180 天。
广东省清远市		不得低于工程承包合同价的 10%,采用经评审的最低投标价法中标的招标工程,担保金额为投标最高限价与中标价的差额,但不得低于工程承包合同价的 15%。	工程建设合同约定的工程竣工验收合格之日后的 30 天内。

续表

地区	担保方式	担保额度	有效期
辽宁省沈阳市	保证或履约保证金	采用银行保函或担保公司担保书方式的，为合同价的 15%；采用履约保证金方式的，为合同价的 10%；采用其他担保方式的担保额度由招标人在招标文件中约定。	在承包工程竣工验收合格之日起 28 天后。
湖北省黄石市		一般招标或者交易的项目，应当不低于工程造价的 10%；采用经评审最低价中标法的招标项目，应当不低于工程造价的 10%。	截止到建设工程竣工验收合格之日。
河北省石家庄市		不得低于工程建设合同价格（中标价格）的 10%。采用经评审的最低投标价法中标的招标工程，担保金额不得低于工程合同价格的 15%。	工程建设合同约定的工程竣工验收合格之日后 30～180 天。
辽宁省大连市		与业主工程款支付担保额度相等。	为建设工程合同约定的工程竣工验收合格之日起 30～180 天。
湖北省	保证	一般为建设工程承包合同价的 5%～10%。采用经评审的最低投标价法中标的招标工程，担保金额一般为建设工程承包合同价的 10%～15%。	截止到承包建设工程竣工验收合格之日。
浙江省杭州市		一般招标或者交易的项目，工程造价低于 1 亿元（含 1 亿元）的，应当不低于工程造价的 10%；工程合同造价 1 亿元以上的，应当不低于 1000 万元。采用经评审最低价中标法的招标项目，工程造价低于 1 亿元（含 1 亿元）的，应当不低于工程造价的 15%；工程造价 1 亿元以上的，应当不低于 1500 万元。	工程建设合同约定的工程竣工验收合格之日后 90 天以上。

续表

地区	担保方式	担保额度	有效期
贵州省	中标人(或承包人)提交履约保证金或者履约保函	工程承包合同价的5%以内。	截止到承包工程竣工验收合格之日后。
浙江省台州市		承包方履约担保额度一般为工程合同价的5%~10%。	截止到承包工程竣工验收合格之日后。
山东省烟台经济技术开发区		承包人应当按照招标文件和合同约定提供履约担保,履约担保额为中标合同价格的100%。	截止到承包工程竣工验收合格之日后。
浙江省温州市		一般为工程承发包合同总价的5%~10%。采用经评审的最低投标价法中标的招标项目,担保金额为工程承发包合同总价的10%~15%。	截止到承包工程竣工验收合格之日后。
浙江省绍兴市		一般应为工程合同价(中标价)的10%;实行分段滚动担保的工程项目,担保额度应与业主分段支付担保额度相等;采用经评审最低中标价法招标的工程项目,担保额度应与业主工程款支付担保额度相等。	工程合同约定的工程竣工验收合格之日后六个月。
陕西省	银行保函、担保人担保书、同业担保	一般不得低于工程承包合同价的10%;采用经评审的最低投标价法中标的招标工程,担保金额不得低于工程承包合同价的15%。	截止到承包工程质量竣工验收合格之日。
吉林省		一般为建设工程施工合同价款的5%~15%。	截止到所承包工程竣工验收合格之日。

(三)预付款担保

1. 概念

预付款担保是指承包人与发包人签订合同后领取预付款之前,为保证正确、合理使用发包人支付的预付款而提供的担保。建设工程合同签订以后,发包人往往会支付给承包人一定比例的预付款,一般为合同金额的10%,如果发包人有要求,承包人应该向发包人提供预付款担保，并由承包人的开户银行向发包人出具预付款担保。

预付款担保形式有两种：银行保函、发包人与承包人约定的其他形式，如表 6-7 所示。

表 6-7 预付款担保形式

形式	内容
银行保函	银行保函是预付款担保的主要形式。预付款担保的担保金额通常与发包人的预付款是等值的；预付款一般逐月从工程预付款中扣除，预付款担保的担保金额也相应逐月减少，承包人在施工期间，应当从发包人处取得同意此保函减值的文件，并送交银行确认。承包人还清全部付款后，发包人应退还预付款担保，承包人将其退回银行注销，解除担保责任。
发包人与承包人约定的其他形式	由担保公司担保，或采取抵押等担保形式。

2. 适用范围及作用

(1)适用范围

从国外预付款担保的实施来看，其主要运用于大型项目或者政府、公共投资项目；而在澳大利亚，私人投资项目运用预付款担保。

(2)作用

预付款担保的主要作用在于保证承包人能够按合同规定进行施工，偿还发包人已支付的全部预付金额。如果承包人中途毁约，中止工程，使发包人不能在规定期限内从应付工程款中扣除全部预付款，则发包人作为保函的受益人有权凭预付款担保，向银行索赔该保函的担保金额作为补偿。

3. 国内外预付款担保的运用情况

全球有 18 个国家在执行履约担保，但国内还未有地区开展预付款担保。

表 6-8 18 个国家履约担保情况

国家	履约担保
墨西哥	墨西哥要求预付款担保的额度为 25%～100%。
英国	有预付款担保的要求。
德国	在大型项目及政府投资项目中运用 5%～20%的预付款保函。且银行主要承保无条件保函(90%市场份额)，保险公司主要承保有条件保函(10%市场份额)。

续表

国家	履约担保
西班牙	对公共投资项目实行强制性保证担保：2%投标担保＋预付款担保＋4%履约担保＋维修担保，保函为有条件方式。私人投资项目与公共投资项目担保情况类似。
荷兰	没有强制性的担保要求，但在合同中普遍要求的担保品种有预付款担保，多为无条件担保，保额为5%～20%不等，由合同双方自行确定，银行为主要承保人（85%的市场份额），其次是保险公司。
澳大利亚	以私人投资项目为主要担保市场，5%～10%见索即付的履约保函为主要担保品种，其他也包括预约付款保函和保留金保函等。
日本	由专门的预付款担保机构承保。在公共投资项目中，法定要求在开工前向承包商支付30%～40%的预付款。
韩国	对公共投资项目担保也有预付款担保，承保人主要是会员制的建筑业联合基金（KCFC：Korea Construction Financial Cooperative）。

（四）维修担保

1. 概念

维修担保也称质量保险，是保证人为承包商提供的，保证工程保修期（国际上称为缺陷责任期）内出现质量缺陷时，承包商应当负责维修的担保形式。维修担保的保证金额，一般为合同价的1%～5%。

2. 适用范围及作用

任意一个项目工程不可能无休止地使用而没有质量缺陷，工程保修期就应运而生。在工程保修期内，承包商负责维修出现的质量缺陷。因此，维修担保在所有的项日工程中适用。

维修担保的作用体现在：第一，促使承包商加强质量管理，尽量避免质量缺陷的出现；第二，降低了承包商不严格履约的概率。因为承包商要支付一定的维修保证金给担保公司，如果完工后出现质量问题，担保公司就得履行维修责任，否则承包商支付的保证金也就无法收回，最终损失最大的还是承包商。

3. 国内外维修担保的运用情况

目前，运用维修担保的国家和地区不是很多，且目前国外维修担保的额度普遍比国内高，这与国外承包商的资金实力与市场需求有着直接联系。

（1）国外维修担保的运用情况

在美洲地区，墨西哥运用的维修担保的担保额度为10%～20%。

在欧洲地区，德国近年来越来越多地在大型项目及政府投资项目中运用2%～5%的维修保函，且银行主要承保无条件保函（90%市场份额），保险公司主要承保有条件保函(10%市场份额)。在西班牙,对公共投资项目实行强制性保证担保:2%投标担保+预付款担保+4%履约担保+维修担保,保函为有条件方式,在私人投资项目中类似。在荷兰,没有强制性担保要求,但在合同中普遍要求担保,担保品种有投标担保、履约担保、维修担保、预付款担保,多为无条件担保,保额为5%~20%不等,由合同双方自行确定,银行为主要承保人(85%的市场份额),其次是保险公司。

在亚洲地区,韩国对公共投资项目要求维修担保,承保人主要是会员制的建筑业联合基金(KCFC:Korea Construction Financial Cooperative)。

(2)国内维修担保的运用情况

在国内,运用维修担保的地区也不是很多,现将北京市、厦门市、石家庄市、台州市、温州市5个城市维修担保的运用情况统计如表6-9所示:

表6-9 国内5个城市维修担保运用情况

城市	担保额度	有效期
北京市	由业主与承包商在合同中约定,其金额一般不应超过工程合同价的5%。	由业主与承包商双方共同约定。
福建省 厦门市	无明确规定。	自工程竣工验收合格之日起满5年。
河北省 石家庄市	工程承包合同约定的保修金的全额,保修合同另有约定的,服从其约定。	由业主与承包人在保修合同中约定。
浙江省 台州市	由发包方与承包方在合同中约定,一般不应超过工程合同价的5%。	发包方与承包方在合同中约定。
浙江省 温州市	由业主与承包商在合同中约定,其金额不超过工程合同价的3%。	由业主与承包商双方约定。

(五)付款担保

1. 概念

付款担保是中标人要求招标人提供的保证履行合同中约定的工程款支付义务的担保。

付款担保通常采用如下的几种形式:银行保函、履约保证金、担保公司担保。

发包人的付款担保应是金额担保,实行履约金分段滚动担保,付款担保的额度为工程合同总额的20%~25%,本段清算后进入下段。如已完成担保额度,而发包人未能按时支付,承包人可依据担保合同暂停施工,并要求担保人承担付款责任和相应的经济损失。

2. 适用范围及作用

在建筑行业中，存在着承包商、分包商、材料设备供应商等多层级结构，分包商和材料设备商在能否按时获得工程款方面承担较大的风险。因此，在整个合同中，要明确规定建设工程项目所有参与方都有权利按时获得款项，同时，将未能按时支付款项的行为视为违反合同并将其列入黑名单或对社会公布其行为，强化承包商未按时支付款项的反向激励。这就是付款担保作用及存在的必要性，对解决我国建筑市场工程款拖欠问题具有重要的意义。从此种意义上说，付款担保适用于所有的建设工程项目，其担保范围没有具体要求。

3. 国内外付款担保的运用情况

付款担保在国内外的应用相对较少，且不同地区的付款担保在担保额度与担保期限上也存在着较大的差异。

(1)国外付款担保的运用情况

美国国会于 1935 年通过了《米勒法案》，规定 10 万美元以上的联邦政府建筑工程项目(楼房及公共设施建设、改建和修复等)，承包商必须提供 100%合同价格的履约保证合同和最高达 50%的付款保证合同；10 万美元以下的建筑工程，业主视情况有权要求同样的担保。付款担保的具体规定为：100 万美元以下的工程，担保额为合同价格的 50%；100 万～500 万美元的工程，付款担保额为合同价格的 40%；500 万美元以上的工程，付款担保额为 250 万美元。

加拿大承包商付款担保与美国相似。

欧洲主要国家基本上都没有采用承包商付款担保。

(2)国内付款担保的运用情况

表 6-10 国内 5 个城市付款担保运用情况

城市	担保额度	有效期
辽宁省大连市	农民工工资付款担保的担保额度为：工程合同价款 500 万元以下的，为工程合同价款的 10%；工程合同价款超过 500 万元的，为 500 万元以下部分的 10%与超过 500 万元部分的 5%之和。	自各项相关建设工程合同约定的付款截止日 30～180 天。
福建省厦门市	承包商付款担保的额度与分包商履约担保的额度相等，一般为合同价的 10%。	自各项相关工程建设分包合同(主合同)约定的付款截止日之后的至少 30 天。
广东省清远市	承包商付款担保中为建设工人提供的支付工人工资担保的担保额为工程承包合同价的 5%。	自各项相关工程建设分包合同(主合同)约定的付款截止日之后的 30 天。

续表

城市	担保额度	有效期
湖北省黄石市		自各项相关工程建设分包合同(主合同)约定的付款截止日之后的30～180天。
辽宁省沈阳市	专业工程分包(包工包料)为合同额的25%;劳务分包为合同额的100%。	

4. 农民工工资支付担保

农民工工资支付担保是我国工程担保试点中自发产生的一个创新担保品种,这一新型担保品种对于缓解农民工工资拖欠问题、维护各地社会稳定起到了重要作用。

目前在各地的实践中,农民工工资支付担保有多种实施方案:

1)业主和承包商之间自愿约定:由承包商委托保证人向业主提交保函,保证承包商全面履行合同义务;或者业主委托保证人向承包商提交保函,保证其支付工程款。当发生工资拖欠农民工工资问题时,由农民工依据和承包商的劳动合同向其索赔。出于业主拖欠工程款原因的,由承包商向业主的保证人索赔。

2)政府强制命令承包商委托保证人向业主提交保函,保证其全面履行合同义务;或者政府强制命令业主委托保证人向承包商提交保函,保证其支付工程款。若发生工资拖欠问题,农民工可以向承包商或其保证人进行索赔。

3)政府强制业主委托保证人向其提交保函,保证其按约定支付工程款,保函的受益人为政府;或者强制承包商委托保证人提交保函,保证其支付农民工工资,保函的受益人也为政府。当发生工资拖欠问题时,农民工可以直接向政府提出索赔,符合索赔条件的,由政府向保证人发出支付命令,保证人即代为支付农民工工资。

(六)分包担保

1. 概念

当存在总包分包关系时,总承包商要为各分包商的工作承担完全责任。总承包商为了保护自身的权益不受损害,往往要求分包商通过保证人为其提供担保,保障分包商充分履行自己的义务。分包担保包括分包商与总承包商之间的投标、履约、付款等保证担保。

2. 适用范围及作用

分包担保普遍适用于国际工程承包,一些大型工程也可以采用此担保方式。

分包担保的作用体现在:一是降低了总承包商自身的风险。总承包商对工程承担完全责任,如果没有分包担保,总承包商就必须自己保证分包商保质保量地完成工程。由于总承包商获得信息的不完全性，不可能通过详细的信用分析、财务报表审查等来评估他们的分包商，因此，分包担保的存在，把承包商的风险转移给了担保公司。

3. 国内外分包担保的运用情况

在国内外担保制度的立法中，对分包担保的规定几乎没有。而在现实中，大型工程特别是国际工程在承包施工时采用的基本上都是分包担保。例如，2000 年实施的阿尔及利亚奥兰医学院工程中，因青岛建设集团第一次进驻此市场，对当地分包商信誉状况不了解，并且使用业主指定的土方工程分包商。在这样的背景下，青岛建设集团向土方分包商提出了提供分包商履约担保的要求。分包商在充分理解其意图的基础上接受了他们的要求。

(七)差额担保

1. 概念

如果某项工程招标设有标底，通常在中标价格低于标底超出 100%的情况下，为了保证按此中标价格不会造成工程质量的降低，业主往往要求承包商通过保证人对标底与中标价格之间的差额部分提供担保。当采取合理最低价评价原则时，更能发挥差额担保的重要作用。

2. 适用范围

在招投标过程中，中标价与标的之间存在差额时或者采用“经评审的最低投标价法”中标的招标项目时，业主基本上都会要求承包商提供差额担保。

3. 国内外差额担保的运用情况

在意大利，当中标价与标底相差 20%以上时，业主会要求承包商增加差额担保(表现为提高履约担保保额)。承保人主要为保险公司和银行。

在我国，湖北省黄石市的规定为：招标人依法选择次低标价中标，保证人向招标人支付中标价与次低标价之间的差额，支付金额不超过双方约定的最高保证金额。辽宁省沈阳市的规定为：如果被推荐中标的投标人的投标报价低于报标人的最低价格控制线(最低价格控制线为招标人期望价格下浮 15%)，被推荐中标人应提供承包商低报价风险担保，担保额为招标人的最低价控制线与被推荐中标人的投标报价之间的差额。广东省清远市的规定为：采用经评审的最低投标价办法中标的招标工程，担保金额为投标最高限价与中标价的差额，但不得低于工程承包合同价的 15%。

差额担保的金额可以采取不同的计算方法，如湖北省武汉市建设工程的差额担保计算额为中标价与工程预算控制价之间的差额；重庆市的差额担保计算额为中标价与最高限额之间的差额；在山东省和广东省深圳市，如果某项工程的中标价格低于标底 10%以上，业主要求承包商通过担保人对中标价格与标底之间的差额部分提供担保等，以保证按此价格承包工程不致造成质量的降低。目前，在南京市浦口区招标办办理备案采用差额担保的项目主要有三种形式，中标人在收到中标通知书后 7 日内，向招标人指定的账户提交差额担保金，差额担保的金额为本次招标各有效报价平均值的 95%与中标价的差额；施工合同签订前，中标人向招标人指定的账户提交差额担保金，差额担保的金额为本次招标的最高限价与中标价的差额；收到中标通知书后 7 天内，施工合同签订前，中标人向招标人指定的账户提交差额担保金。差额担保的金额为本次招标各有效报价的平均值与中标价的差额。

二、业主责任保证担保

这一类保函的共同特征是保函的受益人为政府，由业主向政府申领执照、申办许可时提交。它们所担保的可能仅涉及业主责任中的某一个方面，但一个共同特点就是这些业主责任的履行都与公众利益相关。以下担保品种均属此类。

(一)业主支付担保

1. 概念

业主支付担保是指业主通过保证人为其提供担保，保证业主将按照合同规定的支付条件，如期将工程款支付给承包商。如果业主不按合同支付工程款，将由保证人代向承包商履行支付责任。业主支付担保的实行，为解决业主拖欠工程款问题找到了一条有效的途径。

2. 适用范围及作用

2006 年 12 月印发了《关于在建设工程项目中进一步推行工程担保制度的意见》，意见要求："工程建设合同造价在 1000 万元以上高的房地产开发项目(包括新建、改建、扩建的项目)，施工单位应当提供以建设单位为受益的承包商履担保，建设单位应当提供以施工单位为受益人的业主工程款支付担保"，"建设单位在申办建设工程施工许可证前，应当将施工单位提供的承包商履约保函原件和建设单位提供的业主工程款支付保函原件提交建设行政主管部门或其委托单位保管。"

业主支付担保的最大作用是约束业主严格履行支付工程款的义务，保障承包商的合法利益，促使工程项目建设顺利进行。

3. 国内外业主支付担保的运用情况

(1)国外业主支付担保的运用情况

从理论上讲，业主对承包商也负有相应的合同责任，但在国外现实的经济运行中却几乎找不到担保业主对承包商的合同责任的担保品种。这一方面是因为在工程承发包合同中，业主在缔约时往往占据着优势地位；另一方面是因为发达国家信用保障体系较为完善，基本上不存在如我国目前这样严重的业主支付风险问题。所以，国外对业主支付担保并无明确的法律要求，实际中使用也很少。

(2)国内业主支付担保的运用情况

业主支付担保是我国建筑界普遍认同的担保方式,现将调查的20个地区的业主支付担保的运用情况统计成表6-11:

表6-11　国内20个地区业主支付担保运用情况

地区	担保额度	有效期
北京市	工程总额的20%～25%。	实行履约金分段滚动担保,本段清算后进入下一段。
天津市	全额担保。	截止到业主根据合同约定完成了除工程质量保修金以外的全部工程结算款项支付之日。
广东省深圳市	承包商履约担保的担保金额不得低于工程承包合同价的10%。采用经评审的最低投标价法中标的招标工程,担保金额不得低于工程承包合同价的15%。	截止到业主根据合同约定完成了除工程质量保修金以外的全部工程结算款项支付之日。
福建省厦门市	不得低于工程建设合同价(中标价格)的10%。采用经评审的最低投标价法中标的招标项目,承包商还应按规定提交低价风险担保或低价风险保证金;对于工程建设合同额超过1亿元人民币的建设工程,业主工程款支付担保可以按工程建设合同确定的付款周期实行分段滚动担保,每段的担保金额为该段工程建设合同额的10%～15%。	从工程建设合同约定的开工日期起,至该建设工程承包商履约保函有效期截止之日后60～90天止。
黑龙江省	业主支付担保的担保金额为建设工程承包合同价的10%(含3%农民工工资保障金)。对于工程建设合同额超过5000万元人民币的工程,业主工程款支付担保可以按工程合同确定的付款周期实行分段滚动担保。	截止到业主根据合同约定完成了除建设工程质量保修金以外的全部建设工程结算款项支付之日。
河南省	担保金额不得低于合同价款的10%,且不得少于合同约定的分期付款的最高额度。	业主根据合同的约定完成全部工程结算款项(工程质量保修金除外)支付之日起30～180天。

续表

地区	担保额度	有效期
广东省清远市	承包商履约担保的担保金额不得低于工程承包合同价的10%。采用经评审的最低投标价法中标的招标工程,担保金额为投标最高限价与中标价的差额,但不得低于工程承包合同价的15%;对于合同价超过5000万元人民币(含5000万元)或合同工期在一年以上(含一年)的工程,业主工程款支付保证担保可以按工程合同确定的付款周期实行分段滚动担保,每段滚动担保金额为该段工程合同价的10%。	截至除工程质量保修金以外的全部工程结算款项支付之日后30天。
辽宁省沈阳市	业主支付担保的担保额应不低于承包商履约担保的担保额。	业主按合同约定付清应付给承包商的所有款项之日起28天后。
湖北省黄石市	业主支付担保的担保金额应当与承包商履约担保的担保金额相等。	业主根据合同约定完成除建设工程质量保修金以外的全部建设工程结算款项支付之日。
河北省石家庄市	业主支付担保的担保金额一般应与承包人履约担保的担保金额相等;对于工程建设合同额超过5000万元人民币的工程,业主工程款支付担保可以按工程合同确定的付款周期实行分段滚动担保,但每段的担保金额不低于该段工程合同额的10%。	业主根据合同的约定,完成了除工程质量保修金以外的全部工程结算款项支付之日起30～180天。
辽宁省大连市	建设工程合同价款3000万元人民币以下的工程,业主工程款支付担保实行一次性担保,担保的额度不得低于工程合同价款的15%;对于建设工程合同价款超过3000万元人民币的工程,可按工程合同确定的付款周期实行分段滚动担保,每段的担保金额应为该段工程合同价款的10%～15%。	业主根据合同的约定,完成了除工程质量保修金以外的全部工程结算款项支付之日起30～180天。

续表

地区	担保额度	有效期
湖北省	业主支付担保的担保金额应当与承包商履约担保的担保金额相等。	业主根据合同约定完成了除建设工程质量保修金以外的全部建设工程结算款项支付之日。
浙江省杭州市	一般招标或者交易的项目，工程造价低于1亿元（含1亿元）的，应当不低于工程造价的10%；工程合同造价1亿元以上的，应当不低于1000万元。采用经评审最低价中标法的招标项目，工程造价低于1亿元（含1亿元）的，应当不低于工程造价的15%；工程造价1亿元以上的，应当不低于1500万元。	根据工程建设合同约定，完成除工程质量保修金外的全部工程结算款支付之日后90天以上。
贵州省	发包人工程款支付担保应该是全额担保。	发包人根据合同约定完成了除工程质量保修金以外的全部工程结算款支付之日。
浙江省台州市	工程款支付担保按工程承发包合同确定的付款周期实行分段滚动担保，本段清算后进入下一段。工程款支付担保额度一般不低于工程合同价的10%，且不低于每个付款周期的付款额度。	截止到发包方根据工程承发包合同约定，完成全部工程结算款项支付之日。
山东省烟台经济技术开发区	业主支付保证担保与承包人履约保证担保等额对等。	为工程竣工结算完毕并支付给承包人除保修金或保留金以外的全部款项之日后28天。
浙江省温州市	业主支付担保的担保额度应当与承包商履约担保的担保金额相等。	截止到业主根据合同约定完成了全部工程结算款项支付之日。

续表

地区	担保额度	有效期
浙江省绍兴市	业主工程款支付担保额度一般应为工程合同价(中标价)的10%,造价在1亿元以上的工程项目也可以实行分段滚动担保,上一段担保额清算后进入下一段;分段担保基数应与工程合同确定的付款周期相一致。采用经评审最低中标价法招标的工程项目,工程造价低于1亿元的,业主工程款支付担保额度应不低于工程造价的15%;工程造价在1亿元以上的,应当不低于1500万元。	为工程决算审计结论双方认可之日后六个月。如实际开工时间超过合同约定的开工时间15日以上,担保有效截止时间应当相应延长。
陕西省	担保额度应与承包商履约担保额度相等。也可以实行分段滚动担保,每阶段担保额应不低于合同价款的10%,分段清算后进入下一段。	截止到除工程质量保修金以外,按合同约定全部工程款项支付完毕之日。
吉林省	工程款支付担保金额应当与履约担保金额相等。	截止到发包人根据合同约定支付了除工程质量保修金以外的全部工程结算款项之日。

(二)其他业主责任保证担保

1. 回垦担保

回垦担保是美国政府从环保的立场出发对矿业业主要求的一种保证担保,它保证将废弃的矿床以及填埋有害废弃物的场地恢复表土及植被,否则由担保公司代为履行。

2. 管辖地担保

管辖地担保是美国不少州及地方政府对房地产开发商所要求的一种保证担保,由房地产开发商在申请某地方政府辖区内的某地块的开发权时向当地政府提交,目的是保证业主按照城市规划和相关法律的要求完成项目与市政公共设施相关的部分的工作。保函的担保责任范围在业主与政府的地块开发协议(Subdivision Agreement)中有详细的规定。它的特点是不涉及项目开发所需全部资金,但业主必须保证完成与公众利益相关的这部分工作的资金。

3. 完工担保

完工担保保函往往应用于业主与承包商为一体的情况,它的特点是,被担保人将进行项目开发并保证将项目如期完工,而受益人无须承担为项目付款的责任。

美国联邦政府对两类项目要求此种担保，其一是美国住宅与城市发展部的中低收入者住宅发展项目；其二是美国邮政局邮政设施建设项目。这两类项目都是由政府发起的具有一定公益性的项目，但资金来源却主要依靠民间投资。由于其资金运作的特别模式，往往需要开发商或承包商自行注资先行完成施工。但通常，这类项目最终的资金流入都是有保障的，承包商参加这些项目也都是自愿的。项目借款机构有时也要求这种保函，这时完工保函类似于以项目设定的抵押。对于私人业主要求完工保函的情况则必须非常审慎。

4. 特许经营权担保

特许经营权担保是巴西政府推行的一种保证担保，由 BOOT（建设—拥有—经营—转让）项目的承包商在与政府签订特许经营合同时向政府提交。特许经营权担保所担保的合同不仅合同金额巨大，而且合同期限常常长达 20～30 年，是一种标的很高、风险巨大的合同担保。为了使担保制度得到成功推行，巴西政府采取了化整为零的方式。所以，它实际上包括一系列与 BOOT 合同相关的保函。它规定，中标的承包商首先需提交保额为经营期预期收益 1％的履约保函。保函必须每年重续，担保金额为上年经营收入的一定百分比。其目的是防止私人企业在获得对公共设施的特许经营权后，不遵守特许经营权合同的规定，以损害公众利益的方式盲目追求经济效益而有违项目开发的初衷。另外，项目最后移交时还需提交担保金额为项目预算 3％的维修保函。

三、反担保

（一）概念

我国《物权法》第 171 条第 2 款规定："第三人为债务人向债权人提供担保的，可以要求债务人提供反担保。反担保适用本法和其他法律的规定。"

所谓反担保，是指由于担保人为主债务人向债权人提供了担保，担保人可能会要求主债务人再为担保人提供担保，以保障担保人的追偿权的实现。第三人或债务人为担保人提供的保障担保人追偿权实现的担保，即反担保。

反担保又称求偿担保，是为了保障债务人之外的担保人将来承担担保责任后对主债务人的追偿权的实现而设定的担保。反担保的方式一般应为保证、抵押或质押，留置与定金一般不适用于反担保的方式。

（二）适用范围及作用

我国《担保法》第 4 条规定："第三人为债务人向债权人提供担保时，可以要求债务人提供反担保，反担保适用本法担保的规定。"

作为担保制度的一种特殊形态，反担保的作用体现在：第一，维护担保人的利益。保障其将来可能发生的追偿权的实现。第二，有助于本担保的设立。谨慎的保证人在为承包商向业主提供担保时，考虑到承包商违约对其承担担保责任后追偿权能否实现的情况下，为了降低担保风险往往要求承包商提供反担保。

(三)国内外反担保的运用情况

各国立法对反担保问题均未明文规定，无论是罗马法还是近现代大陆法系或英美法系的担保立法制度均未见记载，仅瑞士债法第498条第2款、埃塞俄比亚民法第1949条有关于对保证的保证，即反保证的法律规定。另外，我国台湾地区民法对求偿保证也作了类似规定。但整体来讲，在世界各国的法律当中，反担保的相关规定是较为少见的。

在国内，贵州省的规定为：工程款支付担保可采取银行保函、担保人担保书等方式，担保人同时可依法要求发包人提供反担保。

第三节　工程保证担保模式与市场组织

目前国际上主流的工程保证担保模式主要有两类，即高保额有条件保额模式和低保额无条件保额模式，分别对应工程担保市场的两种均衡状态。工程担保市场的建设是推行工程保证担保制度的重要一环。而工程担保市场建设的核心内容就是担保市场组织的建设。国际上已经建立起一些成熟的保证担保市场的组织结构和运行机制。本节将进行具体介绍。

一、工程保证担保模式

工程担保市场的两种均衡状态，即高保额有条件保函和低保额无条件保函，实际上正好对应了国际主流的两种工程保证担保模式，此外，还有日韩特殊的替补承包商保证担保模式。

(一)高保额有条件保函模式

1. 高保额有条件保函模式概念

高保额有条件保函模式是指担保额度为50%或100%的高比例，担保公司的赔付必须基于承包商违约事实和违约责任并强制实施的一种担保模式。此模式的代表是美国，它对工程担保模式有严格的法律规定。

高保额有条件保函模式就是在美国已成功运行的对公共投资项目的强制性保证担保模式。在这一模式下，由于保额很高，就无须对一个承发包合同不同阶段及不同部分的履约责任分别加以担保，所以美国通常仅采用三种主要的担保品种：投标担保、履约担保和付款担保。付款担保所担保的是总包商对分包商的支付工程款义务，是公共投资项目业主对处于合同关系中劣势地位的分包商的一种法律援助。100%的履约担保和付款担保实际上就覆盖了其他国际市场上常见的预付款担保、维修担保、保留金担保等名目繁多的各类担保品种。

对以美国模式为代表的高保额有条件保函模式总结如下：

(1)特征：

1)以高保额保函覆盖一个项目的承发包合同的全部责任；

2)以全面补偿协议(GIA:General Indemnity Agreement)协议为核心的对承包商进行资格预审的承保方式。

(2)这种模式除了保证担保的一般履约保障功能外，还具有以下的市场功能：

1)为承包商的发展输送必要的管理经验，帮助承包商提高履约能力和竞争力；

2)增强招投标工作的透明度，促进公平竞争，防止腐败；

3)节约公共项目投资；

4)为宏观经济周期带来的风险提供一个“市场减震器”和“风险蓄水池”。

(3)高保额保函的实施条件：

1)对保函要求的制度化：即对保函做出强制性的要求，以此规避承包商的道德风险；

2)保证担保市场的专业化：即对保证担保市场实行专门的金融监管，并创造条件大力促进保证担保市场的成熟；

3)保持保证担保市场的竞争性。

2. 高保额有条件模式优缺点

高保额有条件保函推动了担保公司对承包商进行承保评判，即在考虑接受承包商为自己的承保对象以及确定其担保额度时，对承包商所进行的资格预审。这种资格预审不仅帮助市场将不合格的承包商排除于竞争之外，同时也使承包商获益匪浅。这是因为担保公司所掌握的一套承保评判原则正是一个建筑企业健康发展所必备的条件。担保公司通过这些评判原则将建筑企业管理的一般成功经验系统地和强制性地灌输给了“有担保的承包商”。不接受这些原则的承包商只能在有担保要求的项目外徘徊。

基于担保公司提供的资格预审功能，美国的公共项目招投标过程中业主无须自行进行承包商资格预审，通常实行完全的公开招投标制度；在评标过程中，也采用最低标中标的评标办法。这就不仅给市场提供了公平的竞争机会，也使招投标工作极大地简化，增强了招投标的透明度，极大减少了公共项目的投资代表人乘机以权谋私的机会。同时，在市场竞争机制的作用下，美国的公共项目节约了大量的投资。

此外，由于实行了强制性的政府工程担保制度，承包商必须与担保公司维持一种长期的关系，所以承包商的自律机制普遍得到了加强，承包商违约的发生通常都是因为承包商经营失败，无法继续履约。如果没有担保公司，一家承包商破产就可能导致链式反应，投资人可能因项目不能如期竣工而面临巨额的违约赔偿责任，分包商和材料供应商也可能因不能按期得到工程款的支付而资金周转困难，从而导致在其他项目上违约。担保公司的赔付不仅避免了上述链式反应的发生，而且担保公司以其雄厚的财力还起到了市场周期减震器的作用。

(二)低保额无条件保函模式

1. 低保额无条件保函模式概念

低保额无条件保函模式是指保函通常为项目总投资的20％～30％且见索即付的担保模式，也就是业主只要致函担保公司声明承包商违约，无须提供任何证据，担保公司就应履行保证责任。

低保额保函模式与高保额模式相比，更容易由市场自发形成，所以，在保证担保制度主要是受习惯影响所形成，而非政府强制性推行的国家和地区，都会看到低保额保函的流行。这是因为低保额保函的保费通常会比高保额保函低，这就降低了单笔保函的保费以及承包商投保所需抵押的门槛。

2. 低保额无条件模式优缺点

低保额保函的保费通常会比高保额保函低，这就降低了单笔保函的保费以及承包商投保所需抵押的门槛。然而采用低保额保函模式并不等于业主不需要得到经济上足够的保护。所以，在低保额保函模式下，对某一项目的承包商履约责任的担保实际上是分为多个保函的，包括一般所说的5％～10％的低保额履约保函，以及预付款保函、维修保函、保留金保函等。这种低保额的履约保函通常是罚没性的，也就是说，在合同履行的全过程中，始终有5％～10％的保证金掌握在业主手上，随时可能被业主以各种理由扣下，而不是像高保额有条件保函那样，保函的赔付责任随未履行部分的减少而减少，并以实际损失为限。预付款保函则通常承担相当于全部预付款金额的赔偿责任，通常占总投资的25％，在日本更高达30％～40％。保留金在大多数承发包合同中都有所规定，通常为合同价的5％。若将上述几种保函的担保责任相叠加，会发现低保额模式的实际总保额可能并不低，一般会达到全部合同金额的40％左右。这样，低保额模式相对于高保额模式的保费优势其实并不明显，加之占用承包商银行信用额度的成本，实际上并不一定具有成本优势。但它的一个明显特征就是：将对承包商的履约责任的担保化整为零，而且保函是在工程进展的不同阶段分别提交的，这就极大地降低了承包商申请单笔保函时提供抵押的压力。特别是申请预付款保函时，承包商根本无须占用自己的信用额度，只需将预付款存入出具保函的银行即可。

而对于有条件还是无条件保函的选择，不管市场要求的是否是有条件保函，对低保额保函的承保方式都会主要以无条件方式运作。而无条件保函的缺点也是明显的：它不仅缺乏公平性，也不能为市场提供对承包商进行资格预审的功能。事实上，在实行低保额保函的国家和地区的招投标中，无论有无对投标担保的要求，业主往往都须自行对承包商进行资格预审，以有限招投标或议标方式将一些可能的投标人排除在竞争之外；若是进行完全的公开招投标，则在评标过程中就必须采取所谓综合评价的方法，而不是直接将合同授予报价最低标。资格预审和综合评标都是缺乏透明度的环节，在公共投资项目中，这些环节就正好给了腐败分子以可乘之机，如果再加上社会监督机制不健全，腐败分子就更可为所欲为了。而在高保额条件下，担保公司是以自己的资产为承包商的履约能力做出担保，不对资格预审把好关就将付出巨大的代价。可见，高保额的保证担保正是保障公开招投标和最低标中标制度正常运行的必要条件。

(三)替补承包商保证担保模式

1. 替补承包商保证担保模式概念

替补承包商保证担保模式起源于日本。日本和韩国的公共投资项目承发包都采用招投标和最低价中标的办法。业主与中标的承包商签订合同时，需事先约定一位替补承包商作保证人，保证若中标人不能履行合同，则由该承包商代为履行。替补承包商一般是由参加同一项目投标但未中标的承包商担当，在日本被称为工事完工保证人，故又称为“工事完工保证人制度”。

替补承包商保证担保的核心概念是“由竞争者提供的完工担保”，它与国际上通常的母公司对子公司提供担保以及关联企业之间的相互担保有着本质的不同，而后者是属于一般保证担保的范畴，并非通常意义上所讲的工程保证担保模式中的一种，虽然业主可能会接受承包商提供这种形式的工程保证担保。在市场经济的环境下，市场机制发挥作用的关键是使企业之间保持充分竞争，所以，由竞争企业之间相互提供担保必然只能是一种例外，而不能是一种惯例，否则，市场机制必然被扭曲。

2. 替补承包商保证担保模式的弊端

目前，日韩两国都发现了这种担保模式的不少弊端，并都对此进行了不少改革。替补承包商保证担保模式的弊端主要表现在以下几个方面。

第一，从承包商的角度看，替补承包商承担了很大的风险，而没有相应的权益保障。所以，这种担保制度缺乏其内在的经济合理性。

替补承包商不是专业的风险运营机构，它只对某一项目的某一承包商提供担保，即使收取保费，与所承担的风险相比其实也是毫无意义的，所以一般也不收取保费。当中标人履约失败后，它必须以中标人的原合同条件继续履约。由于合同价往往是最低标的中标价，正常情况下替补承包商的履约成本都会高于中标人，因代为履行合同而发生的损失虽然从法律上讲可以通过对原中标人的代位追偿权追回，但现实中往往原中标人在履约失败之后的清偿能力极为有限，所以替补承包商因代为履约而发生亏损的概率是很高的。

在这种风险和权益悬殊的情况下，可以设想以下现象的发生：首先，建筑业企业之间可能进行私下的大规模联合，以对不参加联合的公司不提供担保的手段排斥竞争；然后，利用有限招投标的机会内定中标人，通过整体提高报价水平来提高企业的利润水平,从而提高抗风险能力。由于缺乏竞争而使业主多支出的投资成本往往会远远高于在担保上节省下来的保费。缺乏竞争的另一危害是妨碍了日本建筑业企业整体竞争力的提高。据相关研究,美国的建筑业生产率比日本高出35%,而美国一直是世界上建筑业生产率最高的国家之一,这与美国先进的工程保证担保制度是有着密切关系的。

第二,从业主的角度看,替补承包商的担保并不能给业主以足够的经济上的保护。

日本和韩国的业内人士都强调他们的这种履约担保模式是一种对施工义务履行的担保措施,而不是经济赔偿性的担保措施。然而,一个建设项目的承发包合同还包含了许多经济责任,仅仅有施工能力的担保并不充分,只有保证人对这些经济责任具有足够的清偿能力,他的担保才能给业主提供足够的保护。

事实上,日本和韩国的业主也已经认识到了这一点,所以,即使是在废除此担保模式之前,替补承包商的保证担保也并不是日韩的工程承包保证担保制度的全部。在日本,有30%~40%的预付款担保;在韩国,承包商在有替补承包商作保之外还必须同时提交给业主相当于合同金额10%的履约保证金保函,以保证承包商履约失败后对业主尚有足够的经济上的赔偿。在日本,新的履约担保制度的重心则已经从对实际施工能力的要求转变为对履约保证金的要求。因为很显然,只要有足够的经济上的安全保障,就有条件购买到所需的施工能力。

二、工程保证担保的市场组织模式

国际工程保证担保可以分为低保额无条件模式和高保额有条件模式两种主模式。这两种模式承保主体的代表分别是银行和注册担保公司。由于承保主体和运作机制不同,国际上分别形成了银行保函模式和注册公司制保证担保模式两种典型的保证担保市场组织。

(一)银行保函模式的市场组织

在银行保函模式下,担保的市场组织较为简单,市场的担保主体就是银行,它与被担保人和受益人之间构成一种三角形的关系。在承包方面,银行对担保业务的操作视同信贷,承包商一般是直接向银行申请担保;而在对保函的赔付方面,银行则将之视同一般承兑票据,只要受益人的索赔要求符合保函上规定的程序并出示相应文件,即可承付。银行保函模式的市场组织及其运行过程分别如图6-4和图6-5所示。

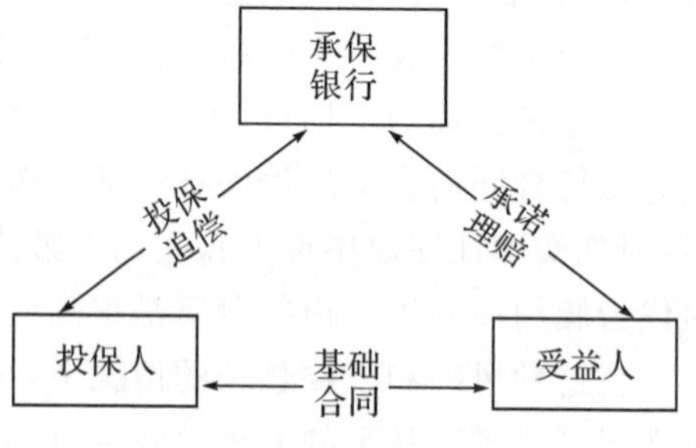

图6-4 银行保函模式的市场组织

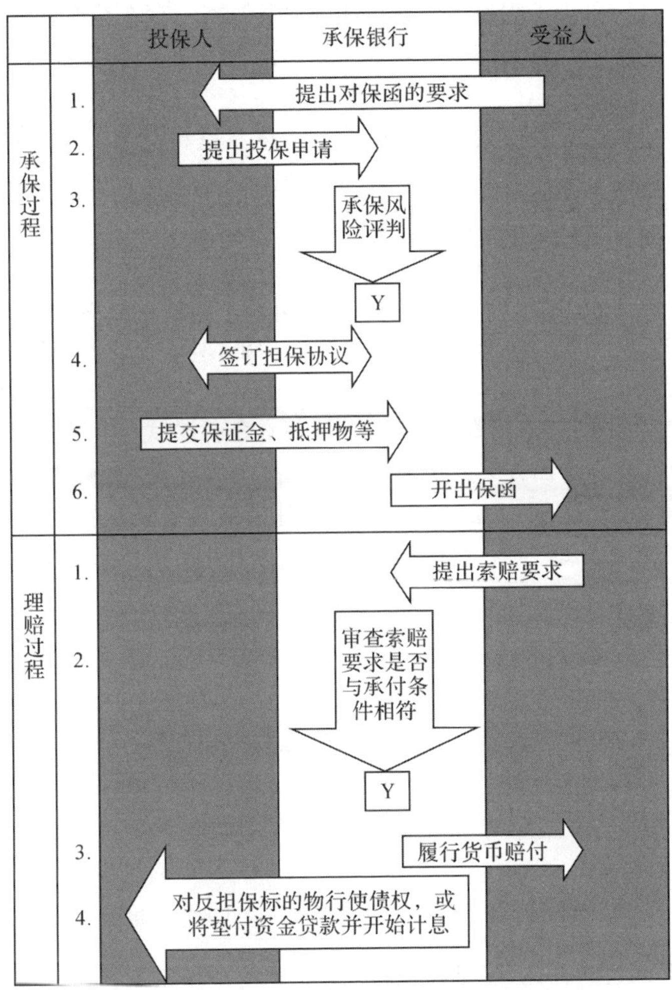

图 6-5 银行保函模式的市场组织承保、理赔过程

从对担保市场的监管来看，银行对担保业务的操作虽然视同信贷，但在业务分类中是被列入表外业务的。所谓表外业务就是业务经营的收支都不进入银行正式的资本与资产负债表，所以担保业务不在传统的中央银行监管体系的监管范围。国际银行业将表外业务纳入监管范围的尝试开始于 1988 年生效的《巴塞尔协议》。《巴塞尔协议》产生的动因是国际银行业金融风险的不断加剧，以及人们对金融风险发生机制的认识不断加深。《巴塞尔协议》具体措施是将表外风险资产纳入了银行资本充足率的计算，开始对表外业务的风险加以监管，其旨在限制表外业务的过度膨胀，使国际银行业系统更加稳定和健全。然而，对于表外业务的具体风险如何认定、如何评判仅仅停留在经验性的估计阶段，还没有针对某一具体业务实行特别

监管措施。所以，对于工程担保的银行保函业务基本不存在什么严格的市场监管。有人认为，如果国际银行业加大对表外业务的监管力度，可能会导致银行保函业务的萎缩。

可以看出，银行保函模式市场中的监管主体只是粗泛地对整个银行的资产状况进行监管，而没有专门针对担保业务的特别监管。

(二)注册公司制保证担保模式的市场组织

注册公司制的保证担保市场有着比银行保函模式复杂得多的组织。这是因为，高保额有条件保函的赔付责任重大，承保机制主要依靠对承包商的资格预审和项目风险评判，而一般又不采用严格的反担保措施，所以它的评判过程就会复杂得多；同样，在理赔过程中，担保公司的赔付必须基于承包商的违约事实和违约责任，所以必须经过严格的理赔调查。同时，高保额有条件模式下担保公司有多种赔付方式可以选择，所以理赔方案的决策也是一个复杂的过程，这一切都决定了高保额有条件模式的市场组织形态会比低保额无条件模式的组织复杂得多。注册公司制的保证担保市场的组织及运行过程分别如图 6-6 和图 6-7 所示。

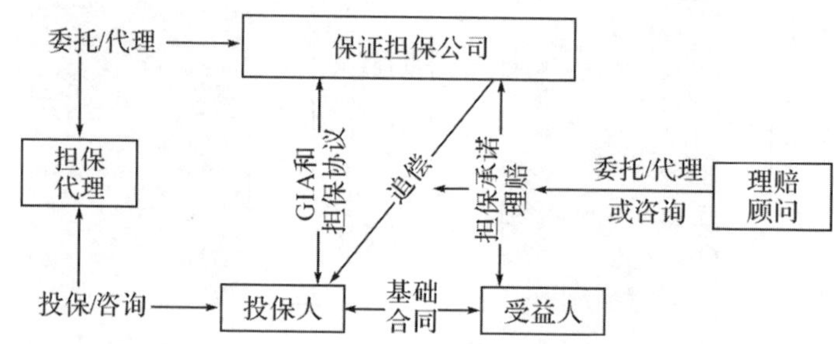

图 6-6　注册公司制的保证担保模式的市场组织

与银行保函模式相比，注册公司制保证担保的市场组织有如下特点：

1. 担保市场主体之间有专业化分工

除了保证担保机构这一承保主体外，在承保方面还有担保代理人这一中介和承保咨询市场主体；在理赔方面也有专业的理赔咨询市场主体。所以，保证担保市场中，除了保证人、被担保人和受益人这三方外，还有担保代理和理赔咨询这两个市场主体，如图 6-7 所示。

2. 市场运行过程更加复杂

注册公司制保证担保的市场运行过程与银行保函模式的区别最为明显之处就是多了一个对合同履约情况进行跟踪的过程。此外，在承保过程中，以一揽子的 GIA 协议取代了由投保人为每份保函提交保证金、抵押物等。而理赔过程中，理赔调查和对理赔方案的决策过程也是银行保函模式下所没有的。

3. 市场有明确的监管主体，承保主体受到严格的金融监管

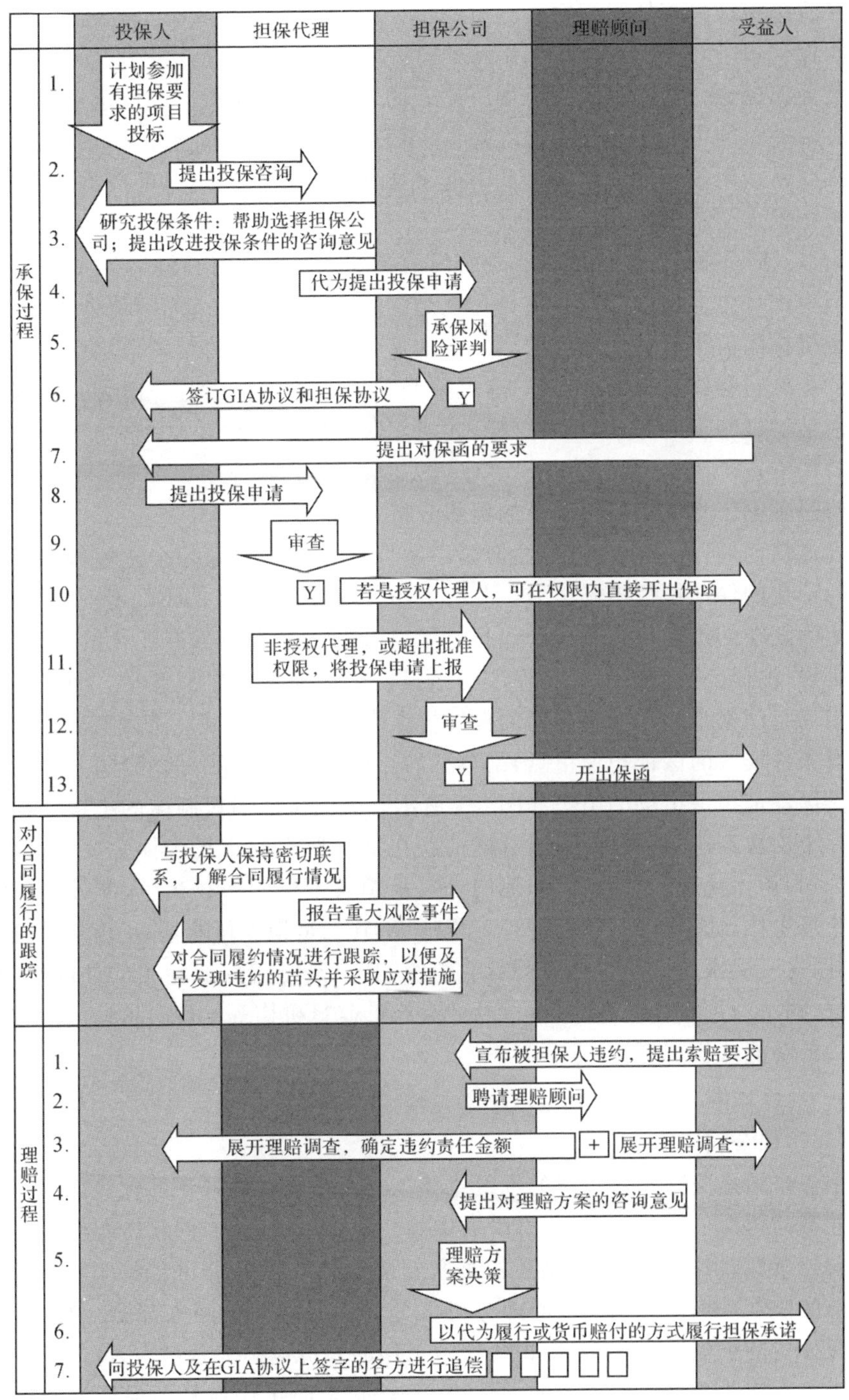

图 6-7 注册公司制保证担保市场组织的运行过程

之所以将这种市场组织模式称为注册公司制的保证担保，是因为作为承保主体的担保公司是对其担保业务实施特别监管的金融机构。

保证担保这一信用工具为市场所接受的条件是：保证担保主体这个第三方的加入必须使总的市场交易成本得以降低。而交易成本降低的原因是：受益人获取保证人交易信用信息的成本大大低于他直接获取被担保人信息的成本，而保证人获取被担保人交易信用的信息的成本也低于受益人直接获取被担保人信息的成本。所以，市场对保证人的资格有着较高的要求。担保公司必须是金融机构，这不仅是因为市场要求担保公司必须具有充足的资金来保障自己的清偿能力，而且由于金融机构的信用是整个社会信用体系的基石，金融机构的交易信用由国家通过严格的金融监管体系来加以保障，这就使受益人在接收保函时一般无须对保证人的交易信用做特别的考察，只有这样，才能使保证担保机制引入后降低整个市场的交易费用。

(三)美国工程保证担保制度的组织分析

通过前面的讨论可以看出，注册公司制保证担保模式是一个比银行保函模式更加专门化的保证担保市场组织。与后者相比，它通过细致的市场专业化分工，形成了更为复杂的市场组织结构和运行过程，同时，也有着更加专业化的金融监管。也就是说，注册公司制的保证担保市场组织模式更加具有典型意义。而注册公司制的市场组织又是高保额有条件的保证担保模式的组织形式。美国有着成熟的高保额有条件模式的保证担保市场，是典型的注册公司制保证担保市场。

美国保证担保市场的组织如图 6-8 所示。美国保证担保制度的组织结构可以分为三个层次：其一是担保市场主体，活跃在这一层次的市场主体主要有三类，即担保公司、担保代理和理赔咨询，他们各自承担着不同的市场角色，此外还有一些相关市场主体，如会计师、项目管理工程师等；其二是担保行业，除了市场的直接参与者外，这一层次还主要包括一些行业组织；其三是与担保业相关的外部组织，包括立法、司法、行政三大权力机构以及社会舆论监督机构等。现对这些组织各自在市场中的功能分析如下。

1. 市场主体

(1)担保公司

担保公司是美国担保市场的承保主体。它们是在美国各州的保险部注册从事担保业务的担保公司，主要是非寿险的保险公司，以及部分专门从事担保业务的公司。若想承保联邦政府项目，则还需被联邦政府列入担保公司名单(T-list)，接受财政部的监管。担保公司的核心业务可以分为承保和理赔两大部分。其中，承保是担保公司的工作重点，公司内担任这一工作的人员被称为承保人，他们的工作成效和决策直接关系到担保公司的业绩；而理赔则是向担保产品的最终消费者——业主体现担保价值，并为担保公司保持良好的商誉的工作。美国担保公司的行业

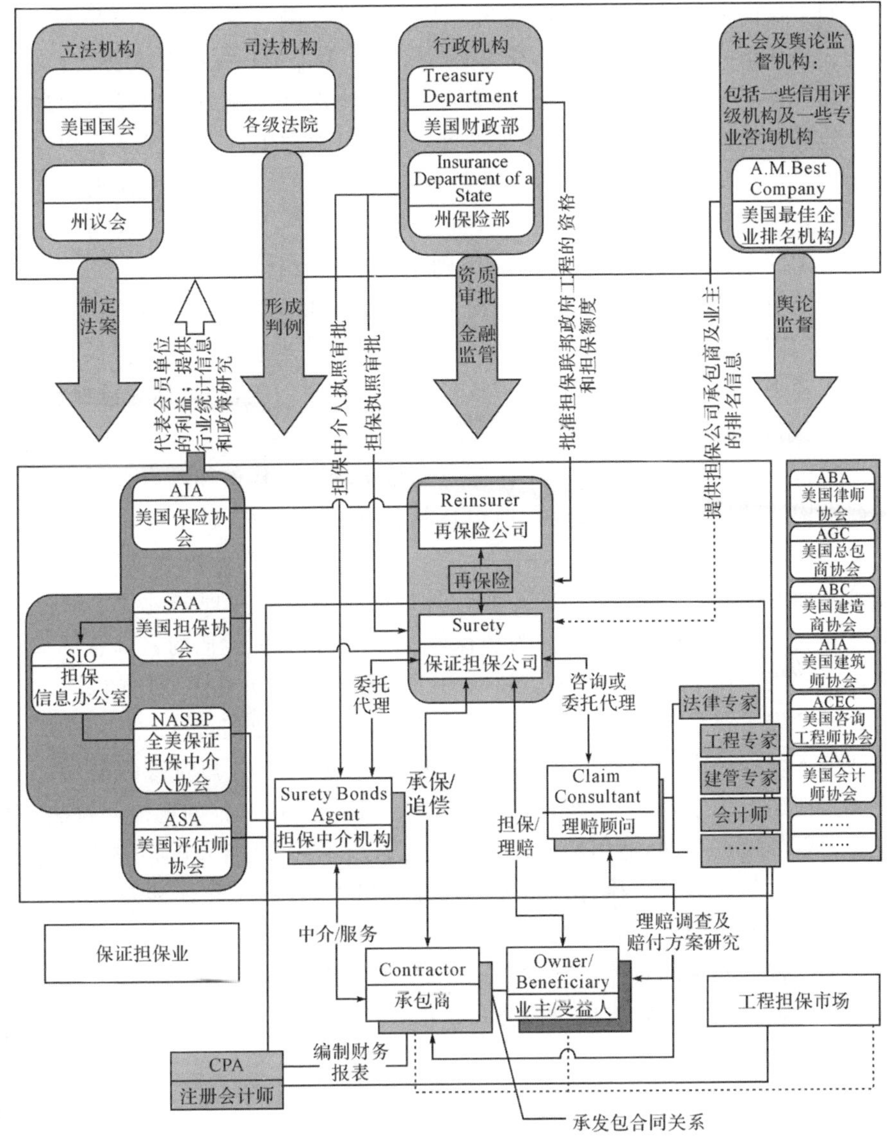

图 6-8 美国工程保证担保制度的组织

协会是美国保证与忠诚担保协会。

(2)担保代理人

担保代理人是担保市场的承保代理和咨询主体，他们是取得州保险部颁发的代理人执照的担保专业人士，主要从事担保中介业务和对承包商的担保咨询。传统上，担保中介组织可分为代理人、经纪人及担保顾问等，由于美国实行的是独立代理人制度，一个代理人可以同时代理多家担保公司，而为承包商提供有价值的服务是他们工作的共同特征，所以这些角色基本上已经融合了。担保代理人的行业组织是全美保证担保中介人协会，简称 NASBP 全美保证担保中介人协会。

代理人在美国担保业中的地位非常独特，也非常有影响力。担保公司通常只有通过他们才能向承包商推销其担保产品，这是因为在美国从事保险和担保的直接推销需要专门的执照，担保代理人的执照就是其中的一种。担保代理人须由州保险部颁发保险代理人执照，为获得执照，他们需经过一定的执业资格考试以及每年完成一定的继续教育课程学分。为区别于一般保险代理人，成为 NASBP 的会员是专业的担保代理人必不可少的身份标志。由于不少代理人有着丰富的担保知识和经验，是从事担保行业的专业人士，所以也常常担当起承包商的担保顾问这一角色。代理人如果得到担保公司的授权可以直接签发保函，则被称为授权代理人。

(3)理赔顾问

担保市场的承保代理和咨询主体是专业从事理赔工作的律师事务所及一些理赔咨询机构，理赔专家主要是律师，但也包括其他咨询专家，后一类人也称自己为 Surety Consultant(担保顾问)。在律师之外，还需要一些工程技术、工程管理及概预算等方面的顾问，他们以自己的专业特长帮助担保公司在理赔过程中解决一些技术性问题，他们可能不是专门只为担保业服务的组织，但他们的咨询意见却是担保公司在理赔工作中不可缺少的。政府对于担保理赔人员并无专门的监管，理赔咨询业的发展主要是依靠市场需求和理赔咨询业者的商业信誉。

理赔咨询这一市场的存在并非由法律规定，而是担保公司自身的需要。在担保公司的理赔工作中，每一个案例都可能有一些特殊的挑战性问题需要解决；而索赔事件发生的地点不同，适用的法律条件就也有所不同，理赔人员必须熟练地掌握违约项目所在地的地方法律、法规、法律程序。另外，理赔工作还涉及对一些特殊工程项目领域的违约事实和违约责任的认定。这一切都使外聘理赔咨询专家成为必要。理赔咨询专家的具体工作方式可能是加入到担保公司的理赔工作小组中，也可能是受担保公司委托代表担保公司直接处理理赔事宜。

2. 行业协会

美国各行各业都有许多行业协会组织，他们对外代表行业利益进行宣传推广和立法游说，对内进行信息交流、制定行业规范以及组织业务培训等，旨在提高行业整体素质，以实现行业的健康有序发展。所有这些工作，对于担保业的健康发展都是非常重要的。

对美国担保业最有影响的行业组织是 SAA(美国担保协会)和 NASBP(全美保证担保中介人协会)。

SAA 是一个以担保公司为会员的行业组织，它是一个对担保业有着巨大影响的背景较为特殊的行业组织。SAA 创立的背景是防止行业内的过度竞争导致保费收入低于担保公司维持正常业务的成本。它的创立得到了美国保险监督官协会

(NAIC)和美国财政部的支持。所以也有人认为它是一个准官方组织。SAA 的主要工作范围包括：

1)为会员单位提供一个交流行业信息和讨论行业发展和共同利益的讲坛；

2)代表行业利益对立法机构、政府、法院、其他相关行业组织及社会公众进行宣传、教育、游说，使担保行业得到更多的社会支持、理解和良好的发展环境；

3)帮助相关政府部门进行行业数据的统计工作，分析行业的平均运营成本和风险分析，为行业研究制定参考性的手册、规范、标准文本等。

SAA 从创立之初，一直负有费率标准研究和为行业制定参考费率的使命。然而，从 1988 年开始，SAA 已不再制定费率，仅仅公布对行业平均赔付成本的统计。发生这一转变的原因是，SAA 不愿意自己被指责为以公布费率标准妨碍自由竞争，而维护竞争则是美国经济政策中的一个恒久的指导原则。

NASBP 是担保代理人的专业行业组织。NASBP 为了维护自己作为具有一定职业水准的担保代理人的专业性行业组织的特色，要求参加该协会的会员都须在担保代理业务上达到一定的业绩标准，要求代理人遵守本组织制定的职业准则。所以 NASBP 的会员资格代表了一定的职业水准。

除了代表会员利益的对外宣传、教育、游说外，NASBP 的工作重点是放在如何为自己的会员提供继续教育机会和提升业务水平方面。因为 NASBP 清楚地认识到，代理人存在的价值除了提供一般中介服务外，还须保持一个较高的业务素质和专业水准，以便为承包商提供有价值的咨询服务，否则这一行业存在的合理性就会受到质疑。

NASBP 与 SAA 的关系非常紧密，它们不仅经常联合举行一些研究、交流和宣传活动，在院外活动中相互配合，还共同成立了担保信息办公室(Surety Information Office，简称 SIO)。SIO 是一个专门向社会公众免费提供担保信息的专业机构。SIO 的使命是向私人投资者推广使用担保这一风险专业工具，使担保市场在私人投资领域得到扩大。目前美国担保市场需求的 83%是来自于公共投资项目，在担保市场竞争日趋激烈的情况下，向私人投资领域扩展对担保业而言是一个很诱人的前景。

另外，在美国，与担保市场密切相关的行业，如保险业、建筑业以及律师等，他们的行业组织与担保业的行业组织之间联系紧密，有的甚至在担保研究方面起着重要作用，现列举如下：

1)美国保险协会(AIA：American Insurance Association)：AIA 是美国保险公司的行业组织。由于担保公司大都是保险公司，也是 AIA 的会员单位，所以 AIA 对美国担保业的发展也密切关注，在代表担保公司利益方面经常与 SAA 采取联合行动。

2)美国保险学会(IIA：Insurance Institute of American)：这是保险业的一个

非营利性的教育研究机构，它在担保业方面的一个重要工作就是会同 NASBP 和 SAA 开设了忠诚和保证担保职业资格认证课程 AFSB(Associate in Fidelity and Surety Bonding)，并出版了系列教材。

3)美国建筑师协会(AIA：Architects Institute of American)：作为建筑咨询业的一个最有影响力的协会，AIA 在工程保证担保方面也做了大量研究，它对担保业最有影响的工作是公布了一系列 AIA 标准保函文本，这些标准文本成为美式保证担保的保函的代表性文本，得到大量的应用。

4)美国总包商协会(AGC：Association of General Contractor)：AGC 是最有影响力的承包商行业组织之一，它与 SAA 等担保行业组织有着密切的关系，同时也从承包商的角度开展一些担保方面的研究。它目前在担保方面最有成效的工作是公布了投标担保、分包担保和 DB 承发包模式下工程保证担保保函的标准文本，这是对 AIA 系列保函标准文本的补充。DB 承发包模式在美国建筑业市场的份额越来越大，而 DB 模式给承包商和担保公司带来了一些与传统承发包模式不同的风险，为 DB 合同设计标准的保函文本是担保业适应建筑业市场需求的一个重要步骤。

5)美国律师协会(ABA：American Bar Association)：ABA 有专门的有关担保法方面的委员会，对担保中的法律问题做了大量研究，并对从事担保业(主要是理赔)的律师提供培训。

3. 其他相关市场主体

担保市场的其他相关市场组织并非特别以服务于担保业为工作中心，但他们的服务却是担保市场健康发展不可或缺的部分。担保业的相关市场主体有很多，这里着重讨论独立的注册会计师行业、建筑咨询业和信息调查咨询业。

(1)独立的注册会计师(Certified Public Accountant，简称 CPA)

独立的注册会计师对担保业有着很重要的影响。在承保方面，担保公司主要依靠会计师事务所提供的财务报表来评判承包商的财务状况。通常，担保公司的承保人对一个承包商的第一个印象就来自于其所提交的财务报表。所以财务报表的编制质量以及编制报表的会计师的身份和背景等都会影响承保人对承包商的判断。所以，对于承包商来说，要成为有担保的承包商，必须首先成为独立的注册会计师的客户，为此，它必须采纳一系列符合注册会计师规范的财务管理制度。

帮助承包商编制报表的注册会计师应该熟悉建筑业企业的财务会计，并了解担保公司的承保风险评判工作对承包商的财务信息的需要，这样，CPA 在帮助承包商编制财务报表时，就能选择最为恰当的编制方法，以便最好地满足承包商申请担保的需要，为承包商的申请顺利获得批准提供方便。

一个好的 CPA 为承包商所提供的服务远远超过了财务报表的编制，他们会为承包商提供内部财务控制的咨询意见，会为承包商安排好的财务管理体系，并帮助承包商建立起好的财务管理信息系统，方便承包商对自己的财务状况随时有好的监测，为承包商的成功经营创造条件。担保公司对于 CPA 为承包商所提供的这些服务的价值有着清楚的认识，所以承保人不仅对他们编制的财务报表上的数据给予很高的关注，同时也会注意其他一些细节所透露出来的信息，如不正常的报表延期提交，报表上的错误和删改痕迹，注释不详，报表缺乏与承包商相应的工作计划之间的联系，所有权、财务制度以及 CPA 的更换等。这些都反映出承包商可能遇到了什么麻烦。

在理赔方面，CPA 也是担保公司掌握承包商财产状况的一个重要信息来源。

(2)建筑咨询业

建筑咨询业在美国是一个重要的行业。建筑咨询业除了提供传统的设计咨询，如建筑师、工程师、机电工程师等的服务外，还有一个重要方面就是项目管理。

美国项目管理咨询业非常发达。项目管理咨询专家可以为担保业提供多方面的服务。项目管理工程师的特长是对项目进行投资控制、进度控制和质量控制，如果业主方在项目开发过程中聘用了项目管理咨询方，则他们对项目进展全过程都有着详尽的文档资料记录，对于帮助担保公司迅速认定承包商的违约事实，确定自己的赔偿责任和损失金额等都会大有帮助。传统上，在项目实施阶段派驻现场的建筑师也是承担这一角色，但其服务内容与形式没有专业的项目管理咨询那么完善。如果一个工程项目没有好的项目管理，而业主与承包商又对违约事实各执一词，则担保公司的理赔工作很容易陷入纠纷之中，难以迅速得到解决，这是因为担保公司的赔付是基于承包商违约这一前提，而赔付之后担保公司有权向承包商追偿。如果违约事实难以认定，承包商不承认自己存在违约责任，或不同意对赔偿责任的认定金额，则担保公司在做出赔付后，将面临向承包商追偿的困难。可见，项目管理咨询业的发展对于担保业也是非常重要的。

(3)信息调查咨询业

担保公司在承保过程中不会仅仅依赖于承包商自己提供的资料，还会做多方面的信用调查。美国的信息调查咨询业异常发达，包括提供一般企业排名或信用评级的咨询公司，如 Ambest(贝氏公司)、Moody(穆迪公司)、Dun&Bradstreet(邓白氏集团)等，也包括一些专门的调查咨询公司，他们应担保公司委托，对特定的承包商企业的经营状况进行调查，写出详尽的调查咨询报告。Dun&Bradstreet 是担保公司考察建筑业企业的一个必备的信息来源，而 Ambest 则为外界选择和考察担保公司的资信提供了重要的依据。这些公司的声誉都是在历年市场竞争中锤炼出来的。

4. 担保业相关的外部组织

美国是一个三权分立的国家。它的立法、司法和行政三大权力机构各自独立地对担保市场发挥着自己的影响。

(1)立法机构

对美国担保业最有影响的立法主体包括国会和各州议会,担保行业协会的一个重要工作就是针对它们有关担保方面的立法活动进行追踪、游说,促进一些有利于行业发展的法案的通过,以及阻止不利法案的通过等。国会通过的密勒法案(Miller Act)和各州参照联邦政府的密勒法案所制定的各种小密勒法案(Little Miller Acts)构成了美国公共项目强制性保证担保的法律基础。

(2)司法机构

司法机关对于担保市场中出现的纠纷做最后的裁决。美国是一个判例法体系的国家,司法判例对整个法律制度有着重大的影响。大量的司法实践为美国的担保法提供了丰富的法官判例,担保专业律师的一个重要工作就是对这些判例加以掌握和应用。

(3)行政机构

美国的政府对担保市场的介入有两个环节。其一是对市场主体的行政监管;其二是对中小企业的担保援助。

美国是联邦制的国家,美国担保业的行政监管主体分为州政府和联邦政府两级。州政府一级的行政监管主体是各州保险部,它们主要是负责批准担保执照,审查定期申报的担保公司的财务报表和不定期地对担保公司的业务和财务状况加以检查,以及接受各担保公司对费率标准的申报并加以审批。对于担保代理人,则主要是批准代理人执照,并要求代理人每年参加由该州认可的一定学分的职业教育培训,可以是由行业组织及各类大专院校举办的专业培训课程,也可以是一些行业内的学术研讨会议等。

联邦政府一级的监管主体则在美国财政部。财政部的监管是非强制性的,但它每年一次公布联邦项目所接受的担保公司名单(T-list)对担保市场有着重大的影响。担保公司并非被强制性要求加入 T-list,但由于 T-list 影响巨大,它不仅是担保公司承保联邦项目的前提,也被许多州及地方政府套用,不少私人业主在对担保公司进行信用考察时也参考 T-list,所以不加入 T-list,也就意味着市场空间将非常狭小。美国财政部对担保业的监管不仅包括直接从事担保业务的第一线担保公司,还包括对担保公司提供再保险的再保险公司。

美国政府的中小企业局(SBA: Small Business Administration)担当着中小企业、少数民族、妇女及残疾人等开办的企业的担保援助的角色。SBA 成立于 1953 年,是美国政府为鼓励和扶持中小企业、少数民族、妇女及残疾人等开办的企业参与市场竞争的专门机构,其宗旨是使国民经济保持持续的活力。同时,SBA 还是为了帮助企业和家庭在遭遇灾害后进行灾后重建的联邦政府银行。它为帮助中小承包商投保设置了两种担保援助计划。在计划 A 中,SBA 对承包商的申请批准后,可为其向担保公司提供 80%~90%的反担保;在计划 B 中,SBA 则通过与担保公司的协议为合格的中小承包商提供70%的反担保，并无须对承包商的申请自行加以审批。政府设置担保援助计划的目的，是为了帮助中小企业更方便地获得担保以参与公共项目投标，并帮助他们迅速成长为符合担保公司承保条件的承包商。

综上所述，可以对美国工程保证担保市场的特点总结如下：

①市场组织有着细致的专业化分工。不仅担保公司自身将担保业务划分为承保和理赔两项核心业务，而且这两个业务方向都各自衍生出了一个相对独立的市场，即担保代理市场和担保理赔市场。

②行业协会组织发达，并对担保行业的发展发挥着重大作用。这些行业协会组织对外代表行业利益进行宣传推广和立法游说，对内进行信息交流、制定行业规范以及组织业务培训等，旨在提高行业整体素质，以实现行业健康有序的发展。

③市场有明确的监管主体，承保主体受到严格的金融监管。虽然担保公司被纳入各州保险部的监管范围，但对于联邦政府，担保事实上作为与财险、寿险等并列的一种特殊的业务，需申请单独的执照。美国财政部的监管，虽非强制性，却通过公共项目强制性担保制度的政策示范作用，将一整套独立的对担保公司的监管标准灌输给了全社会，对于担保公司的规范运作和保持他们在财务上的清偿能力起到了很好的作用。这些监管措施都有效地保障了整个担保业的信用。

④对中小承包商、少数民族、妇女及残疾人的承包商企业提供担保援助。这是美国工程保证担保制度的一个重要组成部分，是政府鼓励建筑业的市场竞争，使市场保持活力的重要举措。

⑤其他相关市场组织完善：包括独立的会计师、建筑咨询业以及信息调查业等，这些相关市场组织并非特别以服务于担保业为工作中心，但他们的服务却是担保市场健康发展不可或缺的部分。

三、工程保证担保运行机制

从一般意义上说，“运行机制”是指某一客观系统内部各构成要素之间相互作用并且具有规律性的运行过程和方式。主要包括如下要点：一是运行机制由多个要素构成；二是运行机制的各构成要素之间相互作用、相互依存，缺一不可；三是运行机制具有规律性；四是运行机制是一种运行过程和方式。

在建设工程保证担保运行机制之中，各个组成要素、部分和环节之间彼此联系、相互制约、相互影响，从而促进保证担保的正常运行。这种运行机制是一个有机整体，其主要由四大机制构成。

1. 担保获得机制

获得机制是整个保证担保运行机制的前提，为保证担保其他机制的运行提供必要的准备。获得机制包括承包商提出申请和担保人进行审查两部分，申请所需提供的材料根据审查的需要进行设定，一般由担保人事先确定。

2. 担保管理机制

管理机制是保证担保运行机制得以实现担保目标的重要保证。担保人签署工程担保以后，并不意味着担保任务已经完成，通过管理机制使得建设项目得以按时按质完成才是担保各方的共同期望。

3. 担保赔付机制

赔付机制是工程担保运行机制中最为重要的内容和环节之一，也是债权人的直接利益所在。可以说，工程担保赔付能否有效运行，是关系工程担保制度实施成败的关键。

4. 担保保费确定机制

保费确定机制是保证担保运行机制的有机组成部分，它既关系到承包商的项目建设成本，又关系到担保人的运营风险。

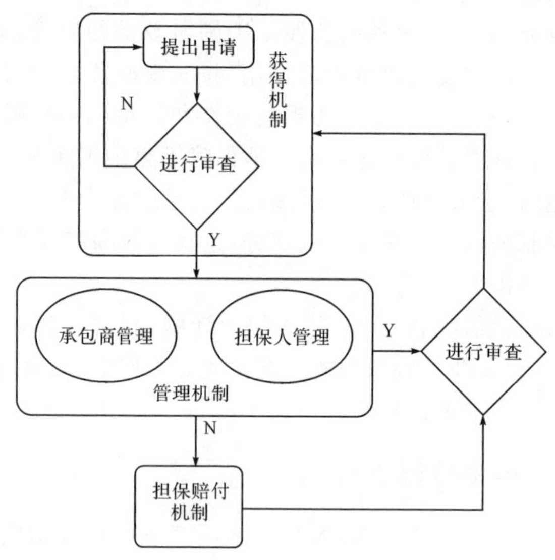

图 6-9　建设工程项目保证担保运行机制

(一)担保获得机制

对于我国快速发展的建筑行业来说，面对层出不穷的工程安全问题、质量问题和拖欠农民工工资问题，实行建设工程保证担保制度，建立相应的运行机制已是大势所趋。这其中的第一步也是基础性的一步就是构建保证担保的获得机制。保证担保的获得由承包商提出申请和担保人进行审查两部分组成，其中申请是为审查服务的，因此担保能否获得的关键在于审查部分。

1. 承包商提出申请。目前我国建设工程保证担保的承保主体主要有专业的担保公司、银行或其他金融机构等，根据承保机构的不同，承包商申请担保所需要的材料也不尽相同。一般而言,承包商与承包单位进行初步协商后需要领取并填写《委托担保申请书》,递交下列材料,并做到保证其真实性。

(1)企业的章程及营业执照复印件;

(2)企业法定代表人的身份证明;

(3)具有法定资格单位提供的企业近3年的损益表、资产负债表、利润分配表、财务状况变动表以及承保单位认可的资信证明;

(4)建设项目的可行性研究报告及主管部门的批件;

(5)提供落实反担保措施的文件:抵押反担保的应提供能够证明抵押物的名称、数量、范围、所在地、产权归属、占有方式等情况的有关文件材料,经具有资格的资产评估机构对抵押财产做出的评估报告等材料;信用反担保的应提供信用反担保人的营业执照复印件、企业章程、利润表、资产负债表等足以证明信用反担保人的资信情况及履约能力的文件材料。

2.担保人进行审查。对项目的可行性进行审查,一般要成立项目评审小组。评审小组由下列人员组成:行业技术分析师、财务专家、融资顾问、经济专家、经济技术分析师、项目负责人。上述人员从不同角度对承包商的资历提出报告,最后由评审委员会讨论决定项目是否可行,并确定可向承包商提供的担保限额。目前通行的担保资格审查主要是审查承包商的"4C系统"。因为审查承包商履约能力的四个要素的英文单词都以"C"开头,故称其为4C系统。"4C"分别指的是承包商的品德(Character)、能力(Capacity)、财务状况(Capital)、持续性(Continuity)。前三个C是担保业传统的标准,"持续性"则是近年来才开始采用的新标准,是指承包商持续发展的能力。

品德是指承包商愿意履约的可能性。这个因素在对承包商的资格审查中是非常重要的,因为承包商是否愿意尽自己最大努力来按照承诺履约,直接影响到建设工程的完成情况。品德良好的承包商具有履行合同的高度责任感,即使时运不济,对于所承担的合同义务一般也会尽力按照规定履行。相反,道德品质恶劣的承包商有可能恶意违约,以换取个人利益的最大化。可以说承包商的品德是决定其信用可靠程度的最重要因素,要将承包商的品德因素放在担保资格审查过程中的首位进行考虑。

能力通常包括法律和经济两个方面的含义。首先从法律上讲,是指承包商是否具备向担保公司提出担保的权利,即是否具有担保申请资格。因为合法的担保才是防范担保风险的基础。其次从经济上讲,是指承包商能够如实履约所应具备的资源状况,主要指设备资源、技术能力、人力资源和经营管理能力。设备资源包括投保人现有设备居国内、国际的技术水平,设备的使用情况、目前可供调遣的设备情况以及计划采购的新设备等。就技术能力而言,我们一般认为,企业中具有较多高技术级别的工程人员、较丰富的施工设计经验、较高的资质等级,那么它就具有相对较高的履约能力。人力资源是建筑市场经济中最为活跃的一个组成部分，承包商应是熟悉国内外承发包业务，适应性强、工作效率高、竞争能力强的高层次复合型人才。建筑产品工序连续性强，涉及面广，受自然环境影响大，对施工的组织管理要求较高，科学的经营管理是圆满完成建设项目的基本保证。

由于建筑产品具有规模大型化、投资巨额化的特点，施工企业需要雄厚的资金实力来支撑。因此，财务状况是担保机构审查的重要内容，也是工程顺利完工、投保人按期履约的重要保障。对投保人财务状况的审查主要考察以下指标：财务状况指标、过期债务价值、流动资金计划信用额度。雄厚的资金实力更容易使承包商得以冷静地处理建筑施工过程中遇到的各种问题，控制并化解自身风险，这样，担保机构才能按要求为其出具担保。

持续性，指承包商持续发展的可能性，一个公司的长期持续发展关系到本公司经济计划的长期贯彻执行。承包商发展的持续性包括两方面内容：一是建筑行业的发展前景，二是承包商自身的发展前景。我国目前经济保持了长期高速发展，投资规模不断扩大，对建设行业的发展需求也越来越强。因此，从这意义上讲我国建设行业的发展还是有相当潜力的。就承包商自身发展而言，承包商的成长能力和发展前景是承包商履约状况的动力要素。它也是推动承包商不断前进、改善履约状况的推动力。有的承包商当前履约能力不好，但是成长动力很大，发展潜力很足，这时如果担保机构能够为其提供担保，往往会使双方均获得巨大的商业利益。

在考察了上述情况后，可以根据不同的偏好，采用专家评分法，基于各个因素不同的权重，计算出担保限额。担保限额可以通过以下公式进行计算：担保限额＝(速动资产－负债)×乘数＋固定资产。速动资产是指可以迅速变现的资产，如一年内到期的债券、银行承兑汇票、股票等。乘数值由承包商的经营状况与工程的规模及复杂程度来确定，或由专家打分来确定，一般取10～30。

担保限额确定后，担保限额与承包商当前未完工程总额之差就是担保人可以提供新的工程担保的额度，即净担保限额。如果承包商的担保要求小于其净担保限额且担保人在综合审查了4C内容之后，认为承包商有能力承接工程，则新的担保可以接受。如果担保要求已接近净担保限额，或者是承包商对一项特别巨大的或完全新型的工程提出担保要求，那么就应该要求承包商提供严格的反担保或拒绝给予新的工程担保。

(二)担保管理机制

双方签订保证合同之后，就应该加强工程担保的管理，这样既可以随时了解项目的实施和进展情况，还可以及时发现项目建设过程中可能存在的问题并及时解决，减少不必要的纠纷，确保项目顺利完成，实现双赢乃至多赢。作为工程保证担保的当事人，承包商和担保人都有责任和义务对工程担保进行管理，维护自身在项目进行过程中的利益。

1.承包商的担保管理。根据我国担保法的规定,承包商违约后债权人可以直接向担保人提出赔偿,而担保人在赔付后可向承包商进行追偿。这样就在一定程度上妨碍了承包商就某些原因产生的对债权人的抗辩,使其处于不利地位,同时也就对承包商的担保管理提出了更高的要求。

承包商的担保管理主要包括以下内容:第一,报价前应对标书和有关合同条款进行认真研究和审查,并结合自身的承建实力参与投标,一旦中标而又不能签订合同,其投标担保的保证金将被业主没收,从而给公司造成损失;第二,认真分析招标书中各类保函的条款,争取将各条款的内容进行细化,以避免引起不必要的争议,对于使自己处于不利地位的条款更应仔细斟酌,考虑能否将其删除或变通;第三,选择正确的担保人,保证其能收取合理的保费,并在必要的时候为工程的顺利实施提供帮助;第四,承包商在同一时期涉及的担保种类与数量可能是很多的,应安排专人负责担保的日常管理,随时了解工程进展状况,防止违约和债权人的无理索赔。

2.担保人的担保管理。担保人签署工程担保之后,并不意味着担保任务已经完成,对担保项目的后期还要投入很大的精力。因为对项目的保后检查,既可了解项目进行情况,又能对项目进行过程中出现的问题及时帮助解决,促进项目顺利进行。

担保人的担保管理主要包括以下内容:第一,审查项目资金使用情况;第二,检查项目履行情况,督促承包商严格履约,如若发现问题,应及早采取措施;第三,及时向承包商收取保费,防止迟收、少收、漏收;第四,对于预付款担保,应随着预付款的扣留而逐渐减少,因而在预付款逐月扣还后,要注意调整担保金额,并让业主确认;第五,担保到期后,要注意注销并收回担保;第六,发生业主索赔时,按照担保合同的规定程序及时做出赔付。

当担保的工程结束后,业主通常要递交给保证人一份报告,包括承包商履行工程的情况、工作中的变更以及最终的合同额。此时,担保人还应根据自己在整个建设工程中所掌握的情况及业主的反馈信息对承包商履约情况做出综合评价,并记录于内部的信息数据系统,为双方下次的业务往来提供参考,从而减少信息不对称带来的巨额交易成本。如果承包商在此次工程项目中能做到顺利完成任务,不曾请保证人出面善后,保证人则可以考虑今后提高其担保额度并适当降低担保费率等。

(三)担保赔付机制

当承包商发生违约行为,业主就其违约行为产生的损失,既可以直接向承包商提出索赔,也可以向担保人提出索赔,也可以向担保人提出赔偿。在实际操作过程中,业主为了及时顺利地提到赔付,往往选择向担保人提出索赔。为了保障业主的损失能够得到及时的赔付,同时也为了防止业主提出无理赔偿,真正实现维护各方当事人的正当利益，保证担保的运行机制中设计了一套严格的赔偿机制。

(1)承包商的违约行为是业主提出赔偿的前提条件。这里的违约包括两种情形：一是承包商违反承包合同；二是业主宣布承包商违约并中止其继续履约。需要注意的是，违约事件并不等同于一般的违反合同事件。在工程合同履行过程中规定的义务，而由担保人承担这种义务或进行赔偿时，才构成违约事件。造成承包商违约的原因有很多，既有主观方面的也有客观方面的。主观方面的原因主要有：承包商在履约一定阶段后，认为所得到利润已够，宁愿舍弃保证金，转而经营其他高利项目；承包商在建设项目工作过程中产生的失误与疏忽；承包商因经营不利而亏损过多，无力继续履约，宁肯牺牲保证金而避免继续履约所造成的巨大损失；承包商宣告破产；等等。客观方面的原因则主要有：工作范围的扩大；偶然事件的发生，如通货膨胀、汇率变化、政策法令等。

(2)在没有特殊约定的情况下，担保人可以就其担保责任的承担方式进行选择，不一定就是做出资金赔偿。担保人承担其担保责任的方式主要有三种：①向承包商提供资金及技术援助，使其能够继续履行合同义务；②直接接管该工程或另觅经业主同意的其他承包商进行项目建设；③在保证金额范围内赔偿业主的实际损失。担保人具体采取何种方式履行担保合同，一般要根据特定的工程条件、合同环境来确定，需要对建筑工程的状况做一个细致分析。可参考如下公式进行判断：S＝未完工程费用＋招投标费用＋已赔付费用－合同价款。如果 S 小于担保金额，则担保人应选择承接工程较为有利；如果 S 大于担保金额，担保人应选择赔付，这时其承担的责任限制在担保金额承担范围内。

(3)业主要想取得赔偿还需严格按照一定的程序进行办理。一般来说，只有当业主向保证人提交了合同要求和各种索赔文件，足以证明承包商违约并造成损失后，保证人才能向业主进行赔付。这些文件主要有以下几类：①业主在索款书之外另行出具的，就申请人已违反基础合同等以书面做出的具体说明；②第三人出具的证明申请人存在某种违约事实的书面文件；③仲裁庭或法院就基础合同争议所做的裁判；④受益人和申请人就基础合同纠纷达成的书面协议。

(4)在一定条件下，担保人的担保责任还可以解除，并不必然要承担担保责任。①除非合同另有约定，当担保合同发生了实质性的变化时，担保人的担保责任即告解除。担保人也可以在担保书中对这种性质及范围的更改预先确认，这在大多数担保合同中是很普遍的条款。②基础合同当事人双方串通，骗取担保人提供担保的，担保人的担保责任即告解除。③基础合同债权人采取欺诈、胁迫等手段，使保证人在违背真实意思的情况下签发担保。

(四)担保保费确定机制

工程担保保费是担保人向被担保人提供担保服务时收取的费用，本质上是对担保人承担一定风险的补偿。为了保证工程担保的顺利推行，国家应尽早为工程保证担保制定一个统一的收费标准，明文规定工程担保费用计入工程成本，并最终由业主负担。

对于保费的计算方法，比较可行的是用“保额与保费费率及时间的乘积”来计算，即：保费＝保函金额×担保费率×保证时间。在保函金额已确定的情况下，保费主要由担保费率的大小决定。担保费率的制定是一个复杂的问题，需综合考虑如下因素：①担保的种类、期限和金额；②反担保情况；③被保证人的资信状况和履约能力；④债权人的状况；⑤工程项目的状况；⑥同业竞争因素；⑦投保需求预测；⑧宏观经济运行对担保业的影响；⑨法律法规的改变对费用的影响；⑩风险的规模；⑪风险的性质；⑫已知风险的类别；⑬法规的限制；⑭信用延伸的价值；⑮信用风险的程度；⑯所要求服务的性质；⑰代理费标准；⑱再保成本；⑲逆向选择的影响等。

以上四种机制相互作用、相互影响、相互协调，共同构成建设工程保证担保的运行机制。担保获得机制中对承包商“4C 系统”的审查及保额的确定需要以担保的管理和赔付为依据，保费的确定也需要以担保的获得、管理和赔付机制作参考，担保的管理机制始终贯穿于运行机制的各个环节，避免赔付的发生或使其尽量少发生更是以前三者为保障。

第四节　工程保证担保保前保后管理

一、工程保证担保保前管理

（一）项目小组组建

担保公司在收到投保申请后，应进行工作安排，分派工作人员组建项目小组。在指派时，需要考虑人员的专业技能、专业特点和业务能力，形成能够胜任任务要求的队伍。若机构内部人员不能满足要求，可以委托第三方机构，共同完成任务。

（二）项目受理

担保项目的受理是担保机构开展担保业务的第一步。所谓项目受理，就是担保机构根据自身经营情况和市场定位等情况，选择合适的担保业务。一般而言，不同的担保机构，受其经营宗旨、市场定位及风险控制条件等因素的限制，各自的担保项目的受理条件不尽相同。

担保机构在其开展担保业务过程中，首先就面临着担保项目是否符合自身经营情况的约束。对于符合自身经营情况的担保业务才能受理，而对于不符合自身经营情况的业务则需拒之门外。

(1)项目受理条件

一般来说,担保机构在其经营过程中,都会设定项目受理的原则和条件,一方面可以作为项目初选条件,对于不符合基本条件的项目不再进一步进行正式评估,从而提高工作效率、降低经营成本。例如,担保申请人的担保申请超过担保机构既定的业务受理行业类别,出于风险及成本考虑,担保机构一般都会拒绝其担保申请。另一方面可以排除高风险担保品种和高风险项目,控制担保业务的系统风险。例如,担保项目的单笔担保额超过担保机构的最大担保额,出于风险控制因素的考虑,一般会要求被担保人降低担保额或者直接拒绝其担保申请。

依据担保机构既定的担保受理条件,项目受理的过程一般包括项目咨询、项目初审、项目材料的收集等环节。不同性质的担保机构,其担保项目选择的基本原则不尽相同,项目受理的条件也会有所差别。但担保机构确定是否受理的基本条件一般都包括以下几个方面。

1)经营宗旨

担保机构的经营宗旨是担保机构选择担保项目需要考虑的最主要因素之一。一般而言,担保机构为了控制其担保项目的风险,会根据担保机构自身的情况从客户地域、客户企业类型、担保项目类型等方面选择符合担保机构自身经营宗旨的担保项目。

2)风险控制条件

担保机构出于风险控制和防范的要求,除了在上述经营宗旨方面进行业务限制之外,还会在选择担保项目时在设定最大担保额、担保准入门槛、担保排除条件等方面进行限制。

①设定最大担保额。从风险控制的角度考虑,担保机构在开展担保业务时可设定单个企业最大担保额、单笔最大担保额及某一区域最大担保额。

所谓单笔最大担保额,是指在担保业务中,对单笔担保业务的担保额度规定的最大额度。设定单笔最大担保额是分散担保业务风险的有效措施。不同的国家和地区,担保机构提供的单笔最大担保额相差较大。如世界银行多边担保机构规定,每个项目的担保金额不超过5000万美元。我国没有专门的法律法规规定单笔最大担保额,但担保机构会根据自身的资金规模和风险承受能力设定单笔最大担保额。

所谓单个企业最大担保额,是指在担保业务中,为防止风险过于集中,对单个企业设定的最大担保额。相对于单笔最大担保额,由于可能出现单个企业多次担保申请,从而使得担保机构的担保风险过于集中。因此,在设定单笔最大担保额的同时,还需设定单个企业最大担保额。一般而言,单个企业最大担保额可以设定为担保机构注册资本金的一定比例。如日本直接设定为最高担保限额,如一个企业的信用保证额度为2亿日元。

某一区域最大担保额是指担保机构在开展担保业务过程中，为了防止发生区域性的集中性风险，而限制在某一区域的最大担保额。如世界银行多边担保机构规定，对每个国家的担保总额不超过1.75亿美元。

②设定担保准入门槛

设定担保准入门槛，是指担保机构设定申请担保企业应具备的基本条件。各个担保机构所设定的准入条件不尽相同，但一般都包含以下几个方面。

a.被担保企业的法律资格条件，即被担保企业必须是在国家有关部门依法登记注册、独立核算、自负盈亏，具有法人资格和履约能力的经济实体。

b.被担保企业的财务条件，即被担保企业的财务会计核算规范，资产状况良好，依法纳税，没有不良的信用记录。

c.被担保企业的经营能力，即被担保企业应具备持续经营能力，具有符合法定要求的注册资本金和必要的营运资金、经营场所及设施，并持续经营一定年限。同时被担保企业应拥有良好的产品销售网络或者经营服务渠道，具有与融资规模相匹配的销售或营业规模，拥有稳定的客户群和现金流。

d.能提供一定的反担保措施，即被担保企业能提供担保机构认可的反担保措施。

③设定担保排除条件

担保机构为了提高经营效益、降低经营风险，除了根据自身经营宗旨以及设定风险控制条件来选择被担保企业之外，还会规定一些限制条件和指标，明确说明不能提供担保的情况，以回避条件较差、风险过高的项目。当然，各个担保机构明示的不提供担保的情况也会因担保机构自身的经营情况而各不相同，但主要涉及以下几个方面。

a.企业信誉状况。担保机构一般对企业信誉状况不良、有较严重的不良信誉记录和行为的企业不提供担保。如拖欠银行贷款逾期未还、偷税漏税的企业，特别是与原担保机构有逾期债务关系尚未解除的企业。

b.企业诚信状况。主要是担保申请人是否有弄虚作假的行为，包括企业财务报表和申请担保时提供的申请资料等方面。同时，申请企业如果涉及重大民事、经济纠纷，且没有最终认定结果，以及最近几年有不良经营和违法违约记录，一般也不接受其担保申请。

c.企业对外投资状况。企业对外投资过高可导致投资失败，从而影响担保项目的资金安全。因此，担保机构一般对对外股权性投资总额超过其净资产50%的企业拒绝提供担保。此外，对于被担保的融资用于股权性投资的项目一般也不提供担保。

d.企业主要负责人状况。包括企业主及其经营团队等在内的企业主要负责人是企业能否持续经营且按约履行债务的重要条件。担保机构对于企业主要负责人资信差、经营管理能力低下,或者经营团队缺乏合作精神、团队素质差的企业,一般也不接受其担保申请。

(三)信息调查

对于担保机构而言,项目受理是担保机构开展担保业务的起点,也是信息调查、采集的起点,同时,项目受理环节所调查、采集的信息是做出受理还是不受理的判断的基础,更是担保业务运营的基础。而信息调查的主要目的是为了了解和核实担保申请企业的真实情况及其所提供的信息资料的真实性,并为项目担保评审提供信息。信息调查一般包括制定信息调查提纲和实施信息调查两个步骤。

(1)制定信息调查提纲

信息调查提纲是指项目调查人员在调查之前为达到调研的目的,针对调查的项目和内容制订的一个调查计划。担保业务所涉及的调研提纲,主要依据担保申请企业所提供的初始资料和信息,围绕调查对象的行业特点、生产经营模式和主要财务指标制定,以达到掌握和核实的目的。

合理的调查提纲既要做到全面,又要重点突出。实际上,一般是担保机构事先制定统一的调查提纲,并针对申请企业的特点和担保的业务种类,调整提纲内容。各个企业所处的行业不同,经营状况也不同,担保从业人员应根据担保申请人的实际情况量身定做项目的调查提纲。通过有针对性的调查提纲,可以明确调查的工作内容,有步骤地进行后续工作,提高项目调查工作的质量和效率。

制定担保信息调查提纲应注意以下三点:

1)制定项目调查提纲实际上是对企业信用状况、经营管理能力、经营理念、发展趋势等定性分析的数据印证和客观检验,这也是进行项目调查的目标。

2)制定项目调查提纲要着重于客观、真实、完整地反映调查对象的经营情况。

3)制定项目调查提纲应根据贷款担保申请人的实际情况,秉承务实高效、抓大放小、实质重于形式的原则。

(2)实施信息调查

1)申请担保企业的基本情况信息

申请担保企业的基本信息包括企业的营业执照,税务登记证,组织机构代码证,银行开户许可证,公司章程,验资报告,贷款卡,主要股东和法定代表人的身份证、户口本、婚姻状况证明等信息。

实际调查中需要注意以下三点:

①相关资料的复印件要与原件核对,保证资料的真实性和有效性。

②企业贷款信息方面,除了对申请企业当前的信息查询收集外,还要对企业的贷款五级分类或有负债以及历史记录等情况进行全面收集,以便全面动态地分析企业的负债和信誉情况。

③关于主要个人股东及法定代表人个人信息的收集与查询。由于很多中小企

业股权结构比较简单,家族式企业或者股权高度集中的情况很多,企业主或者主要经营者的经营思路、管理作风直接贯穿于企业生产经营的全过程,因此在信息收集与查询过程中要特别注意对企业主或主要经营者的信息收集与核实,这也是担保业务或者贷款业务能否成功还贷的关键。信息收集过程可通过个人信用信息查询、与经营者及其下属面对面的沟通交流等方式全方位、多角度地进行。

2)申请担保企业的生产经营信息

企业的生产经营信息主要包括产品介绍(或者主要业务介绍)公司资质,主要业务相关认证和证书,相关产权、产品(或服务)许可证以及近期履行的业务合同等。

由于不同的企业,其经营状况千差万别,其经营过程中的主要风险也各不相同。因此,在收集申请担保企业的生产经营信息的过程中,要根据企业的主要业务特点有针对性地进行。

3)申请企业的财务资料信息

财务资料的收集与分析是贷款担保业务信息调查过程中最量化、最客观的部分,但也是经常出现造假的部分。目前中小企业普遍存在交易不透明、为避税而虚假做账等现象,担保机构在进行财务资料信息收集的过程中,为了全面掌握企业的财务情况,除了收集企业的对外财务报表、纳税申报表之外,还要收集企业的内部会计报表。同时,为了核查企业的现金流量,最好能收集尽可能多的银行对账单,有时甚至需要收集企业主的个人存折、信用卡的相关个人账户信息。

收集与分析企业财务信息,是为了评价一个企业的财务是否健全,财务结构是否稳健与合理,最主要的是分析企业是否具备相应的还款能力。而中小企业普遍存在大量信息失真、缺失和信息不对称的情况,因此,全面、真实、准确地掌握企业财务信息是财务分析的前提。

4)反担保措施信息

反担保措施是担保机构控制担保业务风险的重要手段,反担保措施信息是保证担保业务安全的重要信息。担保机构要求担保申请人提供的反担保方式一般有信用反担保、抵押反担保和质押反担保。不同的担保方式所要求的反担保信息也各不相同。信用反担保主要关注反担保人的主要股东或负责人的信用信息;抵押和质押反担保更关注抵押或质押资产的信息。

(四)项目评估与决策

通过对担保项目的项目初审和资料调查之后,担保机构下一步就是对担保项目进行全面评估。所谓担保项目评估,就是在详尽现场调查和资料调研的基础上,运用信用风险的度量方法,对企业做出客观、科学、系统、全面、稳健的综合评价。担保项目的评估工作要全面、准确、客观地反映申请担保企业的经营情况,主要由企业资信评估、建设项目评估、反担保措施评估等部分组成。担保项目评估是担保业务中的重要环节，也是保证担保机构科学决策、持续经营的重要前提。

在对担保项目进行评估之后，担保机构要对该项目做出相应的决策，即是否承接该项目的担保业务。

1. 担保项目评估的基本内容及步骤

(1)担保项目评估的基本内容

担保项目评估主要由担保申请人资信评估、建设项目评估和反担保措施评估等部分构成。

1)担保申请人资信评估

在担保项目评估中，担保申请人资信评估是最为关键的一环。资信评估包括对企业的基本情况、企业经营素质、市场与产品、资产结构与资产质量、领导能力及管理水平、信用状况等的分析，还要对企业的经济实力、经营效率、盈利能力、偿债能力、企业成长性等进行评价。担保申请人资信评估的结果是对被担保人偿债意愿和偿债能力的评判，也直接影响担保项目评估的最终结果。

2)建设项目评估

建设项目评估内容包括对项目建设的合法性、必要性、可行性等进行分析，并对项目所属行业、产品市场、项目技术、项目投资估算及资金筹措计划、项目未来经济效益以及项目风险等方面进行综合分析。通过对建设项目的综合分析，担保机构可以掌握担保建设项目的偿债能力，从而为担保项目评估提供依据。

3)反担保措施评估

反担保措施是担保机构控制担保项目风险的重要措施之一，也是担保机构风险防范的最后一道屏障。根据《最高人民法院关于适用〈中华人民共和国担保法〉若干问题的解释》的规定，反担保方式包括抵押、质押和第三方保证。其中，抵押和质押反担保方式的评估主要是对担保物的评估和反担保方案的评估，第三方保证的反担保方式的评估则与担保申请人资信评估相似，只是评估对象为提供反担保保证的第三方。需要注意的是，担保机构通过反担保措施控制风险只是出现风险之后的补救措施，其降低风险的能力是相对的，因此，担保项目评估应该以前两者评估为主。

(2)担保项目评估的步骤

由于各个担保机构的规模以及机构设置各不相同，因此，各担保机构的担保项目评估程序也会有所不同。典型的担保项目评估一般可以分为以下几个步骤。

1)资料收集与审核

资料收集与审核主要是指担保机构根据机构自身对于担保项目评估要求担保申请人提交的资料进行收集，同时审核申请担保资料是否齐全、相关资料证件是否真实、复印件是否与原件一致等。对于资料不齐全者，担保机构需要求担保申请人补齐资料。

2)项目初审

项目初审主要是审查申请担保项目是否符合本担保机构规定的项目选择标准。一般而言,受到资金、规模、技术的限制,每个担保机构都有自身的担保项目选择标准。对于不符合担保机构自身的担保项目将不再进行后续评估步骤。

3)成立项目评估小组,制订评估计划

对于符合担保机构选择标准的担保项目,担保机构将根据项目类型、担保资金规模、担保期限、主要风险等因素制订担保项目评估计划,同时成立项目评估小组,确定项目负责人和项目经理。

4)现场考察

现场考察是对担保申请人及反担保保证人或反担保物等相关企业进行实地考察,同时,走访相关银行、客户及其管理机构等,以核实担保申请资料的真实性。

5)资料分析

资料分析是在结合现场考察情况的基础上,综合分析担保申请人所提供的以及担保机构收集的相关资料,对担保项目进行分析和综合评价。

6)形成评估报告

在前述资料分析的基础上,按照评估计划要求进行分项和综合评估,得出评估结论,同时撰写评估报告。

7)报告审批

一般来说,担保项目申请经过评估部门评估形成评估报告之后,还需要担保机构相关部门进行进一步审核并签署评估报告,此时,评估报告才具有相应的效力。

8)项目决策

评估通过的项目最终还需要报担保机构决策部门按照规定的权限进行逐层审批,并根据机构业务实际综合考虑进行项目决策,即是否承接该担保项目申请。

2. 担保项目资信评估

在担保项目评估过程中,担保项目资信评估是至关重要的一个环节。在信用担保发达的国家,担保项目资信评估评级较差将直接导致整个担保项目评估结果不通过。在担保实务中,正因为其重要性,也有担保机构借助外部第三方专业评级机构进行评估。据此,担保项目资信评估也分为担保机构自身开展资信评估的内部评估和聘请第三方专业评级机构的外部评估。从国际担保实务来看,一些风险管理水平不高的担保机构大多倾向于借助第三方的外部评估进行风险管理,也有一些担保机构将内外评估结合起来,以使得评估更加全面。而我国担保实务中,担保机构一般实施内部自行评估,也有一些担保机构参考或者直接采用贷款银行机构的评级结果。

(1)资信与担保项目资信评估的含义

所谓资信,即履约能力和可信任程度,有广义和狭义之分。广义资信是指民事主体从事民事活动的能力和社会对其所做的综合评价。它一般由民事主体的经济实力、经济效益、履约能力和商业信誉等因素决定，并具有专属性、时间性、非财产性、客观性、差异性和决定性的特征。而狭义资信主要是指金融活动中债务人的偿债能力、履约状况、守信程度及由此而形成的社会信誉。相对于广义资信涉及民事活动的各个方面，狭义资信仅存在于金融市场。本书中对应建设工程项目的资信一般是指广义资信。

资信有广义和狭义之分，那么资信评估也有广义和狭义之分。广义资信评估是对各种民事主体在从事民事活动时，采用科学的分析方法，对其履行各种经济承诺的能力及可信任程度进行综合评判，并以简明的符号表示其资信水平，同时向社会公众公布的一种评价行为。酒店的星级评级、医院的评级等都属于这一范畴。而狭义的资信评级仅指在金融信贷等活动中，对债务人的偿债能力、履约状况、守信程度、基础素质、综合实力以及社会信誉的评估。居民贷款购房活动中银行对贷款人的评级就属于狭义资信评估。

(2)担保项目资信评估的特点

担保项目评估是一个运用大量信息和多种分析方法的系统工程。为了保证评估结果的全面、科学和准确，在评估过程中需遵循稳健性、客观性和系统性原则。其特点主要体现在以下几个方面。

1)静态与动态相结合，兼顾过去分析和未来预测

资信以经济主体的法律人格为存在前提，具有较强的时间性。对特定的经济主体而言，其资信情况并非一成不变，而是随着时间的推移，其经济实力、经济效益、履约能力和社会信誉等都会发生量变甚至是质变。因此，在资信评级过程中，担保机构收集到的企业信息都仅仅是各个时点和各个时期的信息，是静态信息，仅能反映企业当时的状况。但在不断变化的经济社会中，企业的生产经营状况、经济实力等方面都在不断变化。因而，在担保项目资信评估过程中，必须在分析静态指标的同时，结合经济社会指标和行业发展趋势、国家经济政策变化、企业发展状况等信息，判断企业各类指标的变化趋势，乃至预测企业未来发展前景，动态分析企业资信状况。

2)定性评价与定量分析相结合

在担保项目评估中，一般以定量分析为主，特别是对于财务信息的分析，主要采用定量分析方法。但在实务中，有很多不能量化的指标，对此，评估人员需要进行综合分析和比较，做出定性评价。在担保项目资信评估实践中，定量分析和定性评价是相辅相成的，既要独立进行，又要相互交叉，最终形成综合判断。

3)资料分析与实地考察相结合

担保业务具有较高的风险性，而担保项目资信评估是担保业务风险控制至关重要的一环。为了控制风险，资信评估除了对相关资料的分析外，还需要进行现场

考察和核实。现场考察可以直观了解企业规模、生产能力、主要产品、经营状况、管理能力、技术能力以及人员素质等方面，所获取的资料也是第一手直观资料。

此外，由于担保业务的特点及担保申请人与担保机构的信息不对称，有些企业为了获得担保贷款有可能出现提交虚假资料等现象。对此，通过现场考察也可以现场核实企业提交资料的真实性。实务中，可通过走访审计机构、银行机构、海关、税务及上下游合作企业等相关单位，以准确掌握企业财务状况、盈利状况及资金需求状况。

4)宏观分析与微观分析相结合

企业资信受到企业内部因素、外部因素、宏观环境、微观环境的影响，因此，担保项目资信评估必须兼顾宏观分析和微观分析，从国内外市场等方面进行全面分析，其评估结果才具有全面性、科学性和权威性。

具体来说，宏观环境包括经济形势、经济政策以及行业情况等外部支持力度方面。其中经济形势又包括国民经济总体运行情况，以及消费、金融、信贷等方面的影响；经济政策包括财政政策、货币政策以及收入政策等方面的影响；行业情况包括产业政策、行业特征、行业周期、行业水平、行业发展前景等方面及技术装备水平等；财务状况包括企业现金流量状况、收益状况、资产负债状况等财务状况；重大事项则包括重大关联交易、重大投资项目、重大资产重组、重大或有事项以及重大诉讼案件等。

5)横向分析与纵向分析相结合

由于企业资信具有专属性和时间性，在担保项目资信评估过程中，必须将评估对象与相关行业、相关企业或相关项目进行横向比较，分析其所处的地位和优劣势；同时，还必须将评估对象的当前状况与其历史发展相比较，纵向分析其成长性、发展潜力和趋势。

(3)担保项目资信评估的方法

担保项目资信评估中常用的定量分析方法，主要有比较分析法、比率分析法和趋势分析法三大类。此外，还有因素分析法和平衡分析法两类分析方法。

1)比较分析法

比较分析法是定量分析中应用较为广泛的一种分析方法，主要是将企业各种经济指标按照固有的联系进行比较，通过指标的对比，从数量上确定差异的一种方法。这种差异能从数量上说明各种指标的变化和偏差，从而为评估结果提供依据。为保证指标的比较具有可比性和现实的统计学意义，比较分析法所分析的指标应有性质上同类、范围上一致、时间上相同的要求。担保项目评估实务中，常用的比较指标有以下几类。

①实际指标与计划指标的对比

实际指标与计划指标对比是指将企业实际经营的指标结果与之前的计划指标

相比较，找出实际指标与计划指标的差距，从而考察计划完成状况。实际评估中，这种差距可用绝对数额表示，也可以用相对数额表示。常用的指标有：

$$实际指标与计划指标之差=实际指标-计划指标$$

$$计划完成率=实际指标/计划指标\times 100\%$$

$$实际指标比计划指标的增减率=(实际指标-计划指标)/计划指标\times 100\%$$

②当前指标与历史指标对比

当前指标与历史指标对比是以历史指标数据为标准，将当前指标数据与历史指标数据进行比较，找出两者的差距，从而考察企业发展状况。在此，历史指标可以是上一期的指标数据，也可以是上一年度同期数据，还可以是历史最高水平数据等。同样，在分析中可以用绝对数额表示，也可以用相对数额表示。常用的指标有：

$$当前指标与历史指标之差=当前指标-历史指标$$

$$当前指标与历史指标的增减率=(当前指标-历史指标)/历史指标\times 100\%$$

③本企业指标与其他企业指标的对比

本企业指标与其他企业指标的对比是以其他企业指标数据为标准，将本企业指标数据与其他企业指标数据进行比较分析，找出两者的差距，从而分析本企业在行业中的地位及各种经济指标的水平。实际中“其他企业”可以是国内外同行业、同类型、同规模的企业，也可以是在其他方面具有可比性的企业，甚至还可以是行业企业的平均值。常用的指标有：

$$本企业指标与其他企业指标之差=本企业指标-其他企业指标$$

$$本企业指标比其他企业指标的增减率=\frac{本企业指标-其他企业指标}{其他企业指标}\times 100\%$$

在担保项目评估实务中，对比分析方法从数量上展示和说明研究对象规模的大小、水平的高低、速度的快慢以及各种关系是否协调，是较为直观和客观的分析方法。

2)比率分析法

比率分析法是计算指标之间的相对数，并以此来表示企业的经济状况的分析方法，其实质也是一种比较分析法。常用的比率分析法有相关比率分析法、构成比率分析法和动态比率分析法。

①相关比率分析法

相关比率分析法通过计算两个不同类项目的比例，以揭示两者之间的相关关系。担保项目资信评估实务中，相关比率分析法通常用以反映会计报表各个项目之间的横向关系，如反映企业流动状况的偿债能力比率、反映企业资产管理效率的资产周转率、反映企业权益状况的资产负债比率、反映企业经营成果的盈利能力比率以及反映企业偿付财务费用的比率等。一般计算公式为：

财务报表项目比率＝项目指标/关联项目指标×100％

②构成比率分析法

构成比率分析法通过计算某一项目在同类整体中的权重或份额以及同类项目之间的比率，以揭示它们之间的结构关系。在实务中，构成比率分析法通常反映会计报表各项目之间的纵向关系，用以评价经济指标的内在结构是否合理。常用的计算项目有各资产占总资产的比重，各负债占总负债的比重，各项业务利润、收入、成本占总利润、总收入、总成本的比重，各类存货占总存货的比重等。一般计算公式为：

个别指标所占比重＝个体指标/总体指标×100％

③动态比率分析法

动态比率分析法将不同时期的同类经济指标进行比较，计算出动态比率，以反映该指标的发展趋势和发展速度。根据对比的标准不同，又可以分为定基速度、环比速度和平均速度。各个计算公式为：

定基发展速度＝报告期指标/固定基期指标×100％

定基增长速度＝定基发展速度－1

环比发展速度＝报告期指标/上期指标×100％

环比增长速度＝环比发展速度－1

平均发展速度＝(报告期指标/基期指标)$^{1/(期数-1)}$×100％

平均增长速度＝平均发展速度－1

由于比率分析法实质上是一种特殊形式的比较分析法，因此在应用过程中要注意对比项目的相关性和对比口径的一致性。

3)趋势分析法

趋势分析法是通过分析历史资料，找出事物的发展变化规律，从而预测企业发展趋势和前景的一种方法。在进行担保项目评估时，一般将要分析的指标的历史数据按时间先后顺序排序，形成时间序列，然后可以进行平均增减量趋势分析、平均发展速度趋势分析以及相关性回归分析。

①平均增减量趋势分析法

平均增减量趋势分析是在前述的时间序列的逐期增减量大体一致时，用绝对数进行预测的一种趋势分析法。其计算公式为：

预测值＝(基准期的实际值＋预测期的顺序数)×逐年增长量的平均值

其中，预测期的顺序数是从基准期开始，按顺序数到预测期的期数。

②平均发展速度趋势分析法

平均发展速度趋势分析法是根据逐期发展速度计算其平均数，并据此预测企业未来发展状况的一种方法。相对于平均增减量趋势分析法是在逐期增减量大体一致时采用，平均发展速度趋势分析法是在逐期发展速度大体一致时采用。其计算公式为：

$$预测值=基准期的实际值\times(逐年发展速度的平均值)^{预测值的顺序数}$$

同上，预测期的顺序数是从基准期开始，按顺序数到预测期的期数。

③回归分析法

回归分析法是通过确定自变量与因变量之间的相关关系，建立回归关系函数表达式，并利用函数表达式进一步外推以预测因变量的分析方法。回归分析法按照自变量的多少可分为一元回归分析和多元回归分析，按变量之间的关系可分为线性回归分析和非线性回归分析。最常用的是一元线性回归分析法，其回归方程为：

$$Y=a+bX$$

式中：Y——因变量；

X——自变量；

a——截距常数项；

b——斜率回归系数。

4）因素分析法

因素分析法是通过分析影响经济指标的各项因素，并计算各因素对经济指标的影响程度，用以说明本期实际与计划或基准期相比经济指标发生变动或差异的主要原因的一种方法。

因素分析法根据其不同的特点，可以分为连环替代法和差额计算法。连环替代法是把经济指标分解为各个可以计量的因素，然后根据因素之间的相互关系，顺次测定这些因素对经济指标的影响方向和影响程度。差额计算法则是利用各个因素的计算期与基准期之间的数据差异，依次按顺序替换，并计算各个因素变动对经济指标的变动的影响方向和影响程度。

5）平衡分析法

平衡分析法是对经济活动中具有某种平衡关系的经济指标进行分析，以查明这些指标间的关系是否表现为平衡关系，并按照指标间的平衡关系测定各项因素对分析对象的影响程度的一种方法。

（4）担保项目资信评估的主要指标

对担保项目进行资信评估，最终是通过对某一系列具体指标的判断和分析。而在实际中，衡量企业发展的经济指标众多，因此，设计制定一套科学、完善的资信评价指标体系是进行担保项目资信评估的前提和基础。担保项目资信评估一般包括定量分析和定性分析，相应地，评价指标体系也分为定量指标和定性指标。

1）定量指标

担保项目资信评估中的定量分析一般是以财务报表为基础进行分析，具体包括经济实力、资产结构与资产质量、经营效率、盈利能力、偿债能力以及企业成长性

6个方面。各个方面的主要定量指标如下。

①经济实力

企业经济实力的大小直接关系到企业的生产能力和盈利能力，对于担保机构来说，企业经济实力的大小更是其可承保的贷款规模大小的重要影响因素。企业经济实力一般用企业资产数额来衡量。a.总资产，它反映企业拥有的或者可以控制的全部资产。b.净资产，它反映企业全部自有资产，是企业实际拥有的、在企业清算时真正可用来抵偿债务的经济实力。其数量为总资产减去总负债。c.有形净资产，它反映企业除无形资产及递延资产之外的全部净资产。其数值为净资产减去有形资产与递延资产的和。d.注册资金，它反映企业在工商机关登记注册的资金总额，是企业自有资产数额的体现，反映股东对公司承担的责任。

②资产结构与资产质量

资产结构是各种资产占企业总资产的比重。资产质量是特定资产在企业管理的系统中发挥作用的质量，具体表现为变现质量、被利用质量等。通过分析企业资产结构和资产质量，可以了解和掌握企业资产的内部结构，即各类资产占总资产的比重以及各类资产之间的比率。而掌握这些比重可以分析和掌握企业资产的流动性，特别是掌握企业承担风险的能力，从而为担保机构资信评估提供重要依据。

常用的衡量企业资产结构与资产质量的指标有所有者权益资产比率、流动资产比率、固定及长期资产比率。

其中，所有者权益资产比率是所有者权益与资产总额之比，它反映企业资产中由所有者权益提供的资金保证的比率，这一比率可以衡量所有者权益与总资产的对比关系。所有者权益资产比率越多，企业的财务状况就越稳定。

流动资产比率是流动资产在总资产中所占的比率。流动资产比率越高，即企业有足够的货币资产或可即时转换为货币的其他流动资产作为偿付到期债务的担保。因此，企业资产的流动性和变现能力就越强，相应地，企业承担风险的能力也越强。

固定及长期资产比率是企业长期可使用的资产，一般需经过多次周转后才能获得价值补偿。从企业资金运用、企业资本结构的安全稳定及资产风险管理的角度来说，固定及长期资产比率应该保持在较低的水平为好。但从企业生产角度来说，一般固定及长期资产才具有长期潜在的盈利能力，因而固定及长期资产比率也不能过低。保持合适的固定及长期资产比率可降低企业固定费用，并较好地适应外部经济环境的变化。

③经营效率

企业经营效率是指企业利用资产的效率。企业经营效率的高低直接影响到企业经营的成败，从而影响到企业的偿债能力和盈利能力。因此，企业经营效率分析是担保机构担保项目资信评估的重要内容之一。

从财务管理的角度来说，分析企业经营效率有资产利润率分析体系和资产周转率分析体系。由于企业资产运用效率高，表明资产周转速度快，资产变现速度也快，短期偿债能力也强，因此，从担保机构角度来看，以资产周转率分析体系来分析企业经营效率更符合风险控制的要求。

资产周转率的常用表示方法有资产周转次数和资产周转天数两种。其中，资产周转次数是一定时期(一般为1年，下同)企业销售收入与该时期企业平均资产之比，用以反映一定时期内企业资产的运用效率和周转速度的快慢。周转次数高，说明企业经营管理水平高，相应地，企业偿债能力和盈利能力也越高。而资产周转天数则刚好是一定时期资产周转次数的倒数与该时期的天数的乘积。显然，资产周转天数越多，则企业资产周转速度越慢，相应地，企业偿债能力和盈利能力就越差。需要注意的是，不同的行业的资产周转率差别较大，在实务中应该与同行业指标进行对比分析。

常用的衡量经营效率的指标有总资产周转率、固定资产周转率、流动资产周转率、存货周转率、应收账款周转率等。

其中，总资产周转率是企业销售收入与企业总资产之间的比值，它反映在一定时期内企业全部资产的运营效率及其周转速度的快慢。其计算公式为：

总资产周转率＝销售收入/平均总资产

需要注意的是，销售收入一般是指一定时期内的流量数据，而总资产是某一时点值，为了保持一致，一般取总资产在一定时期内的平均值。

剩下的固定资产周转率、流动资产周转率、存货周转率以及应收账款周转率都是一定时期销售收入与相应资产之间的比值，用以反映不同资产在经营活动中的周转速度、变现能力及有效利用程度。各自的计算公式与总资产周转率的计算公式相似，只是把平均总资产换成对应资产的平均值即可。

④盈利能力

盈利能力是企业获取利润的能力。利润不仅是企业自身经营的最终目的，同时也是企业投资者和债权人关心的中心问题：利润是投资者获取投资收益的资金来源，也是债权人收回本金和利息的资金来源。因而，盈利能力分析也是担保项目资信评估的重要内容。

盈利能力分析常用的指标有销售利润率、总资产报酬率和净资产利润率等。

a)销售利润率

销售利润率是一定时期企业总利润与销售收入之比，反映企业在一定时期内总体获利水平。它能全面、综合地反映企业的获利能力。

$$销售利润率＝总利润/销售收入\times100\%$$

b)总资产报酬率

总资产报酬率是企业息税前利润与平均总资产之比，反映企业运用全部资产的总体获利能力，是评价企业资产运用效益的重要指标。又称为总资产利润率、总资产回报率。需要注意的是，由于总资产包括自有资产和借入资产，而自有资产的报酬通过利润总额反映，借入资产的报酬通过利息支持反映，因此总资产报酬包括利润总额和利息支出。

总资产报酬率＝(利润总额＋利息支出)/平均总资产×100%

c)净资产利润率

净资产利润率是一定时期企业净利润与平均净资产之比，反映企业自有资本获得净收益的能力，也是衡量企业盈利能力的重要指标。企业总资产包括两部分，一是股东投资，即所有者权益；二是企业借入和暂时占用的资金。企业适当地运用财务杠杆可以提高资金的使用效率。借入的资金虽然会增大企业的财务风险，但一般会提高企业盈利。

净资产利润率＝净利润/平均净资产×100%

⑤偿债能力

偿债能力是指企业用其资产偿还到期债务的能力。静态地说，偿债能力就是用企业资产清偿企业债务的能力，企业有无支付现金的能力和偿还债务的能力，是企业能否生存和发展的关键，同时也是担保机构等债权人关心的核心问题，对偿债能力的评价也是担保项目资信评估的核心。

分析偿债能力时，需要分别分析企业长期偿债能力和短期偿债能力，以全面分析担保业务风险。其中，短期偿债能力评价常用指标有流动比率、速动比率和现金比率等；长期偿债能力评价常用指标有资产负债率、负债与有形净资产比率、利息获取倍数等。

a)流动比率

流动比率是流动资产与流动负债之比，是衡量企业短期偿债能力最常用的也是最重要的指标。流动比率越高，说明企业短期偿债能力越强。需要注意的是，流动比率过高，表明企业易变现的资产所占比重较高。这样，企业的机会成本也会较高，企业盈利能力受到影响。故而，企业流动比率也不是越高越好。一般来说，流动比率数值在 2 附近较为合理。当然，不同的行业情况也不一样，即使同一个企业在不同的时期也有不同。

流动比率＝流动资产/流动负债

b)速动比率

速动比率是速动资产与流动负债之比，它能更准确地反映企业的短期偿债能力。其中，速动资产是指现金或能很快变现的资产，包括货币资金、有价证券、应收票据以及应收账款净额。

流动资产中的存货由于变现时间较长，且有变现积压的可能，流动性较差，故而不属于速动资产；此外，流动资产中的待摊费用、预付账款以及其他应收款流动性也较差，也不属于速动资产。与流动比率相似，速动比率为 1 是一个参考合理值。

速动比率＝速动资产/流动负债

c)现金比率

现金比率是企业现金类资产与流动负债之比，它反映企业特定时点的偿债能力和变现能力。其中，现金类资产包括企业的现金和现金等价物。现金等价物是从取得日至到期日不超过三个月，且价格风险很小的资产，主要是各种有价证券。

现金比率＝现金类资产/流动负债

d)资产负债率

资产负债率是企业总负债与总资产之比，它反映总资产中借入资产的比例，也是衡量企业在清算时保护债权人利益的程度。资产负债率低，说明企业能保证较好的长期偿债能力。但是，从企业投资者的角度来看，当总资产报酬率高于同期银行利率时，提高资产负债率有利于提高企业的盈利能力。因此，资产负债率也不是越低越好，一般认为资产负债率在 50％较为合理。

资产负债率＝总负债/总资产×100％

e)负债与有形净资产比率

负债与有形净资产比率是总负债与有形净资产之比。企业资产中的无形资产和递延资产等一般难以作为偿还债务的保证，将这些剔除，能更合理地反映企业清算时对债权人权益的保障程度。该比率越低，说明企业长期偿债能力越强。

负债与有形净资产比率＝负债总额/有形净资产×100％

f)利息获取倍数

利息获取倍数是指企业从自由资产和借款中获得收益与所需支付的利息之比，也称为利息保证倍数、利息保障倍数，它反映企业利润所能承担利息费用的能力。任何企业为了保证再生产的顺利进行，在取得营业收入后，首先需要补偿企业在生产经营过程中的耗费。收入虽然是利息支出的资金来源，但利息费用的真正资金来源是营业收入补偿生产经营过程中的耗费之后的余额，若余额不足以支付利息费用，企业的再生产就会受到影响。一般来说，该指标越高，说明企业的长期偿债能力越强；该指标越低，说明企业长期偿债能力越差。运用利息获取倍数分析评价企业的长期偿债能力时，从静态上看，一般认为该指标至少要大于 1，否则说明企业偿债能力很差，无力举债经营；从动态上看，如果利息获取倍数提高，则说明偿债能力增强，否则说明企业偿债能力下降。

⑥企业成长性

企业成长性分析主要是将企业主要经济指标的历史数据进行研究，从而分析企业的发展和增长的速度，并预测企业未来发展趋势。其主要目的在于考察企业在一定时期内的经营能力发展状况。一家企业即使目前收益很好，但其成长性欠佳,则其发展前景堪忧,最终也影响到企业的偿债能力和盈利能力。成长性比率是衡量企业发展速度的重要指标,也是比率分析法中常用到的比率。

在担保项目资信评估中,常用到的成长性指标有总资产增长率、净资产增长率、销售收入增长率、利润总额增长率、净利润增长率等。这些指标的衡量方法有增量分析法、发展速度分析法和增长速度分析法,其中发展速度分析法和增长速度分析法又可以进一步分为定基、环比和平均三种方法。本书以环比增长速度分析法为例介绍各自的计算方法。

总资产增长率=(本期总资产－上期总资产)/上期总资产×100%

净资产增长率=(本期净资产－上期净资产)/上期净资产×100%

销售收入增长率=(本期销售收入－上期销售收入)/上期销售收入×100%

利润总额增长率=(本期利润总额－上期利润总额)/上期利润总额×100%

净利润增长率=(本期净利润－上期净利润)/上期净利润×100%

2)定性指标

担保项目资信评估定性部分指标主要包括企业基本情况分析、企业经营素质分析、市场与产品分析、领导能力与管理水平分析、产业发展、信用记录六个方面。通过对定性指标进行分析,基本可以掌握企业经营环境和经营素质情况,从而对企业进行基本评价。常用主要指标如下。

①企业基本情况指标

企业基本情况指标主要是分析企业的注册信息、银行信息、税务信息以及其他基本信息。通过掌握和分析这些信息,可掌握企业的基本概况及其合法性情况。具体指标有担保申请人注册信息、税务登记及银行开户信息、股权结构、组织结构及人员素质、主要经营范围及主要产品、历史沿革及主要经营业绩。

②企业经营素质指标

企业经营素质指标主要是分析企业在生产经营方面的素质及其实力。具体指标有企业规模、行业地位、技术装备和技术能力、研发能力、营销实力、地理位置及分布、企业发展战略及发展能力。

③市场与产品指标

市场与产品指标主要是分析企业的产品竞争能力和产品市场状况。具体指标包括产品生命周期和技术水平、主要竞争对手、主要客户、产品市场占有率、产品价值链状况、企业产品组合、与上下游产品企业的合作等。

④领导能力与管理水平指标

领导能力与管理水平指标主要是分析企业领导的素质和能力,以反映其对企业发展的引领推动作用。具体指标有企业领导人素质、业绩及工作经验,企业管理体制及管理制度等。

⑤产业发展指标

产业发展指标主要是分析担保申请人企业所在行业在国内外市场中的地位以及国家对该产业的政策支持力度。具体指标有产业在国际、国内市场的地位，产业生命周期，国家法律保障和政策支持等。

⑥信用记录指标

信用记录指标是分析企业以往在银行、法院、工商、海关、税务等部门的信用记录情况，以了解担保申请人的历史信用情况。具体指标有银行信贷征信系统的信用记录、应付账款及货款等偿付情况、其他信用记录等。

表 6-12 所示为担保项目资信评估主要指标。

需要注意的是，担保项目种类不同以及担保申请人所属行业不同时，其评估的内容及相应的评价指标也会不同。在评估实务中，对一个项目可能不会全部应用上述介绍的指标，甚至对一些特殊项目可能还需要增加一些指标。因此，需要根据具体项目的具体情况和特点选择评估内容并设计评估指标体系。

(5)担保项目资信评估结论

担保项目资信评估是为担保项目决策提供支持，一般是在前述定量分析和定性分析的基础上，根据各分项评估结果综合而得到担保项目资信评估综合评价。实务中，将前述 6 个定量指标和 6 个定性指标各自确定权数，并分别确定具体指标的记分分值区间，最后加权计算综合评分。在实际运用中，担保机构对不同信用等级企业的准入设定不尽相同，特别是对不同行业、不同规模的企业，其评估体系和指标权重的差异更大。

此外，评估结果也不能仅仅以评估分值确认最终结论。除了上述定量和定性分析之外，还要结合专项特别分析、重点风险提示、担保预期效益分析等做出分项及总体评估结论。

首先，企业在某一或某些方面存在突出特点，则可对其做出提示并分析论述。如在技术方面，专业性很强或填补国内外空白或国际先进；在销售方面，独家销售、市场旺销或质量好、成本低，价格有竞争力；在政策方面，国家重点扶持或国家急需或社会效益贡献很大的企业等。

其次，就企业可能存在的重大风险进行深入分析。如政策风险、技术风险、对关键人员依赖风险等。

最后，担保机构还要就企业资金需求、贷款用途、偿贷及付息资金来源以及预期经济效益和社会效益进行分析。

表 6-12 担保项目资信评估主要指标

指标性质	指标内容	评估内容
定量指标	(1)经济实力	①总资产②净资产③有形净资产④注册资金
	(2)资产结构与资产质量	①所有者权益资产比率②流动资产比率③固定及长期资产比率
	(3)经营效率	①总资产周转率②固定资产周转率③流动资产周转率
	(4)盈利能力	①销售利润率②总资产报酬率③净资产利润率
	(5)偿债能力	①流动比率②速动比率③现金比率④资产负债率⑤负债与有形净资产比率⑥利息获取倍数
	(6)企业成长性	①总资产增长率②净资产增长率③利润总额增长率④净利润增长率
定性指标	(1)企业基本情况指标	①注册信息②税务登记及银行开户信息③股权结构④组织结构及人员素质⑤主要经营范围及主要产品⑥历史沿革及主要经营业绩
	(2)企业经营素质指标	①企业规模②行业地位③技术装备和技术能力④研发能力⑤营销实力⑥地理位置及分布⑦企业发展战略及发展能力
	(3)市场与产品指标	①产品生命周期和技术水平②主要竞争对手③主要客户④产品市场占有率⑤产品价值链状况⑥企业产品组合⑦与上、下游产品企业合作
	(4)领导能力与管理水平指标	①主要领导人素质、业绩及工作经验②企业管理体制及管理制度
	(5)产业发展指标	①产业在国际、国内市场的地位②产业生命周期③法律保障和政策支持
	(6)信用记录指标	①银行信贷征信系统的信用记录②应付账款及货款等偿付情况③其他信用记录

担保项目资信评估的最终结论以信用等级为主，有的还结合定性表述的方式。

1)信用等级形式

对担保项目资信评估结果类似于银行对企业的信用评级结果，普遍以信用等级的形式表示，担保机构常将资信等级分为四等、十级。具体如表 6-13 所示。

表 6-13 担保申请人资信等级表

等级		说 明
一等	AAA	资信状况优。企业素质优。财务实力强，信用风险小。经营状况、盈利能力、发展状况良好，没有不良信用记录，偿债能力优。
	AA	资信状况优。企业素质良。财务实力强，信用风险小。经营状况、盈利能力较强，发展状况良好，没有不良信用记录，偿债能力良好。
	A	资信状况优。企业素质较好。财务实力较强。经营状况基本稳定，有一定盈利能力，发展前景有不确定因素，没有不良信用记录，正常情况下偿债能力较好。
二等	BBB	资信状况、企业素质一般。财务实力一般。经营状况正常，盈利能力、发展前景、偿债能力一般，没有不良信用记录，未来发展中存在较为明显的不确定性因素。
	BB	资信状况不够好、企业素质较弱。财务实力较弱。经营状况不够稳定，盈利能力较差，偿债能力不足，有不良信用记录，发展前景不明确，有明显的信用风险。
	B	资信状况较差、企业素质较差。财务实力、经营状况、盈利能力较差，偿债能力较弱，信用记录风险大。
三等	CCC	资信状况很差，偿债能力很差。
	CC	资信状况非常差，没有偿债能力。
	C	没有信用。
四等	D	接近于破产。

2)信用等级和定性表述相结合的形式

如前所述，担保项目资信评估的目的在于为担保项目决策提供支持，仅仅以信用等级的方式表现评估结果可能不够全面。因此，也有采用两种方式给出担保项目资信评估结论的：一方面，以信用等级的方式给出企业信用风险程度的提示；另一方面，以文字表述补充一些特殊项目，如独有特点或优势、重大风险提示及突出社会效益等。

(6)第三方信用评级

担保项目评估中的第三方信用评级是指担保机构利用外部第三方专门从事信用评估的独立中介机构，按照一定的方法和程序，制定科学的指标体系和量化标准，对担保项目进行资信评估，以测定担保项目履行各种经济契约的能力和可信任度，并以国际通用符号标明担保项目资信等级的一种评估方式。

事实上，第三方信用评级与担保机构内部的担保项目资信评级在内容和方法上并没有太大差别，只是由于实施评估的主体不同，从而在具体操作上有一定的差别。

从社会分工和专业化的角度来说，第三方信用评级具有独立性、专业性、低成本和信息来源广泛性的优势。目前，通过专业的第三方信用评级机构开展项目资信评估的做法已在我国经济社会的各个领域受到重视和认可。穆迪(Moody)、标普(S&P)和惠誉国际(Fitch Rating)等国际著名的评级机构的评估业务已经渗透经济领域的各个方面。我国各地也已经成立了规模大小不同的信用评级机构。但在担保实务中，虽然外部第三方评级的优势较为明显，但鉴于我国金融机构仍以内部评级为主，所以实际担保业务中的担保项目资信评估仍以内部评估为主。

3. 建设项目评估

(1)建设项目评估的概念

担保项目中的建设项目评估是指担保机构通过对建设项目进行全面、科学、客观的分析，包括建设项目的行业背景及国家相关政策、项目建设条件、项目建设单位的能力、技术及工艺的先进性、产品市场前景、筹资能力及投资估算、抗风险能力等各个方面，从而得出建设项目的可行性。担保机构对建设项目进行评估，主要是结合项目单位的资信状况和提供的反担保措施，做出担保申请人是否具备履约意愿和能力的判断，实际上是对建设项目履约能力的评估。

建设项目评估主要包括以下几个方面的内容：①项目建设的必要性和真实性；②项目建设条件和生产条件；③项目技术评估；④项目投资估算及筹资计划；⑤项目财务效益评估；⑥项目风险分析；⑦项目整体评估结论及建议。

(2)建设项目评估的原则和依据

担保机构的建设项目评估是担保业务决策的重要手段，担保机构以建设项目评估的结论作为承保担保项目的重要依据，所以，要求力保项目评估的客观性、科学性。要做到客观公正地评估项目，需坚持以下原则：

1)考察因素的系统一致

决策一个担保项目的建设项目是否可行的因素包括诸多方面，市场因素、资源因素、技术因素、经济因素和社会因素等。同时，决定一个项目是否可行，不仅受到技术水平、产品质量、投入与产出因素等内部因素的影响，还受到国家的金融政策、产业政策等外部因素的影响。因此，在进行建设项目评估时，必须全面系统考虑、综合平衡，考察项目的可行性。

2)建设项目的合理合法性

相对于企业自身，项目评估更多的是从投资人的角度考虑项目的最佳投资方案，担保机构对于建设项目的评估更多的是从项目的合理合法性来考虑，以保证其履约能力和履约意愿。建设项目合理合法是建设项目得以顺利实施的前提和基础，也是担保申请人保证履约的前提和基础。在建设项目评估过程中，必须查阅相关政府部门的法律法规，审核其项目的合理合法性。

实际评估中，可作为项目合理合法性评估的依据主要有：①国家制定和颁布的经济发展战略、产业政策及投资政策；②项目所在地的区域经济发展规划和城市建设规划；③项目所在地的区域经济性资源、地形、地质、水文、气象及基础设施等基础资料；④有关部门颁布的工程技术标准和环境保护标准；⑤有关部门制定和颁布的项目评估规范及参数；⑥国家发改委和建设部共同发布的《建设项目经济评价方法与参数》；⑦项目可行性研究报告和规划方案；⑧各有关部门的批复文件；⑨投资协议、合同和章程等；⑩其他有关信息资料。

3)选择指标的统一性

判断项目是否可行或者项目是否合理合法需要一系列的经济技术指标，而这些指标的确定是经过多年的潜心研究和实践验证的，指标体系是科学合理的。当然，担保机构在进行项目评估时，可以根据不同角度、不同侧重点来选择不同的指标，但应尽可能做到选择指标的统一性。

4)分析方法的科学性

在建设项目评估中，要进行大量的分析和评价，这就需要选择科学合理的分析和评价方法，既要考虑定性方法，又要考虑定量方法，更要将定性和定量方法结合起来综合考虑。

(3)建设项目评估的程序

不同类型的项目，其投资金额不同，涉及面不同，对其进行评估的程序也不完全一致。就一般项目而言，其评估程序大致如下。

1)准备和组织

对建设项目评估，首先要确定评估人员，成立评估小组，并确立评估负责人。在评估人员的选择上，要注意人员结构，财务人员、市场分析人员、专业技术人员及其他辅助人员等应该合理分布。组成评估小组后，组织评估人员对可行性报告进行审查和分析，并提出审查意见。最后，综合各评估人员的审查意见，编写评估报告提纲。

2)整理数据和编写评估报告初稿

根据评估报告的内容，由评估小组负责人做明确的分工，各自分头进行资料数据调查、估算、分析以及指标的计算等。其中，资料数据调查和分析，重点在于对可行性报告的审查。在掌握所需要的资料数据后可进入评估报告的编撰阶段。实践中,分析和论证一般不是一次完成,可能需要多次反复,特别是对一些大型项目或资料数据不容易取得的项目,这一阶段是评估的重点和关键,一定要充分掌握资料数据,并力争数据的准确性和客观性。

3)论证和修改

编写出项目评估报告的初稿后,首先要由评估小组成员进行分析和论证,根据所提意见进行修改后才可定稿。

4. 反担保措施评估

(1)反担保措施评估的含义及内容

设定反担保措施是担保机构分散担保业务风险的一项重要手段。担保机构为了维护自身利益,分散和控制风险,一般都要求担保申请人提供反担保措施。反担保措施对担保机构利益的保护程度取决于反担保措施的合法性、变现价值、变现费用、变现难易程度等因素。为了确定反担保措施对于担保机构的保障程度,在设立反担保措施时,需对其进行客观、科学的评估。反担保措施评估是对反担保措施的合法性、权利归属、价值及可变现性等进行的全面评估。其具体内容包括以下几个方面。

1)合法性审核

合法性审核是依据《中华人民共和国担保法》及其司法解释对反担保措施的合法性进行审核。我国担保法及其司法解释对于保证人、可抵押及不可抵押财产、可质押票据及权利进行了专门的规定。

2)反担保物和权利的归属审核

反担保物和权利的归属审核是审核反担保物及权利是否归属担保申请人或其保证人。具体审核内容包括:①审核有关权属凭证,判断反担保标的是否为反担保措施提供者所有;②对于属于多方共有的标的,核实是否经过标的共有人的同意,反担保措施提供者是否有权进行相关处置;③审核反担保标的是否存在权利瑕疵。

(2)反担保措施的价值分析

反担保措施的价值分析是指担保机构应用科学的分析方法,对反担保物或权利的价值进行分析,以保证反担保措施确实能为担保项目提供足够的风险担保。常用的反担保措施价值分析方法有市场价格比较法、重置成本法、收益现值法、清算价格法等。对于不同的反担保措施、不同的评估对象、不同的评估目的,要选择相应的评估方法,才能得到客观、科学、稳定的评估值。

①市场价格比较法

市场价格比较法也称市场法,是指在市场上寻找近期出售的与被评估反担保标的相同或相似的参照物,通过将被评估反担保标的与参照物在主要功能、参数等因素方面进行比较,做出价格调整,最后得到被评估标的的评估值。一般应用于机械设备、房地产、土地使用权等反担保标的的评估。

应用市场价格比较法一般经过四个步骤：第一，明确评估反担保标的；第二，进行市场调查，寻找参照物，并收集市场信息；第三，分析、整理资料；第四，比较、调整差异，做出反担保标的的价值评估结论。

需要注意的是，采用市场价格比较法需满足两个前提条件：一是存在一个比较发达的资产交易市场，使得能找到相同或相似近期交易的参照物；二是影响标的价值的因素比较明确，并且可以量化。

②重置成本法

重置成本法是指在评估反担保标的时，重新购置或建造一个全新的反担保标的所需的全部成本，扣减反担保标的已经发生的实体性、功能性和经济性贬值后而得到的反担保标的评估值的一种方法。重置成本法主要应用于机械设备、在建工程及企业整体等标的的评估。

重置成本法一般经过五个步骤：第一，确定、审核反担保标的；第二，估算反担保标的的重置成本；第三，估算反担保标的的使用年限；第四，估算反担保标的的相关贬值；第五，确定反担保标的的评估价值。

重置成本法首先需要确定反担保标的的重置成本，常用的估算方法有重置核算法、物价指数法和功能价值法。其次，估算相关贬值主要从三方面考虑：一是使用和自然力的作用而形成的贬值；二是性能更好的替代物引起的贬值；三是外部经济环境的变化而造成的贬值。分别评估出反担保标的物的重置成本和相关贬值后，用重置成本扣除相关贬值即得反担保标的物的评估值，即

反担保标的物评估值＝重置成本－实体性贬值－经济性贬值－功能性贬值

③收益现值法

收益现值法是通过估算反担保标的的未来预期收益，然后将其按照一定的贴现率折算成现值，并累加求和而得到反担保标的评估值的一种评估方法。常用于机械设备、房地产、土地使用权、未来收益权、无形资产、在建工程等标的的评估。

收益现值法的基本计算公式为：

$$P = \sum F_t/(1+r)^n P$$

式中：P—— 标的评估值；

F_t—— 第 t 年度的预期收益值；

n—— 未来收益期；

r—— 贴现率。

收益现值法一般经过五个步骤：第一，收集反担保标的的信息；第二，分析反担保标的的未来受益状况及其变化趋势；第三，预测反担保标的未来各期的收益值；第四，根据经济状况确定贴现率；第五，将未来预期收益进行贴现，并累加确定反担保标的的评估值。

需要注意的是，应用收益现值法也有两个前提条件：首先，反担保标的的未来收益客观、稳定；其次，反担保标的的未来收益能用货币衡量。

④清算价格法

清算价格法是以清算价格为基础，确定反担保标的评估值的一种方法。所谓清算价格，即企业由于破产或其他原因，要求在一定期限内将企业资产变现，在企业清算之日预期出卖资产可收回的变现价格。清算价格法适用于企业破产、抵押或停业清理等情况下资产价值的评估。

反担保措施的价值评估一般是对抵押或质押物的价值评估，对于不同担保方案、担保项目、反担保方案、标的和提供反担保物的企业信用状况，需要采用不同的评估方法。在评估实务中要注意以下几点：

a. 担保业务是高风险业务。选择评估方法时首要考虑稳健原则，避免或减少担保机构的资产损失。

b. 注意评估目的和评估方法的匹配及评估参数的选择，避免出现价值虚增的情况。

c. 为得到更为可靠的评估值，可同时选用多种方法进行评估，并对不同方法得到的评估值进行分析判断，综合得出评估结论。

d. 由于收益现值法基于对未来预期收益的预测。需注意坚持稳健原则，避免收益估算过高从而出现评估值过高的情况。

e. 当担保项目风险较大或提供抵押、质押物的企业经营状况不良、信用水平不高时，可采用清算价格法。

(3)反担保措施的可变现性分析

反担保措施的可变现性分析是指对反担保标的物转换为现金的变现风险进行分析。变现风险是指资产无法在市场上以正常的价格将其变卖出售的可能性。在担保业务中，如果发生担保项目，担保机构代偿之后就可取得反担保物的相应权利。但担保机构一般也是将反担保物进行变现而不是自己经营管理反担保物。此时，反担保物的变现难易程度和变现风险就显得尤为重要。

变现难易程度取决于反担保物交易市场的活跃程度。变现风险取决于反担保在市场上的表现，不能在资本市场上交易的项目具有更大的变现风险；长期项目的变现风险高于短期项目；交易频繁的项目特别是有价证券的变现能力强。

5. 项目决策

在对担保项目评估之后，担保机构根据评估结论做出相应的决策，即是否承保该担保项目。因担保机构管理模式和担保业务品种的不同，其项目决策也有不同的操作方式。我国担保机构常用的做法是实行“担保评审与担保决策相分离”的原则，以规避担保机构内部的道德风险，建立内部制衡机制。常用的担保项目的决策一般有两种方式。

(1)决策委员会制度

决策委员会制度是指担保机构设立项目决策委员会作为公司常设议事决策机构对担保项目做出最终决策的模式。该制度原则上需评审的各类担保项目提交到决策委员会审议,以促进决策程序的科学化、民主化,强化审批人员的审批责任,提高审批环节的工作效率。

一般来说,项目决策委员会委员由担保机构董事长、总经理、副总经理以及重要业务部门负责人组成。项目决策委员会的主要职责是根据国家的相关政策法规和公司管理制度,从担保机构利益出发决策每一笔担保项目,并根据担保项目的风险程序决定是否承保该担保项目。

决策委员会实施项目决策的程序一般通过制定项目决策委员会议事规程来确定,主要包括以下几方面内容。

1)召集会议。决策会议一般应由 2/3 以上全体委员出席,其中主任委员或副主任委员至少一名参加。

2)听取项目负责人汇报担保项目情况。汇报重点包括以下四方面内容:一是需要向委员会特别强调的事项;二是评审报告中难以书面说明的情况;三是项目上报后新发生的情况;四是担保的主要风险及防范措施。

3)决策委员会提问,项目负责人如实简要回答。

4)决策表决。决策表决结果分为同意、有条件同意、复议以及否决四种。对于需复议的项目,原则上只能复议一次。

5)决策委员会对担保项目的最终意见以项目决策意见书的形式下达,并由各委员签名确认。

(2)分级授权决策制度

分级授权决策制度是担保机构不同部门和级别的负责人可分别在不同授权范围内开展担保业务。而担保机构的最高决策机构(如董事会)是项目的最终决定者。分级授权决策制度主要以担保责任金额的大小为依据划分授权范围,并规定超过授权额度的项目必须上报上一级部门审批。一般来说,分级授权决策制度是由风险控制制度比较完善、业务经验较丰富的担保机构在一些比较成熟的业务领域内实行的。

不论采用哪种决策制度,担保机构都应该针对不同的担保业务品种制定科学、高效、明确的担保业务审批决策程序,使得项目的决策做到有章可循,以提高工作效率和决策水平。担保机构最终同意提供担保的项目,应向担保申请人出具同意担保通知书;不同意担保的项目,则应向申请人作解释说明。

(五)反担保措施

担保机构同意为项目提供担保后,在正式签订担保合同时,首先要为担保项目设置可行的反担保措施。在前面的担保项目评估中,担保机构已经就反担保措施进行了评估，此时一般只需按照担保申请人先前提出的反担保措施执行即可，即签署反担保协议，并取得相关权益证明证书文件。

1. 设置反担保的必要性

首先，设置反担保措施是防范担保项目风险的基本手段，是被担保人不能按合同履约的保证。被担保人如果不能按期履约，担保人代为履行义务后，依法享有追偿权，执行预先设定的反担保措施，以加大被担保人的违约成本，促使其严格保证自己的信誉，降低担保机构代偿的风险。

根据《中华人民共和国担保法》的规定，依法设定了抵押权和质押权的特定标的，在担保的债权范围内，债权人享有以该财产折价或以拍卖、变卖该财产的价款的优先受偿权，并可对抗第三人。因此，设定抵押、质押等反担保措施可以最大限度地保护担保机构的利益。

其次，反担保有助于担保关系的成立。谨慎的第三人在为债务人向债权人提供担保时，尤其是在担保人与债务人并无紧密利益关系或隶属关系且对其承担担保责任后追偿权能否实现存有疑虑的情况下，往往要求债务人提供反担保。这时，有无反担保措施直接影响到担保关系的成立。若无反担保，担保人一般会因顾及自身利益而拒绝为债务人提供担保。现实生活中，不仅担保机构要求被担保人提供反担保，银行等其他金融机构为债务人提供保证甚至融资时，几乎都要求有反担保。

2. 反担保的主要方式

根据《最高人民法院关于适用〈中华人民共和国担保法〉若干问题的解释》，反担保方式有抵押、质押以及保证，而反担保人可以是被担保人本人，也可以是被担保人之外的其他人。具体来说，反担保方式包括被担保人自身提供的抵押或质押以及其他人提供的保证、抵押或质押。

而对于可以提供反担保抵押或质押的物品，可参见《中华人民共和国担保法》的相关规定。其中，可抵押担保物主要包括房屋及其附属物等不动产，机动车及机械设备等动产，土地、荒山等土地使用权和其他依法可抵押的财产。可质押担保物主要包括房屋等不动产，汇票、支票等有价证券，商标专用权、专利权等财产权以及依法可质押的其他权利。

采用抵押或质押方式设置反担保措施时要注意以下几点。

首先，担保机构要注意我国担保法明确规定的不能作为抵押或质押物的财产不能以其作为反担保措施。其次，抵押或质押的财产要在相关政府部门办理登记，以保证反担保权利的实现。最后，担保机构对于不同类型的抵押或质押物应根据不同情况设置不同的抵押或质押率。

而对于采用其他人保证作为反担保措施的，提供信用反担保的第三人应在经济实力、财务状况等方面优于担保申请人，且具备相应的代偿能力；担保机构在担保业务流程中应将该信用反担保人视为项目申请人，进行详细的评审。

担保实务中，担保机构可以根据担保项目的风险程度、担保金额以及项目类型等实际情况，确定采用哪种甚至哪几种反担保措施。具体实施时，根据相应的反担保措施，签署相应的反担保抵押合同、反担保质押合同或者反担保保证合同即可。

（六）签订担保合同

担保项目正式批准后，担保机构发函通知担保申请人办理担保手续，签订担保合同，并收取担保费用。

1. 担保合同的种类

担保机构履行担保手续时，一般是担保机构与担保申请人（被担保人）、贷款银行三方签订有关担保合同。一般需要签订的合同包括：担保人与担保申请人签订的委托保证合同，担保人与担保申请人及反担保人（第三方信用反担保时）签订的反担保合同，担保人与担保申请人签订的保证合同。

2. 签订担保合同的程序

签订担保合同一般按以下程序进行。

(1)担保机构的项目经理根据担保方案确定需签订的合同种类，并拟定好相关法律合同空白文本，包括借款合同、担保合同、反担保合同及其他须准备的法律文书。

(2)担保机构由业务部门或风险管理部门与法律顾问一起审核上述合同文本，对需要调整和修改的合同条款应及时与对方当事人协商、谈判，并将修改意见填写在合同审核表中，报担保机构审定。

(3)合同审定后，项目经理通知担保申请人时间和地点进行签约。

(4)合同签订后，担保机构项目经理应及时在合同台账登记合同登记表，确定本公司出具合同的编号，填写合同内容并签字确认。

(5)办理完签约的项目资料移交担保机构档案管理部门统一管理，项目经理留存复印件。

3. 收取担保费用

(1)担保费的构成

担保机构在同意为项目提供担保并办理了反担保措施之后，即可向担保项目申请人收取担保费用，包括担保费和担保项目评审费两项。

担保机构收取的担保费一般包括管理费用、风险准备金以及合理的利润。其中，管理费用是担保机构的日常经营成本，包括工资、奖金、福利、保险、房租、水电、办公费用、差旅费等管理成本。风险准备金是担保机构为了弥补经营担保业务可能带来的损失，按照国家规定提取一定比例的风险准备金。风险准备金是担保机构财务成本的重要组成部分，担保费收入必须能够满足风险准备金的提取，否则担保机构就可能发生亏损。合理的利润是担保机构作为一个独立经营的企业法人追求利润最大化的要求。没有利润,无法吸引资金投资担保机构,担保机构也不可能持续经营。

需要注意的是,政策性的担保机构的担保费往往由政府有关部门确定,为了促进经济的发展,很多并不以担保机构的经营成本和利润来确定担保费用。当然,我国担保业发展至今,政策性担保机构也一般要求按企业经营模式实行市场化、商业化运作。担保费的收取也普遍参照市场运行规律。

(2)担保费的收取标准及计算

担保机构在确定具体收取的担保费时,一般根据担保项目的风险程度、反担保措施落实的难易程度以及资产和财产的变现能力等因素,结合与贷款银行贷款落实的风险金承担的比例,确定担保年费率。再根据担保金额和担保期限计算最终担保费用。其计算公式为:

担保费用＝担保金额×担保年费率×担保期限

表 6-14 所示为某担保机构根据担保责任比例确定的基准担保费率表。实务中,担保机构会根据风险状况、担保金额等在基准费率的基础上上下浮动。同时,担保机构一般还设定一个最低收费额和最高收费额,以避免担保金额过低或过高导致的担保费用的不合理。而担保评审费一般也按担保金额的一定比率收取,如0.1%。

表 6-14　担保费率表

担保比例	年费率(%)
0～10	1.62
10～20	1.71
20～30	1.80
30～40	1.98
40～50	2.16
50～60	2.34
60～70	2.61
70～80	2.88
80～90	3.24
90～100	3.42

此外,担保费用一般要求在签订合同之日或之后一定时间内一次性收取,超期需加收滞纳金,甚至影响担保合同的效力。但对于担保金额较大、担保时间较长的担保项目,可约定分期收取。

(3)收费流程

具体收费流程主要包括:第一,担保结构业务部门确定担保费率、计算担保费用金额;第二,担保机构向被担保人发出担保费认缴单,被担保人确认担保费用金额并签字;第三,担保机构业务部门收款、催缴;第四,担保机构财务部门收到款项后在担保费认缴单上签字确认,并送交档案管理部门存档。

二、工程保证担保保后管理

(一)项目跟踪小组组建

担保公司在与投保人签订合同后,应根据项目具体情况与规模分派工作人员,从而成立相应的跟踪小组。在指派时,需要考虑风险跟踪检查人员的专业技能、专业特点和业务能力,形成能够胜任任务要求的队伍。

(二)项目实施与管理

自担保机构承保的项目发放贷款开始,担保机构就开始承担担保责任。在担保责任解除之前,项目经理必须对在保项目进行定期检查跟踪和管理,以便及时发现问题、有效控制风险。

担保项目保后管理是指从担保机构担保责任产生直至担保责任解除的全过程管理行为,它是对被担保人和反担保措施履约意愿和履约能力的现状及变化趋势的跟踪、调查、监控和分析,并对监控中发现的问题采取积极补救措施的工作过程。保后管理的目的是防范和缓解担保业务风险,保全担保债权,减少担保损失。

担保项目保后管理主要是采取现场检查和非现场检查的方式,定期对担保项目的履约情况进行详细记录,检查结果应按规定格式形成书面报告,并作为档案资料及时留存档案管理部门。具体包括以下几方面内容。

(1)担保保函发放后,业务经办人员及时到被担保人的经营场所进行调查。

(2)在担保期内,经办人员应对提供反担保措施的抵押或质押物进行定期和不定期检查。

(3)对项目进行跟踪调查,填写在保项目跟踪情况报告,并与被担保企业的领导定期沟通,了解其重大经营策略调整、组织管理结构变化、重要人员变动、重大负债等可能影响担保合同履行的情况。

(4)如发现被担保人经营出现问题,或者抵押、质押物发生明显变动、被担保人限于重大民事或经济纠纷等情况,应及时向担保机构决策者汇报,担保机构也应根据具体情况采取必要和有效的措施。

(5)若被担保人未能履约,需要对被担保人进行赔偿。则担保机构应提前通知被担保人做好赔偿准备,并确认被担保人是否具备赔偿能力及赔偿意愿。对于被担保人可能无赔偿能力或无赔偿意愿的,担保机构可及时进入风险处理程序,做好利用反担保措施保全的准备。

(三)担保项目的终止

担保项目的终止是担保项目依约履行担保责任、担保合同权利义务的终结。

担保项目的终止一般无外乎两种情况：一是担保项目的主债务履行完毕，债权人接受，担保项目正常终止；二是担保项目主债务未能依约履行，担保机构承担保证责任、依约履行代偿义务。

第一种情况下，担保机构在被担保人按时履约后，向业主索取解除担保通知函或者按合同约定自动终止担保合同。而对于已经办理终结手续的担保项目，经业务部门、风险管理部门、财务部门及法律部门审核无误后，担保机构还应将所抵押、质押的财产和权利凭证等资料退还给被担保人，并将业务过程中的档案资料移交档案管理部门留档保存，最终终结担保项目。

第二种情况下，担保机构须按照保证合同的约定，代替被担保人归还其所欠债权人债务，即通过代偿来解除担保责任，并最终终结担保项目。

(四)担保项目的代偿

担保项目的代偿是指担保机构承保的担保项目，在被担保人未能按时足额履行债务时，按照保证合同约定的担保数额、担保责任范围等，代替被担保人向债权人履行债务的行为。

担保代偿的业务流程一般包括界定法律责任、代偿财务测算、代偿方案协商、履行代偿方案以及落实后续工作等。

1.界定法律责任

担保业务中的保证合同是施工合同的从属合同，一般涉及业主、被担保人和担保人等多方。担保机构在收到业主的代偿请求后，应首先依据相关合同及法律条款的约定，界定各方的法律责任，确认是否代偿、代偿范围及代偿金额等。具体内容如下。

首先，确认被担保人履约情况，即是否未能全部或部分履行义务。对于一些特殊情况，担保机构可与被担保人、业主充分沟通，以延长偿还期限。

其次，审核保证合同的有效性。根据相关法律规定，如果有主债合同无效或者被担保人和业主双方串通等情况，则保证合同无效，担保机构可不予以代偿。同时，被担保人或业主如果没有在规定的保证期内向担保机构主张权利，担保机构也可以拒绝代偿。

最后，审核代偿范围。对于一般保证方式，只有业主已对被保证人提起诉讼或申请仲裁，诉请强制执行被保证人财产时，担保机构对清偿差额部分进行代偿。

2.代偿财务测算

代偿财务测算主要是测算与代偿有关的财务数据，明确最终代偿金额。

(1)违约金。如主合同明确约定，被担保人不能按期履约，被担保人必须支付一定数量的违约金，则担保机构代偿时也须按约定代偿。违约金一般是一个确定的数额。需要注意的是，违约金与按逾期天数计算的罚息不一样，且计算方法也不同。

(2)罚息。如主合同约定，被担保人不能按期偿还，自逾期之日起，须按照逾期天数支付约定的惩罚性逾期罚息。

3.代偿方案协商

对于代偿项目，特别是涉及代偿金额数目较大的担保项目，担保机构应与被担保人、业主一起协商担保方案，包括代偿范围、代偿金额、代偿方式、代偿期限等。为了取得时间上的主动及维护担保机构自身的信誉，担保机构应积极与债权人联系协商代偿方案。

4.履行代偿方案

对于协商确定的代偿方案，担保机构应按照保证合同及协商的代偿方案及时、足额地履行担保代偿责任。代偿前，担保机构须要求债权人提供保证合同、未还款的证明文件及代偿公函等相关文件。具体履行过程如下。

(1)项目经理受理。项目经理初审逾期担保项目，确认贷款逾期的事实及代偿金额，同时，审查被担保人资产状况和项目进展情况，审核是否存在欺诈行为，并确认反担保措施等。

(2)业务部门根据项目经理审查意见，进行正式审核。核实后将审核报告及相关资料移交风险管理部门，风险管理部门承办代偿及后续追偿的风险管理工作。

(3)风险管理部门将代偿工作的实施情况上报担保机构决策委员会审批。担保机构决策委员会批准后，由项目经理负责办理具体代偿手续。

(4)担保机构代偿结束后，书面通知被担保人，并要求其确认签收回执。

5.落实后续工作

履行代偿后，担保机构还须做好后续工作，包括办理内部财务处理手续和取得追偿权文件。

(1)办理内部财务处理手续。履行代偿后，代偿金额即成为担保机构向被担保人的应收账款。因此，在代偿解除担保责任时，担保机构在财务处理上不仅要记录减少担保责任额，还需记录增加应收账款额。

(2)取得追偿权文件。担保机构履行完代偿后，按照约定可自动取得追偿的权利。因此，担保机构在履行代偿后，要立即书面通知被担保人，告知担保机构已经履行了担保义务，代偿了相应金额的债务。同时要求被担保人对于担保机构代偿所形成的债务予以书面确认，以作为追偿的证明文件。需要特别注意的是，为了保证债权的法律时效，担保机构应在最长不超过两年的时间内取得主张债权的明确证据，以免陷入诉讼时效过期的不利局面。

(五)对代偿项目的追偿

所谓追偿，是指担保项目发生代偿后，担保机构代替被担保人向业主清偿了部分或者全部损失，同时也取得了相应债权，进而向被担保人要求实现债权的责任。

担保机构履行代偿后，要对拥有债权的被担保人的最新状况进行认真调查，核实债务及反担保措施情况，法律部门还要进行详细的法律审查，并以此为基础，制定最佳处置方案。担保机构一般有以下常见的债务处置方案。

(1)直接清收债务。对暂行经营困难或因资金回笼周期原因造成的代偿项目，担保机构可组织专家对被担保人尽心诊断，制订行之有效的还款计划。采取有效措施，增强其还款能力。并通过勤上门、勤督促，逐步回收代偿资金。

(2)追索反担保保证人。在被担保人遭遇困难无力履行债务的情况下，担保机构可依据事先签订的反担保保证合同追索反担保保证人，由其承担反担保责任，代替被担保人偿还债务，从而获得债务清偿。

(3)行使抵押或质押权。根据担保法规定，担保机构对于履行期届满未得到清偿的债务，可以要求抵押人或质押人以抵押质押物折价，或以拍卖、变卖所得价款清偿债务。

思考题

1. 简述工程保证担保的经济学理论。
2. 简述工程保证担保的分类。
3. 什么是履约担保？简述其适用范围及作用。
4. 什么是业主支付担保？简述其适用范围及作用。
5. 工程保证担保模式有哪几类？分别简述其优缺点。
6. 工程保证担保的市场组织模式有哪几类？分别简述其特点。
7. 简述工程保证担保运行机制。
8. 简述工程担保项目评估的步骤。
9. 简述项目资信评估的方法和主要指标。

参考文献

[1] 白彦,张怡超.保险消费者权利保护研究[M]. 北京:中国法制出版社,2016.

[2] 曹时军,曾玉珍.保险学原理与实务[M].北京:中国林业出版社,2007.

[3] 陈津生.建设工程保险实务与风险管理[M].北京:中国建材工业出版社,2008.

[4] 陈伟珂,黄艳敏,范道津.工程风险与工程保险[M].天津:天津大学出版社,2009.

[5] 陈玉菁,宋良荣.财务管理[M].4 版.北京:清华大学出版社,2016.

[6] 程翔,房燕.担保理论与实务[M].北京:北京邮电大学出版社,2014.

[7] 戴国强.货币金融学[M].3 版.上海:上海财经大学出版社,2012.

[8] 邓铁军.工程建设项目管理[M].武汉:武汉理工大学出版社,2013.

[9] 邓晓梅.中国工程保证担保制度研究[M].北京:中国建筑工业出版社,2012.

[10] 丁辉关,郭晓晶,樊西峰.金融学[M](第 2 版).北京:清华大学出版社,2011.

[11] 董藩,李英.房地房金融(第 4 版)[M].大连:东北财经大学出版社,2014.

[12] 高波.现代房地产金融学[M].南京:南京大学出版社,2015.

[13] 高立法.企业经营风险管理实务[M](第 2 版).北京:经济管理出版社,2014.

[14] 郝胜林.经济法[M](第 2 版).北京:清华大学出版社 2016.

[15] 胡斌.工程经济学[M].北京:清华大学出版社,2016.

[16] 黄达.金融学 [M] (第三版).北京:中国人民大学出版社,2014.

[17] 蒋先玲.项目融资[M](第 3 版).北京:中国金融出版社,2008.

[18] 蒋臻蔚,李寻昌.建筑工程安全管理[M].北京:冶金工业出版社,2015.

[19] 拉尔夫 L.布洛克.REITs:房地产投资信托基金(第 4 版)[M].宋光辉,田金华,屈于晖,译.北京:机械工业出版社,2016.

[20] 李焕林,刘茂盛.投资学概论[M](第 3 版).大连:东北财经大学出版社,2013.

[21] 李慧民,马海骋,盛金喜.建筑工程质量保险制度基础[M].北京:科学出版社,2017.

[22] 李慧民,盛金喜,马海骋.建筑工程保险概论[M].北京:科学出版社,2016.

[23] 李彤.建筑类上市公司融资方式对企业财务绩效的影响[D].昆明:云南财经大学,2017.

[24] 李延喜,秦学志,张悦玫. 财务管理[M](第2版). 北京:清华大学出版社,2014.

[25] 刘安,陈立文. 建设工程项目保证担保理论与实践研究[M]. 北京:经济科学出版社,2016.

[26] 刘家聪. 基础设施项目利用信托融资的模式研究[D]. 北京:北京交通大学,2009.

[27] 刘龙,蔡永鸿. 金融学概论[M]. 北京:清华大学出版社,2014.

[28] 刘少军. 金融法学[M]. 北京:清华大学出版社,2014.

[29] 罗中,张涛. 建设工程项目管理[M]. 哈尔滨:哈尔滨工业大学出版社,2013.

[30] 吕洪雁,杨金凤. 企业战略与风险管理[M]. 北京:清华大学出版社,2016.

[31] 马瑞清,安迪・莫,珍妮丝・马. 企业融资与投资[M]. 北京:中国金融出版社,2017.

[32] 马婷婷,汪雪锋,朱东华,刘胜奇. 基于专利的技术机会分析方法研究[J]. 北京:科学学研究,2014.

[33] 马秀岩,卢洪升. 项目金融[M](第3版). 辽宁:东北财经大学出版社,2015.

[34] 马忠. 公司财务管理[M](第2版). 北京:机械工业出版社,2015.

[35] 茅宁. 项目评价的实物期权分析方法研究[J]. 南京:南京化工大学学报,2000.

[36] 孟辉. 财产保险[M]. 上海:上海财经大学出版社,2013.

[37] 齐中英,王晓巍. 项目融资[M]. 北京:机械工业出版社,2009.

[38] 任淮秀. 项目融资[M]. 北京:中国人民大学出版社,2014.

[39] 任旭. 工程风险管理[M]. 北京:清华大学出版社,2010.

[40] 任淮秀. 项目融资[M]. 北京:中国人民大学出版社,2013.

[41] 宋健民. 建设工程经济[M]. 郑州:郑州大学出版社,2016.

[42] 宋伟香. 建设工程项目管理[M]. 北京:清华大学出版社,2014.

[43] 粟芳,许谨良. 保险学[M]. 北京:清华大学出版社,2011.

[44] 孙晓明. 建筑工程项目投资风险管理研究[D]. 重庆:重庆大学,2015.

[45] 汤伟刚. 工程项目投资与融资[M]. 北京:人民交通出版社,2015.

[46] 汤晓阳. 金融学概论[M]. 北京:清华大学出版社,2015.

[47] 汤勇. 工程项目管理[M]. 北京:中国电力出版社,2015.

[48] 唐礼智,罗婧. 投资银行学[M]. 北京:清华大学出版社,2014.

[49] 王和. 工程保险——工程保险理论与实务[M]. 北京:中国财政经济出版社,2011.

[50] 王虹,徐玖平. 项目融资管理[M](第2版). 北京:经济管理出版社,2012.

[51] 王维姣. 融资租赁在柬埔寨 LSS 水电项目中的运用研究[D]. 昆明:云南财经

大学,2017.

[52] 王晓光.货币银行学[M](第3版).北京:清华大学出版社,2015.

[53] 王治.项目投资决策的实物期权方法及其应用评价[J].长沙:长沙理工大学学报(社会科学版),2009.

[54] 王重润.公司金融学[M](第3版).南京:东南大学出版社,2016.

[55] 魏华林,林宝清.保险学[M].北京:高等教育出版社,2011.

[56] 魏丽,李朝锋.保险学[M].辽宁:东北财经大学出版社,2015.

[57] 魏文静,牛淑珍.金融学[M](第3版).上海:上海财经大学出版社,2015.

[58] 吴贵生,王毅.技术创新管理[M].北京:清华大学出版社,2009.

[59] 吴伟民.建筑工程施工组织与管理,厦门大学出版社[M].厦门:厦门大学出版社,2012.

[60] 肖翔.企业融资学[M].北京:北京交通大学出版社,2011.

[61] 肖云锋.松山湖大学创新城PPP项目融资风险控制研究[D].吉林:吉林大学,2017.

[62] 谢亚伟,金德民.工程项目风险管理与保险[M].北京:清华大学出版社,2016.

[63] 徐兰英,刘晓伟.工程项目融资[M].辽宁:东北大学出版社,2015.

[64] 徐延宾.论实物期权法在企业投融资决策中的应用[D].济南:山东大学,2013.

[65] 许谨良.财产保险原理和实务[M].上海:上海财经大学出版社,2015.

[66] 姚加惠.福建应用技术型本科高校内部治理结构优化研究[M].厦门:厦门大学出版社,2016.

[67] 叶天泉.房地产开发与经营辞典[M].辽宁:辽宁科学技术出版社,2005.

[68] 叶伟春.信托与租赁[M](第3版).上海:上海财经大学出版社,2015.

[69] 叶晓甦.工程财务管理[M].北京:中国建筑工业出版社,2011.

[70] 尹鹏.鲁商广场商业地产项目投资风险管理研究[D].北京:中国矿业大学,2010.

[71] 喻歆舟.机动车排放标准升级背景下柴油电喷市场机会分析[D].成都:电子科技大学,2015.

[72] 翟新辉.中国物权法的过去、现在与未来[M].北京:中国政法大学出版社,2016.

[73] 战玉锋.金融学理论与实务[M].北京:中国农业大学出版社,2011.

[74] 张青.项目投资与融资分析[M].北京:清华大学出版社,2012.

[75] 张友麒,杜俊娟.金融学概论[M].上海:上海财经大学出版社,2013.

[76] 张友麒,杜俊娟.金融学概论[M].上海:上海财经大学出版社,2013.

[77] 张豫,董作胜,岳亚锋.建设工程监理概论[M].北京:北京理工大学出版社,2011.

[78] 赵丽坤.项目风险管理[M].北京:中国电力出版社,2015.

[79] (美)马莎·阿姆拉姆,(美)纳林·库拉蒂拉卡著,张维译.实物期权—不确定环境下的战略投资管理[M]. 机械工业出版社, 2001.

[80] (美)尤金·布瑞翰,(美)乔尔·休斯顿.财务管理基础[M].大连:东北财经大学出版社,2016.

[81] Bain J S. Barriers to New Comption[M]. Cambridge: Harvard University Press,1956.

[82] Demsetz H. Industrial Structure, Market Rivalry, and Public Policy[J]. Journal of Law and Economics, 1973.

[83] Stigler J. Business Concentration and Price Policy[M]. Princeton:Princeton University Press,1955.

[84] Kenneth J A,Anthony C F. Environmental Preservation, Uncertainty, and Irreversibility. The Quarterly Journal of Economics,1974.

[85] Myers S C,Tunbull S M . Capital Budgeting,and the Capital Asset Pricing Model:Good News and Bad News. Journal of Finance,1977.

[86] Needham D. The Economics of Industrial Structure, Conduct and Performance[M]. New York:St Martin's Press,1978.

[87] Robinson W T , Fornell C , Sullivan M. Are market Pioneers Intrinsically Stronger than Later Entrants? [J]. Strategic management Journal,2010.

[88] Shane S. A General Theory of Entrepreneurship: The Individual-Opportunity Nexus[M]. North Hampton A: Edward Elgar Publishing, Inc,2003.